中华传世藏书　图文珍藏版

国学经典文库

邹博⊙主编

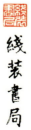

线装书局

图书在版编目（CIP）数据

经学经典／邹博主编 .−− 北京：线装书局，
2011.7（2022.3）
（国学经典文库）
ISBN 978−7−5120−0378−1

Ⅰ．①经… Ⅱ．①邹… Ⅲ．①经学 Ⅳ．① B222

中国版本图书馆 CIP 数据核字（2011）第 122934 号

国学经典文库

主　　编：邹　博
责任编辑：崔建伟　高晓彬
出版发行：线装书局
　　　　　地　址：北京市丰台区方庄日月天地大厦B座17层（100078）
　　　　　电　话：010−58077126（发行部）010−58076938（总编室）
　　　　　网　址：www.zgxzsj.com
经　　销：新华书店
印　　制：北京彩虹伟业印刷有限公司
开　　本：787×1092 毫米　1/16
印　　张：336
字　　数：3800 千字
版　　次：2022 年 3 月第 1 版第 2 次印刷
印　　数：3001−9000 套

定　　价：4680.00 元（全十二卷）

线装书局官方微信

经学经典

　　国学的主流是儒学，儒学的核心是经学。经学是根，是中国人的核心价值观。经学是中国文化的源头，历史、哲学、文学，包括唐诗宋词，所有这些，都是从经学这个源头涌现出来的，有了这个源头才有了源远流长的中国文化。

史学经典

　　读史可以明智。历史，记载着一个国家、民族产生和发展的全部过程，涵纳着这一国家、民族的精神财富和智慧，昭示着这一国家、民族兴衰更替的客观规律。从历史中我们可以找到前人的经验，读之受益无穷。

子学经典

    子学是国学最重要的组成部分。因春秋战国时期的诸多思想流派，其代表人物被尊称为"子"而得名。《荀子》称："诸侯异政，百家异说。"子学展现了我们中华民族哲学思辨的高度，反映了众多圣哲们对于宇宙、社会、人生不同角度的思考。

诗词经典

    诗词是阐述心灵的文学艺术。它具有汉语特有的魅力和功能，这是其它任何语言所不能匹敌的，也是其他语言翻译不了的。因此，中国传统诗词文化是世界文化文学上最独特而美好的表现形式和文学遗产。

蒙学经典

　　蒙学即蒙馆，启蒙的学塾，相当于现在的幼儿园或小学。而蒙学经典在古代的幼儿教材中有民族文化血脉的精髓，也有些不合时宜的糟粕。而它们中蕴含的那种希望孩子增长见闻，知礼向善的良苦用心，却可在父母师长的谆谆教导下代代流传。

道学经典

　　道学文化是我国地地道道、土生土长的本土文化。道学肇始于黄、老、庄的思想学说，其所建构的"玄之又玄"的形而上道体哲学，不仅成为中国思辨哲学的源头和主流，而且渗透到百姓日用的各个领域，成为建构中华民族文化的重要的智慧源泉。

禅宗经典

　　禅宗是汉传佛教宗派之一。来自于印度，是由中国独立发展出的本土佛教宗派。其核心思想为："不立文字，教外别传；直指人心，见性成佛"，意指透过自身实践，从日常生活中直接掌握真理，最后达到真正认识自我。

医学经典

　　中医经典作为中华文化的重要组成部分，充满了文史哲的"味道"。读经典常常使人顿悟，找到深入中医之精髓的窍门。同时，读经典要能"思求经旨，演其所知"，从而使中医学不断发扬光大。

兵学经典

　　五千年的华夏文明，造就了一些满腹经纶、安邦定国的大谋略家。战争史中流传下来的奇谋妙策，兵学宝库中存在的谋略珍品，乃今之求生、发展策略。走进中国古代兵书，领略其奥妙，撷取其精华，必将得到意想不到的收获和启示。

处世经典

　　为人处世的态度决定了是你主宰命运，还是命运主宰你。为人讲究艺术，处世注重方法，在经营事业和人生时，就能达到无往不胜、左右逢源的高超境界。本卷集做人做事到位经验之大成，教你把握做人的分寸和处世的技巧。

民俗经典

    民俗经典几乎涵盖了从生老病死到婚丧嫁娶的人生礼仪和岁时节日的方方面面。这些民俗事项的研究与钩沉，对于人们了解一国社会风习的由来、发展及其演变规律，具有重要的启迪意义。

资政经典

    正如弥尔顿所言，"书籍是伟大心灵的宝贵血脉"。在历史艰难的进程中，政治无疑有非常强大的推动力。读资政经典能够给广大读者以启示，更有利于我们从传统智慧中汲取丰富的治政经验。

前　言

　　中华国学是中国传统文化的精髓，对中国政治、经济、军事等各方面都影响极大，对于传承中华文明，增强民族凝聚力，以及中华民族的复兴都起着重要作用。中华国学思想，是中华民族共同的血脉和灵魂，是连接炎黄子孙的文化之桥、心灵之桥和血脉之桥。

　　中华国学之宗旨是"为天地立心，为生民立命，为往圣继绝学，为万世开太平。""国学"应包括五术、六艺、诸子百家之说。其中诸子百家，包括"儒、释、道、刑、名、法、墨"等等各家，乃是"为天地立心"之学；其中六艺，包括"礼、乐、射、御、书、数"，在古代，"六艺"中礼、乐、射、御，称为"大艺"，是贵族从政必具之术，贵族子弟在太学阶段要深入学习；书与数称为"小艺"，是民生日用所需之术，是在古代"小学"阶段的必修课，乃是"为生民立命"之术；其中五术，乃是"为往圣继绝学""究天人之际"关系的学问，包括"山、医、卜、命、相"等。

　　谈到传统国学的当代价值，中国人民大学原校长纪宝成认为至少有五个方面。

　　第一，重振国学，对于唤起文化自觉，恢复文化自信，实现文化认同，增强民族凝聚力，具有重要的意义；

　　第二，可提高国人的道德水准，提高个人的文化素养，提高国民的精神生活水平，对建设和谐社会具有重要的意义；

　　第三，对于治国理政具有重要的借鉴意义；

　　第四，对于提升中国的国际影响具有重要意义；

　　第五，对促进马克思主义中国化，形成中国特色的马克思主义，完善中国特色的社会主义理论体系具有重要意义。

　　国学的研读，是思想的一次升华，其实很多道理都是很平实的，就在我们的身边，人人都可以感受得到，只是我们疏远去发现，国学真的是可以开启人生的智慧，有醍醐灌顶的作用，希望大家都不要忘记了国粹，去跟历史对话，去跟古人超越时空的对话，你会感悟到很多就存在于我们身边的朴实的真理。

　　然而自"五四"以来，文化为之断层，道统为之不传。且夫遗老几去，后继难期，纵人心向背，惜前路数奇。借武侯一语，此诚危急存亡之秋也。夫国学于斯之际，旁搜文献，淹博远绍。巍哉！祈以图书十二卷，激昂国学之兴。

国学经典文库　图文珍藏版

经学经典

邹博◎主编

线装书局

卷首语

　　传承了五千年的中国,为什么统一始终是大趋势呢? 因为中国人的民族意识、国性就是追求统一的。英国著名历史学家汤因比讲得很好,他说,世界的潮流将来一定是走向融合统一的,这是大潮流,但是中国能维持两千年的政治统一,她的无与伦比的政治智慧是值得世界上其他民族学习的。这个无与伦比的智慧来自在哪里? 就来自中国的传统经学之中。

　　经学原本是泛指各家学说要义的学问,但在中国汉代独尊儒术后为特指研究儒家经典,解释其字面意义、阐明其蕴含义理的学问。经学是中国古代学术的主体,仅《四库全书》经部就收录了经学著作一千七百七十三部,二万零四百二十七卷。经学中蕴藏了丰富而深刻的思想,保存了大量珍贵的史料,是儒家学说的核心组成部分。

　　国学的主流是儒学,儒学的核心是经学。儒学是主流,它所占的比重和影响都特别大,而经学又是儒学的核心。不研究经学,不了解经学,应该说就没有把握住我们传统文化的主流和核心部分。

　　经学是根,是中国人的核心价值观。经学是中国文化的源头,历史、哲学、文学,所有这些,都是从经学这个源头出来的,有了这个源头才有了源远流长的中国文化。

目　录

论语 ·· （1）

　学而第一 ·· （2）

　为政第二 ·· （5）

　八佾第三 ·· （10）

　里仁第四 ·· （16）

　公冶长第五 ·· （19）

　雍也第六 ·· （26）

　述而第七 ·· （32）

　泰伯第八 ·· （39）

　子罕第九 ·· （43）

　乡党第十 ·· （49）

　先进第十一 ·· （56）

　颜渊第十二 ·· （64）

　子路第十三 ·· （70）

　宪问第十四 ·· （77）

　卫灵公第十五 ·· （87）

　季氏第十六 ·· （94）

　阳货第十七 ·· （99）

　微子第十八 ·· （105）

　子张第十九 ·· （110）

　尧曰第二十 ·· （115）

孟子 ·· （118）

　梁惠王上 ·· （119）

　梁惠王下 ·· （129）

　公孙丑上 ·· （144）

　滕文公上 ·· （155）

　离娄上 ·· （167）

中华传世藏书

国学经典文库

目　录

图文珍藏版

1

　　　万章上 ………………………………………………………………（179）
　　　告子上 ………………………………………………………………（190）
　　大学 ……………………………………………………………………（203）
　　　第一章 ………………………………………………………………（204）
　　　第二章 ………………………………………………………………（205）
　　　第三章 ………………………………………………………………（206）
　　　第四章 ………………………………………………………………（206）
　　　第五章 ………………………………………………………………（208）
　　　第六章 ………………………………………………………………（209）
　　　第七章 ………………………………………………………………（209）
　　　第八章 ………………………………………………………………（210）
　　　第九章 ………………………………………………………………（211）
　　　第十章 ………………………………………………………………（212）
　　　第十一章 ……………………………………………………………（214）
　　中庸 ……………………………………………………………………（218）
　　　第一章 ………………………………………………………………（218）
　　　第二章 ………………………………………………………………（219）
　　　第三章 ………………………………………………………………（220）
　　　第四章 ………………………………………………………………（220）
　　　第五章 ………………………………………………………………（221）
　　　第六章 ………………………………………………………………（221）
　　　第七章 ………………………………………………………………（222）
　　　第八章 ………………………………………………………………（222）
　　　第九章 ………………………………………………………………（223）
　　　第十章 ………………………………………………………………（223）
　　　第十一章 ……………………………………………………………（224）
　　　第十二章 ……………………………………………………………（225）
　　　第十三章 ……………………………………………………………（226）
　　　第十四章 ……………………………………………………………（227）
　　　第十五章 ……………………………………………………………（228）
　　　第十六章 ……………………………………………………………（229）
　　尚书 ……………………………………………………………………（230）
　　　尧典 …………………………………………………………………（230）
　　　皋陶谟 ………………………………………………………………（244）
　　　禹贡 …………………………………………………………………（251）

甘誓 ……………………………………………… （263）

汤誓 ……………………………………………… （264）

礼记 ……………………………………………… （266）

曲礼上 …………………………………………… （266）

礼运 ……………………………………………… （287）

学记 ……………………………………………… （288）

乐记 ……………………………………………… （295）

周易 ……………………………………………… （309）

易经上 …………………………………………… （310）

易经下 …………………………………………… （369）

国学经典文库

目 录

图文珍藏版

论语

【导语】

《论语》，语录体文集。主要记载孔子及其弟子的言行，因此称为"语"。

孔子(前551～前479)，名丘，字仲尼，春秋后期鲁国陬邑(今山东曲阜)人，我国古代伟大的思想家、教育家，儒家学派创始人。

《论语》是儒家的原始经典之一，要了解孔子和他的学说，《论语》是最直接、最可靠的资料。孔子思想的内容很丰富，归纳起来说，其核心是"仁"论。孔子"仁"论贯穿于他的哲学、政治、教育、伦理、文化主张的诸多方面，即所谓"一以贯之"，孔子其人伟大的人格感召力也凝聚于此。兹概括简要述之。

孔子像

个体修养。孔子思想以立身为出发点，而人能立身于世的首要条件就是具有"君子"人格。君子具备仁爱之心，自重自律；表里如一，言行一致；积极进取，德才兼备；孜孜于学，注重实践；安贫乐道，谨守正义。

人际交往。孔子学说是有关人与人相处之道的学说，由伦理关系之不同，又分化为孝悌、忠恕、信义、礼数等德目，从而构建和谐友爱的人际关系和社会环境。

政治理想。从政治国是实用之大端，虽然孔子个人的从政经历并不辉煌，但他始终胸怀安定天下的政治韬略，强调德治仁政，反对苛政暴敛，主张以人为本、为官廉洁、举贤授能等内容，至今仍有普遍意义。

哲理思维。孔子学说的哲理性集中表现为仁者爱人的警世恒言，"中庸"的认识方法，权变的处事之道，和而不同的开阔襟怀等等，其理论与实践价值历久弥新。他的天命鬼神观念，虽然与今天的认识水平有相当的差别，但也具有那个时代哲理思辨的内涵。

孔子的教育学说也很丰富，包括教学方针、教学对象、教学方法、教学内容、教学态度等内容。如他主张学思并重，学行统一；讲究因材施教，注重启发诱导；强调身教优于言传，注重人格精神的感化作用等，颇有取法价值。

上述种种都可借助《论语》一书来了解，本书将在具体篇章的注释中加以揭示。

学而第一

【题解】

《论语》一书共二十篇。各篇的命名并没有特别的用意,只是选用该篇开始的两三个字作为一篇的题目,这种类型的篇题在先秦时代的典籍中比较常见。《论语》全书二十篇中以"子曰"起首的有七篇,因此这些篇的篇名就选用"子曰"之后的两三个字,以便相互区别。

"学而"篇内容涉及学习、为人和修养道德等方面,也有一些论政的语录。包括"学而时习"的学习方法,孝悌为本的仁学基础,不断反省的进德手段,节用爱人、使民以时的治国手段,先道德后文化的学习进程,"无友不如己者"的交友原则,过则能改的君子气度,"慎终追远"的行孝规定,"温良恭俭让"的行己作风,安贫乐道、敏行慎言的君子之德,推己及彼、举一反三的治学能力等。

读此篇即可初步了解孔子作为教育家、思想家和政治家的多重身份。

【原文】 子曰:"学而时习之,不亦说①乎? 有朋自远方来,不亦乐乎? 人不知而不愠②,不亦君子乎?"

【注释】 ①说:同"悦",高兴、愉快的意思。②愠:怨恨。

【译文】 孔子说:"学了,然后按时实习,不也是很高兴的吗? 有志同道合的人从远方来相会,不也是很快乐的吗? 别人不了解自己,自己并不生气,不也是君子吗?"

【原文】 有子①曰:"其为人也孝弟,②而好犯上者,鲜③矣! 不好犯上,而好作乱者,未之有也。君子务本,本立而道生。孝弟也者,其为仁之本与④!"

【注释】 ①有子:孔子弟子。姓有,名若。《论语》中记载孔子弟子时一般称字,只对曾参和有若全部尊称为子,据此有很多人认为《论语》一书是曾参和有若的弟子记录而成的。②弟:同"悌",遵从兄长。③鲜:少。④与:同"欤",疑问语气词。

【译文】 有子说:"为人孝敬父母、尊敬兄长的,却喜欢冒犯上级,这种人很少。不喜欢冒犯上级,却喜欢造反作乱,这种人从来也没有过。君子致力于根本性工作,根本确立了,正道就随之产生。孝敬父母、尊敬兄长这些内容,大概就是施行'仁'道的基础吧。"

【原文】 子曰:"巧言令色①,鲜矣仁。"

【注释】 ①令色:好的脸色。这里指假装和善。

【译文】 孔子说:"花言巧语、面貌伪善的人,仁德是很少的。"

【原文】　曾子①曰：“吾日三省②吾身：为人谋而不忠乎？与朋友交而不信乎？传不习乎？”

【注释】　①曾子：孔子弟子。姓曾，名参，字子舆。②三省：多次反省。古代汉语中动作性动词前加数字修饰成分的，一般表示动作的频率。而“三”“九”等数字，一般表示次数多，不必落实为具体次数。此章下文恰好是三件事，只是一种巧合。

【译文】　曾子说：“我每天多次自我反省：替别人谋划事情是否尽心竭力呢？与朋友交往是否诚实相待呢？老师传授的学业是否认真复习了？”

【原文】　子曰：“道千乘之国①，敬事而信，节用而爱人，使民以时②。”

【注释】　①道：“导”的古体字，治理。千乘：古代用四匹马拉的一辆兵车称为一乘。春秋战国时代，国力的强盛以该国所拥有的兵车的数量来计算。孔子生活之世，“千乘之国”已算不上是诸侯大国了，所以《论语》中有“千乘之国，摄乎大国之间”的话。②以时：按时，这里指不违背农时。

【译文】　孔子说：“治理拥有一千辆兵车的国家，就要严肃认真地对待工作，言而有信，节约用度，关爱百姓，不在农忙时节役使百姓。”

【原文】　子曰：“弟子入则孝，出则悌，谨而信，泛爱众，而亲仁。行有余力，则以学文。”

【译文】　孔子说：“年轻人，在家就要孝顺父母，出门在外就要尊敬兄长，行为谨慎，言语有信，博爱众人，亲近仁者。这些都做到之后还有余力的话，就去学习文化。”

【原文】　子夏①曰：“贤贤易色②，事父母，能竭其力，事君，能致③其身，与朋友交，言而有信；虽曰未学，吾必谓之学矣。”

【注释】　①子夏：孔子弟子。姓卜，名商，字子夏。孔子弟子中有所谓“四科十哲”之说，子夏长于“文学”。②贤贤易色：看重德行，轻视表面的姿态。易，轻视。③致：给予，献出。

【译文】　子夏说：“看重实际的德行，轻视表面的姿态。侍奉父母要竭尽全力，服务君主要奉献自身，与朋友交往要说话诚实有信。这样的人，虽然说没有学习过，我也一定说他学习过了。”

【原文】　子曰：“君子不重则不威；学则不固①。主忠信，无友不如己者，过则勿惮改。”

【注释】　①固：固执己见。

【译文】　孔子说：“称得上君子的人，如果不庄重就没有威严，知道学习就不会自以

为是、顽固不化。恪守忠诚信实的道德要求,不与道德上不如自己的人交往,有了错误就不要怕改正。"

【原文】 曾子曰:"慎终,追远①,民德归厚矣!"

【注释】 ①终、远:曾子以继承和传播孔子有关孝道的思想闻名,如《大戴礼记》中有"曾子本孝""曾子立孝""曾子大孝""曾子事父母"等篇章记录有关生前敬事父母或死后葬祭礼仪等关于如何行孝的规定。所以,这里的"终""远"分别指长辈丧亡之事和对于远祖的祭祀。

【译文】 曾子说:"恭敬慎重地办理父母的丧事,虔诚静穆地追祭历代的祖先,老百姓的道德就会趋向敦厚了。"

【原文】 子禽问于子贡曰①:"夫子②至于是邦也,必闻其政。求之与?抑与之与?"子贡曰:"夫子温、良、恭、俭③、让以得之。夫子之求之也,其诸④异乎人之求之与!"

【注释】 ①子禽:陈亢,字子禽。从《子张》篇的记事来看,陈亢不是孔子的弟子,他对孔子的学说总是持怀疑的态度。子贡:孔子弟子。姓端木,名赐。②夫子:古人对于做过大夫的男子的敬称。孔子曾是鲁国的司寇(掌管刑狱的官员),所以他的学生称他为夫子,后来沿袭成对老师的称呼。在一定的场合下,又可以专指孔子。③俭:约束。④其诸:表示不肯定的推测语气。

【译文】 子禽问子贡说:"夫子每到一个国家,一定能够听到那个国家的政治状况,是求教得来的呢?还是人家主动告诉他的呢?"子贡说:"先生温和、善良、恭敬、谨慎、谦让,是凭着这些德性得到的。先生求取的办法,大概不同于别人求取的办法吧!"

【原文】 子曰:"父在,观其①志;父没②,观其行;三年无改于父之道,可谓孝矣。"

【注释】 ①其:指代儿子。②没:死去。

【译文】 孔子说:"父亲在世的时候,要观察儿子的志向。父亲去世之后,要观察儿子的实际行动。如果能够多年不改变父亲传下来的正道的话,就可以说是尽孝了。"

【原文】 有子曰:"礼之用①,和为贵。先王之道,斯②为美,小大由之。有所不行,知和而和,不以礼节之,亦不可行也。"

【注释】 ①用:施行。②斯:此,这。

【译文】 有子说:"礼的施行,以和谐为美。前代君王的治道,最可贵的地方就在这里,大事小事都遵循这个道理。如果有行不通的地方,只是知道和谐为贵的道理而一味追求和谐,不懂得用礼来节制的道理的话,也是行不通的。"

【原文】 有子曰:"信近于义,言可复①也。恭近于礼,远耻辱也。因②不失其亲,亦

可宗③也。"

【注释】 ①复:因循,实践。②因:依靠,凭借。③宗:尊重,推崇而效法。

【译文】 有子说:"许下的诺言如果合乎义的话,这样的诺言就是可以遵循实践的。恭敬的样子如果合乎礼的话,就能够避开耻辱。依靠的人中不缺少关系深的,也就可靠了。"

【原文】 子曰:"君子食无求饱,居无求安,敏于事而慎于言,就有道而正焉①,可谓好学也已。"

【注释】 ①就:靠近。正:匡正。

【译文】 孔子说:"君子,吃饭不贪求满足,居住不贪求安逸,做事勤敏,说话谨慎,求教于有道德的人来端正自己,这样就可以说是好学的了。"

【原文】 子贡曰:"贫而无谄①,富而无骄,何如?"子曰:"可也。未若贫而乐,富而好礼者也。"

子贡曰:"《诗》云:'如切如磋,如琢如磨'②,其斯之谓与?"子曰:"赐也,始可与言《诗》已矣!告诸往而知来者。"

【注释】 ①谄:巴结,奉承。②如切如磋,如琢如磨:《诗经·卫风·淇奥》中的句子。切、磋、琢、磨都是制作器物时反复修治的动作,这里用来比喻治学、修身要精益求精。

【译文】 子贡说:"贫穷却不谄媚,富有却不骄纵,人能做到这些怎么样呢?"孔子说:"可以了。但是不如贫穷却能怡然自乐,富贵却能谦逊好礼。"

子贡说:"《诗经》里说:'像制造器物一样,切割、磋治、雕琢、打磨',大概就是说这类反复修治、精益求精的事吧。"孔子说:"赐呀,可以和你讨论《诗经》了。告诉你一件事,就可以推知另一件事。"

【原文】 子曰:"不患人之不己知,患不知人也。"

【译文】 孔子说:"不担心别人不了解自己,担心的是自己不了解别人。"

为政第二

【题解】

本篇分为二十四章,全部都是孔子的语录。提及的人则有鲁国国君、鲁国大夫、孔子弟子等,据此可以了解孔子为众人师表的情况。

本篇论及为政、教化、学习、修养、孝道等方面的内容。孔子主张德政礼治,认为治政必须以教化百姓为首任,从政必须以学习为前提,对于有疑问之事采取谨慎的态度;国君要任用正直之人来辅政,当政者都要从修养自身做起,以使社会形成普遍的道德风气:友爱、孝悌、讲信用。还指出了教学科目的特点,概述了自己为学进德的经历,提倡学思并重的学习方法,反对研习具有极端倾向的学说。

【原文】 子曰:"为政以德,譬如北辰^①,居其所而众星共^②之。"

【注释】 ①北辰:北极星。《尔雅·释天》:"北极谓之北辰。"②共:通"拱",环抱、环绕之意。这里是以北辰比喻统治者,以众星比喻被统治者。

【译文】 孔子说:"当政者运用道德来治理国政,就好像北极星,安居其所,而其他众星井然有序地环绕着它。"

【原文】 子曰:"《诗》三百^①,一言以蔽之,曰:'思无邪^②'。"

【注释】 ①《诗》:《诗经》。三百:概举整数而言。《诗经》实有三百零五篇诗,连同有题无辞的六篇笙诗,共三百十一篇。②思无邪:《诗经·鲁颂·駉》中的句子,孔子借用来评价《诗经》各篇思想内容的纯正。

【译文】 孔子说:"《诗》三百篇,用一句话来总括它,就是'思想主旨纯正无邪'。"

【原文】 子曰:"道之以政^①,齐^②之以刑,民免^③而无耻;道之以德,齐之以礼,有耻且格^④。"

【注释】 ①道:同"导",引导。政:法制,禁令。②齐:整饬。③免:逃避。④格:至,来。

【译文】 孔子说:"用政令来训导百姓,用刑罚来整饬百姓,百姓只会尽量地避免获罪,却没有羞耻心;用道德来引导人民,用礼教来整饬人民,人民就会有羞耻心而且归顺。"

【原文】 子曰:"吾十有^①五而志于学,三十而立^②,四十而不惑,五十而知天命^③,六十而耳顺,七十而从心所欲,不逾矩。"

【注释】 ①有:通"又"。古人十五岁为入学之年,《礼记·王制》"立四教"郑玄注引《尚书传》曰:"年十五始入小学,年十八入大学。"②立:指立身行事。③知天命:懂得天命不可抗拒而听天由命。

【译文】 孔子说:"我十五岁立志于学习;三十岁能依照礼仪的要求立足于世;四十岁不再感到困惑;五十岁能乐天知命;六十岁能听得进各种不同的意见;七十岁能随心所欲地行事,而又从不超出规矩。"

【原文】 孟懿子^①问孝。子曰:"无违。"

樊迟^②御,子告之曰:"孟孙问孝于我,我对曰,'无违'。"樊迟曰:"何谓也?"子曰:"生,事之以礼;死,葬之以礼,祭之以礼。"

【注释】 ①孟懿子:鲁国大夫。姓仲孙,名何忌。"懿"是谥号(死后所得的尊号)。②樊迟:孔子弟子。姓樊,名须,字子迟。

【译文】 孟懿子问什么是孝。孔子说:"不要违背礼的规定。"

樊迟为孔子驾驭马车,孔子告诉他说:"孟孙向我询问怎样才算是孝,我回答说,'不要违背礼的规定'。"樊迟说:"这话是什么意思呢?"孔子说:"父母在世的时候,按照礼的要求来服侍他们;去世以后,按照礼的要求来安葬他们,按照礼的要求来祭祀他们。"

【原文】 孟武伯^①问孝。子曰:"父母唯其^②疾之忧。"

【注释】 ①孟武伯:孟懿子的儿子。姓仲孙,名彘。"武"是谥号。②其:指代子女。

【译文】 孟武伯问什么是孝。孔子说:"父母对于子女,只为他们的疾病担忧。"

【原文】 子游^①问孝。子曰:"今之孝者,是谓能养。至于^②犬马,皆能有养;不敬,何以别乎?"

【注释】 ①子游:孔子弟子。姓言,名偃,字子游,吴人。②至于:就连,就是。表示提起另一件事。

【译文】 子游问什么是孝。孔子说:"如今所谓的孝,只是就能够养活父母而言。说到狗、马这些动物,都能被人饲养;如果对父母没有敬顺的心意,用什么来区别孝顺与饲养呢?"

【原文】 子夏问孝。子曰:"色^①难。有事,弟子服其劳;有酒食,先生^②馔。曾^③是以为孝乎?"

【注释】 ①色:指敬爱和悦的容色态度。②先生:年长者。馔:吃喝。③曾:乃,竟。

【译文】 子夏问什么是孝。孔子说:"保持敬爱和悦的容态最难。遇有事情,年轻人替长者们效劳;遇有酒食,让给长者享用,仅仅这样就算是孝了吗?"

【原文】 子曰:"吾与回^①言,终日不违^②,如愚。退而省其私^③,亦足以发^④。回也不愚。"

【注释】 ①回:即孔子弟子颜回。字子渊,鲁国人。②不违:不违拗。③退:指散学回去。私:独处。这里指独自钻研和自我实践。④发:发挥。

【译文】 孔子说:"我给颜回讲学,他整天从不表示异议,像是一个愚笨的人。等回去之后,省察他的钻研和实践,又能发挥所学的内容,颜回并不愚笨啊。"

【原文】　子曰："视其所以①,观其所由②,察其所安③,人焉廋哉④? 人焉廋哉?"

【注释】　①以:作为,行动。②由:经由,经历。③安:习。④焉:怎样。廋:隐藏。

【译文】　孔子说:"注意看他的所作所为,观察他的一贯经历,考察他的秉性习惯,一个人怎么能隐藏得住呢? 一个人怎么能隐藏得住呢?"

【原文】　子曰："温故而知新,可以为师矣。"

【译文】　孔子说:"温习旧的知识,而能在其中获得新的体会,这样的人可以做老师了。"

【原文】　子曰："君子不器。"

【译文】　孔子说:"君子不能像器皿一样只有单一的用途。"

【原文】　子贡问君子。子曰："先行其言,而后从之。"

【译文】　子贡问怎样才能算是君子。孔子说:"先实践所要说的话,然后再把话说出来。"

【原文】　子曰："君子周而不比①,小人比而不周。"

【注释】　①周:合。比:齐同。

【译文】　孔子说:"君子团结而不勾结,小人勾结而不团结。"

【原文】　子曰："学而不思则罔①,思而不学则殆②。"

【注释】　①罔:同"惘",无知的样子。②殆:疑惑。

【译文】　孔子说:"只是学习,却不思考,就会惘然无知。只是思考,却不学习,就会疑惑不解。"

【原文】　子曰："攻乎异端①,斯害也已②。"

【注释】　①攻:从事某事,进行某项工作。异端:历来的注疏多释为错误的学说或危险思想,而与孔子本人的学说相对。②也已:语气词连用,表示肯定。

【译文】　孔子说:"攻治两极的学说,这是一种祸害啊!"

【原文】　子曰："由①,诲女②知之乎? 知③之为知之,不知为不知,是知也。"

【注释】　①由:即仲由。孔子弟子,字子路,卞(在今山东)人。②女:通"汝",第二人称代词,你。③知:同"智"。

【译文】　孔子说:"由,教导你的内容都知道了吧? 知道就是知道,不知道就是不知道,这才是有智慧。"

【原文】　子张学干禄①。子曰："多闻阙疑,慎言其余,则寡尤②;多见阙殆,慎行其余,则寡悔。言寡尤,行寡悔,禄在其中矣。"

【注释】 ①子张(公元前503～?):即颛孙师。孔子弟子,字子张。干禄:干,求;禄,官俸。②尤:过失。

【译文】 子张向孔子学习求仕的方法。孔子说:"多聆听,对于有疑问的地方保留不言,其余有把握的地方,谨慎地发表意见,这样就可以少犯错。多观察,对于有疑问的地方保留不言,其余有把握的地方,谨慎地采取行动,这样就可以少后悔。言语方面少犯错误,行动方面避免后悔,官职俸禄就在这里面了。"

【原文】 哀公①问曰:"何为则民服?"孔子对曰:"举直错诸枉②,则民服;举枉错诸直,则民不服。"

【注释】 ①哀公:鲁国的国君。姓姬,名蒋,公元前494～前466年在位,"哀"是谥号。②错:放置。枉:邪曲不正。

【译文】 鲁哀公问道:"怎么做才能使人民服从呢?"孔子回答说:"选用正直的人,让他们居于邪曲之人的上位,这样百姓就会服从了。如果选用邪曲之人,让他们居于正直之人的上位,百姓就不会服从。"

【原文】 季康子①问:"使民敬、忠以劝②,如之何?"子曰:"临之以庄则敬,孝慈则忠,举善而教不能则劝。"

【注释】 ①季康子:即季孙肥,鲁哀公时的正卿,是当时最有权力的政治人物。"康"是谥号。②以:连词,和。劝:勤勉。

【译文】 季康子问道:"要使人民敬顺、忠诚又勤勉,应该怎么做呢?"孔子说:"当政者对待百姓庄重,百姓就会敬顺;对待父母孝顺,百姓就会忠诚;提拔好人,教导能力不足之人,百姓就会勤勉。"

【原文】 或①谓孔子曰:"子奚②不为政?"子曰:"《书》云:'孝乎惟孝,友于兄弟,施于有政③。'是亦为政,奚其为为政?"

【注释】 ①或:不定代词,有人。②奚:疑问词,为何。③"孝乎惟孝"三句:是《尚书》的佚文。施,延及。

【译文】 有人对孔子说:"你为什么不从事政治?"孔子说:"《尚书》说:'孝敬父母,友爱兄弟,用这种风气去影响当政者。'这也是从事政治了,为什么一定要做官才算从事政治呢?"

【原文】 子曰:"人而①无信,不知其可也。大车无輗②,小车无軏③,其何以行之哉?"

【注释】 ①而:若。②輗:车辕与驾辕的横木相衔接的活销。③軏:车辕前端与车横衔接处的关键。

【译文】 孔子说:"人如果没有信用,不知道那怎么可以。大车如果没有安装横木的輗,小车如果没有安装横木的軏,怎么能够行车呢?"

【原文】 子张问:"十世可知也?"子曰:"殷因①于夏礼,所损益可知也;周因于殷礼,所损益可知也;其或继周者,虽②百世可知也。"

【注释】 ①因:承袭。②虽:即使。

【译文】 子张问道:"今后十代的情况可以知道吗?"孔子说:"殷代承袭夏代的礼仪制度,废除的和增加的是可以知道的。周代承袭殷代的礼仪制度,废除的和增加的是可以知道的。如果有继承周代统治的政权,即使有百代也是可以知道的。"

【原文】 子曰:"非其鬼①而祭之,谄也。见义不为,无勇也。"

【注释】 ①鬼:一般指死去的祖先而言。

【译文】 孔子说:"不是自己该祭祀的鬼神而去祭祀他,这是谄媚的行为。遇见正义的事却袖手旁观,这是没有胆量。"

八佾第三

【题解】

本篇各章内容多与礼、乐有关,比较集中地反映了孔子的礼乐思想。

【原文】 孔子谓季氏①:"八佾②舞于庭,是可忍也,孰不可忍也?"

【注释】 ①谓:说,用于评论人物。季氏:鲁国的大夫。②八佾:古代乐舞的行列,一行八个人叫一佾。按照礼的规定,天子用八佾,即六十四人的舞蹈队伍;诸侯用六佾,四十八人;大夫用四佾,三十二人。季氏为大夫,只能用四佾的乐舞队伍,他用八佾,就是破坏礼制。

【译文】

孔子谈到季氏,说:"他用天子规格的八行乐舞队伍在庭院中表演,如果这种僭礼的事情可以容忍的话,还有什么事情是不可容忍的呢?"

【原文】 三家者以《雍》彻①。子曰:"'相维辟公,天子穆穆'②,奚取于三家之堂?"

【注释】 ①三家:鲁国当权的三卿:仲孙、叔孙、季孙。三家都是鲁桓公的后代,又称三桓。《雍》:或作"雝",《诗经·周颂》的一篇,是周天子祭祀宗庙后撤去祭品的乐歌。彻:通"撤",撤除。②"相维辟公"两句:是《诗经·周颂·雍》中的诗句,恰好点明了此诗是天子之歌。三家擅用天子之歌,是对礼制的破坏。相,助祭者。辟公,诸侯。

【译文】 仲孙、叔孙、季孙三家祭祖结束时演奏天子之歌《雍》诗来撤除祭品。孔子说:"'助祭的是诸侯,天子肃穆地主祭',这歌辞哪一句适用于三家祭祖的厅堂呢?"

【原文】 子曰:"人而不仁,如礼何? 人而不仁,如乐何?"

【译文】 孔子说:"人如果不仁的话,怎么来对待礼呢? 人如果不仁的话,怎么来对待乐呢?"

【原文】 林放①问礼之本。子曰:"大哉问! 礼,与其奢也,宁俭;丧,与其易②也,宁戚。"

【注释】 ①林放:鲁人。②易:弛,铺张。

【译文】 林放问礼的本质。孔子说:"你的问题意义重大呀! 就礼而言,与其奢侈,宁可俭省;就丧礼说,与其铺张,宁可悲伤。"

【原文】 子曰:"夷狄①之有君,不如诸夏之亡也②。"

【注释】 ①夷狄:概指中国四周的少数部族国家。因为经济、文化相对于中原地区的国家落后,故向来有"华夷之辨"的区分。②诸夏:中原夏族(华族)各国。亡:无。在《论语》中,"亡"字之后不带宾语,"无"字之后则带宾语。

【译文】 孔子说:"就连夷狄之国都有君主,不像中原各国,君主已经名存实亡了。"

【原文】 季氏旅①于泰山。子谓冉有②曰:"女弗能救③与?"对曰:"不能!"子曰:"呜呼! 曾谓泰山不如林放乎④?"

【注释】 ①旅:祭山。在当时,只有天子和诸侯才有祭祀名山大川的资格,季氏只是大夫,而要祭祀山岳,显然是僭礼的行为。②冉有:孔子弟子。姓冉,名求,字子有。当时做季氏的家臣,对季氏的僭越行为不加制止,所以孔子责备他。③救:阻止。④曾谓泰山不如林放:按照古人的理解,山川之神有灵,对于祭祀者、祭品能够做出要不要接受的选择。曾,竟。

【译文】 季氏将要祭祀泰山。孔子对冉有说:"你不能阻止这种僭越的行为发生吗?"冉有回答说:"不能。"孔子说:"哎呀! 你们竟然认为泰山还不如林放懂得礼,会接受这种不合规矩的祭祀吗?"

【原文】 子曰:"君子无所争,必也射①乎! 揖让而升,下而饮,其争也君子。"

【注释】 ①射:射礼。起源于人们借田猎而进行的军事训练活动,进而发展成为以习射观德、求贤选能为目的的礼仪形式。

【译文】 孔子说:"君子没有可争夺的事情。如果有所争,一定是比赛射箭吧! 不过在射箭的时候,要作揖辞让后才登上台阶,下台阶后又共同饮酒,这种竞赛活动不失君子

风范。"

【原文】 子夏问曰:"'巧笑倩兮,美目盼兮,素以为绚兮①。'何谓也?"子曰:"绘事后素②。"

曰:"礼后乎?"子曰:"起③予者商也,始可与言《诗》已矣!"

【注释】 ①"巧笑倩兮"三句:前两句见于《诗经·卫风·硕人》,第三句是佚句。倩,面容姣好。盼,黑白分明。绚,有文采。②绘事后素:绘画的工作在素地上进行。素地就是女子"巧笑倩兮,美目盼兮"的容貌,绘事则指粉黛、钗环、衣裳等修饰。有了美丽的容貌。再加以适当的修饰,就达到了锦上添花的效果。③起:启发。

【译文】 子夏问道:"'微笑的面容美好动人啊,美丽的眼睛黑白分明啊,洁白的底子上绘有文采啊。'这几句诗是什么意思?"孔子说:"先有素色的底子,然后绘画。"

子夏说:"那么礼是不是产生于美质之后呢?"孔子说:"启发我的是卜商啊!从此可以跟你谈论《诗经》了。"

【原文】 子曰:"夏礼,吾能言之,杞①不足征也;殷礼,吾能言之,宋②不足征也。文献③不足故也,足,则吾能征之矣。"

【注释】 ①杞:国名,夏禹的后代所建,故城在今河南杞县。②宋:国名,商汤的后代所建,故城在今河南商丘南。③文献:文指典籍;献指贤才,即通晓历史掌故的人。

【译文】 孔子说:"夏代的礼,我能说得出,它的后代杞国不足以为证;殷代的礼,我能说得出,它的后代宋国不足以为证。这是因为两国的文籍和贤才不够用的缘故,如果够用,那么我就能引以为证了。"

【原文】 子曰:"禘①,自既灌②而往者,吾不欲观之矣。"

【注释】 ①禘:祭名,指王者禘其祖所自出。此礼属大祭,只有天子才能举行。而这里鲁国的国君僭用禘礼,所以孔子不想看。②灌:本作"祼",祼祭,祭祀中的一个程序。用活人(一般为幼年男女)代替受祭者,叫作"尸"。禘祭要向尸献酒九次,第一次献酒叫作祼。

【译文】 孔子说:"禘祭的礼仪,从第一次献酒以后,我就不想看了。"

【原文】 或问禘之说。子曰:"不知也。知其说者之于天下也,其如示①诸斯乎!"指其掌。

【注释】 ①示:显示,展示。

【译文】 有人向孔子询问禘祭的理论。孔子说:"我不知道。知道的人对于了解天下事来说,就像把它们展现在这里一样清楚吧!"一面说,一面指着自己的手掌。

【原文】　祭如在①,祭神如神在。子曰:"吾不与②祭,如不祭。"

【注释】　①"祭如在"一句所祭祀的对象应该是"鬼"(死去的祖先),以与下句"祭神如神在"相对举。②与:参与。

【译文】　祭祀祖先的时候就好像祖先在跟前一样,祭祀神的时候就好像神在跟前一样。孔子说:"我如果不能亲自参加祭祀,就好像不曾祭祀一样。"

【原文】　王孙贾①问曰:"'与其媚于奥②,宁媚于灶③',何谓也?"子曰:"不然,获罪于天,无所祷也。"

【注释】　①王孙贾:卫灵公的大臣。②奥:屋内的西南角叫作奥,为室内最尊贵的处所。③灶:灶神。祭灶神为五祀(户、灶、中霤、门、行)之一。

【译文】　王孙贾问道:"'与其献媚于屋内西南角的神,不如献媚于灶神',这话是什么意思?"孔子说:"不对。若是得罪了上天,祈祷也没有用了。"

【原文】　子曰:"周监于二代①,郁郁乎文哉!吾从周。"

【注释】　①监:通"鉴",借鉴。二代:夏、商二代。

【译文】　孔子说:"周代的礼仪制度借鉴于夏、商两代,多么丰富而有文采呀!我赞同周代的。"

【原文】　子入太庙①,每事问。或曰:"孰谓鄹②人之子知礼乎?入太庙,每事问。"子闻之曰:"是礼也。"

【注释】　①太庙:古代开国之君叫太祖,太祖之庙叫太庙。周公旦是鲁国的始封之君,鲁国的太庙就是周公的庙。②鄹:地名,又作陬,是孔子的出生地。

【译文】　孔子进入太庙,每件事都要问一问。有人说:"谁说鄹人叔梁纥的儿子懂得礼呢?到了太庙,每件事都要问一问。"孔子听到后,说:"这是礼节啊。"

【原文】　子曰:"射不主皮①,为力不同科②,古之道也。"

【注释】　①射不主皮:不专以是否射中箭靶子的中心为善。②为:因为。同科:同等。

【译文】　孔子说:"射礼的比赛不只重视射中箭靶子的中心,因为每个人的力气大小不相同,这是古老的规则。"

【原文】　子贡欲去告朔之饩羊①。子曰:"赐也,尔爱其羊,我爱其礼。"

【注释】　①告朔:每个月的第一天即"朔"日。告朔是古代的一种制度。每年秋冬之交,天子把第二年的历书颁布给诸侯,历书中说明那一年有无闰月,每月的初一是哪一天,这个过程称为"颁告朔"。诸侯接受历书后藏于祖庙,每逢初一日,以一只羊为牺牲祭

于祖庙,这个过程称为"告朔"。饩羊:活羊,作为牺牲的活物称为"饩"。在子贡的时代,鲁君已经不再亲临祖庙举行告朔之祭了,只是保留了杀死一只活羊作为牺牲的形式。为此子贡认为不必保留此形式。孔子却认为,尽管这是残存的形式,保留下来总比什么也不剩为好。

【译文】 子贡想免去每月初一告祭祖庙用作牺牲的一只活羊。孔子说:"赐呀! 你可怜那羊,我舍不得那礼。"

【原文】 子曰:"事君尽礼,人以为谄也。"

【译文】 孔子说:"侍奉君主尽到礼数,别人却以为是在谄媚呢。"

【原文】 定公①问:"君使臣,臣事君,如之何?"孔子对曰:"君使臣以礼,臣事君以忠。"

【注释】 ①定公:鲁国的国君。姓姬,名宋,公元前509～前495年在位。"定"是谥号。

【译文】 鲁定公问道:"君主使用臣子,臣子侍奉君主,各自应该怎么做?"孔子回答道:"君主应该按照礼的规定使用臣子,臣子应该忠心地侍奉君主。"

【原文】 子曰:"《关雎》乐而不淫①,哀而不伤。"

【注释】 ①《关雎》:《诗经》的第一篇,这里指乐章而言。古诗都是配乐的,有诗辞也有乐章。淫:过分而失当。

【译文】 孔子说:"《关雎》这一乐章,欢乐而不过分,悲哀而不伤情。"

【原文】 哀公问社①于宰我。宰我对曰:"夏后氏以松,殷人以柏,周人以栗,曰使民战栗。"子闻之曰:"成事不说,遂事不谏,既往不咎。"

【注释】 ①社:土神,是国家的象征。这里指社主。

【译文】 鲁哀公向宰我询问社主所用木质的问题。宰我回答说:"夏代用松木,殷代用柏木,周代用栗木,意思是使人民战栗害怕。"孔子听到后,说:"完成的事情不再劝说了,终了的事情不再谏阻了,已经过去的事情不再追究了。"

【原文】 子曰:"管仲①之器小哉!"

或曰:"管仲俭乎?"曰:"管氏有三归②,官事不摄③,焉得俭?"

"然则管仲知礼乎?"曰:"邦君树塞门④,管氏亦树塞门;邦君为两君之好,有反坫⑤,管氏亦有反坫。管氏而⑥知礼,孰不知礼?"

【注释】 ①管仲:春秋时齐国人,名夷吾,曾做齐桓公的相,使齐国称霸诸侯。事详见《史记·管晏列传》。《论语》中多次提到管仲,孔子对他既有肯定,又有否定,从大处

而言还是赞扬的。②三归：市租。根据《管子·山至数》的记载，市租按常例应该由国君收取。齐桓公称霸后，对于管仲恩赏有加，就将收取市租的权利给了他。③摄：兼职。管仲为相国，有俸禄，又收取市租，等于有兼职。④树塞门：树，门屏风，立在门前或门内用来遮蔽内外的短墙，犹如后世的照壁（影壁）。这里用作动词，即树立门屏风。塞，遮蔽。⑤反坫：坫，用以放置器物的设施，用土筑成，形似土堆，建于两楹之间。献酬饮之后，将酒杯放回坫上，即反坫。⑥而：假设连词，假如。

管仲像

【译文】　孔子说："管仲的器量太小啦。"

有人问道："管仲有约束吗？"孔子说："管仲有权收取市租，做官的人不应该兼职，怎么算得上有约束呢？"

又问："那么管仲懂得礼节吗？"孔子说："国君殿门前立了一个照壁，管仲也立了照壁。国君设宴招待外国的君主，在堂上设有用于献酬后回放酒杯的台子，管仲也有这种台子。管仲如果算是知礼的，还有谁不懂得礼呢？"

【原文】　子语鲁大师乐①，曰："乐其可知也：始作，翕如也②；从③之，纯④如也，皦⑤如也，绎⑥如也，以成。"

【注释】　①语：告诉。大师：乐官之长。②翕：盛。如：形容词语尾，用法同"然"。③从：通"纵"。④纯：和谐。⑤皦：明晰。⑥绎：连绵不断。

【译文】　孔子告诉鲁国太师演奏音乐的奥妙，说道："音乐，那是可以通晓的：开始演奏，繁盛热烈；展开以后，纯一和谐，皦然清晰，络绎不绝，然后完成。"

【原文】　仪封人请见①，曰："君子之至于斯也，吾未尝不得见也。"从者见之。出，曰："二三子何患于丧乎？天下之无道也久矣，天将以夫子为木铎②。"

【注释】　①仪：地名。封人：边界守官。②木铎：铜制木舌的铃铛。古代颁布政令时要摇木铎，召集大家来听。

【译文】　仪地的边界守官请求拜见孔子，说道："所有到过此地的君子，我从来没有不得拜见的。"孔子的随从弟子让他拜见了孔子。他见后出来说："诸位为什么要为失掉官位而忧虑呢？天下无道的状况已经持续很久了，上天将要起用先生，借他来澄清政治，号令百姓。"

【原文】　子谓《韶》①："尽美矣，又尽善也。"谓《武》②："尽美矣，未尽善也。"

【注释】 ①《韶》:舜时的乐曲名。②《武》:周武王时的乐曲名。周武王发动战争讨伐商纣王获得帝位,虽然是正义之战,但毕竟使用了武力,所以不能称"善"。

【译文】 孔子评价《韶》乐,说:"美极了,也好极了。"评价《武》乐,说:"美极了,却还不够好。"

【原文】 子曰:"居上不宽①,为礼不敬,临丧②不哀,吾何以观之哉?"

【注释】 ①宽:宽厚,指行德政。②临丧:哭丧,吊丧。

【译文】 孔子说:"居上位而不宽厚,行礼时而不严肃,吊丧时而不悲哀,这种样子我怎么看得下去呢?"

里仁第四

【题解】

本篇各章大多论及道德修养的问题,包括仁、义、利、礼、孝、言、行、事君、交友等内容。

【原文】 子曰:"里①仁为美,择不处仁,焉得知②?"

【注释】 ①里:居处。②知:通"智"。

【译文】 孔子说:"居住在仁德之地为好。选择住处而不居住在仁德之处,怎么能算是聪明呢?"

【原文】 子曰:"不仁者,不可以久处约①,不可以长处乐。仁者安仁,知者利仁。"

【注释】 ①约:贫困。

【译文】 孔子说:"没有仁德的人,不可以长久地处于贫困的境地,也不可以长久地处于安乐的境地。有仁德的人安于仁,聪明的人从仁中获利。"

【原文】 子曰:"唯仁者能好①人,能恶②人。"

【注释】 ①好:喜爱。②恶:厌恶。

【译文】 孔子说:"只有有仁德的人才能够正确喜爱人,或厌恶人。"

【原文】 子曰:"苟志于仁矣,无恶①也。"

【注释】 ①恶:邪恶。

【译文】 孔子说:"假如立志于修行仁德,就不会再有邪恶了。"

【原文】 子曰:"富与贵,是人之所欲也;不以其道得之,不处也。贫与贱,是人之所恶①也;不以其道得之,不去也。君子去仁,恶乎②成名?君子无终食之间违仁,造次③必

于是,颠沛④必于是。"

【注释】 ①恶:厌恶。②恶乎:于何处。③造次:仓促,急遽。④颠沛:倾覆,仆倒。引申为形容人事困顿、社会动乱。

【译文】 孔子说:"富有和尊贵,是人们所期望的;不用正当的方法获得它,君子不居有。贫穷和低贱,是人们所厌恶的;不用正当的方法抛弃它,君子不摆脱。君子离开了仁德,怎样还能成就自己的名声呢?君子不会在哪怕是一顿饭那么短的时间里远离仁德,紧急的时候也一定遵循仁德,困顿的时候也一定遵循仁德。"

【原文】 子曰:"我未见好仁者、恶不仁者。好仁者,无以尚①之;恶不仁者,其为仁矣,不使不仁者加乎其身。有能一日用其力于仁矣乎?我未见力不足者。盖②有之矣,我未之见也。"

【注释】 ①尚:超过。②盖:大概。

【译文】 孔子说:"我没有见过喜好仁德的人和厌恶不仁的人。喜好仁德的人,没有比这更好的了;厌恶不仁的人,他修行仁德的时候,不让不仁的东西出现在自己身上。有谁能够在一天之内尽力修行仁德呢?我没有见过这种人力量会不够的。也许有这样的人吧。我不曾见过罢了。"

【原文】 子曰:"人之过也,各于其党①。观过,斯知仁②矣。"

【注释】 ①党:类。②仁:通"人"。

【译文】 孔子说:"人的过错,各属于一定的类型。观察一个人所犯的过错,便可以知道他是什么人了。"

【原文】 子曰:"朝闻道,夕死可矣。"

【译文】 孔子说:"早晨领悟了真理,晚上死去都可以。"

【原文】 子曰:"士志于道,而耻恶衣恶食者,未足与议①也。"

【注释】 ①议:谋划。

【译文】 孔子说:"士人立志追求真理,但又以自己穿破衣服、吃粗粮为羞耻的话,这样的人不值得跟他共谋大事。"

【原文】 子曰:"君子之于天下也,无适①也,无莫②也,义之与比③。"

【注释】 ①适:可以。②莫:不可。③比:依靠。

【译文】 孔子说:"君子对于天下的事,没有必须怎样的想法,也没有必要不能怎样的想法,一切都按照义的规定为依据。"

【原文】 子曰:"君子怀德,小人怀土;君子怀刑,小人怀惠①。"

【注释】　①惠：实惠。

【译文】　孔子说："君子关心的是道德，小人关心的是土地；君子关心的是法度，小人关心的是好处。"

【原文】　子曰："放①于利而行，多怨。"

【注释】　①放：依据。

【译文】　孔子说："依据实利来行事，会产生很多怨恨。"

【原文】　子曰："能以礼让为国乎？何有①！不能以礼让为国，如礼何！"

【注释】　①何有：有什么困难的。

【译文】　孔子说："能够用礼让来治理国家吗？这有什么困难的。不能用礼让来治理国家，又怎样来对待礼仪呢？"

【原文】　子曰："不患无位，患所以立①；不患莫己知，求为可知②也。"

【注释】　①所以立：可以立身的本领。②为可知：能够被别人所知道的本领。

【译文】　孔子说："不担心自己没有职位，担心自己没有可以立身的本领；不担心没有人了解自己，担心自己不具备让人知晓的本领。"

【原文】　子曰："参乎！吾道一以贯①之。"曾子曰："唯。"

子出。门人问曰："何谓也？"曾子曰："夫子之道，忠恕而已矣②！"

【注释】　①贯：统贯。②忠：即真心诚意地为别人着想和做有利于别人的事。恕：就是不要让有害的事发生在别人身上。

【译文】　孔子说："参呀，我的学说有一个中心思想贯穿其中。"曾子说："是。"

孔子出去之后，学生们问曾子说："这话是什么意思？"曾子说："先生的学说，忠、恕两个字罢了。"

【原文】　子曰："君子喻①于义，小人喻于利。"

【注释】　①喻：知道，明白。

【译文】　孔子说："君子懂得的是义，小人晓得的是利。"

【原文】　子曰："见贤思齐焉，见不贤而内自省也。"

【译文】　孔子说："见到贤人就想要和他看齐，见到不贤的人就反省自己是不是也有类似的问题。"

【原文】　子曰："事父母几①谏。见志不从，又敬不违，劳②而不怨。"

【注释】　①几：稍微。②劳：忧愁。

【译文】　孔子说："侍奉父母，对他们的过错稍加规劝。看到自己的规劝没有被听

从，仍要恭顺他们，不加违抗，担忧他们但不怨恨。"

【原文】　子曰："父母在，不远游①，游必有方②。"

【注释】　①游：游历，外出求学或求官。②方：去向。

【译文】　孔子说："父母在世，不去远方游历。如果要去外出游历，一定要有去向。"

【原文】　子曰："三年无改于父之道，可谓孝矣。"

【译文】　孔子曰："多年不改变父亲传下来的正道的话，就可以说是尽孝了。"

【原文】　子曰："父母之年，不可不知也；一则以喜，一则以惧。"

【译文】　孔子说："父母亲的年龄不可以不记在心里。一方面因为他们高寿而高兴，一方面因为他们年事已高而忧惧。"

【原文】　子曰："古者言之不出，耻躬之不逮也①。"

【注释】　①躬：自身。逮：及，达到。

【译文】　孔子说："古时候，言语不轻易说出口，是怕自己的行动跟不上而感到羞耻。"

【原文】　子曰："以约①失之者，鲜矣！"

【注释】　①约：约束。

【译文】　孔子说："因为对自己有所约束而发生过失的，是很少见的。"

【原文】　子曰："君子欲讷①于言，而敏于行。"

【注释】　①讷：言语迟钝。

【译文】　孔子说："君子言语上要谨慎迟钝，行动上要勤快敏捷。"

【原文】　子曰："德不孤，必有邻。"

【译文】　孔子说："有道德的人不会孤单，一定会有志同道合者和他做伴。"

【原文】　子游曰："事君数①，斯辱矣；朋友数，斯疏矣。"

【注释】　①数：频繁。

【译文】　子游说："侍奉君主频繁无度，就会招致侮辱；与朋友交往过于频繁，就会遭到疏远。"

公冶长第五

【题解】

本篇内容以评论人物为主。包括孔门弟子，如公冶长、南宫适、宓子贱、子贡、冉雍、

漆雕开、子路、冉求、公西赤、颜回、宰予、申枨等12人;同时代的政治人物,如孔文子、子产、晏婴、臧文仲、令尹子文、季文子、宁武子等7人,遍及卫国、郑国、齐国、鲁国、楚国;其他历史人物,如伯夷、叔齐、微生高、左丘明等4人。论及人物的修养水平、处世风格、政治才能、学习能力、性格特征等方面。

【原文】 子谓公冶长①:"可妻②也。虽在缧绁③之中,非其罪也。"以其子④妻之。

【注释】 ①公冶长:孔子弟子。姓公冶,名芝,字子长。②妻:嫁与为妻。③缧绁:捆绑犯人的绳子。④子:古时儿子女儿都称为子,这里指女儿。

【译文】 孔子评价公冶长,说:"可以把女儿嫁给他。他虽然曾被关在监狱中,但不是他的过错。"把自己的女儿嫁给了公冶长。

【原文】 子谓南容①:"邦有道,不废;邦无道,免于刑戮②。"以其兄之子妻之。

【注释】 ①南容:孔子弟子。姓南宫,名适,字子容。②刑戮:刑罚。

【译文】 孔子评价南容,说:"国家政道清明,总有官做,不会被弃用;国家政治混乱,能够免遭刑罚。"把兄长的女儿嫁给了南容。

【原文】 子谓子贱①:"君子哉若②人!鲁无君子者,斯焉取斯?"

【注释】 ①子贱:孔子弟子。姓宓,名不齐,字子贱。②若:这个。

【译文】 孔子评价宓子贱,说:"这个人是君子。如果鲁国没有君子的话,他从哪里学得这样的好品德呢?"

【原文】 子贡问曰:"赐也何如?"子曰:"女①,器也。"曰:"何器也?"曰:"瑚琏②也。"

【注释】 ①女:通"汝",你。②瑚琏:古代祭祀时盛粮食用的器物,是相当贵重的。这里用来比喻子贡是可以重用的人才。

【译文】 子贡问道:"我是怎样的人?"孔子说:"你就好比是一个器皿。"子贡说:"是什么器皿呢?"孔子说:"宗庙祭祀时用来盛粮食的瑚琏。"

【原文】 或曰:"雍也仁而不佞①。"子曰:"焉用佞? 御人以口给②,屡憎于人。不知其仁③,焉用佞?"

【注释】 ①雍:孔子弟子。姓冉,名雍,字仲弓。佞:能言善辩,口才好。②口给:口齿伶俐,有辩才。给,丰足。③不知其仁:即不仁的委婉说法。

【译文】 有人说:"冉雍这个人有仁德,却没有口才。"孔子说:"为什么要有口才呢?靠能言善辩来对付别人,常常会受到别人的厌恶。我不知道他是否称得上仁,但为什么要有口才呢?"

【原文】 子使漆雕开①仕。对曰:"吾斯之未能信。"子说。

【注释】　①漆雕开:孔子弟子。姓漆雕,名开,字子开。

【译文】　孔子让漆雕开去做官。漆雕开回答说:"我对此事还未能树立起信心。"孔子听了很高兴。

【原文】　子曰:"道不行,乘桴①浮于海。从我者,其由与?"子路闻之喜。子曰:"由也,好勇过我,无所取材②。"

【注释】　①桴:用竹或木编成的小筏子。②取材:选取,裁度。材,通"裁",裁度事理。

【译文】　孔子说:"如果我的主张行不通,就乘坐小木筏在海上漂流。跟从我的人,大概是仲由吧?"子路听说后,很高兴。孔子说:"仲由这个人的勇敢大大超过了我,这没有什么选择区分。"

【原文】　孟武伯问子路仁乎?子曰:"不知也。"又问。子曰:"由也,千乘之国,可使治其赋①也。不知其仁也。"

"求也何如?"子曰:"求也,千室之邑②,百乘之家③,可使为之宰④也。不知其仁也。"

"赤⑤也何如?"子曰:"赤也,束带⑥立于朝,可使与宾客言也。不知其仁也。"

【注释】　①赋:兵赋,包括兵员和装备。②邑:古代居民聚居地的通称,小的只有十家,大的可有上万家。这里的千家之邑,也可算得上是大邑了。③家:大夫的封地采邑。④宰:地方最高长官,这里指总管。⑤赤:孔子弟子。姓公西,名赤,主子华。⑥束带:整束衣带。古人平时缓带,低在腰间;在郑重的场合才束带,高在胸部。这里指上朝做官,因此需要束带。

【译文】　孟武伯向孔子问子路算不算有仁德?孔子说:"不知道。"又问了一遍。孔子说:"仲由嘛,拥有一千辆兵车的国家,可以让他来掌管军事,不知道他算不算有仁德。"

又问:"冉求怎么样?"孔子说:"冉求嘛,千户居民的大邑,拥有百辆兵车的采邑,可以让他来做邑长,不知道他算不算有仁德。"

又问:"公西赤怎么样?"孔子说:"公西赤嘛,穿着整齐的礼服在朝廷之上,可让他用外交辞令接待宾客,不知道他算不算有仁德。"

【原文】　子谓子贡曰:"女与回也孰愈①?"对曰:"赐也何敢望②回?回也闻一以知十,赐也闻一以知二。"子曰:"弗如也!吾与③女弗如也。"

【注释】　①女:通"汝"。愈:较好,胜过。②望:比。③与:同意,赞同。

【译文】　孔子对子贡说:"你跟颜回两个人,谁强一些呢?"子贡回答说:"我呀,怎么敢跟颜回比呢?颜回,听到一件事能推知十件事;我呢,听到一件事只能推知两件事。"孔

子说:"不如他啊!我同意你的看法,不如他啊!"

【原文】 宰予昼寝。子曰:"朽木不可雕也,粪土之墙不可杇①也,于予与何诛②?"子曰:"始吾于人也,听其言而信其行;今吾于人也,听其言而观其行。于予与改是。"

【注释】 ①杇:建筑时用来抹墙的工具。这里用作动词,指抹平,修饰墙面。②诛:谴责。

【译文】 宰予大白天睡觉。孔子说:"腐朽的木头经不起雕琢,粪土的墙壁无法粉刷,对于宰予嘛,有什么可责怪的呢?"又说:"最初,我对别人,听了他的话就会相信他的行为;如今,我对别人,听到他的话还要考察他的行为。由于宰予,我改变了态度。"

【原文】 子曰:"吾未见刚者!"或对曰:"申枨①。"子曰:"枨也欲②,焉得刚?"

【注释】 ①申枨:字周,孔子弟子。②欲:贪欲。

【译文】 孔子说:"我没见过刚毅不屈的人。"有人回答说:"申枨就是这样的人。"孔子说:"申枨啊,有贪欲,哪里能够刚毅不屈呢?"

【原文】 子贡曰:"我不欲人之加诸我也,吾亦欲无加诸人。"子曰:"赐也,非尔所及①也。"

【注释】 ①非尔所及:不是你能做到的。

【译文】 子贡说:"我不希望别人强加给我的事,我也希望不要强加给别人。"孔子说:"赐啊,这不是你所能做到的。"

【原文】 子贡曰:"夫子之文章①,可得而闻也;夫子之言性与天道②,不可得而闻也。"

【注释】 ①文章:文献典籍。孔子是《诗》《书》《礼》《乐》《易》《春秋》等六经的整理者与传播者。②性:性命,即命运。天道:古时所说的天道,一般是指自然和人类社会吉凶祸福的关系。

【译文】 子贡说:"先生关于文献典籍的学问,可以听得到;先生关于命运和天道的言论,我们听不到。"

【原文】 子路有闻,未之能行,唯恐有①闻。

【注释】 ①有:通"又"。这里反映了子路重视实践和急于实践的学习态度。

【译文】 子路有所闻,还没有来得及付诸实践的话,就唯恐又有所闻。

【原文】 子贡问曰:"孔文子①何以谓之'文'也?"子曰:"敏②而好学,不耻下问,是以谓之'文'也。"

【注释】 ①孔文子:卫国大夫。姓孔,名圉。"文"是谥号。②敏:勤勉。

【译文】　子贡问道："孔文子为什么要给他'文'的谥号呢?"孔子说:"勤勉好学,不以向下请教为耻,因此给他'文'的谥号。"

【原文】　子谓子产①:"有君子之道四焉:其行己②也恭,其事上也敬,其养民也惠,其使民也义。"

【注释】　①子产:春秋时郑国大夫。姓公孙,名侨,字子产。在郑简公、郑定公时执政二十二年,使郑国虽处于晋国、楚国争霸的夹缝中,仍然获得了应有的生存空间,堪称杰出的政治家和外交家。他提出的治国措施主要有三项:一是整顿等级制与井田制,限制土地兼并。二是恢复井田按丘出军赋的旧法,保障军费的来源。三是在鼎上铸刑书。整顿社会秩序。②行己:自我修养。

【译文】　孔子评价子产,说:"他具备君子之道的地方有四点:他自我修养严肃认真,他侍奉君上恭敬谨慎,他教养人民多用恩惠,他役使用百姓合乎道义。"

【原文】　子曰:"晏平仲①善与人交,久而敬之②。"

【注释】　①晏平仲:春秋时齐国大夫。姓晏,名婴,字仲,谥平。齐灵公、齐庄公、齐景公时执政。事见《晏子春秋》《史记·管晏列传》。②之:指晏婴自己。这里用久而受人尊敬的效果说明晏婴之善交。

【译文】　孔子说:"晏平仲善于跟别人交朋友,交往越久,别人越尊敬他。"

【原文】　子曰:"臧文仲居蔡①,山节藻棁②,何如其知也③?"

【注释】　①臧文仲:即鲁国大夫臧孙辰(?～公元前617),"文"是谥号。历仕庄、闵、僖、文四朝。蔡:大龟。古时占卜用龟甲,故养龟于室,以备使用。②山:雕刻为山。节:柱上的斗拱。藻:画藻(水草)作为装饰。棁:梁上短柱。根据古礼,"山节藻棁"是天子之庙的装饰;而臧文仲滥用,可见不知礼数。③"何如"句:用疑问的语气表示否定。知,"智"的古体字。

【译文】　孔子说:"臧文仲造了间房子给大龟住,柱子上的斗拱雕成山形,梁上的短柱画着藻纹。他的聪明怎么样呢?"

【原文】　子张问曰:"令尹子文三仕为令尹①,无喜色;三已②之,无愠色。旧令尹之政,必以告新令尹。何如?"子曰:"忠矣。"曰:"仁矣乎?"曰:"未知,焉得仁?"

"崔子弑齐君③,陈文子有马十乘④,弃而违⑤之。至于他邦,则曰:'犹吾大夫崔子也。'违之。之一邦,则又曰:'犹吾大夫崔子也。'违之。何如?"子曰:"清矣。"曰:"仁矣乎?"曰:"未知,焉得仁?"

【注释】　①令尹:楚国的宰相叫令尹。子文:姓鬥,名縠於菟,字子文。曾任楚国的令尹。②已:罢免。③崔子:齐国的大夫崔杼。弑:古代把地位在下的人杀了地位在上的人叫作"弑"。齐君:即齐庄公。姓姜,名光。"崔子弑齐君"的事见《左传·襄公二十五年》。④陈文子:齐国的大夫。名须无。乘:古时四匹马驾一辆车,故四匹马称为一乘。十乘代表有财富。这里陈文子舍弃自己的财产逃离齐国,表明了他与弑君之人决裂的立场。⑤违:离开。

【译文】 子张问道:"令尹子文三次就任令尹的职务,没有高兴的颜色;三次被罢免,没有怨怒的颜色。把自己任令尹时的施政之道毫无保留地告诉新到任的令尹。这人怎么样?"孔子说:"可以说是忠诚了。"子张说:"达到仁了吗?"孔子说:"不晓得,怎么能算得上仁呢?"

子张又问:"崔杼犯上杀掉齐庄公,陈文子有马四十匹,毅然舍弃离开齐国。到了别的国家,一看便说:'这里的执政者和我国的大夫崔子是一样的啊!'于是离开所到之国。到了另一个国家,一看又说:'这里的执政者跟我国的大夫崔子是一样的啊!'于是又离开所到之国。这人怎么样?"孔子说:"可以说是清白的了。"子张说:"达到仁了吗?"孔子说:"不晓得,怎么能算得上仁呢?"

【原文】 季文子①三思而后行。子闻之,曰:"再②,斯可矣。"

【注释】 ①季文子:鲁国大夫季孙行父,"文"是谥号。历仕鲁文公、宣公、成公、襄公,行事谨慎多虑。②再:两次。

【译文】 季文子遇事思考多次才行动。孔子听说这种情况,说:"思考两次,就可以了。"

【原文】 子曰:"宁武子,邦有道,则知①;邦无道,则愚。其知可及也,其愚不可及也。"

【注释】 ①宁武子:卫国大夫。姓宁,名俞,"武"是谥号。仕卫成公。知:"智"的古体字。

【译文】 孔子说:"宁武子在国家政治清明的时候就聪明;在国家政治混乱的时候就装傻。他的聪明是可以达到的;他的装傻,别人是做不到的。"

【原文】 子在陈①,曰:"归与!归与!吾党之小子狂简②,斐然成章③,不知所以裁④之!"

【注释】 ①陈:国名。妫姓,舜的后代,周武王灭商后所封。建都宛丘(今河南睢县),拥有今河南开封以东、安徽亳县以北一带地方。公元前478年为楚国所灭。孔子周游列国,曾困于陈、蔡之间。②狂:狂傲。简:大,这里指志向远大。③斐然:有文采的样

子。章:花纹有条理。④裁:节制。

【译文】 孔子在陈国,说:"回去吧!回去吧!我的这些学生狂傲不羁,志向高远,文采已经很具备了,可是还不懂得怎样来约束自身。"

【原文】 子曰:"伯夷、叔齐①不念旧恶,怨是用希②。"

【注释】 ①伯夷、叔齐:商代孤竹君的两个儿子。父亲去世后,两人互相让位,皆不就。出走到周文王处。周武王起兵伐纣,两人反对"以暴易暴",曾拦住马车劝阻。周灭商后,二人不吃周粟,饿死在首阳山。②是用:是以,因此。希:少。

【译文】 孔子说:"伯夷、叔齐不记旧仇,怨恨因此很少。"

【原文】 子曰:"孰谓微生高①直?或乞醯②焉,乞诸其邻而与之。"

【注释】 ①微生高:即尾生高,相传是一个守信用的人。与一女子相约于桥下,女子未来,他一直等候,以至于水涨后被淹死。见《庄子·盗跖》《战国策·燕策》。②醯:醋。

【译文】 孔子说:"谁说微生高这个人直爽?有人向他借醋,他不直说没有,而是向他的邻居借来给人家。"

【原文】 子曰:"巧言、令色、足恭①,左丘明②耻之,丘亦耻之。匿怨③而友其人,左丘明耻之,丘亦耻之。"

【注释】 ①足恭:十足地恭敬。这里指过分恭敬而无所节制。②左丘明:相传是《左传》的作者。此说不可信。③匿怨:暗地里怨恨。

【译文】 孔子说:"花言巧语、容貌伪善、十足地恭敬,左丘明认为这样很可耻,我也认为这样很可耻。心里面怨恨别人,表面上还与人做朋友,左丘明认为这样很可耻,我也认为这样很可耻。"

【原文】 颜渊、季路侍①。子曰:"盍各言尔志②?"子路曰:"愿车马衣裘,与朋友共,敝之而无憾。"

颜渊曰:"愿无伐善③,无施劳④。"

子路曰:"愿闻子之志!"

子曰:"老者安之,朋友信之,少者怀之。"

【注释】 ①侍:站在身边侍奉。②盍:何不。尔:第二人称代词,你,你们。③伐善:夸耀好处。④施劳:表白功劳。

【译文】 孔子坐着,颜渊、季路站在孔子身边侍奉。孔子说:"何不各自说说你们的志向。"

子路说:"希望把自己的车马衣裘与朋友共享,即使用坏了也不感到遗憾。"

25

颜渊说:"希望不自夸好处,也不表白自己的功劳。"

子路说:"希望听听先生的志向。"

孔子说:"我的志向是,对老年人加以安抚,对朋友加以信任,对少年加以爱护。"

【原文】 子曰:"已矣乎!吾未见能见其过而内自讼者也。"

【译文】 孔子说:"算了吧!我没有见过能够发现自己的错误而作自我批评的人。"

【原文】 子曰:"十室之邑,必有忠信如丘者焉,不如丘之好学也。"

【译文】 孔子说:"只有十户人家的地方,也一定有像我这样又尽心又诚信的人,只是没有比我更好学的人。"

雍也第六

【题解】

本篇内容较为庞杂,涉及政治、伦理、哲学、人性、人才等方面。

【原文】 子曰:"雍也可使南面①。"

【注释】 ①南面:古时以坐北朝南的位置为尊贵的位置,这里泛指居官位治民。

【译文】 孔子说:"冉雍嘛,可以让他当官治理百姓。"

【原文】 仲弓问子桑伯子①,子曰:"可也②,简。"

仲弓曰:"居敬③而行简,以临其民,不亦可乎?居简而行简,无乃大④简乎?"子曰:"雍之言然⑤。"

【注释】 ①仲弓:即孔子弟子冉雍。子桑伯子:难以确考。刘宝楠《论语正义》认为即《庄子》书中的桑雽(又作桑户),可备一说。②可也:肯定子桑伯子其人的本质是好的。③居敬:自处时严肃恭敬。④大:同"太"。⑤然:是的,对的。

【译文】 仲弓问起子桑伯子这个人。孔子说:"可以的,只是简单了些。"

仲弓说:"自处时严肃恭敬,行事时简易不繁,用这种方式来治理百姓,不也可以吗?自处时简慢大意,行事时又简易不繁,不是太简易了吗?"孔子说:"你的话是对的。"

【原文】 哀公问:"弟子孰为好学?"孔子对曰:"有颜回者好学,不迁怒①,不贰过。不幸短命②死矣,今也则亡,未闻好学者也。"

【注释】 ①迁怒:将自己的愤怒转加给别人。②短命:据《史记·仲尼弟子列传》记载,颜回比孔子小三十岁,而早于孔子去世,故孔子称他短命。

【译文】 鲁哀公问:"你的弟子中谁好学?"孔子回答说:"有个叫颜回的好学,从不

把愤怒发泄到别人身上,从不犯同样的错误。不幸短命死了,现在再没有这样的弟子了,再也没有听说过好学的人了。"

【原文】 子华①使于齐,冉子②为其母请粟。子曰:"与之釜③。"

请益。曰:"与之庾④。"

冉子与之粟五秉⑤。

子曰:"赤之适⑥齐也,乘肥马,衣⑦轻裘。吾闻之也,君子周⑧急不继富。"

【注释】 ①子华:即公西赤。②冉子:即冉有。《论语》中记载的孔子弟子,只有曾参、有若、闵子骞、冉有四人称过"子"。③釜:古代量器名,容积为当时的六斗四升,相当于今天的一斗二升八合。④庾:古代量器名,容积为当时的二斗四升,相当于今天的四升八合。⑤秉:古代量器名,容积为当时的十六斛。五秉相当于今天的十六石。⑥适:往。⑦衣:动词,穿。⑧周:救济。

【译文】 公西华出使齐国,冉有替他的母亲请求小米。孔子说:"给他一釜。"

冉有请求多加一点。孔子说:"再给一庾。"

冉有却给了他五秉小米。

孔子说:"公西赤到齐国去,乘坐着肥马驾的车,穿着又轻又暖和的皮袍。我听说,君子周济急需的,不给富人添富。"

【原文】 原思为之宰①,与之粟九百②,辞。子曰:"毋!以与尔邻里乡党乎③!"

【注释】 ①原思:孔子弟子。姓原,名宪,字子思。之:指代孔子。宰:这里指大夫的家宰。此事应当是孔子做司寇时。②九百:量词省略,今已不可确知。③邻、里、乡、党:都是古代地方居民单位的名称。五家为邻,二十五家为里,一万二千五百家为乡,五百家为党。

【译文】 原宪任孔子家的总管,孔子给他小米九百作为俸禄,他推辞不受。孔子说:"别推辞!把它分给你的邻里乡亲吧!"

【原文】 子谓仲弓曰:"犁牛之子骍且角①,虽欲勿用②,山川其③舍诸?"

【注释】

①犁牛:耕牛。此词的出现足以说明我国最晚在春秋时代已经掌握了牛耕的技术,这是社会生产力水平的标志。骍:赤色。周朝以赤色为贵,所以祭祀的时候要用赤色的牲畜。角:角长得周正。②勿用:不用来祭祀。③其:难道。

【译文】 孔子对仲弓说:"耕牛的儿子,如果长着赤色的毛和周正的角,虽然想不用它来做祭祀的牲牛,山川神灵难道会舍弃它吗?"

【原文】　子曰:"回也,其心三月不违①仁;其余则日月至焉而已矣。"

【注释】　①违:离。

【译文】　孔子说:"颜回呀,他的心思长年累月不离开仁德,其余的学生只能够某日某月偶尔想起罢了。"

【原文】　季康子问:"仲由可使从政也与?"子曰:"由也果,于从政乎何有①?"

曰:"赐也可使从政也与?"曰:"赐也达,于从政乎何有?"

曰:"求也可使从政也与?"曰:"求也艺,于从政乎何有?"

【注释】　①何有:有什么困难的。

【译文】　季康子问道:"仲由,可以让他来治理政事吗?"孔子说:"仲由果断,对于治理政事有什么难的呢?"

又问:"端木赐,可以让他来治理政事吗?"孔子说:"端木赐通达,对于治理政事有什么难的呢?"

又问:"冉求,可以让他来治理政事吗?"孔子说:"冉求有才干,对于治理政事有什么难的呢?"

【原文】　季氏使闵子骞①为费宰。闵子骞曰:"善为我辞焉。如有复我者,则吾必在汶上②矣。"

【注释】　①闵子骞:孔子弟子。姓闵,名损,字子骞。费:古地名。鲁国大夫季氏的采邑,故城在今山东费县西北二十里。②汶上:汶水的北岸。汶,水名,即今山东的大汶河。

【译文】　季氏想让闵子骞去做他的采邑费地的长官。闵子骞对来请他的人说:"好好替我辞掉吧。如果有人再来找我,我一定逃往汶水北岸去。"

【原文】　伯牛①有疾,子问之,自牖②执其手,曰:"亡之,命矣夫!斯人也而有斯疾也!斯人也而有斯疾也!"

【注释】　①伯牛:孔子弟子。姓冉,名耕,字伯牛。②牖:窗子。

【译文】　伯牛生了病,孔子去探问他,从窗户里握着他的手,说:"要死了,这是命数啊!这样的人竟得了这样的病!这样的人竟得了这样的病!"

【原文】　子曰:"贤哉!回也。一箪①食,一瓢饮,在陋巷②。人不堪其忧,回也不改其乐。贤哉!回也。"

【注释】　①箪:古时盛饭的圆形竹器。②巷:古人称巷有两义,一指里中道路,一指人的住处。这里用第二义。

【译文】　孔子说："有贤德啊，颜回这个人。一箪饭，一瓢水，居陋室。别人不能忍受这样的忧苦，颜回却不改变自得之乐。有贤德啊，颜回这个人。"

【原文】　冉求曰："非不说子之道①，力不足②也。"子曰："力不足者，中道而废。今女画③。"

【注释】　①说："悦"的古体字。子之道：即忠恕之道，即仁道。②力不足：孔子曾经说过："有能一日用其力于仁矣乎？我未见力不足者。"可知，他强调人们要积极施行仁道，而不能借口"力不足"放弃实践。③画：即"画地为牢"的"画"，也就是原地不动。

【译文】　冉求说："不是不喜欢您的学说，是做起来力量不够。"孔子说："力量不够的人，会半道停止。现在你是原地不动。"

【原文】　子谓子夏曰："女为君子儒，无为小人儒。"①

【注释】　①孔子教导学生以修德为主，学习文化知识则是行有余力时的选择。而在孔门弟子中，子夏以"文学"见长，却常常忽视道德修养，因此孔子对子夏有这样的教诲。

【译文】　孔子对子夏说："你要做有修养的儒者，不要做没有修养的儒者。"

【原文】　子游为武城①宰。子曰："女得人焉耳乎？"曰："有澹台灭明②者，行不由径③。非公事，未尝至于偃之室也。"

【注释】　①武城：鲁国的城邑，在今山东费县西南。②澹台灭明：字子羽，武城人。《史记·仲尼弟子列传》记载，澹台灭明是孔子弟子，不过从此章看来，至少此时澹台灭明还没有向孔子受业。③径：小路。有记载称，古代施行井田制，道路在沟渠之上，方直如棋盘，行走时必须走在道路之上，不许斜穿取近。这里，澹台灭明就是按规定行路而受到子游的称赞，可见在当时破坏规矩以求自身便利的情况很常见。同时也是以这一小细节为比喻，说明澹台灭明是行为规矩的人。

【译文】　子游做武城的长官。孔子说："你在那里得到人才了吗？"子游说："有个叫澹台灭明的人，走路从不抄小道，不是公事，从不到我的居处来。"

【原文】　子曰："孟之反不伐①，奔而殿②。将入门，策其马，曰：'非敢后也，马不进也。'"

【注释】　①孟之反：即孟之侧，鲁国大夫。此事《左传·哀公十一年》有记载。伐：自夸。②奔：逃亡。殿：行军走在最后。

【译文】　孔子说："孟之反不自夸，军败逃跑时他殿后。快入城门时，鞭打着他的马，说：'不是我敢于殿后，是马不肯前行的缘故。'"

【原文】　子曰："不有祝鮀之佞①，而有宋朝②之美难乎免于今之世矣！"

【注释】　①祝鮀:卫国大夫。祝为宗庙官名,以官为氏,字子鱼,仕卫灵公。《左传·定公四年》记载他善于辞令以助卫国的情况。佞:有口才。②宋朝:宋国的公子朝,有美貌。出奔卫国,仕为大夫。《左传·昭公二十年》记载他因为貌美而招致祸患。

【译文】　孔子说:"没有祝鮀那样的口才,而只有宋朝那样的美貌,在当今社会中是难以免祸的。"

【原文】　子曰:"谁能出不由户?何莫由斯道①也?"

【注释】　①斯道:指孔子一生所提倡的仁道。

【译文】　孔子说:"谁能够出屋而不经过门呢?为什么没有人遵循我提倡的仁道呢?"

【原文】　子曰:"质胜文则野①,文胜质则史②,文质彬彬③,然后君子。"

【注释】　①质:本质。文:文饰。对于人而言,固有的好品质为质,礼乐的修养为文。②史:虚浮不实。③彬彬:文质兼备的样子。

【译文】　孔子说:"质朴超过文采就显得粗俗,文采超过质朴就显得虚浮,文采和质朴搭配得当,这样才可以成为君子。"

【原文】　子曰:"人之生也直,罔①之生也幸而免。"

【注释】　①罔:诬罔不正的人。

【译文】　孔子说:"人的生存靠正直,不正直的人也能生存,是由于他侥幸免于祸害。"

【原文】　子曰:"知之者不如好之①者,好之者不如乐之者。"

【注释】　①之:古注认为"之"是指学习而言,实则这一认识对于一切事情都是有效的。当然在孔子那里最关心的事情还是修养道德。

【译文】　孔子说:"对于修养道德这件事,懂得它的人不如喜爱它的人,喜爱它的人不如以追求它为乐的人。"

【原文】　子曰:"中人以上,可以语上也;中人以下,不可以语上也。"

【译文】　孔子说:"中等智力以上的人,可以告诉他高深的学问;中等智力以下的人,不可以告诉他高深的学问。"

【原文】　樊迟问知。子曰:"务民之义①,敬鬼神而远之,可谓知矣。"

问仁。曰:"仁者先难而后获②,可谓仁矣。"

【注释】　①知:"智"的古体字。民之义:即民之宜,符合人民利益的事。②先难而后获:先经历实践的困难,而后才会有所得。

【译文】 樊迟问怎么样算是聪明。孔子说:"致力于做符合人民利益的事,敬奉鬼神但要离开他们远一些,可以说是聪明的了。"

又问怎么样算是有仁德。孔子说:"有仁德的人,先经历实践的困难,而后才会有所得,这样便可以说是具备仁了。"

【原文】 子曰:"知者乐水,仁者乐山;知者动,仁者静;知者乐,仁者寿。"①

【注释】 ①此章言智者和仁者的区别,同时指出智者和仁者的收获。

【译文】 孔子说:"聪明人喜欢流动的水,仁者喜欢稳重的山;聪明人性好动,仁者性好静;聪明人快乐,仁者长寿。"

【原文】 子曰:"齐一变,至于鲁①;鲁一变,至于道②。"

【注释】 ①鲁:《左传·昭公二十年》记载,韩宣子说:"周礼尽在鲁矣。"可见春秋时的鲁国是保存周礼和周代文化最多的国家。②道:即"天下有道,礼乐征伐自天子出"所指的"道",国家秩序完全掌握在最高统治者手中,等级制的礼制规定得到很好的遵守。

【译文】 孔子说:"齐国一变,就能达到像鲁国这样的礼乐之邦;鲁国一变,就能符合大道。"

【原文】 子曰:"觚不觚,觚哉!觚哉!"①

【注释】 ①觚:酒器,喇叭口,细腰,高圈足。此章是孔子慨叹觚发生变化,失去古制、古法。

【译文】 孔子说:"觚不像觚,还能算是觚吗?还能算是觚吗?"

【原文】 宰我问曰:"仁者,虽告之曰:'井有仁焉。'其从之也?"子曰:"何为其然也?君子可逝①也,不可陷也;可欺也,不可罔②也。"

【注释】 ①逝:同"折",往。②罔:迷惑。

【译文】 宰我问道:"有仁德的人,假如告诉他说:'井里有个仁人。'他会追随仁人跳下去吗?"孔子说:"为什么要那样做呢?君子可以被摧折,不可能被陷害;可以被行骗,不可能被愚弄。"

【原文】 子曰:"君子博学于文,约之以礼①,亦可以弗畔②矣夫。"

【注释】 ①博学于文,约之以礼:这两句说明孔子兼重学习和修身。②畔:通"叛"。

【译文】 孔子说:"君子广泛地学习历史文献,并且用礼来约束自己,也就可以不至于离经叛道了。"

【原文】 子见南子①,子路不说。夫子矢②之曰:"予所否者③,天厌之!天厌之!"

【注释】 ①南子:卫灵公夫人。把持卫国的政治,而且有不正当的行为,故名声不

好。②矢：通"誓"，发誓。③所：代词。誓词中对于指誓之事多用所字结构的词组。否：不当，不对。

【译文】 孔子去见卫灵公的夫人南子，子路不高兴。孔子发誓说："我若有不当之处，天厌弃我吧！天厌弃我吧！"

【原文】 子曰："中庸①之为德也，其至②矣乎！民鲜久矣。"

【注释】 ①中庸：折中，适当，不走极端。②至：至高无上。

【译文】 孔子说："中庸作为一种道德，是至高无上的了！百姓缺少它已经很久了。"

【原文】 子贡曰："如有博施于民而能济众，何如？可谓仁乎？"子曰："何事①于仁，必也圣乎！尧、舜其犹病诸！夫仁者，己欲立而立人，己欲达而达人。能近取譬，可谓仁之方也已。"

【注释】 ①事：止，仅。

【译文】 子贡说："如果有人能够做到博施恩惠给百姓，又能周济大众，怎么样呢？可以说是达到仁了吗？"孔子说："怎么会只是仁呢，一定是圣啊！尧舜对此或许还感到为难呢！至于仁，自己想成功，也让别人能成功；自己想通达，也让别人事事通达。能够在近处找到例子，推己及人地去做，可以说是实践仁德的方法了。"

述而第七

【题解】

本篇分为三十八章。主要包括以下几个方面内容：一、反映孔子对待古代文化的态度；二、表现孔子对不善行为的担忧；三、描述孔子居处时的状态；四、反映孔子对世事的担心；五、讲进德修业；六、反映孔子的处世谋略；七、反映孔子的富贵观；八、反映孔子对优秀古代文化的热爱；九、涉及孔子对古今人物的评价；十、孔子评价自己；十一、反映孔子对待自己与他人过错的态度；十二、表现君子与小人的区别。

【原文】 子曰："述①而不作，信而好古，窃比于我老彭②。"

【注释】 ①述：记述、陈述，承传旧说。作：创造，有所发明。②老彭：商代的贤大夫。

【译文】 孔子说："传述而不创作，相信并且喜欢古代文化，我私下里把自己比作老彭。"

【原文】 子曰："默而识①之，学而不厌，诲人不倦，何有②于我哉？"

【注释】 ①识：记住。②何有：还有什么，此外无他。

【译文】 孔子说:"默默地记住知识,勤奋学习而不厌烦,教导别人不知疲倦,除此之外,我还做了些什么呢?"

【原文】 子曰:"德之不修,学之不讲,闻义不能徙①,不善不能改,是吾忧也。"

【注释】 ①徙:趋赴。

【译文】 孔子说:"对于道德不能修养,对于学业不能讲习,听到正义不能奔赴,有了缺点不能改正,这些是我所担忧的。"

【原文】 子之燕居①,申申②如也,夭夭③如也。

【注释】 ①燕居:也作宴居,指古人退朝而处。②申申:整饬的样子。③夭夭:体貌和舒的样子。

【译文】 孔子在家闲居,整齐端庄,和舒自然。

【原文】 子曰:"甚矣吾衰也!久矣吾不复梦见周公①。"

【注释】 ①周公:姓姬,名旦,鲁国的始封之君。周文王的儿子,武王的弟弟,成王的叔父。武王死时,成王尚幼,周公即辅佐成王,制礼作乐,对国家安定强盛起到极大作用。周公是孔子最敬服的古代圣人之一,孔子把他视为周代文化的代表,把梦见周公视为盛世有望的吉兆,也把自己的命运同世事的兴衰联系在一起。

【译文】 孔子说:"我衰老得多么厉害呀!我已经很久都没有梦见周公了。"

【原文】 子曰:"志于道,据于德,依于仁,游于艺①。"

【注释】 ①游:游乐。古人认为学习之道,有张有弛,如《礼记·学记》曾说:"不兴其艺,不能乐学。故君子之于学也,藏焉,修焉,息焉,游焉。"艺:指礼、乐、射、御、书、数六艺。

【译文】 孔子说:"立志于'道',据守着'德',依据着'仁',而活动于礼、乐、射、御、书、数六艺中。"

【原文】 子曰:"自行束脩①以上,吾未尝无诲焉!"

【注释】 ①束脩:十条干肉。很微薄的见面礼。

【译文】 孔子说:"来拜见我的人,带着十条干肉以上的礼品的,我没有不加以教诲的。"

【原文】 子曰:"不愤不启①,不悱②不发;举一隅不以三隅反③,则不复④也。"

【注释】 ①愤:憋闷,心中渴望通达而未能实现。启:开导。②悱:想说而不能恰当说出来。③隅:方。方位一般有四方,"举一隅"而能"以三隅反"就是指能对各个方面有所了解。④复:还复。

【译文】 孔子说："教导学生,不到他心中渴望通达而自己不能实现的情况,不去开导;不到他想说却无法恰当说出来的时候,不去启发;不能做到告诉他一个方面,他就能推知其他三个方面的时候,就不再教导他。"

【原文】 子食于有丧者之侧,未尝饱也。

【译文】 孔子在死了亲人的人旁边吃饭,没有吃饱过。

【原文】 子于是日哭,则不歌①。

【注释】 ①据《礼记》记载,古时有"哭日不歌""吊于人,是日不乐"的礼制规定。

【译文】 孔子如果在这一天哭过,就不再唱歌。

【原文】 子谓颜渊曰:"用之则行,舍之则藏,惟我与尔有是夫!"

子路曰:"子行①三军,则谁与?"

子曰:"暴虎冯河②,死而无悔者,吾不与也。必也临事而惧,好谋而成者也。"

【注释】 ①行:为,在这里引申为统帅、治理。②暴虎:徒手与虎搏斗。冯河:徒步涉水过河。

【译文】 孔子对颜渊说:"如果任用我,就施展抱负;如果不用我,就藏身民间,只有我和你能够做到这样。"

子路说:"老师如果统领三军的话,那么跟谁共事呢?"

孔子说:"徒手与虎搏斗、徒步涉水过河,虽死而不后悔的人,我不跟他共事。我所共事的人,一定是遇事时谨慎小心,善于谋划而取得成功的人。"

【原文】 子曰:"富而可求也①,虽执鞭之士②,吾亦为之。如不可求,从吾所好。"

【注释】 ①而:如果。可求:主要指符合道义的求财方法。②执鞭之士:地位低下的官吏,在王、诸侯或有爵位的人出入时执鞭以趋避行人。

【译文】 孔子说:"财富如果是可以求得的,即使是执鞭这样的低级职务,我也愿意担任。如果不可以求得,那就按照我所爱好的行事吧。"

【原文】 子之所慎:齐①、战、疾。

【注释】 ①齐:"斋"的古体字,祭祀前清净身心以示虔诚。

【译文】 孔子慎重对待的事情有:斋戒、战事、疾病。

【原文】 子在齐闻《韶》,三月不知肉味。曰:"不图①为乐之至于斯也!"

【注释】 ①不图:不料,没想到。

【译文】 孔子在齐国听到《韶》乐,陶醉得长时间没有感到肉味鲜美,说:"没想到欣赏音乐竟能达到这样的境界。"

【原文】 冉有曰:"夫子为卫君乎①?"子贡曰:"诺。吾将问之。"

入,曰:"伯夷、叔齐何人也②?"曰:"古之贤人也。"曰:"怨乎?"曰:"求仁而得仁,又何怨!"

出,曰:"夫子不为也。"

【注释】 ①为:帮助。这里是赞成的意思。卫君:指卫出公辄,公元前492～481年在位。卫灵公之孙,太子蒯聩之子。根据《左传·定公十四年》及《春秋》哀公二年、哀公三年的记载:太子蒯聩冒犯了卫灵公夫人南子,出逃到晋国。卫灵公死,立辄为君。晋国的赵简子借口要把蒯聩送回卫国继位为君而侵略卫国。卫出公派兵抵抗入侵,同时也表示了不希望自己的父亲蒯聩归国即位。②伯夷、叔齐何人也:伯夷、叔齐,以互相谦让王位著称。这里子贡询问孔子对伯夷、叔齐的看法,得知孔子赞赏二人让位之贤,进而推测孔子一定会反对卫出公与自己的父亲蒯聩争夺王位的做法。

【译文】 冉有说:"先生赞成卫君吗?"子贡说:"好吧,我去问问先生。"

子贡进到孔子屋里,问道:"伯夷、叔齐是什么样的人?"孔子说:"古代的贤人。"又问道:"他们互相让位,都没能当成国君,后悔了吗?"孔子说:"他们追求的是仁德,得到的就是仁德,又后悔什么呢?"

子贡走出来,说:"先生不赞成卫君。"

【原文】 子曰:"饭疏食①,饮水②,曲肱③而枕之,乐亦在其中矣!不义而富且贵,于我如浮云④。"

【注释】 ①疏食:粗粮。②水:古时常以"汤"与"水"相对而言,汤是热水,水是冷水。③肱:胳膊。④如浮云:浮云远在天边,与我无关。

【译文】 孔子说:"吃粗粮,喝冷水,弯着胳膊当枕头,快乐也就在其中了!干不正当的事获得的富贵,对我而言就如同天边的浮云。"

【原文】 子曰:"加我数年,五十以学《易》①,可以无大过矣。"

【注释】 ①《易》:古代的占卜书,其中的卦辞和爻辞是孔子之前的作品。

【译文】 孔子说:"让我多活几年,到五十岁时去学习《易》,可以没有大过错了。"

【原文】 子所雅言①,《诗》《书》②、执礼,皆雅言也。

【注释】 ①雅言:通行的标准语。②《书》:即《尚书》,是上古时期誓、诰、命、谟等记言的历史文件和部分追述古代事迹的著作的汇编。

【译文】 孔子有用普通话的时候,诵《诗》读《书》、行礼,都用普通话。

【原文】 叶公问孔子于子路①,子路不对。子曰:"女奚不曰:其为人也,发愤忘食,

乐以忘忧,不知老之将至云尔②。"

【注释】 ①叶:楚国地名,在今河南叶县南三十里。公:楚国国君称王,大夫和地方官则称公。叶公是叶地的长官沈诸梁,字子高。《左传》定公、哀公之间有关于他的记载。②云尔:如此罢了。

【译文】 叶公向子路询问孔子是个怎样的人,子路没有回答。孔子说:"你为什么不这样说:他的为人呀,发愤读书,忘记了吃饭,自得其乐,忘记了忧愁,以至于不知道衰老将要到来,如此罢了。"

【原文】 子曰:"我非生而知之者,好古,敏以求之者也。"

【译文】 孔子说:"我不是天生就有知识的人,而是爱好古代文化,勤勉求学获取知识的人。"

【原文】 子不语怪、力、乱、神。

【译文】 孔子不谈论怪异、强力、暴乱、鬼神。

【原文】 子曰:"三人行,必有我师焉!择其善者而从之,其不善者而改之。"①

【注释】 ①此章表现孔子善于向人学习好的方面,也善于吸取别人失败的教训。

【译文】 孔子说:"三人同行,一定有我可以取法的人在其中。选取他们的优点跟着做,了解他们的缺点自己注意改正不犯。"

【原文】 子曰:"天生德于予,桓魋其如予何①?"

【注释】 ①桓魋:宋国的司马向魋,因为是宋桓公的后代,所以又叫桓魋。关于此章的背景,《史记·孔子世家》记载:孔子离开曹国,到了宋国,和弟子们在大树下讲习礼仪。司马向魋想要害死孔子,撼动大树。孔子离开时,弟子们希望他走快些。于是孔子说了这段话。

【译文】 孔子说:"天把道德降生在我的身上,桓魋能把我怎么样呢?"

【原文】 子曰:"二三子以我为隐①乎?吾无隐乎尔。吾无行而不与二三子者②,是丘也。"

【注释】 ①隐:隐瞒。②行:行动,作为。孔子重身教,轻言传,即使是言传也总是注重启发而不是直接给出答案,以至于引起弟子们的怀疑,认为孔子在教学上有所隐瞒。其实不然,这正是孔子教学方式的特别之处。

【译文】 孔子说:"你们这些学生以为我有所隐瞒吗?我对你们没有隐瞒呀。我没有任何行为不向你们公开的,这正是我的特点。"

【原文】 子以四教:文、行、忠、信。

【译文】 孔子从四个方面来教育学生:历史文献,生活实践,待人忠诚,讲究信用。

【原文】 子曰:"圣人①,吾不得而见之矣;得见君子②者,斯可矣。"

子曰:"善人,吾不得而见之矣;得见有恒③者,斯可矣。亡而为有,虚而为盈,约而为泰④,难乎有恒矣。"

【注释】 ①圣人:孔子很少以"圣"来赞许人。②君子:即有仁德的人。③恒:恒心。④泰:宽裕。

【译文】 孔子说:"圣人,我不能见到了;能够见到君子,就可以了。"

孔子说:"善人,我不能见到了;能够见到有恒心向善的人,就可以了。没有却装作有,空虚却装作充实,穷困却装作富裕,这样的人是难以有恒心向善的。"

【原文】 子钓而不纲①,弋②不射宿。

【注释】 ①纲:用大绳横遮流水,绳上再排列系钩来钓鱼,这种方法叫纲。②弋:用带绳的箭射鸟。宿:指归宿的鸟。

【译文】 孔子钓鱼,不用系满钓钩的大绳来捕鱼;用带丝绳的箭来射鸟,不射归巢的鸟。

【原文】 子曰:"盖有不知而作之者,我无是也。多闻,择其善者而从之;多见而识之,知之次也①。"

【注释】 ①知之次也:孔子认为:"生而知之者,上也;学而知之者,次也",而他自己就是学而知之者。

【译文】 孔子说:"大概有不知所以就敢凭空创作的人吧,我没有这样的毛病。多听,选择其中的好东西遵从;多看,并且用心记住,这样的'知'属于次一等的'知'。"

【原文】 互乡①难与言,童子见,门人惑。子曰:"与②其进也,不与其退也。唯何甚!人洁己以进,与其洁也,不保③其往也。"

【注释】 ①互乡:地名,现在已不知其所在。②与:赞成。③保:拘守。

【译文】 互乡的人很难跟他们讲话,有一个童子得到孔子的接见,弟子们感到疑惑。孔子说:"赞成他的进步,不赞成他的退步。何必做得太过分呢?别人洁身自爱以求进步,我是赞成他的清洁,不只记他过去的不好。"

【原文】 子曰:"仁远乎哉?我欲仁,斯仁至矣!"

【译文】 孔子说:"仁德离我们很远吗?我想要达到仁德的境界,仁德就会到来。"

【原文】 陈司败①问:"昭公②知礼乎?"孔子曰:"知礼。"

孔子退,揖③巫马期而进之,曰:"吾闻君子不党④,君子亦党乎?君取⑤于吴,为同

姓⑥，谓之吴孟子⑦。君而知礼，孰不知礼?"

巫马期以告。子曰:"丘也幸⑧，苟有过，人必知之。"

【注释】 ①陈司败:一说是人名，齐国大夫。一说是司败为官名，陈国大夫。详细情况今已不可知。②昭公:鲁昭公，名裯，襄公庶子，公元前541~510年在位。昭是谥号。③揖:拱手行礼。巫马期:孔子弟子。姓巫马，名施，字子期。④党:偏私，偏袒。⑤取:"娶"的古体字。⑥为同姓:鲁为周公的后代，吴为太伯的后代，都是姬姓。⑦吴孟子:当时国君夫人的称号，一般是生长之国的国名加上本姓。鲁昭公娶于吴，夫人的名字应该是吴姬。但是，昭公娶于吴违背了"同姓不婚"的礼制，因此讳称夫人为吴孟子。⑧幸:指有人指出自己的错误，让自己可以改过，乃是幸事。

【译文】 陈司败问:"鲁昭公懂得礼吗?"孔子说:"懂得礼。"

孔子走了以后，陈司败向巫马期作揖，请他走近自己，说:"我听说君子没有偏私，难道君子也偏私吗?鲁君从吴国娶了夫人，因为是自己的同姓，因此讳称夫人为吴孟子。鲁君如果算是懂得礼，还有谁不懂得礼呢?"

巫马期把这番话告诉了孔子。孔子说:"我孔丘幸运啊，一旦有了过错，人家一定会知道。"

【原文】 子与人歌而善，必使反之，而后和之。

【译文】 孔子跟别人一起唱歌，如果唱得好，一定请人重新唱一遍，然后自己再跟着唱一遍。

【原文】 子曰:"文，莫①吾犹人也。躬行②君子，则吾未之有得。"

【注释】 ①莫:大约。②躬行:身体力行。

【译文】 孔子说:"文章的学问，我跟别人差不多。身体力行完全达到君子的标准，那我还没有做到。"

【原文】 子曰:"若圣与仁，则吾岂敢! 抑①为之不厌，诲人不倦，则可谓云尔已矣!"公西华曰:"正唯弟子不能学也!"

【注释】 ①抑:只不过。

【译文】 孔子说:"如果说到圣和仁，那我怎么敢当! 不过是学习不知道满足，教诲别人不觉得疲倦，只能说是如此罢了。"公西华说:"这正是学生们学不到的。"

【原文】 子疾病，子路请祷。子曰:"有诸?"子路对曰:"有之。《诔》①曰:'祷尔于上下神祇②。'"子曰:"丘之祷久矣。"

【注释】 ①诔:向鬼神祈福的祷文。②祇:地神。

【译文】 孔子得了重病,子路请求为他祈祷。孔子说:"有这样的事吗?"子路说:"有的。《诔》文上说:'为你向天地神灵祈祷。'"孔子说:"我很久以前就在祈祷了。"

【原文】 子曰:"奢则不孙①,俭则固②。与其不孙也,宁固。"

【注释】 ①孙:"逊"的古体字,谦让,恭顺。②固:鄙陋。

【译文】 孔子说:"奢侈就会不谦让,节俭就会鄙陋。与其不谦让,宁可鄙陋。"

【原文】 子曰:"君子坦荡荡①,小人长戚戚②。"

【注释】 ①荡荡:广大的样子。②戚戚:幽怨。

【译文】 孔子说:"君子心地平坦宽广,小人心中长怀幽怨。"

【原文】 子温而厉,威而不猛,恭而安。

【译文】 孔子温和而又严肃,有威严但不凶猛,恭敬而且安详。

泰伯第八

【题解】

本篇论及古代对贤,从中可以看出孔子的政治理想:提倡德治,主张帝位禅让;还强调礼数;记曾子言行,可从中窥见曾子也是重视道德、讲究礼仪的人;讲学习修德的过程;主张以身教民,反对空言说教;提倡谦虚之德;讲学习的目的与态度;反映孔子的处世观和富贵观;还有是对音乐的评价。

【原文】 子曰:"泰伯①,其可谓至德也已矣!三以天下让,民无得而称焉。"

【注释】 ①泰伯:也作"太伯",周朝祖先古公亶父的长子。古公有三个儿子,太伯、仲雍、季历。季历的儿子就是周文王姬昌。传说古公亶父想把君位传给季历,因为季历的儿子姬昌有圣瑞。太伯了解到父亲的想法,就在古公亶父重病时带着弟弟仲雍出走(到句吴自立为吴太伯,成为后来吴国的始祖),从而使王位通过季历传给了姬昌,再到姬昌的儿子姬发(即周武王)便灭了殷商,一统天下。

【译文】 孔子说:"泰伯啊,那可以说是道德最高的了。屡次把天下让给弟弟季历,老百姓想不出合适的语言来称赞他。"

【原文】 子曰:"恭而无礼则劳①,慎而无礼则葸②,勇而无礼③则乱,直而无礼则绞④。君子笃于亲,则民兴于仁;故旧不遗⑤,则民不偷⑥。"

【注释】 ①劳:烦扰不安。②慎而无礼:即过分小心。葸:畏缩,胆怯。③勇而无礼:即鲁莽之勇,子路常常如此,故孔子对他时有批评。④绞:尖刻刺人。⑤遗:抛弃。⑥偷:

情意淡薄,不厚道。

【译文】 孔子说:"恭敬而不符合礼的规定就会烦扰不安,谨慎而不符合礼的规定就会胆怯,勇敢而不符合礼的规定就会违法作乱,直率而不符合礼的规定就会尖刻伤人。君子厚待自己的亲人,老百姓就会培养仁德;君子不遗弃自己的老朋友,老百姓就不会待人薄情。"

【原文】 曾子有疾,召门弟子曰:"启予足①!启予手!《诗》云:'战战兢兢②,如临深渊,如履薄冰。'而今而后,吾知免③夫!小子!"

【注释】 ①启:同"啓",视。②战战兢兢,如临深渊,如履薄冰:出自《诗·小雅·小旻》。③免:免于祸害刑戮。曾参以孝著称,而保全身体是孝道的重要内容,如《孝经》说:"身体发肤,受之父母,不敢毁伤。"曾参将死,却说出自己可以免于刑戮伤害,可知他所生活的时代多么祸乱凶险。

【译文】 曾参生病了,召集自己的弟子,说:"看看我的脚!看看我的手!《诗经》说:'战战兢兢的,就好像面临着深渊一样,就好像踩在薄冰上一样。'从今以后,我才知道自己可以免于伤害了!学生们呀!"

【原文】 曾子有疾,孟敬子①问之。曾子言曰:"鸟之将死,其鸣也哀;人之将死,其言也善。君子所贵乎道者三:动②容貌,斯远暴慢矣③;正颜色,斯近信矣;出辞气,斯远鄙倍矣④。笾豆之事⑤,则有司⑥存。"

【注释】 ①孟敬子:鲁国大夫仲孙捷。②动:作,这里指整肃。③暴:粗暴无礼。慢:懈怠不敬。④鄙:粗野,鄙陋。倍:通"背",背离,不合礼仪。⑤笾:古代祭祀时盛食品的竹制器皿,高脚,上面圆口似碗。豆:古代盛有汁食物的木制器皿,形似笾,有盖。祭祀时也可用。"笾豆之事"代表礼仪中的细节。⑥有司:主管具体事务的小官吏。

【译文】 曾参生病了,孟敬子探问他。曾参说:"鸟快要死时,它的叫声是悲哀的;人快要死时,他说的话是善意的。君子注重的礼仪之道有三点:修饰容貌,就会远离粗率和懈怠;端正脸色,就会接近诚信;讲究言辞语调,就会远离粗野无礼。至于笾豆之类的礼仪细节,自有主管人员负责。"

【原文】 曾子曰:"以能问于不能,以多问于寡;有若无,实若虚,犯而不校,昔者吾友①尝从事于斯矣。"

【注释】 ①吾友:旧注多以为指颜回。

【译文】 曾参说:"身为有能力的人向能力差的人请教,身为博学多闻的人向知识少的人请教;有却像没有一样,充实却像空虚一样,受到冒犯并不计较,从前我的学友曾经

努力做到这些。"

【原文】 曾子曰:"可以托六尺①之孤,可以寄百里之命②,临大节③而不可夺也,君子人与? 君子人也。"

【注释】 ①六尺:古代尺短,六尺仅相当于今天的四尺一寸四分,即一百三十八厘米。身高六尺者即未成年人。②寄百里之命:指委以国政。百里,方圆百里之地,指诸侯国。③大节:重大事情。

【译文】 曾参说:"可以把年幼的孤儿托付给他,可以把国家的政令委任给他,面临重大的事情而不能够动摇他的志向,这种人是君子吗? 这种人是君子。"

【原文】 曾子曰:"士不可以不弘毅①,任重而道远。仁以为己任,不亦重乎? 死而后已,不亦远乎?"

【注释】 ①弘毅:刚强果断。

【译文】 曾参说:"士人不可以不刚强果断,因为责任重大、路途遥远。以实行仁德为自己的责任,不是担子很重大吗? 直到死才能停止,不是路途遥远吗?"

【原文】 子曰:"兴①于《诗》,立于礼,成于乐。"

【注释】 ①兴:起,开始。

【译文】 孔子说:"开始于《诗》,立身于礼,完成于乐。"

【原文】 子曰:"民可使由之①,不可使知之。"②

【注释】 ①由:跟从。②此章显示孔子教民的方法是身教。统治者的行为对于百姓的行为有示范作用,只是教导百姓向善是不够的,如果自己率先向善而让百姓照着行事,结果更好些。

【译文】 孔子说:"老百姓可以让他们跟着行事,不能够只让他们知道空泛的道理。"

【原文】 子曰:"好勇①疾贫,乱也。人而不仁,疾之已甚,乱也。"

【注释】 ①好勇:即"勇而无礼",喜欢勇力而不讲礼数。

【译文】 孔子说:"好勇却憎恶贫穷,就会造成祸乱。对于不仁的人,如果痛恨得太过分,就会造成祸乱。"

【原文】 子曰:"如有周公之才之美,使①骄且吝,其余不足观也已。"

【注释】 ①使:假使。

【译文】 孔子说:"如果有周公旦那样的才能和美质,假如骄傲而且吝啬,其他的优点也就不值得看了。"

【原文】 子曰:"三年学,不至于谷①,不易得也。"

【注释】 ①谷:古代以谷米作为俸禄。

【译文】 孔子说:"读书三年,还没有当官受禄的念头,这是难得的。"

【原文】 子曰:"笃信好学,守死善道。危邦不入,乱邦不居。天下有道则见①,无道则隐。邦有道,贫且贱焉,耻也。邦无道,富且贵焉,耻也。"②

【注释】 ①见:"现"的古体字。②此章反映孔子的处世观和富贵观。

【译文】 孔子说:"坚信不疑,努力学习,至死持守真理。危险的国家不进入,动乱的国家不居留。天下政治清明时就出来做官,政治混乱时就隐居。国家政治清明,如果自己贫穷而低贱,就是耻辱。国家政治混乱,如果自己富裕而尊贵,就是耻辱。"

【原文】 子曰:"不在其位,不谋其政。"

【译文】 孔子说:"不居于那个职位,就不考虑它的政务。"

【原文】 子曰:"师挚之始①,《关雎》之乱②,洋洋③乎盈耳哉!"

【注释】 ①师挚:鲁国的乐师,名挚。始:乐曲的开端,即序曲。古代奏乐,开端叫作"升歌",一般由太师演奏,所以叫"师挚之始"。②乱:乐曲的结尾一段,由多种乐器合奏,故称"乱"。结尾时演奏《关雎》的乐章,叫作"《关雎》之乱"。③洋洋:美好盛大的样子。

【译文】 孔子说:"从太师挚开始演奏的乐曲,到结尾时的《关雎》乐,都美好而盛大,充满双耳啊!"

【原文】 子曰:"狂①而不直,侗而不愿②,悾悾③而不信,吾不知之矣。"

【注释】 ①狂:狂放。②侗:无知。愿:质朴。③悾悾:诚恳的样子。

【译文】 孔子说:"狂放却不直率,无知而不老实,诚恳却不信实,我不知道这种人。"

【原文】 子曰:"学如不及,犹恐失之。"①

【注释】 ①此章表现孔子勤奋好学的态度。

【译文】 孔子说:"学习起来就好像总怕赶不上似的,还怕丢掉了应该学习的东西。"

【原文】 子曰:"巍巍乎!舜、禹之有天下也,而不与①焉。"

【注释】 ①与:参与。这里有享受的意思。

【译文】 孔子说:"高大啊!舜、禹拥有天下,却不独享政权。"

【原文】 子曰:"大哉!尧之为君也!巍巍乎!唯天为大,唯尧则①之。荡荡乎!民无能名焉。巍巍乎!其有成功②也!焕乎!其有文章③!"

【注释】 ①则:效法。②成功:大功绩。③文章:礼乐法度。

【译文】 孔子说:"伟大啊!尧作为君主!好高大啊!只有天最大,只有尧能够效法

天。广阔浩大啊！百姓们没有能够赞美他的语言。多么高大啊！他所取得的功绩。光彩啊！他所制定的礼乐法度。"

【原文】 舜有臣五人①而天下治。武王曰："予有乱臣十人②。"孔子曰："才难，不其然乎？唐、虞③之际，于斯为盛。有妇人焉，九人而已。三分天下有其二④，以服事殷。周之德，其可谓至德也已矣。"

【注释】 ①五人：指禹、稷、契、皋陶、伯益。②乱：治理天下的人才。十人：周公旦、召公奭、太公望、毕公、荣公、大颠、闳夭、散宜生、南公适、文王妃太姒。③唐：尧的国号。虞：舜的国号。④三分天下有其二：周文王原是殷商的诸侯，居雍州。因为施行仁政，天下三分之二的地区都归附于他。

【译文】 舜有五位能臣，天下太平。周武王说："我有治国人才十名。"孔子说："人才难得，不是这样的吗？尧帝舜帝以下，武王时的人才最兴盛。其中还有一名是妇女，男子只有九个人罢了。文王做诸侯的时候已经得到了天下三分之二的土地，仍然能够向殷商称臣。周的道德，可以说是最高的了。"

【原文】 子曰："禹，吾无间①然矣。菲②饮食，而致孝乎鬼神；恶衣服，而致美乎黻冕③；卑宫室，而尽力乎沟洫④。禹，吾无间然矣！"

【注释】 ①间：非议。②菲：微薄。③黻：祭祀时穿的礼服。冕：帽子，这里指祭祀时戴的礼帽。④沟洫：沟渠，这里指疏导河流、治理洪水。

【译文】 孔子说："禹啊，我对他没有可非议的。自己吃得很少，却用丰盛的祭品向鬼神尽孝心；自己穿得很差，却把祭祀用的礼服做得很华美；自己住低矮的房子，却为疏导河流、治理洪水而尽力。禹啊，我对他没有可非议的。"

子罕第九

【题解】

本篇以论学的内容为多，主要讲孔子学问的内容；介绍孔子进知的方法；强调持之以恒的态度的重要性；以及进学的不同境界等等。

【原文】 子罕言利，与①命，与仁。

【注释】 ①与：许，赞同。

【译文】 孔子很少谈到利，相信命定，赞许仁德。

【原文】 达巷党①人曰："大哉孔子！博学而无所成名②。"子闻之，谓门弟子曰："吾

43

何执③？执御乎？执射乎？吾执御矣。"

【注释】　①达巷党：名叫达的巷子。巷党，里巷。②成名：定名，专长某事而以此成名。③执：专持。

【译文】　达巷的人说："博大啊，孔子！学问广博，却不是以某种专长成名。"孔子听说后，对自己的学生们说："我专掌什么呢？专掌驾车呢？还是专掌射箭呢？我专掌驾车好了。"

【原文】　子曰："麻冕①，礼也；今也纯②，俭③，吾从众。拜下④，礼也；今拜乎上，泰⑤也。虽违众，吾从下。"

【注释】　①麻冕：用麻布做的帽子。②纯：黑色的丝。③俭：根据礼的规定，用麻做礼帽，需要两千四百缕经线。而麻线较粗，制作起来非常费工。丝线细，相比而言反而俭省。④拜下：根据礼的规定，臣子向君主行礼时先在堂下磕头，然后升堂再磕头。⑤泰：骄纵。

【译文】　孔子说："麻布做的礼帽，是符合礼的。如今都用丝来做，这样俭省，我跟从大家的做法。臣子拜见君主，先在堂下行礼，是符合礼的。如今都在堂上拜，太骄纵了。虽然违背大家的做法，我还是在堂下行礼。"

【原文】　子绝四：毋意①，毋必②，毋固，毋我。

【注释】　①意：凭空猜度。②必：必须如此，不知变通。

【译文】　孔子杜绝四种毛病：不凭空猜度，不毫无变通，不拘泥固执，不主观武断。

【原文】　子畏于匡①。曰："文王既没，文不在兹乎？天之将丧斯文也，后死者②不得与③于斯文也；天之未丧斯文也，匡人其如予何？"

【注释】　①子畏于匡：根据《史记·孔子世家》的记载：孔子离开卫国，准备去陈国，路过匡地。匡人曾经受过鲁国阳货的伤害，而孔子长得很像阳货，就被匡人误认为是阳货而遭围困。畏，围困。匡，邑名。据《左传》记载有多处。这里是指卫国的匡，大约就是今河南长垣西南十五里的匡城。②后死者：孔子自称。文：指礼乐制度。③与：接触，得到。

【译文】　孔子在匡地被围困，说："文王已经死了，周代的礼乐制度不都在我这里吗？天如果要毁灭这些文明，像我这样的人就不应该得到这些文明；天如果不想毁灭这些文明，匡人又能把我怎么样呢？"

【原文】　太宰①问于子贡曰："夫子圣者与？何其多能②也？"子贡曰："固天纵③之将圣，又多能也。"

子闻之,曰:"太宰知我乎!吾少也贱,故多能鄙事④。君子多乎哉?不多也。"

【注释】 ①太宰:官名,又称冢宰。本指天子的六卿之一,辅佐帝王治理国家,执掌百官。春秋时各国也多设此职。②能:技艺。③纵:舍。将:大。④鄙事:指技艺而言。技艺属于小道,因此称为"鄙事"。因为不足以与圣人的才能联系在一起,所以太宰有这样的疑问。

【译文】 太宰问子贡说:"孔夫子该是位圣人了吧?为什么他会那么多才多艺呢?"子贡说:"这本来是上天让他成为大圣人的,同时又让他会很多技艺。"

孔子听到了,说:"太宰了解我吗?我年少的时候低贱,因此才学会了许多技艺。君子所掌握的技艺多吗?不多的。"

【原文】 牢①曰:"子云:'吾不试②,故艺。'"

【注释】 ①牢:人名。郑玄以为是孔子弟子,但不见于《史记·仲尼弟子列传》。今存疑。②试:用。指用世,做官。

【译文】 牢说:"孔子说:'我不被任用做官,所以学了些技艺。'"

【原文】 子曰:"吾有知乎哉?无知也。有鄙夫问于我,空空①如也;我叩②其两端而竭焉。"

【注释】 ①空空:通"悾悾",诚恳的样子。②叩:询问。两端:事物的两极,两种过度的倾向。《中庸》中说:"舜执其两端用其中于民",可与此说参证。

【译文】 孔子说:"我有知识吗?没有知识啊!有个粗鄙的人来向我询问,非常诚恳的样子。我就向他询问事物的两极,以穷尽事物的面貌让他知道。"

【原文】 子曰:"凤①鸟不至,河不出图②,吾已矣夫!"

【注释】 ①凤:传说中的神瑞之鸟,雄为凤,雌为皇(凰)。它的出现标志盛世到来。②河:古时专指黄河。图:花纹。《尚书·顾命》中河图与大玉、夷玉、天球等并列而言,可知河图也是玉石一类的质地,上面有自然成形的神秘花纹。《周易·系辞上》说:"河出图,洛出书,圣人则之。"说明古时以"河出图"为盛世的征兆。

【译文】 孔子说:"凤凰不到来,河图不出现,我的命要完结了吧!"

【原文】 子见齐衰①者、冕衣裳者与瞽者②,见之,虽少,必作③;过之,必趋④。

【注释】 ①齐衰:古代丧服,用熟麻布做成,下边缝齐,故名齐衰。服丧的等级次于斩衰。齐衰也分等,有齐衰三年,为慈母、继母服;齐衰一年,为祖父母、妻、庶母服;齐衰五月,为曾祖父母服;齐衰三月,为高祖父母服。②衣裳:古时上衣称衣,下衣称裳,相当于现在的裙。瞽:目盲。③作:起,站起来。④趋:低头弯腰、小步快走,表示恭敬的一种

45

走路姿势。

【译文】　孔子遇到穿丧服的人、穿戴着礼帽礼服的人和盲人,见到他们,即使是少年,一定会站起来;经过他们时,一定会小步快走以示恭敬。

【原文】　颜渊喟然叹曰①:"仰之弥高,钻之弥坚,瞻之在前,忽焉在后②!夫子循循然善诱人,博我以文,约我以礼,欲罢不能。既竭吾才,如有所立③卓尔。虽欲从之,末④由也已!"

【注释】　①喟然:长叹的样子。叹:赞叹。②"仰之弥高"四句:形容孔子的学说高妙难测,无所不在。③所立:孔子有新的创立。④末:无。

【译文】　颜渊长叹着称赞道:"老师的学说,越是仰望就越觉得高大,越是钻研就越觉得坚实。眼看着它在前面,忽而又在后面。老师循序渐进地善于诱导人,用广博的文化知识来充实我,用一定的礼节来约束我,想要停下来也不可能。我已经用尽了我的才能,好像立在我面前的东西十分崇高,虽然想要跟在后面,又没有途径可以做到。"

【原文】　子疾病,子路使门人为臣①。病间②,曰:"久矣哉,由之行诈也!无臣而为有臣③,吾谁欺?欺天乎?且予与其死于臣之手也,无宁④死于二三子之手乎!且予纵不得大葬,予死于道路乎?"

【注释】　①臣:治丧的专人。②间:病痊愈或好转。③无臣而为有臣:按照礼的规定,诸侯、大夫死时才能有臣治丧。孔子此时没有官职,故不能由臣为他治丧。④无宁:宁。无,助词,无实义。

【译文】　孔子得了重病,子路让孔子的学生充当治丧的臣。病好了之后,孔子说:"仲由搞欺骗,已经太久了啊!我本来不应该有治丧的臣却设立了治丧的臣,让我欺骗谁呢?欺骗天吗?况且我与其死在治丧之臣的手里,还不如死在你们这些弟子的手里呢!我纵然不能用诸侯、大夫那样隆重的葬礼,难道我还会死在道路上吗?"

【原文】　子贡曰:"有美玉于斯,韫椟而藏诸①,求善贾而沽诸②?"子曰:"沽之哉!沽之哉!我待贾者也!"

【注释】　①韫:藏。椟:匣子。诸:"之乎"的合音。②贾:商人。沽:卖。

【译文】　子贡问道:"有一块美玉在那里,是把它藏在匣子里呢?还是等待一个识货的商人卖了它?"孔子说:"卖了它啊!卖了它啊!我就是在等待买主呢!"

【原文】　子欲居九夷①。或曰:"陋,如之何!"子曰:"君子居之,何陋之有?"②

【注释】　①夷:古代对于东方落后部落的称谓。②此章表明孔子想用先进文化改变文化落后地区面貌的自信态度。

【译文】　孔子想要到九夷之地居住。有人说:"那地方太简陋了,怎么住呢?"孔子说:"君子居住的地方,怎么会简陋呢?"

【原文】　子曰:"吾自卫反鲁^①,然后乐正^②,《雅》《颂》^③各得其所。"

【注释】　①自卫反鲁:根据《左传》的记载,此事发生在鲁哀公十一年(公元前484),孔子已68岁。②乐正:整理音乐。包括两方面的内容:一是正乐章,确定各种音乐所适用的场合;一是正乐音,对音调、节奏都给予符合其功能的定位。③《雅》《颂》:最初是乐曲分类的类名。《雅》乐是周天子王城附近的音乐,具有民歌的特征,但因为使用的是"雅"音(普通话、标准语之类),又与各地的方言民歌相区别。《颂》乐用于宗庙祭祀,乐曲节奏缓慢,乐调庄严肃穆。《雅》《颂》音乐都有与之伴唱的歌辞,这些歌辞经过整理被收集在《诗经》中流传下来。时至今日,由于古乐早已失传,这些音乐的具体样式已不可考知,只剩下《诗经》中记载的歌辞可以辅助我们推测其作为音乐门类的基本特征。

【译文】　孔子说:"我从卫国回到鲁国,然后音乐才得到整理,《雅》《颂》各自归于它们应在的位置。"

【原文】　子曰:"出则事公卿,入则事父兄,丧事不敢不勉,不为酒困^①,何有于我哉!"

【注释】　①困:乱。

【译文】　孔子说:"出外做官就侍奉公卿,回家隐居就侍奉父兄,办丧事不敢不尽力,不被酒所惑乱,除此之外,对于我还有些什么呢?"

【原文】　子在川上曰:"逝者^①如斯夫! 不舍昼夜。"

【注释】　①逝者:指逝去的光阴。

【译文】　孔子在河边感叹道:"逝去的时光就像这河水一样啊! 日夜不停地流去。"

【原文】　子曰:"吾未见好德如好色者也。"

【译文】　孔子说:"我没有见过追求道德像追求女色一样努力的人。"

【原文】　子曰:"譬如为山,未成一篑^①,止,吾止也! 譬如平地,虽覆一篑,进,吾往也!"

【注释】　①篑:盛土的竹筐。未成一篑,差一筐土没有完成。这是古时常用的比喻,《尚书·旅獒》中也有"为山九仞,功亏一篑"的说法,用以说明持之以恒的努力才是成功的决定条件。

【译文】　孔子说:"好比堆土成山,还差一筐土没有堆上去,停止不做,这是自己停止的。好比平地堆山,虽然刚刚倒下第一筐土,有志于前进,这是自己要前进的。"

【原文】　子曰："语之而不惰者,其回也与!"

【译文】　孔子说:"跟他讲学问能够始终不懈怠的,大概只有颜回一个人吧。"

【原文】　子谓颜渊,曰:"惜①乎,吾见其进也,未见其止也!"

【注释】　①惜:这里是孔子惋惜颜回早死。

【译文】　孔子评价颜渊,说:"可惜呀他死得太早,我只看见他不断地进取,从没有看见过他停止不前。"

【原文】　子曰:"苗而不秀①者有矣夫!秀而不实者有矣夫!"

【注释】　①秀:谷类作物柚穗开花。

【译文】　孔子说:"发芽出苗而没有抽穗开花的情况是有的啊!抽穗开花而没有成熟结籽的情况是有的啊!"

【原文】　子曰:"后生可畏,焉知来者之不如今也?四十、五十①而无闻焉,斯亦不足畏也已!"

【注释】　①四十、五十:这是孔子理想人生中的两个重要年岁,四十岁时应该"不惑"、万万不可被人所厌恶,五十岁时应该"知天命"、不应有大过。

【译文】　孔子说:"年轻人是值得敬畏的,怎么知道后来的人赶不上今天的人呢?如果四五十岁时还没有名声,这也就不值得敬畏了。"

【原文】　子曰:"法①语之言,能无从乎?改之为贵。巽②与之言,能无说乎?绎③之为贵。说而不绎,从而不改,吾末如之何也已矣!"

【注释】　①法:严肃。②巽:通"逊",谦逊恭顺。③绎:寻求头绪,推究。

【译文】　孔子说:"严肃地说出来的话,能不顺从吗?以能够帮助自己改正错误为可贵。谦逊恭顺的话,能不让人高兴吗?以能够分析一下是否对自己有帮助为可贵。只知道高兴却忘了分析,只知道顺从却无所改正,这种人我是没有什么办法了。"

【原文】　子曰:"主忠信,毋友不如己者,过则勿惮改。"

【译文】　孔子说:"恪守忠诚信实的道德要求,不与道德上不如自己的人交往,有了错误就不要怕改正。"

【原文】　子曰:"三军①可夺帅也,匹夫不可夺志也。"

【注释】　①三军:军队的通称。

【译文】　孔子说:"人数众多的军队,有可能被夺去它的主帅;一个普通人,却不能强迫他改变志向。"

【原文】　子曰:"衣敝缊袍①,与衣狐貉②者立,而不耻者,其由也与!'不忮不求③,

何用不臧？'"子路终身诵之。子曰："是道也，何足以臧？"

【注释】　①衣：穿着。缊：旧絮。当时的絮是丝绵，棉花出现得较晚。这里指衣服破旧。②狐貉：泛指名贵的皮毛。③不忮不求，何用不臧：《诗经·邶风·雄雉》中的句子。忮，嫉恨。臧，善。

【译文】　孔子说："穿着丝絮破烂的旧袍子，与穿名贵皮毛衣服的人站在一起，却不感到耻辱的人，大概只有仲由吧！《诗经》里说：'不嫉妒，不贪求，为什么不好？'"子路于是总是念叨这两句诗。孔子又说："仅仅这样，怎么能算是好呢？"

【原文】　子曰："岁寒，然后知松柏之后凋也。"

【译文】　孔子说："天冷了，才能知道松柏树是最后落叶的。"

【原文】　子曰："知者不惑，仁者不忧①，勇者不惧。"

【注释】　①知，"智"的古体字。不忧：不忧愁。有仁德的人安贫乐道，所以不会因为贫穷而忧愁。有仁德的人问心无愧。所以不会因为自己的行为而忧愁。

【译文】　孔子说："有智慧的人不迷惑，有仁德的人不忧愁，有勇气的人不恐惧。"

【原文】　子曰："可与共学，未可与适①道；可与适道，未可与立；可与立，未可与权②。"

【注释】　①适：到……去。②权：权变，根据情况而变通。

【译文】　孔子说："可以跟他一起学习，未必可以跟他一起达到道的要求；可以跟他一起达到道的要求，未必可以跟他一起按照规定行事；可以跟他一起按照规定行事，未必可以跟他一起权衡情况有所变通。"

【原文】　"唐棣之华，偏其反而。岂不尔思？室是远而①。"子曰："未之思也，夫何远之有？"②

【注释】　①唐棣之华，偏其反而。岂不尔思？室是远而：此四句是佚诗。唐棣，树名，又作常棣，果实似樱桃。华，花。偏，通"翩"。反，通"翻"。②此章比喻思仁。仁德并非遥不可及，只要自己衷心向往、努力实践，一定可以达到仁德之境。

【译文】　有诗句这样说："唐棣树的花，翩翩地摇摆。哪里是不想念你啊？你家实在是太远了。"孔子说："没有想念他呀，真的想念的话，有什么远的呢？"

乡党第十

【题解】

本篇分为二十七章。内容是孔子践履礼仪的情况，从中可略见古礼概貌。介绍在不

同场合、不同身份的人面前如何谈吐，以及接待宾客时的行动言语。还有出入朝廷时的行为容貌。讲出使别国时的举止礼节。以及穿着方面的规定与禁忌等等。

【原文】 孔子于乡党①，恂恂②如也，似不能言者。

其在宗庙、朝廷，便便③言，唯谨尔。

【注释】 ①乡党：乡里，本乡本土。②恂恂：温和恭谨的样子。③便便：言语流畅的样子。

【译文】 孔子在家乡，温和而恭谨，好像不太会讲话的样子。他在宗庙或朝廷上，言语流畅，只是很谨慎。

【原文】 朝，与下大夫①言，侃侃②如也；与上大夫言，誾誾③如也。君在，踧踖④如也，与与如也⑤。

【注释】 ①下大夫：在周代的分封等级制中，大夫是诸侯之下的一个等级。其中又有不同的等级，卿是最高一级，即下文听说的"上大夫"，其余即下大夫。②侃侃：和乐的样子。③誾誾：恭敬而正直的样子。④踧踖：恭谨局促的样子。⑤与与：威仪适度的样子。

【译文】 上朝的时候，跟下大夫说话，温和欢愉；跟上大夫说话，恭敬正直。君主在朝的时候，举止恭敬，威仪适度。

【原文】 君召使摈①，色勃如也②，足躩③如也。揖所与立④，左右手⑤。衣前后⑥，襜⑦如也。趋进⑧，翼如也。宾退，必复命曰："宾不顾⑨矣。"

【注释】 ①摈：通"傧"，引导宾客。②色：面色。勃如：矜持庄重的样子。③躩：快速的样子。④所与立：左右并立的人。⑤手：拱手行礼。⑥衣前后：指衣裳随着作揖时的身体动作而前后摆动。⑦襜：整齐的样子。⑧趋进：快步前进，是一种表示尊敬的走路姿态。⑨顾：回头看。

【译文】 君主召孔子来接待宾客，孔子脸色庄重矜持，脚步快速。他向一同站立的人作揖，向左右两边的人拱手，衣裳随着身体的动作前后摆动，但很整齐。快步前进，姿态像鸟儿展翅一样。宾客退下去以后，一定向君主回报说："宾客不再回头了。"

【原文】 入公门①，鞠躬②如也，如不容。

立不中门③，行不履阈④。

过位⑤，色勃如也，足躩如也，其言似不足者⑥。

摄齐升堂⑦，鞠躬如也，屏气似不息者⑧。

出，降一等⑨，逞⑩颜色，怡怡⑪如也。

没阶⑫，趋进，翼如也。

50

复其位^⑬，踧踖如也。

【注释】　①公门：君门。②鞠躬：弯曲着身子，以示恭敬。③立不中门：不正当门中央站立。古礼的规定，中门只有尊者可以走。④履：踩、踏。阈：门坎。⑤位：指君主的座位，经过之时，人君不在，座位是空的。⑥其言似不足者：指寡言少语，以示敬慎。⑦摄：提起。齐：衣裳的下摆。⑧屏气似不息者：指控制呼吸的声音，以示尊敬。⑨等：台阶。⑩逞：放开。⑪怡怡：和乐的样子。⑫没阶：走完台阶。⑬其位：入朝时曾经站立的地方。

【译文】　孔子走进朝廷的大门时，恭恭敬敬地弯着身子，好像没有容身之处。

站立时不会正当门中央站着，行走时不会踩着门坎。

经过君主座位时，脸色庄重矜持，脚步快速，很少说话。

提起衣裳的下摆来上台阶走进堂中，恭恭敬敬地弯着身子，屏住气息好像不能呼吸的样子。

出来时，走下一级台阶，才放松脸色，露出和乐的神情。

走完台阶，快步前进，姿态像鸟儿展翅一样。

回到他入朝时曾经站立的地方，同样是举止恭敬。

【原文】　执圭^①，鞠躬如也，如不胜^②。上如揖，下如授^③。勃如战色^④，足蹜蹜如有循^⑤。

享礼^⑥，有容色。

私觌^⑦，愉愉^⑧如也。

【注释】　①圭：玉器，上圆下方，举行典礼时君臣都拿着。这里指大夫出使别的诸侯国时拿着代表本国君主的圭。②不胜：不能胜任其重，表示敬慎。③上如揖，下如授：指执圭时保持在正确的位置，以示尊敬。④战色：战战兢兢的面色。⑤蹜蹜：小步走路。循：遵循。⑥享礼：献礼。指使臣受到接见后，向对方贡献礼物的仪式。⑦私：私人身份。觌：会见。⑧愉愉：和乐的样子。

【译文】　孔子出使别国的时候，拿着国君授予的玉圭，恭恭敬敬地弯着身子，好像拿不动的样子。向上举起时好像作揖的姿势，朝下拿着时好像递东西给人的姿势。面色矜持庄重十分谨慎，脚步很小，好像遵循着什么标记在行走。

举行献礼的时候，满脸和气。

以私人身份见面的时候，显得轻松愉快。

【原文】　君子不以绀緅饰^①。红紫不以为亵服^②。

当暑，袗绤绤^③，必表而出之^④。

缁衣羔裘⑤,素衣麑裘⑥,黄衣狐裘。亵裘长,短右袂⑦。

必有寝衣⑧,长一身有半。

狐貉之厚以居⑨。去丧⑩,无所不佩⑪。

非帷裳⑫,必杀⑬之。

羔裘玄冠⑭不以吊。

吉月⑮,必朝服而朝。

【注释】 ①绀:带红的黑色。緅:微带红的黑色,与绀比黑多红少,颜色更暗。饰:领和袖的缘边。绀緅都是古时礼服的颜色,因此不能用来作缘边。②红紫:都是贵重的正服所用的颜色。亵服:居家常穿的便服。③袗:单衣。绤:细葛布。绤:粗葛布。④表:穿在外面的衣服。这里用作动词,指加上或罩上外衣。出:出门。⑤缁:黑色。衣:外衣。羔裘:黑羊羔皮的裘衣。⑥素:白色。麑:小鹿。毛为白色。⑦袂:衣袖。右侧的袖子短一些是为了做事的方便。⑧寝衣:被子。⑨以居:用作坐褥。居,坐。⑩去丧:丧期结束。⑪佩:佩带的饰物。⑫帷裳:上朝、祭祀时穿的礼服。用整幅布做成,多余的布不裁掉,折叠缝上。⑬杀:减省。这里指加以剪裁,去除多余的布。⑭玄冠:黑色的礼帽。⑮吉月:农历每月初一。

【译文】 君子不用绀色、緅色的布做衣领衣袖的边饰,不用红色、紫色的布做平常在家穿的衣服。

夏天,穿细的或粗的葛布单衣,出门时一定再罩上一件外衣。

黑色的外衣,内配黑羊皮裘;白色的外衣,内配小鹿皮裘;黄色的外衣,内配狐狸皮裘。

平常在家穿的皮裘做得长一些,右侧的袖子做得短一些。

睡觉一定有被子,长度相当于一个半人的身长。

用毛厚的狐貉皮做坐褥。

丧期结束了,没有什么饰物不可以佩带。

不是帷裳,一定要经过剪裁。

不能穿戴着黑色的羔裘和黑色的礼帽去吊丧。

每个月的初一,一定穿着上朝的礼服去上朝。

【原文】 齐①,必有明衣②,布③。

齐,必变食④,居必迁坐⑤。

【注释】 ①齐:"斋"的古字体。②明衣:浴衣。③布:春秋时没有棉布,布指麻布或

葛布。④变食:指改变日常的饮食,不饮酒,不吃荤(古时荤指葱蒜韭等有辛辣气味的植物)。⑤迁坐:指改变平常的居处,由"燕寝"迁到"外寝"(也叫"正寝"),不与妻妾同房。

【译文】 斋戒的时候,一定有浴衣,是布做的。

斋戒的时候,一定要改变平常的饮食,不饮酒,不吃荤;居处也要变动,在正寝里安歇。

【原文】 食不厌精①,脍②不厌细。

食饐而餲③,鱼馁而肉败④,不食。色恶,不食。臭⑤恶,不食。失饪⑥,不食。不时⑦,不食。割不正⑧,不食。不得其酱⑨,不食。

肉虽多,不使胜食气⑩。

唯酒无量,不及乱⑪。

沽酒市脯⑫,不食。

不撤⑬姜食,不多食。

【注释】 ①食:饭食。厌:满足,贪求。与"食无求饱"同义。②脍:切得很细的鱼和肉。③饐而餲:指食物经久而变味。④馁:鱼腐烂。败:肉腐烂。⑤臭:通"嗅",气味。⑥饪:生熟的火候。⑦不时:不是吃饭的时候。⑧不正:切肉有一定法度,不合法度叫不正。⑨酱:古时吃鱼配以芥酱,吃肉配以醢酱。不得其酱,指搭配的酱不正确。⑩气:通"饩",粮食。⑪乱:神志昏乱,指醉酒。⑫沽、市:买。脯:干肉。⑬撤:去。

【译文】 饭食不贪吃精细的,鱼肉不贪吃细美的。

饭食放久了变味,鱼和肉烂腐了,不吃。颜色变坏了,不吃。味道变臭了,不吃。烹饪的火候不对,不吃。不是吃饭的时间,不吃。切肉的刀工不合度,不吃。酱配得不对,不吃。

肉虽然多,不要让吃肉的分量超过了粮食的分量。

只有酒没有规定用量,以不至于喝醉为限。

买来的酒和干肉,不吃。

不去掉姜,但也不多吃。

【原文】 祭于公,不宿肉①。祭肉不出三日。出三日,不食之矣。

【注释】 ①宿肉:过夜的肉。按照古礼的规定,大夫、士都要参加天子、国君的祭祀仪式,称为助祭。祭祀结束后,要把祭祀用的牺牲分给助祭之人,再由他们分赐给自己的家臣,以明分享神恩之义。分赐这些祭祀用牲的工作不能过夜,以免拖延神意的下达。

【译文】 助祭于国君,分得的肉不过夜。祭祀用过的肉不超过三天。超过三天,就

53

不吃了。

【原文】 食不语,寝不言。

【译文】 吃饭的时候不交谈,睡觉的时候不说话。

【原文】 虽疏食、菜羹、瓜祭①,必齐如也。

【注释】 ①瓜祭:吃瓜时的祭祀。有的传本写作"必祭",两者皆通。此句是指即使是祭品简陋的祭祀也要郑重其事地举行。

【译文】 即使是吃粗粮、喝菜汤、吃瓜的祭祀,也一定要像斋戒了那样郑重。

【原文】 席①不正,不坐。

【注释】 ①席:古时没有桌椅,人们都席地而坐。

【译文】 座席放得不端正,就不坐。

【原文】 乡人饮酒①,杖者②出,斯出矣。

【注释】 ①乡人饮酒:指行乡饮酒礼。按照《仪礼·乡饮酒义》的记载,仪式有四种:一、每三年宴饮贤能一次;二、乡大夫宴饮国中贤者;三、州长习射饮酒;四、党正蜡祭(年终祭祀)饮酒。这里主于敬老,应当是第四种。②杖者:拄拐杖的人,指长者。

【译文】 参加乡饮酒礼之后,拄拐杖的长者出去以后,这才可以出去。

【原文】 乡人傩①,朝服而立于阼阶②。

【注释】 ①傩:驱逐疫鬼的一种仪式。②阼阶:东面的台阶,主人站立的位置。

【译文】 乡人举行驱逐疫鬼的仪式,穿着朝服站在东面的台阶上。

【原文】 问①人于他邦,再拜②而送之。

【注释】 ①问:送礼问候。②再拜:拜两次,以表示对问候之人的敬重。

【译文】 派使者到别国去问候人,在送别使者的时候要拜两次。

【原文】 康子馈药①,拜而受之。曰:"丘未达②,不敢尝。"

【注释】 ①康子:即季康子。馈:赠送。②达:了解。

【译文】 季康子送药来,孔子拜了一拜,接受下来。说:"我不了解药性,不敢尝用。"

【原文】 厩焚。子退朝,曰:"伤人乎?"不问马。

【译文】 马棚失火。孔子退朝回来,问道:"伤着人了吗?"没有问马。

【原文】 君赐食,必正席先尝之①;君赐腥②,必熟而荐之③;君赐生④,必畜之。

侍食于君,君祭,先饭⑤。

【注释】 ①正席:端正座席以示尊敬。先尝之:自己先尝一尝,然后分赐给下属。

②腥:生肉。③荐:供奉。之:代指先祖。④生:活的。⑤先饭:先吃饭,即为君尝食。

【译文】　君主赐给饭食,一定要端正座席后郑重地先尝一尝。君主赐给生肉,一定煮熟后供奉祖先。君主赐给活的牲畜,一定把它养起来。

侍奉君主吃饭,君主进行饭前祭礼的时候,自己先吃饭。

【原文】　疾,君视①之,东首②,加朝服,拖绅③。

【注释】　①视:探视,问病。②东首:头朝东躺着。古礼规定,室内西方为尊位,君主或君主的使臣入室之后,一定要背西面东,因此病者一定要头朝东躺着,面向君主或君主的使臣。③加朝服,拖绅:指服饰郑重整齐地见君主或君主的使臣。绅,束在腰间的大带。

【译文】　孔子病了,君主前来探病。他就头朝东躺着,把上朝穿的衣服加在身上,还拖着一条大带。

【原文】　君命召,不俟①驾行矣。

【注释】　①俟:等待。

【译文】　君主召见孔子,他不等马车备好就先步行走了。

【原文】　入太庙,每事问。

【译文】　孔子进入太庙,每件事都要问一问。

【原文】　朋友死,无所归。曰:“于我殡①。”

【注释】　①殡:停枢待葬。这里泛指丧葬之事。

【译文】　朋友死了,没有人管。孔子说:“由我来料理他的丧事吧。”

【原文】　朋友之馈,虽车马,非祭肉,不拜。①

【注释】　①非祭肉,不拜:拜谢祭肉,表示对馈赠者祖先的敬重。

【译文】　朋友赠送的礼物,即使是贵重的车马,如果不是祭祀用的肉,接受的时候就不拜。

【原文】　寝不尸,居不容①。

【注释】　①容:有的传本写作“客”,两者皆通。这里是指闲居的时候容仪与有客人的时候不一样。以此来显示对客人的尊重。

【译文】　睡觉的时候不像死尸一样直挺挺地躺着,居家的时候不用保持严肃的容仪。

【原文】　见齐衰者,虽狎①,必变②。见冕者与瞽者,虽亵③,必以貌。

凶服者式之④,式负版⑤者。

有盛馔⑥,必变色而作⑦。

迅雷风烈,必变。

【注释】 ①狎:亲近。②变:改变颜色,以示同情。③亵:常见,熟悉。④凶服:丧服。式:通"轼",车前用于扶手的横木。这里作动词。乘车遇见地位高的人或其他人时,身子向前微俯,伏在横木上,以表示尊敬或同情。⑤负版:背着国家图籍。⑥盛馔:丰盛的饭食。⑦作:站起来,以示敬意。

【译文】 看见穿丧服的人,即使是亲近的人,也一定要改变面色以示同情。看见穿礼服的人和盲人,即使是熟悉的人,也一定有礼貌地对待他。

乘车时,遇见穿孝衣的人要行轼礼。遇见背着国家图籍的人也要行轼礼。

别人以丰盛的饭食款待,一定要改变容色站起身来表示敬意。

遇到疾雷、大风,一定要改变容色。

【原文】 升车,必正立,执绥①。

车中不内顾②,不疾③言,不亲指④。

【注释】 ①绥:挽以登车的索带。②内顾:回头看。③疾:快速。④亲指:用手指点。

【译文】 上车时,一定要端正地站好,拉着绥带上车。

在车上不回头看,不快速地讲话,不用手到处指点。

【原文】 色斯举矣①,翔而后集。曰:"山梁雌雉②,时哉!时哉!"子路共之③,三嗅④而作。

【注释】 ①色:作色,动容。斯:则。举:鸟飞起来。②雉:野鸡。③共:通"拱"。④嗅:当作"昊",鸟张开两翅。

【译文】 人的脸色一变,野鸡就飞起来,盘旋了一阵,然后又集中落在一起。孔子说:"山梁上的雌雉,得其时啊!得其时啊!"子路向它们拱了拱手,它们张了张翅膀,振翅而去。

先进第十一

【题解】

本篇分为二十四章。以孔子评论自己学生的内容为主,论及颜渊(回)、闵子骞、冉伯牛、仲弓(冉雍)、宰我(予)、子贡(端木赐)、冉有(求)、季路(子路、仲由)、子游、子夏(商)、南容、子羔(柴)、曾参、子张(师)、公西华(赤)、曾晳(点)等16人。读此篇可以了解孔子弟子的性格、言行、志向、道德水平等,也可以窥知孔子因材施教的教育思想。

【原文】　子曰:"先进于礼乐①,野人②也;后进于礼乐,君子③也。如用之,则吾从先进。"

【注释】　①先进于礼乐:先修习礼乐。②野人:没有贵族身份、地位低贱的人。③君子:与"野人"相对,是指有世袭贵族身份的人。

颜回像

【译文】　孔子说:"先修习好礼乐的,是那些没有贵族身份、地位低的人。后修习好礼乐的,是有世袭贵族身份的人。如果选用人才,那我主张选用先修习好礼乐的人。"

【原文】　子曰:"从①我于陈、蔡者,皆不及门②也。"

【注释】　①从:随行。②及门:在某人门下当学生。

【译文】　孔子说:"在陈、蔡两国间受难时跟随我的学生,都已不在我的门下了。"

【原文】　德行:颜渊,闵子骞,冉伯牛,仲弓;言语①:宰我,子贡;政事:冉有,季路;文学②:子游,子夏。

【注释】　①言语:辞令。②文学:古代文献与文化知识。

【译文】　孔子的学生中,道德修养好的是:颜渊,闵子骞,冉伯牛,仲弓;善于辞令的是:宰我,子贡;善于政事的是:冉有,季路。文化修养好的是:子游,子夏。

【原文】　子曰:"回也非助我者也! 于吾言无所不说①。"

【注释】　①说:"悦"的古体字。

【译文】　孔子说:"颜回啊,不是个有助于我的人。他对我的话没有不心悦诚服的。"

【原文】　子曰:"孝哉闵子骞! 人不间①于其父母昆弟之言。"

【注释】　①间:不同意,非议。

【译文】　孔子说:"孝顺啊,闵子骞! 别人没有不同意他父母兄弟称许他的话的。"

【原文】　南容三复白圭①,孔子以其兄之子妻之。

【注释】　①白圭:指《诗经·大雅·抑》中的诗句:"白圭之玷,尚可磨也。斯言之玷,不可为也。"由此可知南容出言谨慎,少有过失。

【译文】　南容反复诵读"白圭上的污点还可以磨掉,说错了话,就无法挽回了"的诗句,孔子便把他哥哥的女儿嫁给了他。

【原文】　季康子问:"弟子孰为好学?"孔子对曰:"有颜回者好学,不幸短命死矣! 今也则亡①。"

【注释】　①亡：通"无"。

【译文】　季康子问道："你的弟子中谁好学？"孔子回答说："有个叫颜回的好学，不幸短命死了，现在再没有这样好学的弟子了。"

【原文】　颜渊死，颜路请子之车以为之椁①。子曰："才不才，亦各言其子也。鲤②也死，有棺而无椁。吾不徒行以为之椁，以吾从大夫之后③，不可徒行也④。"

【注释】　①颜路：颜回的父亲。名无繇，字路，也是孔子弟子。椁：又作"槨"，外棺。古时棺材分两重，里层叫棺，外层叫椁。②鲤：孔子的儿子，名鲤，字伯鱼。年五十而亡，那时孔子七十岁。③从大夫之后：在大夫的行列之后随行。孔子曾经做过司寇，为大夫之位。当时则已去位，因此说"从大夫之后"。④不可徒行：《礼记·王制》记载，有官爵的人和老年人不必徒步行走了。可知大夫拥有车乘，是符合礼的规定的。《礼记·檀弓》说，安葬双亲应该根据家庭的财力。对于子女更应该如此，所以颜渊入葬时仅有内棺没有外椁并不违反礼制；相反，如果超过自家的能力厚葬颜渊，反而是违背礼的。孔子坚持不卖车来为颜渊置办外椁，正是在维护礼。

【译文】　颜渊死了，他父亲颜路请求孔子把自己的车卖了来替颜渊置办外椁。孔子说："有才能的和无才能的，对各人来说都是自己的儿子。我儿子孔鲤死的时候，也只有内棺没有外椁。我之所以不卖掉车徒步行走来替他置办外椁，是因为我在大夫的行列之后随行，是不可以徒步走路的。"

【原文】　颜渊死。子曰："噫①！天丧予！天丧予！"

【注释】　①噫：叹词。

【译文】　颜渊死了。孔子说："咳！老天爷要我的命！老天爷要我的命！"

【原文】　颜渊死，子哭之恸①。从者曰："子恸矣。"曰："有恸乎？非夫②人之为恸而谁为！"

【注释】　①恸：极其悲伤。过度悲伤是不符合礼的，所以有下文的问对。②夫：指示代词。

【译文】　颜渊死了。孔子为他哭丧，非常悲伤。跟随的人说："先生悲伤得过度了。"孔子说："是悲伤过度了吗？不为这样的人悲痛欲绝，还为谁呢？"

【原文】　颜渊死，门人欲厚葬之，子曰："不可。"

门人厚葬之。子曰："回也，视予犹父也，予不得视犹子也①。非我也，夫二三子也。"

【注释】　①不得视犹子也：孔子对于自己的儿子孔鲤没有违反礼制而用厚葬，但却不能阻止弟子们违反礼制厚葬颜回，所以说"不得视犹子也"。

【译文】 颜渊死了。孔子的学生们想用厚礼安葬他,孔子说:"不可以"。

学生们还是厚葬了颜渊。孔子说:"颜回啊,看待我如同看待父亲那样,我却不能看待他如同看待儿子那样。不是我要这样的呀,是那些学生。"

【原文】 季路问事鬼神。子曰:"未能事人,焉能事鬼?"

曰:"敢①问死。"曰:"未知生,焉知死?"

【注释】 ①敢:谦辞,表示冒昧。

【译文】 子路问侍奉鬼神的事。孔子说:"还没有侍奉活人,又怎能侍奉鬼神呢?"

子路又说:"冒昧地问一下,死是怎么回事。"孔子说:"还没有好好了解生,又怎么能了解死呢?"

【原文】 闵子侍侧,訚訚如也;子路,行行①如也;冉有、子贡,侃侃如也。子乐②。"若由也,不得其死③然。"

【注释】 ①行行:刚强的样子。②子乐:古注称,因为弟子们都各尽其性,所以孔子非常高兴。③不得其死:不能善终,死于非命。

【译文】 闵子骞侍奉在孔子身旁,恭敬正直的样子。子路,刚强的样子。冉有、子贡,和乐的样子。各尽其性,孔子非常高兴。但又说:"像仲由那样,恐怕会死于非命。"

【原文】 鲁人为长府①。闵子骞曰:"仍旧贯②,如之何? 何必改作?"子曰:"夫人不言,言必有中。"

【注释】 ①为:指翻修。长府:鲁国藏所的名字。府,收藏财货的地方。②贯:事例,常例。

【译文】 鲁国人翻修长府。闵子骞说:"照老样子,怎么样? 为什么一定要改造呢?"孔子说:"这个人不讲话则已,一讲讲话一定说中要害。"

【原文】 子曰:"由之瑟①,奚为②于丘之门?"门人不敬子路。子曰:"由也升堂矣,未入于室③也。"

【注释】 ①瑟:古代弦乐器,类似琴。这里指子路弹奏瑟的技巧和内容。古注认为:"子路鼓瑟,不合雅颂。"②为:这里指操琴。③升堂入室:比喻学问的深入程度。升堂比喻学习已小有收获,入室比喻学习已探得精髓。

【译文】 孔子说:"仲由弹瑟的水平,哪里能在我的门下弹奏呢?"学生们于是不尊重子路。孔子又说:"仲由嘛,他的学问可以称得上是登堂了,只是尚未入室罢了。"

【原文】 子贡问:"师与商也孰贤?"子曰:"师也过,商也不及。"

曰:"然则师愈与?"子曰:"过犹不及。"①

【注释】 ①此章是孔子中庸思想的具体表述,过分和不及都不符合中庸的精神,因此都不能肯定。

【译文】

子贡问道:"颛孙师和卜商谁好一些?"孔子说:"颛孙师过头了,卜商则不足。"

子贡说:"那么颛孙师强一些吧?"孔子说:"过头与不足一样不好。"

【原文】 季氏富于周公①,而求也为之聚敛而附益之②。子曰:"非吾徒也,小子鸣鼓而攻之,可也!"

【注释】 ①周公:历来有两种说法:一认为指周公旦,根据是孔子反对季氏改革税制,加重搜刮,举周公的典章为据(详注②)。也有人认为是指周公旦的次子及其后代世袭周公封地在周王朝做卿士的人。两说均可通。②而求也为之聚敛而附益之:根据《左传》和《国语·鲁语下》的记载,鲁哀公十一年(公元前484),季康子想按田亩征赋,派冉有(求)来征求孔子的意见。孔子没有作正式的答复,私下对冉有说:"君子办事情要根据礼来衡量,施舍要尽量丰厚,赋税要尽量微薄。如果这样,那么按丘征税也就够了。如果季孙要合乎法度的办事,那么有周公的典章在那里;如果他要随便行事,又征求什么意见呢?"结果季氏没有听从。第二年鲁国便使用了按田亩征税的制度。

【译文】 季氏比周公还富有,而冉求还为他聚集民财增加他的财富。孔子说:"他不是和我们志同道合的人,后生们敲起鼓来声讨他是可以的!"

【原文】 柴①也愚,参也鲁②,师也辟③,由也喭④。

【注释】 ①柴:孔子弟子,姓高,名柴,字子羔。②鲁:迟钝。③辟:偏颇,不实在。④喭:粗鲁。

【译文】 高柴愚直,曾参迟钝,颛孙师偏激,仲由粗鲁。

【原文】 子曰:"回也其庶①乎!屡空②。赐不受命③,而货殖④焉,亿⑤则屡中。"

【注释】 ①庶:庶几,差不多。②空:贫穷且没有生计。③不受命:历来有几种说法:一认为子贡不受教命,即不专守士业,同时经商,违背士农工商各习其业的原则。一说是不受天命,与颜回的安贫乐道形成对比,也和下文"亿则屡中"相呼应。一说是不受官命而以私财经商,古时商贸都有专门的官吏掌管,再由他们安排百姓具体操作。此说也持之有据。故参考这三种说法译作"不安于本分"。④货殖:经商,聚集财货经营生利。《史记·货殖列传》说,子贡跟随孔子学习之后,到卫国做官,并在曹国、鲁国之间积聚财货以牟利,成为孔门弟子中最富有的人。⑤亿:通"臆",揣度。

60

【译文】 孔子说:"颜回的学问和道德差不多了,只是贫穷且没有生计。端木赐不安

于本分又去经商,而货财不断增加,猜测行情常常能猜中。"

【原文】 子张问善人之道。子曰:"不践迹,亦不入于室①。"

【注释】 ①入于室:即"登堂入室"的"入室"。

【译文】 子张问作为善人的准则。孔子说:"不踩着前人的足迹走,但也还没有完全修养到家。"

【原文】 子曰:"论笃是与①,君子者乎? 色庄②者乎?"

【注释】 ①论笃是与:此句是"与论笃"的宾语提前形式,"是"字起指示宾语提前的作用。论笃:言语笃实可信。与:赞许。②色庄:容色庄严。这里指故作姿态,伪装君子,意同"巧言令色,鲜矣仁",和"色取仁而行违"。

【译文】 孔子又说:"可以称许言语笃实的人。但也要进一步判断,是真正的君子呢? 还是装模作样的伪君子呢?"

【原文】 子路问:"闻斯行诸?"子曰:"有父兄在,如之何其闻斯行之?"

冉有问:"闻斯行诸?"子曰:"闻斯行之!"

公西华曰:"由也问:'闻斯行诸?'子曰:'有父兄在。'求也问:'闻斯行诸?'子曰:'闻斯行之!'赤也惑,敢问。"子曰:"求也退①,故进之;由也兼人②,故退之。"

【注释】 ①求也退:指冉求的行动力不足。②兼人:倍人。这里指子路勇猛敢为,相当于两个人。

【译文】 子路问道:"听到以后就去实践它吗?"孔子说:"有父亲和兄长在世,怎么能够听到以后就去实践它呢?"

冉有问道:"听到以后就去实践它吗?"孔子说:"听到以后就去实践它。"

公西华说:"仲由问道:'听到以后就去实践它吗?'先生说:'有父亲和兄长在世,不能实践它。'冉求问道:'听到以后就去实践它吗?'先生说:'听到以后就去实践它。'一样的问题,给的答案却不同。我疑惑不解,冒昧地问问。"孔子说:"冉求退缩不前,因此教导他要勇于进取;仲由勇猛过人,因此教导他要谦退。"

【原文】 子畏于匡,颜渊后。子曰:"吾以女为死矣。"曰:"子在,回何敢死?"

【译文】 孔子被围困在匡地,颜渊落在后面。重逢时孔子说:"我以为你死了呢。"颜渊说:"先生还在,颜回怎敢轻易死呢?"

【原文】 季子然①问:"仲由、冉求可谓大臣与?"子曰:"吾以子为异之问②,曾③由与求之问。所谓大臣者,以道事君,不可则止。今由与求也,可谓具臣④矣。"

曰:"然则从之者与?"子曰:"弑父与君,亦不从也。"

【注释】 ①季子然：季氏子弟。《史记·仲尼弟子列传》作"季孙"，与此处不同。②异之问：即"问异"的倒装，问别的。"之"指示宾语"异"为提前宾语。③曾：乃。④具臣：才具之臣，有才干的办事之臣。

【译文】 季子然问道："仲由、冉求可以称得上是大臣吗？"孔子说："我以为您问的是别人呢，原来是问仲由和冉求啊。所谓大臣，用道义来侍奉君主，不可谏阻的话，就不干了。现在仲由和冉求，可以称得上是有才干的办事之臣了。"

季子然又说："那么，他们是完全服从上级的人吗？"孔子说："如果上级弑父弑君，也不会服从的。"

【原文】 子路使子羔为费宰。子曰："贼①夫人之子。"

子路曰："有民人焉，有社稷焉。何必读书，然后为学？"

子曰："是故恶②夫佞者。"

【注释】 ①贼：害。古注以为："子羔学未熟习而使为政，所以为贼害。"②恶：厌恶。佞：有口才，能说善道，多用作贬义。

【译文】 子路让子羔做费邑的长官。孔子说："这是坑害别人的儿子。"

子路说："有老百姓在那里，有土神谷神在那里。为什么一定要读书，然后才算学习了呢？"

孔子说："因为这我才讨厌那些能言善辩的人。"

【原文】 子路、曾晳①、冉有、公西华侍坐。

子曰："以吾一日长乎尔，毋吾以也！居②则曰：'不吾知也！'如或知尔，则何以③哉？"

子路率④尔而对曰："千乘之国，摄⑤乎大国之间，加之以师旅，因之以饥馑⑥，由也为之，比及⑦三年，可使有勇，且知方⑧也。"

夫子哂之⑨。

"求，尔何如？"

对曰："方六七十⑩，如⑪五六十，求也为之，比及三年，可使足民。如其礼乐，以俟⑫君子。"

"赤，尔何如？"

对曰："非曰能之，愿学焉！宗庙之事，如会同，端⑬章甫，愿为小相⑭焉。"

"点，尔何如？"

鼓瑟希⑮，铿⑯尔，舍瑟而作⑰。对曰："异乎三子者之撰⑱！"

子曰："何伤乎？亦各言其志也。"

曰:"莫^⑲春者,春服^⑳既成,冠者^㉑五六人,童子^㉒六七人,浴乎沂^㉓,风乎舞雩^㉔,咏而归。"

夫子喟然叹曰:"吾与^㉕点也。"

三子者出,曾皙后。曾皙曰:"夫三子者之言何如?"

子曰:"亦各言其志也已矣。"

曰:"夫子何哂由也?"

曰:"为国以礼,其言不让,是故哂之。"

"唯^㉖求则非邦也与?"

"安^㉗见方六七十如五六十而非邦也者?"

"唯赤则非邦也与?"

"宗庙会同,非诸侯而何?赤也为之^㉘小,孰能为之大?"

【注释】 ①曾皙:孔子弟子。名点,曾参的父亲。②居:平时,平常。③何以:何用,何为。④率:轻率。⑤摄:夹处。⑥饥馑:灾荒,收成不好。⑦比:及,等到。⑧方:义。⑨哂:微笑。⑩方六七十:古代计量土地面积的方法,指六七十里见方。⑪如:或。⑫俟:等候。⑬端:玄端,古代礼服之名。章甫:古代礼帽之名。这里都用作动词。⑭相:赞礼之人,即司仪。⑮希:"稀"的古体字。⑯铿:象声词。⑰作:站起来。⑱撰:述。⑲莫:"暮"的古体字。⑳春服:夹衣。㉑冠者:成人。古人二十岁开始戴冠,行冠礼,以示成人。㉒童子:指成童,年十五以上,二十以下。㉓沂:水名。源出山东邹县东北,西经曲阜与洙水汇合,流入泗水。㉔舞雩:雩,祭天求雨。雩祭有歌舞,故称舞雩。㉕与:赞同。㉖唯:句首语气词,无义。㉗安:疑问代词,怎么。㉘之:其。

【译文】 子路、曾皙、冉有、公西华陪坐在孔子身旁。

孔子说:"因为我比你们年长一些,不要因我而感到拘束。你们平日里总是说:'不了解我啊!'如果有人了解你们,那么会怎样做呢?"

子路轻率地回答说:"拥有一千辆兵车的国家,局促地处在大国之间,外有军事威胁,国内又发生灾害饥荒。我去治理它,等到三年,可以让民众勇敢有力,而且明白道理。"

孔夫子微微一笑。

孔子问:"冉求,你怎么样?"

冉求回答说:"国土纵横六七十里,或者五六十里的小国,我去治理它,等到三年,可以让百姓富足。至于礼乐教化,有待君子来推行。"

又问:"公西赤,你怎么样?"

公西华回答说：“不敢说能干什么，愿意学习。宗庙祭祀的事，或者外交会见的仪式，穿好礼服戴着礼帽，愿做一个小司仪。”

又问：“曾点，你怎么样？”

曾皙正在弹瑟，瑟声渐渐稀落，铿的一声，放下瑟站起来，回答说：“我的志向不同于前面三位所讲的。”

孔子说：“有什么妨碍呢？也不过是各自说出自己的志向。”

曾皙说：“暮春时节，春服已经穿好，会同五六个青年，六七个少年，在沂水里洗洗澡，在舞雩坛上吹吹风，然后唱着歌归来。”

孔夫子长叹一声说：“我赞赏曾点的志向。”

子路、冉有、公西华三人出去了，曾皙留在最后。曾皙向孔子问道：“他们三人的话怎么样？”

孔子说：“也不过是各自说出自己的志向罢了。”

曾皙说：“老师为什么笑仲由呢？”

孔子说：“治理国家需要礼让，他出言一点也不谦让，所以笑他。”

曾皙说：“难道冉求讲的就不是国家吗？”

孔子说：“怎么见得国土纵横六七十里或者五六十里的就不是国家呢？”

曾皙说：“难道公西赤讲的就不是国家吗？”

孔子说：“有宗庙祭祀，有外交会见，不是诸侯国的事又是什么？公西赤只做个小司仪的话，谁还能做大司仪呢？”

颜渊第十二

【题解】

本篇一方面论仁：提出约束自身在、遵守礼制、言语谨慎、积极行动、博爱大众、选贤使能等要求；并强调取信于民的重要；主张文饰与美质要相得益彰；提出先富民，民富则君足。还论及提高道德、明辨疑惑、消除邪恶的途径。并提出要整顿宗法等级制度。而且提出没有纷争诉讼的治世理想。指出治政要勤勉忠诚。以及君子与小人的区别等等。

【原文】 颜渊问仁。子曰：“克己复礼①为仁。一日克己复礼，天下归②仁焉。为仁由己，而由人乎哉？”

颜渊曰：“请问其目。”子曰：“非礼勿视，非礼勿听，非礼勿言，非礼勿动。”

颜渊曰:"回虽不敏,请事③斯语矣!"

【注释】 ①克己复礼:可与"约之以礼""约我以礼"等说参看。克,克制,约束。复,返。②归:称,赞许。③事:做,从事于。

【译文】 颜渊问什么是仁。孔子说:"约束自己而遵守礼的规定就是仁。一旦能做到约束自己而遵守礼的规定,天下人就会用仁来称赞他。修行仁德全靠自己,难道是靠别人吗?"

颜渊说:"请问修行仁德的具体细节。"孔子说:"不符合礼的事不要看,不符合礼的话不要听,不符合礼的话不要说,不符合于礼的事不要做。"

颜渊说:"我虽然不聪敏,请让我按照这话去做吧。"

【原文】 仲弓问仁。子曰:"出门如见大宾,使民如承大祭。己所不欲,勿施于人。在邦无怨,在家①无怨。"。

仲弓曰:"雍虽不敏,请事斯语矣!"

【注释】 ①家:指大夫的采邑。

【译文】 仲弓问什么是仁。孔子说:"出门在外要像接待贵宾一样敬慎,役使老百姓要像承当重大祭典一样小心。自己不喜欢的事务,就不要强加给别人。在诸侯国里做官不会招致怨恨,在大夫的采邑里做官也不会招致怨恨。"

仲弓说:"我虽然不聪敏,请让我按照这话去做吧。"

【原文】 司马牛①问仁。子曰:"仁者,其言也讱②。"

曰:"其言也讱,斯谓之仁已乎?"子曰:"为之难,言之得无讱乎?"

【注释】 ①司马牛:孔子弟子。姓司马,名耕,字子牛。根据《史记·仲尼弟子列传》的记载,司马耕是个话多且急脾气的人,所以孔子对他有这样的教导。②讱:说话迟钝。

【译文】 司马牛问什么是仁。孔子说:"仁人,他说话很迟钝。"

司马牛又问:"言语迟钝,这就能叫作仁了吗?"孔子说:"做到很难,说出来时能不迟钝吗?"

【原文】 司马牛问君子。子曰:"君子不忧不惧。"

曰:"不忧不惧,斯谓之君子已乎?"子曰:"内省不疚,夫何忧何惧?"

【译文】 司马牛问什么是君子。孔子说:"君子不忧愁不恐惧。"

司马牛又问:"不忧愁不恐惧,这就能叫作君子了吗?"孔子说:"反省自身不会因为有错而感到悔恨,那忧愁什么,惧怕什么呢?"

【原文】 司马牛忧曰:"人皆有兄弟,我独亡!"子夏曰:"商闻之矣:死生有命,富贵在天。君子敬而无失,与人恭而有礼,四海之内,皆兄弟也。君子何患乎无兄弟也?"[1]

【注释】 [1]此章反映子夏对命定论的小突破,即强调事在人为,仁德之人有可能改变命定的不利。

【译文】 司马牛忧愁地说:"别人都有兄弟,唯独我没有。"子夏说:"我听过这样的话:死生有命,富贵在天。君子敬慎而没有过失,待人恭敬而讲礼节,四海以内的人都会是他的兄弟。君子为什么要担忧没有兄弟呢?"

【原文】 子张问明[1]。子曰:"浸润之谮[2],肤受之愬[3],不行焉,可谓明也已矣。浸润之谮,肤受之愬,不行焉,可谓远也已矣。"

【注释】 [1]明:明察。[2]谮:诬陷,说人坏话。[3]愬:诽谤。

【译文】 子张问怎样才算是明察。孔子说:"像水那样慢慢渗透的谗言,有切肤之痛的诽谤,在你那里行不通,可以称得上明查了。像水那样慢慢渗透的谗言,有切肤之痛的诽谤,在你那里行不通,可以称得上有远见卓识了。"

【原文】 子贡问政。子曰:"足食,足兵[1],民信之矣。"

子贡曰:"必不得已而去,于斯三者何先?"曰:"去兵。"

子贡曰:"必不得已而去,于斯二者何先?"曰:"去食。自古皆有死,民无信不立。"

【注释】 [1]兵:兵器。

【译文】 子贡问怎样去治理国政。孔子说:"备足粮食,充实军备,取信于民。"

子贡说:"如果迫不得已要去掉一个,在这三者中先去掉哪个?"孔子说:"去掉军备。"

子贡说:"如果迫不得已还要去掉一个,在这二者中先去掉哪个?"孔子说:"去掉粮食。没有粮食顶多是饿死,但自古以来人都难免会死去。如果老百姓对政府没有信任,国家根本无法存在。"

【原文】 棘子成[1]曰:"君子质而已矣,何以文为?"子贡曰:"惜乎!夫子之说君子也。驷[2]不及舌。文犹质也,质犹文也。虎豹之鞟犹犬羊之鞟[3]。"

【注释】 [1]棘子成:卫国大夫。古代的大夫都可以被尊称为"夫子",所以子贡这样称呼他。[2]驷:四匹马。古时四匹马驾一辆车。[3]鞟:去毛的皮。这里用有花纹的毛色比喻文,用去毛的皮比喻质。

【译文】 棘子成说:"君子有美好的本质也就罢了,要文饰有什么用呢?"子贡说:"可惜啊,先生你竟这样来解说君子!一言出口,驷马难追。文饰如同本质一样重要,本质如同文饰一样重要。如果去掉有不同花色的毛,虎豹的皮就和犬羊的皮没有区别了。"

【原文】 哀公问于有若曰:"年饥,用不足,如之何?"

有若对曰:"盍①彻乎?"

曰:"二②,吾犹不足,如之何其彻也?"

对曰:"百姓足,君孰与不足?百姓不足,君孰与足?"

【注释】 ①盍:何不。彻:周代的田赋制度,十分取一。②二:指十分取二。晚周开始实行什二之税。

【译文】 鲁哀公问有若说:"年景不好,用度不足,怎么办?"

有若答道:"为什么不用十分取一的田赋方式呢?"

鲁哀公说:"用十分取二的田赋方式,我还感到不足,怎么能用十分取一的方式呢?"

有若答道:"老百姓富足了,您和谁会不富足呢?老百姓不富足,您和谁会富足呢?"

【原文】 子张问崇德、辨惑。子曰:"主忠信,徙义,崇德也。爱之欲其生,恶之欲其死;既欲其生,又欲其死,是惑也。'诚不以富,亦祇以异①。'"

【注释】 ①诚不以富,亦祇以异:《诗经·小雅·我行其野》中的句子。在这里是何意很难解释,大概是因竹简编次颠倒而造成的文字错乱。

【译文】 子张问什么是崇德、什么是辨惑。孔子说:"以忠诚信实为主,跟从义的指示,这就是崇德。喜爱一个人就希望他活着,厌恶一个人就希望他死去。既想要他活,又想要他死,这就是疑惑。《诗经》里说的:'真的不是因为富足,只是因为不同。'"

【原文】 齐景公①问政于孔子,孔子对曰:"君君、臣臣、父父、子子。"公曰:"善哉!信如君不君、臣不臣、父不父、子不子,虽有粟,吾得而食诸?"

【注释】 ①齐景公:姓姜,名杵臼。公元前547～前490年间在位。"景"是谥号。

【译文】 齐景公向孔子询问国政的事。孔子答道:"君主要像君主的样,臣子要像臣子的样,父亲要像父亲的样,儿子要像儿子的样。"景公说:"好极了!的确啊,如果君主不像君主的样,臣子不像臣子的样,父亲不像父亲的样,儿子不像儿子的样,即使有粮食,我能吃得着吗?"

【原文】 子曰:"片言①可以折狱者,其由也与!"子路无宿诺②。

【注释】 ①片言:片面之辞,即打官司时原告与被告两方面中的一面之辞。②宿诺:久未履行的诺言。

【译文】 孔子说:"可以根据片面之辞断案的人,大概就是仲由吧?"

子路没有久未履行的诺言。

【原文】 子曰:"听讼①,吾犹人也。必也使无讼乎!"

【注释】　①听讼：听诉讼以判案。

【译文】　孔子说："听讼判案，我跟别人的本事差不多。一定要让人们没有诉讼才好！"

【原文】　子张问政。子曰："居之无倦，行之以忠。"

【译文】　子张询问国政的事。孔子说："在位不要疲倦懈怠，执行政令要忠诚。"

【原文】　子曰："博学于文，约之以礼，亦可以弗畔矣夫！"

【译文】　孔子说："君子广泛地学习历史文献，并且用礼来约束自己，也就可以不至于离经叛道了。"

【原文】　子曰："君子成人之美，不成人之恶；小人反是。"

【译文】　孔子说："君子成就别人的好事，不成全别人的坏事。小人与此相反。"

【原文】　季康子问政于孔子。孔子对曰："政者，正也。子帅以正，孰敢不正？"①

【注释】　①此章反映孔子主张当政者要以身作则，正道而行。

【译文】　季康子向孔子询问国政的事。孔子回答道："政字的意思就是端正。您带头端正自己的行为，谁敢不端正呢？"

【原文】　季康子患盗，问于孔子。孔子对曰："苟子之不欲，虽赏之不窃。"

【译文】　季康子苦于盗贼太多，向孔子询问对策。孔子说："假如您不贪求财物，即使奖励他们盗窃，他们也不会盗窃。"

【原文】　季康子问政于孔子曰："如杀无道①，以就②有道，何如？"孔子对曰："子为政，焉用杀？子欲善而民善矣！君子之德，风；小人之德，草；草上③之风，必偃④。"

【注释】　①无道：指无道之人。②就：靠近。③上：加。④偃：倒下。比喻被折服，被感化。

【译文】　季康子向孔子询问国政的事，说："如果杀掉坏人，来亲近好人，怎么样？"孔子回答道："您治理国政，为什么要用杀戮？您喜欢从善，那么老百姓也就喜欢从善了。君子的道德就像风，小人的道德就像草。草受到风，一定会随风倒伏。"

【原文】　子张问："士何如斯可谓之达①矣？"子曰："何哉，尔所谓达者？"子张对曰："在邦必闻，在家必闻。"子曰："是闻也，非达也。夫达也者，质直而好义，察言而观色，虑以下人。在邦必达，在家必达。夫闻也者，色取仁而行违，居之不疑。在邦必闻，在家必闻。"

【注释】　①达：通达。

【译文】　子张问道："士怎样才可以称得上通达呢？"孔子说："你所说的达是什么意

思?"子张回答道:"在诸侯国做官一定要有声望,在大夫的采邑做官一定要有声望。"孔子说:"这是闻,不是达。至于达,品质正直,追求正义,考察别人的言语,观察别人的容色,总是自觉地谦让别人。那么,在诸侯国做官定能通达,在大夫的采邑做官也能通达。至于闻,表面上装出有仁德的样子,实际行动却违背仁德,还以仁人自居,从不怀疑自己。那么,在诸侯国做官一定会有名声,在大夫的采邑做官也一定会有名声。"

【原文】 樊迟从游于舞雩之下,曰:"敢问崇德、修慝①、辨惑。"子曰:"善哉问!先事后得,非崇德与?攻其恶②,无攻人之恶,非修慝与?一朝之忿,忘其身以及其亲,非惑与?"

【注释】 ①修:整治使消除。慝:邪恶。②攻:批判,指责。其:指代自己。

【译文】 樊迟随从孔子在舞雩台下闲游,说:"冒昧请问怎样提高道德,消除邪恶,辨明迷惑。"孔子说:"问得好啊!先去做,然后有所获,不是提高道德的方法吗?批判自己的错误,不要批判别人的错误,不是消除邪恶的方法吗?由于一时的愤怒,忘掉自身的安危甚至连累自己的父母,不是迷惑吗?"

【原文】 樊迟问仁。子曰:"爱人。"问知①。子曰:"知人。"

樊迟未达。子曰:"举直错②诸枉,能使枉者直。"

樊迟退,见子夏,曰:"向③也吾见于夫子而问知,子曰:'举直错诸枉,能使枉者直',何谓也?"

子夏曰:"富哉言乎!舜有天下,选于众,举皋陶④,不仁者远矣。汤⑤有天下,选于众,举伊尹⑥,不仁者远矣。"

【注释】 ①知:"智"的古体字。②错:"措"的古体字,放置。③向:往时。④皋陶:舜时掌管刑法的官。⑤汤:商族首领,伐夏桀灭夏,建立商朝。舜、汤是儒家称颂的圣王。⑥伊尹:曾助汤灭夏建立商朝。汤死后,又辅佐二王。皋陶、伊尹是儒家称赞的贤臣。

【译文】 樊迟问什么是仁。孔子说:"爱人。"又问什么是智?孔子说:"知人。"

樊迟不明白是什么意思。孔子说:"选拔正直之人,把他们放在邪曲之人上面,能使邪曲之人正直起来。"

樊迟退出来,见到子夏,说:"刚才我见到老师,询问什么是智,老师说:'选拔正直之人,把他们放在邪曲之人上面,能使邪曲之人正直起来。'这话说的是什么?"

子夏说:"这话多么富有寓意呀!舜得了天下,在众人中选拔人才,选择了皋陶,不仁的人纷纷远离而去。汤得了天下,在众人中选拔人才,选择了伊尹,不仁的人纷纷远离而去。"

【原文】 子贡问友。子曰:"忠告而善道①之,不可则止,毋自辱焉。"

【注释】 ①道:"导"的古体字。

【译文】 子贡问交友之道。孔子说:"忠心地劝告他,好好地劝导他,不听就作罢,不要自讨羞辱。"

【原文】 曾子曰:"君子以文会友,以友辅仁①。"

【注释】 ①以友辅仁:与有仁德的人交往,同时成就自己的仁德。

【译文】 曾子说:"君子用文章学问来聚会朋友,用朋友来辅助自己修养仁德。"

子路第十三

【题解】

本篇以论政的内容为主:①主张治政者应首先正己,以身作则、宽以待人、举用贤才;②要求恢复既有的名物制度;③提出执政者要讲究礼节、遵循道义、谨守信用;④表达对鲁国卫国政治的期待;⑤提出富民而后教民的教化思想;⑥反映孔子渴望用世的心愿;⑦反映孔子不事刑罚的治世主张;⑧要求国君务必行事谨慎,切忌妄为;⑨提出悦近来远的人民政策⑩指出治政不可急功近利;⑪指出读《诗》之于从政的用途;⑫评价人物;⑬反映孔子的正直观以符合孝悌的规定为条件;⑭说明二德的特质;⑮对士人提出道德的要求;⑯肯定勇于进取和洁身自好两种作风;⑰指出恒心的重要性;⑱指出君子与小人的区别;⑲反映孔子的好恶标准;⑳反映孔子的战争观。

【原文】 子路问政。子曰:"先之①,劳②之。"请益③,曰:"无倦。"

【注释】 ①先:率先。之:指代老百姓。"先之"是说当政者要做老百姓的表率。②劳:役使。③益:增加。

【译文】 子路询问国政的事。孔子说:"自己要先于百姓行动,然后再劳动百姓。"子路请求再多讲一些。孔子说:"永远不要倦怠。"

【原文】 仲弓为季氏宰,问政。子曰:"先有司,赦小过,举贤才。"

曰:"焉知贤才而举之?"子曰:"举尔所知。尔所不知,人其舍诸?"

【译文】 仲弓做季氏的家臣,向孔子询问从政的事。孔子说:"给办事人员做表率,宽免别人小的过失,选拔贤良人才。"

仲弓又说:"怎么样识别贤良人才而任用他们呢?"孔子曰:"任用你所了解的。你不了解的那些人,别人难道会把他们舍弃吗?"

【原文】 子路曰:"卫君^①待子而为政,子将奚^②先?"

子曰:"必也正名^③乎!"

子路曰:"有是哉,子之迂也!奚其正?"

子曰:"野哉,由也!君子于其所不知,盖阙如也。名不正,则言不顺;言不顺,则事不成;事不成,则礼乐不兴;礼乐不兴,则刑罚不中;刑罚不中,则民无所错手足。故君子名之必可言也,言之必可行也。君子于其言,无所苟^④而已矣!"

【注释】 ①卫君:指卫出公。卫灵公的宠妃南子,驱逐世子蒯聩,立蒯聩的儿子辄为出公。②奚:何。③名:名称,名义,名分。春秋末叶,礼制遭到破坏,名称、名义、名分混乱,与原有的规定不相符,因此孔子希望从恢复旧有的名物制度做起。④苟:不严肃。

【译文】 子路说:"如果卫君等待先生去治理国政,先生将先做什么?"

孔子说:"一定是纠正混乱的名称。"

子路说:"先生的迂阔竟然如此严重!有什么可纠正的?"

孔子说:"粗鲁啊!子由!君子对他不了解的事情,大概应该避而不谈吧。混乱的名称不得到纠正,那么说话就不顺当;说话不顺当,那么事情就办不成;事情办不成,那么礼乐就不能兴起;礼乐不能兴起,那刑罚就不能适中;刑罚不能适中,那么老百姓都不知道把手脚放在哪里。因此君子对于正确的名称一定可以顺当说出来,顺当说出来的事情一定可以行得通。君子对于自己的言语,没有不严肃的地方才算罢了。"

【原文】 樊迟请学稼。子曰:"吾不如老农。"请学为圃^①。曰:"吾不如老圃。"

樊迟出。子曰:"小人哉,樊须也!上好礼,则民莫敢不敬;上好义,则民莫敢不服;上好信,则民莫敢不用情^②。夫如是,则四方之民襁^③负其子而至矣,焉用稼?"

【注释】 ①圃:种植果木瓜菜的园子。②情:实。③襁:背负婴儿用的宽带。

【译文】 樊迟请求学习种庄稼。孔子说:"我不如经验丰富的老农民。"又请求学习种菜。孔子说:"我不如经验丰富的老菜农。"

樊迟退出。孔子说:"樊迟真是个干粗活的人啊!居上位的人讲究礼节,老百姓就没有人敢不尊敬;居上位的人喜欢道义,老百姓就没有人敢不服从;居上位的人讲信用,老百姓就没有人敢不实在。若能如此,那么四方的老百姓就会背负着襁褓中的子女来投靠了,哪里用得着亲自种庄稼呢?"

【原文】 子曰:"诵《诗》三百,授之以政^①,不达^②;使于四方,不能专对^③;虽多,亦奚以为?"

【注释】 ①授之以政:孔子认为《诗》可以兴、观、群、怨、事父、事君,因此与从政有

关。②达:通晓。③专对:独立应对。春秋时期,外交辞令多称引《诗经》中的章句以表达某种主张,即所谓"赋诗言志"。

【译文】 孔子说:"诵读《诗经》三百余篇,授予他政事,却不通晓;到四方出使,却不能独立应对;即使读得多,又有什么用呢?"

【原文】 子曰:"其身正,不令而行;其身不正,虽令不从。"①

【注释】 ①此章表达孔子要求统治阶层的人要以身作则,行动的示范作用比政令更加有效。

【译文】 孔子说:"统治者自身端正,即使不下命令,事情也能行得通;统治者自身不端正,即使下了命令,老百姓也不会听从。"

【原文】 子曰:"鲁卫之政,兄弟①也。"

【注释】 ①兄弟:像兄弟一样相近。鲁国是周公的封地,卫国是康叔的封地。周公、康叔则是兄弟,都从周天子那里接受了先进的礼乐文化以治理国家;且两人非常和睦,因此说两国之政也和兄弟一样相近。

【译文】 孔子说:"鲁国、卫国的政治,像兄弟一样相近。"

【原文】 子谓卫公子荆①:"善居室②。始有,曰:'苟合矣③!'少有④,曰:'苟完矣。'富有,曰:'苟美矣。'"

【注释】 ①卫公子荆:卫国的公子,被认为是有道德的人。《左传·襄公二十九年》记载:吴国的公子季札到卫国访问,见到卫国的众多贤人,说:"卫国的君子很多,不会有祸患。"其中就包括公子荆。②居室:积蓄家业过日子。③苟:诚然,实在是。合:给,足。④少:稍微。

【译文】 孔子评论卫国的公子荆,说:"他善于持家过日子。刚有一点财产,便说:'实在是足够了。'稍微增加一些,便说:'实在是太完备了。'富有以后,便说:'实在是太华美了。'"

【原文】 子适卫,冉有仆①。子曰:"庶②矣哉!"

冉有曰:"既庶矣,又何加焉?"曰:"富之。"

曰:"既富矣,又何加焉?"曰:"教之。"③

【注释】 ①仆:驾驭马车。②庶:众多。③此章反映孔子主张在富民的基础上进行教化。

【译文】 孔子到卫国,冉有给他驾车。孔子说:"人口好多啊!"

冉有说:"人口已经很多了,又能采取什么措施呢?"孔子说:"让百姓富裕起来。"

冉有又说:"已经富裕起来了,又能采取什么措施呢?"孔子说:"教育他们。"

【原文】　子曰:"苟有用我者,期月①而已可也,三年有成。"

【注释】　①期月:一年的月份周而复始,即一整年。期,周期。

【译文】　孔子说:"如果有人用我来治理国家,只需一年就能治理得差不多,三年就能卓有成效。"

【原文】　子曰:"'善人为邦百年,亦可以胜残去杀矣。'诚哉是言也!"①

【注释】　①此章反映孔子治政不用刑戮的倾向。

【译文】　孔子说:"'善人治理国家一百年,也可以克服残暴消除杀戮了。'这话说得真对呀!"

【原文】　子曰:"如有王者,必世①而后仁。"

【注释】　①世:三十年为一世。

【译文】　孔子说:"如果有称王天下的人出现,也一定要经过三十年才能使仁德普行。"

【原文】　子曰:"苟正其身矣,于从政乎何有?不能正其身,如正人何!"

【译文】　孔子说:"如果端正了自身的行为,对于参政治国有什么困难的?不能端正自身的行为,怎么能去端正别人呢?"

【原文】　冉子退朝①。子曰:"何晏②也?"对曰:"有政。"子曰:"其事也。如有政,虽不吾以③,吾其与④闻之。"

【注释】　①朝:指季氏的私朝。身为家臣的冉有不能朝见国君。②晏:晚。③不吾以:即"不以吾"的倒装。④与:参与。

【译文】　冉有从季氏的内朝回来。孔子说:"为什么这样晚呢?"回答说:"有政务。"孔子说:"那是事务呀。如果有政务,即使不用我了,我也该知道的。"

【原文】　定公问:"一言而可以兴邦,有诸?"

孔子对曰:"言不可以若是。其几①也,人之言曰:'为君难,为臣不易。'如知为君之难也,不几乎一言而兴邦乎!"

曰:"一言而丧邦,有诸?"

孔子对曰:"言不可以若是。其几也,人之言曰:'予无乐乎为君。唯其言而莫予违也。'如其善而莫之违也,不亦善乎!如不善而莫之违也,不几乎一言而丧邦乎!"

【注释】　①几:近。

【译文】　鲁定公问道:"一句话就可以使国家兴旺,有这样的话吗?"

孔子回答说:"言语不可能像这样起作用。跟这相近的情况是,人们常说:'做君主难,做臣下也不容易。'如果知道做君主的难处是什么,不是接近于一句话就会使国家兴旺吗?"

鲁定公又说:"一句话就可以使国家丧亡,有这样的话吗?"

孔子回答说:"言语不可能像这样起作用。跟这相近的情况是,人们常说:'作为君主我没有什么快乐的,只有一点,就是无论我说什么话都没有人违抗我。'如果说的话正确而没有人违抗他,不也是很好的吗? 如果说的话不正确而没有人违抗他,不是接近于一句话就会使国家丧亡吗?"

【原文】 叶公问政。子曰:"近者说①,远者来。"

【注释】 ①说:"悦"的古体字。

【译文】 叶公询问国政的事。孔子说:"境内的人使他们高兴,远方的人使他们来归。"

【原文】 子夏为莒父①宰,问政。子曰:"无欲速,无见小利。欲速则不达,见小利则大事不成。"

【注释】 ①莒父:鲁国邑名,现已不能确定其所在。《山东通志》认为在今山东高密市东南。

【译文】 子夏做莒父的长官,询问治政之事。孔子说:"不要图快,不要只看见小利。图快,反而不能达到目的;只看见小利,那么大事就不能成功。"

【原文】 叶公语①孔子曰:"吾党有直躬②者,其父攘③羊,而子证④之。"孔子曰:"吾党之直者异于是。父为子隐,子为父隐,直在其中矣。"

【注释】 ①语:告诉。②直躬:以直道立身行事。③攘:偷窃。④证:告发。

【译文】 叶公告诉孔子说:"我们乡党有个行事正直的人,他父亲偷了别人的羊,他告发了父亲。"孔子说:"我们乡党中正直的人与此不同:父亲为儿子隐瞒,儿子为父亲隐瞒,正直也就在里面了。"

【原文】 樊迟问仁。子曰:"居处恭,执事敬,与人忠;虽之夷狄①,不可弃也。"

【注释】 ①之:到。

【译文】 樊迟问什么是仁。孔子说:"生活起居要端庄有礼,办事要认真严肃,待人要诚心实意。即使是到了落后的夷狄之国,也不可放弃这些。"

【原文】 子贡问曰:"何如斯可谓之士矣?"子曰:"行己有耻,使于四方,不辱君命,可谓士矣。"

曰:"敢问其次。"曰:"宗族称孝焉,乡党称弟焉。"

曰:"敢问其次。"曰:"言必信,行必果,硁硁然小人哉①!抑亦可以为次矣②。"

曰:"今之从政者何如?"子曰:"噫!斗筲之人③,何足算也④!"

【注释】 ①硁硁:固执的样子。孔子曾说:"信近于义,言可复也",可知符合道义是信守承诺的基础。②抑:连词,表示转折。③斗筲之人:比喻器量狭小的人。筲,竹质容器,容量为二升。④算:数。

【译文】 子贡问道:"怎样才可以称得上是士?"孔子说:"用羞耻心来约束自己的行为,出使外国,能不使君命受辱,便可以称得上是士了。"

子贡说:"冒昧地请问次一等的。"孔子说:"宗族称赞他孝顺父母,乡党称赞他尊敬兄长。"

子贡说:"冒昧地请问再次一等的。"孔子说:"说话一定信实,做事一定果敢,固执而不懂得权变的小人呀!不过也可算是再次一等的士了。"

子贡又说:"现在执政的那些人怎么样?"孔子说:"咳!这些器量狭小的人,哪里能算数呢?"

【原文】 子曰:"不得中行而与之①,必也狂狷乎②!狂者进取,狷者有所不为也。"

【注释】 ①中行:依中庸之道而行。与:党与。②狂:勇于进取。狷:洁身自好。

【译文】 孔子说:"如果不能得到按中庸原则行事的人与他结交的话,那一定要结交狂与狷这两类人!狂者肯于进取,狷者不肯做坏事。"

【原文】 子曰:"南人有言曰:'人而无恒①,不可以作巫医②。'善夫!"

"不恒其德,或承之羞。"③子曰:"不占而已矣。"

【注释】 ①无恒:古人认为没有恒心是不吉利的。《周易·益卦·上九爻辞》:"立心勿恒,凶。"因此不能充当治病的巫医。②巫医:上古时期常用巫师祝祷的方式为人治病,医和巫集于一人之身,故称巫医。③不恒其德,或承之羞:《周易·恒卦·九三爻辞》中的句子。

【译文】 孔子说:"南方人有句话说:'人如果没有恒心,不可以做巫医。'这话太好啦!"

《周易·恒卦》中有这样的话:"不持守德行,有可能受到羞辱。"孔子说:"这是告诉不持守德行的人不要去占卜罢了。"

【原文】 子曰:"君子和而不同①,小人同而不和。"

【注释】 ①和:和谐,即指有区别的部分能够实现矛盾的统一。同:等同,即整齐划

一、毫无区别。孔子所理解的区别是等级制度上的区别,他理想的社会状态是等级制度不被破坏,大家都能在等级体系中安于自己的名分从而达到和谐相处;反对取消等级的混同。

【译文】 孔子说:"君子是和谐而不是等同,小人是等同而不是和谐。"

【原文】 子贡问曰:"乡人皆好之,何如?"子曰:"未可也。"

"乡人皆恶之,何如?"子曰:"未可也。不如乡人之善者好之,其不善者恶之。"①

【注释】 ①此章反映孔子的好恶有是非标准,既不称赞貌似忠厚的"乡原"之人,也不埋没因为正道直行而得罪他人的正义之士。

【译文】 子贡问道:"乡人都喜欢他,怎么样?"孔子说:"还不行。"

子贡又问:"乡人都厌恶他,怎么样?"孔子说:"还不行。不如乡人中的好人喜欢他,乡人中的坏人厌恶他。"

【原文】 子曰:"君子易事而难说也①。说之不以道,不说也;及其使人也,器之②。小人难事而易说也。说之虽不以道,说也;及其使人也,求备焉。"

【注释】 ①事:侍奉。说:"悦"的古体字。②器:量才而用。

【译文】 孔子说:"君子容易在他手下做事,却难于讨他喜欢。讨他喜欢的方法不正当的话,他是不会喜欢的;等到他使用别人时,总是量才而用。小人难于在他手下做事,却容易讨他喜欢。讨他喜欢的方法即使不正当,他也会喜欢;等到他使用别人时,总是求全责备。"

【原文】 子曰:"君子泰而不骄,小人骄而不泰①。"

【注释】 ①泰:安详坦然。

【译文】 孔子说:"君子安详坦然,却不骄傲自大;小人骄傲自大,却不安详坦然。"

【原文】 子曰:"刚、毅、木、讷①,近仁。"

【注释】 ①毅:果敢。木:质朴。讷:言语迟钝。

【译文】 孔子说:"刚强、果敢、朴实、慎言,这四种品质都近于仁。"

【原文】 子路问曰:"何如斯可谓之士矣?"子曰:"切切偲偲①、怡怡如也②,可谓士矣。朋友切切偲偲,兄弟怡怡。"

【注释】 ①切切偲偲:切磋勉励。切切,责勉。偲偲,互相勉励监督。②怡怡:和顺的样子。

【译文】 子路问道:"怎样才可以称得上是士?"孔子说:"互相勉励监督,和睦相处,可以称得上是士了。朋友之间互相勉励监督,兄弟之间和睦相处。"

【原文】 子曰:"善人教民七年,亦可以即戎矣①。"

【注释】 ①即戎:参军作战。即,就。戎,兵事。

【译文】 孔子说:"善人教育人民达七年之久,也就可以让他们参军作战了。"

【原文】 子曰:"以不教民战①,是谓弃之。"

【注释】 ①不教民:未经教育训练的民众。

【译文】 孔子说:"用未经教育训练的民众去作战,这可以说是抛弃了他们。"

宪问第十四

【题解】

本篇以评论人物的内容为主,对象包括孔门弟子,如南宫适、冉求、子贡等;政治人物,如裨谌、世叔、行人子羽、子产、子西、管仲、孟公绰、臧武仲、卞庄子、公叔文子、仲叔圉、祝鮀、王孙贾、陈成子、蘧伯玉之使等;还有诸侯国君,如晋文公、齐桓公、卫灵公等。论及诸人的道德水平、政治才能、性格特点、举止行为、成就贡献等方面。

子贡像

【原文】 宪问耻①。子曰:"邦有道,谷②;邦无道,谷,耻也。"

"克、伐、怨、欲不行焉③,可以为仁矣?"子曰:"可以为难矣,仁则吾不知也。"

【注释】 ①宪:即原思,宪为名,思为字。古时称他人一般称字或称号以示尊敬,只有自称称名。本章直称名,很有可能是原宪本人记载的。②谷:禄。③克:胜。伐:夸耀自己。

【译文】 原宪问什么是耻辱。孔子说:"国家政治清明,可以做官得俸禄;如果国家政治昏乱,做官得俸禄就是耻辱。"

原宪又问:"没有好胜、自夸、怨恨、贪欲这四种毛病,可以算得上仁了吧?"孔子说:"可以算是难能可贵的了,能否算得上仁,我就不知道了。"

【原文】 子曰:"士而怀居①,不足以为士矣!"

【注释】 ①而:如。

【译文】 孔子说:"士如果留恋安逸的话,就不足以称为士了。"

【原文】 子曰:"邦有道,危言危行①;邦无道,危行言孙②。"

【注释】 ①危:正。②孙:"逊"的古体字。

【译文】 孔子说："国家政治清明,正直地说话,正直地做人;国家政治昏乱,正直地做人,说话却要谨慎。"

【原文】 子曰:"有德者必有言①,有言者不必有德②;仁者必有勇,勇者不必有仁③。"

【注释】 ①言:指善言,有价值的言论。②有言者不必有德:道德不够醇厚的人而有善言,是善言与实际行动脱节,故而知道其人道德不够醇厚,但言论本身可能是正确的。这句话既告诫人们要听其言而观其行,以判断其人是否伪善;又告诫人们不可因人废言。③勇者不必有仁:单纯的勇敢还达不到仁的境界,勇敢必须符合礼义才行。

【译文】 孔子说:"有道德的人一定有善言,有善言的人不一定有道德。有仁德的人一定勇敢,勇敢的人不一定有仁德。"

【原文】 南宫适问于孔子曰①:"羿善射②,奡荡舟③,俱不得其死然。禹、稷躬稼④,而有天下。"夫子不答。

南宫适出。子曰:"君子哉若人! 尚德哉若人!"

【注释】 ①南宫适:即孔子弟子南容。②羿:古代传说中叫羿的人有三个,都是善射之人。这里的羿指夏代有穷国的君主后羿。据《左传·襄公四年》的记载,后羿趁夏国式微占据了它的国土,但由于沉溺于打猎,被自己的臣子寒浞杀而代之。③奡:或作"浇",古代传说中的人物,寒浞的儿子,以力大著称。荡:翻。④禹:夏后氏部落领袖,曾因治理洪水有功,舜死后担任部落联盟领袖。他的儿子启建立了夏朝。稷:后稷,周人的始祖,名弃。善于耕种,尧、舜时代曾做农官。躬稼:亲自参加耕种。后稷躬稼确有其事,禹治理洪水也可认为与农业有关。

【译文】 南宫适向孔子问道:"后羿擅长射箭,奡力大能翻舟,结果都不得好死。大禹和后稷亲自参加农事,却都得到天下。"孔子没有回答。

南宫适出去以后,孔子说:"这个人真是君子啊! 这个人真崇尚道德啊!"

【原文】 子曰:"君子而不仁者有矣夫①,未有小人而仁者也②。"

【注释】 ①君子:在这里指有贵族地位的人,因此可以说"君子而不仁者有矣夫"。②小人:与上句的"君子"相对,这里的小人是指没有贵族地位的老百姓。

【译文】 孔子说:"身为君子却不具备仁德的人是有的,但没有身为小人却具备仁德的人。"

【原文】 子曰:"爱之,能勿劳乎? 忠焉,能勿诲乎?"

【译文】 孔子说:"爱他,能不使他操劳吗? 忠于他,能不给他教诲吗?"

78

【原文】 子曰："为命^①，裨谌草创之^②，世叔讨论之^③，行人子羽修饰之^④，东里子产润色之^⑤。"

【注释】 ①命：令，这里指辞令。②裨谌：郑国的贤大夫，善于出谋划策，但在野外做策划就正确，在城里策划就不行。此处所言详情可参《左传·襄公三十一年》。③世叔：即子太叔，姓游，名吉，郑简公、定公时为卿，后继子产执政。讨论：研究后提出意见。④行人：执掌出使的官。子羽：公孙挥的字，郑国大夫，经常出使四方，了解各诸侯国的情况。⑤东里：子产所居之地，在今郑州市。

【译文】 孔子说："郑国拟定外交辞令，由裨谌打草稿，经过世叔的研究并提出意见，再由使臣子羽加以修饰，东里子产加以润色。"

【原文】 或问子产。子曰："惠人也。"

问子西^①，曰："彼哉！彼哉^②！"

问管仲。曰："人也。夺伯氏骈邑三百^③，饭疏食，没齿无怨言^④。"

【注释】 ①子西：春秋时有三个叫子西的人，这里应当是指郑国的公孙夏，为子产的同宗兄弟，子产继他之后主持郑国国政。因此问过子产之后，又问到他。另外两个，一个是楚国的鬭宜申，生当鲁僖公、文公之世，因谋乱被诛。一是楚国的公子申，和孔子同时，而死于其后。②彼哉彼哉：表示轻蔑的习惯用语。③伯氏：齐国大夫。骈邑：伯氏的采邑。三百：指户数。④没齿：终其天年。齿，年。

【译文】 有人问子产是个怎样的人。孔子说："是个宽厚慈惠的人。"

又问子西是个怎样的人。孔子说："他呀！他呀！"

又问管仲是个怎样的人。孔子说："是个人才。他曾剥夺伯氏骈邑三百户的采地，让伯氏只能吃粗饭，直到老死都没有怨言。"

【原文】 子曰："贫而无怨难，富而无骄易。"

【译文】 孔子说："贫穷却不怨恨，很难做到；富有却不骄傲，容易做到。"

【原文】 子曰："孟公绰为赵魏老则优^①，不可以为滕薛大夫^②。"

【注释】 ①孟公绰：鲁国大夫。孔子认为他不贪心，《史记·仲尼弟子列传》说他是孔子尊敬的人。赵、魏：晋国的卿赵氏和魏氏，是晋国势力最强的卿。老：大夫的家臣称老，或称室老。优：优裕，有余力。②滕：当时的小国，故城在今山东噮滕州市西南十五里。薛：当时的小国，故城在今山东滕州市西南四十四里。

【译文】 孔子说："孟公绰如果做晋国诸卿赵氏、魏氏的家臣，那么能力是绰绰有余的；但是不能胜任滕、薛之类小国大夫的职责。"

【原文】 子路问成人①。子曰："若臧武仲之知②，公绰之不欲③，卞庄子之勇④，冉求之艺⑤，文之以礼乐⑥，亦可以为成人矣。"曰："今之成人者何必然？见利思义，见危授命，久要不忘平生之言⑦，亦可以为成人矣。"

【注释】 ①成人：完人。②臧武仲：鲁国大夫臧孙纥。据《左传·襄公二十三年》的记载：他曾设计为季武子废除年长的即位者立自己喜欢的少子。后不容于鲁国，逃往齐国，又能预见齐庄公将败而设法拒绝了庄公授给他的田邑。孔子曾经评价他是有智慧而无礼义的人。知："智"的古体字。③公绰：即孟公绰。不欲：不贪心。④卞庄子：鲁国卞邑的大夫，以勇敢著称。《荀子·大略篇》说齐国想要征伐鲁国，又害怕卞庄子。⑤艺：多才多艺。⑥文：文饰。⑦要：约，困顿。

【译文】 子路问怎样才算是完人。孔子说："像臧武仲那样有智慧，孟公绰那样不贪心，卞庄子那样勇敢，冉求那样多才多艺，再用礼乐加以修饰，也可以称作完人了。"又说："如今的完人何必一定这样！见到利益能够想一想是否合乎道义，遇到危难愿意献出性命，长时间处于困顿之境而不忘平生所立的誓言，也可以称作完人了。"

【原文】 子问公叔文子于公明贾曰①："信乎？夫子不言、不笑、不取乎？"

公明贾对曰："以告者过也②。夫子时然后言，人不厌其言；乐然后笑，人不厌其笑；义然后取，人不厌其取。"

子曰："其然，岂其然乎？"

【注释】 ①公叔文子：卫国大夫公叔拔（或作发），卫献公之孙，为人廉静，谥"贞惠文子"。公明贾：卫国人，姓公明，名贾。②以：此。

【译文】 孔子向公明贾询问公叔文子，说："当真吗？这位老先生不讲话，不笑，不索取吗？"

公明贾说："这是传话人的错。这位老先生到该讲话的时候才讲话，因此别人不讨厌他讲话；高兴了才会笑，因此别人不讨厌他笑；合乎道义才去索取，因此别人不讨厌他索取。"

孔子说："原来是这样，难道真是这样吗？"

【原文】 子曰："臧武仲以防求为后于鲁①，虽曰不要君②，吾不信也。"

【注释】 ①防：臧武仲的封邑。为后：立后。根据《左传·襄公二十三年》的记载：臧武仲获罪于季孙，受到攻伐，逃往邾。自邾到防，派使者向鲁君请求，立臧为为臧氏之后。鲁君接受了他的请求，臧武仲遂交出防地逃往齐国。②要：要挟。

【译文】 孔子说："臧武仲用防邑做交换条件，请求鲁君立臧为为臧氏后嗣，纵然有

人说这不是要挟君主,我是不相信的。"

【原文】 子曰:"晋文公谲而不正①,齐桓公正而不谲②。"

【注释】 ①晋文公:名重耳。晋献公次子,献公宠骊姬,杀太子申生,重耳被迫流亡十九年,后在秦穆公的帮助下归国,公元前636~前628年在位。任用诸贤,救宋破楚,辅翼周襄王并从此挟天子以令诸侯。他和齐桓公是春秋五霸中最有势力的君主。谲:言行多变化,诈伪。②齐桓公:名小白。齐襄公弟,因襄公无道出奔莒。襄公被弑,归国即位。公元前685~前643年在位。他任用管仲为相,国力强大,称霸诸侯。

【译文】 孔子说:"晋文公欺诈而不正直,齐桓公正直而不欺诈。"

【原文】 子路曰:"桓公杀公子纠,召忽死之,管仲不死①。"曰:"未仁乎?"子曰:"桓公九合诸侯,不以兵车②,管仲之力也③。如其仁④!如其仁!"

【注释】 ①桓公杀公子纠,召忽死之,管仲不死:据《左传》庄公八年、九年的记载:公子小白和公子纠都是齐襄公的弟弟。襄公无道,鲍叔牙预见将发生动乱,事奉公子小白逃往莒国。后公孙无知杀襄公自立,齐国动乱,管仲、召忽事奉公子纠逃往鲁国。齐人杀死无知,齐国无主。鲁庄公派人攻打齐国,并护送公子纠回国即位。而小白从莒国先回到齐国,自立为君,是为齐桓公。于是伐鲁,逼迫鲁国杀了公子纠,召忽因此自杀,管仲被囚,后经鲍叔牙举荐,被桓公任用为相。②九合诸侯,不以兵车:多次主持诸侯的和平会盟。古时诸侯会盟,有所谓"兵车之会"——帅兵车聚合武力进行会盟,和"衣裳之会"(又作"衣冠之会")——凭借礼仪的和平会盟。《穀梁传·庄公二十七年》说:"衣裳之会十有一,未尝有歃血之盟也,信厚也。兵车之会四,未尝有大战也,爱民也。"③力:功。④如:乃。

【译文】 子路说:"齐桓公杀了公子纠,召忽为他自杀而死,管仲却不死。"接着又说:"管仲不能算是有仁德吧?"孔子说:"齐桓公多次会盟诸侯,不动用兵车武力,都是管仲的功劳。这就是他的仁德,这就是他的仁德。"

【原文】 子贡曰:"管仲非仁者与?桓公杀公子纠,不能死,又相之。"子曰:"管仲相桓公,霸诸侯,一匡天下①,民到于今受其赐。微管仲②,吾其被发左衽矣③!岂若匹夫匹妇之为谅也④,自经于沟渎而莫之知也⑤。"

【注释】 ①匡:正。②微:无。③被:同"披"。左衽:衣襟向左边开。披散头发、左开衣襟都是落后民族的风俗。④谅:信,这里指小信。⑤自经:自缢。

【译文】 子贡说:"管仲不是有仁德的人吧?齐桓公杀了公子纠,管仲不能为主子而殉难,反而做了齐桓公的相。"孔子说:"管仲辅佐齐桓公,称霸于诸侯,使天下得到匡正,人民直到今天还享受着他的恩赐。如果没有管仲,我们大概要像披散着头发、衣襟向左开的落后民族一样了。难道要让管仲像普通男女那样拘泥于小信,自缢于沟渠之中而没有人晓得他吗?"

【原文】 公叔文子之臣大夫僎与文子同升诸公①。子闻之曰:"可以为文矣②。"

【注释】 ①臣:家臣。大夫僎:又作"大夫选"。公:公室。②文:《逸周书·谥法解》关于"文"的谥号有六义,其六为"锡民爵位",与这里相合。

【译文】 公叔文子的家臣大夫僎,由于文子的推荐,与公叔文子一起做了卫国公室的大夫。孔子听到后,说:"公叔文子可以称为'文'了。"

【原文】 子言卫灵公之无道也①,康子曰⑦:"夫如是,奚而不丧③?"孔子曰:"仲叔圉治宾客④,祝鮀治宗庙,王孙贾治军旅。夫如是,奚其丧?"

【注释】 ①卫灵公:卫献公之孙,名元,公元前534~前493年在位。政治昏乱,夫人南子曾经操权。②康子:即季康子。③奚而:奚为,为何。④仲叔圉:即孔文子。

【译文】 孔子讲到卫灵公的昏乱无道,季康子说:"既然如此,为什么能不败亡?"孔子说:"他有仲叔圉主管外交,祝鮀丰管祭祀,王孙贾丰管军队,既然如此,怎么会败亡呢?"

【原文】 子曰:"其言之不怍①,则为之也难!"

【注释】 ①怍:惭愧。

【译文】 孔子说:"一个人说话时大言不惭,实践起来一定很困难。"

【原文】 陈成子弑简公①。孔子沐浴而朝,告于哀公曰②:"陈恒弑其君,请讨之。"公曰:"告夫三子③!"

孔子曰:"以吾从大夫之后,不敢不告也。君曰'告夫三子'者。"

之三子告,不可。孔子曰:"以吾从大夫之后,不敢不告也。"

【注释】 ①陈成子:名恒,齐国大臣。据《左传·哀公十四年》的记载:陈恒杀死国君齐简公,拥立齐平公,自己出任相国。简公:即齐简公。名壬,公元前484~前481年在位。"简"为谥号。②孔子告哀公之事也见于《左传·哀公十四年》。③三子:即当时鲁国的当权者孟孙、叔孙、季孙。

【译文】 陈成子杀了齐简公。孔子斋戒沐浴后上朝,报告鲁哀公说:"陈恒杀了他的君主,请出兵讨伐他。"鲁哀公说:"报告孟孙、叔孙、季孙三人吧!"

孔子退下后说:"因为我在大夫的行列之后随行,不敢不报告这样重大的事啊。君主却说出'报告孟孙、叔孙、季孙三人'的话!"

孔子到孟孙、叔孙、季孙三人那里报告,不同意出兵。孔子说:"因为我在大夫的行列之后随行,不敢不报告这样重大的事啊!"

【原文】 子路问事君。子曰:"勿欺也,而犯之①。"

【注释】 ①犯:犯颜谏诤。

【译文】 子路问怎样侍奉君主。孔子说:"不要欺骗,而应该说实话犯颜谏诤他。"

【原文】 子曰:"君子上达,小人下达。"①

【注释】 ①上达、下达与学有关。古注以为:"上达者,达于仁义也。下达谓达于财利,所以与君子反也。"这样解释跟孔子"君子喻于义,小人喻于利"的说法相合。不过《论语》中还有"中人以上,可以语上也;中人以下,不可以语上也""君子不可小知而可大受也,小人不可大受而可小知也"等说法,若都以"仁义""财利"解释就显然有些不太合适了。这里用道理来解释就都能讲通。

【译文】 孔子说:"君子通晓高深的道理,小人通晓低级的道理。"

【原文】 子曰:"古之学者为己①,今之学者为人②。"

【注释】 ①为己:为了端正和充实自己。②为人:为了向别人卖弄。

【译文】 孔子说:"古代学者学习的目的是为了修养和充实自身,当今学者学习的目的是为了向别人炫耀。"

【原文】 蘧伯玉使人于孔子①。孔子与之坐而问焉,曰:"夫子何为?"对曰:"夫子欲寡其过而未能也②。"

使者出。子曰:"使乎!使乎!"

【注释】 ①蘧伯玉:卫国大夫,名瑗。孔子对他评价很高。②欲寡其过:根据《庄子》《淮南子》等书的记载,蘧伯玉是个善于知错改过的人,与这里的"欲寡其过"正相合。

【译文】 蘧伯玉派使者拜访孔子。孔子跟使者同坐,并问道:"你们先生在做什么?"使者回答说:"我们先生想尽量减少自己的过错却还没能做到。"

使者出去以后,孔子说:"好使者啊!好使者啊!"

【原文】 子曰:"不在其位,不谋其政。"

曾子曰:"君子思不出其位。"

【译文】 孔子说:"不居于那个职位,就不考虑它的政务。"

曾子说:"君子考虑问题不超出自己的职权范围。"

【原文】 子曰:"君子耻其言而过其行。"①

【注释】 ①而:之。

【译文】 孔子说:"君子认为口里说的超过实际做的是可耻的。"

【原文】 子曰:"君子道者三①,我无能焉:仁者不忧,知者不惑②,勇者不惧。"子贡曰:"夫子自道也。"

【注释】 ①君子道者:君子所行之道。②知:"智"的古体字。

【译文】 孔子说:"君子所行之道有三,而我没有做到:有仁德的人不忧愁,有智慧的人不迷惑,勇敢的人不畏惧。"子贡说:"这是先生在说自己呢。"

【原文】 子贡方人①。子曰:"赐也贤乎哉! 夫我则不暇。"

【注释】 ①方:通"谤",公开指责别人的过失。

【译文】 子贡当面批评别人。孔子说:"赐啊,你就很好吗? 我就没有这样的闲工夫。"

【原文】 子曰:"不患人之不己知,患其不能也。"

【译文】 孔子说:"不担心别人不了解自己,担心自己没有能力。"

【原文】 子曰:"不逆诈①,不亿不信②,抑亦先觉者,是贤乎!"

【注释】 ①逆:预先揣度。②亿:通"臆",臆测。

【译文】 孔子说:"不预先揣度别人在欺诈,不凭空猜测别人不诚实,却又能及早发觉欺诈与不诚实,这样的人是贤者吧?"

【原文】 微生亩谓孔子曰①:"丘何为是栖栖者与②? 无乃为佞乎?"孔子曰:"非敢为佞也,疾固也③。"

【注释】 ①微生亩:姓微生,名亩。又作"尾生亩"。其人已不可详考。从他直呼孔子之名这一点看,应该是位长者。②栖栖:形容忙碌不安定。③疾:忧患。

【译文】 微生亩对孔子说:"你为什么要这样生活不安定到处游说呢? 不是要卖弄口才吧?"孔子说:"不敢卖弄口才,实在是担心人们顽固不化。"

【原文】 子曰:"骥不称其力①,称其德也②。"

【注释】 ①骥:古代良马名,相传能日行千里。②德:指训练有素,驾驭时能配合人意。

【译文】 孔子说:"称赞名马为骥,不是称赞它的气力,而是称赞它的美德。"

【原文】 或曰:"以德报怨①,何如?"子曰:"何以报德? 以直报怨,以德报德。"

【注释】 ①以德报怨:《老子》六十三章:"大小多少,报怨以德。"

【译文】 有人说:"用恩德来回报怨恨,怎么样?"孔子说:"那用什么来回报恩德呢? 应该是用正直来回报怨恨,用恩德来回报恩德。"

【原文】 子曰:"莫我知也夫!"子贡曰:"何为其莫知子也?"子曰:"不怨天,不尤人①;下学而上达②。知我者其天乎!"

【注释】 ①尤:归咎,责怪。②上达:上通于天,了解天命。

【译文】 孔子感叹道:"没有人了解我啊!"子贡说:"为什么没有人了解您呢?"孔子说:"不怨恨上天,不责怪别人,不懈地学习,上通于天命。了解我的大概只有天吧!"

【原文】 公伯寮愬子路于季孙①。子服景伯以告②,曰:"夫子固有惑志③,于公伯寮,吾力犹能肆诸市朝④。"

子曰:"道之将行也与,命也。道之将废也与,命也。公伯寮其如命何!"

【注释】 ①公伯寮:姓公伯,名寮,字子周。《史记·仲尼弟子列传》作"公伯缭"。愬:诽谤。②子服景伯:姓子服,名何,字伯。鲁国大夫。③夫子:指季孙。惑志:疑惑之心。④肆:陈尸示众。市朝:市集与朝廷。

【译文】 公伯寮向季孙诽谤子路,子服景伯把这件事告诉孔子,并且说:"季孙已经对子路产生了疑心,对于公伯寮,我的力量还能够把他杀了陈尸街头。"

孔子说:"治道或许将会实行吧,这是命运;治道或许将会废止吧,也是命运。公伯寮能把命运怎么样呢?"

【原文】 子曰:"贤者辟世①,其次辟地,其次辟色,其次辟言。"子曰:"作者七人矣②。"

【注释】 ①辟:"避"的古体字。②作:为。

【译文】 孔子说:"贤者以避开乱世为上,其次避开乱地,再次避开乱色,再次避开恶言。"孔子又说:"做到这样的已经有七个人了。"

【原文】 子路宿于石门①。晨门曰②:"奚自?"子路曰:"自孔氏。"曰:"是知其不可而为之者与?"

【注释】 ①石门:鲁城外门。②晨门:主管城门晨开夜关的人。

【译文】 子路在石门过夜。守城门的人说:"从哪里来?"子路说:"从孔氏那里来。"守门人说:"就是那个明知行不通却还要去做的人吗?"

【原文】 子击磬于卫①。有荷蒉而过孔氏之门者②,曰:"有心哉!击磬乎!"既而曰:"鄙哉③!硁硁乎④!莫己知也,斯己而已矣⑤。深则厉,浅则揭⑥。"

子曰:"果哉!末之难矣⑦。"

【注释】 ①磬:石制打击乐器,形状像曲尺。②蒉:草编的筐。③鄙:偏狭。④硁硁:象声词,声音果劲。⑤斯:则。己:守己。⑥深则厉,浅则揭:《诗经·邶风·匏有苦叶》中

的句子。厉,穿着衣服涉水。揭,提起衣裳。⑦难:反驳。

【译文】 孔子在卫国击磬。有个挑着草筐路过孔子门前的人,说:"有心啊,在击磬!"过了一会又说:"偏狭啊,硁硁的磬声!没有人了解自己,就专守己志算了。《诗经》说:河深就穿着衣裳涉过,河浅就提起衣裳涉过。"

孔子说:"好坚决啊,没有办法来说服他了。"

【原文】 子张曰:"《书》云'高宗谅阴,三年不言'①,何谓也?"子曰:"何必高宗?古之人皆然。君薨②,百官总己以听于冢宰三年③。"

【注释】 ①高宗谅阴,三年不言:《尚书·无逸》中的句子。高宗,殷高宗,即武丁。盘庚弟小乙之子,为殷中兴之王。谅阴,《尚书》作"梁闇",屋檐着地而无楹柱的房子,类似现在的窝棚,又称凶庐,守丧所居。②薨:古时诸侯国君之死叫薨。③冢宰:统理政务、总御群官的最高长官。三年:古时为天子居丧的期限。

【译文】 子张说:"《尚书》说:'殷高宗住在凶庐里守孝,三年不讲话。'这是什么意思?"孔子说:"哪里只是殷高宗居丧不问政事,古时的人都是如此。君主死了,官员管理各自的职务并听命于冢宰,满三年为止。"

【原文】 子曰:"上好礼,则民易使也。"

【译文】 孔子说:"居上位的人喜欢礼仪,那么老百姓就容易役使。"

【原文】 子路问君子。子曰:"修己以敬①。"

曰:"如斯而已乎?"曰:"修己以安人②。"

曰:"如斯而已乎?"曰:"修己以安百姓③。修己以安百姓,尧、舜其犹病诸!"

【注释】 ①以:而。敬:严肃谨慎。②安人:即"己欲立而立人,己欲达而达人"之义,已达到"仁"的标准。③安百姓:即"博施于民而能济众"之义,已达到"圣"的标准。

【译文】 子路问怎样算是君子。孔子说:"修养自己而且敬慎从事。"

又问:"这样就够了吗?"孔子说:"修养自己而且安抚别人。"

又问:"这样就够了吗?"孔子说:"修养自己而且安定百姓。做到修养自己而且安定百姓,就连尧、舜恐怕都感到很难呢!"

【原文】 原壤夷俟①。子曰:"幼而不孙弟②,长而无述焉③,老而不死,是为贼④!"以杖叩其胫⑤。

【注释】 ①原壤:鲁国人。《礼记·檀弓》记载原壤是个不拘礼节的人:他的母亲死了,孔子去帮他料理丧事,他却登上棺材唱了一支逗乐的歌。夷:箕踞,一种无礼貌的坐姿。古时坐如跪姿,小腿及足蜷曲于后,臀部坐在脚后跟上。箕踞则是臀部坐在地上,腿

和脚伸出在身前,并张开两膝。俟:等待。②孙:通"逊"。弟:同"悌"。③无述:无可称述。④贼:害。⑤胫:小腿。

【译文】 原壤箕踞坐着,等待孔子。孔子说:"幼时不谦逊敬长,长大了又无可称述,老了还不快死,这真是个祸害!"说完,用手杖敲了敲他的小腿。

【原文】 阙党童子将命①。或问之曰:"益者与②?"子曰:"吾见其居于位也③,见其与先生并行也④。非求益者也,欲速成者也⑤。"

【注释】 ①阙党:即阙里,孔子旧里。将命:传达宾主的辞命。②益:长进。③居于位:居于席位。《礼记·檀弓》规定,童子不可以居于成人之位。④先生:年长者。并行:并排而行。《礼记·曲礼》规定,童子不可与长者并行。⑤速成:孔子认为"欲速则不达"。

【译文】 阙党的一个少年负责为宾主传达辞命。有人问孔子,说:"是个肯上进的后生吗?"孔子说:"我见他坐在成年人的位子上,又见他与年长者并肩而行。可知他不是一个追求进步的人,而是一个贪图速成的人。"

卫灵公第十五

【题解】

本篇内容以论道德修养的居多:①提出"一以贯之"之道;②主张忠信笃敬;③肯定"仁";④强调"义";⑤论"君子"之为人的就有十章:指出安贫乐道、遵守礼义、态度谦逊、言语信实、追求真才实学、美名传扬、克己知人、团经合群、堪当重任等都是君子应当必备的修养和能力,且多数章与"小人"之为人形成对比。此外论及政治的章节也不少:①主张礼治反对军政;②提出治政要从端正自身做起;③涉及历法、用度、礼服、乐制等施政的具体内容;④讲处世方法;⑤讲交友之道;⑥指出要以实际行动来考察人;还有少数章节论及学习与教育:①强调学思结合;②讲重视实践;③提出有教无类的教育理论。

【原文】 卫灵公问陈于孔子①。孔子对曰:"俎豆之事②,则尝闻之矣;军旅之事,未之学也。"明日遂行。

【注释】 ①陈:"阵"的古体字,作战队伍的阵法。②俎豆:俎和豆都是古代的礼器,这里用以代表礼仪。俎,形状似几,用以供放牺牲祭品。豆是高脚盘,用以盛肉酱或带汁的食物。

【译文】 卫灵公向孔子询问作战的阵法,孔子回答说:"礼仪的事情,我曾经听到过;军队的事情,未曾学习过。"第二天便离开卫国走了。

【原文】 在陈绝粮,从者病,莫能兴①。子路愠见曰:"君子亦有穷乎?"子曰:"君子固穷②,小人穷斯滥矣。"

【注释】 ①兴:起。②穷:困穷没办法。

【译文】 孔子在陈国断绝了粮食,跟随的人都饿坏了,没有人能爬得起来。子路非常怨愤,来见孔子说:"君子也有没办法的时候吗?"孔子说:"君子没办法还坚持着,小人遇到没办法,就会胡作非为了。"

【原文】 子曰:"赐也,女以予为多学而识之者与①?"对曰:"然,非与?"曰:"非也。予一以贯之②。"

【注释】 ①女:通"汝"。识:记。②一以贯之:用一种核心内容加以贯穿。

【译文】 孔子说:"赐!你以为我是多方面学习并且把内容都记下来的人吗?"子贡回答说:"是的,难道不是吗?"孔子说:"不是的。我用一个中心把它们贯穿起来。"

【原文】 子曰:"由!知德者鲜矣。"①

【注释】 ①此章表面上讲知德者少,实指有德者少。

【译文】 孔子说:"由!知晓道德的人太少了啊!"

【原文】 子曰:"无为而治者①,其舜也与!夫何为哉?恭己正南面而已矣②。"

【注释】 ①无为而治:无所烦劳就能使天下大治。舜治理天下的方法,古书中多有记载。如《大戴礼·主言篇》说:"昔者舜左禹而右皋陶,不下席而天下治。"《新序·杂事三》说:"故王者劳于求人,佚于得贤。舜举众贤在位,垂衣裳恭己无为而天下治。"可见舜任用能人辅佐自己,故能免于烦劳。②恭己:端正自身。儒家的政治思想以修己为起点。如《礼记·中庸》说:"君子笃恭而天下平。"《大学》讲修身,治家,齐国,平天下。南面:居于统治之位。

【译文】 孔子说:"能够无所烦劳就实现天下大治的人,大概就是舜吧!他做了什么呢?修养好自己,端正地居位听政罢了。"

【原文】 子张问行①。子曰:"言忠信,行笃敬,虽蛮貊之邦,行矣②;言不忠信,行不笃敬,虽州里,行乎哉?立,则见其参于前也③;在舆④,则见其倚于衡也⑤。夫然后行!"子张书诸绅⑥。

【注释】 ①行:行得通。②蛮貊:泛指地处边远的落后部族,蛮指南方,貊指北方。③参:并立。④舆:车箱。⑤衡:车辕前端用于套牲口的衡木。⑥绅:束在腰间的大带。

【译文】 子张问怎样才能行得通。孔子说:"说话忠诚信实,行为笃实敬慎,即使在落后部族的国家,也能行得通。说话不忠诚信实,行为不笃实敬慎,即使在本州本里,能

行得通吗？站立时仿佛看见'忠信笃敬'这四个字就树立在前面,坐在车中仿佛看见这四个字就在车辕的横木上。能够做到这样,而后才能行得通。"子张把这段话写在腰间的大带上。

【原文】 子曰："直哉史鱼①！邦有道,如矢②；邦无道,如矢。君子哉蘧伯玉！邦有道,则仕；邦无道,则可卷而怀之③。"

【注释】 ①史鱼：卫国大夫。姓史,名鳝,字子鱼。他耿直敢言,公正无私。《韩诗外传》卷七记载：史鱼将死之时,嘱咐儿子不要为自己在正堂治丧,因为自己多次举荐贤良的蘧伯玉,摒退不肖的弥子瑕,未被国君采纳。卫灵公得知后,终于重用了蘧伯玉而免掉弥子瑕。故史鱼有"生以身谏,死以尸谏"之称。②矢：箭。③卷而怀之：收起来,指隐居民间不做官。

【译文】 孔子说："正直啊史鱼！国家政治清明,像箭一样直；国家政治昏乱,也像箭一样直。君子啊蘧伯玉！国家政治清明,就做官；国家政治昏乱,就可以把自己收起来不做官。"

【原文】 子曰："可与言,而不与之言,失人；不可与言,而与之言,失言。知者不失人①,亦不失言。"

【注释】 ①知："智"的古体字。

【译文】 孔子说："可以跟他说,却不跟他说,就会失去人才；不可跟他说,却跟他说了,就是说错了话。聪明人既不会失去人才,也不会说错话。"

【原文】 子曰："志士仁人,无求生以害仁,有杀身以成仁。"

【译文】 孔子曰："志士仁人,不会因为求生而损害仁道,只会牺牲自身来成全仁道。"

【原文】 子贡问为仁。子曰："工欲善其事,必先利其器。居是邦也,事其大夫之贤者,友其士之仁者。"

【译文】 子贡问如何修养仁德。孔子说："工匠想要把他的活干好,一定要先磨快他的工具。住在一个国家,要侍奉大夫中的贤人,交往士人中的仁人。"

【原文】 颜渊问为邦。子曰："行夏之时①,乘殷之辂②,服周之冕③,乐则《韶》舞④。放郑声⑤,远佞人。郑声淫,佞人殆。"

【注释】 ①夏之时：夏代的历法,即现在的农历(又叫阴历)。夏历以建寅之月为岁首正月,更符合时令节气,方便农事。殷历以建丑之月(即农历十二月)为正月。周历以建子之月(印农月十一月)为正月。②辂：又作"路",帝王用的大车。《周礼·春官·巾

89

车》记王之五路为玉路、金路、象路、革路、木路,其中木路最为质朴。而根据《礼记·明堂位》的记载,殷路就是木路。③周之冕:周代的礼帽。④《韶舞》:舜时的音乐,孔子称赞《韶》乐"尽美""尽善"。⑤郑声:郑国的乐曲。《礼记·乐记》称:"郑音好滥淫志",显然不符合孔子"乐而不淫,哀而不伤"的音乐评价标准。

【译文】 颜渊问怎样治理国家。孔子说:"用夏代的历法,坐殷代的车子,戴周代的礼帽,用舜时的《韶》乐。排斥郑国的乐曲,远离花言巧语的人。郑国的乐曲过分,花言巧语的人危险。"

【原文】 子曰:"人无远虑,必有近忧。"

【译文】 孔子说:"人如果没有长远的考虑,一定会有眼前的忧患。"

【原文】 子曰:"已矣乎!吾未见好德如好色者也。"

【译文】 孔子说:"完了啊!我没有见过追求道德像追求女色的人。"

【原文】 子曰:"臧文仲其窃位者与①?知柳下惠之贤而不与立也②。"

【注释】 ①窃位:古注认为"知贤而不举,是为窃位"。②柳下惠:鲁国的贤者。姓展,名获,字禽,又叫展季。柳下可能是他的住地,因以为号。据《列女传》,"惠"是其妻倡议而给的私谥。与立:并立为官。

【译文】 孔子说:"臧文仲大概是个窃居官位的人吧?明知柳下惠有贤德却不推举他跟自己一起做官。"

【原文】 子曰:"躬自厚而薄责于人①,则远怨矣!"

【注释】 ①躬:亲自。厚:指厚责,因下文有"薄责"而省略了"责"字。责:要求。

【译文】 孔子说:"对自己要求严格而宽松地要求别人,就会远离怨恨。"

【原文】 子曰:"不曰'如之何、如之何'者①,吾末如之何也已矣。"

【注释】 ①如之何:怎么办。连言表示反复考虑。

【译文】 孔子说:"不念叨'怎么办,怎么办'的人,我不知道该怎么办了啊!"

【原文】 子曰:"群居终日,言不及义,好行小慧,难矣哉①!"

【注释】 ①难矣哉:孔子认为士人聚在一起应该切磋学问,互相责善,以助于进德修业,如果"言不及义,好行小慧",就不可能进德,因此说"难矣哉"。

【译文】 孔子说:"士人整日聚在一起,谈话丝毫不涉及道义,喜欢卖弄小聪明,想要进德就太难了啊!"

【原文】 子曰:"君子义以为质,礼以行之,孙以出之,信以成之。君子哉!"

【译文】 孔子说:"君子用义来修养自己的品质,按照礼来行事,用谦逊的态度讲话,

靠信实取得成功。这才是君子啊!"

【原文】 子曰:"君子病无能焉,不病人之不己知也。"

【译文】 孔子说:"君子担心自己没有能力,不担心别人不了解自己。"

【原文】 子曰:"君子疾没世而名不称焉①。"

【注释】 ①没世:去世。名不称焉:名声不被世人称道。

【译文】 孔子说:"君子痛恨死后自己的名声不能流传于世。"

【原文】 子曰:"君子求诸己,小人求诸人。"

【译文】 孔子说:"君子反求于自己,小人苛求于别人。"

【原文】 子曰:"君子矜而不争①,群而不党。"

【注释】 ①矜:持重,谨慎。

【译文】 孔子说:"君子庄重谨慎却不与人争,合群团结却不结党营私。"

【原文】 子曰:"君子不以言举人,不以人废言。"

【译文】 孔子说:"君子不根据言辞来选拔人才,也不因为一个人不好而废弃他有价值的言论。"

【原文】 子贡问曰:"有一言而可以终身行之者乎①?"子曰:"其'恕'乎! 己所不欲,勿施于人。"

【注释】 ①一言:一个字。

【译文】 子贡问道:"有一个字可以终生奉行的吗?"孔子说:"大概是'恕'吧? 意思是自己不喜欢的事情,不要强加给别人。"

【原文】 子曰:"吾之于人也,谁毁谁誉? 如有所誉者,其有所试矣①。斯民也,三代之所以直道而行也。"

【注释】 ①试:试用,这里指考察过某人的行为。

【译文】 孔子说:"我对于别人,诋毁过谁? 称赞过谁? 如果有称赞的人,那一定是经过考察了的。这些值得被称赞的人,正是夏、商、周三代推行正道的依靠。"

【原文】 子曰:"吾犹及史之阙文也①,有马者借人乘之②。今亡矣夫!"

【注释】 ①阙文:有疑问而空缺的文字。②有马者借人乘之:是说有马的人如果自己不能训练驾驭,就可以借给有能力的人来训练驾驭,不必强不能以为能。与上句在史书中空缺不记留待明白的人来记录一样,比喻不必强不知以为知。

【译文】 孔子说:"我还看得到史书中因为存在疑问就空缺不记的情况,如同有马不能驾驭的人把马借给别人使用一样。如今则没有这种情况了!"

【原文】 子曰:"巧言乱德①。小不忍则乱大谋。"

【注释】 ①巧言乱德:意如"巧言令色,鲜矣仁"。

【译文】 孔子说:"花言巧语能败坏道德。小事不忍耐就会扰乱大的谋划。"

【原文】 子曰:"众恶之,必察焉;众好之,必察焉。"①

【注释】 ①此章指出对于舆论必须分析考察,不可简单地从众。

【译文】 孔子说:"众人都厌恶他,一定对他加以考察;众人都喜欢他,也一定对他加以考察。"

【原文】 子曰:"人能弘道,非道弘人。"①

【注释】 ①此章强调人的主观能动性,修行仁道决定于人的努力,人只要努力就能习得道的博大内容。反之,如果自身不努力,宏大的道也不能使人伟大起来。

【译文】 孔子说:"人能发扬光大道,不是道能光大人。"

【原文】 子曰:"过而不改,是谓过矣。"①

【注释】 ①此章反映孔子对待过错的态度。

【译文】 孔子说:"犯了错却不改正,这才叫过错呢。"

【原文】 子曰:"吾尝终日不食,终夜不寝,以思,无益,不如学也。"①

【注释】 ①此章讲学与思的关系问题。孔子主张学习与思考结合,不可偏执其一。

【译文】 孔子说:"我曾经整天不吃饭,整夜不睡觉,用来思考,结果没有长进,还不如学习呢。"

【原文】 子曰:"君子谋道不谋食。耕也,馁在其中矣①;学也,禄在其中矣②。君子忧道不忧贫。"

【注释】 ①馁:饥饿②学也,禄在其中矣:意同"学而优则仕"。

【译文】 孔子说:"君子追求道义而不追求饭食。耕田,也常常忍受饥饿;学习,从中得到的是俸禄。君子担心学不到道义,而不担心会贫穷。"

【原文】 子曰:"知及之①,仁不能守之,虽得之,必失之。知及之,仁能守之,不庄以莅之②,则民不敬。知及之,仁能守之,庄以莅之,动之不以礼,未善也。"

【注释】 ①知:"智"的古体字。②莅:治理。

【译文】 孔子说:"智慧足以得到它,仁德不能守住它,即使得到了它,一定会失掉它。智慧足以得到它,仁德能够守住它,却不能庄重地治理它,那么老百姓就不尊敬你。智慧足以得到它,仁德能够守住它,能够庄重地治理它,却不按礼的规定来行动,还是没有达到至善。"

中华传世藏书 国学经典文库 经学经典 图文珍藏版

92

【原文】 子曰:"君子不可小知而可大受也^①,小人不可大受而可小知也。"

【注释】 ①小知:做小事情。大受:承担重任。

【译文】 孔子说:"君子不可以做小事情而可以承担重任,小人不可以承担重任而可以做小事情。"

【原文】 子曰:"民之于仁也,甚于水火。水火,吾见蹈而死者矣^①,未见蹈仁而死者也^②。"

【注释】 ①蹈:踏,踩。②蹈:履行,遵循。

【译文】 孔子说:"老百姓对于仁德的需要,超过对于水火的需要。我见到过踏进水火而死的人,没有见过因实践仁德而死的人。"

【原文】 子曰:"当仁^①,不让于师。"

【注释】 ①当:值。

【译文】 孔子说:"遇到可实践仁道的机会,对老师也不必谦让。"

【原文】 子曰:"君子贞而不谅^①。"

【注释】 ①贞:信。

【译文】 孔子说:"君子讲诚信,但不拘泥于小信。"

【原文】 子曰:"事君,敬其事而后其食^①。"

【注释】 ①事:职事,职责。食:俸禄。

【译文】 孔子说:"侍奉君主,应该敬慎地对待自己的职责,而把俸禄放到后面。"

【原文】 子曰:"有教无类^①。"

【注释】 ①类:种类,类别。此章是孔子明确提出自己的教育理论,即对接受教育的对象要一视同仁。同时孔子还有因材施教的教育方法,即针对不同的接受者给予不同的指导。

【译文】 孔子说:"对任何人都可以有所教诲,没有种类的限制。"

【原文】 子曰:"道不同,不相为谋。"

【译文】 孔子说:"原则主张不同,就不能一起谋事。"

【原文】 子曰:"辞达而已矣。"

【译文】 孔子说:"言辞能够表情达意就行了。"

【原文】 师冕见^①,及阶,子曰:"阶也。"及席,子曰:"席也。"皆坐,子告之曰:"某在斯,某在斯。"

师冕出。子张问曰:"与师言之道与?"子曰:"然。固相师之道也^②。"

【注释】　①师冕：师，乐师。冕，人名。古代的乐师一般由盲人充当。②相：帮助。

【译文】　师冕来见孔子，走到台阶前，孔子说："这里是台阶。"走到席前，孔子说："这里是座席。"都坐定了，孔子便告诉他说："某人在这里，某人在这里。"

师冕出去。子张问道："这是和乐师说话的方式吗？"孔子说："是的，这本来就是帮助乐师的方式。"

季氏第十六

【题解】

本篇多数章节记孔子语录时称"孔子曰"，与此书其他篇章记作"子曰"的体例不合，由此可知本篇内容多非孔子弟子所记。尽管如此，本篇的史料价值仍然很高：①涉及鲁国国君与季氏矛盾不断激化，季氏将要攻打支持鲁君的颛臾的史实；②概括春秋之世天子权力不断下移，诸侯、大夫、家臣逐步越权专政的历史进程。内容涉及孔子的政治思想、教育思想、天命思想、道德修养思想等；③描述齐景公时国势强盛而道德衰微的情况；④记载当时国君及其夫人在不同场合宜用的称谓。同时也反映了孔子均贫富、和众寡、安内来外的德政主张，尊天子、卑诸侯、削弱大夫、抑制陪臣的政治理想；⑤讲君子修养之道：结交有益的朋友，培养有益的爱好，警惕不当的行为，心中有所敬畏，言行经过思虑；⑥反映孔子教学的内容和教学中一视同仁的态度。

【原文】　季氏将伐颛臾①。冉有、季路见于孔子，曰："季氏将有事于颛臾②。"

孔子曰："求！无乃尔是过与③？夫颛臾，昔者先王以为东蒙主④，且在邦域之中矣，是社稷之臣也⑤。何以伐为⑥？"

冉有曰："夫子欲之，吾二臣者皆不欲也。"

孔子曰："求！周任有言曰⑦：'陈力就列⑧，不能者止。'危而不持⑨，颠而不扶⑩，则将焉用彼相矣⑪？且尔言过矣，虎兕出于柙⑫，龟玉毁于椟中⑬，是谁之过与？"

冉有曰："今夫颛臾，固而近于费⑭。今不取，后世必为子孙忧。"

孔子曰："求！君子疾夫舍曰欲之而必为之辞⑮。丘也闻有国有家者，不患贫而患不均，不患寡而患不安⑯。盖均无贫，和无寡，安无倾。夫如是，故远人不服，则修文德以来之。既来之，则安之。今由与求也，相夫子，远人不服，而不能来也；邦分崩离析，而不能守也；而谋动干戈于邦内。吾恐季孙之忧，不在颛臾，而在萧墙之内也⑰。"

【注释】　①季氏：指季康子。颛臾：鲁国的附庸国，在今山东费县西北。②事：这里

指军事行动。③尔是过:就是"过尔",责备你(们)。"是"起指示宾语提前的作用。④东蒙主:主持祭祀东蒙山的人。东蒙,即蒙山,在今山东蒙阴县南。因在鲁国东边,故称东蒙。⑤社稷:指鲁国公室。颛臾为鲁国的附庸,故称社稷之臣。⑥为:语气助词,表疑问语气。⑦周任:古代的一个史官,有良史之称。⑧陈力:贡献力量。就列:就任职位。⑨危:站立不稳。持:扶持。⑩颠:跌倒。⑪相:专职帮助盲人的人,护理人。这里用来比喻冉有、子路,当时二人皆做季氏的家宰,故云。⑫兕:一种类似野牛的独角怪兽。柙:关野兽的笼子。⑬椟:匣子。⑭固:指城池坚固。费:季氏的采邑,在今山东费县西南。⑮辞:借口,这里指找借口。⑯不患贫而患不均,不患寡而患不安:原作"不患寡而患不均,不患贫而患不安",从下文作"均无贫,和无寡"来看,这里的"贫"和"均"是就财富而言,"寡"与"安"是就人民而言,故改从此。⑰萧墙:门屏,古代宫室用以分隔内外的当门小墙。这里用来指代鲁国的国君。季氏与鲁国国君矛盾尖锐。此章的背景正是季氏与鲁哀公有矛盾,哀公想除掉操纵国政的三家,季氏担心世代为鲁臣的颛臾帮助哀公,故采取先发制人的战术。

【译文】

季氏将要攻打颛臾。冉有、季路拜见孔子说:"季氏将对颛臾采取军事行动。"

孔子说:"求!难道不该责备你们吗?颛臾,当初先王让它做东蒙山的主祭,而且是在鲁国国境之内的国家。这是国家的臣子啊。为什么要攻打它呢?"

冉有说:"季氏想要这样做,我们两个做臣子的都不想这样做。"

孔子说:"求!周任有句话说:'能够施展自己的才力,就接受这个职务,不能施展才力的就应该辞职让位。'盲人站立不稳不能去扶持,摔倒了又不能把他扶起来,那么又何必要用那个护理人呢?而且,你的话说错了。老虎、犀牛从笼子里跑出来,龟甲、美玉在匣子中被毁坏,这是谁的过错呢?"

冉有说:"颛臾呀,城墙坚固而且离季氏的采邑费城很近,现在如果不攻取它,将来必定会成为子孙的忧患。"

孔子说:"求!君子最痛恨那种嘴上不说'想要得到它'而一定要替自己的行为找借口的人。我听说,不管是有封地的诸侯还是有食邑的大臣,不担心财产少,只担心财富分配不均;不担心人口少,只担心境内不安定。因为财富平均,就无所谓贫穷;上下和睦,就不觉得人口少;境内安定,国家就不会倾覆。正因为要做到这样,所以远方的人如果不归顺,就应该加强文教德化来使他们归顺,他们归顺之后,就要使他们安顿下来。现在你们两个人辅佐季氏,远方的人不归顺却不能使他们来归;国家四分五裂却不能加以保全,反

95

而策划在国境内发动战争。我担心季孙的忧患，不在颛臾，而在鲁国的宫廷之内啊！"

【原文】 孔子曰："天下有道，则礼乐征伐自天子出；天下无道，则礼乐征伐自诸侯出。自诸侯出，盖十世希不失矣；自大夫出，五世希不失矣；陪臣执国命①，三世希不失矣。天下有道，则政不在大夫。天下有道，则庶人不议②。"

【注释】 ①陪臣：大夫的家臣。②庶人：无官爵的平民百姓。不议。不加非议，指政治清明，无可非议。

【译文】 孔子说："天下太平，那么制礼作乐和下令征伐的权力都掌握在天子手中；天下昏乱，那么制礼作乐和下令征伐的权力都掌握在诸侯手中。掌握在诸侯手中，大约传至十代很少有不失掉的；掌握在大夫手中，传至五代很少有不失掉的；如果是家臣操纵了国家政令，传至三代很少有不失掉的。天下太平，那么政令就不会掌握在大夫手中。天下太平，那么老百姓就不非议政治。"

【原文】 孔子曰："禄之去公室五世矣①，政逮于大夫四世矣②，故夫三桓之子孙微矣③。"

【注释】 ①禄：爵禄，这里指颁授官爵，是掌握政权的象征。五世：指鲁宣公、成公、襄公、昭公、定公五代。②四世：指季孙氏文子、武子、平子、桓子四代。③微：衰微。鲁国三卿至鲁定公时权势已衰，孔子"大夫出，五世希不失矣"的话正是针对这种情况说的。

【译文】 孔子说："鲁国的权力从国君手中失掉已经五代了，政权落到大夫手里已经四代了，因此仲孙、叔孙、季孙三家的子孙已经衰微了。"

【原文】 孔子曰："益者三友，损者三友：友直，友谅①，友多闻，益矣；友便辟②，友善柔③，友便佞④，损矣。"

【注释】 ①谅：信。②便辟：逢迎谄媚。③善柔：阿谀奉承。④便佞：花言巧语。

【译文】 孔子说："有益的朋友有三种，有害的朋友有三种：跟正直的人交朋友，跟诚信的人交朋友，跟博学多闻的人交朋友，就有益处。跟逢迎谄媚的人交朋友，跟阿谀奉承的人交朋友，跟花言巧语的人交朋友，就有害处。"

【原文】 孔子曰："益者三乐①，损者三乐。乐节礼乐，乐道人之善②，乐多贤友，益矣；乐骄乐，乐佚游③，乐宴乐④，损矣。"

【注释】 ①乐：爱好。②道：称道。③佚：安逸。④宴乐：宴饮取乐。

【译文】 孔子说："有益的爱好有三种，有害的爱好有三种。喜欢以礼乐节制自己，喜欢称赞别人的好处，喜欢多交贤德的朋友，就有益处。喜欢骄纵作乐，喜好安逸游乐，喜欢宴饮取乐，就有害处。"

【原文】 孔子曰："侍于君子有三愆①：言未及之而言谓之躁，言及之而不言谓之隐，未见颜色而言谓之瞽。"

【注释】 ①愆：过失。

【译文】 孔子说："侍奉君子有三种过失：话没到该说的时候就说，叫作急躁；话到了该说的时候却不说，叫作隐瞒；没有察言观色却贸然开口，叫作盲目。"

【原文】 孔子曰："君子有三戒：少之时，血气未定，戒之在色；及其壮也①，血气方刚，戒之在斗；及其老也，血气既衰，戒之在得②。"

【注释】 ①壮：壮年，年满三十。②得：贪求占有。

【译文】 孔子说："君子有三件事要警惕：年少的时候，血气还不成熟，应该警惕不要沉溺女色；到了壮年，血气正旺，应该警惕不要争强好斗；到了老年，血气已经衰退，应该警惕不要贪求占有。"

【原文】 孔子曰："君子有三畏：畏天命，畏大人①，畏圣人之言。小人不知天命而不畏也，狎大人②，侮圣人之言。"

【注释】 ①大人：居高位的人。②狎：亲昵而不尊重。

【译文】 孔子说："君子有三种敬畏：敬畏天命，敬畏居高位的人，敬畏圣人的话。小人不知天命不可违抗而不敬畏，不尊重居高位的人，轻侮圣人的话。"

【原文】 孔子曰："生而知之者，上也；学而知之者，次也；困而学之，又其次也。困而不学，民斯为下矣！"

【译文】 孔子说："生下来就知道的人，是上等；经过学习才知道的人，是次一等；感到困惑才学习的人，又次一等；感到困惑仍不学习，这样的人就是下等人了。"

【原文】 孔子曰："君子有九思：视思明，听思聪，色思温，貌思恭，言思忠，事思敬，疑思问，忿思难，见得思义。"

【译文】 孔子说："君子有九件事要思考：看的时候要明察，听的时候要听清，脸色要温和，态度要恭敬，说话要忠诚，办事要敬慎，产生疑惑要询问，生气时要避免惹祸，得到利益要考虑是否符合道义。"

【原文】 孔子曰："见善如不及①，见不善如探汤②。吾见其人矣，吾闻其语矣。隐居以求其志，行义以达其道。吾闻其语矣，未见其人也。"

【注释】 ①如不及：好像会赶不上似的。形容急切追求。②探：试。汤：热水。

【译文】 孔子说："看到好的行为如同赶不上似的急切追求，看到不好的行为如同用手试热水一样赶快躲开。我看到过这样的人，也听到过这样的话。隐居起来以保全自己

的志向,据义行事以实现自己的主张。我听到过这样的话,但没有看到过这样的人。"

【原文】　齐景公有马千驷,死之日,民无德而称焉①。伯夷叔齐饿于首阳之下②,民到于今称之。其斯之谓与③?

【注释】　①无德而称:没有人因感激而称赞他。②首阳:山名。在今何地,说法不一,以认为在今山西永济市西蒲州镇较可信。③此句之前恐有脱文,否则"斯之谓"的说法没有着落。古注认为,脱漏的就是"诚不以富,亦祇以异"一句。

【译文】　齐景公纵然有四千匹马,死的时候,老百姓没有人因感激而称赞他。伯夷、叔齐饿死在首阳山下,老百姓直到如今还对他们称赞不已。(《诗经》里说的:"真的不是因为富足,只是因为品德卓异。")大概就是说的这个吧?

【原文】　陈亢问于伯鱼曰①:"子亦有异闻乎②?"

对曰:"未也。尝独立,鲤趋而过庭③。曰:'学《诗》乎?'对曰:'未也。''不学《诗》,无以言。'鲤退而学《诗》。他日,又独立,鲤趋而过庭。曰:'学礼乎?'对曰:'未也。''不学礼,无以立!'鲤退而学礼。闻斯二者。"

陈亢退而喜曰:"问一得三:闻《诗》,闻礼,又闻君子之远其子也④。"

【注释】　①伯鱼:孔子之子孔鲤的字。②异闻:不同的听闻。这里陈亢怀疑孔子对孔鲤有偏私,对他教授的比弟子们多。③趋:快走。按照礼的规定,臣经过君的面前,子经过父的面前,都要小步快走以示谨敬。④远:不亲近溺爱,指严格要求。

【译文】　陈亢询问伯鱼说:"你从你父亲那里听到过与众不同的讲授吗?"

伯鱼回答说:"没有。他曾独自站在庭中,我恭敬地快走而过。他问我道:'学过《诗经》了吗?'我回答说:'没有。'他就说:'不学《诗经》,无法讲话。'我退下后就学习《诗经》。另一天,他又独自站在庭中,我恭敬地快走而过。他问我道:'学过礼仪了吗?'我回答说:'没有。'他就说:'不学礼仪,无法立身。'我退下后就学习礼仪。我就听到这两点。"

陈亢退下后很高兴地说:"问一件事得知三件事:得知《诗经》很重要,得知礼仪很重要,还得知君子严格教育自己的儿子。"

【原文】　邦君之妻,君称之曰夫人,夫人自称曰小童;邦人称之曰君夫人;称诸异邦曰寡小君;异邦人称之,亦曰君夫人。①

【注释】　①此章也是孔子正名的实例。

【译文】　国君的妻子,国君称她为夫人,夫人自称为小童;本国人称她为君夫人;当着别国人就称她为寡小君;别国人称呼她,也叫君夫人。

阳货第十七

【题解】

本篇分为二十六章。兼有"子曰"和"孔子曰"的章节,而以称"子曰"的居多。

内容比较庞杂。有涉及家臣操权、叛乱的章节:①讲鲁国的阳货越权,欲请孔子相助,为孔子所推辞;②讲鲁国的公山弗扰背叛季氏;③章讲晋国的佛肸背叛范氏。从这三章可以了解当时社会屡见以下犯上状况之一斑。又有论及礼乐的章节:①显示礼乐教化在治政中的作用;②说明"礼"对于仁、智、信、直、勇、刚等品质的规范之功;③强调重视礼乐的精神内涵。其他则有讲解符合"仁"德的具体行为。

【原文】 阳货欲见孔子①,孔子不见,归孔子豚②。

孔子时其亡也③,而往拜之④,遇诸涂⑤。

谓孔子曰:"来!予与尔言。"曰:"怀其宝而迷其邦⑥,可谓仁乎?"曰:"不可。好从事而亟失时⑦,可谓知乎?"曰:"不可。日月逝矣,岁不我与。"

孔子曰:"诺。吾将仕矣⑧。"

【注释】 ①阳货:又作"阳虎"。季氏的家臣。据《左传》定公五年至九年记载:季氏连续几代把持鲁国朝政,后落到阳货之手。阳货企图削除三桓,遭到讨伐,奔齐,最后逃往晋国。此处所记之事的背景是,阳货知道孔子反对三桓越权,想争取孔子成为自己铲除三桓的同盟,结果是孔子反对"政在大夫",更反对"陪臣执国命",与阳货的政见根本不同。②归:通"馈",赠送。豚:小猪。③时其亡:趁阳货不在家的时候。时,通"伺",窥伺。④往拜之:根据礼节的规定,"大夫有赐于士,不得受于其家,则往拜其门"。因孔子不愿与阳货交往,所以选择阳货不在家时回拜。⑤涂:道路。⑥怀:藏。宝:指本领。迷:混乱。这里指听任社会混乱而不管。⑦亟:屡次。⑧吾将仕:古注以为这里是"以顺辞免"。就说是:这是孔子敷衍的话,并非真要出仕。

【译文】 阳货想见孔子,孔子不愿见他,便赠送孔子一只小猪。

孔子趁他不在家的时候,前往拜谢以还礼。在路上遇见阳货。

阳货对孔子说:"过来!我跟你讲话。"说:"把自己的本领藏起来,任凭自己的国家混乱不已,可以称得上是仁吗?"自己回答说:"称不上是仁。喜欢从政却又屡次错失时机,可以称得上是智吗?"自己又回答说:"称不上是智。日月流逝,年岁不等我们啊。"

孔子敷衍地说:"好吧,我就要出来做事了。"

【原文】 子曰："性相近也,习相远也。"

【译文】 孔子说："人们的性情本是相近的,因为习染不同,便相差很远。"

【原文】 子曰："唯上知与下愚不移①。"

【注释】 ①知:"智"的古体字。

【译文】 孔子说："只有上等的智者与下等的愚人是改变不了的。"

【原文】 子之武城,闻弦歌之声。夫子莞尔而笑曰①："割鸡焉用牛刀②?"

子游对曰："昔者偃也闻诸夫子曰:'君子学道则爱人,小人学道则易使也。'"

子曰："二三子! 偃之言是也。前言戏之耳!"

【注释】 ①莞尔:微笑的样子。②割鸡焉用牛刀:比喻大材小用。此处是针对武城有代表礼乐教化的弦歌之声而言。

【译文】 孔子到了武城,听见弹奏琴瑟歌唱的声音。孔子微微一笑,说:"杀鸡何必用牛刀呢?"

做武城长官的子游回答说:"以前我听先生说过:'君子学过礼乐之道就懂得爱,小人学过礼乐之道就容易使唤。'"

孔子说:"弟子们! 偃的话是对的。我刚才的话不过跟他开玩笑罢了。"

【原文】 公山弗扰以费畔①,召,子欲往。

子路不说②,曰:"末之也已③,何必公山氏之之也④?"

子曰:"夫召我者而岂徒哉? 如有用我者,吾其为东周乎⑤!"

【注释】 ①公山弗扰:又作"公山不狃",字子洩。季氏的家臣。畔:"叛"的古体字,叛季氏。《左传·定公十二年》记载:公山不狃叛鲁,被当时做司寇的孔子派人打败;没有公山不狃召孔子前往的记载。因此后人对此章的真实性有争议。②说:"悦"的古体字。③末:无。之:往。已:罢了。④何必公山氏之之:"何必之公山氏"的倒装。第一个"之",起指示宾语提前的作用,第二个"之"字是往的意思。⑤东周:复兴周道于东方。

【译文】 公山弗扰在费邑反叛季氏,召孔子前往,孔子想去。

子路不高兴,说:"没有地方去也就算了,何必到公山弗扰哪里呢?"

孔子说:"那个召我去的人,难道就平白无故吗? 如果有人能任用我,我将在东方复兴周的世道!"

【原文】 子张问仁于孔子。孔子曰:"能行五者于天下,为仁矣。"

"请问之。"曰:"恭、宽、信、敏、惠。恭则不侮,宽则得众,信则人任焉,敏则有功,惠则足以使人。"

【译文】　子张向孔子询问什么是仁。孔子说："能在天下实行五种品德就可以说是仁了。"

子张说："请问是哪五种品德?"孔子说："恭敬,宽厚,信实,勤敏,慈惠。恭敬就不会受到侮辱,宽厚就能获得众人拥护,信实就会使别人为你效力,勤敏就会取得成功,慈惠就足以役使别人。"

【原文】　佛肸召①,子欲往。

子路曰:"昔者由也闻诸夫子曰:'亲于其身为不善者,君子不入也。'佛肸以中牟畔②,子之往也,如之何?"

子曰:"然。有是言也。不曰坚乎,磨而不磷③;不曰白乎,涅而不缁④。吾岂匏瓜也哉⑤?焉能系而不食?"

【注释】　①佛肸:晋国大夫范氏的家臣,中牟的地方官。《左传·哀公五年》记载:哀公五年(公元前490年),赵简子征范、中行、围中牟。佛肸占据中牟,抗拒赵简子。当时孔子正在周游列国。②中牟:晋国的地名,在今河北邢台、邯郸之间。③磷:薄损。④涅:染黑。缁:黑色。⑤匏瓜:可以做水瓢的葫芦。

【译文】　佛肸召孔子前往,孔子想去。

子路说："以前我听先生说过这样的话:'亲自做坏事的人那里,君子是不去的。'如今佛肸占据中牟叛乱,您却要去,为什么这样呢?"

孔子说："是的,我说过这样的话。但是,不是有坚硬的东西吗,磨也磨不薄;不是有洁白的东西吗,染也染不黑。我难道是葫芦吗?怎么能只是悬挂在那里不食用呢?"

【原文】　子曰:"由也,女闻六言六蔽矣乎①?"对曰:"未也。"

"居②!吾语女。好仁不好学③,其蔽也愚;好知不好学,其蔽也荡;好信不好学,其蔽也贼④;好直不好学,其蔽也绞;好勇不好学,其蔽也乱;好刚不好学,其蔽也狂。"

【注释】　①蔽:通"弊"。②居:坐。③学:"学"的对象应该是"礼"。④贼:败坏。

【译文】　孔子说："仲由!你听说过六种品德的六种弊病吗?"子路回答说："没有。"

孔子说："坐下!我告诉你。爱好仁德却不喜欢学习,它的流弊是愚蠢;爱好聪明却不喜欢学习,它的流弊是放荡没有根基;爱好诚实却不喜欢学习,它的流弊是抱守小信而败坏事情;爱好直率却不喜欢学习,它的流弊是尖刻伤人;爱好勇敢却不喜欢学习,它的流弊是导致混乱;爱好刚强却不喜欢学习,它的流弊是狂妄自大。"

【原文】　子曰:"小子!何莫学夫《诗》?《诗》可以兴①,可以观②,可以群③,可以怨④。迩之事父⑤,远之事君。多识于鸟兽草木之名。"

【注释】 ①兴：《诗》即景抒情的创作手法之一，即托物兴起的意思，多读《诗》就会习得。②观：指观察社会。古诗多反映世情民俗，政治得失，因此说读《诗》可以观风俗。③群：与人交际、交往。当时贵族交往多赋《诗》言志，以为辞令，因此说学过《诗》才能与人交往谈话。④怨：怨刺。孔子主张表达感情必须适度，即"乐而不淫，哀而不伤"。借《诗》来怨刺，正可以避免过分怨愤的情感。⑤迩：近。

【译文】 孔子说："弟子们，为什么不学《诗》呢？《诗》可以即景抒发人的思想感情，可以用来观察风俗民情政治得失，可以用来交往朋友，可以用来讽刺评论不平的事情。近则可以用来侍奉父母，远则可以用来侍奉君主，并且可以认识许多鸟兽草木的名称知识。"

【原文】 子谓伯鱼曰："女为《周南》《召南》矣乎①？人而不为《周南》《召南》，其犹正墙面而立也与②！"

【注释】 ①女：通"汝"，你。《周南》《召南》：《诗经·国风》的两个部分，即两种地方民歌。周南泛指洛阳以南直至江汉一带地区。召南为岐山之南召地。儒家认为《周南》《召南》的二十五篇诗歌反映了文王、周公社会政治的基础，是《国风》中最为纯正的部分。②正墙面而立：面对着墙站立，一步不能前进。比喻没有知识，就没有前途。

【译文】 孔子对儿子孔鲤说："你学习《周南》《召南》了吗？人如果不学习《周南》《召南》，大概就像是面对着墙壁站着无法前进吧？"

【原文】 子曰："礼云礼云，玉帛云乎哉？乐云乐云，钟鼓云乎哉？"①

【注释】 ①此章说明孔子重视礼乐的实质精神，而不是器物与形制。

【译文】 孔子说："礼呀礼呀，说的只是玉帛之类的礼器吗？乐呀乐呀，说的只是钟鼓之类的乐器吗？"

【原文】 子曰："色厉而内荏①，譬诸小人，其犹穿窬之盗也与②？"

【注释】 ①荏：软弱，怯懦。②窬：越过。

【译文】 孔子说："面色严厉而内心怯懦，如果用小人来做比喻，大概就像是打洞、翻墙行窃的小偷吧？"

【原文】 子曰："乡原①，德之贼也！"

【注释】 ①乡原：指貌似恭谨，实际与汉俗合污的人。

【译文】 孔子说："乡原是败坏道德的人。"

【原文】 子曰："道听而涂说，德之弃也！"

【译文】 孔子说："在道路上听到又在道路上传说，这是抛弃道德的。"

【原文】　子曰："鄙夫可与事君也与哉？其未得之也,患不得之①;既得之,患失之。苟患失之,无所不至矣。"

【注释】　①患不得之:原作"患得之",误。

【译文】　孔子说:"粗鄙的人可以跟他一起侍奉君主吗？当他没有获得的时候;总是忧虑不能得到。得到以后,又担心会失去。如果担心失去什么,那就会什么事都干得出来的。"

【原文】　子曰："古者民有三疾①,今也或是之亡也。古之狂也肆,今之狂也荡;古之矜也廉②,今之矜也忿戾;古之愚也直,今之愚也诈而已矣。"

【注释】　①疾:毛病。②廉:棱角。这里形容人的品行方正有威严。

【译文】　孔子说:"古时候的人有三种毛病,现在或许连这样的毛病也变了。古时狂妄的人是放肆了些,如今狂妄的人却放荡不羁;古时矜持的人还能方正威严,如今矜持的人却愤怒乖戾;古时愚蠢的人很夯直,如今愚蠢的人却是装样子骗人罢了。"

【原文】　子曰："巧言令色,鲜矣仁。"

【译文】　孔子说:"花言巧语,面貌伪善的人,仁德是很少的。"

【原文】　子曰："恶紫之夺朱也①,恶郑声之乱雅乐也②,恶利口之覆邦家者③。"

【注释】　①紫:间色。朱:正色。②雅乐:用于郊庙朝会的正乐。③邦家:诸侯之邦与大夫之家。

【译文】　孔子说:"厌恶紫色取代了红色的正位,厌恶郑国的音乐扰乱了雅乐,厌恶用巧嘴快舌去颠覆邦国采邑的人。"

【原文】　子曰："予欲无言①。"子贡曰："子如不言,则小子何述焉？"子曰："天何言哉？四时行焉,百物生焉,天何言哉？"

【注释】　①无言:孔子的教育方法是重视身教,因此说"欲无言"。

【译文】　孔子说:"我不想说话了。"子贡说:"老师如果不说话,那么弟子们传述什么呢？"孔子说:"上天说了什么呢？春夏秋冬四季照样运行,众物照样生长,上天说了什么呢？"

【原文】　孺悲欲见孔子①,孔子辞以疾。将命者出户②,取瑟而歌,使之闻之。

【注释】　①孺悲:鲁国人。鲁哀公曾派他向孔子学习士丧礼。②将命者:传口信的人。

【译文】　孺悲想见孔子,孔子借口说有病加以拒绝。传信的人刚出门,孔子就拿过瑟弹着唱歌,故意让他听到。

【原文】 宰我问:"三年之丧,期已久矣。君子三年不为礼,礼必坏;三年不为乐,乐必崩。旧谷既没,新谷既升①,钻燧改火②,期可已矣③。"

子曰:"食夫稻④,衣夫锦,于女安乎⑤?"

曰:"安。"

"女安,则为之!夫君子之居丧,食旨不甘⑥,闻乐不乐⑦,居处不安,故不为也。今女安,则为之!"

宰我出。子曰:"予之不仁也!子生三年,然后免于父母之怀。夫三年之丧,天下之通丧也。予也有三年之爱于其父母乎?"

【注释】 ①升:成熟。②钻燧改火:古时钻木取火或敲燧石取火。改火,一年四季,所钻木各异,故称改火。③期:一年。④稻:古代北方以稷(小米)为主要粮食,稻米是很稀少而且精细的粮食,因此这里用"稻"与"锦"相对。⑤女:通"汝"。下同。⑥旨:美味。⑦闻乐不乐:前"乐"音 yuè,后"乐"音 lè。前指音乐,后指快乐。

【译文】 宰我问道:"为父服丧三年,为期太久了。君子三年不修习礼仪,礼仪一定会败坏;三年不演奏音乐,音乐一定会毁掉。陈谷已经吃完,新谷已经成熟,钻火所用的木材已经经过一个轮回,丧期一年也就可以了。"

孔子说:"吃精细的稻米,穿织锦的衣服,对于你来说心安吗?"

宰我说:"心安。"

孔子说:"你只要心安,就那样做吧。君子服丧期间,吃美味不觉得甘美,听音乐不觉得愉快,闲居也不觉得安适,因此不那样做。现在你觉得心安,就那样做吧!"

宰我出去了。孔子说:"宰予不仁啊!子女生下三年,然后才脱离父母的怀抱。三年的丧期,是天下通行的丧礼。宰予难道没有在他父母的怀里得到过三年的爱抚吗?"

【原文】 子曰:"饱食终日,无所用心,难矣哉!不有博弈者乎①,为之犹贤乎已。"

【注释】 ①博:古代的一种棋局游戏。双方各六枚棋,黑白为别。先掷骰子,再走棋。奕:围棋。

【译文】 孔子说:"整天吃得饱饱的,一点也不动脑筋,想要进德难了啊!不是有六博和围棋的游戏吗?天天下棋也比这样闲着没事强。"

【原文】 子路曰:"君子尚勇乎?"子曰:"君子义以为上。君子有勇而无义为乱,小人有勇而无义为盗。"

【译文】 子路问道:"君子崇尚勇敢吗?"孔子说:"君子认为义是最可贵的。君子只有勇敢而没有道义,就会犯上作乱;小人只有勇敢而没有道义,就会做盗贼。"

【原文】 子贡曰:"君子亦有恶乎①?"子曰:"有恶,恶称人之恶者,恶居下流而讪上者②,恶勇而无礼者,恶果敢而窒者③。"

曰:"赐也亦有恶乎?""恶徼以为知者④,恶不孙以为勇者⑤,恶讦以为直者⑥。"

【注释】 ①本章中除"人之恶者"中的"恶"音è外,其他"恶"字均音wù,指厌恶。②讪:毁谤。③窒:阻塞不通,顽固不化。④徼:抄袭。⑤孙:"逊"的古体字。⑥讦:揭发别人的隐私或过错。

【译文】 子贡问道:"君子也有厌恶的吗?"孔子说:"有厌恶的。厌恶宣扬别人坏处的人,厌恶身居下位却毁谤上位的人,厌恶勇敢却不讲礼仪的人,厌恶果断敢为却顽固不化的人。"

孔子又说:"赐,你也有厌恶的吗?"子贡说:"厌恶抄袭了别人却当作自己的知识的人,厌恶不谦虚却以为自己很勇敢的人,厌恶揭发别人却以为自己很直率的人。"

【原文】 子曰:"唯女子与小人为难养也,近之则不孙①,远之则怨。"

【注释】 ①孙:"逊"的古体字。

【译文】 孔子说:"只有女子和小人是难以养用的,亲近他们,他们就不知道恭顺;疏远他们,他们就有怨气。"

【原文】 子曰:"年四十而见恶焉①,其终也已。"

【注释】 ①年四十:孔子认为四十岁为"不惑"之年,也应当已经成名了。恶:厌恶。

【译文】 孔子说:"活到四十岁还被人厌恶,他这一辈子也就算完了啊!"

微子第十八

【题解】

本篇分为十一章,内容以反映孔子的处世态度为主,而且大多是通过与隐士思想行为的对比来表现的。

【原文】 微子去之①,箕子为之奴②,比干谏而死③。孔子曰:"殷有三仁焉。"

【注释】 ①微子:商纣王的同母兄。名启,微是封国名,子是爵名。微子生时其母为帝乙之妾,生纣时已立为妻,故帝乙死后,纣嗣立。纣王无道,微子离开他出走。②箕子:商纣王的叔父。名胥余,箕是封国名。纣王无道,箕子进谏,不听,就披散头发,假装癫狂,沦为奴隶。③比干:商纣王的叔父。名干,比是封国名。纣王无道,比干强谏,纣大怒,说:"我听说圣人之心有七个孔。"便把比干杀死,把他的心剖开观看。

【译文】 商纣王无道，微子离开他出走，箕子做了他的奴隶，比干因为进谏而死。孔子说："殷商有三位仁人。"

【原文】 柳下惠为士师①，三黜②。人曰："子未可以去乎？"曰："直道而事人，焉往而不三黜？枉道而事人，何必去父母之邦？"

【注释】 ①士师：狱官。②黜：罢免。

【译文】 柳下惠做狱官，三次被罢免。有人对他说："您不可以离开吗？"柳下惠说："若用正直之道来侍奉人，到哪里不会被再三罢免呢？若用邪曲之道侍奉人，又何必要离开父母之国呢？"

【原文】 齐景公待孔子，曰："若季氏，则吾不能，以季、孟之间待之①。"曰："吾老矣②，不能用也。"孔子行。

【注释】 ①季、孟之问：鲁国三卿中，季氏为上卿，孟氏为下卿。季、孟之间即上卿、下卿之间。②吾老矣：孔子不满齐景公给他的待遇，托辞年老而不接受。

【译文】 齐景公准备给孔子礼遇，说："像鲁国给季氏那样的地位，我做不到；将用季氏孟氏之间的待遇来对待他。"孔子说："我已经老了，不能做什么了。"孔子于是离开齐国。

【原文】 齐人归女乐①，季桓子受之②，三日不朝。孔子行③。

【注释】 ①归：通"馈"，赠送。女乐：歌妓舞女。②季桓子：即季孙氏。鲁定公五年（公元前505年）至哀公三年（公元前492年）为执政上卿。③孔子行：据《史记·孔子世家》记载，鲁定公十四年（公元前496年），孔子五十六岁时由大司寇兼理宰相事。齐国人听说了，生怕鲁国从此强盛称霸，设计赠送鲁定公和季桓子女乐，二人接受了。孔子感到很失望，离开了鲁国。

【译文】 齐国送给鲁国一批歌妓舞女，季桓子接受了，三天不上朝理政，孔子于是离开鲁国出走。

【原文】 楚狂接舆歌而过孔子曰①："凤兮！凤兮！何德之衰？往者不可谏②，来者犹可追③。已而！已而！今之从政者殆而！"

孔子下，欲与之言。趋而辟之④，不得与之言。

【注释】 ①楚狂：楚国的狂人，实为假装疯狂而隐的贤者。接舆：古注以为《论语》所记隐士皆以事名之。如守门人叫作"晨门"，执杖者叫作"丈人"，路过孔子车驾者叫作"接舆"，并非真实名字。②往者不可谏：意同"遂事不谏"。③追：及。④辟："避"的古体字。

【译文】　楚国的狂人接舆唱着歌经过孔子的车旁,唱道:"凤呀,凤呀! 为什么你的德行竟如此衰败! 以往的错事已不可制止,未来的前途还来得及谋划。算了吧! 算了吧! 如今的从政者岌岌可危了!"

孔子下车,想跟他讲话。他急行避开,孔子没能跟他说上话。

【原文】　长沮、桀溺耦而耕①,孔子过之,使子路问津焉②。

长沮曰:"夫执舆者为谁?"

子路曰:"为孔丘。"

曰:"是鲁孔丘与?"

曰:"是也。"

曰:"是知津矣。"

问于桀溺。

桀溺曰:"子为谁?"

曰:"为仲由。"

曰:"是鲁孔丘之徒与?"

对曰:"然。"

曰:"滔滔者天下皆是也③,而谁以易之④? 且而与其从辟人之士也⑤,岂若从辟世之士哉?"耰而不辍⑥。

子路行以告。

夫子怃然曰⑦:"鸟兽不可与同群,吾非斯人之徒与而谁与? 天下有道,丘不与易也。"

【注释】　①长沮、桀溺:两个隐者,因在水边耕作,因此称"沮",称"溺"。耦而耕:两人合耕。②津:渡口。③滔滔:形容动乱。④以:与。⑤而:通"尔",你。辟:"避"的古体字。⑥耰:用土覆盖种子。辍:停止。⑦怃然:怅然,失意的样子。

【译文】　长沮、桀溺两个人并排耕地,孔子经过那里,派子路向他们打听渡口。

长沮问道:"那个执辔驾车的人是谁?"

子路说:"是孔丘。"

长沮又问:"此人是鲁国的孔丘吗?"

子路回答道:"是的。"

长沮便说:"他是知道渡口的。"

又问桀溺。

桀溺说:"您是谁?"

子路回答说:"是仲由。"

桀溺又问:"你是鲁国孔丘的门徒吗?"

子路回答道:"是。"

桀溺又说:"天下到处都是动乱不安的样子,跟谁一起来改变现状呢?况且,你与其跟随能避开恶人的志士,难道能比上跟随避开乱世的隐士吗?"说完后照样平土覆盖种子,干个不停。

子路回来,告诉了孔子。

孔子怅然叹道:"鸟兽不可以与它们同群,我不跟世人相处又跟谁相处呢?如果天下太平,我就不跟他们一起来改变现状了。"

【原文】 子路从而后,遇丈人,以杖荷蓧①。

子路问曰:"子见夫子乎?"

丈人曰:"四体不勤②,五谷不分,孰为夫子?"植其杖而芸③。子路拱而立。止子路宿④,杀鸡为黍而食之⑤,见其二子焉⑥。

明日,子路行以告。

子曰:"隐者也。"使子路反见之。至则行矣。

子路曰:"不仕无义。长幼之节,不可废也;君臣之义,如之何其废之?欲洁其身,而乱大伦。君子之仕也,行其义也。道之不行,已知之矣。"

【注释】 ①蓧:古代除草用的农具。②四体:四肢。③植:插立。芸:通"耘",除草。④止:留。⑤黍:黄米,黏的小米。⑥见:使见。

【译文】 子路跟随孔子出行,落在了后面,碰到一位老人,用拐杖挑着除草用的农具。

子路问道:"您见到我的老师了吗?"

老人说:"那些四肢不勤劳,五谷分不清的人,谁是老师呢?"于是就把拐杖插在地上除起草来。

子路拱手恭敬地站着。

老人便留子路过夜,杀鸡做饭给他食用,还介绍自己的两个儿子见子路。

第二天,子路赶上孔子,把自己的经历告诉了孔子。

孔子说:"这是一位隐士。"让子路返回去见他。子路到了他家,他已出门了。

子路说:"不做官是不合乎道义的。长幼之间的礼节,都不可废弃;君臣之间的大义,又怎么能废弃呢?想避开乱世洁身自保,却扰乱了最重要的伦理关系。君子做官,是为

了推行大义。理想的治道行不通,早就知道了。"

【原文】 逸民①:伯夷、叔齐、虞仲、夷逸、朱张、柳下惠、少连②。子曰:"不降其志,不辱其身,伯夷、叔齐与!"谓:"柳下惠、少连,降志辱身矣。言中伦③,行中虑,其斯而已矣。"谓:"虞仲、夷逸,隐居放言。身中清,废中权④。我则异于是,无可无不可⑤。"

【注释】 ①逸民:遗落于世而无官位的贤人。②少连:东夷之子,孔子称其善居丧。③中:合乎。伦:条理、法则。④权:权变。⑤无可无不可:这句表现孔子遇事态度灵活的特点。他的"可"与"不可"是以符合义否为根据的。

【译文】 遗落在民间的贤者有:伯夷、叔齐、虞仲、夷逸、朱张、柳下惠和少连。孔子说:"不降低自己的志向,不屈辱自己的身份,这样的人是伯夷、叔齐吧?"又说:"柳下惠、少连,降低了志向,屈辱了身份;但是讲话有条理,做事经思虑;他们不过如此罢了。"又说:"虞仲、夷逸,避世隐居,说话随便,保持自身清白,去官合乎权宜。我则跟这些人不同,没有什么可以的,也没有什么不可以的。"

【原文】 大师挚适齐①,亚饭干适楚②,三饭缭适蔡,四饭缺适秦。鼓方叔入于河,播鼗武入于汉③,少师阳、击磬襄入于海。

【注释】 ①大师挚:名挚的乐师之长。②亚饭:二饭,第二顿饭。古代天子、诸侯用饭时都奏乐相伴。一日几餐,各有不同的乐师。天子一日四餐,鲁国用周天子礼乐,故有"二饭""三饭""四饭"之称。③播:摇。鼗:长柄小鼓。

【译文】 名叫挚的乐师之长到了齐国,名叫干的二饭乐师到了楚国,名叫缭的三饭乐师到了蔡国,名叫缺的四饭乐师到了秦国,名叫方叔的鼓手到了黄河之滨,名叫武的摇小鼓的人到了汉水之滨,名叫阳的少师以及名叫襄的击磬手到了海边。

【原文】 周公谓鲁公曰①:"君子不施其亲②,不使大臣怨乎不以③。故旧无大故,则不弃也。无求备于一人。"

【注释】 ①鲁公:周公之子伯禽,封于鲁,故称鲁公。②施:通"弛",放松。引申为疏远。③以:用。

【译文】 周公对鲁公说:"君子不疏远他的亲族,不让大臣埋怨没有被任用。故友旧交没有重大过错,就不遗弃。对别人不要求全责备。"

【原文】 周有八士:伯达、伯适、仲突、仲忽、叔夜、叔夏、季随、季骉①。

【注释】 ①适、骉。这里八个人的名字是按排行字伯、仲、叔、季加单名组成的,事迹则不可知。

【译文】 周朝有八个知名之士:伯达、伯适、仲突、仲忽、叔夜、叔夏、季随、季骉。

子张第十九

【题解】

本篇分为二十五章。所记全是孔子弟子的语录。论及君子之行、道德信义、交友原则、知识技能、好学精神、好问勤思、大德不逾、学仕关系、居丧适度、孝道规定、哀悯百姓、恶居下流、知过改错、学无常师等内容，多数主张与孔子本人的很接近，从中可以看出弟子们对孔子学说的信奉和传承。

【原文】　子张曰："士见危致命①，见得思义，祭思敬，丧思哀，其可已矣。"

【注释】　①致：给予，献出。

【译文】　子张说："士看见危难敢于献身，看见有所得就想到是否合乎道义，祭祀的时候要严肃，居丧的时候要悲哀，那也就可以了。"

【原文】　子张曰："执德不弘①，信道不笃，焉能为有？焉能为亡②？"

【注释】　①弘：大。在这里引申为动词。②焉能：哪里能，怎么能。

【译文】　子张说："执守道德不能发扬光大，信仰道义不能坚定不移，这种人怎么能算是有道德？又怎么能算是没有道德？"

【原文】　子夏之门人问交于子张。子张曰："子夏云何？"

对曰："子夏曰：'可者与之①，其不可者拒之。'"

子张曰："异乎吾所闻，君子尊贤而容众，嘉善而矜不能②。我之大贤与，于人何所不容？我之不贤与，人将拒我，如之何其拒人也？"

【注释】　①与：交往。②矜：怜悯。

【译文】　子夏的弟子询问子张应该怎样与人交往？子张说："子夏是怎样说的？"

回答说："子夏说：'人品可以的就跟他交往，人品不可以的就加以拒绝。'"

子张说："不同于我所听到的：君子尊重贤人，也包容广大的普通人；赞美好人，也怜悯无能的人。我自己如果很贤明的话，对于别人有什么容不下的？我自己如果不够贤明的话，人家将拒绝跟我相交，我又怎么可能去拒绝别人呢？"

【原文】　子夏曰："虽小道①，必有可观者焉；致远恐泥，是以君子不为也。"

【注释】　①小道：指各种具体的方法、知识和技能。子夏擅长小道，因此孔子告诫他"女为君子儒，无为小人儒"。孔子也并非轻视具体的方法、知识和技能，相反，他本人也是多才多能的；他只是反对拘泥于此。

中华传世藏书

国学经典文库 经学经典

图文珍藏版

110

【译文】 子夏说："即使是小技艺，也一定有可观摩的地方；只是对于实现远大理想，恐怕会有妨碍，因此君子才不从事它。"

【原文】 子夏曰："日知其所亡^①，月无忘其所能，可谓好学也已矣。"

【注释】 ①亡：指不知道的东西。

【译文】 子夏说："每天都能学到自己不会的知识，每月都不忘掉自己已学会的东西，这就可以说是好学了啊。"

【原文】 子夏曰："博学而笃志，切问而近思^①，仁在其中矣。"

【注释】 ①切：恳切。

【译文】 子夏说："广泛地学习，而且能坚定自己的意志；诚恳地提问，而且深刻地思考，仁就在这里面了。"

【原文】 子夏曰："百工居肆以成其事^①，君子学以致其道。"

【注释】 ①肆：作坊。

【译文】 子夏说："各种工匠在作坊里劳作来完成他们的具体工作，君子通过学习来掌握大道。"

【原文】 子夏曰："小人之过也必文^①。"

【注释】 ①文：文饰，掩盖。

【译文】 子夏说："小人犯了错误，一定加以掩饰。"

【原文】 子夏曰："君子有三变：望之俨然^①，即之也温^②，听其言也厉。"

【注释】 ①俨然：形容矜持庄重。②即：靠近。

【译文】 子夏说："君子给人的印象有三变：远看他，庄重矜持；贴近他，温和可亲；听他讲话，又很严肃。"

【原文】 子夏曰："君子信而后劳其民，未信，则以为厉己也；信而后谏，未信，则以为谤己也。"

【译文】 子夏说："君子要建立信用，然后才能役使人民；如果没有建立信用，百姓就会以为自己在受虐待。君子要建立信用，然后才能劝谏别人；如果没有建立信用，听者就会以为是在诽谤自己。"

【原文】 子夏曰："大德不逾闲^①，小德出入可也。"

【注释】 ①大德：德行中的大节。闲：木栅栏，引申为界限。

【译文】 子夏说："大节上不超越界限，小节上有些出入是可以的。"

【原文】 子游曰："子夏之门人小子，当洒扫、应对、进退^①，则可矣，抑末也^②。本之

则无,如之何?"

子夏闻之,曰:"噫!言游过矣!君子之道,孰先传焉?孰后倦焉③?譬诸草木,区以别矣。君子之道,焉可诬也?有始有卒者,其惟圣人乎!"

【注释】 ①洒扫:洒水扫地。应对:"应"为答应,"对"为回答。这些内容都是待客之礼的必要环节。②抑:不过。末:指礼仪之末。③倦:竭力。

【译文】 子游说:"子夏的弟子们,担当打扫、应答、接待客人的工作是可以的。但这些不过是礼仪的末节,根本性的知识却没有学到,怎么办?"

子夏听到后,说:"咳!言游说错了!君子的学问,哪一个是先传授的,哪一个是后教的?这就好像草木一样,是有区别的。君子的学问,怎么可以歪曲呢?能够按照次第有始有终地教授学生的,大概只有圣人吧!"

【原文】 子夏曰:"仕而优则学①,学而优则仕。"

【注释】 ①优:饶,余。

【译文】 子夏说:"做官如果有余力就去学习,学习如果有余力就去做官。"

【原文】 子游曰:"丧致乎哀而止。"①

【注释】 ①此章强调居丧致哀(引申为表达情感)必须适度的道理。

【译文】 子游说:"居丧尽到悲哀之情就该有所限制。"

【原文】 子游曰:"吾友张也,为难能也①。然而未仁。"

【注释】 ①张:即子张。难能:难以做到。在孔子弟子中,子张是比较突出的一个人,他把仁作为自己追求的目标,修习道德时能既重理论,又重实践。子张的缺点是过头和偏激,这不符合中庸之道,因此说"未仁"。

【译文】 子游说:"我的朋友子张啊,他所做的已是难能可贵的了,但是还没有达到仁。"

【原文】 曾子曰:"堂堂乎张也①,难与并为仁矣。"

【注释】 ①堂堂:形容容仪庄严大方。

【译文】 曾子说:"子张容仪庄严大方,但是难以跟他一起修养仁德。"

【原文】 曾子曰:"吾闻诸夫子:人未有自致①者也,必也亲丧乎!"

【注释】 ①致:尽其极。指尽情,尽心等。

【译文】 曾子说:"我从先生那里听说过:人没有充分地抒发感情的时候,如果有,一定是在为父母亲居丧的时候。"

【原文】 曾子曰:"吾闻诸夫子:孟庄子之孝也①,其他可能也,其不改父之臣与父之

政②,是难能也。"

【注释】 ①孟庄子:鲁国大夫仲孙速。其父孟献子仲孙蔑卒于鲁襄公十九年(公元前554年),他本人卒于鲁襄公二十三年(公元前550年)。②不改父之臣与父之政:即"无改于父之道"。根据《左传》的记载,孟庄子沿用了他父亲确立的军赋办法,不改"父之政"大概就是指此事。

【译文】 曾子说:"我从先生那里听说过:孟庄子的孝,其他方面别人也可能做得到,而他在父亲死后,不改变父亲任用的人和施行的政策,这一点别人是很难做到的。"

【原文】 孟氏使阳肤为士师①。问于曾子,曾子曰:"上失其道,民散久矣②。如得其情,则哀矜而勿喜。"

【注释】 ①阳肤:古注以为是曾子的弟子。士师:狱官。②民散:指民心离散,想要背叛。

【译文】 孟孙氏派阳肤做狱官。阳肤向曾子请教,曾子说:"居上位的人治民失去道义,老百姓民心离散已经很久了。你如果掌握了他们犯罪的真情,就要哀痛怜悯他们,而不要沾沾自喜。"

【原文】 子贡曰:"纣之不善①,不如是之甚也。是以君子恶居下流②,天下之恶皆归焉。"

【注释】 ①纣:商朝的最后一个君主。名辛,暴虐无道,为周武王所灭。"纣"是谥号。②下流:下游。这里指众恶所归之处。

【译文】 子贡说:"商纣的不好,不像传说得这么严重。所以君子厌恶身居低下的处境,因为一旦如此,天下的坏名声都会集中到他身上。"

【原文】 子贡曰:"君子之过也,如日月之食焉:过也,人皆见之;更也①,人皆仰之。"

【注释】 ①更:改过。

【译文】 子贡说:"君子的过错好像日蚀月蚀那样:犯了过错,人人都能看到;改了过错,人人都能敬仰。"

【原文】 卫公孙朝问于子贡曰①:"仲尼焉学?"子贡曰:"文、武之道②,未坠于地③,在人。贤者识其大者,不贤者识其小者。莫不有文、武之道焉。夫子焉不学?而亦何常师之有?"

【注释】 ①公孙朝:卫国大夫。春秋时叫公孙朝的有多人,鲁国有成大夫公孙朝,见《左传·昭公二十六年》;楚国有武城尹公孙朝,见《左传·哀公十七年》;郑国子产的弟弟也叫公孙朝,见《列子》。因此这里以"卫公孙朝"区别之。②文武之道:周文王、周武

王的治道。孔子自认为是文武之道的承担者。③坠于地:指失传。

【译文】 卫国的公孙朝询问子贡说:"仲尼是从哪里学成的?"子贡说:"周文王、周武王的治道,没有失传,散落在民间。贤能的人能够了解它的大旨,不贤能的人只能抓住它的末节。到处都有文武之道存在,先生在哪里不能学呢?为什么要有固定的老师专门传授呢?"

【原文】 叔孙武叔语大夫于朝①,曰:"子贡贤于仲尼。"

子服景伯以告子贡。

子贡曰:"譬之宫墙②,赐之墙也及肩,窥见室家之好。夫子之墙数仞③,不得其门而入,不见宗庙之美、百官之富④。得其门者或寡矣。夫子之云,不亦宜乎⑤!"

【注释】 ①叔孙武叔:鲁国大夫,名州仇。三桓之一。语:告诉。②宫墙:围墙。③仞:古代度量单位,七尺或八尺为一仞。④官:房舍。⑤宜:合情合理。这里是说孔子的学问广博精深,不是一般人能够了解的。因此一般的人对孔子得不出正确的认识也就是情理中的事。

【译文】 叔孙武叔在朝廷中对诸位大夫说:"子贡比仲尼强。"

子服景伯把这话告诉了子贡。

子贡说:"拿围墙打比方的话,我家的围墙跟肩头一样高,可以从外面看见家中房舍的美。先生家的围墙有数仞高,如果找不到门走进去,就见不到宗庙的华美,房舍的富丽。但是能够找到门的人很少。武叔先生那样说,不也是合乎情理的吗?"

【原文】 叔孙武叔毁仲尼。子贡曰:"无以为也①!仲尼不可毁也。他人之贤者,丘陵也,犹可逾也;仲尼,日月也,无得而逾焉。人虽欲自绝,其何伤于日月乎?多见其不知量也②!"

【注释】 ①以:此,这样。②多:只。不知量:不知高低、深浅、轻重。

【译文】 叔孙武叔毁谤仲尼。子贡说:"不要做这样的事!仲尼是不能诋毁的。别人的贤能,就像丘陵,还可以逾越。仲尼,就像太阳月亮,不可能超越过去。人们即使想要自绝于太阳月亮,那对太阳月亮又有什么损害呢?只不过显示他自不量力罢了。"

【原文】 陈子禽谓子贡曰:"子为恭也①,仲尼岂贤于子乎?"

子贡曰:"君子一言以为知,一言以为不知,言不可不慎也。夫子之不可及也,犹天之不可阶而升也。夫子之得邦家者,所谓立之斯立,道之斯行②,绥之斯来③,动之斯和。其生也荣,其死也哀。如之何其可及也!"

【注释】 ①为恭:指对孔子刻意恭敬谦让。②道:"导"的古体字。③绥:安抚,安定。

【译文】　陈子禽对子贡说:"您对孔子是刻意谦恭吧,仲尼难道真比您强吗?"

子贡说:"君子说一句话能够表现出睿智,也能说一句话就表现出无知,讲话不可不谨慎啊。先生的不可匹及,就好像天一样高,是不可能凭借阶梯登上去的。先生如果得到诸侯之国、大夫之家的任用,就能做到:有所树立就能立得住,有所引导就能使百姓跟着走,有所安抚就能使人来投靠,有所动员就能得到响应。先生活着的时候就十分荣耀,死了之后又会让百姓哀恸。别人怎么能赶得上他呢?"

尧曰第二十

【题解】

本篇主要讲尧禅让帝位时的命舜之辞、商汤讨伐夏桀时的告天之辞、周武王分封诸侯之辞等。编纂《论语》的人将这些内容记于此,大约是为了说明孔子"祖述尧舜,宪章文武"之意。此章文字不甚连贯,当有脱落。还有孔子答子张问从政。《汉书·艺文志》著录古文《论语》二十一篇,古注称:"出孔子壁中,两《子张》","分《尧曰》篇后子张问'何如可以从政'已下为篇,名曰《从政》。"就是指古文传本的《论语》此章以下独立成篇。

【原文】　尧曰:"咨①!尔舜!天之历数在尔躬②。允执其中③。四海困穷,天禄永终。"

舜亦以命禹。

曰:"予小子履④,敢用玄牡⑤,敢昭告于皇皇后帝⑥:有罪不敢赦。帝臣不蔽⑦,简在帝心⑧。朕躬有罪,无以万方⑨;万方有罪,罪在朕躬。"

周武王像

周有大赉⑩,善人是富⑪。"虽有周亲⑫,不如仁人。百姓有过,在予一人。"

谨权量⑬,审法度⑭,修废官⑮,四方之政行焉。兴灭国,继绝世,举逸民,天下之民归心焉。所重:民、食、丧、祭。宽则得众,信则民任焉⑯,敏则有功,公则说⑰。

【注释】　①咨:感叹词,表示赞美。②天之历数:这里指帝王相继的次第。古时帝王都说自己能当帝王是天命所决定的。躬:自身,本身。③允:真诚。执:坚持。④予小子:

和下文的"予一人"一样,都是上古帝王的自称之词。履:商汤的名字。⑤玄牡:黑色的公牛。⑥皇皇:伟大的。后帝:天。⑦帝臣:天帝之臣,汤自称。⑧简:阅,引申为知道。⑨无以:不要波及。以,及。⑩赍:赏赐。⑪善人是富:即"富善人"的倒装,"是"字指示提前宾语"善人"。⑫周:至,最。⑬权:秤砣,指代重量量具。量:容量量具。⑭法度:长度,与上文的"权""量"相对应。⑮废官:废缺的职官。赵佑《四书温故录》曰:"或有职而无其官,或有官而不举其职,皆曰废。"⑯信则民任焉:古本没有此句,可能是衍文。⑰说:"悦"的古体字。

【译文】

尧让位给舜的时候说:"哦!舜呀!天命已经落在你身上了,要真诚地持守那正确的道路。如果让天下人都陷入困苦贫穷,天赐的禄位就会永远终结。"

舜让位给禹的时候也用这话来告诫禹。

商汤说:"我这个后辈小子履,谨用黑色的公牛来祭祀,明明白白地告诉伟大的天帝:我这个有罪之人不敢擅自赦免。天帝的臣下如果有罪过也不敢掩盖,天帝的心中是非常明白的。我自身如果有罪,不要因此连累天下万方;天下万方如果有罪,罪过全在我一人身上。"

周朝有大的赏赐,让善人富有起来。"即使有至亲,也不如有仁人。老百姓如果有罪过,责任全在我一人身上。"

检验重量和容量单位,审定长度单位,治理废缺的职官,四方的政事也就行得通了。复兴灭亡的国家,接续断绝的世系,举用隐逸的贤人,天下的老百姓就会归服。

要重视的事情是:百姓,粮食,丧事,祭祀。

宽厚就能得到众人的拥护,守信用就能得到民众的任用,勤敏就会取得功绩,公平就会使人高兴。

【原文】 子张问于孔子曰:"何如斯可以从政矣?"

子曰:"尊五美,屏四恶①,斯可以从政矣。"

子张曰:"何谓五美?"

子曰:"君子惠而不费,劳而不怨,欲而不贪,泰而不骄,威而不猛。"

子张曰:"何谓惠而不费?"

子曰:"因民之所利而利之②,斯不亦惠而不费乎!择可劳而劳之,又谁怨?欲仁而得仁,又焉贪?君子无众寡,无大小,无敢慢,斯不亦泰而不骄乎!君子正其衣冠,尊其瞻视,俨然人望而畏之,斯不亦威而不猛乎!"

子张曰："何谓四恶?"

子曰："不教而杀谓之虐;不戒视成谓之暴;慢令致期谓之贼③;犹之与人也,出纳之吝谓之有司④。"

【注释】　①屏:除去。②因:根据,依靠。③慢令:命令松懈。致期:期限紧迫。④出纳:偏义复词,只有"出"的意思。有司:管事者的代称。这里是小气的意思。

【译文】　子张询问孔子说:"怎样做就可以从政了呢?"

孔子说:"尊重五种美德,去除四种恶习,这样就可以从政了。"

子张问道:"什么是五种美德?"

孔子说:"君子给人恩惠却不须破费,役使人民却不会让人民心存怨恨,有欲望却不贪心,安详坦然却不骄傲自大,威严却不凶猛。"

子张又问道:"什么叫给人恩惠却不须破费?"

孔子说:"借着人民能够得利的事情使他们得利,这不就能做到给人恩惠却不须破费吗? 选择可以役使人民的事情和时机来役使人民,这不就能做到役使人民却不会让人民心存怨恨吗? 想得到仁就得到了仁,又有什么可贪求的? 君子无论人多人少,事大事小,从不敢怠慢,这不就能做到安详坦然却不骄傲自大了吗? 君子衣冠整齐,仪表高贵,别人瞻视的时候,矜持庄重让人望而生畏,这不就做到威严却不凶猛了吗?"

子张问道:"什么是四种恶习?"

孔子说:"不加教导便加杀戮,叫作虐;不加申诫,只看中成绩,叫作暴;政令松懈,期限紧迫,叫作贼;如同给人财物,出手吝啬,叫作小气。"

【原文】　孔子曰:"不知命,无以为君子也。不知礼,无以立也。不知言,无以知人也。"

【译文】　孔子说:"不懂得命运,就不能够成为君子;不懂得礼数,就不能够立身行事;不懂得分辨别人的言语,就不可能了解人。"

117

孟子

中华传世藏书

国学经典文库

经学经典

图文珍藏版

【导语】

　　孟子名轲,表字无传,战国时邹国人。孟子,曾"受业子思之门人"(《史记·孟子苟卿列传》)。子思是儒家创始人孔子的孙子,是战国初期大名鼎鼎的儒学大师(历史上,曾有学者出于对孟子的推崇,而将子思本人看作孟子的老师。但这种说法显然经不起考证)。因此,师从子思门人,奠定了孟子对儒家学说的终身信仰。孟子乐于以孔子继承者自命,曾说:"乃所愿,则学孔子也。"(《孟子·公孙丑上》)

　　关于《孟子》的作者,历来有三种不同看法。一种看法认为《孟子》是孟子自己所撰。如著《孟子章句》的赵岐即持此说:"此书孟子之所作也,故总谓之《孟子》。"一种看法认为《孟子》是孟子死后他的弟子万章、公孙丑等人根据他生前的言论编定的。持此说的有唐代的韩愈、清代的崔述等。韩愈曾说:"孟轲之书,非轲自著。轲既殁,其徒万章、公孙丑与记轲所言焉耳。"第三种看法认为《孟子》是由孟子和他的弟子共同编定的,而主要作者是孟子。最早提出此说的是司马迁。他在《史记·孟轲荀卿列传》中说,孟子"退而与万章之徒序《诗》《书》,述仲尼之意,作《孟子》七篇。"

孟子像

　　以上三种说法,现在为人们所普遍接受的是第三种,即《孟子》一书,是由孟子及其弟子共同编定,主要作者是孟子。

　　孟子的思想涉及政治、哲学、教育和文艺思想等几个方面。

　　对后世的文学理论批评和文学创作,都有着深远的影响。同时,《孟子》一书的写作方法和技巧,也是历代散文写作的楷模。气势磅礴、言辞雄辩、富有力度是孟子散文气势的最大特色;善于巧用比喻,用形象生动的语言说理叙事是孟子散文的又一特色。此外,语言的通俗易懂,感情充沛,多样化的风格,以及综合运用各种表达技巧等,都是孟子散文的鲜明特色。

梁惠王上

【题解】

本篇共7章,除第六章对梁襄王,第七章对齐宣王外,其他各章都是孟子与梁惠王的对话。首章提出"义利之辨",主张讲仁义可使上下有序,否则将人人各求其利而不知足,则国乱而君危。以下各章所记对话,大抵不离"仁政"的话题。仁政的主要内容包括反对攻伐,发展生产,减轻刑罚赋敛,使老百姓过上丰衣足食的生活,在此基础上以孝悌之义教导百姓。如此便可以抵御外侮,并使天下归服。孟子又指出君王施行仁政的基础,是天性中固有的"不忍之心",把它推广开来,也就是仁政。从上述各章的阐发,可见孟子虽把"义"放在"利"之上,但他所谓"义",主要的内容却是人民的"利",凡政策由此出发,做法与此相合,便是"义",否则反是。因此既热情赞扬"与民同乐"的古圣,又尖锐批评"率兽食人"的今王。

【原文】

一

孟子见梁惠王①。王曰:"叟②!不远千里而来,亦将有以利吾国乎?"

孟子对曰:"王!何必曰利?亦有仁义而已矣③。王曰:'何以利吾国?'大夫曰:'何以利吾家?'士庶人曰:'何以利吾身?'上下交征利而国危矣④。万乘之国⑤,弑其君者,必千乘之家⑥;千乘之国,弑其君者,必百乘之家。万取千焉,千取百焉,不为不多矣。苟为后义而先利,不夺不餍⑦。未有仁而遗其亲者也,未有义而后其君者也。王亦曰仁义而已矣,何必曰利?"

【注释】 ①梁惠王:即魏惠王,名罃。②叟:对老年人的尊称。③亦:只。④征:取。⑤万乘之国:拥有一万辆兵车的国家。乘,兵车一辆称一乘。古代以拥有兵车的多少来衡量国家大小,万乘之国在战国时是大国。⑥家:卿大夫的采地。⑦餍:满足。

【译文】 孟子见梁惠王。王说:"老先生!不远千里而来,将对我国有利吧?"

孟子回答说:"王!何必讲利?只要有仁义就可以了。王说:'怎样对我国有利?'大夫说:'怎样对我的封地有利?'士人和老百姓说:'怎样对我自己有利?'上下交相求利,那国家就危险了。拥有一万辆兵车的国家,杀掉它的君王的,一定是拥有一千辆兵车的大夫;拥有一千辆兵车的国家,杀掉它的君王的,一定是拥有一百辆兵车的大夫。在一万辆兵车的国家里,拥有一千辆兵车,在一千辆兵车的国家里,拥有一百辆兵车,不算不富

有了。但如果把义放在后头而把利放在前头，那他不争夺是不会满足的。从没有讲仁却遗弃自己父母的，也没有讲义却轻慢自己君王的。王只要讲仁义就可以了，何必讲利？"

二

【原文】　孟子见梁惠王。王立于沼上①，顾鸿雁麋鹿，曰："贤者亦乐此乎？"

孟子对曰："贤者而后乐此，不贤者，虽有此不乐也。《诗》云②：'经始灵台③，经之营之，庶民攻之，不日成之。经始勿亟④，庶民子来⑤。王在灵囿⑥，麀鹿攸伏⑦，麀鹿濯濯⑧，白鸟鹤鹤⑨。王在灵沼，於牣鱼跃⑩。'文王以民力为台为沼，而民欢乐之，谓其台曰灵台，谓其沼曰灵沼，乐其有麋鹿鱼鳖。古之人与民偕乐，故能乐也。《汤誓》曰⑪：'时日害丧⑫，予及女偕亡。'民欲与之偕亡，虽有台池鸟兽，岂能独乐哉？"

【注释】　①沼：水池。②《诗》：即《诗经》。以下引诗出自《诗经·大雅·灵台》，写周文王兴建灵台、灵囿而庶民相助的盛况。③经：测量。灵台：台名。④亟：急。⑤子来：像儿子为父母效劳那样来帮忙。⑥囿：圈养鸟兽的园林。⑦麀：母鹿。鹿：指公鹿。攸：助词，用法相当于"所"。⑧濯濯：肥硕而有光泽的样子。⑨鹤鹤：羽毛洁白的样子。⑩於：语气词，表示叹美。牣：满。⑪《汤誓》：《尚书》的篇名，记载商汤伐夏桀的誓师之词。⑫时日：这个太阳，指夏桀。时，这。害：通"曷"，即"何"，这里指"何时"。

【译文】　孟子见梁惠王。王站在池塘边，看鸿雁麋鹿，说："贤者也享受这种快乐吗？"

孟子回答说："只有贤者才能享受这种快乐，不贤者即使有这些，也无法快乐。《诗经》说：'开始建灵台，测量又施工，百姓齐动手，很快就落成。王说不着急，百姓更卖力。王到灵囿来，群鹿好自在，群鹿光又肥，白鸟白又亮。王到灵沼来，满池鱼跳跃。'文王借助民力建台修池，老百姓却很高兴，把那台叫作灵台，把那池叫作灵沼，为里面有麋鹿鱼鳖而高兴。古人与老百姓同乐，所以能享受快乐。《汤誓》说："这个太阳何时消灭，我和你一起去死。'老百姓要和他一起去死，纵然他有台池鸟兽，难道能独自快活吗？"

三

【原文】　梁惠王曰："寡人之于国也，尽心焉耳矣。河内凶，则移其民于河东①，移其粟于河内。河东凶亦然。察邻国之政，无如寡人之用心者。邻国之民不加少，寡人之民不加多，何也？"

孟子对曰："王好战，请以战喻。填然鼓之②，兵刃既接，弃甲曳兵而走。或百步而后

止,或五十步而后止。以五十步笑百步,则何如?"

曰:"不可,直不百步耳,是亦走也。"

曰:"王如知此,则无望民之多于邻国也。"

"不违农时,谷不可胜食也;数罟不入洿池③,鱼鳖不可胜食也;斧斤以时入山林,材木不可胜用也。谷与鱼鳖不可胜食,材木不可胜用,是使民养生丧死无憾也。养生丧死无憾,王道之始也"。

"五亩之宅,树之以桑,五十者可以衣帛矣。鸡豚狗彘之畜,无失其时,七十者可以食肉矣。百亩之田,勿夺其时,数口之家可以无饥矣。谨庠序之教④,申之以孝悌之义,颁白者不负戴于道路矣。七十者衣帛食肉,黎民不饥不寒,然而不王者⑤,未之有也。"

"狗彘食人食而不知检,涂有饿莩而不知发⑥;人死,则曰:'非我也,岁也。'是何异于刺人而杀之,曰:'非我也,兵也。'王无罪岁,斯天下之民至焉。"

【注释】 ①河内、河东:魏地。河内在今山西安邑一带;河东在今河南济源一带。②填然:形容击鼓的声音。③数罟:细密的渔网。数,细密。洿池:大池。④庠序:学校。⑤王:以仁政统一天下。⑥涂:同"途",道路。莩,通"殍",饿死的人。

【译文】 梁惠王说:"我对于国家,费尽心力了呀。河内发生饥荒,我就把当地的百姓迁徙到河东,又把别处的粮食运到河内。河东发生饥荒,也是这样办。看邻国的政治,没有像我这样用心的。可是邻国的百姓没有减少,我的百姓没有增加,为什么?"

孟子回答说:"王喜欢战争,请让我用战争来打比方。战鼓咚咚一响,双方兵刃相接,这时就丢了盔甲拖着兵器逃跑。有的跑了一百步停下来,有的跑了五十步停下来。跑了五十步的人笑那些跑了一百步的人,可以吗?"

王说:"不可以,只不过还没跑到一百步,但也是逃跑啊。"

孟子说:"王如果懂得这个道理,就别指望百姓多于邻国了。"

"不违背农时,粮食就会多得吃不完;细密的渔网不到大的池沼去捕鱼,鱼鳖就会多得吃不完;在一定的时候才进山林去伐木,木材就会多得用不完。粮食和鱼鳖多得吃不完,木材多得用不完,这就让老百姓养生送死都没有什么遗憾了。养生送死没有遗憾,就是王道的开端。"

"五亩大的宅园,在里面种植桑树,五十岁的人就能穿上丝棉袄了。鸡狗和猪等家畜,不扰乱它们养育的时节,七十岁的人就能吃上肉了。百亩大的农田,不去妨碍农夫适时耕种,几口人的家庭就可以免于饥饿了。认认真真地办学校,反复用孝悌的道理来教导子弟,须发斑白的老人就不必背着或顶着重物在路上行走了。七十岁的人都有丝棉袄

穿,有肉吃,老百姓饿不着,冻不着,这样还不能使天下归服的,是从没有过的事。

"狗和猪吃着人的粮食,却不懂得去制止,路上有人饿死,却不懂得发放仓库里的粮食;人死了,便说:'不是我的缘故,是年成不好的缘故。'这与刺死了人,却说,'不是我杀的,是兵器杀的',有什么区别?王不要怪罪年成不好,这样天下的老百姓就都来了。"

四

【原文】 梁惠王曰:"寡人愿安承教。"

孟子对曰:"杀人以梃与刃①,有以异乎?"

曰:"无以异也。"

"以刃与政,有以异乎?"

曰:"无以异也。"

曰:"庖有肥肉,厩有肥马,民有饥色,野有饿莩,此率兽而食人也。兽相食,且人恶之;为民父母,行政,不免于率兽而食人,恶在其为民父母也②?仲尼曰:'始作俑者③,其无后乎!'为其象人而用之也。如之何其使斯民饥而死也?"

【注释】 ①梃:木棒。②恶:何。③俑:殉葬用的土偶木偶。

【译文】 梁惠王说:"我很乐意听到您的教导。"

孟子回答说:"用木棒打死人和用刀杀死人,有什么不同吗?"

王说:"没什么不同。"

"用刀杀死人和用政治害死人,有什么不同吗?"

王说:"没什么不同。"

孟子说:"厨房里有肥肉,马厩里有肥马,可是老百姓面有饥色,野外有人饿死,这叫率领禽兽吃人。禽兽自相残杀,人尚且厌恶它;做老百姓的父母官,搞政治,不能免于率领禽兽吃人,那又怎么能做老百姓的父母官?孔子说:'第一个做土偶木偶来殉葬的人,该会断子绝孙吧!'就因为土偶木偶像人的样子,却用它殉葬。对于使老百姓饿死的,又该怎么办呢?"

五

【原文】 梁惠王曰:"晋国①,天下莫强焉,叟之所知也。及寡人之身,东败于齐,长子死焉②;西丧地于秦七百里③;南辱于楚④。寡人耻之,愿比死者壹洒之⑤,如之何则可?"

孟子对曰:"地方百里而可以王⑥。王如施仁政于民,省刑罚,薄税敛,深耕易耨⑦,壮

者以暇日修其孝悌忠信，人以事其父兄，出以事其长上，可使制梃以挞秦、楚之坚甲利兵矣。

"彼夺其民时，使不得耕耨以养其父母。父母冻饿，兄弟妻子离散。彼陷溺其民，王往而征之，夫谁与王敌？故曰：'仁者无敌。'王请勿疑！"

【注释】 ①晋国：这里指魏国。战国时韩、赵、魏三国，系由晋国分出，称为"三晋"，故魏国自称为晋。②东败于齐，长子死焉：指马陵（今山东濮县北）之役。魏军以庞涓和太子申为统帅，齐军以田忌为大将，孙膑为军师，两军战于马陵，魏大败，庞涓自杀，太子申被俘。③西丧地于秦七百里：惠王时，魏国曾屡败于秦国，被迫多次割地。④南辱于楚：惠王时，魏军被楚将昭阳所败，八邑沦亡。⑤比：替，为。壹：全，都。洒：洗。⑥地方百里：指长、宽各百里之地。⑦易：疾速。耨：锄草。

【译文】 梁惠王说："晋国，天下没有比它更强大的国家了，这是老先生所知道的。到了我这时候，东边败于齐国，大儿子牺牲了；西边割地七百里给秦国；南边又受辱于楚国。我感到耻辱，希望为死者尽洗此恨，要怎么办才行？"

孟子回答说："有纵横百里的土地就可以行仁政而使天下归服。王如果向老百姓实行仁政，减轻刑罚，减少赋税，深耕细作，及早除草；年轻人在闲暇时修养孝顺父母、敬爱兄长、忠诚守信的道德，在家便侍奉父兄，在外便侍奉上级，这样，就算让他们造木棒也可以抗击秦国和楚国的坚实盔甲和锋利兵器了。

"别的国家妨碍老百姓适时生产，使他们不能靠耕作来奉养父母。父母饥寒交迫，兄弟妻儿离散。它们使老百姓陷于深渊之中，王去讨伐它们，谁能抵抗您？所以说：'仁德的人是无敌的。'王请不要怀疑！"

六

【原文】 孟子见梁襄王①，出，语人曰②："望之不似人君，就之而不见所畏焉。卒然问曰③：'天下恶乎定？'

"吾对曰：'定于一。'"

"'孰能一之？'"

"'对曰：'不嗜杀人者能一之。'"

"'孰能与之？'"

"对曰：'天下莫不与也。王知夫苗乎？七八月之间旱④，则苗槁矣。天油然作云，沛然下雨，则苗浡然兴之矣⑤。其如是，孰能御之？今夫天下之人牧⑥，未有不嗜杀人者也。

如有不嗜杀人者,则天下之民皆引领而望之矣。诚如是也,民归之,由水之就下⑦,沛然谁能御之?'"

【注释】 ①梁襄王:梁惠王的儿子,名嗣。②语:告诉。③卒:同"猝"。④七八月:指周历七八月,相当于夏历五六月。⑤浡然:兴起的样子。⑥人牧:指统治者。⑦由:通"犹"。

【译文】 孟子见梁襄王,出来告诉别人说:"远远望去,不像君王,接近他,看不出威严。他猛然问我:'天下要怎样才得安定?'"

"我答道:'天下统一就会安定。'"

"'谁能统一天下?'"

"我答道:'不喜欢杀人的君王就能统一天下。'"

"'谁能追随他?'"

"我答道:'天下人没有不追随他的。王知道禾苗的情况吗? 七八月之间天旱,禾苗就枯槁了。这时假如天上聚起乌云,爽快地下一阵雨,禾苗就又旺盛地生长起来了。像这样,谁能阻挡得住? 当今天下的统治者,没有不喜欢杀人的。如果有不喜欢杀人的,天下的老百姓就都伸长了脖子盼望他了。果真如此,老百姓归服他,就像水往低处流,那盛大的水势谁能阻挡得住'"

七

【原文】 齐宣王问曰:"齐桓、晋文之事①,可得闻乎?"

孟子对曰:"仲尼之徒无道桓文之事者,是以后世无传焉,臣未之闻也。无以,则王乎?"

曰:"德何如则可以王矣?"

曰:"保民而王,莫之能御也。"

曰:"若寡人者,可以保民乎哉?"

曰:"可。"

曰:"何由知吾可也?"

曰:"臣闻之胡龁曰②,王坐于堂上,有牵牛而过堂下者,王见之,曰:'牛何之?'对曰:'将以衅钟③。'王曰:'舍之! 吾不忍其觳觫④,若无罪而就死地。'对曰:'然则废衅钟与?'曰:'何可废也? 以羊易之!'——不识有诸?"

曰:"有之。"

曰："是心足以王矣。百姓皆以王为爱也⑤，臣固知王之不忍也。"

王曰："然。诚有百姓者。齐国虽褊小⑥，吾何爱一牛？即不忍其觳觫，若无罪而就死地，故以羊易之也。"

曰："王无异于百姓之以王为爱也⑦。以小易大，彼恶知之？王若隐其无罪而就死地，则牛羊何择焉？"

王笑曰："是诚何心哉？我非爱其财，而易之以羊也，宜乎百姓之谓我爱也。"

曰："无伤也，是乃仁术也，见牛未见羊也。君子之于禽兽也，见其生，不忍见其死；闻其声，不忍食其肉。是以君子远庖厨也。"

王说，曰："《诗》云：'他人有心，予忖度之。'⑧夫子之谓也。夫我乃行之，反而求之，不得吾心。夫子言之，于我心有戚戚焉。此心之所以合于王者，何也？"

曰："有复于王者曰：'吾力足以举百钧⑨，而不足以举一羽；明足以察秋毫之末，而不见舆薪。则王许之乎？"

曰："否。"

"今恩足以及禽兽，而功不至于百姓者，独何与？然则一羽之不举，为不用力焉；舆薪之不见，为不用明焉；百姓之不见保，为不用恩焉。故王之不王，不为也，非不能也。"

曰："不为者与不能者之形何以异？"

曰："挟太山以超北海⑩，语人曰：'我不能。'是诚不能也。为长者折枝，语人曰：'我不能。'是不为也，非不能也。故王之不王，非挟太山以超北海之类也；王之不王，是折枝之类也。"

"老吾老，以及人之老；幼吾幼，以及人之幼。天下可运于掌。《诗》云：'刑于寡妻，至于兄弟，以御于家邦。'⑪言举斯心加诸彼而已。故推恩足以保四海，不推恩无以保妻子。古之人所以大过人者，无他焉，善推其所为而已矣。今恩足以及禽兽，而功不至于百姓者，独何与？"

"权，然后知轻重；度，然后知长短。物皆然，心为甚。王请度之！"

"抑王兴甲兵，危士臣，构怨于诸侯，然后快于心与？"

王曰："否。吾何快于是？将以求吾所大欲也。"

曰："王之所大欲，可得闻与？"

王笑而不言。

曰："为肥甘不足于口与？轻暖不足于体与？抑为采色不足视于目与？声音不足听于耳与？便嬖不足使令于前与⑫？王之诸臣皆足以供之，而王岂为是哉？"

曰："否。吾不为是也。"

曰："然则王之所大欲可知已，欲辟土地，朝秦、楚，莅中国而抚四夷也。以若所为求若所欲，犹缘木而求鱼也。"

王曰："若是其甚与？"

曰："殆有甚焉。缘木求鱼，虽不得鱼，无后灾。以若所为求若所欲，尽心力而为之，后必有灾。"

曰："可得闻与？"

曰："邹人与楚人战，则王以为孰胜？"

曰："楚人胜。"

曰："然则小固不可以敌大，寡固不可以敌众，弱固不可以敌强。海内之地方千里者九，齐集有其一。以一服八，何以异于邹敌楚哉？盖亦反其本矣⑬。

"今王发政施仁，使天下仕者皆欲立于王之朝，耕者皆欲耕于王之野，商贾皆欲藏于王之市，行旅皆欲出于王之途，天下之欲疾其君者，皆欲赴愬于王⑭。其若是，孰能御之？"

王曰："吾惛⑮，不能进于是矣。愿夫子辅吾志，明以教我。我虽不敏，请尝试之。"

曰："无恒产而有恒心者，惟士为能。若民，则无恒产，因无恒心。苟无恒心，放辟邪侈，无不为已。及陷于罪，然后从而刑之，是罔民也⑯。焉有仁人在位罔民而可为也？是故明君制民之产⑰，必使仰足以事父母，俯足以畜妻子，乐岁终身饱，凶年免于死亡。然后驱而之善，故民之从之也轻⑱。

"今也制民之产，仰不足以事父母，俯不足以畜妻子；乐岁终身苦，凶年不免于死亡。此惟救死而恐不赡，奚暇治礼义哉？

"王欲行之，则盍反其本矣！五亩之宅，树之以桑，五十者可以衣帛矣。鸡豚狗彘之畜，无失其时，七十者可以食肉矣。百亩之田，勿夺其时，八口之家可以无饥矣。谨庠序之教，申之以孝悌之义，颁白者不负戴于道路矣。老者衣帛食肉，黎民不饥不寒，然而不王者，未之有也。"

【注释】 ①齐桓、晋文：指春秋五霸中的齐桓公、晋文公。齐桓公名小白，晋文公名重耳。②胡龁：齐臣。③衅钟：祭钟。衅，古代的一种祭礼，用牲血涂于器物上。④觳觫：因恐惧而发抖。⑤爱：吝啬。⑥褊：小。⑦异：惊异，奇怪。⑧《诗》云：引诗见《诗经·小雅·巧言》。⑨钧：三十斤为一钧。⑩太山：即泰山。北海：指渤海。⑪刑：通"型"，示范。御：治理。引诗出自《诗经·大雅·思齐》，是一首歌颂周文王齐家、治国的诗。⑫便嬖：左右亲幸者。⑬盖：同"盍"，何不。⑭愬：告诉。⑮惛：神志不清，迷迷糊糊。⑯罔：张罗网捕捉。⑰制：订立制度。⑱轻：轻易。

【译文】　齐宣王问道："齐桓公、晋文公的事，可以让我听听吗？"

孟子答道："孔子的弟子没有讲齐桓公和晋文公的事的，所以后代没有流传。我也没听过。要不然，我讲讲使天下归服的王道吧？"

王说："要有怎样的道德，才能使天下归服呢？"

孟子说："安抚老百姓就可以使天下归服，这是没有人能阻挡的。"

王说："像我这样的人，可以安抚老百姓吗？"

孟子说："可以。"

王说："怎么知道我可以呢？"

孟子说："我听胡龁说，有一次王坐在堂上，有人牵牛从堂下经过，王看到了，问：'牵牛去哪里？'那人答道：'要宰了它祭钟。'王说：'放了它！我不忍心看它哆嗦的样子，它没有罪过却要进屠场。'那人又答道：'那么，要废除祭钟的仪式吗？'王说：'怎么能废除呢？用只羊来替代它！'——不晓得有没有这回事呢？"

王说："有的。"

孟子说："这样的心肠就足以使天下归服了。老百姓都以为王是吝啬呢，我当然明白王是不忍心。"

王说："是啊。确实有这样的百姓。齐国虽然狭小，我何至于吝惜一头牛？只是不忍心看它哆嗦的样子，没有罪过却要进屠场，所以用羊来替代它。"

孟子说："老百姓以为王是吝啬，您也不必诧异。既然是用小的替代大的，他们哪里能够体会您的用心？王如果是怜悯它无罪而进屠场，那又为什么在牛和羊之间取舍呢？"

王笑着说："真的，这究竟是什么心理呢？我并不是吝惜财物，但用羊来替代牛，也难怪百姓以为我是吝啬了。"

孟子说："没关系，这就是仁爱了，因为王只看见牛而没有看见羊。君子对于禽兽，见过它活着，就不忍心看它死去；听过他的声音，就不忍心吃它的肉。所以君子离厨房远远的。"

王高兴地说："《诗经》讲：'别人有心事，我来揣摩它。'说的正是您老人家啊。我只是这样做了，反过来考虑为什么这样，却不明白自己的内心。您老人家这么一说，说到我心里去了。这种心思之所以和王道相合，又是什么道理？"

孟子说："假如有个人向王报告：'我的力气足够举起三千斤，却拿不起一根羽毛；我的眼力足够看清楚鸟身上的细毛，却瞧不见一车柴木。'王能相信吗？"

王说:"不相信。"

"如今您的恩情足以使禽兽受惠,而您的功绩不能使百姓沾光,又是为什么呢?这么说来,拿不起一根羽毛,是因为不肯用力气;瞧不见一车柴木,是因为不肯用眼睛;老百姓得不到安抚,是因为王不肯施恩。所以王没有使天下归服,是不肯做,而不是不能做。"

王说:"不肯做和不能做的情形有什么不同?"

孟子说:"胳膊下夹着泰山而越过渤海,告诉人说:'我办不到。'这是真的不能。为老人折树枝,告诉人说:'我办不到。'这是不肯做,不是不能做。因此王没有使天下归服,不是胳膊下夹着泰山而越过渤海一类,王没有使天下归服,是折树枝一类。"

"尊敬自己的长辈,从而推广到尊敬别人的长辈;爱护自己的小孩,从而推广到爱护别人的小孩。只要如此,治理天下就像在手掌里玩弄东西那么简单。《诗经》说:'先给妻子做表率,然后推及于兄弟,从而推广到封邑国家。'说的无非是把这种好心思推广到别的方面罢了。所以推广恩惠足以安抚四海,不推广恩惠就连妻子儿女也安抚不了。古代的圣贤之所以远远超过别人,没有别的奥妙,只是善于推广他的善行罢了。如今您的恩情足以使禽兽受惠,而您的功绩不能使百姓沾光,又是为什么呢?"

"称一称,才知道轻重;量一量,才知道长短。凡事都是这样,人心更是如此。王请考虑一下!"

"王是不是发动军队,危害将士,与诸侯结怨,才觉得心里痛快呢?"

王说:"不是,我怎么会为此痛快?我是要满足我的大欲望。"

孟子说:"王的大欲望可以讲出来听听吗?"

王笑着不说话。

孟子说:"是为了肥美的食物不够吃呢?轻暖的衣服不够穿呢?还是为了鲜艳的彩色不够看呢?是为了音乐不够听呢?还是侍从不够使唤呢?这些东西王的手下都足以提供,王难道是为这些吗?"

王说:"不,我不是为这些。"

孟子说:"那么,王的大欲望可以晓得了,是想要开拓疆土,使秦国、楚国来上朝称臣,统治中国而安抚外族。可是按照您的做法来寻求欲望的满足,就像爬到树上去捕鱼一样。"

王说:"有这么严重吗?"

孟子说:"恐怕比这还严重呢。爬到树上去捕鱼,尽管得不到鱼,还没什么祸患。按照您的做法来寻求欲望的满足,尽心尽力去做,接着一定有祸患。"

王说:"可以具体地讲给我听听吗?"

孟子说:"假如邹国和楚国交战,王认为谁会取胜?"

王说:"楚国取胜。"

孟子说:"那么,可见小的自然敌不过大的,人少的自然敌不过人多的,弱的自然敌不过强的。现在海内的疆土是方圆千里的地九块,齐国全部的土地加起来只占其中一块。以其中之一同其中之八为敌,这和邹国与楚国为敌有什么区别呢?为什么不从根本处做起呢?"

"现在王如果改革政治,施行仁德,使天下做官的人都想在王的朝廷里做官,耕田的人都想在王的田地上耕种,做生意的人都想在王的集市上贸易,出行的人都想从王的道路上经过,天下痛恨他们君主的人都想到王这里来控诉。如果这样,谁能阻挡?"

王说:"我昏昧不明,不能完全领会这种境地。请老先生辅佐我实现理想,明明白白地教导我。我尽管不聪明,却愿意试一试。"

孟子说:"没有固定的产业却有坚定的心志,只有士人能做到。至于老百姓,假如没有固定的产业,就没有坚定的心志。假如没有坚定的心志,就会为非作歹,无所不为。等他们犯了罪,然后处罚他们,这叫陷害百姓。哪有仁德的人在位治国却做出陷害百姓的事来?所以英明的君王划定给老百姓的产业,一定要使他们上足以侍奉父母,下足以供养妻儿,好年成天天吃饱,坏年成不至于饿死;然后引导他们向善,于是老百姓都乐于听从。"

"如今划定给老百姓的产业,上不足以侍奉父母,下不足以供养妻儿;好年成天天受苦,坏年成只有饿死。这种情况下要救活自己还怕来不及,哪有闲工夫学习礼义?"

"王如果要施行仁政,为什么不从根本处做起:五亩大的宅园,在里面种植桑树,五十岁的人就能穿上丝棉袄了。鸡狗和猪等家畜,不扰乱它们养育的时节,七十岁的人就能吃上肉了。百亩大的农田,不去妨碍农夫适时耕种,八口人的家庭就可以免于饥饿了。认认真真地办学校,反复用孝悌的道理来教导子弟,须发斑白的老人就不必背着或顶着重物在路上行走了。老人都有丝棉袄穿,有肉吃,老百姓饿不着,冻不着,这样还不能使天下归服的,是从没有过的事。"

梁惠王下

【题解】

本篇共 16 章。第一章至第十二章都是与齐宣王的对话,其中有若干章都围绕"与民

同乐"的话题展开。其主旨为不管好乐(音乐)、好财、好色,本身都不算什么过错,怕的是不能节制私欲,残害人民,反之,如果能推己及人,与民同乐,做到乐民之乐,忧民之忧,那便是足以实现王道的仁政,必将得到人民的拥护。此外,孟子在谈到"勇"的问题时,要齐宣王舍弃"小勇",而学习先王为天下百姓谋福祉的大勇;在谈到用人问题时,指出要普遍了解民意,并以民意为准则来识别和选拔人才;在齐、燕发生战争而齐国已并吞燕国时,孟子又告诫齐宣王宜顺应民心,从燕国撤兵,这些都反映了孟子的民本思想。第八章关于武王伐纣的评论,意谓君王如破坏仁义之道则可杀,其所表达的民贵君轻的倾向尤为鲜明犀利。第十二章至十五章,是与邹和滕两个小国君主的对话,从中可见在严峻的军事和外交形势下,孟子仍坚决主张实行仁政,毫不为现实功利而妥协,在他看来,一时的存亡兴废是不足为怀的,勉力行善,便是尽了人的本分,至于成功与否,却不是人可以指望的,所以也不必计较。这是对道德具有绝对价值的肯定,也是对人的自由和尊严的肯定。本篇最后一章,透露出孟子在出处进退中的态度,让人想起孔子所说"天生德于予,桓魋其如予何?"(《论语·述而》)由此可以了解:"天"这样的观念,在儒家思想中实具有令人处变不惊、镇定从容的意义。

一

【原文】 庄暴见孟子,曰:"暴见于王①,王语暴以好乐,暴未有以对也。"曰:"好乐何如?"

孟子曰:"王之好乐甚,则齐国其庶几乎!"

他日,见于王,曰:"王尝语庄子以好乐,有诸?"

王变乎色,曰:"寡人非能好先王之乐也,直好世俗之乐耳。"

曰:"王之好乐甚,则齐其庶几乎!今之乐由古之乐也。"

曰:"可得闻与?"

曰:"独乐乐,与人乐乐,孰乐?"

曰:"不若与人。"

曰:"与少乐乐,与众乐乐,孰乐?"

曰:"不若与众。"

"臣请为王言乐。今王鼓乐于此,百姓闻王钟鼓之声,管籥之音②,举疾首蹙頞而相告曰③:'吾王之好鼓乐,夫何使我至于此极也?父子不相见,兄弟妻子离散。'今王田猎于此,百姓闻王车马之音,见羽旄之美④,举疾首蹙頞而相告曰:'吾王之好田猎,夫何使我至

于此极也？父子不相见，兄弟妻子离散。'此无他，不与民同乐也。

"今王鼓乐于此，百姓闻王钟鼓之声，管籥之音，举欣欣然有喜色而相告曰：'吾王庶几无疾病与，何以能鼓乐也？'今王田猎于此，百姓闻王车马之音，见羽旄之美，举欣欣然有喜色而相告曰：'吾王庶几无疾病与，何以能田猎也？'此无他，与民同乐也。今王与百姓同乐，则王矣。"

【注释】　①王：指齐宣王。②管籥：古代吹奏乐器。③蹙頞：皱着鼻梁。④羽旄：代指旗帜。

【译文】　庄暴来见孟子，说："我去拜见王，王对我说他喜爱音乐，我不知该怎样回答他。"接着又说："喜爱音乐好不好呢？"

孟子说："王如果十分喜爱音乐，齐国就能治理得差不多了。"

过些日子，孟子拜见齐王，说："王曾经告诉庄暴，说您喜爱音乐，有这事吗？"

王变了脸色，说："我还不能喜爱古代的音乐，只是喜爱世俗的流行音乐罢了。"

孟子说："王如果十分喜爱音乐，齐国就能治理得差不多了！不论是当代的音乐还是古代的音乐都是一样的。"

王说："可以说给我听听吗？"

孟子说："自己一人欣赏音乐是快乐的，与别人一起欣赏也是快乐的，哪一种更快乐呢？"

王说："不如和别人一起欣赏更快乐。"

孟子说："和少数人一起欣赏音乐是快乐的，和多数人一起欣赏也是快乐的，哪一种更快乐呢？"

王说："不如和多数人一起欣赏更快乐。"

孟子说："请让我为王谈谈欣赏音乐的道理。"

"假如现在王在这里奏乐，老百姓听到王的钟鼓、管籥的声音，都感到头疼，皱着鼻梁，互相议论说：'我们的王喜爱音乐，为什么使我们苦到了极端？父子不能相见，兄弟妻儿离散。'假如现在王在这里打猎，老百姓听到王的车马的声音，看到美丽的旗帜，都感到头疼，皱着鼻梁，互相议论说：'我们的王喜爱打猎，为什么使我们苦到了极端？父子不能相见，兄弟妻儿离散。'这没有别的原因，只因不与老百姓一起享受快乐。假如现在王在这里奏乐，老百姓听到王的钟鼓的声音、管籥的声音，都高高兴兴，面带喜色地互相议论说：'我们的王大概没什么疾病吧，否则怎么能奏乐呢？'假如现在王在这里打猎，老百姓听到王的车马的声音，看到美丽的旗帜，都高高兴兴，面带喜色地互相议论说：'我们的王

大概没什么疾病吧,否则怎么能打猎呢?'这没有别的原因,只因能与老百姓一起享受快乐。如果王能与老百姓一起享受快乐,就可以使天下归服了。"

二

【原文】 齐宣王问曰:"文王之囿方七十里,有诸?"

孟子对曰:"于传有之。"

曰:"若是其大乎?"

曰:"民犹以为小也。"

曰:"寡人之囿方四十里,民犹以为大,何也?"

曰:"文王之囿方七十里,刍荛者往焉①,雉兔者往焉,与民同之。民以为小,不亦宜乎? 臣始至于境,问国之大禁,然后敢入。臣闻郊关之内,有囿方四十里,杀其麋鹿者,如杀人之罪。则是方四十里为阱于国中,民以为大,不亦宜乎?"

【注释】 ①刍荛:指割草砍柴的人。刍,割草。荛。砍柴。

【译文】 齐宣王问道:"文王的园林纵横七十里,有这事吗?"

孟子答道:"文献上有记载。"

齐宣王说:"有这样大吗?"

孟子说:"老百姓还以为太小了。"

齐宣王说:"我的园林纵横四十里,老百姓还以为太大,为什么?"

孟子说:"文王的园林纵横七十里,割草砍柴的去那里,捕鸟打兔子的也去那里,与百姓共享。老百姓以为太小,不也是应该的吗? 我刚到齐国的国境,先打听国家的严重禁令,然后才敢进入。我听说郊区的门内有园林纵横四十里,如果有人杀掉里面的麋鹿,就同杀人一样治罪,那么这是在国内设一口纵横四十里的陷阱,老百姓以为太大了,不也是应该的吗?"

三

【原文】 齐宣王问曰:"交邻国有道乎?"

孟子对曰:"有。惟仁者为能以大事小,是故汤事葛①,文王事昆夷②。惟智者为能以小事大,故太王事獯鬻③,勾践事吴④。以大事小者,乐天者也;以小事大者,畏天者也。乐天者保天下,畏天者保其国。《诗》云:'畏天之威,于时保之⑤。'"

王曰:"大哉言矣! 寡人有疾,寡人好勇。"

对曰:"王请无好小勇。夫抚剑疾视,曰:'彼恶敢当我哉!'此匹夫之勇,敌一人者也。王请大之!"

"《诗》云:'王赫斯怒⑥,爰整其旅⑦,以遏徂莒⑧,以笃周祜⑨,以对于天下。'此文王之勇也。文王一怒而安天下之民。"

"《书》曰:'天降下民,作之君,作之师。惟曰其助上帝宠之。四方有罪无罪惟我在,天下曷敢有越厥志?'⑩一人衡行于天下⑪,武王耻之。此武王之勇也。而武王亦一怒而安天下之民。今王亦一怒而安天下之民,民惟恐王之不好勇也。"

【注释】 ①汤事葛:详见《滕文公下》第五章。葛,商的邻国。②昆夷:又作"混夷",周朝初年的西戎国名。③太王事獯鬻:详见本篇第十五章。太王,即周部族首领古公亶父;獯鬻,即猃狁,当时北方的少数民族。④勾践事吴:越王勾践败于吴王夫差,向吴国求和,本人为吴王服役,终于灭吴。⑤于时:于是。引诗见《诗经·周颂·我将》,是一篇祭祀上天和周文王的诗。⑥王:指周文王。⑦爰:于是。⑧以遏徂莒:遏,阻止。莒,《诗经》作"旅",指密人入侵阮和共的部队。⑨笃:厚,指增添。祜:福。以上引诗见《诗经·大雅·皇矣》,这首诗主要写文王伐崇、伐密的功绩。⑩见《尚书·泰誓》。⑪一人:指商纣王。

【译文】 齐宣王问道:"与邻国交往有讲究吗?"

孟子答道:"有。只有仁爱的人能以大国服侍小国,所以商汤服侍葛伯,文王服侍昆夷。只有聪明的人能以小国服侍大国,所以太王服侍獯鬻,勾践服侍吴王。以大国服侍小国的,是乐安天命的人;以小国服侍大国的,是敬畏天命的人。乐安天命者保有天下,敬畏天命者保有自己的国家。《诗经》说:'敬畏上天的威严,于是保有这国家。'"

王说:"高明啊这话!我有个毛病,我喜爱勇武。"

孟子答道:"王请不要喜爱小勇。按剑瞪眼说道:'他怎敢阻挡我呢!'这是匹夫的勇,只能敌得住一个人。王请把它扩大。"

"《诗经》说:'文王勃然大怒,于是整肃部队,阻止不义之师,增添周人福祉,来报答天下仰望之心。'这是文王的勇。文王一发怒而安定天下人民。

"《尚书》说:'上天降生了民众,又为他们降生君王,又为他们降生师傅,他们只是帮助天帝爱护人民。四方之内,有罪的我去征讨,无罪的我来爱护,责任都在我一人,天下有谁敢越过本分为非作歹?'有一个人横行于天下,武王以为奇耻大辱。这是武王的勇。武王也是一发怒而安定天下人民。假如现在王也是一发怒而安定天下人民,人民唯恐王不喜爱勇武呢。"

四

【原文】 齐宣王见孟子于雪宫①。王曰:"贤者亦有此乐乎?"

孟子对曰:"有。人不得,则非其上矣。不得而非其上者,非也;为民上而不与民同乐者,亦非也。乐民之乐者,民亦乐其乐;忧民之忧者,民亦忧其忧。乐以天下,忧以天下,然而不王者,未之有也。"

"昔者齐景公问于晏子曰:'吾欲观于转附、朝儛②,遵海而南,放于琅邪③,吾何修而可以比于先王观也?'"

"晏子对曰:'善哉问也!天子适诸侯曰巡狩。巡狩者,巡所守也。诸侯朝于天子曰述职。述职者,述所职也。无非事者。春省耕而补不足,秋省敛而助不给。夏谚曰:"吾王不游,吾何以休?吾王不豫④,吾何以助? 一游一豫,为诸侯度。"今也不然,师行而粮食,饥者弗食,劳者弗息。睊睊胥谗⑤,民乃作慝⑥。方命虐民⑦,饮食若流。流连荒亡,为诸侯忧。从流下而忘反,谓之流;从流上而忘反,谓之连;从兽无厌谓之荒;乐酒无厌谓之亡。先王无流连之乐,荒亡之行。惟君所行也。'"

"景公悦,大戒于国,出舍于郊,于是始兴发补不足。召大师曰⑧:'为我作君臣相说之乐!'盖《徵招》《角招》是也⑨。其《诗》曰:'畜君何尤?'畜君者,好君也。"

【注释】 ①雪宫:齐宣王的行宫。②转附、朝儛:均为山名。转附,疑即今芝罘山;朝儛,疑即今召石山,在山东荣成东。③琅邪:山名,在今山东诸城东南。④豫:出游。⑤睊睊胥谗:愤恨地互相埋怨。睊睊,因愤恨而侧目相视的样子。⑥慝:恶。⑦方命:违背天命。方,违背。⑧大师:即太师,宫廷乐长。大,同"太"。⑨《徵招》《角招》:徵、角,古代五音(宫、商、角、徵、羽)中的两个;招,通"韶"。

【译文】 齐宣王在雪宫接见孟子。王说:"贤者也有这种快乐吗?"

孟子答道:"有。人们得不到这种快乐,就非议他们的君王。得不到快乐而非议君王,是不对的;作为老百姓的君王而不能与百姓一同享受快乐,也是不对的。为老百姓的快乐而快乐,老百姓也为他的快乐而快乐;为老百姓的忧愁而忧愁,老百姓也为他的忧愁而忧愁。乐是因天下而乐,忧是因天下而忧,这样还不能使天下归服,是从来没有的事。"

"从前齐景公向晏子问道:'我想到转附山、朝儛山去转转,沿海向南,直到琅邪山,我该怎么办才能同古代圣王的出游相比?'"

"晏子答道:'问得好啊! 天子到诸侯国去,叫作巡狩。巡狩,就是巡视诸侯所守的疆土。诸侯来朝见天子,叫作述职。述职,就是报告本职工作。没有不是正事的。春天就

考察耕作的情况而补助贫困者,秋天就考察收获的情况而补助收成不足者。夏代的谚语说:"我王不出来走走,我怎能得到休息?我王不出来转转,我怎能得到补助?我王走走又转转,这是诸侯的法度。"如今却不是这样,而是兴师动众,聚敛粮食,饥饿的人吃不上饭,劳苦的人得不到休息。人们侧目而视,怨声载道,老百姓于是犯上作乱。这样的出游既违背天意又虐待人民,大吃大喝如同流水。流连荒亡,使诸侯为之忧虑。任随自己到下游去玩乐,快活起来便忘了返回,叫作流;任随自己到上游去玩乐,快活起来便忘了返回,叫作连;放肆地打猎而没有节制,叫作荒;任性地饮酒而没有节制,叫作亡。古代的圣王没有流连的快乐、荒亡的行为。请您考虑该怎么办吧。'"

"景公听了很高兴,在国内做了很多准备,接着驻扎郊外,于是开仓发粮,赈济贫民。景公又叫来太师,说:'为我创作君臣相悦的音乐!'这就是《徵招》和《角招》。歌词里说:'畜君有什么不对呢?'畜君,就是爱戴君王的意思。"

五

【原文】 齐宣王问曰:"人皆谓我毁明堂①,毁诸?已乎?"

孟子对曰:"夫明堂者,王者之堂也。王欲行王政,则勿毁之矣。"

王曰:"王政可得闻与?"

对曰:"昔者文王之治岐也②,耕者九一③,仕者世禄,关市讥而不征④,泽梁无禁⑤,罪人不孥⑥。老而无妻曰鳏,老而无夫曰寡,老而无子曰独,幼而无父曰孤。此四者,天下之穷民而无告者。文王发政施仁,必先斯四者。《诗》云:'哿矣富人⑦,哀此茕独⑧。'"

王曰:"善哉言乎!"

曰:"王如善之,则何为不行?"

王曰:"寡人有疾,寡人好货。"

对曰:"昔者公刘好货⑨,《诗》云:'乃积乃仓,乃裹餱粮⑩,于橐于囊⑪。思戢用光⑫。弓矢斯张,干戈戚扬⑬,爰方启行⑭。'故居者有积仓,行者有裹囊也,然后可以爰方启行。王如好货,与百姓同之,于王何有?"

王曰:"寡人有疾,寡人好色。"

对曰:"昔者太王好色⑮,爱厥妃。《诗》云:'古公亶父,来朝走马⑯,率西水浒⑰,至于岐下,爰及姜女⑱,聿来胥宇⑲。'当是时也,内无怨女,外无旷夫。王如好色,与百姓同之,于王何有?"

【注释】 ①明堂:古代帝王宣明政教的场所,凡朝会、祭祀等重大典礼都在明堂举

135

行。②岐：地名，在今陕西岐山一带。③耕者九一：指井田制。九百亩的地，分为井字形的九区，每区各一百亩，外沿八百亩为私田，每户各受田百亩。中间一百亩为公田，由八户共同耕种，此即九分抽一的税率，是孟子以为最理想的土地制度。④讥而不征：只管检查言行而不抽税。讥，检查言行。征，征税。⑤泽梁：捕鱼的装置。⑥孥：本意是妻子、儿女，这里指不连累妻子、儿女。⑦哿：可。⑧茕：孤独。以上引诗见《诗经·小雅·正月》。⑨公刘：周人创业的始祖，后稷的曾孙。⑩餱粮：干粮。⑪橐：无底的口袋。囊：有底的口袋。⑫思：发语词。戢：和睦。用：因而。光：光大。⑬干：盾。戈：平头戟。戚：斧。扬：举起。⑭爰：于是。方：开始。以上引诗见《诗经·大雅·公刘》。⑮太王：即古公亶父，公刘的十世孙，周文王的祖父。他率领周部族由邠（今陕西武功）迁至岐（今陕西彬县、旬邑，音）⑯来朝：清早。走马：驱马快跑。⑰率：沿着。西：指岐邑以西。水：指漆水。浒：水边。⑱姜女：姜姓女子，指古公亶父的妻子太姜。⑲聿来胥宇：指修建宫室之前察看地势。聿，语助词。胥，察看。宇，屋宇。以上引诗见《诗经·大雅·绵》。

【译文】 齐宣王问道："别人都让我拆掉明堂，是拆了好呢？还是不拆好？"

孟子答道："明堂，是王的殿堂。您如果要施行王政，就不要拆掉它了。"

王说："什么是王政，可以讲给我听吗？"

孟子答道："从前周文王治理岐地，农夫的税率是九分抽一，做官的世代享有俸禄，关卡和市场上只维持秩序而不抽税，到湖泊池塘里捕鱼不受禁止，处罚犯罪的人不连累他的妻儿。年老而没有妻室的叫作鳏，年老而没有丈夫的叫作寡，年老而没有儿女的叫作独，年幼而没有父亲的叫作孤。这四种人，是天下最穷苦而没有依靠的人。文王发布政令施行仁义，一定首先考虑他们。《诗经》说：'富人可以过得去了，哀怜这些孤单的人。'"

王说："说得好啊，这话！"

孟子说："王如果认为这话说得好，为什么不照着做？"

王说："我有个毛病，我爱钱财。"

孟子答道："从前公刘也爱钱财，《诗经》说：'积存谷粮到仓里，包好干粮存起来，橐里囊里全装满。人心和顺扬光辉。张开弓来搭上箭，盾牌戈斧举起来，于是出发向前进。'因此，居留在家的有仓里的贮粮，行军的有囊里的干粮，然后才能'于是出发向前进'。王假如爱钱财，就和百姓一道，那么，使天下归服又有什么困难呢？"

王说："我有个毛病，我好色。"

孟子说："从前太王也好色，疼爱他的妃子。《诗经》说：'古公亶父，一早就赶马出

136

发,沿着豳西的水边,来到岐山的脚下,于是连同姜氏女,察看盖房的地形.'在这个时候呢,没有嫁不出去的姑娘,没有找不着老婆的男人.王假如好色,就和老百姓一道,那么,使天下归服又有什么困难呢?"

六

【原文】 孟子谓齐宣王曰:"王之臣有托其妻子于其友而之楚游者,比其反也①,则冻馁其妻子,则如之何?"

王曰:"弃之。"

曰:"士师不能治士②,则如之何?"

王曰:"已之。"

曰:"四境之内不治,则如之何?"

王顾左右而言他。

【注释】 ①比:及,至。②士师:狱官。

【译文】 孟子对齐宣王说:"王有个臣子,把妻儿托付给他的朋友,自己到楚国去了,等他回来时,妻儿却在挨饿受冻,对这个朋友该怎么办?"

王说:"和他绝交。"

孟子说:"狱官不能管好他的下级,对他该怎么办?"

王说:"撤掉他。"

孟子说:"一个国家治理不好,该怎么办?"

王左右张望,把话题扯开了。

七

【原文】 孟子见齐宣王,曰:"所谓故国者,非谓有乔木之谓也,有世臣之谓也。王无亲臣矣,昔者所进,今日不知其亡也①。"

王曰:"吾何以识其不才而舍之?"

曰:"国君进贤,如不得已,将使卑逾尊,疏逾戚,可不慎与?左右皆曰贤,未可也;诸大夫皆曰贤,未可也;国人皆曰贤,然后察之。见贤焉,然后用之。左右皆曰不可,勿听;诸大夫皆曰不可,勿听;国人皆曰不可,然后察之。见不可焉,然后去之。左右皆曰可杀,勿听;诸大夫皆曰可杀,勿听;国人皆曰可杀,然后察之。见可杀焉,然后杀之。故曰国人杀之也。如此,然后可以为民父母。"

【注释】　①亡：去位，去国。

【译文】　孟子见齐宣王，说："所谓'故国'，不是有乔木的意思，而是有累世勋臣的意思。王连亲信的臣都没有了，从前所进用的，今天不知到哪里去了。"

王说："我怎么辨别一个人没有才能而舍弃不用呢？"

孟子说："国君进用贤臣，如果碰到不得已的情况，会使卑贱者位居尊贵者之上，疏远者位居亲近者之上，对此可以不谨慎吗？左右亲近的人都说好，不可立刻举用；各位大夫都说好，不可立刻举用；全国的人都说好，然后考察他。发现他真好，然后举用他。左右亲近的人都说不可用，不要听；各位大夫都说不可用，不要听；全国的人都说不可用，然后考察他。发现他真不可用，然后罢免他。左右亲信都说可杀，不要听；各位大夫都说可杀，不要听；全国的人都说可杀，然后考察他。发现他真可杀，然后杀他。所以说这是全国的人杀他的。这样，才可以做百姓的父母。"

八

【原文】　齐宣王问曰："汤放桀，武王伐纣，有诸？"

孟子对曰："于传有之。"

曰："臣弑其君，可乎？"

曰："贼仁者谓之'贼'，贼义者谓之'残'。残贼之人，谓之'一夫'①。闻诛一夫纣矣，未闻弑君也②。"

【注释】　①一夫：即"独夫"，指众叛亲离的孤立者。②诛、弑：杀。诛是褒义词，指合乎正义地杀；弑是贬义词，一般用于臣下杀死君王或儿女杀死父母。

【译文】　齐宣王问道："商汤流放夏桀，武王讨伐商纣，有这事吗？"

孟子答道："文献有记载。"

齐宣王说："臣子杀掉他的君主，可以吗？"

孟子说："破坏仁的叫作'贼'，破坏义的叫作'残'。残贼的人，叫作'独夫'。我只听过周武王杀掉一夫纣呀，可没听过他杀掉了君主哦。"

九

【原文】　孟子见齐宣王曰："为巨室，则必使工师求大木①。工师得大木，则王喜，以为能胜其任也。匠人斲而小之②，则王怒，以为不胜其任矣。夫人幼而学之，壮而欲行之，王曰：'姑舍女所学而从我'③，则何如？今有璞玉于此④，虽万镒⑤，必使玉人雕琢之。至

于治国家,则曰:'姑舍女所学而从我',则何以异于教玉人雕琢玉哉?"

【注释】 ①工师:管理工匠的长官。②斲:砍削。③女:通"汝",你。④璞玉:在石中未经加工的玉。⑤镒:二十两为一镒。

【译文】 孟子对齐宣王说:"建造巨大的宫室,就一定要派工师去找大木料。工师找到大木料,王就高兴,认为他能胜任。工匠把这木料砍小了,王就动怒,以为他不能胜任。有那么一种人,从小学习一种本事,长大后要把它来实践,王说:'姑且扔掉你所学的,听从我',这可怎么办呢?假如现在这里有一块璞玉,就算它价值二十万两,您一定会让玉匠雕琢它。至于治理国家,却说:'姑且扔掉你所学的,听从我',这同教导玉匠雕琢玉石又有什么区别呢?"

十

【原文】 齐人伐燕,胜之。宣王问曰:"或谓寡人勿取,或谓寡人取之。以万乘之国伐万乘之国,五旬而举之,人力不至于此。不取,必有天殃。取之,何如?"

孟子对曰:"取之而燕民悦,则取之。古之人有行之者,武王是也①。取之而燕民不悦,则勿取。古之人有行之者,文王是也②。以万乘之国伐万乘之国,箪食壶浆以迎王师③,岂有他哉?避水火也。如水益深,如火益热,亦运而已矣④。"

【注释】 ①武王是也:指武王伐纣,取商之地而享有天下。②文王是也:指文王三分天下有其二,却仍臣服于商。③箪:盛饭的竹筐。④运:转换。

【译文】 齐国攻打燕国,大获全胜。宣王问道:"有人劝我不要吞并燕国,有人劝我吞并它。以一个拥有万辆兵车的大国去攻打同样是万辆兵车的大国,五十天内便打下它,光凭人力是不能如此的。不吞并的话,一定会有天灾。吞并它,怎样?"孟子答道:"吞并它而燕国的百姓高兴的话,就吞并。古人有这样做的,周武王就是。吞并它而燕国的百姓不高兴的话,就不要吞并。古人有这样做的,周文王就是。以一个拥有万辆兵车的大国去攻打同样是万辆兵车的大国,老百姓用箪盛着饭,用壶盛着酒浆来迎接王的军队,难道有别的原因吗?只是要逃避水火一般的统治而已。假如水更深了,假如火更热了,那也不过是换个人来统治罢了。"

十一

【原文】 齐人伐燕,取之。诸侯将谋救燕。宣王曰:"诸侯多谋伐寡人者,何以待之?"

孟子对曰："臣闻七十里为政于天下者,汤是也。未闻以千里畏人者也。《书》曰:'汤一征①,自葛始。'天下信之,东面而征,西夷怨②;南面而征,北狄怨,曰:'奚为后我?'民望之,若大旱之望云霓③。归市者不止,耕者不变,诛其君而吊其民,若时雨降,民大悦。《书》曰:'傒我后④,后来其苏。'今燕虐其民,王往而征之,民以为将拯己于水火之中也,箪食壶浆以迎王师。若杀其父兄,系累其子弟⑤,毁其宗庙,迁其重器⑥,如之何其可也? 天下固畏齐之强也,今又倍地而不行仁政⑦,是动天下之兵也。王速出令,反其旄倪⑧,止其重器,谋于燕众,置君而后去之,则犹可及止也。"

【注释】 ①一征:始征,初征。②西夷:古时我国西方少数民族的泛称。下文的北狄,是古时我国北方少数民族的泛称。③霓:虹的一种。④傒:等待。后:王。⑤系累:捆绑。⑥重器:宝器。⑦倍地:指齐国吞并燕国后,增一倍之地。⑧旄:通"耄",指老人。倪:幼儿,指小孩。

【译文】 齐国攻打燕国,吞并了它。其他诸侯国谋划救助燕国。宣王说:"诸侯国多有谋划来攻打我,要怎么对待他们?"

孟子答道:"我听说过凭借纵横七十里的土地就能在天下实行统治,商汤就是。没听说过凭借纵横一千里的土地来使天下畏惧的。《尚书》说:'汤的征伐,从葛国开始。'天下人都信任他,当他向东面征伐时,西边各族的百姓就抱怨;当他向南面征伐时,北边各族的百姓就抱怨,说:'怎么把我们放在后面?'老百姓盼望他,就像大旱时盼望乌云虹霓一样。汤的征伐,一点也不惊扰百姓,做生意的照样行商,种庄稼的照样下地,汤杀掉暴君而抚恤百姓,就像降了及时雨,老百姓很高兴。《尚书》说:'等着我们的王,王来了我们就复活。'如今燕国虐待它的百姓,您前往征讨,老百姓以为您将把他们从水火中拯救出来,于是用箪盛着饭,用壶盛着酒浆来迎接您的部队。可是您却杀掉他们的父兄,捆绑他们的子弟,毁坏他们的宗庙,搬走他们的宝器,这怎么行呢? 天下人本来就害怕齐国强大,如今齐国又增加了一倍的土地却不实行仁政,这就是惊动天下军队与您作对的原因。王赶快下命令,让老少俘虏回家,停止搬运宝器,与燕国的群众计议,择立一位燕王,然后自己从燕国撤出,这样还来得及使各国停止用兵。"

十二

【原文】 邹与鲁哄①。穆公问曰②:"吾有司死者三十三人③,而民莫之死也。诛之,则不可胜诛;不诛,则疾视其长上之死而不救,如之何则可也?"

孟子对曰:"凶年饥岁,君之民老弱转乎沟壑,壮者散而之四方者,几千人矣;而君之

仓廪实,府库充,有司莫以告,是上慢而残下也。曾子曰④:'戒之戒之! 出乎尔者,反乎尔者也。'夫民今而后得反之也。君无尤焉⑤! 君行仁政,斯民亲其上,死其长矣。"

【注释】 ①邹:周代的一个小国。哄:吵闹。这里指交战。②穆公:指邹穆公。③有司:有关官吏。④曾子:姓曾名参,孔子的弟子。⑤尤:责备。

【译文】 邹国和鲁国交战。邹穆公问道:"我的官吏死了三十三人,而老百姓没有人为保护他们而死。杀吧,杀不过来;不杀吧,又恨他们看着长官死掉而不去营救,怎么办才好呢?"

孟子答道:"灾荒年岁,您的老百姓中年老体弱的辗转死于沟壑,年轻力壮的四散逃荒,几乎有千把人;而您的粮仓殷实,库房充足,有关官吏不把这种情况向上报告,这就是身居上位的人怠慢而残害百姓。曾子说:'警惕啊警惕! 你怎样对别人,别人就怎样回报你。'老百姓如今可得到报复的机会了。您不要责备他们吧! 只要您实行仁政,老百姓就会亲近他们的上级,为他们的长官死难了。"

十三

【原文】 滕文公问曰:"滕①,小国也,间于齐、楚。事齐乎? 事楚乎?"

孟子对曰:"是谋非吾所能及也。无已,则有一焉:凿斯池也,筑斯城也,与民守之,效死而民弗去,则是可为也。"

【注释】 ①滕:故址在今山东滕州市。

【译文】 滕文公问道:"滕,是个小国,处在齐国和楚国之间。是服侍齐国呢? 还是服侍楚国呢?"

孟子答道:"这种策略不是我能想出来的。非说不可的话,倒有一个办法:把护城河凿深,把城墙筑牢,与老百姓一起守卫它,宁肯牺牲,老百姓也不肯离开,这就有希望了。"

十四

【原文】 滕文公问曰:"齐人将筑薛①,吾甚恐,如之何则可?"

孟子对曰:"昔者大王居邠②,狄人侵之,去,之岐山之下居焉。非择而取之,不得已也。苟为善,后世子孙必有王者矣。君子创业垂统,为可继也。若夫成功,则天也。君如彼何哉? 强为善而已矣。"

【注释】 ①筑薛:在薛筑城墙。薛国邻近滕国,为齐所灭,齐人又将筑城于此,滕文公担心齐国进逼滕国,因而恐慌。②大:同"太"。邠:同"豳",在今陕西旬邑西。

【译文】　滕文公问道："齐国人要在薛地加固城墙，我很担心，怎么办才可以？"

孟子答道："从前太王住在邠，狄人侵犯他，他便离开，迁到岐山下去住。这并不是主动选择住在那里，是不得已的。可见如果实行仁政，后代子孙一定有成为天下之王的。君子创立基业，奠定传统，正是为了可以被继承下去。至于成功与否，还要看天命。您能对齐人怎样呢？只有勉力实行仁政而已。"

<h2 style="text-align:center">十五</h2>

【原文】　滕文公问曰："滕，小国也。竭力以事大国，则不得免焉，如之何则可？"

孟子对曰："昔者大王居邠，狄人侵之。事之以皮币①，不得免焉；事之以犬马，不得免焉；事之以珠玉，不得免焉。乃属其耆老而告之曰②：'狄人之所欲者，吾土地也。吾闻之也：君子不以其所以养人者害人。二三子何患乎无君？我将去之。'去邠，逾梁山③，邑于岐山之下居焉。邠人曰：'仁人也，不可失也。'从之者如归市。或曰：'世守也，非身之所能为也。'效死勿去。君请择于斯二者。"

【注释】　①币：缯帛。②属：召集。耆老：指老人。耆，六十岁的人。老，七十岁的人。③梁山：在今陕西乾县西北。

【译文】　滕文公问道："滕，是个小国。竭尽全力来服侍大国，也躲不过祸患，要怎么办才行？"

孟子答道："从前太王住在邠，狄人侵犯他。太王进献兽皮和丝帛服侍他，躲不过祸患；进献狗和马服侍他，躲不过祸患；进献珍珠美玉服侍他，躲不过祸患。于是召集当地的老人，告诉他们：'狄人想要的，是我们的土地。我听说过：君子不把那些生养人的东西用来害人。你们何必担心没有君主呢？我准备离开这里。'于是他离开邠地，越过梁山，在岐山下建造城邑住下来。邠地的老百姓说：'他是有仁德的人啊，不能失去他。'跟随他的人多得就像赶集一样。也有人说：'这是我们应该世世代代守卫的土地，不是自己可以做主的。'他们宁死而不离开。请您在这两种情形中择取一种吧。"

<h2 style="text-align:center">十六</h2>

【原文】　鲁平公将出，嬖人臧仓者请曰①："他日君出，则必命有司所之。今乘舆已驾矣，有司未知所之，敢请！"

公曰："将见孟子。"

曰："何哉！君所为轻身以先于匹夫者，以为贤乎？礼义由贤者出，而孟子之后丧逾

前丧,君无见焉!"

公曰:"诺。"

乐正子入见^②,曰:"君奚为不见孟轲也?"

曰:"或告寡人曰:'孟子之后丧逾前丧^③。'是以不往见也"。

曰:"何哉? 君所谓逾者,前以士,后以大夫;前以三鼎,而后以五鼎与^④?"

曰:"否。谓棺椁衣衾之美也^⑤。"

曰:"非所谓逾也,贫富不同也。"

乐正子见孟子曰:"克告于君,君为来见也。嬖人有臧仓者沮君^⑥,君是以不果来也。"

曰:"行,或使之;止,或尼之。行止,非人所能也。吾之不遇鲁侯,天也。臧氏之子焉能使予不遇哉?"

【注释】 ①嬖人:指受宠的姬妾或侍臣。②乐正子:名克,孟子弟子。③后丧、前丧:孟子先丧父,后丧母。后丧指母亲的丧事,前丧指父亲的丧事。④三鼎:用三个鼎盛供品。五鼎:用五个鼎盛供品。办丧事时用三鼎是士礼,用五鼎是卿大夫之礼。⑤棺:内棺。椁:外棺。衣衾:装殓死者的衣被。⑥沮:通"阻"。

【译文】 鲁平公正要出门,他所宠幸的小臣臧仓请示说:"平日您外出,一定是先通知管事的人要去哪里。现在车马已准备好了,管事的人还不知道您要去哪里,因此来请示。"

鲁平公说:"我要去见孟子。"

臧仓说:"您降低自己的身份去见一个普通人,为什么呢? 您以为他是贤人吗? 礼义是由贤人做出表率的,而孟子为母亲办丧事比为父亲办丧事还隆重。您不要去见他了吧!"

鲁平公说:"好吧。"

乐正子来见鲁平公,说:"您为什么不见孟轲了?"

鲁平公说:"有人告诉我,'孟子为母亲办丧事的隆重超过了父亲的丧事',所以我不去见他了。"

乐正子说:"您所说的'超过'是什么意思呢? 是因为办父亲的丧事用士礼,办母亲的丧事用大夫之礼吗? 是因为办父亲的丧事用三个鼎摆设供品,办母亲的丧事用五个鼎摆设供品吗?"

鲁平公说:"不是;我指的是棺椁衣衾的精美。"

乐正子说:"这不能叫作'超过',只是前后贫富不同罢了。"

乐正子去见孟子,说:"我跟君主讲过了,君主打算来见您。有个受宠的小臣臧仓阻止了他,因此他终于没来。"

孟子说:"人要做事,是有人促使他做;不做事,是有人阻止他做。不过做或不做,并不是人力所能主宰。我与鲁侯不能遇合,是天命。姓臧的家伙怎能使我不遇?"

公孙丑上

【题解】

本篇9章,从内容上可以大致分为两组。其一、三、四、五是一组,论述仁政的问题。这部分对于当时各诸侯国的暴政有所揭露,并认为这样的形势正是推行仁政的大好时机,因为必能得到人民的热烈拥护,从而实现统一天下的"王道";与此相反的"霸道",则是靠武力征服,那是不能使人心悦诚服的。至于仁政的具体措施,在第五章里提出了五项政策,大意是尊贤使能、减免赋税、实行井田制。另一组则论及个人修养以及人性论方面的问题,包括其二、六、七、八、九各章。第二章从"不动心"说起,最后涉及对孔子的评价,是《孟子》一书中极重要的篇幅。所谓"不动心",指的是不因处境、待遇等外部条件的变化而改变心态,达到这种境界的两个环节,一是"知言",二是培养"浩然之气"。"知言"是思想认识能力的表现,"浩然之气"尽管是一种正大刚毅的道德情感,仍然是道义原则指导下的日积月累的道德实践的成果。知言则不惑,气盛则意志坚定,所以是"不动心"的条件。第六章提出的"四端说",意谓仁、义、礼、智等品质在人的天性中有其基础,集中概括了孟子在人性问题上的主张。七、八两章,分别谈到"反求诸己"和"与人为善"的修养方法。第九章批评伯夷气量小,柳下惠不严肃。二者既然各有所偏,在出处问题上,合理的态度应当如何?可以参见本篇第二章对于伯夷、伊尹和孔子的评论一节。从中可见孟子的用世心切,从而主张在坚持原则的同时根据具体条件调整应对的措施,这也可以看作是对"不动心"的一个补充说明。

一

【原文】 公孙丑问曰[1]:"夫子当路于齐[2],管仲、晏子之功[3],可复许乎[4]?"

孟子曰:"子诚齐人也,知管仲、晏子而已矣。或问乎曾西曰[5]:'吾子与子路孰贤[6]?'曾西蹴然曰[7]:'吾先子之所畏也[8]。'曰:'然则吾子与管仲孰贤?'曾西艴然不悦[9],曰:'尔何曾比予于管仲[10]?管仲得君,如彼其专也,行乎国政,如彼其久也,功烈如彼其卑也,尔何曾比予于是?'"曰:"管仲,曾西之所不为也,而子为我愿之乎?"

曰:"管仲以其君霸,晏子以其君显。管仲、晏子犹不足为与?"

曰:"以齐王,由反手也⑪。"

曰:"若是,则弟子之惑滋甚。且以文王之德,百年而后崩⑫,犹未洽于天下。武王、周公继之,然后大行。今言王若易然,则文王不足法与?"

曰:"文王何可当也? 由汤至于武丁,贤圣之君六七作,天下归殷久矣,久则难变也。武丁朝诸侯有天下,犹运之掌也。纣之去武丁未久也,其故家遗俗,流风善政,犹有存者。又有微子、微仲、王子比干、箕子、胶鬲⑬——皆贤人也——相与辅相之,故久而后失之也。尺地,莫非其有也,一民,莫非其臣也;然而文王犹方百里起,是以难也。齐人有言曰:'虽有智慧,不如乘势;虽有镃基⑭,不如待时。'今时则易然也。夏后、殷、周之盛,地未有过千里者也,而齐有其地矣。鸡鸣狗吠相闻,而达乎四境,而齐有其民矣。地不改辟矣⑮,民不改聚矣,行仁政而王,莫之能御也。且王者之不作,未有疏于此时者也;民之憔悴于虐政,未有甚于此时者也。饥者易为食,渴者易为饮。孔子曰:'德之流行,速于置邮而传命⑯。'当今之时,万乘之国行仁政,民之悦之,犹解倒悬也。故事半古之人,功必倍之,惟此时为然。"

【注释】 ①公孙丑:孟子弟子。②当路:指身居要职。③管仲:名夷吾,齐桓公之相。晏子:名婴,齐景公之相。④许:期待。⑤曾西:曾申,字子西,曾参之子。⑥子路:孔子弟子。⑦蹴然:不安的样子。⑧先子:指自己已死的父亲。⑨艴然:生气的样子。⑩曾:乃。⑪由:通"犹"。⑫百年而后崩:古代传说周文王九十七岁死,这里说"百年",是举其成数。⑬微子:名启,据《左传》《史记》等书载,为纣的庶兄,《孟子·告子上》则以为是纣的叔父。微仲:微子之弟,名衍。王子比干:纣的叔父,屡次向纣进谏,为纣所杀。箕子:纣的叔父,比干被杀后,佯狂为奴,被纣囚禁。胶鬲:纣王之臣。⑭镃基:锄头。⑮改:更加。⑯置邮:置、邮都是名词,相当于后代的驿站。

【译文】 公孙丑问道:"先生如果在齐国当权,管仲、晏子的功业,有希望再次实现吗?"

孟子说:"你果然是齐国人,只懂得管仲、晏子。曾有人问曾西说:'您和子路相比,谁更贤能些?'曾西不安地说:'他是先父所敬畏的人呀。'那人又问:'那么您和管仲相比,谁更贤能些?'曾西变了脸色,很不高兴地说:'你怎么能拿我和管仲相比? 管仲得到他的君王的信任是那样专一,行使国家的政权是那样长久,功业却是那样卑微;你怎么能拿我和他相比?'"孟子又接着说:"管仲,是曾西所不屑的,你以为我愿意学他吗?"

公孙丑说:"管仲辅佐其君而称霸,晏子辅佐其君而扬名。管仲、晏子还不值得

学吗?"

孟子说:"以齐国来统一天下,易如反掌。"

公孙丑说:"您这么说,我更糊涂了。以文王的贤德,活了将近一百岁,还不能统一天下;武王、周公继承他的事业,然后才大大地推行王道。现在您把统一天下说得这么容易,那么文王也不值得效法吗?"

孟子说:"文王,我怎么能比得上呢?从汤到武丁,贤圣的君王有六七个,天下归附于商久了,久了就难以改变。武丁使诸侯来朝贡,统治天下,就像玩弄于手掌之上那么轻而易举。纣离武丁不久,先王时的世家贵族、美好习俗、醇厚民风、仁惠政教,还有所留存;又有微子、微仲、王子比干、箕子、胶鬲——都是些贤人——在共同辅佐他,所以很久才亡国。当时,没有一尺土地不被他所有,没有一个人不是他的臣民;然而文王仅以纵横百里的土地建功立业,所以是很困难的。齐国人有句话说:'即使有智慧,不如乘形势;即使有农具,不如待农时。'现在的时势推行王道可就好办了:在夏、商、周最强大的时候,疆土还没有超过纵横千里的,而现在齐国有这么大的疆土了。鸡鸣狗吠的声音互相听得见,一直到四周的边境,现在齐国有这么多的百姓了。疆土不必再扩张,百姓不必再增加,只需推行仁政就能统一天下,谁也阻挡不住啊。况且仁义的君王没有出现,这是从来不曾像现在这样稀缺的;老百姓被暴政所残害,从来不曾像现在这样严重的。饥饿的人,可以很容易地让他吃饱,口渴的人,可以很容易地让他喝足。孔子说:'贤德的推广,比驿站传达命令还要快。'现在这年头,拥有万辆兵车的国家推行起仁政来,老百姓必然爱戴它,就像倒挂的人被解救一样。所以只要做到古人一半的事情,功业就会比古人多出一倍,只有这年头才能如此。"

二

【原文】 公孙丑问曰:"夫子加齐之卿相,得行道焉,虽由此霸王,不异矣。如此,则动心否乎?"

孟子曰:"否!我四十不动心。"

曰:"若是,则夫子过孟贲远矣①。"

曰:"是不难,告子先我不动心②。"

曰:"不动心有道乎?"

曰:"有。北宫黝之养勇也,不肤挠③,不目逃,思以一豪挫于人,若挞之于市朝,不受于褐宽博④,亦不受于万乘之君;视刺万乘之君,若刺褐夫,无严诸侯⑤,恶声至,必反之。

孟施舍之所养勇也，曰：'视不胜犹胜也；量敌而后进，虑胜而后会⑥，是畏三军者也。舍岂能为必胜哉？能无惧而已矣。'孟施舍似曾子⑦，北宫黝似子夏⑧。夫二子之勇，未知其孰贤，然而孟施舍守约也。昔者曾子谓子襄曰⑨：'子好勇乎？吾尝闻大勇于夫子矣⑩。自反而不缩⑪，虽褐宽博，吾不惴焉；自反而缩，虽千万人，吾往矣。'孟施舍之守气，又不如曾子之守约也。"

曰："敢问夫子之不动心与告子之不动心，可得闻与？"

"告子曰：'不得于言，勿求于心；不得于心，勿求于气。'不得于心，勿求于气，可；不得于言，勿求于心，不可。夫志，气之帅也；气，体之充也。夫志至焉，气次焉；故曰：'持其志，无暴其气⑫。'"

"既曰'志至焉，气次焉'，又曰'持其志，无暴其气'，何也？"

曰："志壹则动气，气壹则动志也。今夫蹶者趋者，是气也，而反动其心。"

"敢问夫子恶乎长？"

曰："我知言，我善养吾浩然之气。"

"敢问何谓浩然之气？"

曰："难言也。其为气也，至大至刚，以直养而无害，则塞于天地之间。其为气也，配义与道。无是，馁也。是集义所生者，非义袭而取之也⑬。行有不慊于心⑭，则馁矣。我故曰：告子未尝知义，以其外之也。必有事焉而勿正⑮，心勿忘，勿助长也。无若宋人然：宋人有闵其苗之不长而揠之者⑯，芒芒然归⑰，谓其人曰：'今日病矣⑱！予助苗长矣！'其子趋而往视之，苗则槁矣。天下之不助苗长者寡矣。以为无益而舍之者，不耘苗者也⑲；助之长者，揠苗者也，非徒无益，而又害之。"

"何谓知言？"

曰："诐辞知其所蔽⑳，淫辞知其所陷㉑，邪辞知其所离㉒，遁辞知其所穷㉓。生于其心，害于其政；发于其政，害于其事。圣人复起，必从吾言矣。"

"宰我、子贡善为说辞㉔，冉牛、闵子、颜渊善言德行㉕，孔子兼之，曰：'我于辞命，则不能也。'然则夫子既圣矣乎？"

曰："恶！是何言也！昔者子贡问于孔子曰：'夫子圣矣乎？'孔子曰：'圣则吾不能，我学不厌，而教不倦也。'子贡曰：'学不厌，智也；教不倦，仁也。仁且智，夫子既圣矣乎。'夫圣，孔子不居，是何言也！"

"昔者窃闻之：子夏、子游、子张皆有圣人之一体㉖，冉牛、闵子、颜渊则具体而微。敢问所安？"

147

曰:"姑舍是。"

曰:"伯夷、伊尹何如㉗?"

曰:"不同道。非其君不事,非其民不使;治则进,乱则退,伯夷也。何事非君,何使非民;治亦进,乱亦进,伊尹也。可以仕则仕,可以止则止,可以久则久,可以速则速,孔子也。皆古圣人也,吾未能有行焉。乃所愿,则学孔子也。"

"伯夷、伊尹于孔子,若是班乎㉘?"

曰:"否!自有生民以来,未有孔子也。"

"然则有同与?"

曰:"有。得百里之地而君之,皆能以朝诸侯,有天下;行一不义,杀一不辜,而得天下,皆不为也。是则同。"

曰:"敢问其所以异。"

曰:"宰我、子贡、有若㉙,智足以知圣人,污不至阿其所好。宰我曰:'以予观于夫子,贤于尧、舜远矣!'子贡曰:'见其礼而知其政,闻其乐而知其德,由百世之后,等百世之王㉚,莫之能违也㉛。自生民以来,未有夫子也!'有若曰:'岂惟民哉? 麒麟之于走兽,凤凰之于飞鸟,太山之于丘垤㉜,河海之于行潦㉝,类也。圣人之于民,亦类也。出于其类,拔乎其萃,自生民以来,未有盛于孔子也!'"

【注释】 ①孟贲:古代勇士。②告子:名不害,与孟子同时而年长于孟子,曾受教于墨子。③挠:退却。④褐宽博:指卑贱者。褐,粗布衣服;宽博,宽大的衣服。褐、宽博,都是贱者之服。⑤严:畏惧。⑥会:指交战。⑦曾子:即曾参,孔子弟子。⑧子夏:姓卜名商,孔子弟子。⑨子襄:曾子弟子。⑩夫子:指孔子。⑪缩:直。⑫暴:乱。⑬义袭:指义偶然从外进入内心。袭,偷袭。⑭慊:满意。⑮正:止,中止。⑯揠:拔。⑰芒芒然:疲倦的样子。⑱病:疲倦。⑲耘:除草。⑳诐:偏颇。蔽:遮蔽。㉑淫:过分。陷:沉溺。㉒邪:邪僻,不正。离:背离。㉓遁词:指敷衍搪塞而不敢正面回应的言论。遁,逃走。以上四句,"诐""淫""邪""遁",是表现于言辞中的弊病,"所蔽""所陷""所离""所穷",则分别从思想认识方面揭示这些弊病所产生的根源。㉔宰我:孔子弟子宰予。子贡:孔子弟子端木赐。㉕冉牛:孔子弟子冉耕,字伯牛。闵子:孔子弟子闵损,字子骞。颜回:孔子弟子颜渊。㉖子游:孔子弟子言偃。子张:孔子弟子颛孙师。㉗伊尹:商汤的贤臣。㉘班:等同。㉙有若:孔子弟子。㉚等:指分出等次。㉛违:指违背"见其礼而知其政,闻其乐而知其德"的规律。子贡的意思是,凭着可见、可闻的礼和乐,可以对百世以来君王的政治与德行做出评价。他在此处强调了评价依据的可靠性,因此使下文对于孔子的赞叹更有说

服力。㉜垤:小土堆。㉝行潦:路上的积水。潦,雨水。

【译文】 公孙丑问道:"先生如果做了齐国的卿相,得以推行自己的主张,即使成就了霸王的事业,也是不奇怪的。如果这样,您会动心吗?"

孟子说:"不。我四十岁以后就不再动心了。"

公孙丑说:"这么说,先生比孟贲强多了。"

孟子说:"这不难,告子还比我先做到不动心呢。"

公孙丑说:"不动心有办法吗?"

孟子说:"有。北宫黝培养勇气的办法是,肌肤被刺也不颤动发抖,眼睛被戳也能目不转睛,他认为受到一点点侮辱,就像在集市上被鞭打一样。既不受卑贱者的侮辱,也不受大国之君的侮辱。在他看来,刺杀大国之君,和刺杀卑贱者是一样的。他不畏惧诸侯王。有人骂他,他一定回击。孟施舍培养勇气呢,是说:'我把不能取胜的形势看成可以取胜。如果先估量敌人的力量才前进,考虑到可以取胜才交战,这是害怕敌人的三军。我孟施舍怎能战无不胜,只是能够无所畏惧而已。'孟施舍像曾子,北宫黝像子夏。这两个人的勇气,不晓得谁更强,然而孟施舍所守的较能抓住关键。从前曾子对子襄说:'你喜欢勇敢吗?我曾经从先生那里听过什么是大勇:自我反省而发现正义不在我,那么即使是卑贱的人,我也不去恐吓他,自我反省而认为正义在我,即使面对千军万马,我也勇往直前。孟施舍所守的是一身盛气,曾子却能有所反省,循理而动,所以孟施舍又不如曾子所守的关键。"

公孙丑说:"请问先生的不动心,和告子的不动心,可以说给我听吗?"

孟子说:"告子讲过:'言语有过失,不必到内心去寻求原因;心中有所不安,不必求助于意气。'心中有所不安,不必求助于意气,是可以的;言语有过失,不必到内心去寻求原因,却不可以。思想意志呢,是感情意气的统帅;感情意气是充满体内的力量。思想意志到哪里,感情意气就跟着到哪里。所以说:'要坚定自己的思想意志,也不要滥用感情意气。'"

公孙丑说:"既然说'思想意志到哪里,感情意气就跟着到哪里',又说'要坚定自己的思想意志,也不要滥用感情意气',为什么呢?"

孟子说:"思想意志专一,就能调动感情意气跟随它,感情意气专一,也会影响思想意志。比方说跌倒、奔跑,这是下意识的气有所动,但也能反过来扰动心志。"

公孙丑说:"请问先生的长处是什么?"

孟子说:"我懂得辨析言辞,我善于培养我的浩然之气。"

公孙丑说:"请问什么叫作浩然之气?"

孟子说:"难以讲清楚啊。它作为一种气,是最强大,最刚健的,用正义来培养它而不加伤害,就能充塞于天地之间。它作为一种气,是合乎义和道的;没有这个,它就疲弱了。它是日积月累的正义所生长出来的,而不是正义偶然从外而入所取得的。所作所为有一件不能让心意满足,它就疲弱了。所以我说,告子不懂得义,就因为他把义当作外在的东西。浩然之气的养成,一定要有所作为而不中止,心里不要忘记它,但也不要有意地帮助它。不要像那个宋国人一样。宋国有个担心禾苗长不快而把它拔高的人,非常疲倦地回去,告诉他的家人说:'今天累坏了,我帮助禾苗长高了。'他的儿子跑过去看,禾苗都枯槁了。天底下不拔苗助长的人少见啊。说到浩然之气,以为培养无益而放弃的,是不为禾苗除草的人;有意帮助它生长的,是拔苗的人。不仅无益,而且有害。"

公孙丑说:"怎样才算'懂得辨析言辞'?"

孟子说:"偏颇的言辞,知道它在哪一方面被遮蔽而不明事理;过分的言辞,知道它沉溺于什么而不能自拔;邪僻的言辞,知道它违背了什么道理而乖张不正;搪塞的言辞,知道它在哪里理屈而终于辞穷。言辞的过失产生于思想认识,危害于政治;把它体现于政令措施,就会危害具体工作。如果圣人复生,一定会赞同我的话。"

公孙丑说:"宰我、子贡善于说话,冉牛、闵子、颜渊善于阐述德行。孔子兼而有之,但他又说:'我对于辞令是不擅长的。'那么先生您已经是圣人了吧?"

孟子说:"呦!这是什么话呀?从前子贡问孔子道:'先生是圣人了吧?'孔子说:'圣人,我做不到,我只是学习而不知满足,教育而不知疲倦。'子贡说:'学习而不知满足,是明智;教育而不知疲倦,是仁爱。明智而且仁爱,先生已经是圣人了!'圣人,连孔子都不愿自居,你说的是什么话呀!"

公孙丑说:"以前我听说:子夏、子游、子张都有某一方面得到孔子真传,冉牛、闵子、颜渊则全面地得到孔子真传但气象比孔子小些。请问您自居于哪一种人?"

孟子说:"暂且不谈这个。"

公孙丑说:"伯夷、伊尹怎么样?"

孟子说:"与孔子不同。不是他理想的君主,他不服事;不是他理想的百姓,他不使唤;天下太平就进取,天下大乱就退隐,这是伯夷。服侍不理想的君主有什么关系,使唤不理想的百姓有什么关系;天下太平也进取,天下大乱也进取,这是伊尹。可以做官就做官,可以不做就不做,可以长久留任就长久留任,可以迅速离任就迅速离任,这是孔子。都是古代的圣人,我没有一样能做到;要说愿望的话,我愿学孔子。"

公孙丑说："伯夷、伊尹和孔子不是一样的吗？"

孟子说："不。自从有人类以来，还没有像孔子那样的。"

公孙丑说："那么他们有相同之处吗？"

孟子说："有。如果得到纵横百里的土地而做君王，他们都能使诸侯来朝觐而统一天下。做一件不义的事，杀一个无辜的人因而得到天下，他们都不干。这就是他们的相同之处。"

公孙丑说："请问他们又有什么不同呢？"

孟子说："宰我、子贡、有若的聪明足以了解孔子，即使污下，也不至于偏袒他们所喜爱的人。宰我说：'凭我对先生的观察，他比尧、舜强多了。'子贡说：'看某时某地的礼制，就可以了解它的政治状况；听某时某地的音乐，就可以了解它的道德风气。从百代以后，去评价百代以来的君王，没有人能违背这个规律而有所隐蔽。我认为自从有人类以来，还没有像先生那样的人。'有若说：'难道道只是人有高下之分吗？麒麟对于走兽，凤凰对于飞鸟，泰山对于土堆，河海对于积水，都算是同类。圣人对于人，也是同类。突出于所属的类，超拔于所属的群，自从有人类以来，还没有比孔子更伟大的。'"

三

【原文】　孟子曰："以力假仁者霸，霸必有大国；以德行仁者王，王不待大。汤以七十里，文王以百里。以力服人者，非心服也，力不赡也[1]；以德服人者，中心悦而诚服也，如七十子之服孔子也[2]。《诗》云：'自西自东，自南自北，无思不服。'[3]此之谓也。"

【注释】　[1]赡：足。[2]七十子：指孔子弟子。相传孔子有弟子三千人，通六艺者七十二人。[3]思：语助词。以上引诗出自《诗经·大雅·文王有声》。

【译文】　孟子说："倚仗实力，假借仁义之名而统一天下的叫作'霸'，要称霸，一定得有强大的国力；依靠道德，推行仁义而统一天下的叫作'王'，要称王，不一定得有强大的国家。商汤凭借的仅是纵横七十里的土地，文王凭借的仅是纵横百里的土地。倚仗实力来使人服从的，并不是真心服从，只不过力量不足相敌罢了；依靠道德来使人服从的，却是心悦诚服，就像七十个弟子服从孔子一样。《诗经》说：'从西从东，从南从北，无不心悦诚服。'说的就是这个意思。"

四

【原文】　孟子曰："仁则荣，不仁则辱。今恶辱而居不仁，是犹恶湿而居下也。如恶

151

之,莫如贵德而尊士,贤者在位,能者在职。国家闲暇,及是时,明其政刑。虽大国,必畏之矣。《诗》云:'迨天之未阴雨①,彻彼桑土②,绸缪牖户③。今此下民④,或敢侮予。'⑤孔子曰:'为此诗者,其知道乎!能治其国家,谁敢侮之?'今国家闲暇,及是时,般乐怠敖⑥,是自求祸也。祸福无不自己求之者。《诗》云:'永言配命⑦,自求多福。'⑧《太甲》曰⑨:'天作孽,犹可违⑩。自作孽,不可活。'此之谓也。"

【注释】　①迨:趁着。②彻:取。桑土:即桑杜,桑根之皮。③绸缪:缠结。牖户:窗门。这里指巢穴洞口。④下民:指树下的人。⑤以上引诗出自《诗经·豳风·鸱鸮》。⑥般:乐。怠:怠惰。敖:出游。⑦永:长。言:语助词,无义。配命:配合天命。⑧以上引诗出自《诗经·大雅·文王》。⑨《太甲》:《尚书》篇名。⑩违:避。

【译文】　孟子说:"实行仁政就有荣耀,不行仁政就会受辱。如今是厌恶受辱却自处于不仁之地,这就像厌恶潮湿而自处于低洼之地一样。如果厌恶它,不如崇尚道德而尊重士人,使有德行的人处在合适的官位,使有才能的人担任一定的职务。国家没有内忧外患,趁着这个时候,修明政令刑法。即使是大国,也一定会畏惧它。《诗经》说:'趁着天还没下雨,快取那桑根的皮,结牢靠巢穴的口。从此树下的人们,有谁还敢欺侮我。'孔子说:'写这诗的人,懂得道理呀!能治理好自己的国家,谁还敢欺侮他?'如今国家无内忧外患,趁着这时候,游乐怠惰,这是自己找祸患。祸与福无不是自己找的。《诗经》说:'长久配合天命,自己寻求多福。'《太甲》说:'天降的灾难还可以躲避,自找的灾难那可活不了。'说的就是这个意思。"

五

【原文】　孟子曰:"尊贤使能,俊杰在位,则天下之士皆悦,而愿立于其朝矣;市,廛而不征①,法而不廛,则天下之商皆悦,而愿藏于其市矣;关,讥而不征,则天下之旅皆悦,而愿出于其路矣;耕者,助而不税,则天下之农皆悦,而愿耕于其野矣;廛②,无夫里之布③,则天下之民皆悦,而愿为之氓矣④。信能行此五者,则邻国之民仰之若父母矣。率其子弟,攻其父母,自有生民以来未有能济者也。如此,则无敌于天下。无敌于天下者,天吏也。然而不王者,未之有也。"

【注释】　①廛:公家所建供商人租用的货仓。这里指抽取货仓税。征:抽取货物税。②廛:这里指民居。③夫里之布:指夫布和里布。因故不能服徭役者,需出钱雇役,雇役钱叫作夫布。宅有空地而不种植桑麻,由国家抽取惩罚性的地税,叫作里布。④氓:侨民。

【译文】 孟子说："尊重有德行的人，任用有才能的人，优异杰出的人处于官位，那么，天下的士人都会高兴，而乐意在他的朝廷做官了；做生意的，只抽取货仓税而不征货物税，或竟连货仓税也不收，那么，天下的商人都会高兴，而乐意把货物存放在他的市场上了。关卡，只稽查而不征税，那么天下旅行的人都会高兴，而乐意从他的道路经过了。种田的人，只需助耕公田而不征地税，那么天下的农夫都高兴，而乐意在他的田野上耕种了。人们居住的地方，不收雇役钱和惩罚性地税，那么，天下的老百姓都会高兴，而乐意到那里侨居了。一个君王如果能实行这五项措施，那么邻国的老百姓就会仰望他像仰望父母一样了。率领子女，来攻打他们的父母，这种事情自从有人类以来，没有能够成功的。这样，就能无敌于天下。无敌于天下的人，就是天所派遣的官吏。这样还不能统一天下的，还从来没有过。"

六

【原文】 孟子曰："人皆有不忍人之心。先王有不忍人之心，斯有不忍人之政矣。以不忍人之心，行不忍人之政，治天下可运之掌上。所以谓人皆有不忍人之心者，今人乍见孺子将入于井，皆有怵惕恻隐之心①，非所以内交于孺子之父母也，非所以要誉于乡党朋友也②，非恶其声而然也。由是观之，无恻隐之心，非人也；无羞恶之心，非人也；无辞让之心，非人也；无是非之心，非人也。恻隐之心，仁之端也；羞恶之心，义之端也；辞让之心，礼之端也；是非之心，智之端也。人之有是四端也，犹其有四体也。有是四端而自谓不能者，自贼者也；谓其君不能者，贼其君者也。凡有四端于我者，知皆扩而充之矣，若火之始然③，泉之始达。苟能充之，足以保四海；苟不充之，不足以事父母。"

【注释】 ①怵剔：恐惧。恻隐：哀痛。②要：求。③然：同"燃"。

【译文】 孟子说："人都有怜悯别人的心情。先王有怜悯别人的心情，这才有怜悯别人的政治。凭着怜悯别人的心情，施行怜悯别人的政治，治理天下就像在手掌上玩弄东西那样简单。之所以说人都有怜悯别人之心的原因是，现在有人忽然看见小孩子快要掉到井里去，都有惊骇、同情的心情，这并不是为了和小孩子的父母攀交情，不是为了在乡里朋友间博取声誉，也不是因为厌恶那小孩子的哭声才这样的。由此看来，没有同情之心，不算人；没有羞耻之心，不算人；没有退让之心，不算人；没有是非之心，不算人。同情之心，是仁的萌芽；羞耻之心，是义的萌芽；退让之心，是礼的萌芽；是非之心，是智的萌芽。人有这四种萌芽，就如同他有四肢。有这四种萌芽而自称不能行善的人，是自己残害自己的人；说他的君王不能行善的人，是残害君王的人。凡是有这四种萌芽在身上的

人,就该懂得把它们都扩充起来,就像火开始燃烧,泉水开始流出。如果能够扩充它们,就足以安抚天下;如果不能扩充它们,就连父母都侍奉不了。"

七

【原文】 孟子曰:"矢人岂不仁于函人哉①?矢人唯恐不伤人,函人唯恐伤人。巫匠亦然②。故术不可不慎也。孔子曰:'里仁为美。择不处仁,焉得智?'③夫仁,天之尊爵也,人之安宅也。莫之御而不仁,是不智也。不仁、不智,无礼、无义,人役也。人役而耻为役,由弓人而耻为弓④,矢人而耻为矢也。如耻之,莫如为仁。仁者如射,射者正己而后发;发而不中,不怨胜己者,反求诸己而已矣。"

【注释】 ①函人:造铠甲的人。函,铠甲。②巫:指巫医。匠:指制造棺椁的木匠。巫医愿自己巫术显灵,治病有效;木匠愿死人多,好使棺椁畅销,所以说"巫匠亦然"。③引文见《论语·里仁》。④由:通"犹"。

【译文】 孟子说:"造箭的人难道比造铠甲的人本性残忍吗?造箭的人唯恐不能伤害人,造铠甲的人唯恐伤害人。巫医和木匠也是这样。所以选择职业不可不慎重。孔子说:'同仁共处是好的。自己选择而不自处于仁,怎能说是明智的?'仁哪,是天设的最尊贵的爵位,是人最安稳的宅居。没有人能阻挡,这样还不仁,这就是不智了。不仁、不智,无礼、无义,这就是被他人所奴役。被人奴役却耻于服役,就好比造弓的人却耻于造弓,造箭的人却耻于造箭。如果确实以为耻辱,不如实行仁。实行仁,就好比射箭,射箭的人先端正自己的姿势然后才发射;发射而没有射中,不埋怨胜过自己的人,只要反过来找自己的问题就行了。"

八

【原文】 孟子曰:"子路,人告之以有过,则喜。禹,闻善言,则拜。大舜有大焉①,善与人同,舍己从人,乐取于人以为善。自耕稼、陶、渔以至为帝②,无非取于人者。取诸人以为善,是与人为善者也。故君子莫大乎与人为善。"

【注释】 ①有:通"又"。②自耕稼、陶、渔以至为帝:传说舜为天子之前曾在历山耕种,在河滨做瓦器,在雷泽打鱼。

【译文】 孟子说:"子路,别人指出他的过错,他就高兴。禹,听到好的言论,就给人行礼。大舜更加了不起,他把善当作人所共享,舍弃自己的不足,学习别人的长处,乐于吸取别人的优点来完善自己。从他种田、做瓦器、打鱼一直到做天子,没有一个时候不是

从别人那里吸取优点。吸取别人的优点来完善自己,这就是同别人一起行善。所以君子最了不起的就是同别人一起行善。"

九

【原文】 孟子曰:"伯夷^①,非其君不事,非其友不友。不立于恶人之朝,不与恶人言。立于恶人之朝,与恶人言,如以朝衣朝冠坐于涂炭。推恶恶之心,思与乡人立^②,其冠不正,望望然去之^③,若将浼焉^④。是故诸侯虽有善其辞命而至者,不受也。不受也者,是亦不屑就已^⑤。柳下惠不羞污君^⑥,不卑小官;进不隐贤,必以其道;遗佚而不怨^⑦,厄穷而不悯^⑧。故曰:'尔为尔,我为我,虽袒裼裸裎于我侧^⑨,尔焉能浼我哉?'故由由然与之偕而不自失焉^⑩,援而止之而止。援而止之而止者,是亦不屑去已。"孟子曰:"伯夷隘,柳下惠不恭。隘与不恭,君子不由也^⑪。"

【注释】 ①伯夷:周时孤竹君的长子,与其弟叔齐因反对武王伐纣,隐居于首阳山,采薇而食,饿死。②思:语助词,无义。③望望然:羞愧的样子。④浼:污。⑤不屑:不以……为洁。屑,洁。⑥柳下惠:春秋时鲁国大夫,姓展名禽,字季。⑦遗佚:指被弃不用。佚,隐遁,不为世用。⑧厄穷:困穷。悯:忧愁。⑨袒、裼、裸、裎:均露身之意。⑩由由然:高兴的样子。⑪由:用。

【译文】 孟子说:"伯夷,不是他理想的君主,不去服侍,不是他理想的朋友,不去结交。不在坏人的朝廷做官,不同坏人讲话。在坏人的朝廷做官,同坏人讲话,就像穿着上朝的礼服,戴着上朝的礼帽坐在泥土和炭灰上。他把厌恶坏人的心情扩充开来,于是,同乡下人站在一起,假如那人帽子不正,他就羞愧地避开,好像会弄脏了自己似的。因此诸侯王尽管有好言好语来请他做官,他也不接受。他不接受,这是因为他以为接近他们就不干净了。柳下惠不以服侍污浊的君主为羞愧,不以当小官为卑微;入朝做官,不隐藏他的贤能,一定依照他的原则办事;被弃不用,他不埋怨,处境困穷,他不发愁。所以他说:'你是你,我是我,即使在我身边赤身露体,你怎么能玷污我呢?'因此他能高高兴兴地与任何人相处而不丧失自己,让他留下他就留下。让他留下他就留下,这是因为他不把避开当作高洁。"孟子又说:"伯夷气量小。柳下惠不严肃。气量小和不严肃,君子是不这样做的。"

滕文公上

【题解】

本篇的前三章,记录孟子对滕文公的开导。其中第三章所记,是在滕文公准备实行

仁政时,孟子提出的一些政策主张,要点是实行井田制,以及兴办各级学校,对老百姓进行伦理道德教育。孟子之所以推崇井田制,主要是因为有利于保障老百姓的生活,从而为推行礼义建立基础。他对井田制的实施也做出了大体规划,特别强调划分田界的均匀公正。第一章勉励滕文公学习圣人之道,第二章就丧礼之事要求滕文公以身作则,这两章或坐而论道,或就事论事,但都贯穿着"行仁由己"的原则,强调个人蹈行礼义的自觉性和主动性。本篇的最后两章,分别记录了与农家和墨家的对话。孟子对农家的驳斥,集中于"贤者与民并耕而食"的主张,其主要依据是社会分工的必要性。而孟子对墨家的批评,则集中于薄葬的主张和"爱无等差"之说,他强调"孝"在各种人伦品德中的优先地位,其中"不葬其亲者"的寓言可以理解为是在阐发孝与丧礼的关系,即丧礼这种形式,是孝子之心自然地呈现。孟子自称"知言",别人也说他"好辩",《孟子》一书所载的论辩,比较多的是与君王或弟子之辩,这两章却是与其他学派的交锋,有特殊的价值。

一

【原文】 滕文公为世子①,将之楚,过宋而见孟子。孟子道性善,言必称尧、舜。

世子自楚反,复见孟子。孟子曰:"世子疑吾言乎?夫道一而已矣。成𬱖谓齐景公曰②:'彼,丈夫也;我,丈夫也;吾何畏彼哉?'颜渊曰:'舜,何人也?予,何人也?有为者亦若是。'公明仪曰③:'文王,我师也;周公岂欺我哉?'今滕,绝长补短,将五十里也,犹可以为善国。《书》曰:'若药不瞑眩④,厥疾不瘳⑤。'"

【注释】 ①世子:太子。②成𬱖:齐国的臣,以勇敢著称。③公明仪:孔子学生曾参的弟子。④瞑眩:头昏。⑤瘳:痊愈。以上引语见今本《尚书·说命上》。这里引用,是呼应上文"世子疑吾言乎",比喻真理总是先使人产生疑惑,然后才成为安身立命的依据。

【译文】 滕文公做太子时,要到楚国去,经过宋国,会见了孟子。孟子讲人性本善的道理,言语之间不离尧、舜。

太子从楚国回来,又来见孟子。孟子说:"太子怀疑我的话吗?道理啊只有一个而已。成𬱖对齐景公说:'他是个男子汉;我也是个男子汉;我为什么害怕他呢?'颜渊说:'舜是什么人呢?我是什么人呢?有所作为的人跟他一样。'公明仪说:'文王,是我的老师;周公难道欺骗我吗?'如今,滕国的土地如果截长补短,也接近纵横各五十里了,还可以治理成一个好国家。《尚书》说:'如果药不能吃得人头昏脑涨,那是治不好病的。'"

二

【原文】 滕定公薨①。世子谓然友曰②:"昔者孟子尝与我言于宋,于心终不忘。今

也不幸至于大故③,吾欲使子问于孟子,然后行事。"

然友之邹,问于孟子。

孟子曰:"不亦善乎!亲丧,固所自尽也④。曾子曰:'生,事之以礼;死,葬之以礼,祭之以礼,可谓孝矣。'⑤诸侯之礼,吾未之学也。虽然,吾尝闻之矣。三年之丧,齐疏之服⑥,饘粥之食⑦,自天子达于庶人,三代共之。"

然友反命,定为三年之丧。父兄百官皆不欲⑧,曰:"吾宗国鲁先君莫之行⑨,吾先君亦莫之行也,至于子之身而反之,不可。且《志》曰:'丧祭从先祖。'"曰:"吾有所受之也。"

谓然友曰:"吾他日未尝学问,好驰马试剑。今也父兄百官不我足也,恐其不能尽于大事⑩,子为我问孟子。"然友复之邹问孟子。

孟子曰:"然。不可以他求者也。孔子曰:'君薨,听于冢宰⑪。歠粥⑫,面深墨,即位而哭,百官有司莫敢不哀,先之也。'上有好者,下必有甚焉者矣。君子之德,风也;小人之德,草也。草尚之风⑬,必偃。是在世子。"

然友反命。世子曰:"然。是诚在我。"

五月居庐⑭,未有命戒。百官族人可,谓曰知。及至葬,四方来观之,颜色之戚,哭泣之哀,吊者大悦。

【注释】 ①滕定公:滕文公的父亲。薨:侯王之死称"薨"。②然友:滕文公做太子时的师傅。③大故:大事。这里指父丧。④自尽:指主动地尽孝心。⑤"曾子曰"数语:见《论语·为政》,本来是孔子对弟子樊迟说的话,这里引为曾子所说,大概曾子曾经以此教导弟子。⑥齐疏之服:粗布所制,缝了衣边的丧服。齐,缝衣边。疏,粗,指粗布。⑦饘:同"饘",稠粥。粥:稀粥。⑧父兄:指与滕文公同姓的老臣。百官:指与滕文公不同姓的百官。⑨宗国:宗主国。滕国和鲁国的始封祖分别是叔绣、周公,都是文王之子,而周公为长,所以滕国称鲁国为宗国。⑩其:指自己。⑪冢宰:百官之长。⑫歠:饮。⑬尚:加。⑭庐:专供居丧时所住的房子,形制简陋。

【译文】 滕定公死了。太子对然友说:"从前,孟子曾在宋国和我交谈过,我心里始终没有忘记。现在不幸得很,父亲逝世了,我想请先生去问问孟子,然后才办丧事。"

然友到邹国,去问孟子。

孟子说:"不错呀。父亲的丧事是该主动尽孝的。曾子说:'父母生前,按照礼来服侍他们;死后,按照礼来埋葬他们,按照礼来祭祀他们,这样可以称得上孝了。'诸侯的礼,我没学过;尽管如此,我还是听说过的。守孝三年,穿着粗布缝边的丧服,喝着粥,从天子到

平民百姓,夏、商、周三代都是一样的。"

　　然友回去复命,太子决定实行守孝三年的丧礼。父老百官都不愿意,说:"我们的宗国鲁国的历代君主都没这么办,我国历代的君主也没这么办,到了您这里却违反规矩,不行的。况且《志》上说:'丧礼、祭礼遵循祖宗的成例。'"他们又说:"我们是有所根据的。"

　　太子对然友说:"我以前没做过学问,喜欢跑马舞剑。现在父老百官对我不满意,担心我不能办好丧事。先生再替我去问问孟子!"

　　然友又到邹国去问孟子。

　　孟子说:"是啊。但这是不能要求别人的。孔子说:'君主死了,政务听命于冢宰,太子只得喝粥,面色深黑,就临孝子之位便哭,大小官吏没有人敢不悲哀,这是因为太子带了头。'上面爱好什么,下面一定爱好得更厉害。尊贵者的德行,像风;卑微者的德行,像草。草上有风吹过,一定随之扑倒。这事全在太子怎么做。"

　　然友回去报告。

　　太子说:"是。这事确实全在我怎么做。"

　　太子在丧庐住了五个月,没有发布任何政令。百官和族人都赞成,称道太子懂礼。到了举行葬礼的时候,四方宾客都来观礼,太子容色的凄惨,哭泣的悲哀,使吊丧的人大为满意。

三

【原文】

　　滕文公问为国。

　　孟子曰:"民事不可缓也。《诗》云:'昼尔于茅①,宵尔索绹②;亟其乘屋③,其始播百谷④。'民之为道也,有恒产者有恒心,无恒产者无恒心。苟无恒心,放辟邪侈,无不为己。及陷乎罪,然后从而刑之,是罔民也。焉有仁人在位罔民而可为也?是故贤君必恭俭礼下,取于民有制。阳虎曰⑤:'为富不仁矣,为仁不富矣。'"

　　"夏后氏五十而贡⑥,殷人七十而助⑦,周人百亩而彻⑧,其实皆什一也。彻者,彻也⑨。助者,藉也⑩。龙子曰⑪:'治地莫善于助,莫不善于贡。'贡者,挍数岁之中以为常⑫。乐岁,粒米狼戾⑬,多取之而不为虐,则寡取之;凶年,粪其田而不足,则必取盈焉。为民父母,使民盻盻然⑭,将终岁勤动,不得以养其父母,又称贷而益之,使老稚转乎沟壑,恶在其为民父母也?夫世禄,滕固行之矣。《诗》云:'雨我公田⑮,遂及我私。'惟助为有公田。由此观之,虽周亦助也。"

"设为庠序学校以教之⑯。庠者,养也。校者,教也。序者,射也⑰。夏曰校,殷曰序,周曰庠;学则三代共之,皆所以明人伦也。人伦明于上,小民亲于下。有王者起,必来取法,是为王者师也。"

"《诗》云:'周虽旧邦,其命惟新。'文王之谓也。子力行之,亦以新子之国!"

使毕战问井地⑱。

孟子曰:"子之君将行仁政,选择而使子,子必勉之!夫仁政,必自经界始。经界不正,井地不钧⑲,谷禄不平,是故暴君污吏必慢其经界。经界既正,分田制禄可坐而定也。

"夫滕,壤地褊小,将为君子焉,将为野人焉。无君子,莫治野人;无野人,莫养君子。请野九一而助,国中什一使自赋⑳。卿以下必有圭田㉑,圭田五十亩。馀夫二十五亩㉒。死徙无出乡,乡田同井,出入相友,守望相助,疾病相扶持,则百姓亲睦。方里而井,井九百亩,其中为公田。八家皆私百亩,同养公田。公事毕,然后敢治私事。所以别野人也。此其大略也。若夫润泽之,则在君与子矣。"

【注释】 ①尔:语助词,无义。于:往。茅:取茅。②索:搓。绹:绳子。③亟:急,赶快。乘屋:登屋顶,指修理草房。④始:岁始,年初。以上引诗出自《诗经·豳风·七月》。⑤阳虎:即阳货,鲁国大夫季氏的家臣,与孔子同时。⑥五十而贡:传说夏代每户授田五十亩,每户上缴一定的收成作为地租。这与下文的"助""彻",都是儒家传说的土地税法,在历史上未必实行过。⑦七十而助:传说中商代的井田制,把六百三十亩地划分为九区,每区七十亩,八户各受田一区,是为私田。中间一区为公田,由八户共同耕种,收成归公,不再从私田的收成中抽取地租。⑧百亩而彻:传说周代的井田制,把九百亩的地,分为井字形的九区,每区一百亩,八户各受田一区,是为私田。中间一百亩为公田,再分八区,由八户各耕种一区。则每户实际受田为一百一十余亩。每户从这一百一十余亩的收成中扣除十分之一,作为地租上缴。⑨彻:通,指通盘计算所受私田、公田的收成,作为征税的依据。⑩藉:指借力相助。⑪ 龙子:古代贤人。⑫ 挍:同"校",比较。⑬ 狼戾:狼藉。⑭ 盻盻然:勤苦不得休息的样子。⑮ 雨:下雨。引诗出自《诗经·小雅·大田》。⑯ 庠序学校:庠、序、校,都是乡里学校;学,国立学校。⑰ 射:通"绎",陈列,指陈列人伦秩序以教导。⑱ 毕战:滕国的臣。⑲ 钧:通"钧"。⑳ 什一使自赋:从所受田地的收成中扣除十分之一作为赋税上缴,实即贡法。㉑ 圭田:俸禄以外另授给官吏的田。圭,清洁。称"圭田"表示可供祭祀费用。㉒ 馀夫二十五亩:指私田百亩之外,另授给有剩余劳力的农户的田。

【译文】 滕文公问怎样治国。

孟子说:"老百姓的事情不能拖。《诗经》说:'早晨去打草,晚上搓绳子。赶紧修茅屋,开春又要种庄稼。'老百姓的情况呀,就是有固定的产业便有坚定的心志,没有固定的产业便没有坚定的心志。假如没有坚定的心志,就会为非作歹,无所不为。等他们犯了罪,然后处罚他们,这叫陷害百姓。哪有仁德的人在位治国却做出陷害百姓的事来?所以英明的君王一定严肃而节俭,对下级有礼,向百姓征税有一定的制度。阳虎说:'要致富就不能讲仁义,要讲仁义就不能致富。'"

"夏代每户五十亩地,实行贡法;商代每户七十亩地,实行助法;周代每户一百亩地,实行彻法。其实质都是抽取十分之一税率的地租。彻,是"通"的意思;助,是"借"的意思。龙子说:'地租中没有比助法更好,没有比贡法更不好的。'贡法,是比较几年中的收成以确定一个平均数,作为每年收税的税额。如果年成好,粮食就多得满地狼藉,多收一些地租也不算暴虐,倒收得少;如果年成不好,收成还不够来年施肥的费用,地租却一定要收到满额。做老百姓的父母官,却使老百姓累得惨兮兮,而且终年辛苦劳作,还不够养活父母,还得借高利贷来凑足地租,使老的小的抛尸露骨于山沟之中,这哪里是为民父母呢?做官的人有世袭的俸禄,滕国早就实行了。《诗经》说:'下雨下到我公田,然后又到我私田。'只有借力助耕才谈得上'公田'。由此看来,即使周代的制度其实质也还是助法。"

"又设立庠、序、学、校来教导百姓。庠,是教养的意思;校,是教导的意思;序,是陈列的意思。乡里学校,夏代叫"校",商代叫"序",周代叫"庠";国立学校则三代都叫"学",都是使人明白伦理道德的。上面的人明白伦理道德,下面的平民百姓自然爱戴他们。如果有圣王出现,一定要来取法,这就成了圣王的师傅了。"

"《诗经》说:'周虽是古老的邦国,却有着新受的天命。'这说的是文王。您好好干吧,也来使您的国家面貌一新!"

滕文公让毕战来问井田制。

孟子说:"你的君主要实行仁政,选派你来。你一定要尽力。仁政一定要从划分田界做起。划分田界如果不公正,井田就分得不均匀,作为俸禄的谷物田租也就收得不公平了,所以暴君污吏一定把划分田界当儿戏。田界如果划得公正,分发田地、订立俸禄制度,就可以轻易办妥了。"

"滕国虽然土地狭小,但也有当官的,也有种田的。没有当官的,就没人管种田的;没有种田的,就没人养活当官的。建议在郊野实行九分抽一的助法,在城市实行十分抽一的贡法。卿以下官吏都授给圭田,圭田的大小是五十亩。家里还有剩余劳力的,另授

田二十五亩。老死或搬家，也不离开本乡，乡里同一井田的人家，出入相伴，防盗御寇互相帮助，有病互相照料，于是老百姓就会彼此亲爱，相处和睦。纵横方圆一里的地为一个井田，每个井田九百亩，当中一百亩是公田。八家都授给私田一百亩，共同耕种公田。公田里的活干完了，然后才敢干私田的活，以此来区别当官的和种田的。这就是井田制的大概。至于调整润饰，那就靠君王和你了。"

四

【原文】　有为神农之言者许行①，自楚之滕，踵门而告文公曰②："远方之人闻君行仁政，愿受一廛而为氓③。"

文公与之处。

其徒数十人，皆衣褐④，捆屦、织席以为食⑤。

陈良之徒陈相与其弟辛负耒耜而自宋之滕⑥，曰："闻君行圣人之政，是亦圣人也，愿为圣人氓。"

陈相见许行而大悦，尽弃其学而学焉。

陈相见孟子，道许行之言曰："滕君则诚贤君也。虽然，未闻道也。贤者与民并耕而食，饔飧而治⑦。今也滕有仓廪府库，则是厉民而以自养也⑧，恶得贤？"

孟子曰："许子必种粟而后食乎？"

曰："然。"

"许子必织布而后衣乎？"

曰："否。许子衣褐。"

"许子冠乎？"

曰："冠。"

曰："奚冠？"

曰："冠素。"

曰："自织之与？"

曰："否。以粟易之。"

曰："许子奚为不自织？"

曰："害于耕。"

曰："许子以釜甑爨⑨，以铁耕乎？"

曰："然。"

"自为之与？"

曰："否。以粟易之。"

"以粟易械器者，不为厉陶冶；陶冶亦以其械器易粟者，岂为厉农夫哉？且许子何不为陶冶，舍皆取诸其宫中而用之⑩？何为纷纷然与百工交易？何许子之不惮烦？"

曰："百工之事固不可耕且为也。"

"然则治天下独可耕且为与？有大人之事，有小人之事。且一人之身，而百工之所为备，如必自为而后用之，是率天下而路也。故曰或劳心，或劳力；劳心者治人，劳力者治于人；治于人者食人，治人者食于人，天下之通义也。"

"当尧之时，天下犹未平，洪水横流，泛滥于天下，草木畅茂，禽兽繁殖，五谷不登⑪，禽兽偪人⑫，兽蹄鸟迹之道交于中国。尧独忧之，举舜而敷治焉⑬。舜使益掌火，益烈山泽而焚之，禽兽逃匿。禹疏九河，瀹济、漯而注诸海⑭，决汝、汉，排淮、泗而注之江⑮，然后中国可得而食也。当是时也，禹八年于外，三过其门而不入，虽欲耕，得乎？"

"后稷教民稼穑⑯，树艺五谷⑰。五谷熟而民人育。人之有道也，饱食、暖衣、逸居而无教，则近于禽兽。圣人有忧之，使契为司徒⑱，教以人伦：父子有亲，君臣有义，夫妇有别，长幼有叙，朋友有信。放勋曰⑲：'劳之来之⑳，匡之直之，辅之翼之，使自得之，又从而振德之。'圣人之忧民如此，而暇耕乎？"

"尧以不得舜为己忧，舜以不得禹、皋陶为己忧㉑。夫以百亩之不易为己忧者㉒，农夫也。分人以财谓之惠，教人以善谓之忠，为天下得人者谓之仁。是故以天下与人易，为天下得人难。孔子曰：'大哉尧之为君！惟天为大，惟尧则之，荡荡乎民无能名焉㉓！君哉舜也！巍巍乎有天下而不与焉㉔！'尧、舜之治天下，岂无所用其心哉？亦不用于耕耳。"

"吾闻用夏变夷者，未闻变于夷者也。陈良，楚产也，悦周公、仲尼之道，北学于中国。北方之学者，未能或之先也。彼所谓豪杰之士也。子之兄弟事之数十年，师死而遂倍之㉕！昔者孔子没，三年之外，门人治任将归㉖，入揖于子贡，相向而哭，皆失声，然后归。子贡反，筑室于场，独居三年，然后归。他日，子夏、子张、子游以有若似圣人，欲以所事孔子事之，强曾子。曾子曰：'不可，江汉以濯之，秋阳以暴之㉗，皜皜乎不可尚已㉘。'今也南蛮鴃舌之人㉙，非先王之道，子倍子之师而学之，亦异于曾子矣。吾闻出于幽谷迁于乔木者㉚，未闻下乔木而入于幽谷者。《鲁颂》曰：'戎狄是膺㉛，荆舒是惩㉜。'周公方且膺之，子是之学，亦为不善变矣。"

"从许子之道，则市贾不贰，国中无伪。虽使五尺之童适市㉝，莫之或欺。布帛长短同，则贾相若；麻缕丝絮轻重同，则贾相若；五谷多寡同，则贾相若；屦大小同，则贾相若。"

曰:"夫物之不齐,物之情也。或相倍蓰^{�34},或相什百,或相千万。子比而同之,是乱天下也。巨屦小屦同贾^{�35},人岂为之哉?从许子之道,相率而为伪者也,恶能治国家?"

【注释】　①神农之言:指农家学说。神农,上古传说中发明耒耜,教民稼穑的人物,农家托为宗师。②踵:至,到。③廛:民居。氓:从别处迁来的人。④褐:麻制的短衣。⑤屦:草鞋。⑥陈良:楚国的儒家人物。耒耜:翻土的农具。耜是起土的部分,耒为其柄。⑦饔飧:熟食。这里指做饭。饔,早餐。飧,晚餐。⑧厉:病,残害。⑨釜:无脚的锅。甑:陶制烹饪器。爨:做饭。⑩舍:止,不肯。宫:室,房。⑪五谷:指稻、黍、稷、麦、菽。稻即水稻,黍即黄米,稷即小米,麦即小麦,菽是豆类的总名。登:成熟。⑫偪:即逼。⑬敷:遍,全部。⑭瀹:疏导。济、漯:二水名。⑮决、排:都是去除障碍使水畅通的意思。⑯后稷:名弃,周人的始祖,尧时为农师。⑰艺:种植⑱契:殷人的始祖。司徒:官名。⑲放勋:尧的名。⑳劳之来之:使他们勤劳。劳、来,都是勤劳的意思,这里用作动词。㉑皋陶:舜时的司法官。㉒易:治。㉓荡荡:广大的样子。㉔巍巍:高大的样子。引孔子语见《论语·泰伯》。㉕倍:通"背"。㉖任:担、负,指行李。㉗秋:指周历七、八月,相当于夏历五、六月,正当盛暑。暴:晒。㉘皜皜:洁白的样子。㉙鴃舌:形容说话怪腔怪调像鸟叫一样。鴃,伯劳鸟。"南蛮鴃舌之人",指许行。㉚出于幽谷迁于乔木:语出《诗经·小雅·伐木》:"伐木丁丁,鸟鸣嘤嘤。出自幽谷,迁于乔木。"㉛膺:抵挡,防范。㉜荆:楚国的别名。舒:楚的属国。引诗出自《诗经·鲁颂·閟宫》。㉝五尺:大约相当于今天的三尺半。㉞蓰:五倍。㉟巨屦:粗糙的鞋。小屦:精细的鞋。

【译文】　有个做农家学问的人叫许行,从楚国来到滕国,上门对文公说:"我这个大老远来的人听说您正在实行仁政,希望得到一个住所,成为侨民。"

文公给了他房屋。

他的门徒有几十个,都穿着麻衣,以编草鞋、织席子为生。

陈良的门徒陈相和他的弟弟陈辛,背着耒耜从宋国来到滕国,对文公说:"听说您正在实行圣人的政治,这也是圣人了,我希望做圣人的侨民。"

陈相见了许行,十分高兴,完全抛弃以前的学问而向许行学习。

陈相见了孟子,引述许行的话说:"滕君确实是个贤明的君主;尽管如此,他却不真懂得道理。贤人是和老百姓一同耕作,才吃饭,自己做饭,又治国理政。现在滕国有粮仓,有库房,这是残害人民来养活自己,这又怎能称得上贤明?"

孟子说:"许子一定自己种庄稼才吃饭吗?"

陈相说:"对。"

"许子一定自己织布才穿衣吗?"

陈相说:"不。许子穿麻衣。"

"许子戴帽子吗?"

陈相说:"戴。"

孟子说:"戴什么帽子?"

陈相说:"戴白帽子。"

孟子说:"是自己织的吗?"

陈相说:"不。是用粮食换来的。"

孟子说:"许子为什么不自己织呢?"

陈相说:"那会耽误耕种。"

孟子说:"许子用釜甑做饭,用铁器耕田吗?"

陈相说:"对。"

"是自己造的吗?"

陈相说:"不。是用粮食换来的。"

"农夫用粮食交换农具和器皿,不算残害了陶匠和铁匠。陶匠和铁匠也用他们的农具和器皿交换粮食,难道这是残害了农夫吗?而且许子为什么不自己烧陶、打铁?不肯做到所有东西都是从自己家里取用?为什么忙忙叨叨地与各种工匠交换?为什么许子这么不怕麻烦?"

陈相说:"各种工匠,本来就不能一边耕种一边又干他们的事情。"

"那么,难道治理天下可以一边耕种一边又干他们的事情吗?有官吏的事情,有平民的事情。而且一个人,就需要各行各业的产品。如果一定要自己造出来的才用,这是让天下人疲于奔命。所以说:有人劳动脑力,有人劳动体力;劳动脑力的管理人,劳动体力的被人管理;被人管理的养活人,管理人的被人养活。这是天下通行的道理。"

"在尧的时候,天下还不太平,洪水不循水道地乱流,到处泛滥。草木长得又快又茂密,禽兽成群地繁殖,五谷不熟,禽兽害人。野兽的蹄印和飞鸟的踪迹,在中国纵横交错。尧一个人为此忧虑,选拔舜处理全部事务。舜命令伯益掌管火政,益在山野沼泽放火,烧掉草木,禽兽或逃跑或隐藏。禹又疏浚九条河道,疏导济水和漯水,使之入海;导引汝水和汉水,疏通淮水和泗水,使之流入长江,这样中国才可以种庄稼了。在那时候,禹在外八年,三次从家门口路过都没进门,即使他想耕种,可能吗?"

"后稷教老百姓种庄稼,栽培五谷,五谷成熟而人民得到养育。人是有善良天性的,

但吃饱了、穿暖了、住安逸了却不加教育，就和禽兽差不多。圣人又为此忧虑，让契做司徒，用伦理道德来教育人民：父子之间有慈爱，君臣之间有礼义，夫妇之间有区别，老少之间有等级，朋友之间有诚信。尧说：'敦促他们，纠正他们，帮助他们，使他们获得自己的本性，又加以栽培和引导。'圣人为老百姓忧虑，到了这种地步，还有闲工夫来种庄稼吗？"

"尧把得不到舜作为自己的忧虑，舜把得不到禹和皋陶作为自己的忧虑。把百亩田地耕种得不好作为自己的忧虑，那是农夫。把钱财送给别人叫作惠，把善良教给别人叫作忠，为天下找到人才叫作仁。所以把天下让给别人是容易的，为天下找到人才是困难的。孔子说：'伟大啊，尧做君主！只有天最伟大，只有尧效法天，那宽广的气象，老百姓没办法用言语来形容！了不起的君主啊，舜呀！光明正大地统治天下而毫不利己！'尧、舜治理天下，难道无所用心吗？只不过不用于种庄稼罢了。"

"我听说过中原改变落后的蛮夷，没听说过中原被蛮夷改变的。陈良，是楚国人，喜爱周公、孔子的学说，北上到中原来学习。北方的学者，没有人能超过他。他真是所谓豪杰之士啊。你们兄弟向他学习了几十年，老师死后就背叛他。从前，孔子去世，弟子们守丧三年以后，收拾行李准备回家，进门向子贡作揖告别，大家相对而哭，泣不成声，然后才各自回去。子贡回到墓地，在墓边的灵场盖了间房，又独自住了三年，然后才回去。过些时候，子夏、子张、子游认为有若像孔子，就想要像服侍孔子那样服侍他，强求曾子同意。曾子说：'不行的。老师就像在长江、汉水洗涤过，就像在夏天的烈日下暴晒过，光辉洁白得无以复加。'如今南方蛮族里讲鸟语的人，也来非难我们祖先圣王的学说，你竟背叛你的老师而向他学习，和曾子真不一样啊。我听说过飞出幽暗山谷而迁到高大树木的，没听说过飞下高大树木而进到幽暗山谷里去的。《诗经·鲁颂》里说：'戎狄是要防范的，荆舒是要严惩的。'周公尚且要防范他们，你却向他们学，真是不懂得用中国来改变蛮夷的道理啊。"

陈相说："如果听从许子的主张，就能做到市场上物价一致，国内没有欺诈行为。即使打发五尺高的小孩到市场去，也没人欺骗他。布帛的长短如果一样，价格就相同；麻线丝绵的轻重如果一样，价格就相同；谷物的多少如果一样，价格就相同；鞋的大小如果一样，价格就相同。"

孟子说："货物的品相质量各不相同，这是自然的；有的相差一倍五倍，有的相差十倍百倍，有的相差千倍万倍。你要只以大小轻重相比而使它们价格相同，这是扰乱天下。粗糙的鞋和精细的鞋价格一样，人难道肯干吗？听从许子的主张，就是带着大家做假，怎么能够治理好国家？"

五

【原文】 墨者夷之因徐辟而求见孟子①。孟子曰:"吾固愿见,今吾尚病,病愈,我且往见,夷子不来!"

他日,又求见孟子。孟子曰:"吾今则可以见矣。不直,则道不见②,我且直之。吾闻夷子墨者,墨之治丧也,以薄为其道也。夷子思以易天下,岂以为非是而不贵也。然而夷子葬其亲厚,则是以所贱事亲也。"

徐子以告夷子。

夷子曰:"儒者之道,古之人若保赤子③,此言何谓也?之则以为爱无差等,施由亲始。"

徐子以告孟子。

孟子曰:"夫夷子信以为人之亲其兄之子为若亲其邻之赤子乎?彼有取尔也④。赤子匍匐将入井,非赤子之罪也。且天之生物也,使之一本,而夷子二本故也⑤。盖上世尝有不葬其亲者,其亲死,则举而委之于壑。他日过之,狐狸食之,蝇蚋姑嘬之⑥。其颡有泚⑦,睨而不视⑧。夫泚也,非为人泚,中心达于面目,盖归反虆梩而掩之⑨。掩之诚是也,则孝子仁人之掩其亲,亦必有道矣。"

徐子以告夷子。夷子怃然为间⑩,曰:"命之矣。"

【注释】 ①墨者:信奉墨子学说的人。徐辟:孟子弟子。②见:同"现"。③若保赤子:语出《尚书·康诰》:"若保赤子,惟民其康乂。"④取:取譬,打比方。⑤一本、二本:孟子的意思是,人都是父母所生,这便是天所指定的唯一根源;而墨家主张爱无等差,就把父母和陌路人等同起来,所以说是"二本"。⑥蚋:蚊子。姑:咀。嘬:叮,咬。⑦颡:额头。泚:出汗的样子。⑧睨:斜视。视:正视。⑨虆:盛土的笼。梩:锹、锸一类挖土的工具。⑩怃然:怅惘的样子。

【译文】 墨家的信徒夷子通过徐辟求见孟子。孟子说:"我本来打算见他,可是我现在还病着,等我病好了,我就去见他,夷子不必来了。"

过些时候,夷子又求见孟子。孟子说:"我现在可以见他了。如果不直言,真理就不能显现;我姑且直截了当地说。我听说夷子是墨家的信徒,墨家办丧事,以薄葬为原则;夷子想拿这个来改变天下的风俗,难道认为不这样做就不可贵;但夷子埋葬他的父母却是很丰厚的,那么他是以自己所鄙薄的来服侍父母了。"

徐子把这些话转告夷子。

夷子说："儒家的学说认为，古人'爱护百姓就像爱护婴儿'，这话是什么意思呢？我认为意思就是爱没有亲疏厚薄的区别，只不过实行起来是从父母亲开始的。"

徐子把这些话转告孟子。

孟子说："夷子真的以为一个人爱自己的兄弟的儿子同他爱邻居家的婴儿是一样的吗？那句话只是打个比方嘛。婴儿在地上爬，快要掉到井里去了，那不是婴儿的罪过；老百姓犯了错误，也不是他的罪过。'爱护百姓就像爱护婴儿'，是这个意思，不是说爱没有亲疏厚薄之别。而且天生养万物，使万物只有一个根源，而夷子却有两个根源。大概上古曾经有不埋葬父母亲尸体的人。父母死了，就把尸体抛到山沟里。过些时候他路过那里，狐狸正吃着尸体，成群的苍蝇蚊子正叮咬着尸体。他的额上出了汗，只敢斜视而不敢正视了。出汗呢，不是出给别人看的，是心里的悲痛流露在脸上。大概他会回去取来篑箕、铁锹把尸体掩埋了。掩埋了尸体就对了。那么，孝子、仁人掩埋父母亲的尸体，必然有他的道理啊。"

徐子把这些话转告夷子。夷子怅然若失，过了一会儿，说："他教我懂得道理了。"

离娄上

【题解】

本篇28章，多数是格言式的短章，谈论较多的是仁义的功利性价值。孟子指出，不管是个人的荣辱安危，还是国家的兴废存亡，都取决于是否行仁义之道。因此，对个人而言，道德修养的关键在于"反求诸己"，即通过自我反省和修养，获得信任，最后达到治民的目标。第十二章所提出的"诚"，是孟子思想中一个重要的概念，它表浅的含义是待人诚实无伪，由此出发，就可以"悦亲""信于友""获于上""治民"，这就是儒家所标举的由"内圣"而"外王"的道路。关于仁政，本篇第九章重申了得民心者得天下的主张，而得民心的根本，则在于为民兴利除害；第六和第十三章，具体说明统治者应礼遇贤明的公卿巨室和德高望重的老者，也是从得民心的角度考虑的。在论及孝养父母的问题时，本篇第十九章提出了"养口体"和"养志"的区别，意谓侍奉父母，要顺承其意。

一

【原文】 孟子曰："离娄之明①，公输子之巧②，不以规矩，不能成方圆；师旷之聪③，不以六律④，不能正五音⑤；尧、舜之道，不以仁政，不能平治天下。今有仁心仁闻而民不被其泽⑥，不可法于后世者，不行先王之道也。故曰：徒善不足以为政，徒法不能以自行。《诗》

167

云：'不愆不忘⑦，率由旧章⑧。'遵先王之法而过者，未之有也。圣人既竭目力焉，继之以规矩准绳⑨，以为方员平直，不可胜用也；既竭耳力焉，继之以六律正五音，不可胜用也；既竭心思焉，继之以不忍人之政，而仁覆天下矣。故曰：为高必因丘陵，为下必因川泽，为政不因先王之道，可谓智乎？是以惟仁者宜在高位。不仁而在高位，是播其恶于众也。上无道揆也⑩，下无法守也，朝不信道，工不信度，君子犯义，小人犯刑，国之所存者幸也。故曰：城郭不完⑪，兵甲不多，非国之灾也；田野不辟，货财不聚，非国之害也。上无礼，下无学，贼民兴，丧无日矣。《诗》曰：'天之方蹶⑫，无然泄泄⑬。'泄泄犹沓沓也⑭。事君无义，进退无礼，言则非先王之道者，犹沓沓也。故曰：责难于君谓之恭，陈善闭邪谓之敬，吾君不能谓之贼。"

【注释】 ①离娄：相传是黄帝时目力极强的人。②公输子：名般（或作"班"），鲁国人，又叫"鲁班"，著名的巧匠，生于鲁定公或哀公时。③师旷：春秋时著名音乐家，晋平公的太师，生而目盲，善辩音乐。④六律：相传黄帝时伶伦截竹为管，以管的长短分别声音的高低清浊，乐器的音调均以之为准，此即标示绝对音高的乐律。乐律共十二，阴阳各六。六律指六个阳律，即黄钟、太蔟、姑洗、蕤宾、夷则、无射。⑤五音：指宫、商、角、徵、羽五个音阶。⑥闻：声誉。⑦愆：过错。忘：指疏漏。⑧率：遵循。旧章：指先王的法度规章。以上引诗见《诗经·大雅·假乐》。⑨准：测定平面的水准器。绳：量直线的墨线。⑩揆：尺度，准则。⑪完：牢固。⑫蹶：动。⑬泄泄：多语的样子。以上引诗见《诗经·大雅·板》。⑭沓沓：多语的样子。

【译文】 孟子说："离娄眼神好，公输般技巧高，但如果不靠规和矩，也不能画成方和圆；师旷耳力聪敏，但如果不依据六律，也不能校正五音；就是有尧、舜之道，如果不凭借仁政，也不能使天下太平。如今有些诸侯尽管有仁爱的心肠、仁爱的声誉，但老百姓却没有受到他的恩泽，他也不能被后世效法，之所以如此，就是因为不实行前代圣王之道的缘故。所以说，只有好心不足以搞政治，只有法度不足以自动运行。《诗经》说：'没有过失没有疏漏，一切遵循先王的典章。'遵循先王的法度而犯错误的，从来没有过。圣人既已用尽了目力，又接着用规、矩、准、绳，来制作方的、圆的、平的、直的东西，这些东西用都用不完；既已用尽了耳力，又接着用六律来校正五音，这些音阶也就运用无穷；既已用尽了心思，又接着推行不忍心别人受苦的仁政，仁爱也就覆盖天下了。所以说，建高台一定要凭借丘陵，挖深池一定要凭借沼泽；搞政治不凭借前代圣王之道，能说是明智吗？因此只有仁人可以处在统治的地位。不仁的人如果处在统治的地位，这就会在民众中散布他的罪恶。在上的没有道义准则，在下的不守法令制度，朝廷不相信道义，工匠不相信尺度，

官员触犯义理,百姓触犯刑法,而国家还能生存的,那是侥幸。所以说,城墙不坚固,兵器甲胄不够多,不是国家的灾难;田野尚未开辟,钱财不够集中,不是国家的祸害。在上的不讲礼,在下的没学问,刁民纷纷兴起,国家的灭亡也就快了。《诗经》上说:'上天正在震动,不要这样多话。'多话,就是喋喋不休。服侍君主不讲义,进退出入不守礼,说起话来便非难先王之道,这就是喋喋不休。所以说,要求君主克服困难,这叫'恭';陈述美善的道理而抑制谬论,这叫'敬';以为自己的君主不能行善,这叫'贼'。"

二

【原文】 孟子曰:"规矩,方员之至也;圣人,人伦之至也。欲为君,尽君道;欲为臣,尽臣道。二者皆法尧、舜而已矣。不以舜之所以事尧事君,不敬其君者也;不以尧之所以治民治民,贼其民者也。孔子曰:'道二,仁与不仁而已矣。'暴其民甚,则身弑国亡;不甚,则身危国削,名之曰'幽'、'厉'①,虽孝子慈孙,百世不能改也。《诗》云:'殷鉴不远②,在夏后之世③',此之谓也。"

【注释】 ①幽、厉:指周幽王、周厉王,都是含贬义的谥号。②鉴:铜镜。这里指借鉴。③夏后:夏王,指桀。以上引诗见《诗经·大雅·荡》。

【译文】 孟子说:"规和矩,是方与圆的极致;圣人,是处理人际关系的极致。要做君王,便该尽君道;要做臣,便该尽臣道。二者都效法尧、舜就足够了。不用舜服侍尧的态度和方式来服侍君主,就是对君主不恭敬;不用尧统治百姓的态度和方式来统治百姓,就是残害百姓。孔子说:'路只有两条,仁和不仁,如此而已。'暴虐百姓严重的,就会自己被杀,国家灭亡;不严重的,也会自己遭遇危险,国家受到削弱,死后人们给他们'幽'、'厉'这样的谥号,即使有孝子贤孙,经历一百代也改不掉这个坏名声。《诗经》上说:'殷商的借鉴并不遥远,就在夏王桀的时代',就是这个意思。"

三

【原文】 孟子曰:"三代之得天下也以仁,其失天下也以不仁。国之所以废兴存亡者亦然。天子不仁,不保四海;诸侯不仁,不保社稷①;卿大夫不仁,不保宗庙②;士庶人不仁,不保四体。今恶死亡而乐不仁,是犹恶醉而强酒③。"

【注释】 ①社稷:土神和谷神,指代国家。②宗庙:祭祀祖先的处所。这里指代卿大夫的采邑。③强:勉强。

【译文】 孟子说:"夏商周三代得天下是因为仁,失天下是因为不仁。国家之所以衰

落、兴盛、生存、灭亡也都是这个道理。天子如果不仁，就不能保有天下；诸侯如果不仁，就不能保有国家；卿大夫如果不仁，就不能保有祖庙；士人和普通老百姓如果不仁，就不能保全自己的身体。现在是厌恶死亡而喜欢不仁，这犹如厌恶醉酒却又使劲喝酒一样。"

四

【原文】　孟子曰："爱人不亲，反其仁；治人不治，反其智；礼人不答，反其敬。行有不得者皆反求诸己，其身正而天下归之。《诗》云：'永言配命①，自求多福。'"

【注释】　①言：语助词。引诗见《诗经·大雅·文王》。

【译文】　孟子说："爱别人，别人却不亲近自己，那就反过来检讨自己是否够仁爱；管理别人，却管理不好，那就反过来检讨自己是否够明智；对别人有礼，别人却不回应，那就反过来检讨自己是否够恭敬。凡是行为有不能达到预期效果的，都反过来在自己身上找原因，自己端正了，天下的人自然归向他。《诗经》上说：'永远配合天的命令，自己寻求盛多的福。'"

五

【原文】　孟子曰："人有恒言，皆曰'天下国家'。天下之本在国，国之本在家，家之本在身。"

【译文】　孟子说："人们有句老话，都说'天下国家'。天下的基础在国，国的基础在家，家的基础在个人。"

六

【原文】　孟子曰："为政不难，不得罪于巨室①。巨室之所慕，一国慕之；一国之所慕，天下慕之。故沛然德教溢乎四海②。"

【注释】　①巨室：指贤明的卿大夫家。这里指贤明的卿大夫。②沛：大。

【译文】　孟子说："搞政治不难，只要不得罪那些贤明的卿大夫们。因为他们所思慕的，一国人都会思慕；一国的人所思慕的，天下的人都会思慕。所以道德教化就浩浩荡荡地溢满四海了。"

七

【原文】　孟子曰："天下有道，小德役大德①，小贤役大贤；天下无道，小役大，弱役强。斯二者，天也。顺天者存，逆天者亡。齐景公曰：'既不能令，又不受命，是绝物也。'

涕出而女于吴②。今也小国师大国而耻受命焉,是犹弟子而耻受命于先师也。如耻之,莫若师文王。师文王,大国五年,小国七年,必为政于天下矣。《诗》云:'商之孙子,其丽不亿③。上帝既命,侯于周服④。'侯服于周,天命靡常⑤。殷士肤敏⑥,裸将于京⑦。'孔子曰:'仁不可为众也。夫国君好仁,天下无敌。'今也欲无敌于天下而不以仁,是犹执热而不以濯也⑧。《诗》云:'谁能执热,逝不以濯⑨?'"

【注释】 ①小德役大德:即"小德役于大德"。②女:嫁女儿。史载齐景公把女儿嫁给吴王阖闾,齐景公虽以之为耻,但迫于吴国实力强大,不得不这样做。③丽:数目。亿:周代称十万为亿。这里形容众多。④侯于周服:乃臣服于周。侯,语助词,乃。⑤靡常:无常。⑥肤:美。⑦裸将:"将裸"的倒文,助祭。裸,古代一种祭礼,称"灌鬯礼"。祭祀时,在神主前将玉制酒器中的酒洒在白茅上,表示神在饮酒。将,助。京:指周的京师镐京。以上引诗出自《诗经·大雅·文王》。⑧执:救治。濯:洗涤。⑨逝:发语词,无义。引诗见《诗经·大雅·桑柔》。

【译文】 孟子说:"天下有道的时候,道德较低的人被道德较高的人役使,不太贤明的人被贤明的人役使;天下无道的时候,力量小的被力量大的役使,力量弱的被力量强的役使。这两种情况,都是天意。顺从天意的就生存,违逆天意的就灭亡。齐景公说:'既不能发号施令,又不愿服从命令,这是绝路一条。'于是流着眼泪把女儿嫁到吴国。如今小国以大国为师而又耻于服从命令,这就像弟子耻于服从老师的命令一样。如果以此为耻辱,不如师从文王。如果师从文王,大国只需五年,小国只需七年,一定能统治天下。《诗经》上说:'殷商的子孙,数目不下十万。上帝既已降命,于是臣服于周。于是臣服于周,天命并不固定。商臣漂亮聪明,也上镐京助祭。'孔子说:'仁德是不在乎人多势众的。国君如果爱仁德,就可以无敌于天下。'如今有人想要无敌于天下却不依靠仁德,这就像要解除炎热却不洗浴一样。《诗经》说:'谁能解除炎热,却不凭借洗浴?'"

<h2 style="text-align:center">八</h2>

【原文】 孟子曰:"不仁者可与言哉?安其危而利其菑①,乐其所以亡者。不仁而可与言,则何亡国败家之有?有孺子歌曰:'沧浪之水清兮②,可以濯我缨;沧浪之水浊兮,可以濯我足。'孔子曰:'小子听之!清斯濯缨,浊斯濯足矣。自取之也。'夫人必自侮,然后人侮之;家必自毁,而后人毁之;国必自伐,而后人伐之。《太甲》曰③:'天作孽,犹可违。自作孽,不可活。'此之谓也。"

【注释】 ①菑:同"灾"。②沧浪:水名。③太甲:《尚书》篇名。

【译文】 孟子说："不仁的人可以同他谈论吗？别人有危险,他安然不动,别人遭了灾,他却趁火打劫,高兴于别人所遭受的惨祸。不仁的人如果可以同他谈论,那还会有亡国败家的事吗？有个小孩子唱道:'沧浪的水清呀,可以洗我的帽缨;沧浪的水浊呀,可以洗我的双脚。'孔子说:'弟子们听着!清呢,就洗帽缨,浊呢,就洗双脚。这都取决于水本身啊。'人一定先是有自取侮辱的原因,然后别人才侮辱他;家一定先是有自毁的原因,然后别人才毁掉它;国一定先是有自己招来攻伐的原因,然后别人才攻伐它。《太甲》说:'天降的灾难还可以躲避,自找的灾难那可活不了。'说的就是这个意思。"

九

【原文】 孟子曰:"桀纣之失天下也,失其民也。失其民者,失其心也。得天下有道:得其民,斯得天下矣。得其民有道:得其心,斯得民矣。得其心有道:所欲与之聚之,所恶勿施尔也。民之归仁也,犹水之就下、兽之走圹也①。故为渊驱鱼者,獭也;为丛驱爵者②,鹯也③;为汤武驱民者,桀与纣也。今天下之君有好仁者,则诸侯皆为之驱矣。虽欲无王,不可得已。今之欲王者,犹七年之病求三年之艾也④。苟为不畜,终身不得。苟不志于仁,终身忧辱,以陷于死亡。《诗》云:'其何能淑⑤,载胥及溺⑥。'此之谓也。"

【注释】 ①圹:旷野。②爵:同"雀"。③鹯:猛禽。④艾:艾草。治病用的艾草,干的时间越长越管用,因此用"三年之艾"为喻,意谓如果平时不准备,则难以立刻得到。⑤其:指朝内君臣。淑:好。⑥载:则。胥:相与。及溺:至于沉溺。引诗见《诗经·大雅·桑柔》。

【译文】 孟子说:"桀、纣丧失天下,是因为失去老百姓的支持。失去支持,是因为失去民心。得天下有办法:得到老百姓的支持就能得天下。得到老百姓的支持有办法:得民心,就能得到老百姓支持。得民心有办法:他们想要的,就为他们聚积,他们所厌恶的,不要强加给他们。老百姓归服仁政,就像水往下流,野兽往旷野跑。因此,为深池把鱼赶来的,是水獭;为森林把鸟雀赶来的,是猛鹰;为商汤、武王把老百姓赶来的,是桀和纣。当今天下君王如果有爱仁德的,那么,各国诸侯都在为他驱赶百姓。即使不想统一天下,也办不到。当今想统一天下的,却像生了七年病的人要得到干了三年的艾草。如果不积蓄,是终身得不到的。如果不立志于仁德,是要终身忧患、受辱,以至于死亡的。《诗经》说:'他们哪能变好,只能同归于尽。'说的就是这个意思。"

十

【原文】 孟子曰:"自暴者,不可与有言也;自弃者,不可与有为也。言非礼义①,谓

之自暴也。吾身不能居仁由义，谓之自弃也。仁，人之安宅也；义，人之正路也。旷安宅而弗居，舍正路而不由，哀哉！"

【注释】　①非：诋毁，破坏。

【译文】　孟子说："自己残害自己的人，不可能同他有所谈论；自己抛弃自己的人，不可能同他有所作为。说出话来破坏礼义，这便叫作自己残害自己。自以为不能安居于仁，由义而行，这便叫作自己抛弃自己。仁，是人最安稳的住宅；义，是人最中正的道路。空着安稳的住宅而不住，舍弃中正的道路而不走，可悲啊！"

十一

【原文】　孟子曰："道在迩而求诸远①，事在易而求诸难——人人亲其亲，长其长，而天下平。"

【注释】　①迩：近。

【译文】　孟子说："道就在近处，却往远处去找它；事情本来容易，却往难处去做它——其实只要人人爱自己的双亲，尊敬自己的长辈，天下就太平了。"

十二

【原文】　孟子曰："居下位而不获于上，民不可得而治也。获于上有道，不信于友，弗获于上矣。信于友有道，事亲弗悦，弗信于友矣。悦亲有道，反身不诚，不悦于亲矣。诚身有道，不明乎善，不诚其身矣。是故诚者，天之道也。思诚者，人之道也。至诚而不动者，未之有也。不诚，未有能动者也。"

【译文】　孟子说："处于下级的地位而不能得到上级的信任，是不能治理好百姓的。得到上级的信任有办法，首先要得到朋友的信任，假如不能取信于朋友，就不能得到上级的信任。取信于朋友有办法，首先要得到父母的欢心，侍奉双亲而不能让他们高兴，就不能取信于朋友。让双亲高兴有办法，首先要诚心诚意，反躬自问而心意不诚，就不能让双亲高兴。使自己诚心诚意有办法，首先要明白什么是善，不明白善的道理，就不能使自己诚心诚意。因此，诚，是自然的道理。思慕诚，是做人的道理。极端诚心而不能使别人动心的，是从来没有的事；不诚心，则从来没有使人动心的。"

十三

【原文】　孟子曰："伯夷辟纣①，居北海之滨，闻文王作，兴曰：'盍归乎来②！吾闻西伯善养老者③。'太公辟纣④，居东海之滨，闻文王作，兴曰：'盍归乎来！吾闻西伯善养老

者。'二老者,天下之大老也,而归之,是天下之父归之也。天下之父归之,其子焉往?诸侯有行文王之政者,七年之内,必为政于天下矣。"

【注释】　①辟:躲避。②盍:何不。来:语气助词。③西伯:即周文王。④太公:即姜太公吕尚。

【译文】　孟子说:"伯夷避开纣王,住在北海岸边,听说文王兴起,便说:'为什么不归附他!我听说西伯是善于养老的人。'姜太公避开纣王,住在东海岸边,听说文王兴起,便说:'为什么不归附他!我听说西伯是善于养老的人。'这两个老人,是天下德高望重的老人,都归附他,这好比天下人的父亲归附西伯。天下人的父亲都归附西伯了,他们的儿子还会到哪儿去呢?当今的诸侯如果有能实行文王的政治的,七年之内,就一定能统治天下。"

十四

【原文】　孟子曰:"求也为季氏宰①,无能改于其德,而赋粟倍他日。孔子曰:'求非我徒也,小子鸣鼓而攻之可也。'②由此观之,君不行仁政而富之,皆弃于孔子者也,况于为之强战?争地以战,杀人盈野;争城以战,杀人盈城,此所谓率土地而食人肉,罪不容于死。故善战者服上刑③,连诸侯者次之④,辟草莱、任土地者次之⑤。"

【注释】　①求:冉求,字子有,孔子弟子。季氏:鲁国大夫。宰:家臣。②"孔子曰"句:事见《论语·先进》:"季氏富于周公,而求也为之聚敛而附益之。子曰:'非吾徒也,小子鸣鼓而攻之可也。'"③善战者:善于带兵打战的人,如孙膑、吴起之类。上刑:重刑。④连诸侯者:指主张合纵或连横的纵横家。⑤辟草莱、任土地者:指主张尽地力的李悝、主张开阡陌的商鞅之类。辟草莱,开垦荒地。任土地,分土授民。孟子以为这些主张虽然意在发展生产,但并不是为百姓着想,而是为了统治者的私利,所以反对。

【译文】　孟子说:"冉求做季氏的家臣,不能改善他的德行,反而把田租增加了一倍。孔子说:'冉求不是我的学生,你们打响战鼓去攻击他都可以。'由此看来,不帮助君主实行仁政而帮助他聚敛财富,都是被孔子鄙弃的,何况是努力为君主作战的人?为争夺土地而作战,杀死的人遍布原野;为争夺城池而作战,杀死的人遍布城池,这就叫带领土地吃人肉,死刑都不足以惩罚他们的罪行。因此好战的人应该受最重的刑罚,鼓吹合纵连横的人受次一等的刑罚,开垦荒地,分土授田的人受再次一等的刑罚。"

十五

【原文】　孟子曰:"存乎人者①,莫良于眸子②。眸子不能掩其恶。胸中正,则眸子瞭

174

焉③;胸中不正,则眸子眊焉④。听其言也,观其眸子,人焉廋哉⑤!"

【注释】 ①存:观察。②眸子:瞳人。③瞭:明亮。④眊:暗昧不明。⑤廋:藏匿。

【译文】 孟子说:"观察一个人,没有比观察他的眼睛更好的了。眼睛不能掩饰一个人的丑恶。内心正直,眼睛就明亮,心术不正,眼睛就昏暗。听人说话,观察他的眼睛,这人的善恶哪能隐藏得住!"

十六

【原文】 孟子曰:"恭者不侮人,俭者不夺人。侮夺人之君,惟恐不顺焉,恶得为恭俭? 恭俭岂可以声音笑貌为哉?"

【译文】 孟子说:"恭敬的人不会侮辱别人,节俭的人不会掠夺别人。侮辱、掠夺别人的君侯,唯恐别人不顺从他,怎么能做到恭敬、节俭? 恭敬和节俭这两种品德难道可以只靠声音和笑貌就做到吗?"

十七

【原文】 淳于髡曰①:"男女授受不亲,礼与?"

孟子曰:"礼也。"

曰:"嫂溺,则援之以手乎?"

曰:"嫂溺不援,是豺狼也。男女授受不亲,礼也。嫂溺,援之以手者,权也②。"

曰:"今天下溺矣,夫子之不援,何也?"

曰:"天下溺,援之以道。嫂溺,援之以手。——子欲手援天下乎?"

【注释】 ①淳于髡:姓淳于,名髡。曾在齐威王、齐宣王和梁惠王的朝廷做官。②权:变通。

【译文】 淳于髡说:"男女之间不亲手递接东西,这是礼制吗?"

孟子说:"是礼制。"

淳于髡说:"嫂嫂掉到水里,用手拉她吗?"

孟子说:"嫂嫂掉到水里而不拉她,是豺狼。男女之间不亲手递接,是礼制。嫂嫂掉到水里,用手拉她,是变通的办法。"

淳于髡说:"当今天下都掉到水里了,先生不拉一把,为什么?"

孟子说:"天下掉到水里,要用道来救援。嫂嫂掉到水里,是用手去救援——你难道要用手来救援天下吗?"

十八

【原文】 公孙丑曰:"君子之不教子,何也?"

孟子曰:"势不行也。教者必以正。以正不行,继之以怒。继之以怒,则反夷矣①。'夫子教我以正,夫子未出于正也。'则是父子相夷也。父子相夷,则恶矣。古者易子而教之,父子之间不责善。责善则离,离则不祥莫大焉。"

【注释】 ①夷:伤。

【译文】 公孙丑说:"君子不亲自教育儿子,这是为什么?"

孟子说:"因为情势行不通。教育者一定用正确的道理。用正确的道理如果行不通,接着就发火。接着就发火,那反而伤感情了。儿子会说:'您用正确的道理教导我,您却不从正确的道理出发。'那父子就会互相伤感情。父子互相伤感情,就坏了。古人互相交换儿子来教育,父子之间不用善的道理来责备对方。如果用善的道理来责备对方,就有了隔阂,一有隔阂,那就没有什么比这更不好的了。"

十九

【原文】 孟子曰:"事,孰为大?事亲为大。守,孰为大?守身为大。不失其身而能事其亲者,吾闻之矣。失其身而能事其亲者,吾未之闻也。孰不为事?事亲,事之本也。孰不为守?守身,守之本也。曾子养曾晳①,必有酒肉。将彻②,必请所与。问有馀,必曰:'有。'曾晳死,曾元养曾子③,必有酒肉。将彻,不请所与。问有馀,曰:'亡矣。'——将以复进也。此所谓养口体者也。若曾子,则可谓养志也。事亲若曾子者,可也。"

【注释】 ①曾子:曾参,孔子弟子。曾晳:名点,曾参之父,也是孔子弟子。②彻:撤除,撤去。这里指撤下酒肉。③曾元:曾参之子。

【译文】 孟子说:"侍奉谁最要紧?侍奉双亲最要紧。守护谁最要紧?守护自己最要紧。不遗失自己的节操而能侍奉好双亲的,我听说过。遗失了自己的节操而能侍奉好双亲的,我没听说过。谁不该侍奉?侍奉双亲,是侍奉中的根本。谁不该守护?守护自己,却是守护中的根本。从前曾参奉养曾晳,每餐必有酒肉。将要撤下时,一定问父亲剩下的给谁。如果父亲问这东西是否还有,他一定答道:'有。'曾晳死后,曾元奉养曾参,每餐必有酒肉。将要撤下时,不问父亲剩下的给谁。如果父亲问这东西是否还有,他就答道:'没有了。'——其实他是想留着预备以后进用,不想给别人。这叫作奉养口舌、躯体。像曾参那样,就可以叫作奉养意旨。侍奉双亲像曾参那样的,就可以了。"

二十

【原文】 孟子曰:"人不足与適也^①,政不足与间也^②。唯大人为能格君心之非^③。君仁,莫不仁;君义,莫不义;君正,莫不正。一正君而国定矣。"

【注释】 ①適:通"谪",谴责。②间:非议。③格:纠正。

【译文】 孟子说:"官吏不值得去谴责,政治不值得去非议。只有大人才能纠正君主心术的错误。君主仁,就没有人不仁;君主义,就没有人不义;君主正,就没有人不正。一旦把君主端正了,国家就安定了。"

二十一

【原文】 孟子曰:"有不虞之誉^①,有求全之毁。"

【注释】 ①虞:料想。

【译文】 孟子说:"有料想不到的赞誉,也有求全责备的非议。"

二十二

【原文】 孟子曰:"人之易其言也^①,无责耳矣。"

【注释】 ①易:轻易。

【译文】 孟子说:"一个人把话轻易说出口,是因为他不必负说话的责任。"

二十三

【原文】 孟子曰:"人之患在好为人师。"

【译文】 孟子说:"人的毛病在于喜欢做别人的老师。"

二十四

【原文】 乐正子从于子敖之齐^①。

乐正子见孟子。孟子曰:"子亦来见我乎?"

曰:"先生何为出此言也?"

曰:"子来几日矣?"

曰:"昔者^②。"

曰:"昔者!则我出此言也,不亦宜乎?"

曰:"舍馆未定。"

曰:"子闻之也,舍馆定,然后求见长者乎?"

曰:"克有罪。"

【注释】 ①乐正子:鲁人,名克,孟子弟子。子敖:王骧的字,齐王宠臣。(参见卷四第六章。)②昔者:昨天。

【译文】 乐正子跟随子敖到齐国。

乐正子来见孟子。孟子说:"你也来见我吗?"

乐正子说:"先生为什么说这个话?"

孟子说:"你来了几天了?"

乐正子说:"昨天来的。"

孟子说:"昨天! 那么我说这个话,不应该吗?"

乐正子说:"住处还没安定下来。"

孟子说:"你听说过,住处安定了,然后再求见长辈吗?"

乐正子说:"我错了。"

二十五

【原文】 孟子谓乐正子曰:"子之从于子敖来,徒铺啜也^①。我不意子学古之道而以铺啜也。"

【注释】 ①铺:吃。啜:饮。

【译文】 孟子对乐正子说:"你跟随子敖来,只是为了饮食。我没想到你学习古人之道是为了饮食。"

二十六

【原文】 孟子曰:"不孝有三,无后为大。舜不告而娶,为无后也,君子以为犹告也。"

【译文】 孟子说:"不孝顺的事有三种,其中没有子孙是最严重的。舜不先禀告父母就娶妻,就因为担心没有子孙,因此君子认为他没有禀告也同禀告过了一样。"

二十七

【原文】 孟子曰:"仁之实,事亲是也;义之实,从兄是也;智之实,知斯二者弗去是也;礼之实,节文斯二者是也;乐之实,乐斯二者,乐则生矣;生则恶可已也,恶可已,则不知足之蹈之,手之舞之。"

【译文】 孟子说:"仁的实质,就是侍奉双亲;义的实质,就是服从兄长;智的实质,就

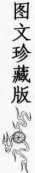

是懂得这二者的道理而不可离弃。礼的实质,就是对这二者加以调节和修饰;乐的实质,在于高兴地做到这二者,于是快乐就产生了。只要一产生快乐,那怎么能抑制得住,怎么能停下来,于是不知不觉就手舞足蹈起来。"

二十八

【原文】 孟子曰:"天下大悦而将归己,视天下悦而归己,犹草芥也,惟舜为然。不得乎亲,不可以为人。不顺乎亲,不可以为子。舜尽事亲之道而瞽瞍底豫[1],瞽瞍底豫而天下化,瞽瞍底豫而天下之为父子者定,此之谓大孝。"

【注释】 [1]瞽瞍:舜的父亲。底豫:得以快乐。底,致。豫,安乐,安逸。

【译文】 孟子说:"天下人都悦服而将归附自己,把天下人都悦服而将归附自己,看得像草芥一样,只有舜能做到。不能得父母的欢心,不可以做人。不顺从父母,不可以做儿子。舜尽心尽力侍奉父亲而瞽瞍终于高兴,瞽瞍终于高兴而天下的风俗为之潜移默化,瞽瞍终于高兴而天下做父亲、做儿子的伦常也由此确定,这叫作大孝。"

万章上

【题解】

本篇9章,除第四章之外,均为答弟子万章之问。其中第一、二、三、四章,论述舜孝养父母、亲爱兄弟的品德。在孟子看来,舜对孝悌之道的践履是纯美无瑕的,关键在于不仅出自真性情,而且贯彻始终,甚至为此受蒙蔽,或牺牲其他的道义准则,也可以理解。第五、六两章,论及禅让与世袭制度的依据,照孟子的意见,禅让与世袭,本身无所谓好坏,关键在是否有天意的依据,而天意的表现,却是民心的向背。这就把王位继承的依据落实于民间,体现出孟子的民本思想。第八章和第九章,分别就孔子和百里奚的事迹,说明君子洁身自好的道理。本篇第四章,记录了孟子论《诗》的重要主张,即"不以文害辞,不以辞害志"和"以意逆志"的方法,对后世深有影响。

舜像

一

【原文】 万章问曰:"舜往于田,号泣于旻天①,何为其号泣也?"

孟子曰:"怨慕也。"

万章曰:"'父母爱之,喜而不忘。父母恶之,劳而不怨。'②然则舜怨乎?"

曰:"长息问于公明高曰③:'舜往于田,则吾既得闻命矣。号泣于旻天,于父母,则吾不知也。'公明高曰:'是非尔所知也。'夫公明高以孝子之心,为不若是恝④。我竭力耕田,共为子职而已矣⑤。父母之不我爱,于我何哉?帝使其子九男二女⑥,百官牛羊仓廪备,以事舜于畎亩之中,天下之士多就之者,帝将胥天下而迁之焉⑦。为不顺于父母⑧,如穷人无所归。天下之士悦之,人之所欲也,而不足以解忧;好色,人之所欲,妻帝之二女,而不足以解忧;富,人之所欲,富有天下,而不足以解忧;贵,人之所欲,贵为天子,而不足以解忧。人悦之、好色、富贵,无足以解忧者,惟顺于父母可以解忧。人少,则慕父母;知好色,则慕少艾⑨;有妻子,则慕妻子;仕则慕君,不得于君则热中。大孝终身慕父母。五十而慕者,予于大舜见之矣。"

【注释】 ①旻天:泛指天。②"父母爱之"四句:系引用曾子之语。《礼记·祭义》:"曾子曰:'父母爱之,喜而弗忘;父母恶之,惧而无怨。'"忘,懈怠。劳,忧愁。③长息:公明高弟子。公明高:曾子弟子。④恝:无忧无虑的样子。⑤共:通"恭"。⑥帝:指尧。九男:尧的九个儿子。二女:尧的两个女儿,即娥皇、女英。⑦胥:尽,全部。⑧顺:爱。⑨少艾:年轻貌美。艾,美好。

【译文】 万章问道:"舜到田里去,向着天号哭,他为什么号哭?"

孟子说:"因为对父母既埋怨又依恋。"

万章说:"曾子说过:'父母喜爱他,他既高兴又不敢懈怠。父母厌恶他,他尽管发愁却不埋怨。'可是舜竟然埋怨父母吗?"

孟子说:"长息曾经问公明高说:'舜到田里去,这我懂得了。但他向着天号哭,哭诉父母的不是,这我就不懂了。'公明高说:'这不是你所了解的。'在公明高看来,孝子之心是不能这样漫不经心的。我尽力耕田,恭敬地履行儿子的职责罢了。父母不爱我,我有什么办法?尧打发他的九个儿子、两个女儿,以及大小官吏,带着牛羊、粮食等等,到田地里服侍舜,天下的士人也多奔着他去,尧准备把整个天下都让给他。舜却因为不得父母的欢心,就像走投无路的人那样无所归属。天下的士人喜欢他,这是谁都盼望的,却不足以消除他的忧愁;漂亮的姑娘,这是谁都盼望的,娶了尧帝的两个女儿,却不足以消除他

的忧愁。富有，这是谁都盼望的，富到拥有整个天下，却不足以消除他的忧愁；显贵，这是谁都盼望的，贵到身为天子，却不足以消除他的忧愁。别人喜欢他、漂亮的姑娘、财富和尊贵，都不足以消除忧愁，只有得父母的欢心才可以消除忧愁。人在小时候，就依恋父母；懂得喜欢女子的时候，就爱慕年轻漂亮的姑娘；有了妻室儿女，就爱护妻室儿女；做了官，就爱戴君主，不得君主的欢心就焦虑不安。大孝是终身依恋父母的。到了五十岁还依恋父母的，我在伟大的舜身上见到了。”

二

【原文】 万章问曰：“《诗》云：‘娶妻如之何？必告父母。’①信斯言也，宜莫如舜。舜之不告而娶，何也？”

孟子曰：“告则不得娶。男女居室，人之大伦也。如告，则废人之大伦，以怼父母②，是以不告也。”

万章曰：“舜之不告而娶，则吾既得闻命矣。帝之妻舜而不告，何也？”

曰：“帝亦知告焉则不得妻也。”

万章曰：“父母使舜完廪，捐阶，瞽瞍焚廪。使浚井，出，从而掩之。象曰③：‘谟盖都君咸我绩④，牛羊父母，仓廪父母，干戈朕，琴朕，弤朕⑤，二嫂使治朕栖⑥。’象往入舜宫，舜在床琴。象曰：‘郁陶思君尔⑦。’忸怩⑧。舜曰：‘惟兹臣庶⑨，汝其于予治⑩。’不识舜不知象之将杀己与？”

曰：“奚而不知也？象忧亦忧，象喜亦喜。”

曰：“然则舜伪喜者与？”

曰：“否。昔者有馈生鱼于郑子产，子产使校人畜之池⑪。校人烹之，反命曰：‘始舍之，圉圉焉⑫；少则洋洋焉⑬；攸然而逝⑭。’子产曰：‘得其所哉！得其所哉！’校人出，曰：‘孰谓子产智？予既烹而食之，曰，得其所哉，得其所哉。’故君子可欺以其方，难罔以非其道。彼以爱兄之道来，故诚信而喜之，奚伪焉？”

【注释】 ①“娶妻”两句：引诗见《诗经·齐风·南山》。②怼：怨恨。③象：舜的同父异母弟。④谟盖：谋害。谟，同“谋”。盖，同“害”。都君：指舜。⑤弤：舜弓之名。⑥栖：床。⑦郁陶：想念的样子。⑧忸怩：惭愧的样子。⑨惟：想念。⑩于：帮助。⑪校人：管理沼池的小吏。⑫圉圉：鱼在水中疲弱的样子。⑬洋洋：舒缓摇尾的样子。⑭攸然：迅速游动的样子。

【译文】 万章问道：“《诗经》上说：‘娶妻该怎么办？一定先禀告父母。’信从这话

的,应该没有人比得上舜。但舜却是没有禀告父母就娶妻,这是怎么回事?"

孟子说:"舜如果先禀告父母就不能娶妻了。男女成婚,是人与人之间重要的伦常。如果禀告了父母,就将破坏这重要的伦常,就会怨恨父母,所以便不禀告了。"

万章说:"舜不禀告就娶妻的道理,我懂得了。帝尧把女儿嫁给舜,也不禀告舜的父母,又是怎么回事?"

孟子说:"帝尧也知道禀告了就不能把女儿嫁给舜。"

万章说:"父母打发舜修粮仓,等舜上了屋顶,就撤掉梯子,舜的父亲瞽瞍放火烧粮仓。他们打发舜淘井,不知道舜逃了出来,便往井里填土。象说:'谋害舜都是我的功劳,牛羊归父母,仓廪归父母,干戈归我,琴归我,弨弓归我,两位嫂嫂要他们为我铺床叠被。'象到舜的屋里去,舜却坐在床边抚琴。象说:'我好想你呀!'脸上有惭愧之色。舜说:'我想念这些臣下和百姓,你帮我治理吧。'不晓得舜知不知道象要杀害自己?"

孟子说:"怎么不知道?只不过象忧愁,他也忧愁,象高兴,他也高兴。"

万章说:"那么,舜是假装高兴吗?"

孟子说:"不是。从前有人送活鱼给郑国的子产,子产打发管池塘的小吏把它养起来。小吏却煮了吃掉,回报说:'刚放到池塘里,它蔫蔫的;过了一会儿,它便摆着尾巴游起来,很快就游得不知哪里去了。'子产说:'找到它自己的地方了!找到它自己的地方了!'小吏出来说:'谁说子产聪明?我已经把那条鱼煮了吃掉,他还说,找到它自己的地方了!找到它自己的地方了!'所以,君子是可以用合乎常情的方式来欺骗他,却不能用违背常理的办法欺罔他。象假装着敬爱兄长的方式来,所以舜就诚心实意地相信而为之喜悦,怎么是假装的呢?"

三

【原文】 万章问曰:"象日以杀舜为事,立为天子则放之,何也?"

孟子曰:"封之也,或曰放焉。"

万章曰:"舜流共工于幽州①,放驩兜于崇山②,杀三苗于三危③,殛鲧于羽山④,四罪而天下咸服,诛不仁也。象至不仁,封之有庳⑤。有庳之人奚罪焉?仁人固如是乎——在他人则诛之,在弟则封之?"

曰:"仁人之于弟也,不藏怒焉,不宿怨焉,亲爱之而已矣。亲之,欲其贵也;爱之,欲其富也。封之有庳,富贵之也。身为天子,弟为匹夫,可谓亲爱之乎?"

"敢问或曰放者,何谓也?"

曰："象不得有为于其国,天子使吏治其国而纳其贡税焉,故谓之放。岂得暴彼民哉?虽然,欲常常而见之,故源源而来,'不及贡,以政接于有庳'。此之谓也。"

【注释】 ①共工:官名。幽州:地名,在北方偏远之地。②驩兜:人名。崇山:地名,在南方偏远之地。③杀:当为"窜"的假借字。三苗:国名。三危:山名,在西方偏远之地。④殛:杀。鲧:人名,传说为禹之父。羽山:山名,在东方偏远之地。⑤有庳:国名。

【译文】 万章问道:"象每天把杀掉舜当作一件大事,舜做了天子后却只是流放他,为什么?"

孟子说:"其实舜是封象为诸侯,有人却说是流放。"

万章说:"舜把共工流放到幽州,把驩兜发配到崇山,把三苗之君驱逐到三危,在羽山杀掉了鲧,惩罚了这四个罪人而天下人都归服,这就是讨伐不仁了。象是极为不仁的,却封为有庳国的侯。有庳国的人难道有罪吗?仁人就是这样做事吗?——对别人,就讨伐他,对弟弟,就封赏他?"

孟子说:"仁人对于弟弟呀,不把愤怒藏在心里,不记仇,只是亲近他、爱护他罢了。亲近他,就要他显贵;爱护他,就要他富有。封为有庳国的侯,就是使他富贵。自己做天子,弟弟却是普通百姓,可以叫作亲近他、爱护他吗?"

万章说:"请问有人说是流放,又是什么意思?"

孟子说:"象不能在他的国家有所作为,天子派官吏来治理他的国家,收缴贡税,所以有人说是流放。象难道能够残害他的百姓吗?尽管这样,舜还想常常能见到他,所以不断让他来,'没到缴纳贡税的时候,就以政治上的原因接待有庳'。说的就是这事。"

四

【原文】 咸丘蒙问曰①:"语云:盛德之士,君不得而臣,父不得而子。舜南面而立②,尧帅诸侯北面而朝之,瞽瞍亦北面而朝之。舜见瞽瞍,其容有蹙③。孔子曰:'于斯时也,天下殆哉,岌岌乎④!'不识此语诚然乎哉?"

孟子曰:"否!此非君子之言,齐东野人之语也。尧老而舜摄也。《尧典》曰⑤:'二十有八载⑥,放勋乃徂落⑦,百姓如丧考妣⑧。三年,四海遏密八音⑨。'孔子曰:'天无二日,民无二王。'⑩舜既为天子矣,又帅天下诸侯以为尧三年丧,是二天子矣。"

咸丘蒙曰:"舜之不臣尧,则吾既得闻命矣。《诗》云:'普天之下,莫非王土。率土之滨,莫非王臣。'⑪而舜既为天子矣,敢问瞽瞍之非臣,如何?"

曰:"是诗也,非是之谓也。劳于王事而不得养父母也。曰:'此莫非王事,我独贤劳

也^⑫。'故说诗者不以文害辞^⑬，不以辞害志。以意逆志^⑭，是为得之，如以辞而已矣，《云汉》之诗曰^⑮：'周馀黎民^⑯，靡有孑遗^⑰。'信斯言也，是周无遗民也。孝子之至，莫大乎尊亲。尊亲之至，莫大乎以天下养。为天子父，尊之至也。以天下养，养之至也。《诗》曰：'永言孝思^⑱，孝思维则^⑲。'此之谓也。《书》曰：'祗载见瞽瞍^⑳，夔夔斋栗^㉑，瞽瞍亦允若^㉒。'是为父不得而子也？"

【注释】　①咸丘蒙：孟子弟子。②南面：指做天子。古时天子见诸侯或群臣，都坐北朝南。③蹙：不安。④岌岌：形容危险。⑤《尧典》曰：以下数句在令本《尚书·舜典》。今本《舜典》与《尧典》本是一篇，题为《尧典》，故孟子引为《尧典》。⑥二十有八载：指舜摄政后的二十八年。有，通"又"。⑦放勋：即尧。徂落：同"殂落"，死亡。⑧考妣：父母。⑨遏：停止。密：无声。八音：指金、石、丝、竹、匏、土、革、木八种乐器。⑩"天无二日"二句：又见《礼记·曾子问》。⑪"普天之下"四句：见《诗经·小雅·北山》。率，自。⑫ 贤劳：劬劳，劳苦。贤，劳。⑬ 文：文字。辞：语句。⑭ 逆：揣测。⑮《云汉》：《诗经·大雅·云汉》。⑯ 黎民：老百姓。⑰ 靡有：没有。孑遗：遗留。"周馀"二句，是形容灾难深重，多有死亡。⑱ 孝思：孝心。⑲ 维则：作为行动的准则。引诗见《诗经·大雅·下武》。⑳ 祗：敬。载：事。㉑ 夔夔斋栗：因谨慎而颤栗的样子。㉒ 允：信，确实。若：顺。

【译文】　成丘蒙问道："常言说：'道德最高的人，君主不得以他为臣，父亲不得以他为子。'舜向南站立，尧带领诸侯向北朝觐他，瞽瞍也向北朝觐他。舜见到瞽瞍，面有不安之色。孔子说：'在这个时候啊，天下岌岌可危啊！'不晓得这话是真的吗？"

孟子说："不是。这不是君子的话，是齐东野人的话。尧年老时，舜代他管理政务。《尧典》说：'过了二十八年后，尧死了，老百姓好像死了父母，服丧三年间，四海之内停止了一切音乐。'孔子说：'天上没有两个太阳，百姓没有两个君王。'如果舜在尧死前做了天子，又带领天下诸侯为尧服丧三年，这就是同时有两个君王了。"

咸丘蒙说："舜不以尧为臣，我懂得您的教诲了。《诗经》说：'整个天下，没有一块土地不是王的土地；从陆地到海滨，没有一个人不是王的臣民。'而舜既已经做了君王，瞽瞍却还不是他的臣民，请问这是怎么回事？"

孟子说："这诗讲的不是这个意思；诗里说的是作者为王的公事而辛劳，不能够奉养父母。他说：'这些事没有一件不是王的公事，却只有我一人辛勤劳苦。'所以讲诗的人，不要凭个别文字歪曲了词句，不要凭个别词句歪曲了本意。用自己的体会揣度诗人的本意，这才对了。如果只是凭借词句，《云汉》诗里说：'周朝剩余的老百姓，没有一个遗留在世。'假如相信这话，那么周朝是一个人都没有留下了。孝子的极致，没有比尊敬双亲更

高的;尊敬双亲的极致,没有比用整个天下来奉养他们更高的。身为天子的父亲,是尊贵至极的;舜用天下来奉养,可说是奉养的极致。《诗经》上又说:'永远保持孝心,孝心是天下的准则。'说的就是这个意思。《尚书》说:'恭恭敬敬来见瞽瞍,态度谨慎而恐惧,瞽瞍也确实顺理而行了。'这难道是父亲不能以他为子吗?"

五

【原文】 万章曰:"尧以天下与舜,有诸?"

孟子曰:"否。天子不能以天下与人。"

"然则舜有天下也,孰与之?"

曰:"天与之。"

"天与之者,谆谆然命之乎①?"

曰:"否。天不言,以行与事示之而已矣。"

曰:"以行与事示之者,如之何?"

曰:"天子能荐人于天,不能使天与之天下。诸侯能荐人于天子,不能使天子与之诸侯。大夫能荐人于诸侯,不能使诸侯与之大夫。昔者,尧荐舜于天而天受之,暴之于民而民受之②。故曰:天不言,以行与事示之而已矣③。"

曰:"敢问荐之于天而天受之,暴之于民而民受之,如何?"

曰:"使之主祭,而百神享之,是天受之;使之主事而事治,百姓安之,是民受之也。天与之,人与之,故曰天子不能以天下与人。舜相尧二十有八载,非人之所能为也,天也。尧崩,三年之丧毕,舜避尧之子于南河之南④,天下诸侯朝觐者,不之尧之子而之舜;讼狱者,不之尧之子而之舜;讴歌者,不讴歌尧之子而讴歌舜,故曰天也。夫然后之中国,践天子位焉。而居尧之宫,逼尧之子,是篡也,非天与也。《太誓》曰⑤:'天视自我民视,天听自我民听。'此之谓也。"

【注释】 ①谆谆:教导不倦的样子。②暴:显示。③行:指个人的行为。事:指政事。④南河:即黄河,因在尧时都城的南面,故称。⑤《太誓》:《尚书》篇名。

【译文】 万章说:"尧把天下给了舜,有这事吗?"

孟子说:"没有。天子不能把天下给人。"

"那么舜享有天下,是谁给他的?"

孟子说:"天给他的。"

"天给他,是反复叮咛命令他的吗?"

孟子说:"不。天不说话,只通过行为和政事显示给他罢了。"

万章说:"通过行为和政事显示给他,是怎样的?"

孟子说:"天子能把人推荐给天,却不能让天给他天下;诸侯能把人推荐给天子,却不能让天子给他诸侯之位;大夫能把人推荐给诸侯,却不能让诸侯给他大夫之位。从前尧把舜推荐给天而天接受了他,把舜显示给老百姓而老百姓接受了他,所以说,天不说话,只通过行为和政事显示给他罢了。"

"请问把舜推荐给天而天接受了他,把舜显示给老百姓而老百姓接受了他,是怎样的?"

孟子说:"让他主持祭祀而百神享用,这是天接受了他;让他主持政事而政事有条不紊,老百姓满意他,这是老百姓接受了他。天下是天给他的,是老百姓给他的,所以说:天子不能把天下给人。舜辅佐尧二十八年,这不是一个人所能决定的,是天意。尧死后,三年的服丧期限也结束时,舜避开尧的儿子,到南河的南边去。天下诸侯来朝见的,不到尧的儿子那里而到舜那里;打官司的,不到尧的儿子那里而到舜那里;歌颂的,不歌颂尧的儿子而歌颂舜,所以说是天意。这样他才回到中国,继承了天子的职位。如果是当初就住到尧的宫室里,逼迫尧的儿子,那是篡夺,不是天给他。《太誓》说:'天用我们老百姓的眼睛来看,天用我们老百姓的耳朵来听。'说的就是这个意思。"

六

【原文】 万章问曰:"人有言,'至于禹而德衰,不传于贤而传于子',有诸?"

孟子曰:"否,不然也。天与贤,则与贤;天与子,则与子。昔者,舜荐禹于天,十有七年,舜崩。三年之丧毕,禹避舜之子于阳城①,天下之民从之,若尧崩之后不从尧之子而从舜也。禹荐益于天,七年,禹崩。三年之丧毕,益避禹之子于箕山之阴②。朝觐讼狱者不之益而之启③,曰:'吾君之子也。'讴歌者不讴歌益而讴歌启,曰:'吾君之子也。'丹朱之不肖④,舜之子亦不肖。舜之相尧、禹之相舜也,历年多,施泽于民久。启贤,能敬承继禹之道。益之相禹也,历年少,施泽于民未久。舜、禹、益相去久远⑤,其子之贤不肖,皆天也,非人之所能为也。莫之为而为者,天也;莫之致而至者,命也。匹夫而有天下者,德必若舜、禹,而又有天子荐之者,故仲尼不有天下。继世以有天下,天之所废,必若桀、纣者也,故益、伊尹、周公不有天下。伊尹相汤以王于天下,汤崩,太丁未立⑥,外丙二年⑦,仲壬四年⑧。太甲颠覆汤之典刑⑨,伊尹放之于桐⑩,三年,太甲悔过,自怨自艾,于桐处仁迁义,三年,以听伊尹之训己也,复归于亳⑪。周公之不有天下,犹益之于夏、伊尹之于殷也。

孔子曰:'唐虞禅,夏后殷周继,其义一也。'"

【注释】 ①阳城:山名,在今河南登封北。②箕山:在今河南登封东南。阴:山北。③启:禹之子。④丹朱:尧之子。⑤舜、禹、益相去久远:指三者相距或久远或短暂。按,舜相尧二十八年,禹相舜十七年,这是久远者;益相禹只七年,是短暂者。⑥太丁:汤之太子,未立而死。⑦外丙:太丁之弟。⑧仲壬:太丁之弟。⑨太甲:太丁之子。典刑:常法。⑩桐:在今河南偃师西南。⑪亳:在今河南偃师西。

【译文】 万章问道:"有人说,'到了禹的时候道德就衰落了,他不传位给贤人而传给自己的儿子',有这事吗?"

孟子说:"不,不对的。天要授给贤人,就授给贤人;天要授给儿子,就授给儿子。从前,舜把禹推荐给天,十七年后,舜死了,三年服丧的期限结束后,禹避开舜的儿子到阳城去,可是天下的老百姓都跟从他,就像尧死后,老百姓不跟从尧的儿子而跟从舜一样。禹也把益推荐给天,七年后,禹死了。三年服丧的期限结束后,益为避开禹的儿子躲到箕山北面去。朝见和打官司的人不到益那里去,而到启那里去,说:'这是我们君主的儿子啊。'歌颂的人不歌颂益而歌颂启,说:'这是我们君主的儿子啊。'尧的儿子丹朱不好,舜的儿子也不好。舜辅佐尧、禹辅佐舜,都历时多年,对老百姓施与恩泽的时间长。启是贤明的,能恭敬地继承禹的作风。益辅佐禹,历时较短,对老百姓施与恩泽的时间不长。舜和禹、禹和益,相距的时间或长或短,他们的儿子或者贤明,或者不好,都是天意,不是人的意志所能主宰。没有人叫他们这样去做,而做成了,这是天意;没有人去争取,而得到了,这是命运。以一个平头百姓而享有天下,他的道德一定像舜和禹,而且又有天子推荐他,所以孔子没赶上天子推荐,便不能享有天下。因世袭而享有天下,而天又把他废弃的,一定是像桀、纣那样的人,所以益、伊尹、周公没赶上桀、纣那样的,也便不能享有天下。伊尹辅佐汤统一了天下,汤死后,太丁未立就死了,外丙在位两年,仲壬在位四年,太甲继位后,破坏汤的法度,伊尹就把他流放到桐邑,三年之后,太甲悔过,自己怨恨,自己改正,在桐邑就自处于仁,自迁于义,三年过后,因为听从伊尹对自己的教导而重新回到亳都做天子。周公不享有天下,就如益在夏、伊尹在殷的情况。孔子说:'唐尧、虞舜实行禅让制,夏、商、周三代实行世袭制,道理是一样的。'"

七

【原文】 万章问曰:"人有言'伊尹以割烹要汤①',有诸?"

孟子曰:"否,不然。伊尹耕于有莘之野②,而乐尧、舜之道焉。非其义也,非其道也,

187

禄之以天下弗顾也，系马千驷弗视也。非其义也，非其道也。一介不以与人③，一介不以取诸人。汤使人以币聘之④，嚣嚣然曰⑤：'我何以汤之聘币为哉？我岂若处畎亩之中，由是以乐尧、舜之道哉？'汤三使往聘之，既而幡然改曰⑥：'与我处畎亩之中⑦，由是以乐尧、舜之道，吾岂若使是君为尧、舜之君哉？吾岂若使是民为尧、舜之民哉？吾岂若于吾身亲见之哉？天之生此民也，使先知觉后知，使先觉觉后觉也。予，天民之先觉者也，予将以斯道觉斯民也。非予觉之而谁也？'思天下之民，匹夫匹妇有不被尧、舜之泽者，若己推而内之沟中⑧，其自任以天下之重如此，故就汤而说之以伐夏救民。吾未闻枉己而正人者也，况辱己以正天下者乎？圣人之行不同也，或远或近，或去或不去，归洁其身而已矣。吾闻其以尧、舜之道要汤，未闻以割烹也。《伊训》曰⑨：'天诛造攻自牧宫⑩，朕载自亳⑪。'"

【注释】 ①割烹：切割、烹调，指当厨师。②有莘：古国名，在今河南陈留。③介：即"芥"，草。比喻极轻微的东西。④币：帛。⑤嚣嚣：自得其乐的样子。⑥幡然：反过来。幡，通"翻"。⑦与：与其。畎亩：田间，田地。⑧内：同"纳"。⑨《伊训》：《尚书》篇名，已佚。今本《尚书》中的《伊训》是伪古文。⑩造：开始。牧宫：桀的宫室。⑪朕：伊尹自称。载：开始。

【译文】 万章问道："有人说，'伊尹通过自己当厨师来向汤求职'，有这事吗？"

孟子说："不，不是这样；伊尹在有莘国的郊野耕田，而喜爱尧、舜的道理。不合乎义的，不合乎道的，即使把天下当俸禄给他，他连头都不回一下；即使有四千匹马系在那里，他也不会看。不合乎义的，不合乎道的，一根草也不给人，一根草也不取于别人。汤打发人用币帛聘任他，他自得地说：'我拿汤的聘礼币帛干什么？这难道比得上我独处田野之中，由此来喜爱尧、舜的道理吗？'汤多次打发人去聘任他，后来他幡然改变了态度，说：'我与其独处田野之中，由此来喜爱尧、舜的道理，我何不如使这个君主成为尧、舜一样的君主呢？我何不如使这些老百姓成为尧、舜时候的老百姓呢？我何不如自己亲眼看见呢？上天生育老百姓，就是要使先知者唤醒后知者，使先觉者唤醒后觉者。我，是天下百姓中的先觉者；我将用这道理来使这些百姓觉悟。如果不是我来使他们觉悟，那还有谁呢？'他想到天下的百姓、男男女女有不能获得尧、舜的恩泽的人，就像是自己把他们推到水沟里去一样。他就是这样自己承担天下的重担，所以找到汤，用讨伐夏桀、救助百姓的道理游说他。我没听说过自己不正而能使别人端正的，何况是屈辱自己来端正天下呢？圣人的行为是不一样的，有的疏远君主，有的接近君主；有的离开，有的不离开；归根结底都要使自己干干净净。我听说他用尧、舜的道理来向汤求职，没听说通过自己当厨师来

求职。《伊训》说：'天的诛伐是从桀的牧宫里开始的，我从商都亳邑开始。'"

八

【原文】 万章问曰："或谓孔子于卫主痈疽①，于齐主侍人瘠环②，有诸乎？"

孟子曰："否，不然也。好事者为之也。于卫主颜雠由③。弥子之妻与子路之妻④，兄弟也。弥子谓子路曰：'孔子主我，卫卿可得也，子路以告。孔子曰：'有命。'孔子进以礼，退以义，得之不得曰'有命'。而主痈疽与侍人瘠环，是无义无命也。孔子不悦于鲁、卫，遭宋桓司马将要而杀之⑤，微服而过宋⑥。是时孔子当厄，主司城贞子⑦，为陈侯周臣⑧。吾闻观近臣⑨，以其所为主；观远臣⑩，以其所主。若孔子主痈疽与侍人瘠环，何以为孔子？"

【注释】 ①主痈疽：以痈疽为主人，指住在痈疽家里。痈疽：人名，卫灵公所宠幸的宦官。②侍人：即"寺人"，宦官。瘠环：人名。③颜雠由：卫国贤大夫。④弥子：卫灵公幸臣弥子瑕。⑤宋桓司马：宋国司马桓魋。要：拦截。⑥微服：指更换平常的服装。⑦司城贞子：陈国人。⑧陈侯周：陈怀公子，名周。⑨近臣：在朝之臣。⑩远臣：外来的臣。

【译文】 万章问道："有人说，孔子在卫国住在痈疽家里，在齐国住在宦官瘠环家里，有这回事吗？"

孟子说："不，不是这样。这是好事之徒编出来的。他在卫国住在颜雠由家里。弥子瑕的妻子和子路的妻子是姊妹。弥子瑕对子路说：'如果孔子住到我家里，卫国的卿相之位便可得到。'子路把这话告诉孔子。孔子说：'得不得卿相之位是由天命决定的。'孔子依礼而进，依义而退，得到或得不到都说'由天命决定'。如果住在痈疽和宦官瘠环的家里，都是无视道义、无视天命的。孔子在鲁国、卫国不得意，又碰到宋国的司马桓魋将拦截他要杀掉他，孔子换了服装，悄悄走过宋国。这时孔子正处在困难的境地，住在司城贞子家里，做陈侯周的臣。我听说观察在朝的臣子，看他所招待的客人；观察远来的臣子，看他所寄居的主人。如果孔子以痈疽和宦官瘠环为主人，怎么能成为孔子？"

九

【原文】 万章问曰："或曰：'百里奚自鬻于秦养牲者五羊之皮、食牛①，以要秦穆公。'信乎？"

孟子曰："否，不然。好事者为之也。百里奚，虞人也②。晋人以垂棘之璧与屈产之乘③，假道于虞以伐虢④。宫之奇谏⑤，百里奚不谏。知虞公之不可谏而去之秦，年已七十

矣，曾不知以食牛干秦穆公之为污也⑥，可谓智乎？不可谏而不谏，可谓不智乎？知虞公之将亡而先去之，不可谓不智也。时举于秦，知穆公之可与有行也而相之，可谓不智乎？相秦而显其君于天下，可传于后世，不贤而能之乎？自鬻以成其君，乡党自好者不为，而谓贤者为之乎？"

【注释】 ①鬻：卖。②虞：国名，在今山西平陆东北。③垂棘：晋国地名。屈：地名。乘：四匹马。④虢：国名，在今山西平陆。⑤宫之奇：虞国贤臣。⑥曾：乃，竟。

【译文】 万章问道："有人说：'百里奚用五张羊皮的价钱和为人喂牛的条件，把自己卖给秦国养牲畜的人，来向秦穆公求职。'可信吗？"

孟子说："不，不是这样。这是好事者编出来的。百里奚，是虞国人。晋国人用垂棘的玉璧和屈地所产的四匹马为代价，向虞国借路，要去攻打虢国。宫之奇向虞国的国君谏阻，百里奚不谏阻。他知道虞国国君不会接受谏议，因而离开虞国。到秦国去，那时他已经七十岁了，竟不懂得通过为人喂牛来向秦穆公求职是污浊的，可以叫明智吗？但他却是知道不可提出谏议就不谏议，这可以叫不明智吗？知道虞国将要灭亡而提前离开虞国，也不能叫不明智。当时他在秦国被提拔，就知道秦穆公有所作为，因而辅佐他，这可以叫不明智吗？辅佐秦国而使它的君主名扬天下，足以流传于后世，不贤的人能办到吗？卖掉自己来成就他的君主，乡里洁身自好的人都不干，竟说贤者肯干吗？"

告子上

【题解】

本篇共20章。第一章至第四章都是孟子与告子的对话，主要记载的是孟子与告子之间围绕"人性"这一话题所展开的辩论。大致可分为"杞柳桮棬"之辩、"以水喻性"之辩、"生之谓性"之辩以及"仁义内外"之辩四部分。告子认为人性无所谓善与不善，人性中的善：是后天修养得来的；孟子则认为人的善性是与生俱来的。第五、六章是前四章内容的进一步展开，分别辩论义的内在性以及性善问题，指出恻隐、羞恶、恭敬、是非之心，"人皆有之"，这几种心是性善的根据，是仁、义、礼、智这些美德的萌芽，是人与生俱来的天赋。人之所以会变恶，是由于环境影响而不能尽其才的缘故。第七章至第十五章围绕人的本性的养护问题展开，首先指出人的本性是相同的，是后天环境的变化导致人的本性的差异，因此，应该注重人性的后天养护。继而，用生动的比喻说明人应该如何养护自身的善性。第十六至第十九章围绕"仁义"问题展开，分别阐述了"人爵"与"天爵"的关

系,指出"仁义"是士人的必备人格,"仁"能够战胜不仁,不能因为力量对比悬殊而怀疑"仁"的力量。同时,指出"仁"本身也有一个成熟与否的问题。第二十章主要阐述学习为人处事的大道应该高标准、严要求。

一

【原文】 告子曰:"性,犹杞柳也①;义,犹桮棬也②。以人性为仁义,犹以杞柳为桮棬。"

孟子曰:"子能顺杞柳之性而以为桮棬乎?将戕贼杞柳而后以为桮棬也?如将戕贼杞柳而以为桮棬,则亦将戕贼人以为仁义与?率天下之人而祸仁义者,必子之言夫!"

【注释】 ①杞柳:杨柳科植物,落叶丛生灌木,枝条柔软,可用来编器物。②桮棬:器物名。桮,同"杯"。棬,用树条编成的饮器。

【译文】 告子说:"人的本性就像杞柳树,义理就像杯盘;把人性纳入仁义当中,就像用杞柳树来制作杯盘。"

孟子说:"你是顺应杞柳树的本性来制作杯盘呢?还是残害它的本性来制成杯盘呢?如果要通过残害杞柳树本性的方式来制作杯盘,那么也要残害人的本性才能使人具有仁义吗?带领天下人来损害仁义的,一定是你的这种言论吧!"

二

【原文】 告子曰:"性犹湍水也①,决诸东方则东流②,决诸西方则西流。人性之无分于善不善也,犹水之无分于东西也。"

孟子曰:"水信无分于东西③,无分于上下乎?人性之善也,犹水之就下也。人无有不善,水无有不下。今夫水,搏而跃之,可使过颡④;激而行之,可使在山。是岂水之性哉?其势则然也。人之可使为不善,其性亦犹是也。"

【注释】 ①湍:急流的水。②决:打开缺口排水。③信:的确。④颡:额头。

【译文】 告子说:"人性好比湍急的水流,从东方打开缺口就向东流,从西方打开缺口就向西流。人性不分善与不善,就好像水没有东流、西流的分别。"

孟子说:"水的确没有东流、西流的定向,难道也没有上流、下流的定向吗?人性的善良,就像水性趋向下流。人的本性没有不善良的,水的本性没有不向下流的。假如拍打水让它飞溅起来,可以高过人的额头;堵住水道让它倒流,可以引上高山。然而,这难道是水的本性吗?是所处形势迫使它这样的。人之所以能够使他做坏事,是由于他的本性

也像这样受到了逼迫。"

三

【原文】 告子曰:"生之谓性。"

孟子曰:"生之谓性也,犹白之谓白与?"

曰:"然。"

"白羽之白也,犹白雪之白;白雪之白,犹白玉之白与?"

曰:"然。"

"然则犬之性,犹牛之性;牛之性,犹人之性欤?"

【译文】 告子说:"天生的东西叫作天性。"

孟子说:"天生的东西叫作天性,就像所有物体的白色都叫作白吗?"

告子回答说:"是的。"

"这么说,白羽毛的白就像白雪的白,白雪的白如同白玉的白吗?"

告子回答说:"是的。"

"那么,狗的天性就像牛的天性,牛的天性就像人的天性吗?"

四

【原文】 告子曰:"食、色,性也。仁,内也,非外也;义,外也,非内也。"

孟子曰:"何以谓仁内义外也?"

曰:"彼长而我长之,非有长于我也。犹彼白而我白之,从其白于外也,故谓之外也。"

曰:"(异于)白马之白也①,无以异于白人之白也。不识长马之长也,无以异于长人之长欤?且谓长者义乎?长之者义乎?"

曰:"吾弟则爱之,秦人之弟则不爱也,是以我为悦者也,故谓之内。长楚人之长,亦长吾之长,是以长为悦者也,故谓之外也。"

曰:"耆秦人之炙②,无以异于耆吾炙,夫物则亦有然者也,然则耆炙亦有外欤?"

【注释】 ①异于:此二字疑为衍文。②耆:同"嗜"。炙:烤熟的肉。

【译文】 告子说:"饮食男女,是人的天性。仁是内在的,而不是外在的;义是外在的,而不是内在的。"

孟子说:"为什么说仁是内在的,而义是外在的呢?"

告子回答说:"他年纪大所以我尊敬他,并不是我内心原本就尊敬他。正如白色的东

西我认为它白,是根据它外表的白色,所以说义是外在的。"

孟子说:"白马的白和白人的白或许没什么不同;但是不知道怜惜老马和不知道尊敬年长的人,也是没有什么不同吗?而且你说的义,在于年长者一方呢?还是在于尊敬年长者的一方呢?"

告子回答说:"是我的弟弟就爱他,是秦国人的弟弟就不爱他,爱不爱是由我自己内心决定的,所以说仁是内在的。尊敬楚国的长者,也尊敬我自己的长者,尊敬与否,是由年长这个外在因素决定的,所以说义是外在的。"

孟子说:"喜欢吃秦国人的烤肉,和喜欢吃自己的烤肉没什么不同,事物也有这种情况,那么,喜欢吃烤肉的心也是外在的吗?"

五

【原文】 孟季子问公都子曰①:"何以谓义内也?"

曰:"行吾敬,故谓之内也。"

"乡人长于伯兄一岁,则谁敬?"

曰:"敬兄。"

"酌则谁先?"

曰:"先酌乡人。"

"所敬在此,所长在彼,果在外,非由内也。"

公都子不能答,以告孟子。

孟子曰:"敬叔父乎? 敬弟乎? 彼将曰:'敬叔父。'曰:'弟为尸②,则谁敬?'彼将曰:'敬弟。'子曰:'恶在其敬叔父也?'彼将曰:'在位故也。'子亦曰:'在位故也。庸敬在兄,斯须之敬在乡人。'"

季子闻之,曰:"敬叔父则敬,敬弟则敬,果在外,非由内也。"

公都子曰:"冬日则饮汤,夏日则饮水,然则饮食亦在外也?"

【注释】 ①孟季子:人名,其人不详。②尸:代死者受祭的人。男者以其孙或孙辈为尸。女者必异姓,以其孙辈之妇为尸。

【译文】 孟季子问公都子说:"为什么说义是内在的东西呢?"

公都子回答说:"恭敬发自我的内心,所以说是内在的东西。"

孟季子问:"同乡人比你的大哥年长一岁,那你该恭敬谁呢?"

公都子说:"恭敬哥哥。"

"假如在一起喝酒，该先给谁斟酒？"

公都子说："先给那个年长的乡人斟酒。"

"所敬重的是哥哥，却要向那个年长的乡人敬酒，说明义果然是外在的，而不是内在的。"

公都子无法回答这个问题，于是将这件事告诉了孟子。

孟子说："你问他，该恭敬叔父呢？还是恭敬弟弟？他会说：'恭敬叔父。'问他：'弟弟如果做了受祭的代理人，那么该恭敬谁呢？'他会说：'恭敬弟弟。'你再问：'那你为什么说要恭敬叔父呢？'他会说：'这是由于弟弟处在受恭敬位置的缘故。'你就说：'那也是由于本乡长者处在先敬酒位置的缘故，平日恭敬的对象是哥哥，临时的恭敬对象是同乡。'"

季子听了这话，说："恭敬叔父是敬，恭敬弟弟也是敬，可见义是外在的，不是发自内心的。"

公都子说："冬天喝热水，夏天喝凉水，那么饮食也取决于外物，而不是内在的需要吗？"

六

【原文】 公都子曰："告子曰：'性无善无不善也。'或曰：'性可以为善，可以为不善。是故文、武兴①，则民好善；幽、厉兴②，则民好暴。'或曰：'有性善，有性不善。是故以尧为君而有象，以瞽瞍为父而有舜，以纣为兄之子且以为君，而有微子启、王子比干③。'今日'性善'，然则彼皆非欤？"

孟子曰："乃若其情，则可以为善矣，乃所谓善也。若夫为不善，非才之罪也。恻隐之心，人皆有之；羞恶之心，人皆有之；恭敬之心，人皆有之；是非之心，人皆有之。恻隐之心，仁也；羞恶之心，义也；恭敬之心，礼也；是非之心，智也。仁义礼智，非由外铄我也，我固有之也，弗思耳矣。故曰：'求则得之，舍则失之。'或相倍蓰而无算者，不能尽其才者也。《诗》曰：'天生蒸民，有物有则。民之秉彝，好是懿德。'孔子曰：'为此诗者，其知道乎！故有物必有则，民之秉彝也，故好是懿德。'"

【注释】 ①文、武：即周文王、周武王，是周代的两个圣王。②幽、厉：即周幽王、周厉王，是周代的两个暴君。③微子启：商纣王庶兄，名启。曾屡次劝谏商纣。周灭商后，称臣于周，后被封于宋，为宋国始祖。王子比干：商纣王的叔父，因屡次劝谏商纣，被剖心而死。

【译文】 公都子说："告子说:'人的本性没有善和不善的问题。'有人说:'人的本性可以让它善良,也可以让它不善;因此,周文王、周武王当政的时候,百姓就趋于善良;周幽王、周厉王当政的时候,百姓就趋于残暴。'又有人说:'有本性善良的,有本性不善良的;因此,有尧这样的圣人做君主,却有像这样恶劣的百姓;有瞽瞍这样的坏父亲,却有舜这样的好儿子;有商纣这样恶劣的侄儿,而且身为君主,却有微子启、王子比干这样的仁人。'如今您说人本性善良,那么他们说的都不对吗?"

孟子说:"从人的天赋资质来看,是可以使它善良的,这就是我所说的人性善良。至于有些人做坏事,不是天赋资质的错。同情心,人人有;羞耻心,人人有;恭敬心,人人有;是非心,人人有。同情心即是仁,羞耻心即是义,恭敬心即是礼,是非心即是智。仁、义、礼、智,不是外人教我的,是我原本就有的,只是没深入思考过罢了。因此说:'一经探求就会得到它,一加放弃就会失掉它。'人们之间有相差一倍、五倍甚至无数倍的,就是不能全部发挥出人的天赋资质的缘故。《诗经》说:'上天生养万民,事物都有法则。百姓把握常规,喜爱美好品德。'孔子说:'作这首诗的人,一定是个了解大道的人啊! 因此,有事物便有其不变的法则;百姓把握了它,所以喜欢美好的品德。'"

七

【原文】 孟子曰:"富岁,子弟多赖[1];凶岁,子弟多暴。非天之降才尔殊也,其所以陷溺其心者然也。今夫麰麦[2],播种而耰之[3],其地同,树之时又同,浡然而生,至于日至之时[4],皆孰矣。虽有不同,则地有肥硗[5],雨露之养、人事之不齐也。

故凡同类者,举相似也,何独至于人而疑之? 圣人与我同类者。故龙子曰:'不知足而为屦[6],我知其不为蒉也[7]。'屦之相似,天下之足同也。口之于味,有同耆也,易牙先得我口之所耆者也[8]。如使口之于味也,其性与人殊,若犬马之与我不同类也,则天下何耆皆从易牙之于味也? 至于味,天下期于易牙,是天下之口相似也。惟耳亦然。至于声,天下期于师旷,是天下之耳相似也。惟目亦然。至于子都[9],天下莫不知其姣也。不知子都之姣者,无目者也。故曰:口之于味也,有同耆焉;耳之于声也,有同听焉;目之于色也,有同美焉。至于心,独无所同然乎? 心之所同然者何也? 谓理也,义也。圣人先得我心之所同然耳。故理义之悦我心,犹刍豢之悦我口[10]。"

【注释】 ①赖:通"懒",懒惰。②麰麦:大麦。③耰:古农具,用于碎土平田。文中指播种后,覆土保护种子。④日至:指夏至和冬至。文中指夏至。⑤硗:坚硬多石的贫瘠土地。⑥屦:草鞋。⑦蒉:草编的筐。⑧易牙:春秋时齐桓公的宠臣。长于调味,善于逢迎,

传说曾烹其子为羹以献齐桓公。⑨子都:人名,春秋时郑国的美男子。⑩刍豢:草食动物叫刍,如牛、羊等;谷食动物叫豢,如狗、猪等。

【译文】 孟子说:"丰年,年轻人大多懒惰;灾年,年轻人大多强暴,不是天生资质如此不同,而是所处的环境使他们心情变得糟糕。就拿大麦来说吧,撒下种子用土盖好,如果土质相同,播种时间又相同,便会生机勃勃地长起来。到夏至的时候,都会成熟了。即使有所不同,那也是土地有肥有瘠,雨露滋养有多有少,人们劳作程度不同的缘故。因此说,凡是同类的事物,都是相似的。为何单单说到人,就心生疑问了呢?圣人也是和我们同类的人。因此,龙子说过:'不用看清脚样去编草鞋,我知道编出来的不会是筐。'草鞋之所以相似,是由于天下人的脚都大致相同。嘴巴对于味道,有着同样的嗜好;易牙是预先摸清了这一嗜好的人。假如嘴巴对于味道的感觉,因人而异,而且就像狗、马和我们人类有着本质的不同一样,那么天下人为何都追随易牙的口味呢?说到口味,天下人都希望成为易牙,这是由于天下人的味觉都相似。耳朵也是这样。说到声音,天下人都希望成为师旷,这是由于天下人的听觉都相似。眼睛也是这样。说到子都,天下没有谁不知道他英俊。不知道子都的英俊的,是没长眼睛的人。因此说,嘴巴对于味道,有着相同的嗜好;耳朵对于声音,有着相同的听觉;眼睛对于姿色,有着相同的美感。一说到心,难道就单单没有什么相同的了吗?人心所公认的东西是什么?是理,是义。圣人先于普通人得知了我们心中共同的东西。因此说,理义使我心愉悦,就像牛、羊、猪、狗的肉合我的口味一样。"

八

【原文】 孟子曰:"牛山之木尝美矣①,以其郊于大国也②,斧斤伐之,可以为美乎?是其日夜之所息,雨露之所润,非无萌蘖之生焉③,牛羊又从而牧之,是以若彼濯濯也④。人见其濯濯也,以为未尝有材焉,此岂山之性也哉?虽存乎人者,岂无仁义之心哉?其所以放其良心者,亦犹斧斤之于木也,旦旦而伐之,可以为美乎?其日夜之所息,平旦之气⑤,其好恶与人相近也者几希,则其旦昼之所为⑥,有梏亡之矣⑦。梏之反覆,则其夜气不足以存。夜气不足以存,则其违禽兽不远矣。人见其禽兽也,而以为未尝有才焉者,是岂人之情也哉?故苟得其养,无物不长;苟失其养,无物不消。孔子曰:'操则存,舍则亡;出入无时,莫知其乡⑧。'惟心之谓与?"

【注释】 ①牛山:在今山东临淄南。②郊:此指生长在郊外。大国:指临淄,是当时的大城市。③萌:草木萌发。蘖:树木被砍伐后再生的枝芽。④濯濯:光秃的样子。⑤平旦:清晨。⑥旦昼:白天。⑦桎:刑具名,木制手铐。此指器械。⑧乡:通"向"。

【译文】 孟子说:"牛山的树木曾经是繁茂的,可是它生长在大城市的郊外,总有斧子去砍伐它,还能长得繁茂吗?这些树木日夜不停地生长繁殖着,雨水露珠滋润着它们,不是没有新条、嫩芽长出来,可是人们又紧跟着在这里放牧牛羊,因此才那样光秃。人们看见那山光秃秃的,就以为它不曾生长过树木,这难道是山的本性吗?在人的身上,难道没有仁义之心吗?之所以有人失掉了他的善良之心,也像斧子对待树木一样,天天砍它,怎么能让它繁茂呢?他在日里夜里萌生的善心,他在清晨触及的清新之气,这些在他心中所引发的好恶跟一般人也有点接近。然而,到了第二天白天做出的事,就把那点与常人相同的善心给泯灭了。反反复复地泯灭,那么他夜里心中萌生的良善就不能存在下去;夜里萌生的良善不能存留在心,那么他就和禽兽相差无几了。别人看见他是个禽兽,就以为他不曾有过好的资质,这难道是人的本性吗?因此说,假如得到好的滋养,没有东西不能生长;假如丧失了好的滋养,没有东西不会消亡。孔子说:'抓住了就存在,放弃了就失去;出来进去没有确定的时间,没谁知道它的去向。'说的就是人心吧?"

九

【原文】 孟子曰:"无或乎王之不智也①。虽有天下易生之物也,一日暴之②,十日寒之,未有能生者也。吾见亦罕矣,吾退而寒之者至矣,吾如有萌焉何哉?今夫弈之为数③,小数也;不专心致志,则不得也。弈秋,通国之善弈者也。使弈秋诲二人弈,其一人专心致志,惟弈秋之为听。一人虽听之,一心以为有鸿鹄将至④,思援弓缴而射之⑤,虽与之俱学,弗若之矣。为是其智弗若与?曰:非然也。"

【注释】 ①或:通"惑",疑惑。②暴:晾晒。③弈:围棋。数:技艺。④鸿鹄:鸟名,即天鹅。⑤缴:系于箭上的丝绳。

【译文】 孟子说:"难怪王不聪明。天下即使有容易生长的植物,晒它一天后,又冻它十天,没有能长得了的。我见您的次数也算很少了,我退居家中,把他冷淡到极点,纵使有善心萌动的情况,我能对它怎么办呢?下棋在各种技艺当中属于很小的技艺;可是,如果不全心全意,就学不好。弈秋是全国的下棋高手。假如让弈秋教两个人学下棋,其中一个人一心一意地学,只听弈秋的讲解。另一个人虽然也听着,但一心以为也许会有大雁飞来,想着拿起弓箭去射它,虽然和前一个人一起学下棋,但却不如那个人学得好。是因为他的聪明程度赶不上人家吗?当然不是这样。"

【原文】 孟子曰："鱼,我所欲也,熊掌,亦我所欲也;二者不可得兼,舍鱼而取熊掌者也。生,亦我所欲也,义,亦我所欲也;二者不可得兼,舍生而取义者也。生亦我所欲,所欲有甚于生者,故不为苟得也;死亦我所恶,所恶有甚于死者,故患有所不辟也。如使人之所欲莫甚于生,则凡可以得生者,何不用也?使人之所恶莫甚于死者,则凡可以辟患者,何不为也?由是则生而有不用也,由是则可以辟患而有不为也,是故所欲有甚于生者,所恶有甚于死者。非独贤者有是心也,人皆有之,贤者能勿丧耳。一箪食,一豆羹①,得之则生,弗得则死,呼尔而与之,行道之人弗受;蹴尔而与之②,乞人不屑也。万钟则不辩礼义而受之③。万钟于我何加焉?为宫室之美、妻妾之奉、所识穷乏者得我与?乡为身死而不受④,今为宫室之美为之;乡为身死而不受,今为妻妾之奉为之;乡为身死而不受,今为所识穷乏者得我而为之,是亦不可以已乎?此之谓失其本心。"

【注释】 ①箪:盛饭的竹器。豆:古代一种盛食物的器皿,形似高脚盘。②蹴:踢。③钟:容量单位,六斛四斗为一钟。④乡:通"向",以往。

【译文】 孟子说:"鱼是我喜爱的,熊掌也是我喜爱的;如果二者不能兼得,那么就舍弃鱼,而要熊掌。生命是我所喜爱的,大义也是我所喜爱的;如果二者不能兼得,那么就牺牲生命,而去取义。生命是我所喜爱的,如果所喜爱的有比生存更重要的,因此就不苟且偷生;死是我所厌恶的,所厌恶的东西如果胜过了死亡,因此就不躲避祸患。如果使人所厌恶的没有超过生命的,那么所有能够求生的方法,有什么不用的呢?如果使人所喜爱的没有超过死亡的,那么所有能够躲避祸患的方法。哪有不用的呢?从中可以生存的办法,却有人不用;从中能够躲避祸患的方法,却有人不用,因此可以看出,有比生命更让人想得到的,有比死亡更让人厌恶的。不只是贤德的人有这种心理,人人都有,只是贤德的人没有丧失它罢了。一筐饭,一碗汤,得到了就能活下来,得不到就会死,吆喝着给他,连过路的饿人都不愿接受;用脚踩后再给人,连乞丐都不屑接受。有人面对万钟的俸禄就不管是否合乎礼义,欣然接受。万钟的俸禄对我有什么益处呢?为了住房的豪华、妻妾的侍奉、所认识的穷人感激我吗?从前宁愿去死都不肯接受的,现在为了住房的豪华而接受了;从前宁愿去死都不愿接受的,现在为了妻妾的侍奉而接受了;从前宁愿去死都不肯接受的,现在为了自己认识的穷人感激我而接受了,这些不是可以不做的事吗?这就叫失掉了他的本性。"

十一

【原文】 孟子曰:"仁,人心也;义,人路也。舍其路而弗由①,放其心而不知求,哀哉!人有鸡犬放,则知求之;有放心而不知求。学问之道无他,求其放心而已矣。"

【注释】 ①由:经过,通过。

【译文】 孟子说:"仁指的是人心,义指的是人走的路。放弃那正道不走,丧失了善良的本性而不知道去寻找,可悲啊!人们有鸡狗走丢了,便知道去找回来;有丧失了善心的,却不知道去寻找。学问之道没有别的,就是找回来那丧失了的善心罢了。"

十二

【原文】 孟子曰:"今有无名之指,屈而不信①,非疾痛害事也,如有能信之者,则不远秦、楚之路,为指之不若人也。指不若人,则知恶之;心不若人,则不知恶,此之谓不知类也。"

【注释】 ①信:通"伸"。

【译文】 孟子说:"现在有人无名指弯曲伸展不开,不是很疼痛,也不妨碍做事,可是,如果有人能让它重新伸直,那么就是让他前往秦国、楚国去治,他也不会觉得路远,为的是无名指不及别人。手指不如别人,就知道厌恶;心性赶不上别人,却不知道厌恶,这就叫不知轻重。"

十三

【原文】 孟子曰:"拱把之桐梓①,人苟欲生之,皆知所以养之者。至于身,而不知所以养之者,岂爱身不若桐梓哉?弗思甚也。"

【注释】 ①拱把:指树木尚小。拱,两手合围。把,一手所握。

【译文】 孟子说:"一两把粗的桐树、梓树,假如人想要它生长起来,都知道怎么才能把它养大。说到自身,却不知道如何去修养,难道对自己的爱还赶不上对桐树、梓树的爱吗?实在是太不愿动脑了。"

十四

【原文】 孟子曰:"人之于身也,兼所爱。兼所爱,则兼所养也。无尺寸之肤不爱焉,则无尺寸之肤不养也。所以考其善不善者,岂有他哉?于己取之而已矣。体有贵贱,有小大。无以小害大,无以贱害贵。养其小者为小人,养其大者为大人。今有场师,舍其梧槚①，养其樲棘②，则为贱场师焉。养其一指而失其肩背，而不知也，则为狼疾人也③。饮食之人，则人贱之矣，为其养小以失大也。饮食之人无有失也，则口腹岂适为尺寸之肤哉④？"

【注释】 ①梧：梧桐树。槚：即楸树，木理细密，是上等木料。②樲：即酸枣。棘：荆棘。③狼疾：即"狼藉"，糊涂。④适：通"啻"，但，只。

【译文】 孟子说："人们对于自己的身体，无所不爱。全都爱护，就全都保养。没有一尺、一寸的肌肤不爱护，那么就没有一尺、一寸的肌肤得不到保养。因此，考察他保养得好与不好，难道有别的好办法吗？只要看他重点养护的是哪些部分就可以了。身体有至关重要的部分，有微不足道的部分；有小的部分，有大的部分。不要因为小的部分而损害大的部分，不要因为微不足道的部分而损害至关重要的部分。能保养好小的部分的是小人，能保养好大的部分的是君子。假如说有这样一个园艺家，把梧桐、梓树丢在一边。而去养护酸枣、荆棘，那么他就是个不称职的园艺家。假如有人只保养他的一根手指，而失掉了肩头、后背的功能，自己却还不知道，那便是个糊涂虫。只在吃喝上下功夫的人，人们看不起他，因为他保养小的部分，而失掉了大的部分。如果讲究吃喝的那些人没丢掉思想的培养，那么他们吃喝的目的难道只为保养口、腹这些小部分的需要吗？"

十五

【原文】 公都子问曰："钧是人也①，或为大人，或为小人，何也？"

孟子曰："从其大体为大人，从其小体为小人。"

曰："钧是人也，或从其大体，或从其小体，何也？"

曰："耳目之官不思，而蔽于物。物交物，则引之而已矣。心之官则思，思则得之，不思则不得也。此天之所与我者。先立乎其大者，则其小者不能夺也。此为大人而已矣。"

【注释】 ①钧：通"均"，同样。

【译文】 公都子问道："同样是人，有人是君子。有人是小人，这是为什么呢？"

孟子说："顺应身体重要器官需要的就是君子，顺应身体次要器官需要的就是小人。"

公都子又问："同样是人，有人顺应重要器官的需要，有人顺应次要器官的需要，这又是为什么呢？"

孟子回答说："耳朵、眼睛这类器官不会思考，所以被外物所蒙蔽。耳朵、眼睛也只不过是物。物与物接触，便会受到诱惑罢了。心的功能在于思考，思考了就会有所得，不思考就一无所获。这是上天赐予我们人类的。所以，心是重要器官。先把心这个重要器官

的地位树立起来，那么，那些次要的器官就不能夺走人心中的善性。这样就成为君子了。"

十六

【原文】 孟子曰："有天爵者，有人爵者。仁义忠信，乐善不倦，此天爵也；公卿大夫，此人爵也。古之人修其天爵，而人爵从之。今之人修其天爵，以要人爵；既得人爵，而弃其天爵，则惑之甚者也，终亦必亡而已矣。"

【译文】 孟子说："有天赐爵位，有社会爵位。仁义忠信，行善且乐此不疲，这是天赐的爵位；公卿大夫，这是社会的爵位。古时的人，修养自己的天赐爵位，然后社会爵位就随之而来。现在的人修养天赐爵位，以此来追逐社会爵位；得到社会爵位以后，就丢掉了天赐爵位，那实在是太糊涂了，最终必然连社会爵位也丧失掉。"

十七

【原文】 孟子曰："欲贵者，人之同心也。人人有贵于己者，弗思耳。人之所贵者，非良贵也。赵孟之所贵①，赵孟能贱之。《诗》云：'既醉以酒，既饱以德。'②言饱乎仁义也，所以不愿人之膏粱之味也③。令闻广誉施于身，所以不愿人之文绣也④。"

【注释】 ①赵孟：即春秋时晋国的执政大臣赵盾。此指代有权势的人。②诗句见《诗经·大雅·既醉》。③膏粱：指精美的食物。膏，指肥肉。粱，指谷类中的精细的小米。④文绣：绣有彩色花纹的衣服。

【译文】 孟子说："希求富贵，是人们的共同心理。每个人自身都有可宝贵的东西，只是不去想它罢了。别人给予的尊贵，不是真正的尊贵。赵孟所尊贵的，赵孟也能使他卑贱。"《诗经》说："酒已经喝醉，德已经享尽。'说的就是已经饱尝了仁义之德，因而不羡慕人家肥肉、精米的美味；广为人知的好名声集于一身，因而不羡慕别人的锦绣衣裳。"

十八

【原文】 孟子曰："仁之胜不仁也，犹水胜火。今之为仁者，犹以一杯水救一车薪之火也，不熄，则谓之水不胜火。此又与于不仁之甚者也，亦终必亡而已矣。"

【译文】 孟子说："仁能够战胜不仁，就像水能够灭火。如今施行仁德的人，就像拿一杯水来救一车木柴燃起的大火；灭不了火，就说水不能扑灭火，这些人又和很不仁的人一样了，最后连他们已有的那点仁德也会丧失掉。"

十九

【原文】 孟子曰:"五谷者,种之美者也。苟为不熟,不如荑稗^①。夫仁亦在乎熟之而已矣。"

【注释】 ①荑稗:即"稊稗"。荑,稗子类的草,结实,可作饲料。

【译文】 孟子说:"五谷是庄稼中的好东西;可是如果没成熟,还不如稗子之类的野草。仁也是这样,关键在于使它成熟罢了。"

二十

【原文】 孟子曰:"羿之教人射,必志于彀^①。学者亦必志于彀。大匠诲人,必以规矩,学者亦必以规矩。"

【注释】 ①彀:把弓拉满。

【译文】 孟子说:"羿教人射箭,一定要让人把弓拉满;学习的人也一定要努力把弓拉满。技艺高超的木工教导人,一定要遵循规矩,学习的人也一定要遵循规矩。"

大学

【导语】

《大学》是中国古代典籍名篇之一,原是《礼记》中的一篇,在唐代以前并没引起人们的特别关注。至唐代,韩愈等引用《大学》,开始为人所注目。到宋代,理学创始人程颢、程颐非常重视《大学》,称之为:"孔氏之遗书,而初学入德之门也。"南宋理学集大成者朱熹说:"天运循环,无往不复。宋德隆盛,治教休明。于是河南程氏两夫子出,而有以接乎孟氏之传。实始尊信此篇而表章之,既又为之次其简编,发其归趣,然后古者大学教人之法、圣经贤传之指,粲然复明于世。"后来朱熹又在二程基础上,重新别为次序,分经一章,传十章,并认为格物致知章已缺失,作了著名的《补传》。朱熹对大学的解释,是一种重新阐释,换言之,是从理学角度的新解。充分体现了心性之学,使《大学》升华为哲学。从此理学不仅接续道统之传,还有了自己的规模和节次。

但不是人人都固守朱注,反对朱注者也不乏其人。如明代王阳明就不赞成朱熹改正《大学》,而是持守古本,不是像朱熹那样突出格物穷理,而是注重诚意。王学在明代中后期成为学术界主导思潮,王门弟子遍布大江南北。但朱学也不乏传人,科举仍以《四书章句集注》为圭臬,因此,王学仍为民间之学。

清代考证学兴起,许多人摆脱理学,崇尚汉学,对"四书"有许多新解,更倾向古籍本义,但《大学》,特别是《中庸》,朱注还无法被取代。

到近代,孙中山先生表彰《大学》。他赞赏《大学》中的格物、致知、诚意、正心、修身、齐家、治国、平天下的修养目标和修养方法,认为这些都是"应该要保存"的中国的"独有宝贝"。以《大学》为规模和节次的中华文明的影响,由此可见一斑。

第一章

【题解】

　　此章朱本称"经一章"。明明德、新民、止于至善，就是朱熹所说的"三纲领"。格物、致知、诚意、正心、修身、齐家、治国、平天下就是朱熹所说的"八条目"。以上被朱熹称为"经"。《大学》的特点是有纲领有条目，有规模有节次。纲领引领全文，条目是细化的具体内容。纲举而目张，有很强的可操作性。规模是个大间架，好像一座大房子，节次就像里面的许多房间。进入房子必须有门，依次而入，不能超越。大的方向是焕发整个社会注重弘扬光明正大的德行，使人们弃恶从善，人人都达到完美的境界。所以要从自己开始，格物穷理，正心诚意，修身齐家，最后达到治国平天下的目的。

　　【原文】　大学之道①，在明明德②，在亲民③，在止于至善④。知止而后有定⑤，定而后能静，静而后能安，安而后能虑，虑而后能得⑥。物有本末⑦，事有终始。知所先后，则近道矣。

　　【注释】　①大学：相对于小学而言的"大人之学"。古代八岁入小学，学习"洒扫应对进退、礼乐射御书数"等文化基础知识和礼节；十五岁入大学，学习"穷理正心，修己治人"的学问。②明明德：前一个"明"字作使动词用，即"使彰明"，也就是发扬、弘扬的意思；后一个"明"字是形容词，明德，即光明正大的德性。③亲民：程颐说"亲"当作"新"，即革新、自新。新民，使人弃旧图新、去恶从善。④至善：最完善的境界。⑤知止：知道目的地。⑥定、静、安、虑、得：讲了心里认识、完善的过程，是儒家心性修养的重要途径，后人对此讨论很多。⑦本末：本是根，末是梢，即根本与枝末。这是古代重要的哲学概念。

　　【译文】　大学的宗旨，在于弘扬光明正大的品德，在于使人弃旧向新，在于使人的道德达到最完善的境界。知道应达到的境界才能够志向坚定，志向坚定才能够沉静，沉静才能够心神安定，心神安定才能够思虑详审，思虑详审才能够有所收获。每样东西都有根本有枝末，每件事情都有开始有终结。知道了这本末始终的程序，就接近事物发展的规律了。

　　【原文】　古之欲明明德于天下者，先治其国；欲治其国者，先齐其家①；欲齐其家者，先修其身②；欲修其身者，先正其心；欲正其心者，先诚其意；欲诚其意者，先致其知③；致知在格物④。

　　【注释】　①齐其家：治理好自己的家庭或家族。②修其身：修养自身的品性。③致

其知：使自己获得知识。④格物：认识、研究万事万物的道理。

【译文】　古代那些想要在天下弘扬光明正大品德的人，先要治理好自己的国家；想要治理好自己的国家，先要管理好自己的家庭和家族；想要管理好自己的家庭和家族，先要修养自身的品性；想要修养自身的品性，先要端正自己的心思；想要端正自己的心思，先要使自己的意念真诚；想要使自己的意念真诚，先要使自己获得知识；获得知识的途径在于认识、研究万事万物的道理。

【原文】　物格而后知至，知至而后意诚，意诚而后心正，心正而后身修，身修而后家齐，家齐而后国治，国治而后天下平。

【译文】　通过对万事万物道理的认识、研究后，才能获得知识；获得知识后，意念才能真诚；意念真诚后，心思才能端正；心思端正后，才能修养品性；品性修养后，才能管理好家庭和家族；管理好家庭和家族后，才能治理好国家；治理好国家后，天下才能太平。

【原文】　自天子以至于庶人①，壹是皆以修身为本②。其本乱，而末治者否矣。其所厚者薄，而其所薄者厚③，未之有也④。

【注释】　①庶人：指平民百姓。②壹是：都是。本：根本。③其所厚者薄：当重视的不重视。薄者厚：不该重视的反加以重视。④未之有也：即"未有之也"，没有这样的道理。

【译文】　上自一国君主，下至平民百姓，人人都要以修养品性为根本。若这个根本被扰乱了，家庭、家族、国家、天下要治理好是不可能的。如果不分先后、轻重、缓急，本末倒置，将应该重视的事情忽略了，应忽略的事情却重视起来，想要达到治国、平天下的目的，这也是从来没有的事。

第二章

【题解】

本章朱本称"传之首章，释明明德"。此章以下均被朱熹称为"传"。旧本此段文字在《诚意章》"此以没世不忘"句下，程颐、朱熹等移于此，和"明明德"正好相对应，很有道理。以上就是朱熹所说的"杂引经传"来说明"明明德"。

【原文】　《康诰》曰①："克明德②。"《大甲》曰③："顾諟天之明命④。"《帝典》曰⑤："克明峻德⑥。"皆自明也⑦。

【注释】　①《康诰》：《尚书·周书》中的一篇。②克：能够。③《大甲》：即《太甲》，

《尚书·商书》中的一篇。④顾：顾念。谩：是。明命：光明的德性。⑤《帝典》：即《尧典》，《尚书·虞书》中的一篇。⑥克明峻德：原句为"克明俊德"。俊与"峻"通，大，崇高。⑦皆：都。

【译文】 《尚书·康诰》说："能够弘扬光明的品德。"《尚书·太甲》说："顾念上天赋予的光明德性。"《尚书·尧典》说："能够弘扬崇高的品德。"这些话都是说要自己弘扬光明的品德。

第三章

【题解】
朱本称此章为"传之二章"，此章旧本在《诚意章》"皆自明也"下。也是"杂引经传"说明"新民"，就是要焕发君王和民众的道德精神。

【原文】 汤之《盘铭》曰①："苟日新②，日日新，又日新。"《康诰》曰："作新民③。"《诗》曰④："周虽旧邦⑤，其命惟新⑥。"是故君子无所不用其极⑦。

【注释】 ①汤：即成汤，商朝的开国君主。盘铭：刻在器皿上用来警戒自己的箴言。盘，这里指商汤的洗澡用具。②苟：如果。新：本义是指沐浴除去身体上的污垢，使身体焕然一新。引申义则是指心理道德上焕发新的面貌。③作：振作，激励。新民：可证前面说的"亲民"当作为"新民"说。意思就是使人去旧从新，振作自新。④《诗》曰：此指《诗经·大雅·文王》。⑤周：周朝。旧邦：旧国。⑥其命：指周朝所禀受的天命。惟新：革新。⑦是故：所以。君子：品德高尚的人。无所不用其极：这里是指道德的高度自我完善。

【译文】 成汤刻在澡盆上的箴言说："如果能够做到一天新，就应保持天天新，新了还要更新。"《尚书·康诰》说："激励人们焕发新的风貌。"《诗经·大雅·文王》说："周朝虽然是旧的国家，但却禀受了新的天命。"所以，有品德的人无时不追求最完善的道德境界。

第四章

【题解】
朱本称此章为"传之三章，释止于至善"。旧本"《诗》云邦畿千里"至"与国人交止于信"一段，在"是故君子无所不用其极"后。"《诗》云瞻彼淇澳"至"此以没世不忘也"一

段,在"故君子必诚其意"后。这是引经传和孔子话说明"止于至善"。从物各有当止之处,到人当有当止之处,再到圣人当止之处,所有当止之处,都应是至善。具体说来,从三个方面指出相互责任关系:即君要仁,要有仁爱之心;而臣相对应的是敬,尊重和严肃;父的品德要求是慈,要有慈爱之心;而儿子对应的是孝,对父母孝顺;民众彼此要讲求信,做到彼此诚信。这些品德都需要学习、自修、振作、发扬、磨砺,通过这些功夫,达到盛德至善的境界,使整个社会各得其所。

【原文】 《诗》云①:"邦畿千里②,惟民所止③。"《诗》云④:"缗蛮黄鸟⑤,止于丘隅⑥。"子曰:"于止⑦,知其所止,可以人而不如鸟乎⑧!"《诗》云⑨:"穆穆文王⑩,於缉熙敬止⑪!"为人君,止于仁;为人臣,止于敬;为人子,止于孝;为人父,止于慈;与国人交,止于信。

【注释】 ①《诗》云:此指《诗经·商颂·玄鸟》。②邦畿:古代天子都城及其周围的郊区。③止:居住的地方。④《诗》云:此指《诗经·小雅·绵蛮》。⑤缗蛮:即绵蛮,鸟鸣声。⑥止:栖息。丘隅:山丘的一个角落。⑦于止:对于居住的地方。⑧可以:何以,为什么。⑨《诗》云:此指《诗经·大雅·文王》。⑩穆穆:形容文王仪表深沉端庄,道德深远的样子。⑪ 於:叹美词。缉:继续。熙:光明。敬止:朱熹解为:"言其无不敬而安所止也。"

【译文】 《诗经·商颂·玄鸟》说:"天子的都城方圆千里,都是老百姓居住的地方。"《诗经·小雅·绵蛮》说:"绵绵蛮蛮叫着的黄鸟,栖息在山丘的一角。"孔子说:"就居止的地方来说,连黄鸟都知道它该栖息在什么地方,怎么人却不如鸟儿呢?"《诗经·大雅·文王》说:"深沉端庄、道德高尚的文王啊,不断地发扬他的光明美德,做事始终庄重谨慎。"做国君的,要做到仁爱;做臣子的,要做到恭敬;做子女的,要做到孝顺;做父亲的,要做到慈爱;与他人交往,要做到讲信用。

【原文】 《诗》云①:"瞻彼淇澳②,菉竹猗猗③。有斐君子④,如切如磋⑤,如琢如磨⑥。瑟兮僩兮⑦,赫兮喧兮⑧。有斐君子,终不可諠兮⑨!"如切如磋者,道学也⑩;如琢如磨者,自修也;瑟兮僩兮者,恂慄也⑪;赫兮喧兮者,威仪也;有斐君子,终不可諠兮者,道盛德至善,民之不能忘也。

【注释】 ①《诗》云:此指《诗经·卫凤·淇澳》。②淇:指淇水,在今河南北部。澳:水边。③菉:通"绿"。猗猗:美丽茂盛的样子。④斐:文质彬彬的样子。⑤如切如磋:如同对骨角进行切割磋光一样。⑥如琢如磨:如同对玉石进行雕琢打磨一样。⑦瑟兮僩兮:严谨宽大的样子。瑟,严谨。僩,宽大。⑧赫兮喧兮:光明煊赫的样子。⑨諠:忘记。

⑩道：说，言。⑪恂慄：戒惧的样子。

【译文】《诗经·卫风·淇澳》说："看那淇水弯弯的岸边，嫩绿的竹子郁郁葱葱。有一位文质彬彬的君子，研究学问如加工骨器，不断切磋；修炼自己如打磨美玉，反复琢磨。他是那样严谨，胸怀宽大，是那样的光明煊赫。这样一个文质彬彬的君子，真是令人难以忘怀啊！"这里所说的"如加工骨器，不断切磋"，是指做学问的态度；这里所说的"如打磨美玉，反复琢磨"，是指自我修炼的精神；说他"严谨宽大"，是指他内心谨慎而有所戒惧；说他"光明煊赫"，是指他仪表堂堂；说"这样一个文质彬彬的君子，真是令人难以忘怀啊"，是指他品德非常高尚，达到了最完善的境界，所以使人难以忘怀。

【原文】《诗》云①："於戏②！前王不忘③。"君子贤其贤而亲其亲，小人乐其乐而利其利，此以没世不忘也④。

【注释】①《诗》云：此指《诗经·周颂·烈文》。②於戏：同"呜呼"，叹词。③前王：指周文王、周武王。④此以：因此。没世：去世。

【译文】《诗经·周颂·烈文》说："啊，前代的君王真使人难忘啊！"这是因为君子们能够以前代的君王为榜样，尊重贤人，亲近亲人，一般平民百姓也都蒙受恩泽，享受安乐，获得利益。所以，虽然前代君王已经去世，但人们还是永远不会忘记他们。

第五章

【题解】

朱本称此章为"传之五章，释知本"。旧本在"止于信"下，朱熹移于此。此章征引孔子的话，说明要知道只要我有光明正大的德行，自然民心就会畏服，故狱讼不待听断，自然就没了。看这句话，就知道本末先后次序了。

【原文】子曰①："听讼②，吾犹人也③，必也使无讼乎！"无情者不得尽其辞④。大畏民志⑤，此谓知本⑥。

【注释】①子曰：子指孔子。这段话见《论语·颜渊》。②听讼：听诉讼，审案。③犹人：同别人一样。犹，如同。④情：实。不得尽其辞：不能够巧言辩说。⑤民志：民心，人心。⑥知本：知道本末次序。

【译文】孔子说："审理案子，我也和别人有一样的想法，一定要让人们不再争讼。"圣人使隐瞒真实情况的人不敢狡辩。使人心畏服，这就是知道根本。

第六章

【题解】

朱熹称此章为"传之五章,释格物致知之义"。因阙失作补传。补传反映了朱熹的完整认识论。朱熹讲的理,包括物理,但主要内涵是仁义礼智四德。"明德"的内涵也是此四德。这同《大学》本意已有不同。《大学》更强调认识外部事物,而朱熹更是要焕发内心固有的道德意识。

【原文】 (此谓知本①。)

〔所谓致知在格物者,言欲致吾之知,在即物而穷其理也。盖人心之灵莫不有知,而天下之物莫不有理,惟于理有未穷,故其知有不尽也。是以《大学》始教,必使学者即凡天下之物,莫不因其已知之理而益穷之,以求至乎其极。至于用力之久,而一旦豁然贯通焉,则众物之表里精粗无不到,而吾心之全体大用无不明矣。此谓物格②。〕此谓知之至也。

【注释】 ①此谓知本:程颐、朱熹都认为此句是衍文。与上句重复,当删。②"所谓致知在格物者"至"此谓物格"为朱熹取程颐之意所做的补传。

【译文】 所说的要想获得知识,就必须认识、研究事物,是指要想获得知识,就必须接触事物而彻底穷尽它的道理。大概人的心都是灵动的,都具有认知能力,而天下事物都有一定的道理,只不过因为这些道理还没有被彻底认识,所以使人的知识很有限。因此,《大学》一开始就教人接触天下万事万物,用自己已有的知识去进一步探究,以彻底认识万事万物的道理。经过长期用功,总有一天会豁然贯通,到那时,万事万物的里外精粗都被认识得清清楚楚,而自己内心的一切道理都得到呈现,再也没有蔽塞。这就叫万事万物被认识、研究了,这就叫知识达到了顶点。

第七章

【题解】

本章朱熹称之"传之六章,释诚意"。此章是古人讨论最多的一章。朱熹认为诚意是"自修之首","进德之基"。"意"是心里最初发出的念头,道德修养第一个念头就要真实,否则一伪百伪。真实念头自自然然,心安理得,很满足,很快乐。所以君子要慎独。独有二义,一是独处,无人看你,要谨慎自己行为。二是独知,你的念头,大庭广众之中,别人也不知道,而自己知道,这更需要谨慎。正是《大学》提出了"慎独"这个概念,宋明以后思想家都讨论它,有的人还以它为学术宗旨。在本章中,还第一次引用了曾子的话。曾子学术以孝与敬慎为宗,这大概是朱熹以此篇为曾子所做的理由之一。我倒觉得由此可证明《大学》的作者可能晚于曾子。

【原文】 所谓诚其意者①:毋自欺也②。如恶恶臭③,如好好色④,此之谓自谦⑤。故君子必慎其独也⑥!小人闲居为不善⑦,无所不至,见君子而后厌然⑧,掩其不善⑨,而著其善⑩。人之视己,如见其肺肝然,则何益矣。此谓诚于中⑪,形于外,故君子必慎其独也。曾子曰⑫:"十目所视,十手所指,其严乎!"富润屋⑬,德润身⑭,心广体胖⑮。故君子必诚其意。

【注释】 ①诚其意者:使意念真实无妄。②毋:不要。③恶恶臭:厌恶腐臭的气味。臭,气味。④好好色:喜爱美丽的女子。⑤谦:通"慊",满足。⑥慎其独:一个人独处独知时也谨慎、不苟。⑦闲居:即独处。⑧厌然:掩藏、躲闪的样子。⑨掩:遮盖。⑩著:显示。⑪ 中:指内心。⑫ 曾子:孔子弟子,名参,字子舆。⑬ 润屋:修饰房屋。⑭ 润身:修养自身。⑮ 心广体胖:心胸宽广,身体安适舒泰。朱熹注:"胖,安舒也。"这里采用朱注。

【译文】 所谓使意念真诚:是说不要自己欺骗自己。就像厌恶恶臭的气味一样,要像喜爱美色一样,一切都发自内心的真实,这样才能使自己心满意足。所以,君子哪怕是在一个人独处独知的时候,也一定要戒慎。小人在平时为非作歹,做尽坏事,及至见到君子便遮遮掩掩,掩盖自己的邪恶行径,而显示其如何善良。殊不知,别人看自己,就像看见自己的心肺肝脏的样子,掩盖有什么益处呢?这就是说内心的真实总要表现到外面的,所以,君子哪怕是在一个人独处独知的时候,也一定要戒慎。曾子说:"十只眼睛看着你,十只手指点着你,这是多么可怕啊!"财富能润饰房屋,道德却可以润饰身心,心胸宽广,而身体自然安适舒泰。所以,君子一定要使自己的意念真诚。

第八章

【题解】

本章朱熹称之为"传之七章,释正心修身"。大意是:开始的念头真实无妄了,但身心情志还要磨炼,因"心"比"意"更宽泛,所以才叫"正心"。正心有许多方面,如理想、气质、认知、情感等都属于心的范围,但这里特别突出情感和认知,愤怒会使人偏激,恐惧会使人胆怯,过分的喜好会使人偏离正道,不端正这些情志,思想恍惚不专一,那就无法认

知事物了。总之把握好情志,执一无适、聚精会神是正心的关键。

【原文】 所谓修身在正其心者,身有所忿懥①,则不得其正;有所恐惧,则不得其正;有所好乐,则不得其正;有所忧患,则不得其正。心不在焉,视而不见,听而不闻,食而不知其味。此谓修身在正其心。

【注释】 ①身:程颐认为"身"当作"心",译文采用程氏说法。忿懥:愤怒。

【译文】 所谓修身要先端正自心,是因为心有愤怒,就不能够端正;心有恐惧,就不能够端正;心有偏好,就不能够端正;心有忧虑,就不能够端正。心思被不端正念头所困扰,就会心不在焉:虽然在看,但却看不明了;虽然在听,但却像没有听见一样;虽然在吃东西,但却不知道食物滋味。这就是说,修身必须要先端正自心。

第九章

【题解】

本章朱熹称之为"传之八章,释修身齐家"。修身要注意自身的情感,情感容易走向一偏之极端,好恶不能简单二分,因为常人有优点,也会有缺点,所以人的认识也必须"好而知其恶,恶而知其美"。就像俗话所说的溺爱者不明,贪得者无厌,都是一偏之害,所以家也不会治理好。家庭内部感情很重要,没有感情,家也会貌合神离,但感情用事,也会导致家庭不和。这是古人早已明白的道理。《论语·颜渊》有:"子张问崇德辨惑。子曰:'主忠信,徙义,崇德也。爱之欲其生,恶之欲其死。既欲其生,又欲其死,是惑也。'"正好启发了本章。

【原文】 所谓齐其家在修其身者,人之其所亲爱而辟焉①,之其所贱恶而辟焉②,之其所畏敬而辟焉,之其所哀矜而辟焉③,之其所敖惰而辟焉④。故好而知其恶⑤,恶而知其美者,天下鲜矣⑥!故谚有之曰⑦:"人莫知其子之恶,莫知其苗之硕⑧。"此谓身不修不可以齐其家。

【注释】 ①之:这里相当"于",即"对于"。辟:偏颇,偏向。②恶:厌恶。③衷矜:同情,怜悯。④敖:通"傲",骄傲。惰:怠慢。⑤好:喜好。⑥鲜:少。⑦谚:俗语。⑧硕:大,苗壮。

【译文】 所谓治好自家在于先修养自己,是因为人们会有种种情感和认识偏差;对于自己所亲爱的人,往往会过分偏爱;对于自己轻贱和厌恶的人,往往会过分轻贱厌恶;对于自己敬畏的人,往往会过分敬畏;对于自己同情的人,往往会过分同情;对于自己轻

211

视和怠慢的人,往往会过分轻视和怠慢。因此,喜爱某人同时又知道那人的缺点,厌恶某人同时又知道那人的优点,这种人天下很少见了。所以俗话有这样说法:"由于溺爱,人不知道自己孩子的过失;由于贪得,人看不到自己庄稼的苗壮。"这就是不修养自身就不能治好自家的道理。

<h1 style="text-align:center">第十章</h1>

【题解】

本章朱本称之为"传之九章,释齐家治国"。中国古代社会是宗法社会,是一个家族统治千百万个家族的社会。国君的家族十分庞大,家族内部常有纷争,纷争有时会流血,甚至导致衰败。所以管理好家庭和整个家族是个大问题。家庭的管理,最好的方法是树立孝悌、仁慈、礼让等道德观念,孝悌是敬长,仁慈是爱幼,礼让则和逊不争,实行这种精神,家庭就会和谐。用推己及人的恕道,把这种观念推广到社会,社会也会和谐安定。榜样力量是无穷的,国君这样做,全国都会跟着做。《诗经》里许多诗句都是讲家庭和睦的,来嫁的子妇,家族的兄弟,都应如此,然后才能做出榜样。《论语·卫灵公》:"子贡问曰:'有一言而可以终身行之者乎?'子曰:'其恕乎!己所不欲,勿施于人。'"后儒把它概括成"推己及人"的原则,现在人们还用这一原则思考,如换位思考,替别人想一想等,都包含了这种精神。

【原文】 所谓治国必先齐其家者,其家不可教而能教人者,无之。故君子不出家而成教于国。孝者,所以事君也;弟者①,所以事长也;慈者②,所以使众也。《康诰》曰:"如保赤子③。"心诚求之,虽不中不远矣④。未有学养子而后嫁者也。一家仁,一国兴仁;一家让,一国兴让;一人贪戾⑤,一国作乱。其机如此⑥。此谓一言偾事⑦,一人定国。尧、舜帅天下以仁⑧,而民从之;桀纣帅天下以暴⑨,而民从之。其所令反其所好,而民不从。是故君子有诸己而后求诸人⑩,无诸己而后非诸人。所藏乎身不恕⑪,而能喻诸人者⑫,未之有也。故治国在齐其家。

【注释】 ①弟:同"悌",指弟弟尊重兄长。②慈:慈爱。指父母爱子女。③如保赤子:《尚书·周书·康诰》原文作:"若保赤子。"意思是保护平民百姓如母亲养护婴儿一样。④中:达到目标。⑤贪戾:贪婪,暴戾。⑥机:本指弩箭上的发动机关,引申为关键。⑦偾:败,坏。⑧尧、舜:即尧帝和舜帝,儒家认为是圣君的代表。帅:同"率",率领,统帅。⑨桀:夏代最后一位君主。纣:即殷纣王,商代最后一位君主。二人历来被认为是暴君的

代表。⑩诸:"之于"的合音。⑪ 恕:即恕道。孔子说:"己所不欲,勿施于人。"意思是说,自己不喜欢的事物,也不要强加于别人。这种推己及人,将心比心的品德就是儒学所倡导的恕道。⑫ 喻:晓喻。

【译文】 所谓治理国家必须先治好自己的家庭,是说连自己家人都不能管教好而能管教好别人,这是没有的事。所以,有修养的人不出家门就能完成对整个国家的教育。孝顺父母,可以用于侍奉君主;恭敬兄长,可以用于侍奉尊长;慈爱子女,可以用于对待民众。《康诰》说:"爱人民如同爱护婴儿一样。"内心真有这种仁爱的追求,即使达不到目标,也不会相差太远。要知道,没有谁先学会了养护孩子再去嫁人的啊!国君一家仁爱,一国人受到感化,也会兴起仁爱;国君一家礼让,一国人也会受到感化,兴起礼让;国君一人贪婪暴戾,一国人就会受到影响,纷纷作乱。其关联就是这样紧密。这就叫作:一句话可以败坏大事,一个人可以安定国家。尧、舜用仁政统率天下,老百姓就跟随着学仁爱;桀、纣用暴政统率天下,老百姓就跟随着学凶暴。国君的命令与自己的实际做法相反,老百姓是不会依从的。所以,品德高尚的君子,总是自己先做到,然后才要求别人做到;自己先不这样做,然后才要求别人不这样做。如果自己不采取这种推己及人的恕道,而晓喻他人按自己的意思去做,那是未曾有过的。所以说,君主要治理好国家必须先治理好自己的家庭。

【原文】 《诗》云①:"桃之夭夭②,其叶蓁蓁③。之子于归④,宜其家人⑤。"宜其家人,而后可以教国人。《诗》云⑥:"宜兄宜弟。"宜兄宜弟,而后可以教国人。《诗》云⑦:"其仪不忒⑧,正是四国⑨。"其为父子兄弟足法,而后民法之也。此谓治国在齐其家。

【注释】 ①《诗》云:此指《诗经·周南·桃夭》。②夭夭:鲜嫩、美丽的样子。③蓁蓁:茂盛的样子。④之子:这个女子。于归:指女子出嫁。⑤宜:善。⑥《诗》云:此指《诗经·小雅·蓼萧》。⑦《诗》云:此指《诗经·曹风·鸤鸠》。⑧仪:仪表。忒:差错。⑨正是:做正面榜样。四国:四周围的邦国。

【译文】 《诗经·周南·桃夭》说:"桃花美艳艳,桃叶绿蓁蓁。此女嫁来了,和睦一家人。"让自家人都和睦,然后才能教育一国的人都和睦。《诗经·小雅·蓼萧》说:"兄弟和睦。"兄弟和睦了,然后才能教育一国的人都和睦。《诗经·曹风·鸤鸠》说:"仪容无差错,教正四方国。"只有当一个人无论是作为父亲、儿子,还是兄长、弟弟都值得人效法时,老百姓才会去效法他。这就是要治理国家必须先治理好自己家庭的道理。

第十一章

【题解】

本章朱本称之为"传之十章,释治国平天下"。治国要有治国原则,这个原则就是治国者要慎德。有了孝悌慈幼等标准,就可以推己及人,实施絜矩之道。"民之所好好之,民之所恶恶之"。天命是由民心决定的,"得众则得国,失众则失国"。要知道有德与人、土、财、用的关系。有德才能得众有人,得众有人才能有土立国,有土立国才会有财货,有财货才能满足需要。所以德是本,财是末。治国者不能与民争财,财是大家所同欲的,不能做到大家同欲,而要专欲,人民就要起来争夺了。悖理得到的财货,不能保持长久。财货不是本不是宝,只有善和善人才是本才是宝。国家得到有贤智的人才能治理,排斥贤智者,不能保有子孙和人民。君子靠忠信得天下,骄奢淫逸便失天下,这是治国的大道。同样理财也有大道,必须解决好生产者和消费者,创造者和享用者关系。前者要许多人参加,而且要努力工作;后者人要少,而且不能过度。这样财货就能长久满足。过度的聚敛财富,与民争利,甚至伤民之力,那会天灾人祸并至,那时即使有好人,也没办法了。正如朱熹所言:"此章之义,务在与民同好恶而不专其利,皆推广絜矩之义也。能如是,则亲贤乐利各得其所,而天下平矣。"本章格言是,"好人之所恶,恶人之所好,是谓拂人之性,灾必逮夫身"。这是屡屡被历史所证明的治国理念。

【原文】 所谓平天下在治其国者,上老老而民兴孝①;上长长而民兴弟②;上恤孤而民不倍③。是以君子有絜矩之道也④。所恶于上,毋以使下;所恶于下,毋以事上;所恶于前,毋以先后;所恶于后,毋以从前;所恶于右,毋以交于左;所恶于左,毋以交于右。此之谓絜矩之道。

【注释】 ①老老:尊敬老人。②长长:尊重长辈。弟:同"悌"。③恤:体恤,周济。孤:孤儿。倍:通"背",背弃。④絜矩之道:指言行要有规矩准绳,要有示范作用。推己及人,使上下四方均齐方正。絜,量度。矩,画直角或方形用的尺子,引申为法度、规则。

【译文】 所谓平定天下在于先治理好自己的国家,是因为,在上位的人尊敬老人,老百姓就会兴起孝顺自己父母的风气;在上位的人尊重长辈,老百姓就会形成尊重长者的风气;在上位的人怜恤孤幼,老百姓也同样不会背弃这一美德。所以,君子总是实行以身作则,推己及人的"絜矩之道"。凡是处于上位的人的某种作为为我所厌恶,就不用这种做法去对待处于下位的人;凡是处于下位的人的某种作为为我所厌恶,就不用这做法去对待处于上位的人；我若厌恶前面的人的作为，就不用这种做法去对待后面的人；我若厌恶后面的人的某种做法，就不用这种做法去对待前面的人；我若厌恶右边的人的某种做法，就不用这种做法去对待左边的人；我若厌恶左边的人的某种做法，就不用这种态度去对待右边的人。这就叫作推己及人的"絜矩之道"。

【原文】　《诗》云①："乐只君子②，民之父母。"民之所好好之，民之所恶恶之，此之谓民之父母。《诗》云③："节彼南山④，维石岩岩⑤。赫赫师尹⑥，民具尔瞻⑦。"有国者不可以不慎，辟则为天下僇矣⑧。《诗》云⑨："殷之未丧师⑩，克配上帝⑪。仪监于殷⑫，峻命不易⑬。"道得众则得国，失众则失国。是故君子先慎乎德。有德此有人⑭，有人此有土，有土此有财，有财此有用。德者，本也；财者，末也。外本内末，争民施夺⑮。是故财聚则民散，财散则民聚。是故言悖而出者，亦悖而入⑯；货悖而入者，亦悖而出。

【注释】　①《诗》云：此指《诗经·小雅·南山有台》。②乐：快乐，喜悦。只：语助词。③《诗》云：此指《诗经·小雅·节南山》。④节：高大。⑤岩岩：险峻的样子。⑥师尹：太师尹氏。尹姓是周朝的世卿，祖先尹佚在武王时有功，尹吉甫辅佐宣王有功。此位尹太师因勾结小人，祸乱国政，是诗中谴责的对象。太师是周代的三公之一。⑦具：通"俱"，都。尔：你。瞻：瞻仰，仰望。⑧辟：偏私，邪僻。谬：通"戮"，杀戮。⑨《诗》云：此指《诗经·大雅·文王》。⑩丧师：失去民众。⑪克配：能够配合。⑫仪：宜。监：鉴戒。⑬峻命：大命。不易：指不容易保有。⑭此：乃，才。⑮争民：与民争利。施夺：施行劫夺。⑯悖：逆。

【译文】　《诗经·小雅·南山有台》说："快乐的国君啊，是人民的父母。"人民喜爱的，他也喜爱；人民憎恶的，他也憎恶，这样的国君就可以称得上是人民的父母。《诗经·小雅·节南山》说："高大的南山，岩石巍峨耸立。显赫的尹太师，百姓都看着你。"握有国家大权的人不可不谨慎，邪僻失道就会被天下人诛戮。《诗经·大雅·文王》说："殷朝没有失民心的时候，还是能够与上帝的要求相符的。请用殷朝做个鉴戒吧，守住天命并不是一件容易的事。"这就是说，得到民心就能得到国家，失去民心就会失去国家。所以，君子首先注重修养德行。有道德才会有人拥护，有人拥护才能有土地，有土地才会有财富，有财富才能供使用。道德是根本，财富是枝末。假若轻根本而重枝末，那就会和老百姓争夺利益而实行劫夺之术。所以，君王聚敛财富，民心就会失散；君王散财于民，民心就会聚在一起。这正如说话悖逆道理，也会有悖逆道理的话回报；财货悖逆情理而来，也会悖逆情理地失去。

【原文】　《康诰》曰："惟命不于常①。"道善则得之，不善则失之矣。《楚书》曰："楚

国无以为宝,惟善以为宝。"②舅犯曰③:"亡人无以为宝④,仁亲以为宝。"《秦誓》曰⑤:"若有一个臣,断断兮无他技⑥,其心休休焉⑦,其如有容焉⑧。人之有技,若己有之。人之彦圣⑨,其心好之,不啻若自其口出⑩,实能容之。以能保我子孙黎民,尚亦有利哉!人之有技,媢疾以恶之⑪;人之彦圣,而违之俾不通⑫,实不能容。以不能保我子孙黎民,亦曰殆哉!"唯仁人放流之⑬,进诸四夷⑭,不与同中国⑮。此谓唯仁人为能爱人,能恶人。见贤而不能举,举而不能先,命也⑯。见不善而不能退,退而不能远,过也。好人之所恶,恶人之所好,是谓拂人之性⑰,灾必逮夫身⑱。

【注释】　①命:天命。②"《楚书》"句:《楚书》为楚昭王时史书。楚昭王派王孙圉出使晋国。晋国赵简子问楚国珍宝美玉现在怎么样了。王孙圉答道:楚国从来没有把美玉当作珍宝,只是把善人如观射父这样的大臣看作珍宝。事见《国语·楚语》。汉代刘向的《新序》中也有类似的记载。③舅犯:晋文公重耳的舅舅狐偃,字子犯。④亡人:流亡的人,指重耳。鲁僖公四年十二月,晋献公因受骊姬的谗言,逼迫太子申生自缢而死。重耳避难逃亡在外。在狄国时,晋献公逝世。秦穆公派人劝重耳归国掌政。重耳将此事告诉子犯,子犯以为不可,对重耳说了这几句话。语见《礼记·檀弓下》。⑤《秦誓》:《尚书·周书》中的一篇。⑥断断:真诚的样子。⑦休休:宽宏大量。⑧有容:能够容人。⑨彦圣:指德才兼备。圣,明。⑩不啻:不但。⑪媢疾:妒嫉。《尚书·秦誓》作"冒疾"。⑫违:阻抑。俾:使。⑬放流:流放。⑭进:即"屏",驱逐。四夷:四方之夷。夷,指古代东方的部族。⑮中国:中原。⑯命:东汉郑玄认为应该是"慢"字之误,慢,即轻慢。⑰拂:逆,违背。⑱逮:及,到。夫:助词。

【译文】　《尚书·康诰》说:"只有天命是不会常保的。"这就是说,行善便会得到天命,不行善便会失去天命。《楚书》说:"楚国没有什么是宝,只是把善人当作宝。"舅犯说:"流亡在外的人没有什么是宝,只是把仁爱亲人当作宝。"《尚书·秦誓》说:"假若有这样一位大臣,忠厚老实而没有什么特别的本领,但他心胸宽广,有容人之量。别人有本领,就如同他自己有一样;别人德智兼备,他心悦诚服,不只是在口头上说说,而是实实在在能容纳。用这种人,是可以保护我的子孙和人民的,而且还是有利的啊!相反,假若别人有本领,他就妒嫉、厌恶人家;别人德智兼备,他便想方设法压制、阻挠,使君主不知道他的才德,这实实在在是不能容人。用这种人,不仅不能保护我的子孙和人民,而且可以说是很危险!"因此,有仁德的人会把这种容不得人的人流放,把他们驱逐到边远的四夷之地去,不让他们与自己同住在中原。这说明,有仁德的人能爱护好人,也能憎恨坏人。发现贤才而不能选拔,选拔了而不能优先重用,这是轻慢。发现恶人而不能罢免,罢免了

而不能把他驱逐得远远的,这就是过错。喜欢众人所厌恶的,厌恶众人所喜欢的,这是违背人的本性,灾难必定要落到自己身上。

【原文】 是故君子有大道:必忠信以得之,骄泰以失之①。生财有大道:生之者众,食之者寡,为之者疾②,用之者舒③,则财恒足矣。仁者以财发身④,不仁者以身发财。未有上好仁而下不好义者也,未有好义其事不终者也,未有府库财非其财者也。孟献子曰⑤:"畜马乘不察于鸡豚⑥,伐冰之家⑦,不畜牛羊;百乘之家⑧,不畜聚敛之臣⑨。与其有聚敛之臣,宁有盗臣⑩。"此谓国不以利为利,以义为利也。长国家而务财用者⑪,必自小人矣。彼为善之,小人之使为国家,灾害并至。虽有善者,亦无如之何矣⑫!此谓国不以利为利,以义为利也。

【注释】 ①骄泰:骄横放纵。②疾:快,迅速。③舒:舒缓。④发身:修身。发,发达、发起。⑤孟献子:鲁国大夫,姓仲孙,名蔑。⑥畜:养。乘:指用四匹马拉的车。畜马乘,是士人初做大夫官的待遇。察:关注。⑦伐冰之家:指丧祭时能用冰的人家。是卿大夫类高官的待遇。⑧百乘之家:拥有一百辆车的人家,指有封地的诸侯王。⑨聚敛之臣:搜刮钱财的家臣。聚,聚集。敛,征收。⑩盗臣:盗窃府库财物的家臣。⑪长国家:成为国家之长,指君王。⑫无如之何:没有办法。

【译文】 所以,做国君的人有正道:必定遵循忠诚信义,以获得天下;若骄奢放纵,便会失去天下。生产财物也有正道:要让生产财物的人多,消费财物的人少;要让生产财物的人勤奋,消费财物的人节俭。这样,国家财富便会经常充足了。仁爱的人散财以提高自身的德行而得民,不仁的人不惜以生命为代价去聚敛财物。没有在上位的人喜爱仁德,而在下位的人却不喜爱忠义的;没有喜爱忠义,而做事却半途而废的;没有国库里的财物不是属于国君的。孟献子说:"具备马匹车辆的士大夫之家,就不该再去计较养鸡养猪的小利;祭祀能够用冰的卿大夫家,就不要再去养牛养羊牟利;拥有百辆兵车的诸侯之家,就不要去收养搜刮民财的家臣。与其有搜刮民财的家臣,还不如有偷盗自家府库的家臣。"这意思是说,一个国家不应该以财利为利益,而应该以道义为利益。做了国君却还一心想着聚敛财货,这必然是有小人在诱导。而那国君还以为这些小人是好人,让他们去处理国家大事,结果是天灾人祸一齐降临。这时虽有贤能的人,却也没有办法挽救了。所以,一个国家不应该以财货为利益,而应该以道义为利益。

中庸

【导语】

　　《中庸》是儒家重要经典,它同《易经》一样,都是儒家的理论渊薮。不过《易经》比《中庸》影响大,涵盖面广,而《中庸》是宋以后儒者研读的重点。儒学,特别是理学,许多概念、命题出自《中庸》,许多理学大家持守《中庸》的信条,许多儒者用《中庸》的方法论思考,从而可以看出,《中庸》对中华文明的形成有着深远的影响。

　　《中庸》在儒家典籍中,是高层次的理论色彩浓厚的著作。读通、读懂很不容易。朱熹认为读四书应最后读《中庸》,突出它的高深性。为了增加它的可读性,本书采取解读、注释、翻译形式。三种形式各自成篇,又彼此照应。此次诠释《中庸》,以《四书集注》中的《中庸章句》为底本,文字、章节——依从《章句》。注释博采众长,不固守宋儒。译文与正文和注解相对应。解读突出概念命题及章节的内在联系,有时采用朱说,有时觉得朱说过于勉强者,则另辟蹊径,有的地方仅为笔者一得之见。不当之处,在所难免,敬请同道和读者指正。

第一章

【题解】

　　本章先讲天命,这里讲的命,不是指富贵、贫贱、寿夭等命定内容,而是指个人的禀赋而言,人的禀赋是自然形成的,这就是含有道德内容的性。人人遵循各自的性,在日常生活中,就知道当做什么,不当做什么,这就有了常规,这就是道。从道入手,修饰品节,这就是教化。从道不可片刻离开引入话题,强调在《大学》里面也阐述过的"慎其独"问题,要求人们加强道德自觉,谨慎地修养自己。

　　个人修养特别提出了"中和"这一范畴,进入全篇的主题。"中和"是儒学的重要范畴之一,历来有各种各样的理解。本章是从情的角度切入,对中和做出基本的解释。按照本章的意思,在一个人还没有表现出喜怒哀乐的情感时,心中是平静的,不偏不倚的,所以叫作"中"。喜怒哀乐总是要发露出来的,但发出来要有节度,无过不及,这就叫作"和"。人人都达到"中和"的境界,整个社会大家都心平气和,社会和自然界很和谐,天下也就太平无事了。这里讲的中和,实际就是中庸。前人说:"以性情言之,则曰中和;以德行言之,则曰中庸。"大体不错。

本章具有全篇纲要的性质,所谓"一篇之体要"。其下十章,大体都围绕本章内容而展开。用朱熹的话来说是"子思引夫子之言,以终此篇之义"。的确都是引孔子的话。

【原文】 天命之谓性①,率性之谓道②,修道之谓教③。道也者,不可须臾离也④,可离非道也。是故君子戒慎乎其所不睹⑤,恐惧乎其所不闻⑥。莫见乎隐⑦,莫显乎微,故君子慎其独也⑧。喜怒哀乐之未发,谓之中⑨;发而皆中节⑩,谓之和⑪。中也者,天下之大本也;和也者,天下之达道也⑫。致中和⑬,天地位焉⑭,万物育焉⑮。

【注释】 ①天:指自然的天。命:赋予。朱熹《中庸章句》中说:"天以阴阳五行化生万物,气以成形,而理亦赋焉,犹命令也。"性:人性。②率:遵循,按照。道:路,引申为规律、法则。朱熹《四书章句集注》中说:"犹路也。人物各循其性之自然,则其日用事物之间,莫不各有当行之路,是则所谓道也。"③修:修明,节制。教:教化,包括礼、乐、刑、政等。④须臾:片刻。⑤不睹:看不见的地方。⑥不闻:听不到的事情。⑦莫:在这里是"没有什么更……"的意思。见:同"现",显现。乎:于。⑧独:独处或独知时。⑨中:指不偏不倚的状态。⑩中节:符合法度。⑪和:和谐,不乖戾。⑫达道:天下古今必由之路,也指普遍规律。⑬致:达到。⑭位:安于所处的位置。⑮育:成长发育。

【译文】 天赋与人的禀赋叫作性,遵循天性而行叫作道,按照道的原则修养叫作教。道是不可以片刻离开的,如果可以离开,那就不是道了。所以,君子在别人看不见的地方也是谨慎的,在别人听不见的地方也是有所戒慎畏惧的。越是隐秘的事情越是容易显露,越是细微的事情越是容易显现。所以,君子在一个人独处独知的时候,更要谨慎。喜怒哀乐各种感情没有表现出来的时候,叫作中;表现出来以后符合节度,叫作和。中是天下的根本;和是天下普遍遵循的规律。达到中和的境界,天地便各在其位了,万物的生长就茂盛了。

第二章

【题解】

本章提出了"时中"的概念。《论语·先进》记载:"子贡问:'师与商也孰贤?'子曰:'师也过,商也不及。'曰:'然则师愈与?'子曰:'过犹不及。'"这是对"中"解释的根据之一。但"中无定体,随时而在",也就是说中是处于变动不居之中,这就需要随时处中,这就是"时中"。"时中"和"在中"是两种不同的存在形态,但都是中,只是有已发未发之别

罢了。君子有此德行,而又随时处中,戒慎恐惧,所以能体现中庸。小人不知修养,任意妄行,自然会肆无忌惮,好走极端,和中庸相反。

【原文】 仲尼曰①:"君子中庸②,小人反中庸。君子之中庸也,君子而时中③;小人之中庸也④,小人而无忌惮也⑤。"

【注释】 ①仲尼:即孔子,名丘,字仲尼。②中庸:朱熹注"中庸者,不偏不倚,无过不及",它是儒家的最高道德标准。③时中:随时而处中。④小人之中庸也:王肃本作"小人之反中庸也",程、朱皆从之。⑤忌惮:顾忌和畏惧。

【译文】 仲尼说:"君子能中庸,小人违背中庸。君子之所以能中庸,是因为君子随时做到合度适中;小人之所以违背中庸,是因为小人无所顾忌肆意妄为。"

第三章

【题解】
正因为中庸是最高的德行,所以难以把持。不偏不倚,无过无不及,在两端中寻求合度点,在动静云为中做到恰到好处,当然是很难的事。

【原文】 子曰:"中庸其至矣乎①! 民鲜能久矣②!"

【注释】 ①至:极致,顶点。②鲜:少,不多。

【译文】 孔子说:"中庸大概是最高最好的德行了吧! 但人们很少能够做到,这种状况已经很久了!"

第四章

【题解】
行是实践,明是认知。贤与不肖是对立的两种现象,智者做得过头,愚者做得不足,还是过与不及的问题。正因为要么太过,要么不及,所以,总是不能做得恰到好处。贤者与不肖者也如此。其根本在于认识,就好比人们每天都在吃喝,但却很少有人真正品出滋味一样,缺乏对道的真知。

【原文】 子曰:"道之不行也①,我知之矣:知者过之②,愚者不及也。道之不明也,我知之矣:贤者过之,不肖者不及也③。人莫不饮食也,鲜能知味也④。"

【注释】 ①道:指中庸之道。②知:同"智"。过:超过限度。③不肖者:指不贤的人。④味:滋味。

【译文】　孔子说:"中庸之道不能实行的原因,我知道了:聪明的人自以为是,认识过了头;愚蠢的人智力不及,不能理解它。中庸之道不能彰显的原因,我知道了:贤能的人做得过了分,不贤的人又做不到。就像人们每天都要吃东西,但却很少有人能够真正品尝出滋味。"

第五章

【题解】

朱熹说:"由不明,故不行。"由于对道的内容和重要性不了解,所以不能实行。

【原文】　子曰:"道其不行矣夫①。"

【注释】　①其:表示推测的语气助词。夫:语尾词,表示感叹。

【译文】　孔子说:"道大概不能实行了吧。"

第六章

【题解】

舜所以大智,在于不自以为是而且善于向人学习,粗浅的言论都要听,听到不好的话不去计较,听到好的言论到处传播,这样光明正大的行为自然会感动人,谁不愿把真实情况告诉他呢? 但听到真实情况还不够,还必须善于分析选择。执两用中,做到不偏不倚、无过无不及,真正恰到好处。选择好了,还要善于应用,这是一种大智慧。

【原文】　子曰:"舜其大知也与①! 舜好问而好察迩言②,隐恶而扬善,执其两端,用其中于民,其斯以为舜乎③!"

【注释】　①舜:古代帝王,名重华,史称虞舜。大知:有很高的才智。知,同"智"。②迩言:浅近的话。③其:语气词,表示推测。斯:这。

【译文】　孔子说:"舜可以说是具有大智慧的人吧! 他喜欢向人请教问题,又善于从人们浅近平常的话语里分析其含义,不宣扬别人的恶言恶行,只表彰别人的嘉言善行,根据过与不及两端的情况,采纳中庸之道来治理百姓,这就是舜之所以成为舜的原因吧!"

第七章

【题解】

自以为聪明,或好走极端,不知适可而止;或不知当进即进,畏缩不前,都不符合中庸之道,所以往往自陷罗网而自己却还不知道。那些选择中庸为立身之道的人,虽然知道适可而止的好处,但欲壑难填,好胜、攀比心切,结果是越走越远,无法做到持守。因此晓得了道理,还要坚持,"守"字可非同一般,要牢记,守得住,要百折不回,要用大定力。

【原文】 子曰:"人皆曰予知①,驱而纳诸罟擭陷阱之中②,而莫之知辟也③。人皆曰予知,择乎中庸而不能期月守也④。"

【注释】 ①予:我。知:同"智"。②纳:原意为纳入,这里为落入之义。诸:"之于"的合音。罟:捕兽的网。擭:装有机关的捕兽的木笼。③辟:躲避,逃避。④期月:一整月。

【译文】 孔子说:"人人都说自己聪明,可是被驱赶到罗网陷阱之中,却不知道如何躲避。人人都说自己聪明,可是选择了中庸之道,却连一个月也不能坚持下来。"

第八章

【题解】

这是接着前一章而言的。作为孔子最好的弟子,颜回好学,"三月不违仁",仁便是善。而且在毅力方面有过人之处,《论语·雍也》中孔子说:"贤哉回也!一箪食,一瓢饮,在陋巷,人不堪其忧,回也不改其乐。贤哉回也!"这说明颜渊不为贫贱所移,能持守。

【原文】 子曰:"回之为人也①,择乎中庸,得一善②,则拳拳服膺而弗失之矣③。"

【注释】 ①回:指孔子的弟子颜回,字子渊,因此也称颜渊。②善:好。③拳拳:奉持不舍的样子。服膺:指牢记在心中。服,著,放置。膺,胸口。弗:不。

【译文】 孔子说:"颜回的处事为人是这样的,他选择中庸之道,得到了一种好的道理,便牢牢地记在心上,再也不让它失去。"

第九章

【题解】

治理好国家天下并非很容易,历史上很多诸侯国失去国家就是例证。权利和俸禄是美事,很多人常常趋之若鹜,而有的人却能够辞让。面对锋利的刀刃,不退缩,敢于践踏而过。这些都需要大智大勇。而做到中庸那更是难上加难了。可见做到中庸是需要"威武不能屈,贫贱不能移"的毅力和勇气的。

【原文】 子曰:"天下国家可均也①,爵禄可辞也②,白刃可蹈也③,中庸不可能也。"

【注释】 ①天下:指古代天子管辖下的所有地区。国家:指天子分封的诸侯国。均:治理,平定。②爵禄:爵位,俸禄。周代的爵位分公、侯、伯、子、男五等。辞:辞掉,放弃。③白刃:闪着亮光的快刀。蹈:踩,踏。

【译文】 孔子说:"天下国家是可以治理的,官爵俸禄是可以辞让的,锋利的刀刃是可以践踏而过的,但中庸却是不容易做到的。"

第十章

【题解】

本章的核心还是讲"中庸"。

"宽柔以教,不报无道"说的是以宽和、柔顺的态度来教人,横逆之来,接受它,而不报复,这是南方之强。南方风气柔弱,以含忍之力胜人,如老子所主张的,这当然是君子行为。

北方风气刚烈强劲,以强力胜人,勇而好斗,这是强悍者行为。

前者似不及,后者似过。而孔子最贵的是中道,讲中道能达到和谐、和平,但又不同流俗,不人云亦云,能中立而不偏倚。不管在何种情况下,都能持守中道,这种人才能称得上强大。

【原文】 子路问强①。子曰:"南方之强与?北方之强与?抑而强与②?宽柔以教,不报无道③,南方之强也,君子居之④。衽金革⑤,死而不厌⑥,北方之强也,而强者居之。故君子和而不流⑦,强哉矫⑧!中立而不倚,强哉矫!国有道,不变塞焉⑨,强哉矫!国无道,至死不变,强哉矫!"

【注释】 ①子路:孔子的弟子,名仲由,字子路,又字季路。②抑:选择性连词,意为

"还是"。而:代词,你。与:疑问语气词。③报:报复。无道:指强暴无理的人。④居:处。⑤衽:卧席,此处用为动词,躺卧之意。金:指铁制的兵器。革:指皮革制成的甲盾。⑥死而不厌:死也在所不惜。⑦和而不流:性情平和又不随波逐流。⑧矫:坚强的样子。⑨不变塞:不改变志向。塞,不通,穷困的境遇。

【译文】 子路问什么是强。孔子说:"你问的是南方的强呢?还是北方的强呢?或者是你认为的强呢?用宽厚柔和的精神去教育人,人家对我蛮横无理也不报复,这是南方的强,品德高尚的人具有这种强。枕着兵器铠甲睡觉,即使死也在所不惜,这是北方的强,勇武好斗的人就具有这种强。所以,品德高尚的人和顺而不随波逐流,这才是真强啊!保持中立而不偏不倚,这才是真强啊!国家政治清明,不改变志向,这才是真强啊!国家政治黑暗,能坚持操守至死不变,这才是真强啊!"

第十一章

【题解】

把道理讲得玄而又玄,做出各种怪诞行为,这些欺世盗名的做法,根本不合中庸之道的规范,自然是圣人所不齿的。遵照正确的道路,走到一半又停止下来,这是不及的行为,也是圣人所不欣赏的。唯有持守中庸之道,不为名利所困扰,这才是圣人所赞赏并身体力行的。以上几章引述孔子的言论,反复申说首章所提出的"中和"(中庸)这一概念,弘扬中庸之道。

【原文】 子曰:"素隐行怪①,后世有述焉②,吾弗为之矣③。君子遵道而行,半途而废,吾弗能已矣④。君子依乎中庸,遁世不见知而不悔⑤,唯圣者能之。"

【注释】 ①素:据《汉书》应为"索",探索、寻求之意。隐:隐僻。怪:怪异。②述:记述。③弗:不。④已:止,停止。⑤遁世:避世隐居。见知:被知。见,被。

【译文】 孔子说:"探寻隐僻的道理,做些怪诞的事情,后世也许会有人来记述他,称赞他,但我决不会这样做。君子按照中庸之道去做,但是半途而废,不能坚持下去,而我是决不会停止的。真正的君子遵循中庸之道,即使隐遁在世间一生不被人知道,也决不后悔,这只有圣人才能做得到。"

第十二章

【题解】

这一章又回到第一章"道不可离"之意,以下八章都是围绕这一中心而展开的。用朱熹的话来说,即"杂引孔子之言以明之"。

这里首先提出费、隐两个概念。费,指道的普遍性以及用途的广泛性。隐,指道体的精微性与隐秘性。正因为人与道不可须臾离开,所以,道就应该有普遍的可适应性,连普通男女都可以知道,可以学习,也可以践行。但是,知道是一回事,一般性地践行是一回事,要彻底了解,进入其高深境界,则又另当别论了。所以,道又必须有精微奥妙的一面,供人们进行深造,进行创造性的实践。道是普遍的,无法用大小衡量它,因它其大无外,其小无内,这就是费。但道之理,则隐而无现。所以圣人也有所不知不能。所以道是从普通男女间最基本人伦开始的,直到弥贯天地。

【原文】 君子之道费而隐①。夫妇之愚②,可以与知焉③,及其至也④,虽圣人亦有所不知焉。夫妇之不肖,可以能行焉,及其至也,虽圣人亦有所不能焉。天地之大也,人犹有所憾⑤。故君子语大,天下莫能载焉;语小,天下莫能破焉⑥。《诗》云⑦:"鸢飞戾天⑧,鱼跃于渊⑨。"言其上下察也⑩。君子之道,造端乎夫妇⑪,及其至也,察乎天地。

【注释】 ①费:指用途广大。隐:指体的精微。②夫妇:匹夫匹妇,指普通男女。③与:动词,参与。④至:极致,最精妙处。⑤憾:遗憾,不满。⑥破:分开。⑦《诗》云:此诗引自《诗经·大雅·旱麓》。⑧鸢:鹰。戾:到达。⑨跃:跳动。渊:深水。⑩察:昭著,明显。⑪造端:开始。

【译文】 君子坚守的道,用途广大而又体态精微。一般来说愚夫愚妇,也是可以知道的;但到了最精微的境界,即便是圣人也有弄不清的地方。普通男女虽然不贤明,也是可以实行君子之道的;但若是最精妙的境界,即便是圣人也有做不到的地方。天地如此之大,但人们对天地仍有不满足的地方。所以,君子说到"大",就大得连整个天下都载不下;君子说到"小",就小得连一点儿也分不开。《诗经·大雅·旱麓》说:"老鹰飞向天空,鱼儿跃入深渊。"这是说君子之道,和鹰飞鱼跃一样,由上到下,显明昭著。君子的道,是从普通的男女所能懂能行的地方开始;但到了最高深精妙的境界,却能够明察天地间的一切事物。

第十三章

【题解】

道不可须臾离的基本条件是"道不远人"。因为人人按照自己本性行事,人人皆能知能行。就好比一条大道,所有的人都可以行走。相反,如果不从自己脚下走起,而是把道弄得离奇高远,道则无法实践了。用斧子砍一个斧把,样子就在你的手里,可你不正眼看它,还以为样子在很远的地方呢。所以君子只是从人身具有的本性出发,教化人,能改正错误就可以了。

那么人道是什么呢?如"忠恕"就是。它要求设身处地、将心比心地为他人着想,自己不愿意的事,也不要施加给他人。为人要先严格要求自己,像孔子那样从君臣、父子、兄弟、朋友四大人伦方面反省自己,从日常身边的言行做起,符合中道,不萎缩,不极端,言行一致,这就是一个很笃实的人啊。

【原文】 子曰:"道不远人。人之为道而远人,不可以为道。《诗》云①:'伐柯伐柯②,其则不远③。'执柯以伐柯,睨而视之④,犹以为远。故君子以人治人⑤,改而止。忠恕违道不远⑥,施诸己而不愿,亦勿施于人。君子之道四,丘未能一焉:所求乎子以事父,未能也;所求乎臣以事君,未能也;所求乎弟以事兄,未能也;所求乎朋友先施之,未能也。庸德之行⑦,庸言之谨⑧,有所不足,不敢不勉,有余不敢尽。言顾行,行顾言,君子胡不慥慥尔⑨?"

【注释】 ①《诗》云:此诗引自《诗经·豳风·伐柯》。②伐柯:砍削斧柄。柯,斧柄。③则:法则。这里指斧柄的式样。④睨:斜视。⑤以人治人:以人固有之道来治理人。朱熹注:"若以人治人,则所以为人之道各在当人之身,初无彼此之别。故君子之治人也,即以其人之道,还治其人之身。其人能改,即止不治。"⑥违道:离道。违,离。⑦庸德:平常的道德。⑧庸言:平常的言语。⑨胡:何,怎么。慥慥:忠厚诚实的样子。

【译文】 孔子说:"道是不能离开人的。如果有人实行道却离开人,那就不可能实行道了。《诗经·豳风·伐柯》说:'砍削斧柄,砍削斧柄,斧柄的式样就在眼前。'握着斧柄砍削树木来做斧柄,应该说不会有什么差异,但如果你斜眼去看,还会以为差异很大。所以君子根据为人的道理来治理人,只要他能改正错误实行道就行。一个人做到忠恕,离道也就不远了。什么叫忠恕呢?自己不愿意的事,也不要施加给别人。君子的道有四项,我孔丘连其中的一项也没有能够做到:用我所要求儿子侍奉父亲的标准来孝顺父亲,

我没有能够做到;用我所要求臣下服侍君王的标准来竭尽忠诚,我没有能够做到;用我所要求的弟弟对哥哥做到的敬重恭顺,我没有能够做到;用我所要求朋友应该先做到的,我没有能够做到。实践平常的道德,谨慎平常的言论,还有不足的地方,不敢不再努力;言谈要留有余地,不说过头话。言论要符合自己的行为,行为要符合自己的言论,这样的君子怎么会不忠厚诚实呢!"

第十四章

【题解】

这里讲的是儒家为己之学。"为己"就是要不断提升自己的道德品质,这是君子依靠自身的力量就能做到的。宋儒说命有两种,一是天赋的道德,人人都有,在于个人努力。一是富贵、贫贱、寿夭,也是天生的,有时靠努力也无法改变。所以君子要努力提升自己的道德,但对后一种天命只能不去计较,心安理得地对待它。

一个人生下来,会碰到许多先天条件,自己无法安排,可能遇到富贵,也可能遇到贫贱,也可能生在夷狄,也可能处于患难。无论条件怎么样,都要做自己该做的事。损害自己的道德,向上爬,有些不值得。处富贵者,不欺负人,处贫贱者,不攀附人,这样就不会遭到嫉妒和怨恨。不抱怨别人,也不抱怨客观环境,一如既往地做事,达不到目的反身求己,这样才是君子。

儒家的命定论,凸显道德、道义的至上性,使人适应环境,不那么患得患失,但忽略了社会环境的改造。实际上人的社会地位也是可以改变的,关键在于能否把握机遇和具有才智。但一切都要从自己现状出发,不能不切实际,好高骛远,自己折磨自己。

【原文】 君子素其位而行①,不愿乎其外②。素富贵,行乎富贵;素贫贱,行乎贫贱;素夷狄③,行乎夷狄;素患难,行乎患难。君子无入而不自得焉④。在上位,不陵下⑤;在下位,不援上⑥。正己而不求于人,则无怨。上不怨天,下不尤人⑦。故君子居易以俟命⑧,小人行险以侥幸⑨。子曰:"射有似乎君子⑩,失诸正鹄⑪,反求诸其身。"

【注释】 ①素:平素,现在的意思。这里作动词用。②愿:羡慕。③夷:指东方的部族。狄:指西方的部族。泛指当时的少数民族。④无入:无论处于什么情况下。⑤陵:欺侮。⑥援:攀援。本指抓着东西往上爬,引申为投靠有势力的人。⑦尤:抱怨。⑧居易:居于平易安全的境地,也就是安居现状的意思。俟命:等待天命。⑨行险:冒险。⑩射:指射箭。⑪正鹄:指箭靶子中心的圆圈。画在布上的叫正,画在皮上的叫鹄。

【译文】 君子安于现在所处的地位去做应做的事,不羡慕这以外的事情。处于富贵的地位,就做富贵人应做的事;处于贫贱的状况,就做贫贱人应做的事;处于夷狄的地位,就做夷狄应做的事;处于患难之中,就做在患难之中应做的事。君子无论处于什么情况下都是安然自得的。处于上位,不欺侮在下位的人;处于下位,不攀援在上位的人。端正自己而不苛求别人,这样就不会有什么抱怨了。上不抱怨天,下不抱怨人。所以,君子安居现状来等待天命,小人却铤而走险妄图获得非分的东西。孔子说:"君子立身处世就像射箭一样,射不中靶子,要回过头来寻找自身技艺的问题。"

第十五章

【题解】

中庸,是平平常常的道理,融合于人们日用之中。一切从自己做起,从自己身边切近的地方做起。从近到远,从低到高,一步一步,踏踏实实。老子说:"千里之行,始于足下。"荀子说:"不积跬步,无以至千里;不积细流,无以成江海。"都是"行远必自迩,登高必自卑"的意思。

社会是由无数个家庭组成的,所以要在天下实行中庸之道,首先得和顺自己的家庭。家庭要想好,主要是要做到夫妻和睦,兄弟融洽,父母安康,这样家庭才会幸福、快乐。如果大家都像乌眼鸡似的,争争吵吵,即使富贵也不会快乐。这也是《大学》所讲的修、齐、治、平,循序渐进的道理。

【原文】 君子之道,辟如行远必自迩①,辟如登高必自卑②。《诗》曰③:"妻子好合④,如鼓瑟琴⑤。兄弟既翕⑥,和乐且耽⑦。宜尔室家⑧,乐尔妻帑⑨。"子曰:"父母其顺矣乎⑩!"

【注释】 ①辟:通"譬"。迩:近。②卑:低处。③《诗》曰:此诗引自《诗经·小雅·常棣》。④好合:和睦。⑤鼓:弹奏。⑥翕:和顺,融洽。⑦耽:《诗经》原作"湛",安乐。⑧宜:安。⑨帑:通"孥",儿子。⑩顺:安乐舒畅。

【译文】 君子实行中庸之道,就像走远路一样,必定要从近处开始;就像登高山一样,必定要从低处起步。《诗经·小雅·常棣》说:"与妻子和和睦睦,就像弹琴鼓瑟一样。兄弟关系融洽,和顺又快乐。使你的家庭美满,使你的妻儿幸福。"孔子赞叹说:"这样,父母也就称心如意了啊!"

第十六章

【题解】

这一章借鬼神来说明道,道是无所不在的,道是真实无妄的,道是"不可须臾离"的,人们必须用诚心对待它。

另一方面,也是照应前第十二章,说明"君子之道费而隐",广大而又精微。看不见、听不到的,是"隐",是精微;但它却体现在万物之中使人无法离开它,是"费",是广大。这就是"至广大而尽精微"。

【原文】 子曰:"鬼神之为德①,其盛矣乎!视之而弗见,听之而弗闻,体物而不可遗②。使天下之人,齐明盛服③,以承祭祀,洋洋乎④!如在其上,如在其左右。《诗》曰⑤:'神之格思⑥,不可度思⑦,矧可射思⑧。'夫微之显⑨,诚之不可掩如此夫⑩!"

【注释】 ①神:这里讲的大概是人格神,但宋儒张载却说:"鬼神者,二气之良能也。"朱熹说:"鬼神,天地之功用,而造化之迹也。"又说:"以二气言,则鬼者阴之灵也,神者阳之灵也。以一气言,则至而伸者为神,反而归者为鬼,其实一物而已。"把鬼神气化,说成气的功效。为德:朱熹说:"犹言性情功效。"②体物:体察、生养万物。③齐:通"斋",斋戒。明:洁净。盛服:即盛装。④洋洋乎:流动充满之意。⑤《诗》曰:此诗引自《诗经·大雅·抑》。⑥格思:来临。思,语气词。⑦度:揣度。⑧矧:况且。射:《诗》作"致",厌,指厌怠不敬。⑨微之显:指鬼神之事即隐微又明显。⑩掩:掩盖、遮掩。

【译文】 孔子说:"鬼神所做的功德那可真是大得很啊!虽然看它也看不见,听它也听不到,但它的功德却体现在万物上无所遗漏。使天下的人都斋戒净心,穿着庄重整齐的服装来祭祀它,这时鬼神的形象流动充满其间,好像就在你的头上,好像就在你的左右。《诗经·大雅·抑》说:'神的降临,不可测度,怎么能够怠慢不敬呢?'鬼神从隐微到功德显著,是这样的真实无妄而不可掩盖啊!"

尚书

【导语】

《尚书》是传统"五经"之一，记载了中国上古的历史，其中很多篇章保留了原始的政治公文面貌，可称信史。《尚书》源流非常悠久，传习过程历经劫难，其版本、文字、简编次序等不同程度上都发生过变化和错乱，成为唐以后学者素称难读的一部经典。

尧　典

【题解】

秦朝焚书，《诗》《书》因为博士所掌，仍能传习，未遭完全灭绝。《尚书》由博士伏生（伏胜）传下，到汉代，分为欧阳、大小夏侯氏三家，都立为学官，称为《今文尚书》，共二十八篇。此《尧典》即为其中第一篇。其间，又发现《太誓》一篇，号为二十九篇。先秦另有《舜典》一篇，散佚未能传下。西汉中期孔子十一世孙孔安国任汉武帝的博士，应诏献上家传用先秦古籀文字书写的《古文尚书》，发现多出"逸《书》"十余篇，西汉刘歆崇信其学，东汉马融、贾逵、郑玄等也传古文之学。至东晋出现了伪《古文尚书》，将《尧典》的后半部分从"慎徽五典"句以下割裂出来，又增加二十八字作为篇首来冒充《舜典》。唐代孔颖达作《五经正义》，《尚书》即用伪古文本，流传至今。今仍从古说将其恢复，归到《尧典》一篇。

《尚书》书影

先秦《左传》《国语》《孟子》《荀子》等文献称引《尧典》文句达十余次，可见其古老。从内容上看，可以感觉《尧典》的作者接触了大量原始的神话传说和科学资料，经加工后作了理性的叙述，仍然具有宝贵的史料价值，如其中对观象授时等天文活动的记述，为后世中外天文学家所广泛讨论。另一方面，某些生吞活剥的记载也造成了一些理解上的矛盾。先秦旧籍一般都经过了汉人的传习和整理，《尚书》也是如此，《尧典》一篇也有秦汉人的事实掺杂其中，一般认为其主体成于春秋孔子的时代，是没有问题的。

《论语·述而》说:"子所雅言,《诗》《书》执礼。"《尚书》中文句间亦流露出儒家的精神思想也是值得注意的。

【原文】 曰若稽古帝尧①,曰放勋②,钦、明、文、思、安安③。允恭克让④。光被四表⑤,格于上下⑥。克明俊德⑦,以亲九族⑧;九族既睦⑨,平章百姓⑩;百姓昭明,协和万邦⑪;黎民于变时雍⑫。

【注释】 ①曰若稽古:史臣追记古事的开头用语。曰若,句首发语词,无意义。经传、金文或作"粤若""越若""雩若",皆同音假借。稽,查考。尧:相传为原始社会后期的一个部落首领,在后代儒家文献中逐渐被神话为德业最高的圣王。②放勋:尧的名号。③钦、明、文、思、安安:对尧各种美德、风度的赞美。蔡沈《书集传》云:"钦,恭敬也。明,通明也;敬体而明用也。文,文章也。思,意思也。文若见而思深远也。"安安,今文作"晏晏",宽容、温和的样子。④允恭克让:确实恭谨,善能推让。孔《疏》云:"持身能恭,与人能让,自己及物,故先恭后让。"⑤光被四表:(尧的名声)充塞、覆盖于四方之外极远之处。光,今文作"横""广",充满。被,同"披",覆盖。⑥格于上下:充溢天地。格,至。⑦克明俊德:指尧能发扬昭明其大德。俊,许慎《说文》云"才千人也",此处引申为大。⑧九族:许多氏族。九,虚数,约举其多。⑨既:已。⑩平章百姓:辨别、彰明各个氏族的首领。平,今文作"便",经传通借作"辨""辩",音义皆同。章,百姓,这里指百官。⑪协和万邦:团结联络好各个部落。⑫黎民:犹言"苍生",庶民、老百姓之谓。这里指当时的氏族成员。于:助词,无义。变:通"弁",喜悦快乐。时雍:是以风俗大和。时,通"是",金文"时"皆作"是"。

【译文】 查得古时候有个帝尧,名叫放勋,他恭敬庄严,通明事理,而且风度文雅,思虑深远,给人以宽厚博大的感觉。律己严谨、勤于工作,又能举贤让能、重用人才。他的道德名望充溢于四海之外,以至于天地上下。尧发扬着他的大德,以身作则,使各个氏族和睦相处;各族和睦了,又辨明彰显朝中百官,协调处理他们的职守;百官和谐了,进而团结联络其他各个部落;天下老百姓都和乐亲善,风俗因此也很淳美。

【原文】 乃命羲和①,钦若昊天历象②——日月星辰③,敬授民时④。

【注释】 ①命:任命。羲和:原是神话中太阳女神的名字。这里指主管天文历象的官员羲氏、和氏。②钦若昊天历象:恭敬地按照天空中日月星辰的运转现象去认识它。钦,敬。若,顺。昊天,广大的天空。历象,日月星辰等天体运转的现象。③辰:这里指据以分辨季节的标准星相,即下文的四中星。④敬授民时:把观测日月星辰所总结出的天象节令知识告诉老百姓,以利于农耕。

【译文】 于是任命羲氏、和氏按照日月星辰的运转来认识天象,把观测、总结出的节令告诉人民,以安排农时,方便耕作。

【原文】 分命羲仲宅嵎夷曰旸谷①,寅宾出日②,平秩东作③。日中、星鸟④,以殷仲春⑤。厥民析,鸟兽孳尾⑥。

【注释】 ①嵎夷:古有"九夷",地在渤海东岸。这里指东方极远之地。旸谷:神话中日出之处。②寅:通"夤",敬。宾出日:殷商有"宾日"祭礼,见于甲骨文,"出日""入日"也有专门之祭。此处可理解为"迎接"。③平秩:使有程序。东作:春天的农事活动。本篇以东、南、西、北配春、夏、秋、冬。见下文。④日中:白昼长度适中,白天和夜晚一样长。这里指春分时节。星:中星,傍晚在南方天空正中的星。这里所举鸟、火、虚、昴四星分别是古代春分、夏至、秋分、冬至的标准星。鸟:古代对一恒星的命名,现代天文学家定为长蛇座。⑤殷仲春:定春分节令。殷,端正,使……正。仲春,春分所在之月,指二月。按,以孟、仲、季称春夏秋冬四季的三个月,分别对应正月、二月、三月。⑥厥民析,鸟兽孳尾:此处文义难解,学者推断,《尧典》作者误解、改造古代四方神名、风名原始神话资料,造为此文,以致意义荒诞。甲骨文有"东方日析""凤曰劦"之辞,"析"为东方之神名,"凤"即"风",而《尧典》作者无法理解,遂曲折改字,以下三处亦然。详参胡厚宣《甲骨文四方风名考证》及顾颉刚、刘起釪《尚书校释译论·尧典》,此不赘述。但延误已久,姑就原文释之,下同。厥,其。析,分散。孳尾,泛指鸟兽繁殖。孳,指哺乳动物的生殖。尾,指虫鸟之类的生殖。

【译文】 分别任命羲仲在遥远的东方日出之处叫旸谷的地方,主持对日出的宾礼祭祀,并引导春天的农作活动按程序进行。白昼和黑夜一样长的日子,傍晚在南方天空正中看到鸟星,可凭以确定是春分节令了。这时气候温和,人们分散在田野里劳作,鸟兽也在繁殖。

【原文】 申命羲叔宅南交①,平秩南为②,敬致③。日永、星火④,以正仲夏。厥民因⑤,鸟兽希革⑥。

【注释】 ①申:又,再。南交:指南方极远之地。此下至"平秩南为"间文例与上文异,当有脱文。下冬季亦然。②南为:亦指农事活动。甲骨文、令文的"为"字是以手牵象使供劳作之形,乃其本义。③敬致:二字似为脱落之残文,当在上"平秩南为"之前,指对日的祭祀、崇敬。下译文即如此序,以顺文例。④日永:白昼最长的日子,指夏至。永,长也。火:古代对一恒星的命名,与"鸟"多见于卜辞。古籍称"大火""心宿二",现代天文学家定为天蝎座。⑤因:老弱留丁壮在田而纷纷出门相助。⑥希革:毛羽稀少。

【译文】 又任命羲叔在遥远的南方南交之地,主持对日的敬致之礼,然后引导夏天

农作活动按程序进行。白昼最长的日子,傍晚在南方天空正中看到大火星,可凭以确定是夏至节令了。这时气候炎热,农事繁忙,人们无论老幼都出来帮丁壮干活,鸟兽毛羽渐稀,以避炎热。

【原文】 分命和仲宅西曰昧谷①,寅饯纳日②,平秩西成③。宵中、星虚④,以殷仲秋。厥民夷⑤,鸟兽毛毨⑥。

【注释】 ①西:本篇所说东、南、北三方"宅"下都是两字,此处独一"西"字,显有脱漏。《史记》补作"西土",亦以意为之。可理解为西方极远之地。昧谷:神话中日落之处。伪孔《传》云:"昧,冥也。日入于谷而天下冥,故曰昧谷。"②饯纳日:商代有"入日"祭礼,今文"纳"即作"入"。饯,送。③西成:农事活动,因秋天庄稼丰收,故用"成"。④宵中:夜间的长度适中,即夜晚和白天一样长。这里指秋分。虚:恒星名。居二十八宿"北方玄武"斗、牛、女、虚、危、室、壁七宿中间。现代天文学家定为宝瓶宫 β。⑤夷:平静。⑥毛毨:毛羽重生,齐整美丽的样子。

【译文】 又分别任命和仲在遥远的西方日落之处叫昧谷的地方,主持对落日的礼祭,然后引导秋收活动按程序进行。黑夜和白昼一样长的日子,傍晚在南方天空正中看到虚星,可凭以确定是秋分节令了。这时气候转凉,农作告成,人们渐渐平静下来,鸟兽开始长出齐整的羽毛。

【原文】 申命和叔宅朔方曰幽都①,平在朔易②。日短、星昴③,以正仲冬。厥民隩④,鸟兽氄毛⑤。

【注释】 ①朔方:指北方最远之地。幽都:即下文之"幽洲",神话传说中北方山名。这里指极北之地。②在:似当作"秩",才和上面文例一致,盖音近而讹。朔易:即北易,与上文"东作"等一样,皆指农事活动。③日短:白昼最短的时候,指冬至。昴:一簇恒星的名称,也称髦头(旄头)。昴居二十八宿"西方白虎"奎、娄、胃、昴、毕、觜、参七宿的中间。现代天文学家称为昴星团。④隩:当作"奥",室内。此段玉裁《古文尚书撰异》之说,可从。⑤氄毛:生出细密的毛。

【译文】 又任命和叔居极远的北方幽都,引导冬天的农作活动按程序进行。白昼最短的日子,傍晚在南方天空正中看到昴星团,可凭以确定是冬至节令了。这时气候寒冷,人们都回到屋里,鸟兽也生出细软密集的毛给自己保温了。

【原文】 帝曰:"咨汝羲暨和①,期三百有六旬有六日②,以闰月定四时成岁③。"

【注释】 ①咨:告,命令。本书"咨某某"之"咨"多作"告"解。暨:与。②期三百有六旬有六日:一年三百六十六日。这是古代较早知道的一年的日数,是根据太阳的回归

年这一运动来认识的,是一种阳历年。③以闰月定四时成岁:由于月亮绕地球和地球绕太阳两个周期不一样,阴历十二个月要比阳历一年少十一天多,必须过几年设一闰月才能使二者相合。天文学家称为"置闰"。这是一种阴阳历并用的历法。刘起釪认为此阴阳历与上面"期三百有六旬有六日"的纯阳历日数相矛盾,是《尧典》作者将不同时代的材料杂凑所导致的。

【译文】 帝尧说:"告诉你们,羲氏与和氏,一年有三百六十六日,你们用设置闰月的方法调整好四季以制定每个年岁吧。"

【原文】 允厘百工①,庶绩咸熙②。帝曰:"畴咨若时登庸③?"放齐曰④:"胤子朱启明⑤。"帝曰:"吁⑥!嚚讼可乎⑦?"帝曰:"畴咨若予采⑧?"驩兜曰⑨:"都⑩!共工方鸠僝功⑪。"帝曰:"吁!静言庸违⑫,象恭滔天⑬。"

【注释】 ①允厘百工:切实地整顿百官。允,信,确实。厘,治,整饬。百工,百官。②庶绩咸熙:政事都办理得很好。庶,众。绩,功,指政事。咸,都。熙,兴盛。③畴咨若时登庸:谁能做到像"庶绩咸熙"这样的就提拔任用他。畴,谁。咨,可,能。段玉裁《古文尚书撰异》以"咨"字当在"畴"上,作"咨!畴。"则"咨"为无意义的助词。可备一说。下"畴咨若予采"同。若时,犹云"如是""如此"。登,升,进。庸,用。④放齐:人名。尧的大臣。⑤胤子:嗣子。朱:原是神话人物。这里作为尧的儿子,名丹朱。清人邹汉勋《读书偶记》谓"驩兜""丹朱"等皆古字通用,是也。但在《尧典》中,很多神话人名都被作者改造加工过,并赋予了不同身份,所以只能照篇中所指一一释之。启明:开通,明达。⑥吁:叹辞。表否决。⑦嚚讼:愚顽丧德并且心地凶狠。讼,通"凶",此孙星衍《尚书今古文注疏》之说。⑧若予采:(谁能)如我职事的要求,即(谁能)胜任我的官位。若,如。予,我的。采,事。这里指官职。⑨驩兜:原是神话中人物。这里作为尧的一个臣子的名字。⑩都:叹美之辞。⑪共工:原是神话传说的人物。这里作为尧的臣名。方鸠僝功:广聚众力展现事功。方,通"旁",大,广。鸠,聚集。僝,显现。⑫静言庸违:善为巧言而行事邪僻。静,今文作"靖",小人巧言。庸,用。违,今文作"回",邪僻。⑬象恭滔天:表面上恭敬却不信天命。象,似。滔,孙诒让《尚书骈枝》说通"谄""慆",慢,引申为不敬,可从。

【译文】 帝尧切实地整饬百官,政事也都处理得很好。他说:"谁能做到这样政事兴盛的,就提拔任用他。"大臣放齐说:"您的嗣子丹朱开通明达,可以任用。"帝尧说:"唉!他缺乏德行,又心地凶狠,怎么能行!"帝尧又问:"谁可以担任我的职位呢?"大臣驩兜说:"噢!共工吧,他能聚集众力成就事功。"帝尧说:"唉!他就会讲好话,行为却很怪诞,表

面上恭恭敬敬的，其实很轻慢，根本就不信天命。"

【原文】 帝曰："咨①！四岳②。汤汤洪水方割③，荡荡怀山襄陵④，浩浩滔天⑤，下民其咨⑥，有能俾乂⑦？"佥曰⑧："于⑨！鲧哉⑩。"帝曰："吁！咈哉⑪，方命圮族⑫。"岳曰："异哉⑬！试可乃已⑭。"帝曰："往，钦哉⑮！"九载，绩用弗成⑯。

【注释】 ①咨：叹词。②四岳：原是古代的一座丛山。这里作为官名或者臣名。③汤汤：波涛汹涌的样子。洪水：大水。方割：大的灾害。方，通"旁"，大。割，通"害"，祸害。④荡荡：犹云"浩浩"，形容水奔突动荡的样子。怀：包围。襄陵：淹没了丘陵。襄，凌驾。这里指淹没。⑤浩浩滔天：大得好像要漫过天。⑥咨：忧愁。⑦有能俾乂：谁能治理。俾，使。乂，治理。⑧佥：皆，都。⑨于：同"吁"，叹词。⑩鲧：神话人物。这里作为尧大臣的名字。⑪咈：违逆，乖戾。⑫方：同"放"，违背，违逆。圮：毁。⑬异：吴汝伦《尚书故》云："通'已'，叹词。"可从。⑭已：俞樾《群经平议》云："'已'、'以'通用。'以'，用也。"可从。⑮钦：敬。⑯绩：功。

【译文】 帝尧说："唉！四岳啊，汹涌的洪水造成了巨大的灾害，浩浩荡荡地包围了高山，淹没了丘陵，简直都要盖过天了，下面的百姓忧困不堪，谁能使洪水得到治理？"四岳与群臣都说："啊！鲧呀。"帝尧说："唉！这个人脾气忿戾，常逆天行事，伤害自己的同族。"四岳说："唉！先试试看吧，行的话就让他干。"帝尧说："那就去吧！让他谨于职守！"可是鲧治了九年，也没收到成效。

【原文】 帝曰："咨！四岳。朕在位七十载①，汝能庸命巽朕位②。"岳曰："否德③，忝帝位④。"曰："明明扬侧陋⑤。"师锡帝曰⑥："有鳏在下⑦，曰虞舜⑧。"帝曰："俞⑨！予闻⑩，如何？"岳曰："瞽子⑪，父顽母嚚⑫，象傲⑬；克谐以孝⑭，烝烝乂⑮，不格奸⑯。"帝曰："我其试哉⑰！"

【注释】 ①朕：古人自称。我。②庸命：即"用命"，遵用、贯彻命令。巽：履行，登陟。③否：小，陋。④忝：辱。⑤明明：尊扬、彰显贤明之人。前一"明"字是动词，后者用作名词。扬：举。侧陋：埋没民间、没有名气的贤人。⑥师锡帝曰：众人都对尧说。师，众。锡，甲骨文、金文作"易"，同"赐"，古代上对下、下对上都可称"赐"。⑦鳏：老而无妻。⑧虞舜：舜最初是以殷商族远祖的身份出现在传说和文献中，后来又作为黄河下游东夷部落首领的名称。孔颖达《尚书正义》说："舜居虞地，以虞为氏。"今河南省东部有虞城。⑨俞：语气词，相当于"然"、"噢"，好吧。⑩予闻：我听说过。⑪瞽子：瞎子的儿子。⑫父顽母嚚：《左传》僖公二十四年曰："心不则德义之经为顽，口不道忠信之言为嚚。"这里顽、嚚二字互文义通，即愚顽凶狠，不顾忠信、德义之谓。《史记》载"舜母死，瞽叟更娶妻而生象"，知此"母"乃舜的继母。⑬象：舜的异母弟。皮锡瑞《今文尚书考证》据文例

以为"象"当作"弟",可从。傲:傲慢。⑭克谐以孝:能以孝顺和谐家庭。⑮烝烝义:治理得很好的样子。⑯格:至。⑰其:将。

【译文】 帝尧说:"唉!四岳,我在位七十年了,只有你们能完成我交给你的使命,你们来接替帝位吧。"四岳说:"我的德性太浅薄了,不能玷辱这个位置。"帝尧说:"那你们推荐朝中有没有其他贤明之臣,或者推举处在民间底层没有名气的人才。"大家都对帝尧说:"有一个叫虞舜的单身汉处在民间下层,是一个人才。"帝尧说:"噢,我也听说过,那他为人处事到底怎么样呢?"四岳说:"他是一个瞎老头的儿子,父亲和继母都愚顽凶狠,异母弟象对他傲慢逞强;但舜用自己的孝行感动了全家和谐相处,家庭事业搞得很是兴旺,家人们也远离了奸邪的行为。"帝尧说:"那我就试试他吧!"

【原文】 女于时①,观厥刑于二女②,厘降二女于妫汭③,嫔于虞④。

【注释】 ①女于时:把女儿嫁给舜。时,通"是",指示代词,指舜。段玉裁《古文尚书撰异》说"女于某"乃先秦古籍常见句法。②观厥刑于二女:观察舜对待二女的德行、法度。后儒解释其意说尧将使舜治国,而先使治家,可参。刑,同"型"。二女,传说中的娥皇、女英。③厘:整饬。降:下(嫁)。妫汭:妫水注入另一水的相交弯曲地带。妫,大概指河南东部虞城西南附近的一条水。汭,一条水注入另一条较大之水的相交弯曲之处。④嫔于虞:到虞家做媳妇。嫔,妇人嫁人之称。

【译文】 尧就将两个女儿嫁给舜,以锻炼观察他齐家治国的能力。二女下嫁到舜的家乡妫汭,做了虞家的好媳妇。

【原文】 帝曰:"钦哉①!慎徽五典②,五典克从③。纳于百揆④,百揆时叙⑤。宾于四门⑥,四门穆穆⑦。纳于大麓⑧,烈风雷雨弗迷。

【注释】 ①钦:敬。②慎:慎重。徽:和,治。五典:五种伦常礼教。《左传》文公十八年有"父义、母慈、兄友、弟共(恭)、子孝"五教,即其义。③克:能。从:顺,妥。④纳:入。百揆:百官。⑤时:通"是"。叙:整齐,就序。⑥宾:通"傧",以礼接待。四门:可能是神话传说中的名称,今不详所指。或附会为后世明堂建筑的四门,不可信。⑦穆穆:端庄恭敬的样子。⑧大麓:山麓。

【译文】 帝尧对舜说:"要忠于职守啊!"叫舜谨慎地推行父义、母慈、兄友、弟恭和子孝五种伦常礼教,舜施行得很顺利。又纳舜于百官之上,舜处理各种政务井井有条。又叫舜开四方之门以接待各方诸侯来朝者,宾客肃然起敬。又叫舜入山林行祭祀山川之事,风雨得以调顺。

【原文】 帝曰:"格汝舜①,询事考言②,乃言底可绩③,三载。汝陟帝位④。"

【注释】 ①格：告。②询：谋议。考：考核。③乃：你的。底可绩：为"可底绩"的倒装，"底绩"乃当时成语，即"致功"之谓。底，致。④陟：登。

【译文】 帝尧说："舜，我和你说。三年来，我询问到你的政绩，考量了你所说的话，认为你可以取得功业。你登帝位吧。"

【原文】 舜让于德弗嗣①。正月上日②，受终于文祖③。在璇玑玉衡以齐七政④。肆类于上帝⑤，禋于六宗⑥，望于山川⑦，遍于群神，辑五瑞⑧。既月乃日⑨，觐四岳群牧⑩，班瑞于群后⑪。

【注释】 ①舜让于德弗嗣：舜以德赞襄而不推辞。让，通"攘"，襄赞，襄助。弗嗣，犹云"不怡""无辞""不怿""无斁"，皆同声假借。于省吾《双剑誃尚书新证》执此说，可从。②正月上日：正月上旬的吉日。此王引之《经义述闻》之释，可从。③受终：指尧完成帝位之事，由舜来承受。文祖：原指周文王，"文"是周人尊美先祖的词。这里可理解为祖庙。受终于文祖，意谓尧禅舜位而用礼于祖庙。④在：察。璇玑玉衡：北斗七星。齐七政：观察北斗七星斗柄所指方向来认识四季不同星相和物候特征，来安排农事和行政等各项事务。《尚书大传》有"春、秋、冬、夏、天文、地理、人道"七政，大体相符。⑤肆：遂。类：古代一种祭天之礼。上帝：此处指"类"礼所祭之天。⑥禋：古代一种精诚洁敬之祭礼。六宗：即甲骨文中的"六示"，指六代祖先的神祖。⑦望：祭祀山川之礼。⑧辑：集，合。五瑞：五种美好的玉器，名号不详。《周礼·春官·典瑞》有公侯伯子男五等爵所执"桓圭、信圭、躬圭、穀璧、蒲璧"五玉，可备参考。⑨既月乃日：王先谦《尚书孔传参正》释云："言既择月，乃卜筮吉日也。"可从。⑩觐：见。牧：地方官员。⑪班瑞：颁发"五瑞"。后：王。指四方首领。

【译文】 舜欲以德赞襄尧的禅让，于是不再推辞。正月吉日，在祖庙中举行摄行天子之政的大典。然后观察北斗七星的星象，根据斗柄所指来认识、处理四季农事与民生要政。以类礼祭天，以精意洁敬的禋祀之礼祭六代祖先，以望礼祭名山大川，祀礼遍及众神，又收集整理好诸侯觐见所持的五种瑞玉。卜筮选择了吉月吉日，开始受四岳、诸侯、地方长官的觐见，又根据奖惩规定将瑞玉颁还给他们。

【原文】 岁二月，东巡守①，至于岱宗②，柴③。望秩于山川④，肆觐东后⑤。协时月、正日⑥，同律、度、量、衡⑦。修五礼、五玉、三帛、二生、一死贽⑧，如五器⑨。卒乃复⑩。

【注释】 ①巡守：即"巡狩"。②岱宗：东岳泰山。③柴：祭天之礼，祭时积柴，加牲其上而焚烧。④望秩：郑玄注云："遍以尊卑次秩祭之。"谓以望祭之礼祭祀山川，比照公卿大夫或五等爵之制，各按其次进行。杨筠如《尚书覈诂》疑"秩"乃"祑"之假借，亦足备

一说。⑤肆：遂。觐东后：接受东方诸侯的觐见。⑥协时月、正日：协和齐正四时节气、月之数（大小）、日之名（甲乙），使各地诸侯国相同。⑦同律：统一律制。古代截十二根不同长度的管子，作为确定乐音高低的标准音，称为十二律，即黄钟、大吕、太簇、夹钟、姑洗、仲吕、蕤宾、林钟、夷则、南吕、无射、应钟。其中，单数六种称六阳律，双数六种称六阴吕。单称"律"可包含十二律吕。度、量、衡：古代的度量衡制度源于音律，皆以黄钟数为基准，所以紧接着"律"。⑧五礼：泛指几种礼，也可能是承上"慎徽五典"之目，但绝非汉人所谓"吉凶军宾嘉"或"公侯伯子男"五礼。五玉：五种瑞玉。三帛：三种颜色不同的帛，或谓赤、玄、黄。二生：两种活物，或谓羔和鹅。一死贽：贽是古代卑者见尊者所献的礼物，死贽或谓野鸡。⑨如：和，与。五器：未详，或即五礼所备之器。王引之《经义述闻》谓"五玉、三帛、二生、一死贽如五器"皆蒙"修"字为义，极是。⑩复：返回。

【译文】　这年二月，舜向东巡狩，到了泰山，用燔柴焚燎的祭礼祭天，以望祭之礼祭祀山川，接着受了东方诸侯们的觐见。将四时节气，月之大小晦朔，日之甲乙名称一一齐正，并确立了音律和度、量、衡的定制。舜还修治五种礼法，确定臣子觐见时所献礼物：五种瑞玉，三种彩帛，两种活物，一种死雉，以及相应的五礼之器。礼毕之后，就返回了。

【原文】　五月，南巡守，至于南岳①，如岱礼②。

【注释】　①南岳：先秦文献中四岳、五岳之山多是虚无缥缈之名，并非实际山名，很难在地理上坐实。今日习称的西岳华山、南岳衡山、北岳恒山，都是汉代以后的说法。此处《尧典》作者亦未标山名，存而不论可也。下同。②如岱礼：和巡狩泰山之礼一样。

【译文】　五月，舜又向南巡狩，到了南岳，一如泰山巡狩之礼。

【原文】　八月，西巡守，至于西岳，如初①。

【注释】　①如初：和最初（巡狩泰山）之礼一样。

【译文】　八月，向西巡狩，到了西岳，也如最初泰山巡狩之礼。

【原文】　十有一月，朔巡守①，至于北岳，如西礼②。

【注释】　①朔：北。②如西礼：敦煌唐写本《经典释文》残卷作"如初"，此为后人窜改，但承误已久，今姑沿其旧。

【译文】　十一月，向北巡狩，到了北岳，一如西岳巡狩之礼。

【原文】　归格于艺祖①，用特②。

【注释】　①格：告。艺祖：祖、祢（父）之庙。②用特：用一头公牛祭祀。

【译文】　返回后，告祭于祖祢之庙，用一头公牛祭祀祖先。

【原文】　五载一巡守，群后四朝①。敷奏以言②，明试以功③，车服以庸④。

【注释】　①四朝：朝于四岳之下，或谓四年一朝京师。②敷奏：遍以政事奏告。③明试以功：明确考察其功绩。④车服以庸：根据功勋赏赐车马冠服。庸，功。

【译文】　舜规定五年巡狩一次，巡狩之年，诸侯按四方之位各朝于方岳之下。朝见时，诸侯须口头奏告政事，然后据其所言明确考察实绩，按功劳来赏赐车马冠服。

【原文】　肇十有二州①，封十有二山②，浚川③。

【注释】　①肇：通"垗"，划定边界。十有二州：十二之数乃泛称，无确指。下"十二有山"同。②封：即封禅。析言之，在大山上筑土为坛祭天称"封"，在大山旁小山上除地为墠以祭地称"禅"。③浚川：疏浚河道。陈梦家《尚书通论》称"浚"是"祭川"之名，亦可从。

【译文】　划定垗祀十二州野，封土以祀十二名山，疏浚河道以祀大川。

【原文】　象以典刑①，流宥五刑②，鞭作官刑③，扑作教刑④，金作赎刑⑤。眚灾肆赦，怙终贼刑⑥。钦哉⑦！钦哉！惟刑之恤哉⑧！

【注释】　①象：与下"流"对文，刑名。《皋陶谟》有"方施象刑"之语。典，常。②流：流放。宥：宽宥。五刑：下文《吕刑》篇有墨（刻面）、劓（割鼻）、剕（断足）、宫（去生殖器）、大辟（死）五刑。③官：官事，公事。④扑：用槚木、荆条鞭挞。教：学校，道业。⑤金：金属货币。赎：赎罪。《吕刑》篇还记载了各刑出金赎罪的数额。⑥眚灾肆赦，怙终贼刑：顾颉刚《尚书研究讲义》认为"眚灾肆赦，怙终贼刑"二句乃锻炼、概括《康诰》篇文句而成。《康诰》云"人有小罪，非眚，乃惟终，自作不典，式尔；有厥罪小，乃不可不杀"，即此"怙终贼刑"；继云"乃有大罪，非终，乃惟眚灾，适尔；既道极厥辜，时乃不可杀"，即此"眚灾肆赦"。极有见，详参下文《康诰》篇注译。今逐字注释如下。眚灾，一时糊涂犯罪。肆，故。怙终，犹今云"怙恶不悛"，作恶到底。怙，坚持，凭恃。⑦钦：敬。⑧恤：忧惧，谨慎。

【译文】　把在冠服上刻画五刑的象刑作为主要刑罚，用流放之法宽宥、替代五常刑，把鞭笞作为急慢、贻误公事所用之刑，挞以槚木、荆条则作为不服从教育者的刑罚，可以用货币来赎刑。凡属过失犯罪，可以赦免。故意犯罪，且怙恶不悛，则必加刑罚。敬重啊！敬重啊！要谨慎于刑法啊！

【原文】　流共工于幽洲①，放驩兜于崇山②，窜三苗于三危③，殛鲧于羽山④，四罪而天下咸服。

【注释】　①共工：尧的大臣。见上文。幽洲：即上文的"幽都"。②崇山：泛指南方极边远之地的山区。③窜：逐。三苗：古代民族之名，与尧、舜都有过抗争。三危：原为神话中的山名。这里泛指西方极边远之地。④殛：谴责，流贬。羽山：神话中鲧遭流放而死

之处,今不详其地。

【译文】 于是流放共工到幽州,流放驩兜到崇山,窜逐三苗到三危,流贬鲧到羽山一直到死,处罚了这四个罪人,全天下都心服了。

【原文】 二十有八载,帝乃殂落①,百姓如丧考妣②。三载,四海遏密八音③。

【注释】 ①帝:指尧。殂落:死。②考妣:父母。③遏:止。密:静。八音:金、石、丝、竹、匏、土、革、木。这里泛指所有音乐。

【译文】 舜摄帝位二十八年后,帝尧逝世,老百姓们像死了父母一样悲伤。三年之内,四海之民停止了一切音乐活动。

【原文】 月正元日①,舜格于文祖②,询于四岳,辟四门③,明四目、达四聪④。咨十有二牧曰⑤:"食哉惟时⑥,柔远能迩⑦,惇德允元⑧,而难任人⑨,蛮夷率服⑩。"

【注释】 ①月正元日:意近上文"正月上日",指正月上旬的吉日。②格:祭告。③四门:可理解为四方之门。见上文。④明目、达四聪:苏轼《东坡书传》云:"广视听于四方。"⑤咨:告。十有二牧:十二州之官员。⑥食哉惟时:"惟时食哉"之倒装,时,通"是"。食,通"饬",谨敬。⑦柔远能迩:亦见于《顾命》《文侯之命》。意谓能服外者须使内部亲善。柔,安,驯服。迩,近。⑧惇德允元:《东坡书传》云:"惇厚其德,信用善人。"惇,厚。允,信。元,善。⑨难:阻,拒。任人:佞人。⑩蛮夷:泛指华夏族以外各个民族。率服:循服,顺服。

【译文】 正月上旬吉日,舜祭告于祖庙,询谋政事于四岳,遍开四方之门,招揽贤俊之士,广接视听于四方,以增加博闻远见。告诫十二州的长官说:"多加谨慎啊!能安远者须先使内部亲善,敦厚德行,信任善人,远离巧言佞色的小人,就能感化四方蛮夷之族竞相归服了。"

【原文】 舜曰①:"咨四岳②,有能奋庸③,熙帝之载④,使宅百揆⑤,亮采惠畴⑥?"佥曰⑦:"伯禹作司空⑧。"帝曰:"俞⑨!"咨禹:"汝平水土⑩,惟时懋哉⑪!"禹拜稽首⑫,让于稷、契暨皋陶⑬。帝曰:"俞! 汝往哉!"

【注释】 ①舜曰:别于上文所称的"尧曰",此下"帝曰"皆指舜。②咨:叹词。③奋庸:奋起事功。④熙:振兴。帝:泛指帝王、君主。载:事。⑤宅:居。百揆:百官。⑥亮采惠畴:辅相朝廷使各类政事无不顺利。亮,辅相。采,事。惠,顺。畴,类,事。⑦佥:皆。⑧伯禹:即禹。神话中相传禹从鲧腹中剖出,鲧为禹父,鲧又号称崇君,为伯爵。故禹又称伯禹。司空:周代官职名,与司徒、司马并列,司田甸、工事等,在这里是水利之官。⑨俞:相当于今天的"好吧"。⑩平:治。⑪时:是。懋:勉励。⑫稽首:跪拜礼,叩头到

地。⑬稷:人名。即后稷,又名"弃",是文献中周的宗祖神,被奉为周的始祖。其远在禹之后,但《尧典》安排成与禹同时为官,说明是杂取了不同的神话材料连缀成文。契:殷商族的宗祖神,被奉为殷商族的始祖。暨:与。皋陶:又作"皋繇",神话中的人物,战国文献中作为群舒地区偃姓族的宗祖神出现。顾颉刚、刘起钎《尚书校释译论·尧典》从语音上论证"皋"为发语词,"陶"即"尧","皋陶"即"阿尧",即"尧",说明皋陶是尧分化出来的神名,但后世儒家又专为其造作《皋陶谟》,于是文献中确立了尧与皋陶的圣君贤相的地位。

【译文】 帝舜对四岳说:"四岳啊,谁能奋发有为,振兴我王家的事业,就让他总领百官,辅助朝政以顺成万事。"四岳和群臣都说:"让伯禹担任司空之职吧。"帝舜说:"好!"接着对禹说:"你治理水土大有功劳,好好重视这个工作啊!"禹跪拜叩头,推让给稷、契或皋陶来担任。帝舜说:"好了!还是你去干。"

【原文】 帝曰:"弃①,黎民阻饥②,汝后稷③,播时百谷④。"

【注释】 ①弃:稷的另一名。来源于《毛诗·生民》篇所载"稷遭姜原抛弃"的传说。②黎民:庶民,百姓。阻饥:久饥。③汝后稷:即"你主管农事,为农官"。后,动词,主,掌。④时:通"蒔",种植。

【译文】 舜又说:"弃,老百姓久陷饥荒,你去担任主管农政的稷官,领导种植庄稼的工作。"

【原文】 帝曰:"契,百姓不亲①,五品不逊②,汝作司徒③,敬敷五教在宽④。"

【注释】 ①百姓:此处指人民、老百姓。②五品:同上"慎徽五典"之。"五典",概指父义、母慈、兄友、弟恭、子孝的家庭道德。逊:驯,顺。③司徒:周代官职名。金文中司藉田、林衡、牧人等职,战国秦汉之间渐转化为专司教化之职。④敷:布,开展。五教:亦即上引《左传》文公十八年"父义、母慈、兄友、弟共(恭)、子孝"之五教。此下唐时原叠"五教"二字,为后人所删。宽:宽裕,不过分严苛。

【译文】 舜又说:"契,现在老百姓缺乏凝聚力,父、母、兄、弟、子女之间礼法伦常也不讲求,你来担任司徒,大力推行父义、母慈、兄友、弟恭、子孝这五教,但不要太严峻,稍稍宽柔点。"

【原文】 帝曰:"皋陶,蛮夷猾夏①,寇贼奸宄②,汝作士③。五刑有服④,五服三就⑤;五流有宅⑥,五宅三居⑦。惟明克允⑧。"

【注释】 ①猾夏:侵乱中国。猾,乱。刘起钎认为"夏"为大禹有天下之号,按理帝舜不容得知,这也是《尧典》成于春秋之时的根据。②寇:群行攻劫为害。贼:害人,违法。

奸宄：周化成语。见于《微子》《牧誓》《康诰》等，盗窃、凶乱的意思。③士：官名。兼执兵、刑之事。④五刑：这里指甲兵、斧钺、刀锯、钻笮、鞭扑五种刑具。服：承受。意即服刑。《吕刑》云："上刑适轻，下服；下刑适重，上服。"⑤五服三就：语本《国语·鲁语》"五刑三次"之文。三就，指原野、市、朝三个行刑之处。⑥五流有宅：即上文之"流宥五刑"。意谓五刑之流，各有所居。⑦五宅三居：谓五刑之流所居之处按远近分为三等。⑧惟明克允：《史记》作"惟明能信"。意谓必须明察使刑当其罪，众人方能信服。"

【译文】　帝舜又说："皋陶，现在外有蛮夷侵伐，内有违法害民、盗窃作乱之事，你去担任士，兼掌军事和刑狱。五刑都要有承服者，原野、市、朝各当其处；宽宥五刑相应的流刑，远近各等须各有所居。但要明察刑案以定其罪，众人才能信服。

【原文】　帝曰："畴若予工①？"佥曰："垂哉②！"帝曰："俞！"咨垂："汝共工③。"垂拜稽首，让于殳斨暨伯与④。帝曰："俞！往哉，汝谐⑤。"

【注释】①畴：谁。若：善，治理好。工：百工之事，或以为官名。②垂：传说中一位擅长工艺的人，被誉为"巧倕"。这里作为舜的臣名，掌百工之事。③共工：按文例，与上文"后稷""作士"及下"典乐"一样，为动词+名词结构，"共"为动词，作，工，官名，掌管百工之官。④殳斨：人名。也有认为殳，斨为两人的名字。二说可并存。伯与：人名。⑤谐：宜。

【译文】　帝舜问："谁能治理好我的百工职事？"群臣都说："垂呀！"帝舜说："好！"对垂说："你来担任工的官职。"垂跪拜叩头，推让给殳、斨和伯与三人。帝舜对垂说："好了！去吧，你适合这个职位。"

【原文】　帝曰："畴若予上下草木鸟兽①？"佥曰②："益哉③！"帝曰："俞！"咨益："汝作朕虞④。"益拜稽首，让于朱、虎、熊、罴⑤。帝曰："俞！往哉！汝谐。"

【注释】　①畴若予上下草木鸟兽：此是舜又求掌管山泽之官。上，山。下，泽。②佥：皆。清儒阎若璩《古文尚书疏证》、江声《尚书集注音疏》认为"佥"乃晚出伪《古文尚书》之讹字，当依马融、郑玄等真古文本作"禹"，谓益同禹治水，禹深知其才习于草木鸟兽，故特荐之。可备一说。③益：即伯益，文献亦作"伯翳""柏翳""伯緊"等，为嬴秦之祖先，又名大费，神话传说记载其行事各有不同，《尧典》作者采其一种加以记述。④虞：官名。掌管山泽。⑤朱、虎、熊、罴：山泽中的四个"灵兽"，在神话传说中作为氏族首领的名字。这里指四个大臣。

【译文】　帝舜问："谁能掌管山泽，治理林牧渔副之政？"群臣都说："益呀！"帝舜说："好！"就对益说："现在任命你担任我掌管山泽的虞官。"益跪拜叩头，推让给朱、虎、熊、

中华传世藏书——国学经典文库 经学经典——图文珍藏版

黑诸人。帝舜说:"好了! 去吧,你适合这个职位。"

【原文】 帝曰:"咨四岳,有能典朕三礼①?"金曰:"伯夷②。"帝曰:"俞!"咨伯③:"汝作秩宗④,夙夜惟寅⑤,直哉惟清⑥。"伯拜稽首,让于夔、龙⑦。帝曰:"俞! 往,钦哉。"

【注释】 ①典:主。三礼:泛指礼法。或谓"三礼"为天神、地祇、人鬼之礼,并不可靠。三,为虚数。②伯夷:神话人物,姜姓之宗祖神,《吕刑》篇中他与夏族宗祖神禹、周族宗祖神稷同被上帝派下来造福于民,他掌管刑狱之政,而在本篇伯夷的身份是礼官。此伯夷与周武王时不食周粟的高士伯夷,名字相同而实际毫不相干。③伯:《史记》作"伯夷",当据补一"夷"字。下"伯拜稽首"句同。④秩宗:主宗庙的礼官。⑤寅:敬。⑥直:无私,正直。清:廉明。⑦夔、龙:神话中两个氏族宗祖神之名。这里作为两个大臣的名字。

【译文】 帝舜问:"四岳啊,有谁能主持我的三礼之政?"四岳和群臣都说:"伯夷可以。"帝舜说:"好吧!"就对伯夷说:"任命你担任秩宗之官,早晚都要恭敬于祀典,正直无私才能廉明啊。"伯夷跪拜叩头,推让给夔、龙二人。帝舜说:"好了! 还是你去干,敬重职事啊。"

【原文】 帝曰:"夔,命汝典乐①,教胄子②。直而温③,宽而栗④,刚而无虐⑤,简而无傲⑥。诗言志⑦,歌永言⑧,声依咏⑨,律和声⑩。八音克谐⑪,无相夺伦⑫,神人以和。"夔曰:"於⑬! 予击石拊石⑭,百兽率舞⑮。"

【注释】 ①典乐:司乐正之职。典,主,掌。②胄子:这里指贵族子弟。胄,同"育",稚。③直而温:正直而温和。④宽而栗:宽大而有所辨别。栗,通"秩",条理秩然之谓。⑤刚而无虐:刚强而不苟刻暴虐。⑥简而无傲:简易疏大但不傲慢。⑦诗言志:《毛诗·周南·关雎》序云:"在心为志,发言为诗。"即此义。⑧永:同"咏"。⑨声依咏:依歌咏的需要来运用宫、商、角、徵、羽五声。⑩律和声:由律管来校定五声的音高。⑪克:能。⑫夺伦:乱其旋律,走调。夺,乱。伦,序。⑬於:"乌"的古文,同"呜",叹美之词。⑭石:磬。拊:抚摩轻击。⑮百兽率舞:指人们装扮成百兽随乐起舞。一说,百兽感动于乐而起舞,究嫌拘泥。

【译文】 帝舜说:"夔,任命你为乐正之官,教导贵族子弟。让他们正直而温和,宽容而能有别,刚强但不苟虐,简易但不傲慢。诗教是用来抒发、宣导高尚志节的,歌咏是用来进一步宣畅诗中所言所寄之意的,按歌咏的需要来运用宫商角徵羽五声,由律管来校定五声的音高。这样,所有乐器才能和谐演奏不走调,也能使人和神都和谐快乐。"夔说:"哎呀! 我或轻或重地拍击石磬,发为乐歌,百姓装扮成百兽随之翩翩起舞。"

中华传世藏书

国学经典文库 尚书

图文珍藏版

243

【原文】 帝曰："龙，朕堲谗说殄行①，震惊朕师②，命汝作纳言③，夙夜出纳朕命，惟允④。"

【注释】 ①堲谗说殄行：憎恶谗言、恶行。堲，通"疾"，憎恶。殄，病，败。②震惊朕师：耸动我众人。师，众。③纳言：官名。王与天《尚书纂传》引朱熹说："命令、政教，必使审之，居允而后出，则谗说不得行，而矫伪无所托；敷奏复逆，必使审之，既允而后入，而邪僻无自进，而功绪有所稽。周之内史，汉之尚书，魏晋以来所谓中书门下省者，皆此职也。"可参。④允：信。

【译文】 帝舜说："龙，我憎恶那些耸动众人的谗言恶行，你来担任纳言之官，替我早晚掌管命令政教的出入，必须信实不误。"

【原文】 帝曰："咨汝二十有二人①，钦哉！惟时亮天功②。"

【注释】 ①咨：告。二十有二人：苏轼《东坡书传》云："盖十二牧、四岳、九官也。"有，同"又"。②时：通"是"。亮：通"谅"，辅相。功：事。

【译文】 帝舜说："告诉你们二十二个人，要敬重地辅相、成就上天赋予大家的事功。"

【原文】 三载考绩，三考，黜陟幽明①，庶绩咸熙。

【注释】 ①黜陟幽明：没有成绩的黜退，成绩明显的升职。

【译文】 此后，舜每三年举行一次考核，经过九年、三次的考核，黜退了没有成绩的，晋升了大有功劳的，国家政事非常兴盛。

【原文】 分北三苗①。

【注释】 ①分北三苗：分出三苗的一部分迁到北方。

【译文】 又将三苗的一部分分出来迁到了北方。

【原文】 舜生三十征庸①，三十在位，五十载，陟方乃死②。

【注释】 ①征庸：召用。②陟方乃死：旧说舜巡狩南方，死于苍梧之野，但"陟"字失解，韩愈遂谓"陟方"即升暇、徂落，犹今云"升天"。其说较通。若确论舜所卒之地，当以《孟子·离娄下》"卒于鸣条（在今河南开封陈留境）"说较为可信。

【译文】 舜年三十岁时被尧征用，摄帝位三十年，即帝位又五十年，而后升天而逝。

皋陶谟

【题解】

《皋陶谟》被《左传》等先秦古籍征引数次，可确认是先秦《尚书》旧篇。在西汉伏生所传《今文尚书》二十八篇中，《皋陶谟》列第二。西汉所传"《书序》百篇"则列为《虞夏书》之第十五篇，下接《益稷》第十六篇。东汉马融、郑玄本《古文尚书》亦列《皋陶谟》为第二，另有《弃稷》次之。东晋伪古文出，割裂《皋陶谟》后半"帝曰来禹汝亦昌言"以下另为《益稷》篇，成为第四、第五两篇。今恢复其在汉代今、古文《尚书》第二篇的旧貌。

与《尧典》一样，《皋陶谟》也经过了儒家的整理编订，其中很多文句被《论语》《孟子》所袭用，流露出深刻而正宗的儒家思想。对君德、臣德的强调，对君臣之道要点的探讨更是其鲜明特点。《史记·夏本纪》录此篇，开头加上"帝舜朝，禹、伯夷、皋陶相与语帝前，皋陶述其谋曰"数语，可见汉人认为《皋陶谟》是皋陶和禹在虞舜朝廷上问答、议论的记录。

【原文】 曰若稽古皋陶曰①："允迪厥德②，谟明弼谐③。"禹曰："俞④！如何？"皋陶曰："都⑤！慎厥身修，思永⑥。惇叙九族⑦，庶明厉翼⑧，迩可远在兹。"禹拜昌言⑨，曰："俞。"

【注释】 ①皋陶：神话人物。这里作为舜的大臣。②允：信，确实。迪：引导，践履。厥：其。③谟：谋。弼：辅。谐：和。④俞：然，犹今云"好的"。⑤都：叹美之辞。⑥永：长。⑦惇：厚。叙：按次序。九族：众多氏族。⑧庶：众。明：贤人。厉：勉。翼：辅。⑨昌言：美言。

【译文】 古时候那个皋陶说："要切实地引导、发扬德教，我们所谋划、所辅弼的事业才能光明和谐。"禹说："对啊！但怎样实现呢？"皋陶说："啊！要谨慎地修养品德，对问题要深谋远虑。用厚德来团结各族，广泛推举贤明之士作为辅翼之臣，使政务能由近及远，及于全境。"禹拜领了这番美言，说道："对啊！"

【原文】 皋陶曰："都！在知人，在安民。"禹曰："吁①！咸若时②，惟帝其难之③。知人则哲④，能官人⑤；安民则惠⑥，黎民怀之⑦。能哲而惠，何忧乎驩兜，何迁乎有苗，何畏乎巧言令色孔壬⑧？"

【注释】 ①吁：叹词，相当于"哎呀"。②咸：皆。若时：如是，如此。时，通"是"。③惟：发语词。④哲：智。⑤官：以官位授人。⑥惠：爱。⑦怀：思。⑧巧言：说好话。令色：伪善、谄媚的脸色。孔：很。壬：佞。

【译文】 皋陶又说："啊！这全在于知人善任，安定百姓。"禹说："唉！要都能做到这样，连帝王也感到不容易啊。知人须有才智，且要能授予恰当的职位；安民要有仁爱之心，才能使百姓感恩戴德。能知人善任、关爱百姓，还怕什么驩兜的作乱，还需要什么放逐三苗，还畏惧什么花言巧语善于作伪的坏人呢？"

【原文】　皋陶曰："都！亦行有九德①，亦言其人有德。"乃言曰："载采采②。"禹曰："何？"皋陶曰："宽而栗③，柔而立④，愿而恭⑤，乱而敬⑥，扰而毅⑦，直而温⑧，简而廉⑨，刚而塞⑩，强而义⑪。彰厥有常⑫，吉哉⑬！日宣三德⑭，夙夜浚明有家⑮，日严祗敬六德⑯，亮采有邦⑰。翕受敷施⑱，九德咸事，俊乂在官⑲。百僚、师师、百工惟时⑳，抚于五长㉑，庶绩其凝㉒。无教逸欲有邦㉓，兢兢业业，一日二日万几㉔。无旷庶官㉕，天工人其代之㉖。天叙有典㉗，敕我五典五惇哉㉘；天秩有礼，自我五礼有庸哉㉙；同寅协恭和衷哉㉚！天命有德，五服五章哉㉛；天讨有罪，五刑五用哉㉜；政事懋哉懋哉㉝！天聪明，自我民聪明㉞；天明畏，自我民明威。达于上下㉟，敬哉有土㊱！"

【注释】　①行有九德：人的性行有九种品德。②载：始。采：事。③宽而栗：宽宏又庄严。④柔而立：柔和又能坚定。⑤愿而恭：谨厚而能供职干办。恭，通"供"。⑥乱而敬：善治事者要能谨敬。⑦扰而毅：驯顺而能果断。⑧直而温：正直而能温和。⑨简而廉：简易率性而能志行端正。⑩刚而塞：刚劲而又平实。⑪强而义：刚强任情而能守道义。⑫彰：明。厥：其。⑬吉：善。⑭宣：布。⑮浚：今文作"翊"，明。⑯祗：敬。⑰亮：信。采：事。⑱翕：合。⑲俊乂：超过常人的才智之士。⑳百僚：百官。师师：较高级的长官。百工：百官。时：天时。㉑抚：顺。五长：五位众官之长，如司徒、司马、司寇、司空、大宗伯等各官之长。㉒凝：成。㉓无：毋。㉔几：几微。㉕无：毋。旷：废。庶：众。㉖天工：即"天功"，天事。㉗叙：次序，伦序。㉘敕：诫。惇：厚。㉙自：由，用。五礼：泛指几种礼，不可以后世"五礼"硬套。有庸：依前后文例，当作"五庸"。庸，常。㉚寅：敬。协：和。衷：善。㉛五服：用多种彩绘画饰而成的衣服。章：彰显，表彰。㉜五刑：印《吕刑》之墨（刻面）、劓（割鼻）、膑（去膝盖骨）、宫（去生殖器）、大辟（死）。五用：印《国语·鲁语》所载大刑用甲兵，其次用斧钺，中刑用刀锯，其次用钻笮，薄刑用鞭扑。㉝懋：美好。㉞自：由。㉟达：通。上下：天意和民意。㊱有土：指诸侯卿大夫等有封土者。

【译文】　皋陶说："啊！人性有九种德行，一个人必须要有德。"接着说："说人有德，就要从他所干的每件事出发来考察。"禹说："怎么样呢？"皋陶说："宽宏又能庄严，柔和而能坚定，谨厚而能干练职守，善治事者又要能谨敬，驯顺且能果断，正直而能温和，简易率性而能志行端正，刚劲而又平实，刚强任情而能守道义。天子如能奖励那些德行有常的人，就称善政了！对这九种德行早晚能做到其中三种、六种的，就能治理并保有家国。天子更要能综合此三德、六德之人而普施政教，使备有九德的贤俊之士都能担任王朝职官。百官职司都及时以展事功，在政府五长的领导下，使各种政事都获成功。切勿使国家政教为逸乐嗜欲所腐化，大家每天都要兢兢业业地谨慎洞察万事的端倪。不可让不称职者旷废官位,因为王朝的君位、官职都是秉承天职,天事由人代行,不可旷废。上天定下了人的伦常叙次,告诫我们要遵守君臣、父子、夫妇、兄弟、朋友等常法,使这五种关系深厚有序;上天制定了尊卑贵贱的品秩等级之礼,由此才有君臣、父子、夫妇、兄弟、朋友等礼法的贯彻实行;君臣民众上下一心和衷共济吧!上天嘉命有德之人,制定了多种彩绘的服饰来表彰他们;上天惩罚有罪之人,用甲兵、斧钺、刀锯、钻笮、鞭扑等五种不同用刑方式执行;这样,政事就美好了,兴旺了!上帝听取、采集意见,都是根据民众的态度;上天赏赐贤德之人,惩罚有罪之人,也是依据民众的态度。天意民意上通下达。要谨慎啊,四方诸侯们!"

【原文】 皋陶曰:"朕言惠可厎行①?"禹曰:"俞,乃言厎可绩②。"皋陶曰:"予未有知,思曰赞赞襄哉③。"

【注释】 ①惠:发语词。厎:致。②绩:成功。③曰:通"爰"。赞:引导,宣明。襄:成。

【译文】 皋陶说:"我讲的这些可以成功地贯彻执行吗?"禹说:"好,你的话完全可以实行。"皋陶说:"其实我并没有什么见识,只是一直在考虑如何成就治国之道罢了。"

【原文】 帝曰:"来!禹,汝亦昌言①。"禹拜曰:"都!帝,予何言?予思日孜孜②。"皋陶曰:"吁!如何?"禹曰:"洪水滔天,浩浩怀山襄陵,下民昏垫③。予乘四载④,随山刊木⑤。暨益奏庶鲜食⑥。予决九川距四海⑦,浚畎浍距川⑧。暨稷播奏庶艰食⑨,鲜食⑩,懋迁有无化居⑪,烝民乃粒⑫,万邦作乂⑬。"皋陶曰:"俞!师汝昌言。"

【注释】 ①昌:美,好。②孜孜:勤勉不懈怠的样子。③昏:淹没。垫:陷。④四载:四种运载工具,旱路坐车,水路乘船,泥路用橇,山路用桐。⑤随山刊木:随着山岭的形势,斩木通道,以便治水。⑥暨:与,和。奏:进。庶:庶民。鲜食:活着的新鲜食物。⑦九川:泛指九州名川。距:至,通。⑧浚:疏浚、加深水道。畎浍:田间大小不同的沟洫等。小沟称畎,大沟称浍。⑨播:布。奏:进。艰食:好不容易才得到的食物。⑩鲜食:指少食的地方。鲜,少。⑪懋迁有无:转移有余以补充不足。懋,通"贸"。化居:迁徙居集之货。化,同"货"。⑫粒:米食。⑬乂:治。

【译文】 帝舜对禹说:"来,禹,你也讲讲你的好意见。"禹拜谢说道:"啊!帝,我有什么好说的呢?我只考虑每天努力不懈地工作。"皋陶插话说:"唉!怎么样努力不懈呢?"禹说:"滔天的洪水,浩浩荡荡地包围了山川,淹没了丘陵,老百姓都要被淹死了。我使用四种交通工具,循行山林,斩木通道,以便治水。和益一起给老百姓生鲜食物。我将九州河流疏通贯入大海,把河渠疏通使入大河。又和稷一道使老百姓在难以得到食物时

能吃到东西，缺粮少食的地方，我就用粮食充足的地方来调配，老百姓才吃到粮食，国家最终得以安定了。"皋陶说："好啊！应该学习、借鉴你的良言。"

【原文】　禹曰："都！帝慎在位。"帝曰："俞！"禹曰："安汝止①，惟几惟康②；其弼直③，惟动丕应④。溪志以昭受上帝⑤，天其申命用休⑥。"帝曰："吁！臣哉邻哉⑦！邻哉臣哉！"禹曰："俞！"

【注释】　①止：行为。②惟：思。几：几微，端倪。这里偏指危险事态。康：安。③弼：辅。直：当作"惠"，字体因剥坏而误。"惠"即"德"。④丕：大。⑤溪：通"清"。昭：通"绍"，承继。⑥申：重。用：以。休：美。⑦邻：近。

【译文】　禹对舜说："啊，陛下在帝位上要特别谨慎小心呀！"帝舜说："是啊！"禹说："让您的行为安定稳重，注意事态的端倪才可不致酿成大害，而能得到平安；还要辅之以德，君主令出则天下大应。意志清明来承接上帝之命，上天就会加赐您美好天命。"帝舜说："大臣是至亲至近的啊！至亲至近的是大臣啊！"禹说："是啊！"

【原文】　帝曰："臣作朕股肱耳目①。予欲左右有民②，汝翼③；予欲宣力四方，汝为；予欲观古人之象④：日、月、星辰、山、龙、华虫、作会⑤，宗彝、藻、火、粉米、黼、黻、絺绣⑥，以五采彰施于五色作服⑦，汝明。予欲闻六律、五声、八音、七始咏⑧，以出纳五言⑨，汝听；予违⑩，汝弼⑪。汝无面从，退有后言。钦四邻⑫，庶顽谗说⑬，若不在时⑭，侯以明之⑮，挞以记之⑯，书用识哉，欲并生哉⑰！工以纳言⑱，时而飏之⑲，格则承之，庸之⑳，否则威之㉑。"

【注释】　①股肱：大腿和胳膊，比喻辅佐之臣。②左右：助，帮助。③翼：辅翼。④象：衣服的法象。⑤华虫：一种美丽的野鸟。作会：指日、月、星辰、山、龙、华虫六者，用于上衣。会，通"绘"。⑥宗彝：绘有虎、蜼（长尾猿）的宗庙彝器。藻：水草。火："火"字形。粉米：百米。黼：斧形。黻：两弓相悖的几何图形。絺绣：指宗彝、藻、火、粉米、黼、黻六者，用于下裳。其义为缝制刺绣。⑦以五采彰施于五色：郑玄云："未用谓之采，已用谓之色。"王国维说"采"当作"介"，谓五者相介（间）以发其色。可备一说。⑧六律：指十二律吕。五声：宫、商、角、徵、羽。八音：金、石、丝、竹、匏、土、革、木八种乐材的乐器所奏出的音乐。七始咏：吴澄《书纂言》云："'七始'，《国语》谓之'七均'。……正声五，变声二，每律用七声为均，相和而均调，故曰七均，七声迭用以终始一调，故曰七始。"⑨出纳：《尧典》有"纳言"之官，下文亦有"纳言"，这里可理解为音乐工作的"采风"。五言：苏轼《东坡书传》云："五言者，诗也。夷讽咏之言寄之于五声，盖以声言也，故谓之五言。"⑩违：犯错误。⑪弼：匡正。⑫钦：敬。四邻：泛指左右大臣。⑬庶：众。顽：愚。谗说：谄媚之人。⑭在：察。时：通"是"。⑮侯：射靶，指射礼。⑯挞：鞭挞，谴责。《东坡书传》云：

"众顽谗说之人不率是教者,舜皆有以待之,夫化恶莫若进善,故择其可进者以射侯之礼举之;其不率教之甚者,则挞之。"极明。记:孙诒让《尚书骈枝》谓通"诋",告诫。可从。⑰ 书用识哉,欲并生哉:《东坡书传》承上云:"其小者则书其罪而记之,欲其并居而知耻也。"可从。书,著之刑书。用,以。⑱ 工:官。纳言:凭借音乐来进谏的方式。⑲ 时:通"是"。飏:举。⑳ 格:改过。承:进。庸:用。㉑ 威:使畏惧。

【译文】 帝舜说:"大臣们做我的左膀右臂和心腹耳目。我佑助百姓,你们要辅助我;我要宣力于四方,你们要尽力而为;我要观察古人昭分品秩等级的服色采象:在上身衣服上彩绘日、月、星辰、山、龙、华虫等图案,在下身衣裳上缝织绣制虎猿之形、水藻、'火'形、粉米、黑白相间的斧形、青黑相间的'亚'形等图案,用五种色彩的颜料鲜明地绣制各种色彩的章服,你们要一一考订明确。我要谛听六律、五声、八音、七始咏,以及采风所得的各方诗歌,你们要为我仔细听好;我有违失之处,你们要匡正我。不要当着我面时唯唯诺诺,下去暗地里又批评我。我尊敬的辅佐大臣们! 那些愚顽进谗言的人不守政教,你们要用射侯之礼分辨出来,过分的就鞭挞处罚给予告诫,那些过失小的就把他们的罪记在刑书上,让他们感到羞耻。由专官以纳言之职举善责过,有善行的就表扬、举荐,改过向善的也升进录用,否则用刑法威慑让他恐惧。"

【原文】 禹曰:"俞哉! 帝光天之下,至于海隅苍生①,万邦黎献②,共惟帝臣③。惟帝时举④,敷纳以言,明庶以功,车服以庸⑤。谁敢不让⑥,敢不敬应⑦? 帝不时⑧,敷同日奏⑨,罔功⑩。"

【注释】 ①苍生:即"黔首""黎民",老百姓。②黎献:老百姓和贵族。③共:同。惟:为。④时:及时。⑤"敷纳"三句:《尧典》有"敷奏以言,明试以功,车服以庸"之句,义近。纳,采纳。庶,似为"试"之音讹。⑥让:让功服善。⑦应:承。⑧时:通"是",这么做。⑨敷同:(对贤愚善恶)不加区别地对待。敷,布,普。奏,进。⑩罔:无。

【译文】 禹说:"啊呀! 陛下光照天下,天下苍生百姓,万邦贵贱之民,都是陛下的臣子。全在于陛下及时举用,广泛地采纳他们的意见,明确地考察他们的功绩,公正地以车马服饰赏赐他们的功勋。这样,谁敢不让功服善,谁敢不敬承天命。如果陛下不这么做,而使贤愚善恶同时在位,就不会取得政绩。"

【原文】 帝曰:"无若丹朱傲①,惟慢游是好②,敖虐是作③,罔昼夜额额④。罔水行舟⑤。朋淫于家⑥。用殄厥世⑦。予创若时⑧。"

【注释】 ①无:毋。傲:同"敖",戏谑。②慢游:逸游无度。③敖虐:戏谑。④罔昼夜:没有白天黑夜。额额:没有休息的样子。⑤罔水行舟:水浅不足行船也要强迫(使人

推着)走。⑥朋:群。⑦用:以。⑧殄:绝。厥:其。世:世系。⑧创:惩。若时:于是。

【译文】 帝舜说:"不要像丹朱那样沉溺于游玩嬉戏,贪乐戏荡,没日没夜无停息。河中水浅也强迫非要行船。在家中也肆行淫乱,终使他的世系断绝了。我们可不能像他这样。"

【原文】 禹曰:"予娶涂山①,辛壬癸甲②。启呱呱而泣③,予弗子④,惟荒度土功⑤,弼成五服⑥,至于五千⑦,州十有二师⑧。外薄四海⑨,咸建五长⑩。各迪有功⑪,苗顽弗即工⑫,帝其念哉⑬。"

【注释】 ①涂山:涂山氏。其地望或说在会稽,或说在九江当涂,今不详。②辛壬癸甲:古代以干支纪日,辛壬癸甲共计四天。③呱呱:婴儿哭声。④子:作动词用,抚育儿子。⑤荒:大。度:就。⑥弼:辅。五服:《禹贡》有甸服、侯服、绥服、要服、荒服五服之制,其实也是虚拟。⑦五千:《禹贡》记每服五百里,五服则二千五百里,两面计之方五千里。其实也是虚构。⑧州十有二师:《尧典》有十二州,指地方行政制度的设立。师,地方长官,即十二州牧。⑨薄:迫,至。四海:四方,普天之下。⑩五长:不详,可暂理解为各地所建诸侯。⑪迪:道,蹈。⑫即:就。⑬念:思。

【译文】 禹说:"我娶涂山氏的女儿结婚是辛日,到甲日就离开家忙着去治水。我的儿子启出生,呱呱哭泣,我也没有尽过抚育儿子的责任,所以全力完成了平治水土之功,终于辅助陛下完成划天下为五服的大业,使疆域每方达到五千里,每州又制定了十二师的地方行政区划,外则疆域远至四海,五方之地各建诸侯,他们都能建立功勋,只有苗族顽梗不服帝功,陛下要时刻留意。"

【原文】 帝曰:"迪朕德,时乃功惟叙①。皋陶方祗厥叙②,方施象刑惟明。"

【注释】 ①时:通"是"。乃:汝,你的。②祗:敬。厥叙:禹的德政。

【译文】 帝舜说:"我的德教得以宣布发展,全是你的功劳。现在皋陶很重视你的德业,对愚顽不服的人开始明确地用刑法威慑。"

【原文】 夔曰:"戛击鸣球①,搏拊琴瑟以咏②。祖考来格③,虞宾在位④,群后德让⑤。下管鼗鼓⑥,合止柷敔⑦,笙镛以间⑧。鸟兽跄跄⑨,《箫韶》九成⑩,凤凰来仪⑪。"夔曰:"於!予击石拊石⑫,百兽率舞,庶尹允谐⑬。"

【注释】 ①戛击:轻击。鸣球:击响玉磬。球,玉磬。②搏:手击。拊:轻击。咏:合咏歌之声。③祖:父之考,即祖父。考:父。格:至。常用于祭祀时神丰氏来飨之意。④虞宾在位:不详,或谓舜以丹朱为宾。乃受汉代三统说影响,恐非先秦实际。⑤群后德让:诸侯助祭者各以德相让。⑥下管:堂下之乐以竹乐器为主,故称下管。鼗:长柄小鼓。

两旁有耳,摇动可自击。⑦合止柷敔:即"合之柷敔"。止,通"之"。柷敔,皆古乐器,形制不详。⑧笙:管状乐器。镛:大钟。间:与上"咏"相对,与咏歌迭奏。⑨鸟兽跄跄:人扮为鸟兽起舞的样子。⑩《箫韶》:舜所制乐曲。九成:演奏九遍。⑪ 凤皇来仪:指演奏《箫韶》之乐的箫管错落相间,有着凤凰般的仪容。旧说神鸟凤凰被音乐感动而到来,恐非情理。⑫ 石:磬。⑬ 庶尹:众官,百官。允:信,确实。

【译文】 夔说:"堂上乐工敲击玉磬,抚击琴瑟,来配合歌咏。祖先神灵各来缭祀。此时前代帝王的后裔作为虞宾已就祭位,前来助祭的诸侯也都互相礼让。堂下管乐和鼗鼓并奏,与柷、敔、笙、钟之音相合,与堂上咏歌之声迭相起奏。乐声悠扬,人扮演着鸟兽竞相起舞。《箫韶》之乐演奏九遍,箫管参差错落宛如凤凰飞翔,仪态万方。"夔还说:"我敲击石磬,人扮演的百兽纷纷起舞,百官更是和谐融洽。"

【原文】 帝庸作歌曰①:"敕天之命②,惟时惟几③。"乃歌曰:"股肱喜哉④,元首起哉⑤,百工熙哉⑥!"皋陶拜手稽首飏言曰⑦:"念哉⑧!率作兴事⑨,慎乃宪⑩,钦哉!屡省乃成⑪,钦哉!"乃赓载歌曰⑫:"元首明哉!股肱良哉!庶事康哉!"又歌曰:"元首丛脞哉⑬!股肱惰哉⑭!万事堕哉⑮!"帝曰:"俞!往钦哉!"

【注释】 ①庸:用,因此。②敕:戒敕。③惟时惟几:何时何事都要慎重戒敕。④股肱:指左右辅佐大臣。⑤元首:君主。起:兴起。⑥百工:百事。熙:兴。⑦飏:同"扬",接着,继续。⑧念:思考,记住。⑨率:率领。兴:起。⑩宪:法令。⑪ 屡省:反复仔细地考虑。⑫ 赓:续。载:为。⑬ 丛脞:繁碎没有大略。⑭ 惰:懈怠。⑮ 堕:毁坏。

【译文】 帝舜因此唱起歌来:"要勤劳于上天的大命啊,时时事事都要警诫谨慎啊。"接着又唱道:"大臣百官乐于治事啊!君王我就振奋兴起了啊!国家万事就都兴旺发达了啊!"皋陶跪拜叩头,接着说:"记住这些话啊!天子总率群臣振兴事功,大家要慎重对待公共法令,千万要恭敬啊!凡事要反复仔细推想才会成功,千万要恭敬啊!"皋陶又接着唱道:"天子英明啊!大臣贤良啊!万事康宁啊!"又歌唱道:"天子治事琐细没有大略啊!大臣们就会懈怠了啊!万事也就荒废了啊!"帝舜听了,说道:"对啊!去吧!大家好好努力各司其职吧!"

禹 贡

【题解】

《禹贡》是中国最早的地理著作,托"禹"以名篇,讲述了大禹治理洪水,划分九州,并

记载各地山川脉络、土壤等级、物产分布等情况，以及各州贡赋的品种、所经的路途等。《禹贡》九州，帝都冀州为中心，其次为兖、青、徐、扬、荆、豫、梁、雍，并非一种习见的政治地理区划，而是一种人文地理区系，在考古学上有着源远流长的文化源头。九州范围，东至大海，西至甘、陕，南达湘、鄂，北及辽东半岛。但各区域格局，又是在全境按照东西南北一定的里数来划定，又反映出古人对于中国地理的一种空想性规划和描述。考察其内容，并结合考古学的结论，可以推测《禹贡》一文有着早期的蓝本，其主体内容反映了春秋时期的地理情况，其后经战国而略有增益加工。

【原文】　禹敷土①，随山刊木②，奠高山大川③。

【注释】　①敷土：划分土地（为九州）。敷，分。②随山刊木：随着山岭的形势，斩木通道，以便治水。③奠：定。

【译文】　禹划分九州疆界，随着山势斩木通道，确定各州高山大河。

【原文】　冀州①。既载壶口②，治梁及岐③。既修太原④，至于岳阳⑤。覃怀底绩⑥，至于衡漳⑦。厥土：惟白壤⑧，厥赋：惟上上⑨，错⑩。厥田惟中中⑪。恒卫既从⑫，大陆既作⑬。鸟夷皮服⑭。夹右碣石入于河⑮。

【注释】　①冀州：禹划九州之一，得名源于古代冀南的晋国。《禹贡》中作为天子直接管理的王畿。在今山西和河北西部。②既：已。载：成。壶口：山名。在今山西吉县。③治：治理。梁：山名。在今陕西韩城东北。岐：山名。在今陕西岐山北。④既：已。修：治理。太原：在今山西太原一带。⑤岳阳：太岳山以南的区域。岳，太岳山。在今山西霍县东。⑥覃怀：在今河南武陟、沁阳一带。底：致。绩：功。⑦衡漳：漳水横流入黄河，故称。衡，通“横”，漳水自山西高原西南东流，与黄河交汇流于河北、河南两省间的平原，水害严重。⑧惟：是。白壤：一种沙质含盐的土壤，因洪水流过，又经蒸发所致。这种盐碱地农作物产量很低。⑨上上：第一等。《禹贡》将九州田、赋分作九等，即上上、上中、上下、中上、中中、中下、下上、下中、下下。⑩错：杂。这里指杂出第二等赋税。⑪中中：第五等。《禹贡》九州土地分等，大体根据当地农业发展水平高低，而不是根据地形、地质等。《尚书校释译论·禹贡》据《禹贡》述各州文句之例，谓“厥田惟中中”乃错简，当移至“厥赋惟上上”之上，其说有理，译文即据以移正，经文正文仍保留原貌样。⑫恒卫既从：意谓恒、卫二水已治好，顺利流泻了。恒水出今河北曲阳，卫水出今河北灵寿，两水下游在战国黄河大改道前都是黄河下游河道的一部分。⑬大陆：大陆泽，在今河北钜鹿西北，是古代内陆湖泊，后大都淤成平地。作：耕作。《尚书校释译论·禹贡》说“恒卫既从大陆既作”八字乃错简，当移至“至于衡漳”下，其说有理，译文即据以移正，经文正文仍保留原

样。⑭ 鸟夷：古代居住在东北地区的民族，以鸟为图腾，故名。皮服：指鸟夷向中央王朝进贡的禽兽皮毛。⑮ 夹：《东坡书传》云："夹，挟也，自海入河，逆流而西，右顾碣石，如在挟腋也。"碣石：河北乐亭南的海边石山。

【译文】 冀州。壶口治理好了，接着治理梁山和岐山。太原修治妥当，又整治岳阳地区。覃怀地区成效显著，又到了横漳水一带。这一州的土壤是含盐的白壤。赋税第一等，但根据收成有时杂出第二等。耕地列在第五等。恒水、卫水都疏浚通畅了，大陆泽周围土地也可以耕种了。东北的鸟夷民族进贡珍奇的鸟兽皮毛，他们循海道入贡，沿着辽东湾西岸向南航行，循着拐角处的碣石，据以右转，再向西驶入黄河。

【原文】 济、河惟兖州①。九河既道②，雷夏既泽③，灉、沮会同④。桑土既蚕⑤，是降丘宅⑥。厥土：黑坟⑦，厥草惟繇⑧，厥木惟条⑨。厥田：惟中下。厥赋：贞⑩。作十有三载⑪，乃同⑫。厥贡：漆、丝，厥篚织文⑬。浮于济、漯⑭，达于河⑮。

【注释】 ①济：古代四渎之一，源出河南济源，汉代经河南武陟流入黄河，又向南流入山东。惟：是。兖州：在今河南、河北、山东境内。②九河：泛指古兖州境内黄河下游的诸多河道。道：通。③雷夏：大泽名。在今山东菏泽东北。泽：孔疏云："洪水之时，高原为水，泽不为泽。雷夏既泽，高地水尽，此复为泽也。"其说是。④灉、沮：二水名。都是黄河支流，源出今山东鄄城、菏泽二县之间，现已干涸。⑤桑土：适宜种植桑树的土地。辛树帜《禹贡新解》说："《禹贡》上仅兖州之'桑土'及荆州之'云土'两土字，这是代表地貌的。这种'土'也似雍州的'原隰'，同是地貌名称。"可备一说。⑥丘：考古资料证明，兖州的"丘"大都由人工在地势稍高的地方堆建而成，用于抵抗洪水。⑦黑坟：一种含有黑色植物腐质肥料的灰棕壤。坟，肥土。⑧繇：抽，植物生长抽条。⑨条：生长。⑩贞：马廷鸾《六经集传》、金履祥《尚书表注》皆说"贞"为篆文"下下"之讹，可从。⑪ 作：耕作。⑫ 同：同于他州。⑬ 篚：圆形的竹筐。织文：有图纹的丝织品。⑭ 浮：以船行水。漯：水名。古代黄河的支流，其故道从河南浚县东北流至山东，经滨县、利津一带入海。古代济水、漯水相通。⑮ 达：通。

【译文】 济水和黄河一带是兖州。黄河下游众多河道已经疏浚畅通，雷夏洼地已汇成湖泽，灉水、沮水在此会合。土地已能够种植桑树，饲养家蚕，人们从躲避洪水所筑的高坡上搬下平地居住了。这一州的土壤是肥沃的黑土，长着茂盛的草木。这里的耕地列在第六等，赋税为第九等。该州经过十三年的农作耕耘，赋税才赶上其他各州。该州的贡物是漆和丝，还有装在圆竹筐里的染有各种美丽图纹的丝织品。进贡物品由船运经济水、漯水，直通黄河。

【原文】 海、岱惟青州①。嵎夷既略②，潍、淄其道③。厥土：白坟④，海滨广斥⑤。厥田：惟上下。厥赋：中上。厥贡：盐、絺、海物惟错⑥，岱畎丝、枲、铅、松、怪石⑦，莱夷作牧⑧，厥篚檿丝⑨。浮于汶⑩，达于济。

【注释】 ①海：渤海。岱：泰山。青州：今山东半岛。东北至辽宁东部。②嵎夷：泛指古代东方少数民族。这里指居住在辽东的一部分少数民族。略：划定疆界。③潍：潍河，源于今山东莒县北潍山。淄：淄河，源于山东益都。道：治理，疏导。④白坟：浅色的肥沃土壤。指灰壤或浅色草甸土。⑤斥：盐渍土。⑥盐：海盐。絺：一种精细的葛织物。海物：鱼蟹一类可以食用的海产品。惟：与。错：治玉的磨砺石。⑦岱畎：泰山的沟谷。丝：蚕丝。枲：雄株麻。铅：青白色矿石，可以加工用于绘画和涂饰。怪石：形状怪异的玉石。⑧莱夷：活动在今山东半岛的夷人。作牧：(向中央王朝)贡献畜牧。⑨檿丝：柞蚕丝。⑩汶：汶水，源出今莱芜东北，历泰安、宁阳，至东平入济水。

【译文】 渤海和泰山一带是青州。已治理好东北方的嵎夷族，为其划定疆界，又疏导了潍水、淄水。这一州的土壤是肥沃的白壤，沿海地区是广大的盐碱地。耕地列在第三等。赋税则为第四等。该州的贡物是盐、细葛布、海产品以及磨玉的砺石，并有泰山山谷所产丝、麻、铅、松、玉石，莱夷族贡献的是畜产，还有装在竹筐子里的柞蚕丝。进贡的船只由汶水直达济水，再由此驶入黄河。

【原文】 海、岱及淮惟徐州①。淮、沂其乂②，蒙、羽其艺③。大野既猪④，东原底平⑤。厥土：赤埴坟⑥，草木渐包⑦。厥田：惟上中。厥赋：中中。厥贡：惟土五色⑧，羽畎夏翟⑨，峄阳孤桐⑩，泗滨浮磬⑪，淮夷蠙珠暨鱼⑫，厥篚玄纤缟⑬。浮于淮、泗，达于菏⑭。

【注释】 ①淮：淮河。徐州：今山东南部、江苏、安徽北部。②沂：沂水，源于山东沂水北。乂：治。③蒙：蒙山，在山东蒙阴西南。羽：羽山，在今江西赣榆西南。非相传舜殛鲧之处。艺：种植。④大野：巨野泽，在今山东巨野境内。猪：同"潴"，水停止、聚集。⑤东原：在今山东泰安至东平一带。底：致，成功。⑥赤埴坟：棕色的黏性肥土。埴，粘土。⑦渐：逐渐生长。包：繁茂丛生。⑧土五色：指青、红、白、黑、黄五种不同颜色的土，产于今江苏铜山、山东诸城一带。⑨羽畎：羽山的山沟。夏翟：山雉，即长尾野鸡，其羽毛可作舞饰或旌旗上的装饰。⑩峄：山名。在今江苏邳州市。孤桐：特生的桐木。⑪泗：水名。源出今山东泗水县。浮磬：一种石头。⑫淮夷：甲骨文作"隹夷"，淮北之夷，在徐州之域。蠙珠：蚌珠。⑬玄：红黑色丝织物。纤：细。缟：白色丝织物。⑭菏：水名。出今山东定陶西南。

254

【译文】 东边沿海，北边至泰山，南边至淮河之间的地域是徐州。淮水、沂水治理好

了，蒙山、羽山地方也都可以耕种了。大野泽汇积四方流水，东原地区的水患解除了，这一州的土壤是肥沃的棕色黏土，草木繁茂丛生。耕地列第二等，赋税则为第五等。该州贡物有五色土，羽山谷中产的长尾野鸡，峄山以南的特产制琴良桐，泗水河畔的浮磬石，和淮夷族所献的珍珠及渔产，还有用筐装着的赤黑色细缯和白色绸帛。进贡的船只从淮水经泗水，通于菏水，再由菏入济以达黄河。

【原文】　淮、海惟扬州①。彭蠡既猪②，阳鸟攸居③。三江既入④，震泽底定⑤。篠荡既敷⑥，厥草惟夭⑦，厥木惟乔⑧。厥土惟涂泥⑨，厥田惟下下，厥赋下上上错。厥贡惟金三品⑩，瑶、琨、篠荡⑪，齿、革、羽、毛⑫，惟木。岛夷卉服⑬，厥篚织贝⑭，厥包橘柚锡贡⑮。沿于江、海⑯，达于淮、泗。

【注释】　①扬州：今淮水以南的今江苏、安徽两省境，江西、福建、浙江三省全境，及广东北部等。②彭蠡：长江北岸一个大潮泊或湖泊群，非今鄱阳湖。猪：同"潴"，水停聚处。③阳鸟：鸿雁一类的候鸟。攸居：安居。④三江：指彭蠡泽以东长江及其支流诸水。⑤震泽：太湖。厎：致。⑥篠：箭竹。荡：大竹。敷：布。这里指生长。⑦夭：草木生长美盛的样子。⑧乔：高。⑨涂泥：黏质湿土。⑩金三品：古代称铜为金，金三品即青铜、白铜、赤铜。⑪瑶：美玉。琨：美石。⑫齿：象牙。革：兽皮。羽：珍禽之羽。毛：同"旄"，旄牛尾。羽、毛皆指舞具。⑬岛夷：指东海南海大小岛屿上的少数民族。卉服：草制的衣帽鞋类。卉，草的总名。⑭织贝：织有贝纹的丝织品。⑮包：包装。橘：橘子。柚：柚子。锡：赐予。⑯沿：同"沿"。

【译文】　北起淮河，东南到海之间是扬州。彭蠡泽已汇聚了许多条水流，作为每年雁阵南飞过冬的休息地。彭蠡以东诸江之水已入于海，太湖水域也治理安定了。遍地生长着大小竹子，芳草美盛，乔木葱翠。这一州的土质属潮湿泥地，耕地列第九等，赋税则为第七等，有时杂出第六等。该州的贡物有青铜、白铜、赤铜，以及瑶琨美玉、大小竹材、象牙、皮革、鸟羽、旄牛尾，以及木材。和岛夷族所献草织的衣帽鞋子、用筐子装着的绚丽的丝织贝锦，还有妥善包装的橘子、柚子。进贡船只沿着长江、黄海直达淮水和泗水，然后再沿徐州贡道进入黄河。

【原文】　荆及衡阳惟荆州①。江、汉朝宗于海②，九江孔殷③，沱、潜既道④，云梦土作乂⑤。厥土惟涂泥，厥田惟下中，厥赋上下。厥贡羽、毛、齿、革，惟金三品，杶干栝柏⑥，砺砥砮丹⑦，惟箘簵楛⑧，三邦厎贡厥名⑨，包匦菁茅⑩，厥篚玄纁玑组⑪，九江纳锡大龟⑫。浮于江、沱、潜、汉，逾于洛⑬，至于南河⑭。

【注释】　①荆：荆山。在今湖北南漳西。衡阳：衡山之南。荆州：包括今湖北、湖南

中部，及四川和贵州的一部分。②江：长江。汉：汉水，发源于《禹贡》所称之嶓冢山。朝宗于海：顾颉刚《中国古代地理名著选读》第一辑说："从前诸侯见天子春见称朝，夏见称宗。这里是把海比作天子，江、汉比作诸侯，说江、汉合流以后归于大海。"③九江：在今湖北黄冈地区广济一带。九，为虚数，非必是九条水。孔：甚，很。殷：众。④沱：长江支流。潜：汉水支流。道：疏浚通畅。⑤云梦：即云梦泽。孙诒让《周礼正义·职方氏》云："云梦一泽，水则潴为洞庭，郭景纯云巴丘湖是也。至于全数陆地，则直跨今湖北汉阳、黄州、安陆、德安、荆州五府境。"其说是。乂：治理。⑥杶：椿树。干：柘木，可做弓。栝：桧树。柏：柏树。⑦砺：粗磨刀石。砥：细磨刀石。砮：可以做箭镞的石头。丹：朱砂。⑧箘簵：竹名。可做箭杆。楛：木名。可做箭杆。⑨名：指有名的特产。⑩匦：捆扎缠结。菁茅：有毛刺的茅草，宗庙祭祀时撒酒其上，以供神饮，称缩酒。⑪玄：赤黑色的丝织物。纁：黄赤色的丝织物。玑组：古人佩玉所系的带子。玑，珍珠类。组，丝带。⑫纳：入。锡：赐予。⑬洛：《史记》作"雒"，水名。源出陕西洛南，东至河南巩义市入河，与陕西境内入渭的洛水非一。⑭南河：河南洛阳、巩义市一带的黄河。

【译文】　荆山到衡山南面的广阔地域是荆州。长江、汉水在此齐流奔腾入海，至九江地区流势很盛，长江的支流沱江、汉水的支流潜江都已疏浚通畅，云梦泽水域也已获得治理可以耕作。这一州的土壤也是潮湿的泥地，田地列第八等，赋税则为第三等。这一州的贡物有鸟羽、旄牛尾、象牙、兽皮，和黄铜、青铜、红铜，杶木、柘木、桧木、柏木，精粗两种磨刀石、磬镞石、朱砂，和箘竹、楛竹、楛木，州内诸地也献上当地名产，有捆扎起来专供宗庙祭祀缩酒用的菁茅、装在筐子里的赤黑色与黄赤色的丝织物，还有用来佩玉的绶带，更有九江所献祭祀用的神龟。进贡道路是先用船运经由江水及各支津沱水、潜水通汉水，然后登岸由陆路运达洛水，再进入黄河。

【原文】　荆、河惟豫州①。伊、洛、瀍、涧既入于河②，荥波既猪③，导菏泽④，被孟猪⑤。厥土惟壤⑥，下土坟垆⑦，厥田惟中上，厥赋错上中。厥贡漆、枲、绨、纻⑧，厥篚纤纩⑨，锡贡磬错⑩。浮于洛，达于河。

【注释】　①豫州：在《禹贡》九州的中央，与青州之外其他七州相邻，又称"中州"。包括今河南黄河以南，湖北北部等地。②伊：伊水。源出今河南卢氏。洛：《史记》作"雒"，源出陕西洛南。瀍：瀍水。源出今河南孟津西北谷城山，东入洛水。涧：涧水。源出今河南渑池，东流入洛水。③荥波：又叫荥播，即荥泽。在今河南荥阳境内。④菏泽：在今山东定陶，属古兖州，叙在此州，是因其水入于孟诸泽。⑤被：覆被，溢漫。孟猪：即孟诸，在今河南商丘东北。⑥壤：无块柔土。⑦下土坟垆：辛树帜《禹贡新解》说："分布于

豫州，与前述之坟皆为壤之下土即底层。许慎著《说文》释垆为黑刚土，土坚刚而色黑，或指分布于河南低城地石灰性冲积土底层之深灰粘土与石灰结核；结核多者连接成层。今河南、山西、山东人民尚有称之为垆者，亦称沙姜，继为丘陵土与次生黄土所掩盖。无论就地区所在言或就土层排列言，皆属符合。"⑧枲：麻。绤：精细的葛织物。纻：芝麻。⑨纤纩：细绵。⑩锡贡：纳贡，进贡。锡，赐予。错：治玉之石。

【译文】 荆山到黄河之间是豫州。伊水、洛水、瀍水、涧水都已疏浚流入黄河，荥泽地域横溢之水也已汇集成湖，水大时，可疏通菏泽之水向南泻入盂诸泽。这一州的土壤是无块柔土，低下之处是黑色硬土，耕地列第四等，赋税是第二等，杂出第一等。该州的贡物有漆、丝、精细葛布、纻麻，还有装在筐子里的细丝棉，和磨磬的砺石。贡道是由洛水船运至黄河。

【原文】 华阳、黑水惟梁州①。岷、嶓既艺②，沱、潜既道，蔡、蒙旅平③，和夷底绩④。厥土青黎⑤，厥田惟下上，厥赋下中三错。厥贡璆、铁、银、镂、砮、磬⑥，熊、罴、狐、狸织皮⑦。西倾因桓是来⑧，浮于潜⑨，逾于沔，入于渭⑩，乱于河⑪。

【注释】 ①华阳：华山的南面。黑水：顾颉刚说："今陕西城固县北有黑水，即《禹贡》梁州的黑水。《禹贡》是说自华山南西迄黑水，其南则为梁州，后人不明此义，依附孔传或者非驳孔传，都不可靠。"（《中国历史地理名著选读》第一辑）梁州：今四川东部和陕西、甘肃南部，大概因为境内山势高、多山梁而得名。②岷：岷山。在四川松潘境内，岷江所出。嶓：嶓冢山。在今陕西宁强东北。艺：种植。③蔡：山名。叶梦得《尚书传》认为是四川雅安东南的蔡家山，胡渭《禹贡锥指》以为是峨眉山，未知谁是，总之是四川境内一山。蒙：山名。在四川雅安北。旅：道路。④和夷：少数民族名。和，水名。⑤青黎：指四川青泥田、紫泥田及紫色土等土壤。⑥璆：黄金，梁州特产。镂：质地坚硬可用于刻镂的铁。⑦罴：一种熊。狐：似犬而长尾。狸：小狐。织：兽毛粗织成的织物。皮：裘。⑧西倾：山名。在甘肃、青海交界处。桓：桓水，即今嘉陵江上游白龙江。西倾因桓是来：《尚书校释译论·禹贡》以为此句与上文"和夷"句同叙少数民族，错简在此，当移至"和夷底绩"下，今从其说，但保留原文不动，译文移正。⑨潜：潜水，汉水支流。⑩逾于沔，入于渭：金履祥《尚书表注》谓经文有误，当作"入于沔，逾于渭"，极是。沔，沔水。汉水的上游。渭，渭水。源出今甘肃渭源，为黄河最大支流。⑪乱：正面横渡。

【译文】 华山南面和黑水之间一带是梁州。岷山和嶓冢山治理后已可种植庄稼，江、汉两水的支津沱水、潜水都已疏浚，蔡山和蒙山的河道也都平治，和夷族等西南夷民已治理安定。这一州的土壤是青黎土，耕地列第七等，赋税为第八等，夹杂着七、九二等。

该州贡物有黄金、铁、银、镂钢、砮磩石、磐石,以及熊、黑、狐、狸等用以制作衣裘的兽皮。西倾山一带的羌民也沿着桓水来交往了,贡道是先用船运经由潜水进入沔水,再登岸由陆路运至渭水,再横渡渭水直达黄河。

【原文】 黑水、西河惟雍州①。弱水既西②,泾属渭汭③,漆、沮既从④,沣水攸同⑤。荆、岐既旅⑥,终南惇物⑦,至于鸟鼠⑧,原隰底绩⑨。至于猪野⑩。三危既宅⑪,三苗丕叙⑫,厥土惟黄壤⑬,厥田惟上上,厥赋中下。厥贡惟球琳琅玕⑭。浮于积石⑮,至于龙门、西河⑯,会于渭汭⑰。织皮昆仑析支渠搜,西戎即叙⑱。

【注释】 ①西河:山西和陕西分界处的黄河,因在冀州之西,故名。雍州:今陕西中部、北部和甘肃大部分。②弱水:即今甘肃张掖河,源于今甘肃山丹,西流入居延海。③泾:泾水。源出宁夏泾源。属:入也。渭汭:泾水流入渭水相交隈曲之处。④漆:漆水。源出今陕西铜川东北境,南流至耀州区与沮水相合,名石川河。沮:沮水。源出陕西黄陵县,东南流黄陵南,又东流会漆水名石川河,又东至富平东南入渭水。漆沮分流时为二水名,合流后成一水名。既从:指漆合于沮,沮合于渭。⑤沣:沣水。发源于陕西鄠邑区终南山,北流入渭。攸:所。同:指沣与漆、沮同样入渭水。⑥荆:荆山。在今陕西朝邑县西南。岐:岐山。在今陕西岐山东北。旅:道路。⑦终南:终南山。今陕西西安南五十里。惇物:胡渭《禹贡锥指》认为即太乙山的北峰武功山。可从。⑧鸟鼠:山名。全称鸟鼠同穴山,在今甘肃渭源西南。伪《孔传》说:"鸟鼠其为雄雌,同穴处此山,遂名山曰鸟鼠。渭水出焉。"⑨原隰:本义是低下的湿地,郑玄说是地名,在今陕西旬邑、彬县一带。皆可通。⑩猪野:又作"都野",泛指雍州的湖泽、沃壤。⑪ 三危:山名。《左传·昭公九年》杜预注:"三危山在瓜州,今敦煌。"可从。宅:安定。⑫ 丕:大。叙:顺。⑬ 黄壤:其地本为黄土高原,故泛称黄壤。⑭ 球:玉磬。琳:青碧色的玉。琅玕:山中所产的美石。⑮ 积石:山名。今青海同仁、同德两县西南的阿尼玛卿山。⑯ 龙门:山名。在今陕西韩城东北。西河:自壶口、龙门以南至风陵渡今晋西南的黄河河段。⑰ 渭汭:渭水入黄河处。⑱ 织皮昆仑析支渠搜,西戎即叙:据《尚书校释译论·禹贡》之说,此十二字乃错简,"织皮"当移至"球琳琅玕"之下,"昆仑析支渠搜,西戎即叙"当在"三苗丕叙"下,今保留经文不动,译文移正。织皮,贡物之一。昆仑,族名。在今青海境内。与今日所谓昆仑山脉无关。析支,西戎族名。渠搜,地名。在今内蒙古鄂托克旗南故朔方城。西戎:居住在西方的少数民族。

【译文】 黑水到山陕界黄河之间是雍州地区。弱水疏通后向西流去,泾水疏通后流入渭水,漆水和沮水疏通会合后也流入渭水,沣水北流,同样入于渭水。荆山、岐山一带

平治完毕，终南山、惇物山直到更西北的鸟鼠同穴山，无论平原还是湿地，都已得到治理，直至猪野泽这一肥沃的湖沼。三危山人们安居乐业，被逐迁移到此地的三苗也顺从了，西边的昆仑、析支、渠搜等西戎族民众也归于和顺。这一州的土壤是黄壤，田地列第一等，赋税第六等。该州贡物有玉磬、碧玉、琅玕，以及用来制衣裳的毛皮。贡道是从积石山附近的黄河到达龙门山、西河，南和渭水航道会于渭水入黄河之处。

【原文】 导岍及岐①，至于荆山②；逾于河③，壶口、雷首④，至于太岳⑤；底柱、析城⑥，至于王屋⑦；太行、恒山⑧，至于碣石⑨，入于海⑩；西倾、朱圉、鸟鼠⑪，至于太华⑫；熊耳、外方、桐柏⑬，至于陪尾⑭。导嶓冢⑮，至于荆山⑯；内方⑰，至于大别⑱；岷山之阳⑲，至衡山⑳，过九江㉑，至于敷浅原㉒。

【注释】 ①导：循行。此从胡渭《禹贡锥指》之说。岍：山名。在今陕西陇县。岐：岐山。在陕西岐山。②荆山：非荆州之荆山，乃为北荆山，在陕西大荔东南朝邑西。③逾于河：屈万里《尚书集释》说："荆山东接黄河，一若山越河而过者，故云逾于河。"可从。④壶口：山名。在今山西吉县。雷首：山名。在今山西永济。⑤太岳：山名。在今山西霍县东。⑥底柱：即三门山，在今山西平陆东南。析城：山名。在今山西阳城。⑦王屋：山名。在今河南济源西北，绵延至山西、河北。⑧太行：山名。在今山西、河北、河南三省交界处。恒山：五岳中的北岳，在今河北曲阳境内。⑨碣石：渤海北岸的山石，在今河北乐亭南。⑩入于海：山势尽于海。⑪西倾：山名。在今甘肃、青海交界处。朱圉：山名。在今甘肃甘谷。⑫太华：即华山。在今陕西华阴南。⑬熊耳：山名。在今河南卢氏。外方：山名。即今河南登封境内的嵩山，五岳的中岳。桐柏：山名。在今河南桐柏。⑭陪尾：山名。即今湖北安陆的横山。⑮嶓冢：山名。在今陕西宁强。⑯荆山：即南荆山。在湖北南漳南。⑰内方：山名。在湖北钟祥西南。⑱大别：山名。即今鄂皖边界的大别山。⑲岷山：在四川松潘境内。⑳衡山：荆州境内长江以南的一座大山。旧注多指为南岳衡山，胡渭《禹贡锥指》已驳之。㉑九江：指湖北东部长江北岸广济一带的大江与有关之水。㉒敷浅原：今江西庐山东南之高地。

【译文】 循行九州各山，首先沿着渭水北岸，从岍山、岐山，直至黄河西岸的北条荆山；越过大河，从壶口山，经雷首山，直至太岳山；南循底柱山，东过析城山，直至王屋山；东北自太行山、恒山，直至碣石山，山势入于海中；又沿渭水南岸，从西倾山，经朱圉山、鸟鼠同穴山，直至华山；接着沿大河之南，循熊耳山、外方山、桐柏山，直至陪尾山。再沿汉水，从嶓冢山，直到南条荆山；接着从内方山，直至大别山；又再次沿江水，从岷山之南蜿蜒以达衡山；接着过九江，直至敷浅原。

【原文】 导弱水^①，至于合黎^②，馀波入于流沙^③。

【注释】 ①导：按水系记录各水。弱水：即今甘肃张掖河，源于今甘肃山丹，西流入居延海。②合黎：山名。斜亘于今甘肃张掖、高台至天城一线的东北方，绵延三百馀里，俗称要涂之山。③馀波：河的下游。流沙：泛指西北广大沙漠地区。

【译文】 循行九州各水，弱水，西流到合黎山下，它的下游北流没入沙漠中。

【原文】 导黑水，至于三危，入于南海^①。

【注释】 ①南海：相当于今青海。

【译文】 循行九州各水，黑水，流至三危山，最后流入于南海。

【原文】 导河积石，至于龙门，南至于华阴^①，东至于厎柱，又东至于孟津^②，东过洛汭^③，至于大伾^④，北过降水^⑤，至于大陆^⑥，又北，播为九河^⑦，同为逆河^⑧，入于海。

【注释】 ①华阴：华山的北面。②孟津：古代黄河渡口，在今河南孟津附近。③洛汭：洛水入黄河处，在河南巩义东北。④大伾：大伾山。在今河南浚县。⑤降水：亦作"泽水"，源出今山西屯留方山。⑥大陆：湖泽名，又称钜鹿泽。⑦播：分散，分布。九河：古兖州境内黄河下游的诸多河道。⑧逆河：海水涨潮时倒灌入河。逆，迎。

【译文】 河水，流至积石山，通达龙门，向南流至华山北面，向东流至厎柱山，又向东流至孟津，东过洛水入河处，再往前流到大伾山，折而北流，经过降水入河处，再前流注入大陆泽，又自泽的东北流出，分布为九条河道，各河道下游入海口河段都承受着河水，最后都入渤海。

【原文】 嶓冢导漾^①，东流为汉，又东为沧浪之水^②，过三澨^③，至于大别，南入于江^④，东汇泽为彭蠡，东为北江^⑤，入于海。

【注释】 ①嶓冢：山名。是漾（汉）水的源头。漾：漾水，汉水上游。②沧浪之水：原是楚国境内汉水的名称。《楚辞·渔父》歌曰："沧浪之水清兮，可以濯我缨。"这里指出自湖北丹江口至三澨所在地襄樊之间的汉水。③三澨：胡渭《禹贡锥指》说："三澨当在清水入汉处。一在襄城北，即大堤。一在樊城南，一在三洲口东，皆襄阳县地。"极是。④南入于江：汉水过了湖北襄樊后，向东南流，过大别山西南麓后，向南注入长江。⑤北江：长江下游，在彭蠡以东的一段，非指汉水。

【译文】 漾水，导源自嶓冢山，东流后称汉水。又东流称沧浪之水，再向前南流经过三澨，流入大别山，再南流入长江，又东流汇为彭蠡泽，东出为北江，流入东海。

【原文】 岷山导江，东别为沱^①，又东至于澧^②，过九江，至于东陵^③，东迆北会于汇^④，东为中江^⑤，入于海。

【注释】 ①沱:长江支流皆称沱。这里指四川境内岷江东之水。②澧:又作"醴",今川东诸水以下,江西九江以上的长江河道所经过的一处湖沼。③东陵:地名。九江以东,今安徽安庆,枞阳,彭蠡以西地区。④迆:斜行。汇:水众多,回旋停蓄潴而成泽。⑤中江:长江下游分道入海的三条支流之一。

【译文】 长江导源自岷山,又东边分出支津沱水,江水的主河道径自折而东流,直至澧水地带,然后流过九江,到达东陵;再自东陵东去,逶迤北流,会于彭蠡泽,然后自泽中再东出称为中江,最后入于东海。

【原文】 导沇水①,东流为济②,入于河③,溢为荥④,东出于陶丘北⑤,又东至于菏⑥,又东北会于汶⑦,又北,东入于海⑧。

【注释】 ①沇水:发源于王屋山,至河南武陟入黄河。②东流为济:伪《孔传》说:"泉源为沇,流去为济。"③入于河:出于王屋山的济水南入黄河。④溢:指黄河漫溢,形成荥泽。荥:荥泽,在今河南荥阳,汉代已淤平。⑤陶丘:在今山东定陶。⑥菏:即菏泽。在今山东菏泽一带。⑦汶:汶水。在今山东东平入济水。⑧东入于海:伪《孔传》说:"北折而东。"

【译文】 沇水,向东流称为济水,流入黄河,接着越过黄河向南溢出为荥泽,再东流过陶丘的北面,又向东会于菏泽,继向东北流与汶水相合,又向北流,最后折向东流入大海。

【原文】 导淮自桐柏①,东会于泗、沂,东入于海。

【注释】 ①淮:淮河。桐柏:桐柏山。在今河南桐柏。

【译文】 淮河,自桐柏山开始,东流会合泗水和沂水,向东流入大海。

【原文】 导渭自鸟鼠同穴,东会于沣,又东会于泾,又东过漆、沮①,入于河。

【注释】 ①漆、沮:二水名。与上沣、泾二水都注入渭水下游。

【译文】 渭水,导源自鸟鼠同穴山,向东流与沣水会合,再向东流至泾水入渭处,又东流经过漆、沮二水入渭处,注入黄河。

【原文】 导洛自熊耳①,东北会于涧、瀍,又东会于伊②,又东北入于河③。

【注释】 ①洛:《史记》作"雒",源出今陕西洛南。熊耳:山名。在今陕西洛南西南与前文所述"熊耳、外方、桐柏"之"熊耳"非一山。②"东北"两句:即"豫州"节的"伊洛瀍涧既入于河"。③东北入于河:洛水东会伊水后,又东经河南巩义市南,又东北流至洛口入黄河。

【译文】 洛水,导源自熊耳山,向东北流与涧水、瀍水会合后,又向东流会合伊水,再

东北流入黄河。

【原文】 九州攸同①，四隩既宅②。九山刊旅③，九川涤源④，九泽既陂⑤，四海会同⑥。六府孔修⑦，庶土交征⑧，底慎财赋⑨，咸则三壤⑩，成赋中邦⑪。锡土姓⑫，祗台德先⑬，不距朕行⑭。

【注释】 ①九州：即上文的冀、兖、青、徐、扬、荆、豫、梁、雍九州。攸：所。②四隩：即"四奥"，四方地境。宅：居。③九山：与下文"九川""九泽"均泛指九州的山川林泽。刊：辟除。旅：道。④涤：清除，疏通到达。⑤陂：堤坝。⑥四海会同：天下统一。⑦六府：掌管贡赋税收的六个府库。孔：甚，很。修：治。⑧庶土：泛言九州众多的土地。交征：勘定各州土地质量以供征税。⑨底慎财赋：伪《孔传》云："致所慎者，财货贡赋，言取之有节，不过度。"底，致，获得。慎，谨。⑩咸：皆。则：法。三壤：土壤分为上中下的三品九等。⑪成赋：交纳赋税。中邦：指九州。蔡沈《书集传》说："盖土赋或及于四夷，而田赋则止于中国而已，故曰成赋中邦。"即赋税仅限于九州。其说可从。⑫锡土姓：分土赐姓，建立各方国。《左传·隐公八年》："天子建德，因生以赐姓，胙定土而命之氏。"锡，赐予。⑬祗：敬。台：以。⑭距：通"拒"，违抗。朕：我。

【译文】 九州疏导工程都顺利完工，四方境内都可以安居了。九州的山大都斩木通道了，九州的大河也都已疏通了，九州的湖泽也大都修筑堤防了，四海之内统一一致了。掌收贡赋的六府运转良好，九州的土地都可征收赋税了，但必须谨慎有节，依据上中下三种土地肥瘠为准则来定税额。然后封土赐姓，建立方国，强调要敬修德业，不违背天子所定的原则。

【原文】 五百里甸服①：百里赋纳总②，二百里纳铚③，三百里纳秸服④，四百里粟，五百里米。五百里侯服⑤：百里采⑥，二百里男邦⑦，三百里诸侯⑧。五百里绥服⑨：三百里揆文教⑩，二百里奋武卫⑪。五百里要服⑫：三百里夷⑬，二百里蔡⑭。五百里荒服⑮：三百里蛮⑯，二百里流⑰。

【注释】 ①甸服：在天子领地上服各种劳役。甸，指王田，天子的领地。本文将大禹时代国都以外划分为五等，每一等四方各距离五百里，国都以外第一等为甸服。《国语·周语上》："夫先王之制，邦内甸服，邦外侯服，侯卫宾服，夷蛮要服，戎狄荒服。"②百里赋纳总：把庄稼连根拔起连带壳穗和禾茎成捆交给官府。总，把禾束成一捆。③纳铚：入贡禾穗。铚，农具，短镰。割下的庄稼要用短镰削下穗头，故以镰代称穗。④秸服："服"疑衍文。《经典释文》引马融说："秸，去其颖。"颖即禾茎的尖端芒毛，去掉颖即为谷实。⑤侯服：在甸服之外五百里范围，为五服第二等，距王都一千里。⑥采：这里指卿大夫邑

地。⑦男邦:蔡沈《书集传》说:"男邦,男爵小国也。"比卿大夫等级稍高。⑧诸侯:蔡沈说:"诸侯之爵大国。"是比"男"更大的封国。⑨绥服:侯服之外五百里,距王都一千五百里。绥,安。⑩揆文教:掌管文教事务的官员。揆,官。这里用作动词,管理。⑪奋武卫:振兴武力,保卫国家。⑫要服:绥服之外五百里,距王都两千里。要,蔡沈《书集传》说:"要者取要约之义,特羁縻之而已。"⑬夷:易。指移风易俗。⑭蔡:散。指自由迁徙。⑮荒服:要服以外五百里,距王都二千五百里,是最远的一服。取其地荒远、政教荒忽之义。⑯蛮:与上"夷"对文。按照蛮夷之习对待。⑰流:与上"蔡"对文。流放、散乱,即放任之意。

【译文】 规定天子国都以外五百里的地域称甸服:距离国都一百里内的要缴纳连着秸穗的整捆的禾,二百里内的要缴纳禾穗,三百里内的要缴纳去掉了秸芒的穗,四百里内的要缴纳谷粒,五百里内的要缴纳细米。甸服以外五百里的地域称侯服:近百里以内的为采地,二百里以内的为男爵地,其余三百里地封诸侯。侯服以外五百里的地域称绥服:其中内三百里地区着力发扬文教,外二百里地区奋力发展国防。绥服以外五百里的地域称要服:其中内三百里地区要逐步改变风俗,外二百里地区则任其自由迁徙。要服以外五百里的地域称荒服:其中内三百里地区要因俗治理,减省礼节,外二百里地区则无须贡纳。

【原文】 东渐于海①,西被于流沙②,朔南暨③,声教讫于四海。禹锡玄圭④,告厥成功。

【注释】 ①渐:浸入。②被:及。流沙:古人心中西边最遥远之地。③朔:北。暨:及也。④禹锡玄圭:《史记》作"帝锡禹玄圭",指禹被天帝(或尧舜)赐玄圭。玄圭,玄色的瑞玉。

【译文】 东面到大海,西面达沙漠,南北及于极远之地,华夏的声威教化遍及四海九州。于是上帝赏赐给禹玄色的美玉,用以向普天之下宣布治水成功,天下大治。

甘 誓

【题解】

《史记·夏本纪》说:"夏后帝启,禹之子,其母涂山氏之女也。有扈氏不服,启伐之,大战于甘。将战,作《甘誓》。"据此,可知《甘誓》是夏王启与有扈氏在甘地作战前的誓师词。

值得注意的是,《墨子·明鬼》篇引载了一篇《禹誓》,也是关于征伐有扈氏的内容,只不过训誓的不是启,而是禹,这种歧异说明了伐有扈氏是一个历史传说,经春秋战国时期发生了演变分化,儒、墨两家都对之进行了粉饰和改造。

【原文】　大战于甘①，乃召六卿②。

【注释】　①甘：地名。在今河南洛阳。②六卿：郑玄说："六卿者，六军之将。"六卿为六军的领军，一卿统领一军。但六卿之名晚出，此恐是经过后人窜改。《墨子·明鬼》篇云："王乃命左右六人。"更接近实际。

【译文】　在甘地将要大战，夏王启召集左右几位卿相大臣。

【原文】　王曰①："嗟②！六事之人③，予誓告汝。有扈氏威侮五行④，怠弃三正⑤，天用剿绝其命⑥。今予惟共行天之罚⑦。左不攻于左⑧，汝不共命⑨；右不攻于右⑩，汝不共命；御非其马之正⑪，汝不共命。用命⑫，赏于祖⑬；不用命，戮于社⑭。予则孥戮汝⑮！"

【注释】　①王：指夏王启。②嗟：叹词。③六事之人：六卿及下属军官和士兵。④有扈氏：即东夷部落的"九扈"，其地当在今河南郑州以北黄河北岸原武一带。威侮：轻慢，打击。五行：天上五星的运行，代表天象、天命。⑤怠弃：厌弃。三正：王朝大臣长官。正，官长。⑥用：因此。剿：灭绝。⑦惟：发语词。共：通"恭"，恭奉。⑧左：郑玄说："左，车左。右，车右。"战国时代一辆战车上有兵士三人，左方主射，右方击刺，中间为驾车之人。攻：善，治。⑨共命：即恭命。⑩右：车右，主击刺的勇士。⑪御：驾战车的士兵。正：治，技术。⑫用：执行。⑬祖：祖庙。⑭戮：杀。社：神坛，神庙。⑮予则孥戮汝：此五字顾颉刚、刘起釪《尚书校释译论·禹贡》认为是从《汤誓》抄入，应该删去，其说可从。孥戮，受刑辱。孥，同"奴"，奴隶。戮，辱，惩罚。

【译文】　王说："啊！诸位将领，我发布誓词告诉你们。有扈氏上不敬天象，下不敬朝臣，上天因此要灭绝他的享国大命。现在我奉行上天的这种惩罚。所有战车左边的战士，要是不好好完成左边的战斗任务，就是不奉行命令；战车右边的战士，要是不好好完成右边的战斗任务，也是不奉行命令；驾驭战车的战士，要是不能胜任御车技术，也是不奉行命令。奉行命令的，胜利后在祖庙里给予嘉奖；不奉行命令的，就把你们在社坛里杀掉！"

汤　誓

【题解】

《史记·殷本纪》载："夏桀为虐政淫荒，而诸侯昆吾氏为乱，汤乃兴师率诸侯，伊尹从汤，汤自把钺以伐昆吾，遂伐桀。……以告令师，作《汤誓》。"可知《汤誓》是商王汤讨伐夏桀作战前的誓师词。

本篇重点叙述了商汤对夏桀罪行的控诉，及其打着"致天之罚"即替天行道的旗号誓

师灭夏的决心。春秋战国时期儒墨等诸多学派托古造说，各自引述了《汤誓》，也出现过不同传本。本篇成书最迟不会晚于战国早期。

【原文】　王曰①："格尔众庶②，悉听朕言。非台小子敢行称乱③，有夏多罪④，天命殛之⑤！"

【注释】　①王：指商汤。②格：告。尔：汝，你们。众庶：诸位。③台：我。小子：对自己的谦称。称：举，发动。④有夏：即"夏"，"有"为语助词。⑤殛：诛杀。

【译文】　王说："警告你们诸位，都要听我讲话。不是我胆敢犯上作乱，实在因为夏王的罪孽太重，上帝命令我去诛灭他。"

【原文】　"今尔有众，汝曰：'我后不恤我众①，舍我穑事而割正夏②？'予惟闻汝众言，夏氏有罪，予畏上帝③，不敢不正。"

【注释】　①后：君主。指汤。恤：体恤。②舍：废。穑事：农事。割：当作"害"，"害"又通"曷"，为什么。正：通"征"，征伐。③上帝：天，天命。

【译文】　"现在你们中也许有人会说：'我们的君王不体恤我们大众，荒废了农事，为什么要去征伐夏朝呢？'我虽听了这些话，但夏王有罪，我畏惧天命的威严，不敢不去征伐。"

【原文】　"今汝其曰①：'夏罪其如台②？'夏王率遏众力③，率割夏邑④，有众率怠弗协⑤。曰：'时日曷丧⑥？予及汝皆亡⑦！'夏德若兹⑧，今朕必往。"

【注释】　①其：将。②如台：奈何，如何。③率：语首助词，无意义。遏：同"竭"，竭尽。④割：通"害"，祸害。邑：都邑。⑤有众：即"众"，民众。怠：疲怠。协：和。⑥时：通"是"，这。日：古代帝王常自称天帝之子，故以日比君主。此处用以喻夏王桀。曷：何时。⑦皆：都，一起。⑧兹：此。

【译文】　"现在你们大概会问：'夏王到底犯了什么大罪啊？'夏王搜刮耗尽了民力，为害于夏国，使广大百姓危困而不愿拥护。他们咒骂夏王说：'你这个太阳什么时候完蛋啊？我恨不得和你一起灭亡！'夏王的德性坏到这样，现在我必须前往征伐。"

【原文】　"尔尚辅予一人①，致天之罚②，予其大赉汝③。尔无不信，朕不食言④。尔不从誓言，予则孥戮汝⑤，罔有攸赦。"

【注释】　①尚：倘若。予一人：甲骨文、金文、古籍中常见的君主自称之词。②致：送，至。③其：则，就。赉：赏赐。④食言：没有信用，不履行诺言。⑤孥戮：受刑辱。

【译文】　"倘若你们肯辅助我，完成上帝对夏朝的惩罚，我就大大地赏赐你们。你们不要不相信我的话，我决不食言。如果你们不服从我的誓言，我就让你们受刑辱，决不放过一个！"

礼记

【导语】

传世《礼记》有《大戴礼记》与《小戴礼记》之分,本书指的是《小戴礼记》。

《礼记》是一部以儒家礼论为主的论文汇编。

今本《礼记》共四十九篇,其中《曲礼》《檀弓》《杂记》三篇因篇幅较长而分上下篇,实际为四十六篇。

曲礼上

【题解】

郑玄《礼记目录》云:“名曰‘曲礼’者,以其篇记五礼之事。祭祀之说,吉礼也;丧荒、去国之说,凶礼也;致贡、朝会之说,宾礼也;兵车、旌鸿之说,军礼也;事长、敬老、执贽、纳女之说,嘉礼也。”

“曲礼”一语,除了见于本篇题之外,又见于《礼记·礼器》:“经礼三百,曲礼三千。”经礼是指礼的主要内容,曲礼是指礼的各种详细仪节。本篇以“曲礼”命名,自来有几种不同看法:一、郑玄《礼记目录》认为本篇内容包含吉、凶、军、宾、嘉五礼,故名“曲礼”;此“曲”字有周遍之意。二、陆德明《经典释文·礼记音义》认为“曲礼”乃“仪礼”的旧名,委曲详细说礼之事。三、孙希旦《礼记集解》认为“曲礼”之命名,只是取篇首“《曲礼》”二字,篇首《曲礼》乃是古礼篇名。四、任铭善《礼记目录后案》认为“曲礼”之名得之于《汉书·艺文志》之《曲台后仓》九篇(《儒林传》作《后氏曲台记》),该书是汉代礼学家后仓在汉宫曲台说礼的著作,书已亡佚;任氏认为可能以此书说于曲台,故称之;也可能以其内容多引古说、曲尽礼义,故称之。

《礼记》书影

综观《礼记。曲礼》全篇,的确包括郑玄所说的五礼的各个方面,且细枝末节十分周全,又有平日举手投足、进退应对、饮食出行等生活礼仪,内容十分驳杂,郑、陆之说应该是有道理的。然而,《礼记》全书又不乏以篇首字句题名者,如《曾子问》《文王世子》《郊

特牲》《哀公问》等，故孙、任解题也未必不可信。

《曲礼》本为一篇，由于篇幅较大，简册繁重，所以分为上、下两篇，《檀弓》《杂记》亦然。

本篇《曲礼上第一》，选释62小节。

【原文】 《曲礼》曰：毋不敬^①，俨若思^②，安定辞^③，安民哉。

【注释】 ①毋不敬：郑注："礼主于敬"，所以开宗明义便说，"毋不敬"。②俨：庄严、庄重的样子。③安定：和气，合理，审慎。辞：指言语。

【译文】 《曲礼》说：遇事待人无不恭敬严谨，神态端庄持重，若有所思，说话言辞审慎，和气，合理，这样就能安定民心了。

【原文】 敖不可长^①，欲不可从^②，志不可满，乐不可极。

【注释】 ①敖：同"傲"，傲慢。②从：同"纵"。

【译文】 傲气不可滋长，欲望不可放纵，志气不可自满，享乐不可超限。

【原文】 临财毋苟得^①，临难毋苟免。很毋求胜^②，分毋求多。疑事毋质^③，直而勿有。

【注释】 ①苟：苟且，随便。②很：通"狠"。郑注："谓争讼也。"③疑事毋质：是指一旦对事情有所疑惑，切莫以既定的成见下判断。质，郑注："成也。"

【译文】 面对财物，不该取得的东西绝不取得；面对危难，不该避开的责任绝不避开。与人争执时不求胜利，分配财物时不求多得。对于有疑的事情，不以自己的成见擅加判断，意见正确时也不自以为是。

【原文】 若夫坐如尸^①，立如齐^②。礼从宜，使从俗。

【注释】 ①若夫：如果。夫，为语助词。尸：古代祭祀时用以代替神鬼受祭的人。孔疏："尸居神位，坐必矜庄。"②齐：通"斋"。

【译文】 如果坐着就要像尸那样庄重地端坐，站着就要像斋戒时那样恭敬地肃立。行礼要顺从时宜，出使要遵从他国的风俗。

【原文】 夫礼者，所以定亲疏、决嫌疑、别同异、明是非也。礼，不妄说人^①，不辞费。礼，不逾节，不侵侮，不好狎。修身践言，谓之善行。行修言道，礼之质也。礼，闻取于人，不闻取人。礼，闻来学，不闻往教。

【注释】 ①说：同"悦"。

【译文】 礼，是用来决定亲疏、判断嫌疑、分别异同、明辨是非的。礼，不胡乱取悦、讨好人，不说多余的话。礼，不逾越节度，不侵犯侮辱，不轻佻亲狎。修养自身、实践所言，叫作善行。行为有修养，说话合于道理，这是礼的本质。礼，只听说要主动向人取法学习，没听说硬让人取法学习的。礼，只听说学礼者要前来学习，没听说授礼者跑上门去传授的。

【原文】 道德仁义，非礼不成；教训正俗，非礼不备；分争辨讼，非礼不决；君臣上下，父子兄弟，非礼不定；宦学事师①，非礼不亲；班朝治军，莅官行法，非礼威严不行；祷祠祭祀②，供给鬼神，非礼不诚不庄。是以君子恭敬、撙节、退让以明礼③。鹦鹉能言，不离飞鸟；猩猩能言，不离禽兽。今人而无礼，虽能言，不亦禽兽之心乎？夫唯禽兽无礼，故父子聚麀④。是故圣人作，为礼以教人，使人以有礼，知自别于禽兽。

【注释】 ①宦学："宦"指为吏者，"学"指学习六艺者。孙希旦曰："宦，谓已仕而学者；学，谓未仕而学者。"②祷祠祭祀：吴澄曰："祷祠者，因事之祭；祭祀者，常事之祭。"③撙节：节制。④麀：牝鹿，泛指雌兽。

【译文】 道德仁义，若没有礼就不能实行、完成；教导训诫、端正风俗，若没有礼就不能完备；分辨争讼，若没有礼就不能决断是非曲直；君臣上下、父子兄弟之间，若没有礼就不能确定尊卑名分；为学习做官、学习道艺而侍奉师长，若没有礼就不能亲近和睦；上朝按官位依次排列、治理军队、做官在位、执行法令，若没有礼就没有威严，一事无成；无论特别的祭祀或定期的祭祀，供奉鬼神时，若没有礼就不能虔诚庄重。因此君子抱持恭敬、节制、退让的态度，以彰显礼。鹦鹉虽能说话，终究不过是一种飞鸟；猩猩虽能说话，终究不过是一种禽兽。而今要是作为人却没有礼，虽然能说话，不也还是禽兽之心吗？只因禽兽不知礼，所以父子与同一雌兽交配。因此圣人兴起，制定礼法来教导人，使人从此而有礼，知道把自己与禽兽区别开来。

【原文】 大上贵德①，其次务施报②。礼尚往来，往而不来，非礼也；来而不往，亦非礼也。人有礼则安，无礼则危，故曰：礼者不可不学也。夫礼者，自卑而尊人，虽负贩者，必有尊也，而况富贵乎？富贵而知好礼，则不骄不淫；贫贱而知好礼，则志不慑③。

【注释】 ①大上：指上古的三皇五帝之世。大，同"太"。郑注："大上，帝皇之世。"②其次：指上古以后的世代。孙希旦曰："其次，谓后王也。"③慑：胆怯，困惑。郑注："犹怯惑。"

【译文】 上古时以德为贵，后世才讲究施惠与回报。礼，崇尚有往有来，施惠于人而人不来报答，这是失礼；人来施惠而不去报答，也是失礼。人有礼，人际关系就会安定平和，无礼就会危险。所以说，礼是不可不学的。所谓礼，须自我谦卑而尊重别人，虽然是挑担做买卖的人，也一定有值得尊重的，何况是富贵的人呢？富贵的人而知道喜好礼，就能不骄奢淫逸；贫贱的人而知道喜好礼，心志就能够不怯懦疑惑。

【原文】 人生十年曰幼，学。二十曰弱，冠①。三十曰壮，有室。四十曰强，而仕。五十曰艾②，服官政③。六十曰耆④，指使。七十曰老，而传⑤。八十、九十曰耄⑥，七年曰

悼⑦。悼与耄，虽有罪，不加刑焉。百年曰期，颐。

【注释】 ①冠:冠礼,举行加冠的仪式,表示已成年。其礼节可参阅《仪礼·士冠礼》《礼记·冠义》。②艾:衰老,指发色苍白如艾。③服官政:成为行政主管。孔疏:"五十堪为大夫,大夫得专事其官政,故曰'服官政'。"④耆:音。⑤传:指将家族大事传给子孙。孔疏说,传给子孙的家族大事,主要是祭祀之事。⑥耄:音。⑦悼:爱怜。

【译文】 人生十岁称为"幼",可开始学习。二十岁称为"弱",举行成人加冠礼。三十岁称为"壮",可娶妻成家。四十岁称为"强",可当官。五十岁称为"艾",可做行政主管。六十岁称为"耆",可指使人做事。七十岁称为"老",可将家族事务传给子孙。八十岁、九十岁称为"耄",七岁称为"悼"。"悼"与"耄"年龄段的人,虽然有罪,也不施以刑罚。满百岁称为"期",由人赡养,颐养天年。

【原文】 大夫七十而致事,若不得谢,则必赐之几杖①,行役以妇人。适四方,乘安车②。自称曰"老夫",于其国则称名。越国而问焉③,必告之以其制。

【注释】 ①几杖:几,一种可以靠背的用具。古人席地跪坐,为照顾老人不致过于劳累,赐几凭靠而坐可以比较舒服。杖,拄杖,拐杖。这里应特指君王赐给高龄老人的"王杖""鸠杖",是一种端首装有木刻鸠鸟的木杖。武威出土《王杖十简》及《王杖诏令册》都有汉代给高龄老人颁王杖及各种优待的诏令:"高皇帝以来至本始二年,朕甚哀怜耆老,高年赐王杖,上有鸠,使百姓望见之,比于节;吏民有敢骂詈殴辱者,逆不道;得出入官府节第……"《张家山汉墓竹简·二年律令·傅律》:"大夫以上年七十,不更七十一……皆授杖。"在甘肃武威发掘出土的"王杖",木制,长2米,顶端安有木刻的鸠鸟。②安车:可安稳乘坐的小车。③越国而问:郑注:"邻国来问。"

【译文】 大夫七十岁时即可退休,如果无法辞官,就一定要赐给他凭几与拄杖,出差办事要带着伴随看护的妇人。出使四方,要乘坐安车。可以自称"老夫",但在本国之内仍然称名。他国使者来访问,一定要把本国的典章制度告诉对方。

【原文】 谋于长者,必操几杖以从之①。长者问,不辞让而对,非礼也。

【注释】 ①从:往。郑注:"犹就也。"

【译文】 跟长者商议事情,一定要拿着凭几与拄杖前往。长者问话,不谦让就直接回答,是不合礼仪的。

【原文】 凡为人子之礼,冬温而夏清①,昏定而晨省②,在丑夷不争③。

【注释】 ①清:凉。②定:指铺设安放床褥被枕等。省:问候安适与否。③丑:众人。夷:平辈,同侪。

【译文】 举凡做儿子之礼,要使父母冬天感到温暖而夏天感到清凉,晚上要为父母铺床而早晨要向父母请安,在众同辈之中不和人争斗。

【原文】 夫为人子者,三赐不及车马①,故州闾乡党称其孝也②,兄弟亲戚称其慈也,僚友称其弟也③,执友称其仁也④,交游称其信也;见父之执,不谓之进不敢进,不谓之退不敢退,不问不敢对。此孝子之行也。

【注释】 ①三赐:三命之赐,指为官一而再、再而三地受到君王的任命封赏。郑注:"凡仕者,一命而受爵,再命而受衣服,三命而受车马。"孝子做到三命之官,接受官位却不受车马,因为受命可光宗耀祖,受车马则只能安已身,因此不接受车马之赐。②州闾乡党:地方上的各级单位。据《周礼》记载,二十五家为闾,四闾为族,五族为党,五党为州,五州为乡。③弟:同"悌",敬顺兄长,这里指以对兄长的态度来对待同僚。④执友:指志同道合的朋友。执,同志。

【译文】 做儿子的,受到三命之赐而不敢接受车马,因此州、闾、乡、党地方各级都称赞他孝顺,兄弟亲戚都称赞他慈爱,共事的同僚称赞他恭顺,志同道合的朋友称赞他是仁人,平时交往的人都称赞他诚信可靠;见父亲的友人,不告诉他可以进前来就不敢任意进前来,不告诉他可以退下去就不敢任意退下去,不向他发问就不敢任意说话。这就是孝子应有的品德行为。

【原文】 夫为人子者,出必告,反必面,所游必有常①,所习必有业,恒言不称老②。年长以倍,则父事之;十年以长,则兄事之;五年以长,则肩随之③。群居五人,则长者必异席④。

【注释】 ①常:常规,经常不变。这里指出游有规律,总去一定的地方,以免父母担心。②不称老:以免父母听了"老"字因联想而伤感。③肩随:并行而稍居后,表示谦逊。④异席:古人铺席而坐,每席坐四人,并推年长者坐席端,若有五人,其中一人必须另外设席,则推长者异席,表示尊敬长者。

【译文】 做儿子的,出门前一定要禀告父母,返家后一定要面告父母;出游有常规,有一定的地方;学习一定有专业,平常说话不说"老"字。比自己年长一倍的人,就像父辈一样侍奉他;比自己年长十岁的人,就像兄长一样侍奉他;比自己年长五岁的人,与他差不多并肩而行但稍后一些。有五人同处而坐,年最长者必须另设一席单坐。

【原文】 为人子者,居不主奥①,坐不中席,行不中道,立不中门。食飨不为槩②,祭祀不为尸③。听于无声,视于无形④。不登高,不临深。不苟訾,不苟笑。孝子不服暗⑤,不登危,惧辱亲也。父母存,不许友以死,不有私财。

【注释】　①奥:室中的西南角,古人认为是室内最尊的位置。②食飨:食礼和飨礼。食、飨礼皆行于宴会宾客或宗庙祭祀。槩:同"概",限量。③不为尸:如儿子充当宗庙的尸,父参加祭祀,尸将尊临其父,这是孝子不能接受的。古代一般以孙辈小孩子为尸。④听于无声,视于无形:父母没有说话,就已经知道他们要说什么;父母没有动作,就知道他们要做什么。指在父母示意之前,就揣知父母的心意。⑤暗:此处指暗中。

【译文】　做儿子的,居处不敢占据室内西南角的位置,坐时不敢坐在席的中间,行走时不敢行在路的中间,站立时不敢站在门的中央。举行食、飨礼招待宾客时,饮食多寡由尊长决定,不敢擅自做主限量;祭祀时,不充当尸。虽未听到父母的声音、未见到父母的身形,就能在父母指使之前揣知他们的心意。不攀登高处,不身临深渊。不随便诋毁,不随便嬉笑。孝子不在黑暗中做事,不到危险的地方,惧怕因此使父母受辱。父母在世,不向朋友承诺可以献身去死,不背着父母私存钱财。

【原文】　为人子者,父母存,冠、衣不纯素①。孤子当室②,冠、衣不纯采③。

【注释】　①不纯素:不以白色镶边,这是因为白色是丧服之色。纯,指衣、冠的镶边。②孤:未婚娶而父已亡故。③不纯采:采是喜庆之色,孝子为寄托丧父哀思,衣冠不用彩色镶边。

【译文】　做儿子的,父母在世,帽子与衣服不敢以白绸镶边。孤子当家,帽子与衣服不敢以彩绸镶边。

【原文】　幼子常视毋诳①。童子不衣裘裳②,立必正方,不倾听。长者与之提携,则两手奉长者之手。负、剑③,辟咡诏之④,则掩口而对。

【注释】　①视:通"示",示范。②童子不衣裘裳:小孩子穿裘皮袄、着裙装,既不合身体需求,又不便做事活动,所以"不衣"。③剑:指牵在身旁。④辟咡:指转头对童子说话。诏:教,告。

【译文】　对幼儿要正确引导,不能说谎骗人给他做示范。儿童不穿皮裘与裙裳,站立时必须姿势端正,听人说话不歪头侧耳。长者牵着儿童行走时,儿童应该用双手捧着长者的手。长者将小孩子背在背上或领在身旁,转头侧脸跟儿童说话,小孩子要掩着口回答。

【原文】　从于先生,不越路而与人言。遭先生于道,趋而进,正立拱手。先生与之言则对,不与之言则趋而退。从长者而上丘陵,则必乡长者所视①。

【注释】　①乡:通"向",面向。

【译文】　跟随先生走路时,不可自顾自跑到路对过去跟人说话。在路上遇到先生,

应快步前进,对先生立正拱手。先生跟他说话就应答,不跟他说话就快步退下。跟随长者登上丘陵时,则一定要面向长者所看的方向。

【原文】 登城不指,城上不呼①。

【注释】 ①登城不指,城上不呼:这是怕城下的人望见、听见,因不知其故而感到疑惑害怕。

【译文】 登城时不要指指点点,在城上时不要喊叫。

【原文】 将适舍,求毋固①。将上堂,声必扬。户外有二屦②,言闻则入,言不闻则不入③。将入户,视必下④。入户奉扃⑤,视瞻毋回;户开亦开,户阖亦阖;有后入者,阖而勿遂⑥。毋践屦,毋踖席⑦,抠衣趋隅⑧,必慎唯诺。

【注释】 ①固:指平常固有的习惯。②户外有二屦:户外有两双鞋,指室内有两个人。旧注说,因长者的鞋可放在室内,所以也可能室内有三个人。③言不闻则不入:指在外面听不见室内说话的声音,那么室内的人可能在密谋私事,因此不入内打搅别人。④视必下:眼光向下,是为了避免看到他人隐私。⑤奉扃:双手犹如捧着门闩的样子。这里是表示恭敬之意,不是真的捧扃。扃,门闩、门杠,是关闭门户用的横木。⑥阖而勿遂:慢慢地掩上门,但不关死,表示不拒绝后来的人。⑦毋踖席:古人席地而坐,到席子上就位时,要从席子的后方走上坐下,不能从席子的前方走上去。如果从席子的前方走上去,就叫作“踖席”。踖,踩踏。⑧抠:提起。

【译文】 将出外投宿馆舍,各种要求不能像平时在家的习惯一般。快走到堂上时,要先发出声音表示自己的来到。如果门户外放着两双鞋,听得到室内说话的声音就进去,听不到室内说话的声音就不进去。将要进室门时,眼光要朝下。进门时,双手要像捧着门栓一样恭敬地放在胸前,不回头四处张望;进入室内时,门若本来就开着,进了门也还是让它开着;门若本来就关着,进了门也还是让它关着;如果后面还有人要来,就把门慢慢掩上,不要关死。不可践踏别人的鞋子,不可从座席前方上席,要提起衣服快步走到席的下角上席就座。谈话时,一定要小心谨慎地应对。

【原文】 大夫、士出入君门,由阒右①,不践阈②。

【注释】 ①阒:门橛,即大门中竖立的短木。照礼制规定,进大门主人走阒右,宾客走阒左。大夫、士进门走阒右,表示以臣从君,臣统于君,不是宾。②阈:门槛。

【译文】 大夫、士出入国君的大门,要从门橛的右侧走,不能践踏门坎。

【原文】 凡与客入者,每门让于客。客至于寝门,则主人请入为席,然后出迎客。客固辞,主人肃客而入①。主人入门而右,客入门而左。主人就东阶,客就西阶。客若降等,

则就主人之阶。主人固辞,然后客复就西阶。主人与客让登,主人先登,客从之,拾级聚足②,连步以上。上于东阶则先右足,上于西阶则先左足。

【注释】　①肃客:指引导客人进入。肃,进。②拾级聚足:上台阶时,前脚登一阶,后脚跟上与前脚并立。据《仪礼·燕礼》贾公彦疏,古时登阶有四法:一是"连步",即前脚登一阶,后脚跟上与前脚并立,逐阶并脚而登;二是"栗阶",即快速登阶,开始也是聚足连步,接着改为左右脚各登一阶;三是"历阶",即左右脚一脚各登一阶;四是"越阶",即左右脚跨越三级而上。

【译文】　凡主人与客人一起进门,每过一门,主人都要让客人先进。客人走到寝门口,主人先请入内铺席,然后再出来迎客。客人一再推辞后,主人就引导客人入门。主人进门后朝右走,客人进门后朝左走。主人到东阶,客人到西阶。客人身份爵级若低于主人,就跟随主人到东阶前。主人一再推辞,然后客人又回到西阶前。登台阶时,主人与客人彼此谦让,主人先登一阶,客人也随之登一阶,登阶时都是前脚登上而后脚随之并立,两脚连步相随,后脚不越过前脚。若从东阶上,则右脚在前先登;若从西阶上,则左脚在前先登。

【原文】　帷薄之外不趋①。堂上不趋。执玉不趋。堂上接武②。堂下布武③。室中不翔④。并坐不横肱⑤。授立不跪。授坐不立。

【注释】　①帷:布幔。薄:帘子。趋:小步快走,表示恭敬的礼节。②接武:小步行走,左右两脚脚步接续。武,足迹。③布武:指迈开步子行走,左右两脚脚步分开。④翔:指行走时张开双臂。⑤肱:指胳膊。

【译文】　走到布幔、帘子外就不必小步快走了。在堂上不要小步快走。拿着玉不要小步快走。在堂上行走步子要小,脚印相续。在堂下行走迈开步子而行。在室内行走不要张开手臂。与人并坐时不要横伸手臂。交付物品给站着的人不可下跪。交付物品给坐着的人不可站立。

【原文】　凡为长者粪之礼①,必加帚于箕上②,以袂拘而退,其尘不及长者,以箕自乡而扱之③。奉席如桥衡④。请席何乡,请衽何趾⑤。席南乡、北乡,以西方为上;东乡、西乡,以南方为上。

【注释】　①粪:扫除,指扫除垃圾污秽。②必加帚于箕上:把扫帚放在簸箕上须两手捧箕,是向长者表示恭敬。③乡:通"向"。下同。扱:收取。④桥:桔槔。衡:指桔槔中用作杠杆的横木。据郑注,捧席时应当让席像桔槔上的横木,要左高右低。⑤衽:卧席。

【译文】　凡是为长者扫除之礼,一定要把扫帚放在簸箕上,扫的时候用长袖遮挡着扫帚所扫之处，边扫边后退，不要让扬起的灰尘飘向长者，把簸箕朝着自己将垃圾扫进去。捧着卷席给长者时，要像桔槔上的横木一样左高右低。为长者铺座席，要先请示长者面朝什么方向；为长者铺卧席，要先请示长者脚朝什么方向。席如果向南或向北，则以西方为上位。如果向东或向西，以南方为上位。

【原文】 若非饮食之客①，则布席，席间函丈②。主人跪正席，客跪抚席而辞。客彻重席③，主人固辞。客践席，乃坐。主人不问，客不先举。将即席，容毋怍④。两手抠衣去齐尺⑤。衣毋拨，足毋蹶⑥。

【注释】 ①非饮食之客：即"讲问之客"，指来讨论学问的客人。②函：容，指席间的距离。③彻：撤去，撤除。重席：为了表示尊敬，主人给客人铺两重座席。④怍：改变脸色。⑤齐：衣服的下摆。⑥蹶：急遽。

【译文】 如果不是前来饮食的客人，为客人铺座席，席与席之间距离一丈远。主人跪下为客人摆正席子，客人要跪下按着席子辞谢。客人要撤去重席，主人坚持不许。客人上席之后，主人才坐下。主人不发问，客人就不先主动问话谈论。客人将要就座时，脸色不要有所改变。用双手提起下身衣裳，让下摆离地一尺。衣裳不要乱抖，脚步不要急促。

【原文】 先生书策琴瑟在前，坐而迁之①，戒勿越。虚坐尽后②，食坐尽前。坐必安，执尔颜。长者不及，毋儳言③。正尔容，听必恭。毋剿说④，毋雷同。必则古昔，称先王。侍坐于先生，先生问焉，终则对。请业则起，请益则起。父召无诺，先生召无诺，唯而起⑤。侍坐于所尊敬，毋余席。见同等不起。烛至，起。食至，起。上客，起。烛不见跋⑥。尊客之前不叱狗。让食不唾。

【注释】 ①坐：跪。古人席地而坐，坐姿与跪姿没有很大差异。②虚坐：也叫"徒坐"，即非饮食之坐。"虚坐尽后"是为了表示谦逊，"食坐尽前"则避免玷污座席。③毋儳言：如长者正谈论甲事，少者不得忽然以乙事打岔搀入。④剿说：取人之说以为己说。⑤诺、唯：皆应答之辞，郑注说"唯恭于诺"。"诺"是嘴上答应却未行动也；"唯"是嘴上一答应，立即付诸行动。⑥烛不见跋：是说，不要等烛火燃尽才更换，烛火燃尽会使客人生发厌倦之心而告辞。跋，指烛火的底部。

【译文】 先生的书册、琴瑟陈设在前，弟子要跪着将它移开，切不可跨越。不是饮食的座席要尽量往后坐，饮食时的座席就要尽量往席前坐。坐时要安稳，保持你的容色。长者还未提及的话题，不可忽然打岔先说。端正你的仪容，听话时一定要态度恭敬。不可抄袭别人的说法，也不可与别人随声附和。一定要效法古代，称扬先王贤君。在先生

跟前陪坐,先生问话,要待先生说完才回答。请教问题时要起立,再次请教时也要起立。父亲召唤时不要答"诺"而不行动,先生召唤时不要答"诺"而不行动,要答"唯"后随即起身行动。在所尊敬的人跟前陪坐时,要坐在最靠近尊者的地方,不要让座席空着位子。见到同辈时,不必起立。烛火送来时,要起立。食物送来时,要起立。贵客来到时,要起立。不要等烛火烧到底部才更换。在尊敬的客人面前,不呵斥狗。在主人劝食时。不要吐口水。

【原文】 侍坐于君子,君子欠伸,撰杖屦,视日蚤莫①,侍坐者请出矣。侍坐于君子,君子问更端,则起而对。侍坐于君子,若有告者曰:"少间②,愿有复也。"则左右屏而待。毋侧听,毋噭应③,毋淫视④,毋怠荒。游毋倨,立毋跛⑤,坐毋箕,寝毋伏。敛发毋髢⑥,冠毋免,劳毋袒,暑毋褰裳。

【注释】 ①蚤:通"早"。莫:同"暮"。②间:空闲。③噭:声响高急。④淫视:眼光游移不定,左顾右盼。⑤跛:郑注:"偏任也。"指站立时身体歪斜,重心只偏于一脚。⑥毋髢:郑注云:"毋垂余如髢也。"髢是假发。这是说,不要披头散发,让长发垂下像一头假发似的。

【译文】 在君子跟前陪坐,君子打哈欠、伸懒腰时,就拿着手杖、穿着鞋子,看看天色早晚,然后陪坐者就该主动请求离开了。在君子跟前陪坐,君子问话转到另一个话题时,要起立回话。在君子跟前陪坐,如果有人来报告说:"等稍有空闲时,希望能向您报告。"左右之人就要退避到别处等待。不要歪着头、侧着耳听别人说话,回话不要大声叫喊,眼光不要游移不定,身体不要放纵懈怠。行走时态度不要傲慢,站立时身体不要倾斜,坐着时两脚不要像簸箕一样前伸张开,睡觉时不要趴着睡。头发要收束齐整,不要披头散发;戴着帽子不要随意摘下,劳动时不要袒胸露肩光膀子,天热时不要拉起裙裳。

【原文】 侍坐于长者,屦不上于堂,解屦不敢当阶。就屦,跪而举之,屏于侧。乡长者而屦①,跪而迁屦,俯而纳屦。

【注释】 ①乡:通"向"。

【译文】 在长者跟前陪坐,鞋子不穿到堂上,脱鞋时不敢对着阶梯处。穿鞋时,先跪着拿起鞋子,再退避到一旁穿鞋。穿鞋时若面向长者,就跪着把鞋移开,然后俯身穿鞋。

【原文】 离坐离立①,毋往参焉。离立者,不出中间。男女不杂坐,不同椸枷②,不同巾栉,不亲授。嫂叔不通问。诸母不漱裳③。外言不入于梱④,内言不出于梱。女子许嫁,缨⑤,非有大故⑥,不入其门。姑、姊妹、女子子⑦,已嫁而反,兄弟弗与同席而坐,弗与同器而食。父子不同席。男女非有行媒,不相知名⑧;非受币⑨,不交不亲。故日月以告君,齐

戒以告鬼神⑩，为酒食以召乡党僚友，以厚其别也。取妻不取同姓，故买妾不知其姓则卜之。寡妇之子，非有见焉，弗与为友⑪。

【注释】 ①离坐离立：指两人并坐或并立。离，郑注云："两也。"②椸：晾衣服的竿子。枷：通"架"，衣架。③诸母：孔疏云："谓父之诸妾有子者。"即庶母。漱：洗涤。古人认为下身所穿的衣服较卑亵，不能让诸母洗涤，以示尊重。④梱：门坎。⑤缨：女子许婚后，系上缨带作为标志。⑥大故：灾变或疾交。⑦女子子：女儿。古代儿女通称为"子"，为区别儿子，就称"女子"或"女子子"。⑧男女非有行媒，不相知名：男女之间只有通过媒人传话才相知姓名。古代婚礼六礼之一为"问名"，男方通过媒人请问女方的名字以占卜吉凶。⑨受币：指女方接受男方的聘礼。古代婚礼六礼之一为"纳币"，又名"纳征"。⑩齐：通"斋"。⑪"寡妇"三句：是说，寡妇之子假如有奇才异行，就可以与之为友；假如此子平庸，则不与其往来。这是为了避免与寡妇往来的嫌疑。见，同"现"，表现。

【译文】 有两人并坐并立时，不可插身到其中。见两人并立时，不从当中穿过。男女不随意混杂坐在一起，不共用衣竿衣架，不共用毛巾、梳子，不亲手递送物品。嫂嫂、小叔之间不相问候。不让庶母洗涤裙裳。男人在外的职事不带入家门讨论，家务事也不出去宣扬。女子许婚后，要系上缨带，没有特别的变故，不可进入她的闺门。若已出嫁的姑姑、姊妹、女儿返家，兄弟不与他们坐在同一张席子上，不与他们共用食器一起吃饭。父子不坐在同一张席子上。男女之间没有媒人从中引介，不会互相知道彼此的名字；女方没有接受男方的聘礼，男女双方就不交往、不亲近。因此，把结婚的日期禀告君主，斋戒后报告家庙中的神鬼，置办酒食招待同乡同事和朋友，凡此都是为了使男女之间更加慎重。娶妻不娶同姓之女，所以买妾时若不知其姓，就要占卜贞问来确定。寡妇的儿子，若非表现出众，不与他交朋友。

【原文】 贺取妻者，曰："某子使某①，闻子有客，使某羞②。"贫者不以货财为礼，老者不以筋力为礼。

【注释】 ①某子使某：前"某"指代贺者，后"某"指代表贺者送礼的使者。②羞：进献。

【译文】 祝贺别人娶妻，要说："某人派某前来，听说您有客人，派我来进献礼物。"贫穷人家不必以财物作为贺礼，老年人不耗费体力行礼。

【原文】 名子者不以国①，不以日月，不以隐疾，不以山川。

【注释】 ①不以国：古人名子不以国、日月、山川，是因为凡此皆日常用语，难以避讳，因此不用。

【译文】　给儿子起名,不用国名,不用日月名,不用身体隐蔽之处的疾病名,不用山川名。

【原文】　男女异长①。男子二十,冠而字②。父前,子名;君前,臣名。女子许嫁,笄而字③。

【注释】　①男女异长:兄弟与姊妹各自排行,不相杂混。②冠:冠冕,这里指冠礼,是男子的成人礼,要加戴冠冕。③笄:发簪,这里指笄礼,是女子的成人礼,要绾发加笄,与男子的冠礼相似。

【译文】　家中男女各按性别依长幼排行。男子到了二十岁,行加冠成年礼且另外取字。在父亲面前,儿子自称名;在君主面前,臣子自称名。女子许婚后,要为她绾发加笄且另外取字。

【原文】　凡进食之礼,左殽右胾①,食居人之左②,羹居人之右。脍炙处外,醯酱处内③,葱渫处末④,酒浆处右。以脯脩置者⑤,左朐右末⑥。客若降等,执食,兴,辞。主人兴,辞于客,然后客座。主人延客祭⑦,祭食,祭所先进,殽之序,遍祭之。三饭,主人延客食胾,然后辩殽⑧。主人未辩,客不虚口⑨。

【注释】　①殽:通"肴",带骨切块的熟肉。胾:切片的纯肉。②食:饭食。③醯:醋。④渫:蒸葱。⑤脯脩:干肉。"脯""脩"小有不同,"脯"是条状干肉,"脩"是用姜桂等调料加工并捶捣结实的条状干肉。⑥朐:干肉中央呈弯曲状的部位。⑦延客祭:孔疏说,客人地位不及主人,则由主人引导祭祀,其祭法是各取少许席前各种食物,放在豆器之间,表示报答古代造食之人,不忘本;若主客地位相当,则主人毋须"延客祭"。延,引导。⑧辩:通"遍"。⑨虚口:郑注说这是指"酳",即食毕以酒漱口。

【译文】　凡进餐之礼,左边放置带骨的熟肉,右边放置切片的熟肉,饭食放在人的左边,羹汤放在人的右边。细切的肉与烤熟的肉放在外边,醋与酱放在里边,蒸葱佐料放在末端,酒与浆放在右边。若加设脯、脩两种干肉,则把干肉弯曲的部位朝左,而将干肉的末端朝向右边。客人如果地位低于主人,应该拿着饭起身,向主人辞谢说不敢当。主人也要起身,向客人推辞,然后请客人就座。进食前,主人引导客人祭祀,行食前祭礼时,要从先端上的食物开始,然后依次遍祭所有食物。客人吃过三口饭后,主人要请客人先吃纯肉,然后再逐一品尝各种食物,最后吃到带骨的熟肉。主人还没有吃遍各种食物前,客人不饮酒漱口。

【原文】　侍食于长者,主人亲馈①,则拜而食;主人不亲馈,则不拜而食。

【注释】　①馈:进奉食馔。

【译文】　陪长者吃饭，主人亲自进送食物，要拜谢后才吃；主人未亲自进送食物，就不必拜谢，自己取了吃。

【原文】　共食不饱①，共饭不泽手②。

【注释】　①共食：指共用食器吃饭。②不泽手：古人直接用手抓饭吃，与人一同吃饭，手应洁净，吃饭时搓揉双手会把手弄脏，污染饭食，对共饭者不敬。

【译文】　与人共用食器吃饭，不求自顾吃饱；与人共用食器吃饭，不得搓揉双手。

【原文】　毋抟饭，毋放饭，毋流歠①，毋咤食，毋啮骨，毋反鱼肉，毋投与狗骨②，毋固获，毋扬饭，饭黍毋以箸③，毋嚃羹④，毋絮羹⑤，毋刺齿，毋歠醢⑥。客絮羹，主人辞不能亨⑦。客歠醢，主人辞以窭⑧。濡肉齿决，干肉不齿决。毋嘬炙⑨。卒食，客自前跪，彻饭齐以授相者⑩，主人兴，辞于客，然后客坐。

【注释】　①流歠：喝汤像流水一样长长地、不停地喝。②毋投与狗骨：旧注认为此举有轻贱食物之意，因此不能这样做。③饭黍毋以箸：古人原本用手抓饭吃，就要等饭稍晾凉后方得食用。用筷子吃饭则是急不可待，不愿等饭黍稍凉后再吃。④嚃：不嚼而食。羹中有菜，不嚼菜而吞食，有贪快之嫌，吃相不好。⑤絮羹：调理羹汤味道，指往羹里添加盐、梅等调味品。这样做令人觉得是嫌主人的食物味道不好。⑥醢：蘸食用的肉酱。这样做会令人觉得是在嫌主人的酱味道太淡。⑦亨：同"烹"。⑧窭：指因贫穷而不能使礼数周到、客人满意。⑨嘬炙：有贪婪之嫌，吃相难看。嘬，大口吞食。⑩彻：撤掉。齐：通"齑"，调味的酱。相者：主人派以向客人进食者。

【译文】　不要用手把饭团成饭团来吃，不要把手里拿过不吃的饭再放回盛饭的食器中，喝汤不要长长地喝个不停，吃东西不要嘴里吃得"咔嚓咔嚓"地响，不要啃食骨头，不要把拿起的鱼肉又放回食器，不要把骨头扔给狗吃，不要一个劲地专挑某种特定的食物吃，不要迫不及待地扬去饭中的热气，不要不用筷子吃黍饭，不要不咀嚼羹汤里的菜就急忙喝下羹汤，不要往盛给自己的羹汤里再添加调味品，不要在吃饭时剔牙，不要喝调味的蘸酱。客人若为自己的羹汤调味，主人要致歉表示不善于烹煮羹汤。客人若饮调味的蘸酱，主人要致歉表示家贫以致礼不周备。吃湿软的肉可直接用牙齿咬断，吃坚硬的干肉则不宜用牙齿咬食，应用手撕开而食。吃烤肉不要一口吃下一大块。用餐完毕，客人应从席前跪起，撤下饭、酱交给相者，主人起身，不让客人自己动手撤除饭、酱，然后客人再坐下。

【原文】　侍饮于长者，酒进则起，拜受于尊所①；长者辞，少者反席而饮。长者举，未釂②，少者不敢饮。

【注释】 ①尊:盛酒器。②醮:喝光爵中的酒。

【译文】 陪长者喝酒,见长者为晚辈斟酒时就要赶紧起身,并到放置酒樽的地方向长者行拜礼后接受酒;长者对晚辈的行礼表示推辞,晚辈返回座席而饮酒。长者举爵邀大家饮酒时,在长者没有喝光爵中酒之前,晚辈不敢喝酒。

【原文】 长者赐,少者、贱者不敢辞。赐果于君前,其有核者怀其核。御食于君①,君赐余,器之溉者不写②,其余皆写③。

【注释】 ①御食:主人吃饭时陪在身边照料劝食。与前文的"侍食"不同,御食者只劝食却不陪同着一起吃。②溉:洗涤。据郑注,"器之溉者"指陶器、木器等可洗涤者。写:通"泻",倾倒。③其余:指食器中不可洗涤者,郑注认为指藤器、竹器等。放在不可洗涤的食器里的食物,之所以必须倒出来另换食器盛放,是怕玷污了国君的器具。

【译文】 长者有所赏赐时,晚辈或身份低下的人不敢推辞。若在国君跟前接受国君赏赐水果,吃剩的果核要藏在怀中表示尊敬。劝国君进食,国君把吃剩的食物赏给劝食者,如果食物放在可洗涤的食器中,就不必倒出来、另换别的食器盛放;如果食物放在不可洗涤的食器里,那就必须倒出来、另换别的食器盛放后,才能食用。

【原文】 馂余不祭①。父不祭子,夫不祭妻。

【注释】 ①馂:剩下的饭菜。又,吃剩下的饭菜也叫"馂"。祭:指食前祭。

【译文】 吃剩下的饭菜,食用前不必行祭食礼。父亲吃儿子剩下的饭菜,不祭;丈夫吃妻子剩下的饭菜,不祭。

【原文】 御同于长者①,虽贰不辞②,偶坐不辞③。

【注释】 ①御:此处的"御"指陪食。②贰:指双重的殽膳。不辞:作为长者的陪食者,主人送双重的殽馔是为长者,陪食者不要推辞。③偶坐不辞:作为陪客也不推辞主人的盛馔,主人设盛馔是为主客,陪客无须推辞。

【译文】 陪侍长者受邀用餐,待遇与长者相同,虽然主人进上双份的菜殽也不推辞;作为陪客与主客并坐共食,也不推辞主人所进上的菜殽。

【原文】 羹之有菜者用梜①,其无菜者不用梜。

【注释】 ①梜:筷子。

【译文】 羹汤中有菜的,就用筷子吃;那些没有菜的羹汤,就不用筷子吃。

【原文】 为天子削瓜者副之①,巾以绤②。为国君者华之③,巾以绤④。为大夫累之⑤,士疐之⑥。庶人龁之⑦。

【注释】 ①副:剖分。据郑注,切瓜要先削去瓜皮,将瓜切成四瓣,再横切一刀。

279

②絺:细葛布。③华:从当中剖开,再横切一刀。④绤:粗葛布。⑤累:从当中剖开,不横切,不覆盖。⑥羃:通"蒂"。指不从当中剖开,只横切一刀,去除瓜蒂而已。⑦龁:咬嚼。指不用刀切,去除瓜蒂后就啃着吃。

【译文】 为天子削瓜,去皮后要切作四瓣,再从中间横切开来,以细葛布覆盖。为国君削瓜,去皮后切成两瓣,再从中间横切开来,以粗葛布覆盖。为大夫削瓜,削皮后切成两瓣而不覆巾;为士削瓜,削皮后只要横切一刀、去除瓜蒂。庶人只要去除瓜蒂就啃着吃。

【原文】 父母有疾,冠者不栉,行不翔①,言不惰②,琴瑟不御。食肉不至变味③,饮酒不至变貌,笑不至矧④,怒不至詈。疾止复故。有忧者侧席而坐⑤。有丧者专席而坐。

【注释】 ①冠者不栉,行不翔:这是说孝子因为心中担忧父母的疾病而不顾及容颜装束,走路也不能自在轻松。②言不惰:指说话不戏谑玩笑。③变味:吃肉吃到口味发生变化。旧注说,吃一种食物少食则味不变,多食口味就会发生变化。④矧:齿龈。⑤有忧:指因父母患病而担忧。侧:特。

【译文】 父母患病,儿子因担忧,以致戴帽子时无暇梳理头发,行走时也不张开双臂迈步走路,说话不戏谑玩笑,不弹奏琴瑟。吃肉不能多到口味发生改变,喝酒不能多到脸色改变,笑不能露出齿龈,怒不能怒到发火骂人。等父母病愈了,才回复平时的状态。心中有忧虑的人特置一席而坐。守丧的人单独坐在专席上。

【原文】 凡为君使者,已受命,君言不宿于家。君言至,则主人出拜君言之辱。使者归,则必拜送于门外。若使人于君所,则必朝服而命之。使者反,则必下堂而受命。

【译文】 凡被委任为国君的使者,既已接受君命,应尽快奉命行事,不能还带着君命住在家里。君命到达时,主人要出门拜谢使者,说委屈使者屈尊前来传命。使者要回去时,主人一定要送到大门外拜谢致礼。如果要派人到国君处,就一定要穿着正式的朝服委任使者。使者返回时,也一定要下堂听取使者带回的君命。

【原文】 博闻强识而让,敦善行而不怠,谓之君子。君子不尽人之欢,不竭人之忠,以全交也。

【译文】 见闻广博、记忆力强而谦让,一贯坚持做好事而不懈怠,这样的人就称之为君子。君子不强求别人全心全意的喜欢,也不强求别人尽心竭力的忠诚,这样才能使交情得以保全。

【原文】 礼曰:"君子抱孙不抱子①。"此言孙可以为王父尸,子不可以为父尸。为君尸者,大夫士见之,则下之。君知所以为尸者,则自下之。尸必式②,乘必以几。

【注释】　①君子抱孙不抱子:古代祭祀礼仪要用尸充当祭祀的对象,尸一般要以孙辈的男孩子担当,如果孙子年纪幼小,可以由成人抱着孙子为尸,但不得抱年幼的子为尸。②式:通"轼"。古代车厢前有供站立乘车人扶持凭靠的横木,此处表示乘车入伏轼致敬行礼。

【译文】　礼书上说:"君子抱孙不抱子。"这是说孙子可以在祭祀时充当代表祖父的尸,儿子则不可以充当父亲的尸。作为国君的尸,大夫、士见到了,就要下车致敬。国君知道充当先君之尸的人,要亲自下车致敬。尸在车上必须凭轼行答谢之礼,尸登车时必须用几做踏脚。

【原文】　齐者不乐不吊。

【译文】　斋戒中的人为求心诚志专,不聆听音乐,也不吊唁丧家。

【原文】　居丧之礼,毁瘠不形,视听不衰。升降不由阼阶①,出入不当门隧。居丧之礼,头有创则沐,身有疡则浴,有疾则饮酒食肉,疾止复初。不胜丧,乃比于不慈不孝。五十不致毁。六十不毁。七十唯衰麻在身,饮酒食肉,处于内②。

【注释】　①阼阶:堂前东阶,本是主人上下堂所行,居丧时升降不由东阶,因为这是父亲过去所走的台阶,追忆思念,所以就不忍心从阼阶上下了。②处于内:据丧礼,孝子为父母守丧时,不得住在室内,要在门外临时搭建的"倚庐"中。

【译文】　守丧之礼,要节制哀伤,不要消瘦到变形,视力、听力不要因此衰减。上下堂时不走东边的阼阶,出入时不走大门正中的道路。守丧之礼,头部有了疮才洗头,身体发痒才洗澡,有疾病了才能够喝酒吃肉,等病愈后再回到当初守丧时的状态。如果不能承受丧事的悲痛而身体崩溃,就等于是不慈不孝。五十岁守丧不要因悲痛而过度伤身。六十岁守丧,不能伤身。七十岁守丧,只要穿着丧服,可照常饮酒吃肉,并住在屋里。

【原文】　生,与来日;死,与往日①。

【注释】　①与:数,计算。据郑注,"生"指生者服丧日期,"来日"指人死后第二天。"死"指死者殡殓日期,"往日"指人死当天。

【译文】　生者服丧,要从死者去世的第二天算起;死者的殡殓日期,要从死者去世的当天算起。

【原文】　知生者吊①,知死者伤②。知生而不知死,吊而不伤。知死而不知生,伤而不吊。

【注释】　①吊:慰问辞。②伤:悼念辞。

【译文】　认识死者家属的,就向家属致辞慰问;认识死者的,就为死者致辞悼念。只

与死者家属相识而不认识死者的，只向家属致辞慰问而不对死者致辞悼念；只与死者相识而不认识家属的，只对死者致辞悼念而不向家属致辞慰问。

【原文】 吊丧弗能赙①，不问其所费。问疾弗能遗②，不问其所欲。见人弗能馆，不问其所舍。赐人者不曰来取，与人者不问其所欲。适墓不登垄。助葬必执绋③。临丧不笑。揖人必违其位。望柩不歌。入临不翔。当食不叹。邻有丧，舂不相④；里有殡，不巷歌。适墓不歌。哭日不歌⑤。送丧不由径，送葬不辟涂潦⑥。临丧则必有哀色。执绋不笑，临乐不叹。介胄，则有不可犯之色。故君子戒慎，不失色于人。国君抚式⑦，大夫下之；大夫抚式，士下之。

【注释】 ①赙：送财物给丧家助办丧事。②遗：馈赠。③绋：牵引棺柩车往墓穴的绳索。④相：舂米打杵时唱歌助兴。⑤哭日：指吊唁死者的日子。⑥潦：雨后积水。⑦式：通"轼"。

【译文】 吊丧时，若不能用财物帮助丧家办丧事，就不要问丧家花费多少。探望病人，若不能馈赠礼物，就不要问病人需要什么。看到旅人，若不能为人家安排住宿，就不要问人家住在何处。送人东西，不能说"你来拿"；送人东西，不要问人家想不想要。去墓地不要登上人家的坟头。参加葬礼一定要牵着引柩车的挽绳。参加丧礼不可面带笑容。对人作揖，一定要离开原位。望见运柩车，不要唱歌。参加丧礼，不可张开双臂迈步行走。面对食物不可叹气。邻家有丧事，舂捣时不唱歌助舂；同里有丧事，不在巷子里唱歌。到墓地去不唱歌。吊唁的日子不唱歌。送丧时不抄近道而走小路，送葬时不避积水的道路。参加丧礼，脸上一定要有哀戚的神情。挽着棺柩车的绳索时不要嬉笑，身在欢乐场合不要叹气。穿着铠甲、戴着头盔时，就要有凛然不可侵犯的庄严神色。所以君子要小心谨慎，不在人前失态。国君若行凭轼之礼，大夫就要下车示敬；大夫若行凭轼之礼，士就要下车示敬。

【原文】 礼不下庶人，刑不上大夫。刑人不在君侧。

【译文】 礼，不为下等的庶民定规矩；刑，不为上等的大夫定条法。受过肉刑处罚的人，不得呆在国君左右。

【原文】 兵车不式①。武车绥旌②，德车结旌③。

【注释】 ①式：通"轼"。②武车：即兵车，车上用兵器装饰。绥：垂舒貌。③德车：非军用之车，指"玉路(辂)""金路(辂)""象路(辂)""木路(辂)"等分别以玉饰、金饰、象牙饰及漆木制的车子，与用兵器装饰的"武车"对言。

【译文】 在兵车上，不行轼礼。武车上的旌旗要任其舒展，德车上的旌旗则要收束

起来。

【原文】　史载笔，士载言①。

【注释】　①史载笔，士载言：这是指国君与诸侯举行会同时，史、士随同前往。史，即史官，负责记录君事；士即司盟之士，负责盟会事务。

【译文】　史官带着书写工具，士带着会盟资料。

【原文】　前有水，则载青旌①。前有尘埃，则载鸣鸢②。前有车骑，则载飞鸿③。前有士师，则载虎皮。前有挚兽④，则载貔貅⑤。行⑥，前朱鸟而后玄武，左青龙而右白虎，招摇在上⑦，急缮其怒⑧。进退有度，左右有局，各司其局。

【注释】　①载：指在车上竖起旗帜为后面的队伍报告前方道路上的情况，以使后队警备。青：青雀，一种水鸟。②鸢：老鹰。据说，鸢鸣则风生，风生则尘埃起，因此前有尘埃，则载画有鸣鸢的旌旗。③鸿：大雁。④挚：通"鸷"，凶猛狠戾。⑤貔貅：古代猛兽名。⑥行：行军。此下几句说行军之法。古人行军作战迷信天文星象，这里是说行军时应前方为朱鸟（又名朱雀），后方为玄武（龟），左方为青龙，右方为白虎。朱鸟、玄武、青龙、白虎为二十八宿之南、北、东、西四方的星宿。或说朱鸟、玄武、青龙、白虎为四方军阵，要分别使用绘四兽之旗。⑦招摇：北斗七星中位于勺端的一星，此处指北斗星。这是说北斗星应在行军队伍的上方。或说军阵上方要高举绘有北斗的旌旗。⑧急：坚挺。缮：强劲。怒：指士气高昂。

【译文】　行军时，前方若有水，前导车就挂起画有青雀的旗帜。前方若有尘土，就挂起画有鸣鸢的旗帜。前方若有车马，就挂起画有飞雁的旗帜。前方若有军队，就挂起老虎皮。前方若有猛兽，就挂起貔貅皮。行军时，前应南方朱鸟七宿，后应北方玄武七宿，左应东方青龙七宿，右应西方白虎七宿，上方是北斗七星，令兵将士气高昂威猛强健。进退有节度，左右有布局，将士各司其职。

【原文】　父之雠①，弗与共戴天；兄弟之雠，不反兵②；交游之雠，不同国。

【注释】　①父之雠：据旧注，特指杀父之仇。下文"兄弟之雠""交游之雠"也特指杀害兄弟与朋友的仇家。②不反兵：谓随身携带武器，遇仇人即可杀之，不必返家拿武器。反，同"返"。兵，指武器。

【译文】　杀害父亲的仇人，不能与他共处于同一天地间；杀害兄弟的仇人，要随时携带兵器以备报仇；杀害朋友的仇人，不与他共处于同一国家。

【原文】　四郊多垒①，此卿大夫之辱也。地广大，荒而不治，此亦士之辱也。

【注释】　①多垒：由于常受敌寇侵伐，因此多军垒。垒，军事壁垒。

【译文】 国都四郊有很多堡垒，说明常受侵略，国家屏弱，这是卿大夫的耻辱。国土虽然广大，却荒废而没有得到开发，这也是管理乡邑的士的耻辱。

【原文】 临祭不惰。祭服敝则焚之，祭器敝则埋之，龟筴敝则埋之①，牲死则埋之。凡祭于公者②，必自彻其俎③。

【注释】 ①筴：同"策"，指占筮用的蓍草。古代卜筮，卜用龟甲，筮用蓍草。②祭于公者：指士带着祭品到宗庙去助国君祭祀。③俎：祭祀或宴会时盛放牲肉的礼器。

【译文】 参加祭祀时，不可惰怠。祭服穿坏了就烧掉，祭器用坏了就埋掉，卜筮用的龟甲、蓍草坏了就埋掉，祭祀用的牲畜死了就埋掉。凡拿着祭品到国君的宗庙去助祭，祭后一定要自行撤除祭品牲俎。

【原文】 卒哭乃讳①。礼：不讳嫌名②。二名不遍讳。逮事父母，则讳王父母。不逮事父母，则不讳王父母。君所无私讳，大夫之所有公讳。《诗》《书》不讳，临文不讳，庙中不讳。夫人之讳，虽质君之前③，臣不讳也。妇讳不出门。大功、小功不讳④。入境而问禁，入国而问俗，入门而问讳。

【注释】 ①卒哭：丧礼的祭名之一，在死者安葬后的"三虞"之祭后举行。丧礼规定，孝子丧亲因哀痛朝夕之间随时都会哭起来，从此祭起不再随时号哭，只在早晚哭。讳：避讳。古人对活着的人是不避名讳的，人死后在卒哭祭前仍按生者对待，卒哭祭后神灵迁庙，要以神鬼事之，故卒哭祭后要避讳。②嫌名：指声音相近的名，如禹与雨、丘与区。③质：对。④大功：丧服五服之一，着布衰裳、牡麻绖、冠布缨、布带、绳屦，服丧期九个月，适用于堂兄弟、已嫁的姑母、姊妹、女儿，未嫁的堂姊妹及孙女，嫡长孙之外的众孙等，此外已嫁女为兄弟，已嫁未嫁之女为伯叔父母、姑母等也服大功之服。小功：丧服五服之一，着布衰裳、澡麻带、绖、冠布缨、布屦无绚，服丧期五个月，适用于为伯叔祖父母、堂伯叔祖父母、堂伯叔祖兄弟、未嫁堂祖姑姐妹，已嫁堂姊妹及孙女等，此外，妻为妯娌、夫之姑母等，也服小功。

【译文】 丧礼举行过卒哭祭礼之后才避说死者的名讳。按礼仪规定：不避讳同音的名字。二字的名不必同时都避讳。得以侍奉父母的，就要避称祖父母之名。没能赶得及侍奉父母的，就不必避称祖父母之名。为了表示尊君，在国君跟前不避个人的家讳，在大夫跟前则要避国君之名讳。诵读《诗》《书》时不必避讳，写文章时不必避讳，在宗庙中祝告时不必避讳。国君夫人的家讳，臣子虽然当着国君的面也不必避讳。妇人之名只在宫门内避讳。服大功、小功之丧的人可以不避死者的名讳。进入别国国境要问清当地的禁忌，到了别国要问明当地的风俗，到了别人家要问问人家有什么忌讳。

【原文】 外事以刚日^①，内事以柔日^②。凡卜筮日，旬之外曰"远某曰"，旬之内曰"近某日"。丧事先远日，吉事先近日^③。曰："为日，假尔泰龟有常^④。""假尔泰筮有常。"卜筮不过三。卜筮不相袭^⑤。

【注释】 ①外事：指郊外之事，如用兵、郊祭、田猎等事。刚日：古代以十天干记日，十日中有五奇五偶，奇数日为刚日。②内事：指郊内之事，如宗庙祭祀之事等。柔日：参上注，偶数日为柔日。③吉事：如祭祀、冠礼、婚礼等。④泰：大。⑤卜筮不相袭：不能反复多次使用龟卜、蓍草占问，这样做有亵渎神明之嫌。郑注说："卜不吉则又筮，筮不吉则又卜，是渎龟筮也。"

【译文】 外事要在奇数日进行，内事要在偶数日进行。凡以卜筮来选定日期，若在一旬之外的某天就称为"远某日"，若在一旬之内的某天就称为"近某日"。办丧事要先卜问远日，办吉事要先卜问近日。卜筮时要说："为选择良辰吉日，要藉你这恒常灵验的大龟来占卜。"或说："要借由你这恒常灵验的大蓍来占卜。"无论以龟甲占卜或以蓍草占问，都不能超过三次。占问同一件事，卜与筮不能交替反复使用。

【原文】 龟为卜，筮为筮。卜筮者，先圣王之所以使民信时日、敬鬼神、畏法令也；所以使民决嫌疑、定犹与也^①。故曰："疑而筮之，则弗非也；日而行事，则必践之^②。"

【注释】 ①犹与：犹豫，游疑。②践：善。

【译文】 以龟甲占问叫作卜，以蓍草占问叫作筮。卜与筮，是前代圣王用来使人民信服所选定的日期、崇敬所祭祀的鬼神、畏惧所制定的法令的；用来让人民判断嫌疑、确定犹豫不决的事情的。因此说："有疑问而卜筮，则不会再有非议；依选定时日而行事，就会有好结果。"

【原文】 客车不入大门。妇人不立乘。犬马不上于堂。

【译文】 客人的车不驶入主人家的大门。妇人乘车时不站立。赠人犬马时不牵到堂上。

【原文】 故君子式黄发^①，下卿位^②，入国不驰，入里必式。君命召，虽贱人，大夫士必自御之^③。介者不拜，为其拜而蓌拜^④。祥车旷左^⑤。乘君之乘车不敢旷左^⑥，左必式^⑦。仆御妇人，则进左手，后右手。御国君，则进右手，后左手而俯。国君不乘奇车^⑧。车上不广欬^⑨，不妄指。立视五巂^⑩，式视马尾，顾不过毂^⑪。国中以策彗恤勿驱^⑫。尘不出轨。国君下齐牛，式宗庙^⑬。大夫士下公门，式路马^⑭。乘路马，必朝服载鞭策，不敢授绥，左必式。步路马，必中道。以足蹙路马刍，有诛。齿路马，有诛。

【注释】 ①君子：指国君。式：通"轼"。黄发：高龄老人。古人说，初老为白发，太老为黄发。②卿位:卿的朝位。③御:迎也。④蓌:挫,指行拜礼时失态。因身着铠甲时,铠甲坚硬笨重妨碍行礼,一定要行拜礼反而会失去常态,仪容不雅,显得没礼貌。⑤祥车:死者平时所乘车子,下葬时作为随葬品,称为魂车。旷左:御者坐在右边,而把左边的位子空出来,供死者的神魂乘坐。⑥乘君之乘车不敢旷左:君王有五路(辂),出行时君王自乘一辆,其余四辆都供给随行大臣乘坐,大臣乘坐这种车不敢把左边的座位空出来,因为祥车才旷左,而今君王健在,所以不敢旷左。⑦左必式:大臣乘坐君王的乘车,不能不处车左,但又不敢安然居于尊位,因此虽居于车左,却必须凭轼为礼。式,通"轼"。⑧奇车:奇邪不正之车。⑨广:大。欬:同"咳"。⑩嶲:规,指一轮转一圈的长度。据旧注,五嶲约九十九尺,约合今23米左右。⑪ 毂:车轮中心部位,外接车辐内受车轴。⑫ 策彗:带叶的竹帚。恤勿驱:不用鞭策抽打马匹,而是轻轻地搔摩马匹,不让它奔跑。⑬ 下齐牛,式宗庙:此句据《周礼·夏官·司马》郑玄注引《曲礼》当作"下宗庙,武齐牛"。齐:通"斋"。⑭ 路马:专驾国君车乘的马。

【译文】 所以国君乘车遇到老年人就要凭轼行礼,经过卿的朝位时要下车,进入国都时不快马奔驰,进入里巷要凭轼致敬。若国君传命召唤,即使是地位低贱的人,大夫、士也要亲自迎接。穿着铠甲的人不行跪拜礼,因为穿着笨重的铠甲行礼会因举止不便、动作失调显得失礼。随葬的祥车要把左边的座位空下。臣子乘国君的车不敢将左位空着,在车子左位就一定要俯身凭轼以表示谦逊不敢自大。驭手为妇人驾车,驭手坐在中央,妇人在左,为避嫌起见,驭手左手在前操控缰绳,右手在后,稍侧身背对妇人。为国君驾车,驭手居中,右手在前,左手在后,并稍微俯身以示敬意。国君不乘奇邪不正的车。在车上不大声咳嗽,不随便指画以免让人疑惑。站着乘车,向前看时只能看轮转五周的距离;凭轼示敬时,眼光要落在马尾上;回头看时,眼光不得超过车轴两端。在国都之中行车,用竹帚搔摩马身,不让马奔驰。尘土不自车辙中飞扬出来。国君行经宗庙要下车,见到祭祀用的牛牲要凭轼行礼。大夫、士经过国君宫门,一定要下车;遇上国君专用的马,要凭轼行礼。乘坐国君专用的马车,一定要穿着朝服,马鞭只能放在车上不能使用,不敢让驾车者向自己递送登车挽绳,在车子左边的位置时一定要俯身凭轼表示谦逊。牵着国君的马行走,一定要走道路的中间。以脚践踏路马所需的草料,要受罚。掰开马口以探看路马的年纪,要受罚。

礼　运

【题解】

郑玄《礼记目录》云："名曰'礼运'者，以其记五帝三王相变易，阴阳转旋之道。"

"运"是运行的意思，本篇论礼的源流与运行、运用，因此称为"礼运"。本篇由孔子答言偃问的形式，论述五帝三王的"大同""小康"之治，提出礼的起源、发展、演变至完善的过程，探讨圣王制礼的原则，批评周末礼衰、天子诸侯违礼失政，进一步论述礼在治国安民的重要作用，同时指出人与天地、阴阳、鬼神、五行的密切关系。

本篇《礼运第九》，选释2小节，即对"大同"与"小康"社会的论述。作者认为，"天下为公"的"大同"社会是一个"人不独亲其亲，不独子其子，使老有所终，壮有所用，幼有所长，矜寡孤独废疾者，皆有所养"的理想社会；而在大道既隐之后，"天下为家，各亲其亲，各子其子，货力为己"，因而需要推行礼义，摆正君臣、父子、兄弟、夫妇关系，设立制度，这就是"小康"社会。

【原文】　昔者仲尼与于蜡宾①，事毕，出游于观之上②，喟然而叹。仲尼之叹，盖叹鲁也。言偃在侧曰③："君子何叹？"孔子曰："大道之行也④，与三代之英⑤，丘未之逮也，而有志焉⑥。大道之行也，天下为公。选贤与能⑦，讲信修睦，故人不独亲其亲，不独子其子，使老有所终，壮有所用，幼有所长，矜寡孤独废疾者⑧，皆有所养。男有分⑨，女有归⑩。货，恶其弃于地也，不必藏于己；力，恶其不出于身也，不必为己。是故谋闭而不兴，盗窃乱贼而不作，故外户而不闭。是谓大同。"

【注释】　①蜡宾：蜡祭的助祭之宾。蜡，祭名。据《仪礼·郊特牲》，蜡祭在每年十二月举行，合祭百神。宾，助祭者。当时孔子在鲁国居官，在助祭者之到。②观：或称"阙"，或台。③言偃：孔子弟子，姓言名偃，字子游。④大道之行：指能够遵行非常广大的道的五帝时代。"五帝"历来有不同说法，《史记·五帝本纪》为轩辕黄帝、颛顼、帝喾、尧、舜。⑤英：指才德出众的人，即下文所说禹、场、文、武、成王、周公。⑥志：识，指记载。⑦与：通"举"。《大戴礼记·主言》作"选贤举能"。⑧矜：同"鳏"。⑨分：职分，职业。⑩归：女嫁曰归。

【译文】　以前仲尼参与鲁国蜡祭的宾，祭事结束后，他外出游览，登于门楼之上，不禁叹息。仲尼的叹息，大抵是为鲁国而发的。当时言偃在旁，说："君子为什么叹息？"孔子说："五帝时期是大道施行的时代，三代时英明的君臣，我都没能赶得上，但古书记载了

当时的情况。大道施行的时代，天下为人民公有。选拔有德行的贤人、举荐有道德的能人，讲求诚信、修行和睦，所以人民不只是孝敬自己的双亲，不只是慈爱自己的子女，而是使老年人可以颐养天年，使壮年人可以发挥所能，使幼年人能健康地成长，鳏夫或寡妇、孤儿或无后者、残废或生病的人，都可以得到照顾与供养。使男子各有职业，使女子出嫁各有归属。财货，厌恶它被任意抛弃在地上，却不必只是自己想占有收藏；力气，厌恶自己有能力却没有用出来，尽力却不必只是为自己。因此，阴谋被堵住了，没有人搞了，盗窃、作乱、贼杀都不会发生，所以家家户户大门可以不关闭。这就叫作大同社会。"

【原文】 "今大道既隐，天下为家，各亲其亲，各子其子，货力为己，大人世及以为礼①。城郭沟池以为固，礼义以为纪；以正君臣，以笃父子，以睦兄弟，以和夫妇，以设制度，以立田里，以贤勇知。以功为己，故谋用是作，而兵由此起。禹、汤、文、武、成王、周公，由此其选也②。此六君子者，未有不谨于礼者也。以著其义，以考其信，著有过，刑仁讲让，示民有常。如有不由此者，在势者去，众以为殃。是谓小康。"

【注释】 ①大人：指诸侯。世及：诸侯传位，父子相传为世，兄弟相传为及，即世袭制度。②由：用。选：英才。

【译文】 "而今大道已衰微不行，天下成了一家所有。人们各自孝敬自己的双亲，各自慈爱自己的子女，财货人力都只为了自己，诸侯世袭相承成为礼制。修筑城郭沟池以防守，将礼义视为纲纪；以此端正君臣关系，以加深父子关系，以和睦兄弟关系，以调和夫妻关系，以设立制度规章，以划分田土宅里，以尊敬勇士与智者。由于成就功业都是为了自己，因此阴谋也就产生了，而战争也由此而发生。禹、汤、文、武、成王、周公，都是用礼义来治国的英才。这六君子，没有不谨慎实行礼制的人。透过礼制以彰显道义，以成就诚信。以明察过失，以仁为模范且讲求谦让，向人民昭示治国的常法。如果有不遵行礼义的，在位者就会因罪而放黜退，百姓会认为这是祸害。这就叫作小康社会。"

学　记

【题解】
郑玄《礼记目录》云："名曰'学记'者，以其记人学、教之义。"
本篇所谓的"学"，意涵相当丰富，有教导、学习、学校、教育等不同意义。郑玄认为此篇内容乃记载人们学习与教育的意义；朱熹《仪礼经传通解》更具体指出，本篇是谈古代学校教人、传道、授业的顺序以及教育得失与兴废的缘由，因此称为"学记"。

288

本篇是相当完整而且成熟的教育论著,开宗明义便提出了化民成俗的教育意义,也指出教学相长的重要观念,并提供教育者具体可行的教学方法——预防、适时、循序、观摩,尤其重视导引启发学生,而非一味强迫学生记诵;同时又从教育者与学习者的角度各自谈论有关的学习原则。本篇论述的时代背景虽然距今久远,但放诸今日,仍具有相当高的参考价值。

本篇《学记第十八》,全篇选释。

【原文】　发虑宪①,求善良,足以谀闻②,不足以动众。就贤体远,足以动众,未足以化民。君子如欲化民成俗,其必由学乎!

【注释】　①宪:法。②谀:小。闻:声誉,名声。

【译文】　思想符合法则,招徕善良之士,能博取小名声,不足以感动大众。亲近贤人、体恤远方的臣民,能感动大众,不足以教化人民。君子如果想要教化人民并形成良好的风俗,就必须从办学校、兴教育入手。

【原文】　玉不琢,不成器;人不学,不知道。是故古之王者建国君民,教学为先。《兑命》曰①:"念终始,典于学②。"其此之谓乎!

【注释】　①《兑命》:"兑命"当作"说命",《尚书》佚篇名。郑注:"高宗梦傅说,求而得之,作《说命》三篇,在《尚书》,今亡。"今《伪古文尚书》有《说命》上、中、下三篇,不可信。②典:常。

【译文】　玉不雕琢,就不能成为有用的器物;人不学习,就不能知晓道理。所以古代的君王建立国家、治理人民,以兴办教育为先。《说命》说:"自始至终,常常都惦记着致力于学习。"就是这个意思吧!

【原文】　虽有嘉肴,弗食,不知其旨也;虽有至道,弗学,不知其善也。是故学然后知不足,教然后知困。知不足,然后能自反也;知困,然后能自强也。故曰:教学相长也。《兑命》曰①:"学学半②。"其此之谓乎。

【注释】　①兑命:参上节注。②学学半:教与学,各获益一半。上"学"字,即"敩",教。

【译文】　虽有美食佳肴,不亲口一吃,不知道它的美味;虽有深刻的道理,不亲自一学,不明白它好在哪里。所以,学习之后才知道自己的不足,教人之后才发觉自己的困惑。知道自己不足,然后才能够反省自己;发觉自己的困惑,然后才能发奋图强。所以说:教与学是相互促进的。《说命》说:"教与学,各获益一半。"说的就是这个意思吧!

【原文】　古之教者,家有塾①,党有庠②,术有序③,国有学。比年入学④,中年考校。

一年视离经辨志,三年视敬业乐群,五年视博习亲师,七年视论学取友,谓之小成。九年知类通达,强立而不反,谓之大成。夫然后足以化民易俗,近者说服而远者怀之,此大学之道也。《记》曰⑤:"蛾子时术之⑥。"其此之谓乎。

【注释】 ①塾:与下列"庠""序""学"皆古代学校名。据孔疏,古代二十五家为闾,同在一巷,巷首有门,门边有塾,居民子弟受教于塾。②党:据《周礼·地官·大司徒》,五百家为党。党属于乡。③术:郑注说,当为"遂"。据《周礼·地官·大司徒》,一万二千五百家为遂。遂在远郊。④比年:每一年。⑤《记》:孔疏:"旧人之记先有此语,记礼者引旧记之言。"⑥蛾子时术之:旧注说,蚂蚁不停地衔土,最终垒成了土丘。蛾,蚂蚁。

【译文】 古代的教育,二十五家的闾有塾,五百家的党有庠,一万二千五百家的遂有序,天子、诸侯的国都有学。每年有新生入学,隔一年考核一次。入学一年后,考核句读能力并辨别学习兴趣的方向;入学三年后,考核是否专心课业且善于合群;入学五年后,考核是否精专广博且敬爱师长;入学七年后,考核讲论学问及识人交友的能力;完成七年学习,通过考核,称为小成。入学九年后,知道触类旁通,能独立、有原则而不违反师教,称为大成。学业大成后,就足以教化人民、改变风俗,使亲近的人心悦诚服,而远方的人都来归附。这就是大学之道。《记》说:"蚂蚁不停地衔土,终于垒成了土堆。"说的就是这个意思吧!

【原文】 大学始教,皮弁祭菜①,示敬道也。《宵雅》肄三②,官其始也③。入学鼓箧④,孙其业也⑤。夏、楚二物⑥,收其威也。未卜禘不视学⑦,游其志也⑧。时观而弗语,存其心也。幼者听而弗问,学不躐等也⑨。此七者,教之大伦也。《记》曰:"凡学,官先事,士先志。"其此之谓乎。

【注释】 ①皮弁:即皮弁服,一种礼服名。祭菜:释菜礼,将菜置放在先圣、先师的神位前进行祭祀典礼。②《宵雅》:即《小雅》。宵,通"小"。肄三:学习三篇诗歌。郑注说是《鹿鸣》《四牡》《皇皇者华》三篇。肄,习。③官其始:劝诱初学学生立志任官事上。郑注认为,安排学生学习《小雅》这三篇诗歌,都属于君臣宴乐、犒劳辛苦的内容,可以劝诱学生为事上的意愿。④鼓箧:一种入学的仪式。开学时,大胥之官击鼓以召集学生,到齐后,打开书箱,取出书籍。⑤孙:通"逊",敬顺。⑥夏、楚:两种教鞭,夏是用榎木制作的,楚是用荆条制作的。⑦视学:孔疏谓即考校评判优劣。⑧游:优游从容。⑨躐:超越。

【译文】 大学开学时,穿着皮弁服,在先圣先师神位前祭菜,表示敬重师道。诵习《小雅》中的三篇诗歌,这是为了诱导学生在开始学习时就立志做官侍奉君王。入学时,击鼓召集学生,打开书箱取出书籍,使学生敬顺学业。使用夏、楚两种教鞭威慑违规的学

生，收敛他们的气势。天子、诸侯没有经过占卜举行禘祭，不到学校视察考核，使学生意志从容宽松，学习不会紧迫急切。教师注意观察学生，却不事事叮咛，让学生动脑筋、存疑问，培养独立思考的能力。年幼的学生只听讲而不随意提问，因为学习不能逾越等级。这七项，就是教学的大纲。《记》说："凡是学习，学做官就先学为官之事，学做士就先学学士之志。"说的就是这个意思吧！

【原文】　大学之教也，时教必有正业①，退息必有居学②。不学操缦③，不能安弦；不学博依④，不能安《诗》；不学杂服⑤，不能安礼；不兴其艺，不能乐学。故君子之于学也，藏焉，修焉，息焉，游焉。夫然，故安其学而亲其师，乐其友而信其道。是以虽离师辅而不反⑥。《兑命》曰："敬孙务时敏⑦，厥修乃来⑧。"其此之谓乎！

【注释】　①时教：因时施教。正业：孔疏说，即先王正典，而非诸子百家。朱熹将"时"字属上句，读为"大学之教也时"，认为即春夏读礼乐，秋冬读诗书。②居学：指居家休息时的辅助性的学习。以下"安弦""博依""杂服""兴艺"等，都是"居学"的内容。③操缦：操弄琴弦。缦，弦索。④博依：广博的譬喻。《诗》善用比兴的写作手法，读者必须博学多闻，知道天地万物草木、鸟兽、虫鱼之事，才能理解《诗》的内在意涵。⑤杂服：据郑注，指各种弁冕、服饰。⑥辅：指朋友。⑦孙：通"逊"。⑧厥：其。修：修正业，指修业的成果。

【译文】　大学的教学，要因时施教安排授课内容，教学内容必是先王的正典，课后休息必有各种在居所的学习。不学拨弄琴弦的指法，就不能把琴弹好；不广博地学习比兴比喻，就不能真正领会理解《诗》义；不学习各种服饰弁冕知识，就不能很好操持执行礼典礼仪；不喜好精深博雅的技艺，就不能有乐趣地学习。所以，君子对于学习这件事，时刻怀藏着学习的心愿，不断地研修肄习，休息时不忘学习，游乐时也不忘学习。这样一来，才能安心学习并亲近师长，快乐地与朋友交往，而信奉所学的道理。所以，即使离开师友也不会违反所学的道理。《说命》说："敬重道义，谦逊问学，努力学习，时刻学习，尽快实行，那修业的成果才会到来。"说的就是这个意思吧！

【原文】　今之教者，呻其佔毕①，多其讯言②，及于数进③，而不顾其安④，使人不由其诚⑤，教人不尽其材。其施之也悖，其求之也佛⑥。夫然，故隐其学而疾其师，苦其难而不知其益也，虽终其业，其去之必速。教之不刑⑦，其此之由乎！

【注释】　①呻其佔毕：指教师不懂经义，只会照本宣科吟读简册，而无法为学生诠释义理。佔毕，简册。佔，通"苦"。②讯：王引之说，应读为"谇"。"多其谇言"，即多其告语，指不等学生自己思考领悟，就告诉学生。③及于数进：汲汲于求速进。及，通"汲"，汲

汲。数,读为"速"。④安:通晓。⑤使人:即教人。⑥佛:通"拂",乖戾。⑦刑:成功。

【译文】 今天的教师,只知道照本宣科拿着简册吟读,不等学生自己思考领悟就生硬灌输,急急忙忙只求进度,而不管学生是不是真的通晓道理,教授学生不是诚心诚意的,给学生传授知识也有所保留。教师施教就违背常理,学生求学也拂逆。正因如此,所以学生厌恶学习而且痛恨自己的教师,畏惧学习,感到痛苦,而不知道学习的好处。即使完成了学业,也必然很快地会忘掉学过的东西。教育之所以不能成功,应该就是这个原因吧!

【原文】 大学之法,禁于未发之谓豫①,当其可之谓时,不陵节而施之谓孙②,相观而善之谓摩。此四者,教之所由兴也。

【注释】 ①豫:预备,预防。②陵节:超越阶段。孙:通"逊",顺也。

【译文】 大学教育的方法是,在邪念未萌发之时就加以防止,这叫作预防;在可以接受教育之时就加以教育,这叫作适时;不超越阶段而循序渐进地施教,这叫作顺序;互相观察而学习别人的优点,这叫作观摩。这四项,是教育之所以能兴盛的方法。

【原文】 发然后禁,则扞格而不胜①;时过然后学,则勤苦而难成;杂施而不孙,则坏乱而不修;独学而无友,则孤陋而寡闻;燕朋逆其师②;燕辟废其学③。此六者,教之所由废也。

【注释】 ①扞格:抵触。②燕:轻慢。③燕辟:郑注云:"亵师之譬喻。"

【译文】 在邪念萌发后才加以禁止,就抵触抗拒而不能战胜邪念;在过了应当学习的年纪之后才学习,就会劳累辛苦而难有成效;教学杂乱而不依顺序,就搞乱搞坏了教学体系而无法治理;独自学习而没有朋友相互交流切磋,就会孤陋寡闻;轻慢朋友就会违背师教;轻慢老师教学的训谕,会荒废学业。这六项,是教育之所以会失败的原因。

【原文】 君子既知教之所由兴,又知教之所由废,然后可以为人师也。故君子之教喻也,道而弗牵①,强而弗抑②,开而弗达。道而弗牵则和,强而弗抑则易,开而弗达则思。和易以思,可谓善喻矣。

【注释】 ①道:导引。下同。②强:劝勉。

【译文】 君子已经知道教育之所以兴盛的方法,又知道教育之所以失败的原因,然后就可以为人师表了。所以君子教育学生时,引导而不牵制,劝勉而不压抑,启发思考而不说尽。引导而不牵制能使师生关系融洽,劝勉而不压抑能使学生学习时容易接受,启发而不说尽能使学生思考。使学生和顺,易于领会接受,又能独立思考,这就称得上善于教谕的了。

【原文】 学者有四失，教者必知之。人之学也，或失则多，或失则寡，或失则易，或失则止①。此四者，心之莫同也。知其心，然后能救其失也。教也者，长善而救其失者也。

【注释】 ①止：指学者尚未知晓通透道理，却不肯请教谘问，以为自己所想的即是结论，孔疏认为，这种缺失在于自我阻碍，犯了"思而不学则殆"的毛病。

【译文】 学生容易产生四种过失，教师必须了解。人们学习时，有的失于贪婪求多，有的失于孤陋寡闻，有的失于肤浅而不知深究，有的失于自以为是而故步自封。这四项过失的产生，各自的心理是不同的。教师必须知道他们的心理，然后才能纠正他们的过失。教育，就是让学生发挥所长，并纠正他们的过失。

【原文】 善歌者，使人继其声；善教者，使人继其志。其言也约而达，微而臧①，罕譬而喻，可谓继志矣。

【注释】 ①臧：善也。

【译文】 善于唱歌的人，能使人感动而不知不觉地跟着唱；善于教育的人，能使人听懂了他讲的道理、继承他的志向。言语简约而通达，精微而妙善，少用譬喻而意义明白，能够做到这几点的，就称得上是能使人继承志向的人。

【原文】 君子知至学之难易，而知其美恶，然后能博喻，能博喻然后能为师；能为师然后能为长，能为长然后能为君。故师也者，所以学为君也。是故择师不可不慎也。《记》曰："三王四代唯其师①。"此之谓乎！

【注释】 ①三王：夏、殷、周三代之王。四代：三代加虞。

【译文】 君子知道到达学问之路的难易，而且知道学生的素质有好有坏，然后能广用比喻、因材施教。能广用比喻、因材施教，然后才能为人师表；能为人师表，然后才能做官长，能做官长，然后才能做国君。所以，跟着老师学习，就是在学习做国君。因此，选择老师不可不慎重。《记》说："三王、四代都是以老师为重。"说的就是这个意思吧！

【原文】 凡学之道，严师为难①。师严然后道尊，道尊然后民知敬学。是故君之所不臣于其臣者二：当其为尸，则弗臣也；当其为师，则弗臣也。大学之礼，虽诏于天子②，无北面，所以尊师也。

【注释】 ①严：尊敬。②诏：教。

【译文】 凡学习之道，最难的就是尊敬老师。老师受到尊敬，然后道才会受到尊重；道受到尊重，然后人民才知道认真学习。因此，国君不把臣子当作臣子看待，只有两种情况：一种是当臣子担任祭祀的尸时，就不敢把他看作是臣子。另一种是当臣子是自己的老师时，就不敢把他看作是臣子。大学的礼仪，虽然是给天子讲学，老师不必面向北方表

示居臣位,就是为了表示尊敬老师。

【原文】 善学者,师逸而功倍,又从而庸之①。不善学者,师勤而功半,又从而怨之。善问者,如攻坚木,先其易者,后其节目,及其久也,相说以解②;不善问者反此。善待问者,如撞钟,叩之以小者则小鸣,叩之以大者则大鸣,待其从容,然后尽其声。不善答问者反此。此皆进学之道也。

【注释】 ①庸:功劳。②说:通"脱",解脱。

【译文】 善于学习的人,老师轻松而效果加倍,学生又从而归功于老师。不善于学习的人,老师辛勤而效果减半,学生又从而埋怨老师。善于发问的人,好比攻治坚硬的木材,要先从容易的部位开始,然后再砍伐坚硬的关节处,等到时间久了,木材就可以分解了;不善于发问的人正与此相反。善于回答问题的人,好比撞钟,小力地敲打钟声就小,用力地敲打钟声就大,让钟声从容不迫地发出回响,然后渐渐鸣响完。不善于回答问题的正与此相反。这都是推进学习的方法。

【原文】 记问之学,不足以为人师。必也其听语乎!力不能问,然后语之;语之而不知,虽舍之可也。

【译文】 只靠预先记诵书中的资料来给学生讲授的,不足以成为老师。必须是要听了学生发问后才加以解答吧!如果学生有疑惑却没有发问的能力,他才主动为学生解惑;如果为学生讲解了而学生仍然无法理解,先搁置一旁,以后再讲解也是可以的。

【原文】 良冶之子必学为裘①;良弓之子必学为箕②;始驾马者反之③,车在马前。君子察于此三者,可以有志于学矣。

【注释】 ①冶:冶铸。为裘:以兽皮缝缀裘衣,把一片片的兽皮拼合成皮衣。②为箕:畚箕必须弯曲柳条编制。本节前两句,李调元《礼记补注》认为,虽然冶铸与缝制裘衣、制弓与编制簸箕,表面上是不相关的事,但方法与道理却是可以借鉴学习的,作者是借此说明"学者贵干善悟也",也就是举一反三的学习之道。③始驾马:初学驾车的幼马。反之:据孔疏,指由大马驾车在前,而习驾的小马系在车后,一反大马驾车的常态,主要是为了让未曾驾车的小马免于因惊恐而奔驰。

【译文】 优秀的冶铸工之子,一定要学习缝制裘衣;优秀的制弓匠之子,一定要学习编制畚箕;刚开始学习驾车的幼马,与大马驾车的位置正相反,大车行在幼马前。君子明白了这三件事的道理后,就可以触类旁通,立志向学了。

【原文】 古之学者,比物丑类①。鼓无当于五声②,五声弗得不和;水无当于五色③,五色弗得不章;学无当于五官④,五官弗得不治;师无当于五服⑤,五服弗得不亲。

【注释】 ①比物丑类：指排比并列各类事物。丑，郑注："犹比也"。②当：主也。五声：宫、商、角、徵、羽。③五色：青、赤、黄、白、黑。④五官：据《曲礼下》14节，指司徒、司马、司空、司士、司寇。这里泛指政府各级官吏。⑤五服：指斩衰、齐衰、大功、小功、缌麻五种丧服。这是按照与死者的亲疏关系确定的穿着丧服的规格、服丧时间长短、服丧内容的丧礼制度。

【译文】 古代的学者，喜欢排比并列各类事物。鼓，本不是五声中的一项，而五声没有鼓的调节就不能和谐；水，本不是五色中的一项，而绘画时若没有水的调和，五色就无法彰显色彩；学，本不是五官中的一项，而五官若不通过学，就无法学习治理之道；老师，本不在五服之中，而五服之内的亲属不通过老师教导，就不知道应当怎样相亲近

【原文】 君子曰："大德不官，大道不器，大信不约，大时不齐。察于此四者，可以有志于学矣。"

【译文】 君子说："最大的德性不局限于任何官职，最高的道理不拘泥于任何器用，最大的诚信不必符券约束，最要紧的天时不会将万物消长、荣枯、兴衰整齐划一。明白了这四项，就可以有志向学了。"

【原文】 三王之祭川也，皆先河而后海，或源也①，或委也②。此之谓务本。

【注释】 ①源：据孔疏，指河。②委：据孔疏，指海。

【译文】 夏、商、周三代君王祭祀河川，都先祭河再祭海，河是源头，海是众水所汇聚。这就叫作务求根本。

乐　记

【题解】

郑玄《礼记目录》云："名曰'乐记'者，以其记乐之义。"

本篇所谓的"乐"不同于今天的音乐，它包含音乐、舞蹈（或兼诗歌）的表现形式。记文主要阐述乐的形成与功能，并论述礼乐的关系及影响等，因此题为"乐记"，是中国最早的音乐理论著作。刘向《别录》校书，得《乐记》二十三篇，今本《乐记第十九》乃将前十一篇合为一篇，各篇篇目及主旨为：一、乐本：论乐之起源，提出声、音、乐意义不同，并谈及乐的社会功能。二、乐论：论礼、乐之别，以及其各自的社会功能。三、乐礼：论礼乐与社会、天地、自然之关系。四、乐施：论乐与统治者的德行及事功的关系、礼乐的教化功能。五、乐言：论乐对性情的影响，圣王制乐必须深思。六、乐象：论乐对思想情绪的影响及乐

教意义,另及礼乐之教化功能。七、乐情:论乐与情的关系、礼与乐之区别及社会功能。八、魏文侯:论古乐与郑卫之音之别、德音与溺音之异。九、宾牟贾:论周乐舞《武》的舞蹈结构、内容及意义。十、乐化:论乐对修养及人伦的教化作用,以及先王制《雅》《颂》的意义。十一、师乙:论人性情不同,各有所宜之歌,且歌舞乃喜悦的自然流露。

近十年来,由于郭店楚墓竹简《性自命出》与上海博物馆藏战国楚竹书《性情论》两篇先后面世,《乐记》再度引起学界的高度关注。学者指出,这两篇出土简文的部分内容,其根本思想与《乐记》一致,如人性乃感于物而生情,乐则足以陶冶性情,发挥教化的社会功能等。

本篇《乐记第十九》,选释 28 小节,分属《乐本》《乐论》《乐礼》《乐施》《乐言》《乐象》。

【原文】 凡音之起①,由人心生也。人心之动,物使之然也。感于物而动,故形于声。声相应,故生变。变成方②,谓之音。比音而乐之,及干戚羽旄谓之乐③。

【注释】 ①音:曲调。《乐记》中,"音"与"声""乐"相对,郑玄以为宫、商、角、徵、羽五音相杂调和谓之音,单出谓之声。②方:声按照一定方式、形式排列组合,即曲调。③干戚羽旄:跳舞时所持的四种舞具。干,盾。戚,斧形的器具。羽,雉羽。旄,旄牛尾。武舞执干盾,文舞执羽旄。本篇所谓"乐",正是音乐与舞蹈的结合。

【译文】 "音"的缘起,是从人心所产生的。人心的灵动,是外界事物触发的结果。有感于外界事物而心动,所以用"声"表现出来。不同的声彼此应和,所以产生变化。变化而成为一定形式,就称作"音"。排列这些"音"而且配上乐器演奏,并手持干、戚、羽、旄跳舞,就称作"乐"。

【原文】 乐者,音之所由生也,其本在人心之感于物也。是故其哀心感者,其声噍以杀①;其乐心感者,其声啴以缓②;其喜心感者,其声发以散③;其怒心感者,其声粗以厉;其敬心感者,其声直以廉;其爱心感者,其声和以柔。六者,非性也,感于物而后动。是故先王慎所以感之者。故礼以道其志,乐以和其声,政以一其行,刑以防其奸。礼乐刑政,其极一也,所以同民心而出治道也。

【注释】 ①噍:急促。杀:衰微。②啴:宽舒。③发:扬。

【译文】 "乐",是从"音"产生的,它的根源在于人心感应外界的事物。因此当哀伤的心有所感应时,发出的声音是急促而悒郁的;当欢乐的心有所感应时,发出的声音是宽绰而舒缓的;当喜悦的心有所感应时,发出的声音是开朗而自由的;当愤怒的心有所感应时,发出的声音是粗暴而严厉的;当虔敬的心有所感应时,发出的声音是刚直而廉正的;

当爱慕的心有所感应时,发出的声音是和美而温柔的。这六种声音,并非天性,而是受到外界事物感动才发生的。因此前代先王对于能感动人的事物十分慎重。所以用礼制来引导人民的心志,用音乐来和同人民的声音,用政治来齐一人民的行止,用刑法来防止人民的奸邪。礼、乐、刑、政,它们终极目标是一致的,都是用来统一人民思想而使社会安定、天下大治的。

【原文】 凡音者,生人心者也①。情动于中,故形于声。声成文②,谓之音。是故治世之音安以乐,其政和。乱世之音怨以怒,其政乖③。亡国之音哀以思,其民困。声音之道,与政通矣。

【注释】 ①生人心者也:本篇6节作"生于人心者也"。②文:指文采,"成文"与第1节"成方"意同,合成为一定的形式,即曲调。③乖:反常,不和谐。

【译文】 "音",是产生于人的内心的。感情在心中激荡,因此表现为声。声组合成一定形式的曲调,就称作"音"。所以治世之音安详而喜乐,表示政治和谐。乱世之音怨恨而愤怒,表示政治混乱。亡国之音悲哀而忧郁,表示人民困苦。声音的道理,与政治是相通的。

【原文】 宫为君,商为臣,角为民,徵为事,羽为物①,五者不乱,则无怗懘之音矣②。宫乱则荒,其君骄;商乱则陂③,其官坏;角乱则忧,其民怨;徵乱则哀,其事勤;羽乱则危,其财匮。五者皆乱,迭相陵④,谓之慢,如此则国之灭亡无日矣。

【注释】 ①宫、商、角、徵、羽:我国古代五声音阶中的五个音级相当于简谱中的1、2、3、5、6,称为"五音"或"五声"。这里的宫、商、角、徵、羽,不是指五个单音,而是曲调的调式。②怗懘:敝败不和。③陂:倾。④迭:互。

【译文】 宫是君,商是臣,角是民,徵是事,羽是物。宫、商、角、徵、羽,五种调式都不混乱,就不会有不和谐的声音了。宫调混乱,音调就散漫,象征君主骄纵;商调混乱,音调就倾颓,象征吏治腐败;角调混乱,音调就忧郁,象征人民怨恨;徵调混乱,音调就哀伤,象征役事劳苦;羽调混乱,音调就危殆,象征财用匮乏。五种调式都发生混乱,彼此侵凌干犯,就叫作"慢"。如此,国家灭亡的日子也就不远了。

【原文】 郑、卫之音①,乱世之音也,比于慢矣。桑间濮上之音②,亡国之音也,其政散,其民流③,诬上行私而不可止也。

【注释】 ①郑、卫之音:指春秋时期郑、卫两地的音乐。孔子以为"郑声淫"(《论语·卫灵公》),而且"恶郑声之乱雅乐"(《论语·阳货》);又本篇记子夏的批评更为具体,子夏认为郑、卫之音皆属陷溺人心的"溺音":"郑音好滥淫志""卫音趋数烦志"。此

外,战国中晚期的出土文献,对郑、卫之音的观感亦同,郭店楚墓竹简《性自命出》、上海博物馆所藏战国楚竹书《性情论》皆作:"郑、卫之乐,则非其声而纵之也。"谓郑、卫之间的音乐皆非雅正之声,而是放纵不知节制之音,与传世文献可互相印证。②桑间濮上之音:濮水之上有桑间,属卫地。据《史记·乐书》,卫灵公访问晋国,在濮水之上听到一首乐曲,命乐师师涓记下。到了晋国,师涓为晋平公献奏,曲未终了,晋平公乐师师旷即按住乐器,制止师涓继续演奏。平公不知何故,师旷答说,那乐曲是殷纣王乐师师延为纣王作的靡靡之音,武王伐纣,师延投濮水自尽,那是亡国之音。《史记·乐书》正义、《韩非子·十过》也有类似记载,可参看。③流:放纵,不受约束。

【译文】　郑、卫两地的音乐,是乱世之音,已接近于"慢"了。桑间濮上的音乐,是亡国之音,它象征着政教散乱,人民放纵,臣下犯上欺上、图谋私利而无法遏止。

【原文】　凡音者,生于人心者也;乐者,通伦理者也。是故知声而不知音者,禽兽是也;知音而不知乐者,众庶是也。唯君子为能知乐。是故审声以知音①,审音以知乐,审乐以知政,而治道备矣。是故不知声者不可与言音,不知音者不可与言乐。知乐,则几于礼矣②。礼乐皆得,谓之有德。德者,得也。是故乐之隆,非极音也;食飨之礼③,非致味也。《清庙》之瑟④,朱弦而疏越⑤,一倡而三叹,有遗音者矣。大飨之礼⑥,尚玄酒而俎腥鱼⑦,大羹不和⑧,有遗味者矣。是故先王之制礼乐也,非以极口腹耳目之欲也,将以教民平好恶而反人道之正也⑨。

【注释】　①审:审察,研究。②几:接近。③食飨之礼:食礼和飨礼,古代招待宾客及宗庙祭祀的礼仪,具体仪式仪节已不得而知。④《清庙》:《诗经·周颂》篇名。周人祭祀先祖文王时演奏的乐章。⑤朱弦:即"练朱弦",指弹奏的琴弦是经过炼制并染红的。古代以水煮生丝叫作"练",经过炼制的琴弦,声音较低沉稳重,符合宗庙音乐的需求。疏:通。越:瑟底孔。战国早期曾侯乙墓出土漆瑟,瑟底板前后两端各有一个椭圆形孔,即"越"。孔疏引熊氏说"瑟两头有孔",出土实物正相合。该孔有调节琴音的作用,孔小则声急促,孔大则声舒迟。⑥大飨之礼:合祭先王的祭礼。⑦玄酒:指水,在祭礼中以水当酒。腥鱼:生鱼。⑧大羹:不调以盐、菜的肉汁。⑨平好恶:据孔疏即"均平好恶",节制、调节好恶之情。

【译文】　"音",产生于人的内心;"乐",是可以通达人事伦理的。因此,禽兽只懂得"声"而不懂得"音";庶民大众只懂得"音"而不懂得"乐"。唯有君子是能够懂得"乐"的。因此,从审察"声"而懂得"音",从审察"音"而懂得"乐",从审察"乐"而懂得政治,这样,治理国家的道理就完备了。不懂何谓"声"的人,就不能与他讨论"音";不懂何谓

中华传世藏书

国学经典文库　经学经典

图文珍藏版

"音"的人,就不能与他讨论"乐"。懂得了"乐",就接近于懂得礼了。礼、乐都懂,都有心得,称之为有德。德,就是有得于礼乐。所以,乐的规模盛大隆重,不是为穷极地满足对音乐欣赏;举行食飨之礼,不是为穷极地满足对美味的享受。伴奏《清庙》乐章的瑟,拨着红色的弦,疏通琴底的调音孔,一人领唱,三人应和咏叹,形式简朴但余音袅袅。大飨之礼,将实为清水的玄酒放在上位,俎上摆置的是未经烹调的生鱼,肉汁里不用盐、菜调和,食物简单却余味无穷。所以,先王制礼作乐,并不是用以穷极口腹耳目等感官的欲望,而是用以教导人民节制欲望、平衡好恶,进而归返人性的正道。

【原文】 人生而静①,天之性也;感于物而动,性之欲也。物至知知②,然后好恶形焉。好恶无节于内,知诱于外,不能反躬,天理灭矣③。夫物之感人无穷,而人之好恶无节,则是物至而人化物也④。人化物也者,灭天理而穷人欲者也。于是有悖逆诈伪之心,有淫泆作乱之事。是故,强者胁弱,众者暴寡,知者诈愚,勇者苦怯,疾病不养,老幼孤独不得其所,此大乱之道也。

【注释】 ①静:平静,指人初生时没有外物的影响,还没有情感、欲望的躁动。②知知:前"知"同"智",指心智;后"知"为感知、知晓。③天理:上天之理,犹天性,指天所决定的人的本性,即天赋善性。④人化物:人化于物,即人天赋的善性受外物影响而异化。

【译文】 人生之初是平静的,没有情欲的躁动,这是天赋的本性;感受到外物影响而心动,这是人的本性产生的欲求。外物来到,人性的"智"便不断地感知它,然后内心就表现出好恶。如果好恶在内心无法制约,"智"又被外物诱惑,不能回到自身初生时平静的本性,天理就泯灭了。外物对人的影响是无穷尽的,倘若人的内心好恶没有节制,这样,随着外物的到来,人就渐渐被物化了。人被物化,就会泯灭天理而穷尽欲求。于是就有了悖乱叛逆、狡诈虚伪之心,有了骄纵淫逸、为非作乱之事。所以,强者胁迫弱者,多数欺侮少数,聪明人欺骗愚钝者,胆大的凌辱胆小的,有病的人无法治病疗养,老人、幼童、丧父的孤儿、丧子的独身老人,都找不到安置之所,这是导致国家社会大乱之道。

【原文】 是故先王之制礼乐,人为之节。衰麻哭泣①,所以节丧纪也②;钟鼓干戚,所以和安乐也;昏姻冠笄③,所以别男女也;射乡食飨④,所以正交接也。礼节民心,乐和民声,政以行之,刑以防之。礼乐刑政,四达而不悖,则王道备矣。

【注释】 ①衰麻:指丧服,用粗麻布制成。丧礼规定,死者亲属按照亲疏远近关系要穿着斩衰、齐衰、大功、小功、缌麻等不同的丧服,服丧时间各不相同,并须严格遵守相关的规定。哭泣:指丧礼中各种有关哭泣的规定。②丧纪:丧事。③昏姻:即"婚姻"。昏,同"婚"。冠笄:指男女的成年礼。古代男子二十而冠(加冠),行冠礼,取字,许婚;女子

十五而笄(加笄),行笄礼,许嫁。笄,簪子。④射:大射礼。乡:乡饮酒礼,举行射礼时饮酒为礼。

【译文】 所以,先代君王制礼作乐,使人以此节制自己。如制定丧服与哭泣的礼仪,这是用来节制丧事的;制定钟鼓干戚乐舞礼制,这是用来调和安乐的;制定婚礼、冠礼、笄礼,这是用来区别男女的;制定射礼、乡饮酒礼、食礼、飨礼,这是用来规范交际的。礼可以节制民心,乐可以和合民声,政可以推行国政,刑可以防止奸邪。礼、乐、刑、政,通达于四方而不悖乱,这样王道之治就完备了。

【原文】 乐者为同,礼者为异。同则相亲,异则相敬。乐胜则流①,礼胜则离②。合情饰貌者③,礼乐之事也。礼义立④,则贵贱等矣;乐文同⑤,则上下和矣。好恶着,则贤不肖别矣。刑禁暴,爵举贤,则政均矣。仁以爱之,义以正之,如此则民治行矣。

【注释】 ①乐胜则流:乐的功能是使人和合亲近,若用乐过度,则容易发生轻慢不敬。胜,过度。流,放任失敬,不讲尊卑。②礼胜则离:礼的功能在使人分别远近亲疏,若用礼过度则使人疏离不和。③合情:调和内在的感情,这是乐的功能。饰貌:修饰外在的行为仪态,这是礼的功能。④义:仪。⑤乐文:指乐曲。

【译文】 乐是为了和合情感,礼是为了区别差异。情感和合就能彼此亲近,区别差异就能互相尊敬。乐如果过度就会轻慢不敬,礼如果过度就会疏离失和。调和感情、修饰行为仪态,这是礼和乐的功能。礼仪确立,贵贱等级就分明了;乐曲和谐,上下关系就和睦了。喜好与厌恶明确,贤人与不肖,好人与坏人就分清了。用刑罚来禁止暴虐,用爵位来选拔贤能,政治就平和清明。以仁来爱护人民,以义来管教人民。这样,就能把人民治理好了。

【原文】 乐由中出①,礼自外作。乐由中出,故静;礼自外作,故文②。大乐必易,大礼必简。乐至则无怨,礼至则不争。揖让而治天下者,礼乐之谓也。暴民不作,诸侯宾服,兵革不试,五刑不用③,百姓无患,天子不怒,如此则乐达矣。合父子之亲,明长幼之序,以敬四海之内,天子如此,则礼行矣。

【注释】 ①中:内心。出:产生。②文:文饰、文采,指仪式、仪节。③五刑:参《王制》32节注⑤。

【译文】 乐是从内心产生的,礼是从外表反映的。乐从内心产生,所以就平静;礼从外表反映,所以就显现文采。大乐一定是平易的,大礼一定是简单的。乐教施行了,就没有怨恨;礼教施行了,就不会相争。靠着谦让就能治理天下的,说的就是礼乐了。不会有暴民暴乱,诸侯臣服于天子,武器军备不动用,五刑不施行,百姓没有忧患,天子不必恼

怒,这样,乐教的目的就达到了。使四海之内父子亲情融合,长幼秩序分明,人人尊敬天子,这样,礼的教化就推行了。

【原文】 大乐与天地同和,大礼与天地同节。和故百物不失①,节故祀天祭地。明则有礼乐,幽则有鬼神②,如此则四海之内合敬同爱矣。礼者,殊事合敬者也;乐者,异文合爱者也。礼乐之情同③,故明王以相沿也,故事与时并④,名与功偕⑤。

【注释】 ①不失:指不失其本性。②幽:幽冥世界,与人间相对。③礼乐之情同:指礼乐虽然殊事异文,但是其合敬同爱的内在精神却是一致的。情,犹精神。④事与时并:行事须因应时宜,视时而起事。事,指礼。⑤名与功偕:乐名都与功业匹配。据说,圣王制乐,都依得天下之功而名乐曲,如尧作《大章》、舜作《大韶》、禹作《大夏》、汤作《大濩》、武王作《大武》等皆是。名,指乐。

【译文】 大乐与天地一样协和万物,大礼与天地一样节制万物。因为能协和,所以万物不失本性;因为有节奏,所以用以祭祀天地。人世间有礼乐教育教化,幽冥中有鬼神佑护扶持,这样,四海之内就能使人民互相尊敬、互相亲爱。礼,以不同的仪节使人彼此敬重;乐,以不同形式的乐曲使人亲近相爱。礼与乐的精神作用是相同的,所以圣明的君王都重视礼乐,世代沿袭,因此,圣王所定礼仪与所处时代相符,所制乐名与所建功业相称。

【原文】 故钟鼓管磬①,羽钥干戚②,乐之器也;屈伸俯仰,缀兆舒疾③,乐之文也。簠簋俎豆④,制度文章,礼之器也;升降上下,周还裼袭⑤,礼之文也。故知礼乐之情者能作,识礼乐之文者能述。作者之谓圣,述者之谓明。明圣者,述作之谓也。

【注释】 ①管:吹管乐器的通称。"钟鼓管磬"与下列"羽钥干戚"都是"乐之器",前者为演奏之乐器,后者为跳舞之舞具。②钥:编管乐器,也可作为舞具。《诗经·邶风·简兮》:"左手执钥,右手秉翟。"文舞执羽钥,武舞执干戚。③缀:舞队的位置。兆:舞队的活动界域。舒疾:指舞蹈节奏舒缓与急促。④簠簋:都是盛放黍稷稻粱等饭食的器具,簠为长方形,簋则多为圆形。俎:用以盛放牲体的食器。豆:盛放肉的食器。⑤周:环绕。还:转体。裼袭:古代的礼服制度,裼指袒开外衣而露出部分里衣,不裼则称为袭;礼盛时以袭为敬,礼不盛时则以裼为敬。

【译文】 所以,钟鼓管磬,羽钥干戚,都是乐的表现器具;屈身、伸展、下俯、上仰,舞队定位、舞蹈范围、动作节奏舒缓急促,都是乐的表现形式。簠簋俎豆,衣食住行的仪节制度、图案文饰,都是礼的表现器具;升阶降阶、上堂下堂、环绕转身、袒露外衣掩住外衣,都是礼的表现形式。所以懂得礼乐精神和作用的人能够制作礼乐,懂得礼乐表现形式的

人能够传授礼乐。能制作礼乐的人称为"圣",能传授礼乐的人称为"明"。所谓"明圣",就是传授礼乐、制作礼乐的意思。

【原文】 乐者,天地之和也。礼者,天地之序也。和,故百物皆化;序,故群物皆别。乐由天作,礼以地制。过制则乱,过作则暴。明于天地,然后能兴礼乐也。

【译文】 乐,象征天地的和谐。礼,象征天地的秩序。有和谐所以万物化生,有秩序所以万物有别。乐是按照天的道理而创作的,礼是按照地的道理而制作的。乐若过度就会造成秩序紊乱,礼若过度就会产生暴戾暴虐。明了天地运行的道理,然后才能制礼作乐。

【原文】 论伦无患①,乐之情也;欣喜欢爱,乐之官也②。中正无邪,礼之质也;庄敬恭顺,礼之制也。若夫礼乐之施于金石,越于声音,用于宗庙社稷,事乎山川鬼神,则此所与民同也。

【注释】 ①论伦无患:裴骃《史记集解》引王肃说:"言能合道,论中伦理,而无患也。"伦,伦理道德。②官:功能。

【译文】 合乎伦理道德,对社会没有危害,是乐的精神;欣喜欢爱,是乐的功能。中正平和而无邪恶,是礼的本质;待人接物庄敬恭顺,是礼的作用。至于将礼乐借由金石乐器表现出来,透过声音传播出来,用于宗庙社稷的祭祀,用于山川鬼神的祭奠,这些则是天子与百姓相同的。

【原文】 王者功成作乐,治定制礼。其功大者其乐备,其治辩者其礼具①。干戚之舞非备乐也,孰亨而祀非达礼也②。五帝殊时,不相沿乐;三王异世,不相袭礼。乐极则忧,礼粗则偏矣。及夫敦乐而无忧③,礼备而不偏者,其唯大圣乎。

【注释】 ①辩:通"遍"。②孰:同"熟"。亨:同"烹"。③敦:厚,盛大。

【译文】 君王大功告成后就制作乐,政治安定后就制定礼。王道功业伟大的,所制作的乐就完备;治国政绩宏大的,所制定的礼就周全。拿着干戚跳跳舞不算完备的乐,烹熟食物祭祭神不是通达的礼。五帝时代不同,因此不互相沿袭乐制;三王时代不同,因此不互相沿袭礼制。乐,超过极限就会生发忧虑;礼,制作粗疏就会出现偏差。如果是能使乐盛大而又无忧虑,能使礼完备而无偏差,那只有大圣人才能做到吧!

【原文】 天高地下,万物散殊,而礼制行矣。流而不息,合同而化①,而乐兴焉。春作夏长,仁也;秋敛冬藏,义也。仁近于乐,义近于礼。乐者敦和,率神而从天②;礼者别宜,居鬼而从地③。故圣人作乐以应天,制礼以配地。礼乐明备,天地官矣④。

【注释】 ①合同而化:合同阴阳,化育万物。②率:遵循,遵从。③居:遵循,遵从。

④天地官矣：天地的职能得以发挥。官，职能。

【译文】　天在上地在下，万事万物品类各异，为区别上下尊卑，因而制定了礼。天地之气流动不止，合和阴阳，化育万物，为表现调理燮和，因而兴起了乐。春天萌生夏天成长，体现了天地的仁；秋天收获冬天储藏，体现了天地的义。仁与乐相近，义与礼相近。乐能敦睦亲和，就是要遵循神的旨意而顺从天之道；礼能区别异同，就是要遵从鬼的旨意而顺从地之道。所以圣人制礼作乐，以配天地运行之道。礼乐制度明白完备，天地的职能就够发挥了。

【原文】　天尊地卑，君臣定矣。卑高已陈①，贵贱位矣。动静有常，小大殊矣②。方以类聚③，物以群分，则性命不同矣。在天成象，在地成形，如此，则礼者天地之别也。地气上齐④，天气下降，阴阳相摩，天地相荡，鼓之以雷霆，奋之以风雨，动之以四时，煖之以日月⑤，而百化兴焉。如此，则乐者天地之和也。

【注释】　①卑高：据郑注，卑指泽，高指山，尊卑之位像山泽。这是借自然地势高低，喻人之贵贱。②小大：泛指万物。③方：郑注说"方，谓行虫也"，即走兽飞禽之类，亦泛指万物。④齐：通"跻"，上升。⑤煖：同"暖"。这里是照耀的意思。

【译文】　天高而尊，地下而卑，君臣尊卑取法天地而定。山高泽低自然形成，身份贵贱取法自然而定。天地阴阳的动静有一定规律，大小万物的差异就显现了。飞禽走兽，各以类聚；草木竹树，各以群分，万物天赋的禀性、生命是各不相同的。天空中日月星辰形成各种天象，大地上鸟兽草木生成各种形态，这样，礼就是用以显示天地万物的差异和区别的。地气上升，天气下降，阴阳交接摩擦，天地互相激荡，雷霆震响鼓动，风雨飞动振奋，四时运转更迭，日月光明照耀，而万物便就产生。这样，乐就是用以显示天地万物的协调与燮和的。

【原文】　昔者，舜作五弦之琴以歌《南风》①，夔始制乐以赏诸侯②。故天子之为乐也，以赏诸侯之有德者也。德盛而教尊，五谷时孰③，然后赏之以乐。故其治民劳者，其舞行缀远④；其治民逸者，其舞行缀短。故观其舞，知其德；闻其谥⑤，知其行也。

【注释】　①《南风》：古诗歌名。此诗亦见《孔子家语·辨乐解》《尸子》。"南风之薰兮，可以解吾民之愠兮。南风之时兮，可以阜吾民之财兮。"②夔：舜时乐官。③孰：同"熟"。④舞行缀远：天子赏赐给诸侯的舞队规模小，人数少，舞蹈场地上为确定舞者的位置所设标记就隔得远。缀，为了舞队的整齐，舞蹈场地在舞者的位置上所设标志的间隔。标志间隔远，表示舞队人数少，规模小；与后文"其治民逸者，其舞行缀短"正相反。⑤谥：谥号。人死后依其德行功过所定的称号。

【译文】 从前,舜制作五弦琴以歌唱《南风》,乐官夔才开始制乐,用来赏赐给诸侯。所以天子制乐,是为了赏赐给有德的诸侯的。德行高尚而教化尊崇,五谷按时成熟丰收,那么就把乐赏赐给诸侯。所以,诸侯治理人民而使人民劳苦的,天子赏赐给诸侯的舞队规模小,人数少,舞蹈场地上为舞者的位置所设标记就隔得远;诸侯治理人民而使人民安逸的,天子赏赐给诸侯的舞队规模大,人数多,舞蹈场地上为舞者的位置所设标记就隔得近。所以观看诸侯所展示的舞蹈,就可以知道他的德行;听到诸侯死后的谥号,就知道他的行为。

【原文】 《大章》①,章之也。《咸池》②,备矣。《韶》③,继也。《夏》④,大也。殷周之乐⑤,尽矣⑥。

【注释】 ①《大章》:尧时乐名。章,彰明。②《咸池》:黄帝时乐名。据郑注,“咸”有皆、遍之意,“池”通“施”,此乐名是指黄帝之德无所不施。③《韶》:舜时乐名。据郑注:“韶,绍也。”舜绍承尧,所以乐名“韶”。④《夏》:禹时乐名。夏,大也,禹能光大尧舜之德,所以乐名“夏”。⑤殷周之乐:殷乐指《大濩》,周乐指《大武》。⑥尽:指尽人事,是说殷周之乐表现文治武功达到了极致。

【译文】 《大章》,彰显尧的德治。《咸池》,表现黄帝之德遍施天下。《韶》,体现舜能继承尧志。《夏》,反映禹能光大尧舜之德。殷、周的乐,充分反映了当时的文治武功的盛况。

【原文】 夫豢豕为酒①,非以为祸也,而狱讼益繁,则酒之流生祸也②。是故先王因为酒礼。一献之礼③,宾主百拜④,终日饮酒而不得醉焉,此先王之所以备酒祸也。故酒食者所以合欢也,乐者所以象德也,礼者所以缀淫也⑤。是故先王有大事,必有礼以哀之;有大福,必有礼以乐之。哀乐之分⑥,皆以礼终。乐也者,圣人之所乐也,而可以善民心。其感人深,其移风易俗⑦,故先王著其教焉。

【注释】 ①豢:养。②流:放纵无度。③一献之礼:士的饮酒之礼,包含献、酢、酬三个基本仪节,献指主人向客人进酒,酢指客人以酒回敬主人,酬指主人再斟酒劝敬客人。④百拜:泛指宾主彼此跪拜多次。行饮酒礼时,除了基本的献酢酬之外,还包含许多仪节,宾主在各种仪节进行时,必须互行拜礼,所以称“宾主百拜”。参看《仪礼·乡饮酒礼》。⑤缀:通“辍”,止也。⑥分:分寸,程度。⑦移风易俗:王引之说,“移风易俗”一句应从《汉书·礼乐志》作“故其移风易俗易”,其说可从。

【译文】 养猪酿酒本为宴飨祭祀,不是为了制造祸患,而诉讼官司日益频繁,就是因为饮酒放纵无度而造成的祸患。因此,先王制定饮酒礼。饮酒行一献之礼,宾主之间须

进行种种拜礼,所以喝上一整天也不会醉倒,这是先王用来预防喝酒酿祸的方法。所以,酒食是用来聚会同欢的,乐是用来表现德行的,礼是用来防止淫逸的。因此,先王遇死丧大事,一定用相应的礼来表示哀伤之情;遇吉庆大事,一定用相应的礼来表示喜乐之心。哀伤与喜乐的程度,最终都是合乎礼的规范。乐,是圣人所喜爱的,它可以使民心向善,它可以感人至深,它容易移风易俗,改变民情民俗,所以先王特别强调乐教。

【原文】 夫民有血气心知之性,而无哀乐喜怒之常,应感起物而动,然后心术形焉①。是故志微、噍杀之音作②,而民思忧。啴谐、慢易、繁文、简节之音作③,而民康乐。粗厉、猛起、奋末、广贲之音作④,而民刚毅。廉直、劲正、庄诚之音作,而民肃敬。宽裕、肉好、顺成、和动之音作⑤,而民慈爱。流辟、邪散、狄成、涤滥之音作⑥,而民淫乱。

【注释】 ①心术:心志,思想感情。②志微:细微。噍杀:参本篇2节注①。③啴谐:宽舒和谐。慢易:平缓。繁文:曲调曲折多变。简节:节奏徐缓。④奋末:奋发,奋动。广贲:昂扬。贲,通"愤"。⑤肉好:圆润。⑥狄成:指音乐疾速。涤滥:指音乐如水之泛滥,往而不返。

【译文】 人生来就有血气、有感知外物的天性,而哀乐喜怒的情思却不是恒常不变的,都是对外物有所感应而产生激动,然后才有哀乐喜怒之情的表现。所以,细微、急促的音乐产生,人们就会感到忧郁。宽舒、平和、调子曲折而徐缓的音乐产生,人们就会感到康乐。激烈、威猛、奋发、昂扬的音乐产生,人们就会变得刚毅。廉正、厚重、端庄、诚恳的音乐产生,人们就会肃然起敬。宽和、圆润、流畅、和顺的音乐产生,人们就会变得慈爱。邪僻、怪诞、疾速无度、放纵散漫的音乐产生,人们就会变得淫乱。

【原文】 是故,先王本之情性,稽之度数①,制之礼义,合生气之和②,道五常之行③,使之阳而不散,阴而不密,刚气不怒,柔气不慑④。四畅交于中而发作于外⑤,皆安其位而不相夺也。然后立之学等,广其节奏,省其文采,以绳德厚。律小大之称⑥,比终始之序⑦,以象事行,使亲疏、贵贱、长幼、男女之理皆形见于乐⑧,故曰:"乐观其深矣。"

【注释】 ①稽:考核。度数:音律的度数。②生气:天地所生的阴阳之气。③道:引导。五常:金、木、水、火、土五行。④慑:畏惧。⑤四畅:阴、阳、刚、柔四气畅通。⑥律:规范。小大:指音律高低。称:使之适合,使之合宜。⑦比:按一定规律排列组合。⑧形见:表现。

【译文】 因此,先王制乐根据人天生的情思心性,审核音律的度数,制定礼仪制度,融合阴阳二气化生万物的和谐,遵循五行相生相代的运行规律,使得阳气不流散,阴气不密闭,刚气不暴怒,柔气不畏惧。阴、阳、刚、柔四种气质在内部交合通畅,在外部抒发表现;四种气质各得其所而不互相干扰侵夺。然后,订立学习的进度等级,逐步增加学习乐节奏,审察乐章文采,用以考量德行之深厚。规范音律高低合度,排列音乐前后顺次,用以象征人事等级伦理的关系,使得亲疏、贵贱、长幼、男女的区别,都经由乐表现出来。所以说:"通过乐可以深刻地观察社会!"

【原文】 凡奸声感人而逆气应之,逆气成象而淫乐兴焉。正声感人而顺气应之,顺气成象而和乐兴焉①。倡和有应②,回邪曲直各归其分,而万物之理各以类相动也。是故君子反情以和其志③,比类以成其行。奸声乱色不留聪明④,淫乐慝礼不接心术,惰慢邪辟之气不设于身体,使耳、目、鼻、口、心知、百体皆由顺正,以行其义⑤。

【注释】 ①和乐:和谐的音乐,与上文"淫乐"相对。②倡:唱。和:应答。③反情:返回人的天性,恢复天赋的善性。④聪明:指耳与眼。⑤义:宜。

【译文】 凡是奸邪的声音感染人,人们内心就产生邪逆之气来应和;内心的邪逆之气显现出来的时候,放荡淫乱的音乐就产生了。中正的声音感染人,人们内心就产生和顺之气来应和;内心的和顺之气显现出来的时候,和谐中正的音乐就产生了。唱与和彼此响应对答,回曲正直各自回归本分,而世上万事万物的道理,也一样是同类互相感动应答。因此君子回归天性以和谐心志,比照善类用以成就自身的德行。奸邪之声、迷乱之色不在耳朵、眼睛驻留;淫乱之乐、邪恶之礼不与心志相接,急惰轻慢邪戾之气不让身体沾染,让耳朵、眼睛、鼻子、嘴巴、心智以及身体的各种部分都能循着和顺中正之气而得到正常的发展。

【原文】 然后发以声音,而文以琴瑟,动以干戚,饰以羽旄,从以箫管。奋至德之光,动四气之和,以著万物之理。是故清明象天,广大象地,终始象四时,周还象风雨①。五色成文而不乱②,八风从律而不奸③,百度得数而有常④,小大相成,终始相生。倡和清浊,迭相为经。故乐行而伦清,耳目聪明,血气和平,移风易俗,天下皆宁。故曰:"乐者,乐也。"君子乐得其道,小人乐得其欲。以道制欲,则乐而不乱;以欲忘道,则惑而不乐。是故君子反情以和其志,广乐以成其教。乐行,而民乡方⑤,可以观德矣。

【注释】 ①还:旋。②五色:青、赤、白、黑、黄,古人以五色、五音与五行相配,所以这里指宫、商、角、徵、羽五音与金、木、水、火、土五色。③八风:东、南、西、北、东北、东南、西南、西北八方之风。这里指八音,即金、石、丝、竹、匏、土、革、木八类乐器。④百度得数而有常:指音乐节奏像昼夜计时百刻那样有一定之规。百度,即百刻,古代计时分一昼夜为一百刻。⑤乡:通"向"。方:道。

【译文】 然后,用声音表达出来,用琴瑟来演奏,用干戚来舞蹈,用羽旄来装饰,用箫

管来伴奏。发扬最高之德的光辉,感应四时之气的和谐,彰显天地万物的道理。所以,音乐像天一样清明,像地一样广大,乐章终始有常像四季,乐舞周旋往来像风雨。五音构成音乐,像五色一样不紊乱;八种乐器和谐成律,像八风一样不侵夺;音乐的节奏变化,像昼夜百刻一样有规律。音律的高低相辅相成,乐曲首末承转呼应。唱和、清浊,相互交错,彼此糅合。所以,音乐推行了,人事伦理清明,人会变得耳聪目明,血气平和,移风易俗,天下安宁。所以说:"音乐,就是快乐。"君子乐在得到仁义之道,小人乐在满足欲望。用仁义之道来节制欲望,就能快乐而不迷乱;由于欲望而忘却仁义之道,就会迷乱而不快乐。所以,君子回归天赋的本性以和谐心志,推广正乐以成就教化。音乐推行了,人民就向着正道前行,这样正可以观察君子德行的高尚了。

【原文】 德者,性之端也;乐者,德之华也。金石丝竹,乐之器也。诗,言其志也;歌,咏其声也;舞,动其容也。三者本于心,然后乐器从之。是故情深而文明[1],气盛而化神。和顺积中而英华发外,唯乐不可以为伪。

【注释】 ①文:文采。

【译文】 道德,是天性的根端;乐,是道德的花朵。金、石、丝、竹,是演奏乐的器具。诗篇可以表达乐的精神,歌咏可以传达乐的声音,舞蹈可以展现乐的仪容。心志、心声、仪容三者都是发自内心,然后以乐器配合演奏。所以乐的情意深刻而形象显明,气势旺盛而千变万化。和谐顺正的精神蓄积于心中,然后音乐的精彩才能展露出来,唯有乐是不可以作伪的。

【原文】 乐者,心之动也。声者,乐之象也。文采节奏[1],声之饰也。君子动其本,乐其象,然后治其饰。是故先鼓以警戒[2],三步以见方,再始以著往[3],复乱以饬归[4]。奋疾而不拔,极幽而不隐。独乐其志,不厌其道;备举其道,不私其欲。是故情见而义立,乐终而德尊。君子以好善,小人以听过。故曰:"生民之道,乐为大焉。"

【注释】 ①文采:据郑注,"文采,乐之威仪也",指音乐的规模构架。②先鼓以警戒:此句至"极幽而不隐"是以周乐《大武》为例。③再:第二段舞蹈。始:起始。据旧注,这是表现武王两次出征伐纣。④乱:乐舞之终。饬归:整饬舞队,表现武王凯旋归来。

【译文】 乐,是内心感动的反映。声,是乐的表现手法。文采节奏,是声的加工修饰。君子天赋的本性受到感动,便以乐来展现,然后加工修饰文采节奏。所以,演出《大武》时要先击鼓以表示警戒,舞蹈开始时先举足踩脚三回,以表示舞队行进的方向;第二段舞蹈开始时,也一样要先举足踩脚三回,以表示舞队前往的方向,表现武王伐纣两次进兵;到舞蹈终结时,再整饬舞队表现武王凯旋。舞蹈动作迅疾而不紊乱,音乐意味深长而

不隐晦。《大武》乐舞表现了武王实现灭商之志的欣喜,又不违背仁义之道;它充分地称扬仁义之道,不纵容个人的私欲。所以,《大武》乐舞表达了情感而又确立了义理;乐舞终了,而它所倡导的德行受到尊重。君子因此更加乐于行善,小人因此发现自己的过错。所以说:"教育民众的方法,乐是最重要的了。"

【原文】 乐也者,施也;礼也者,报也。乐,乐其所自生,而礼反其所自始。乐章德,礼报情反始也。

【译文】 乐,是施予;礼,是报答。乐,是生自内心的欢乐,而礼是追念起始的先祖。乐是彰显德行,礼则是报答恩情,追念本始。

周易

【导语】

《周易》向来被称作"六经之首"。今见通行本《周易》有《易经》与《易传》两部分。《易经》里有六十四卦的符号及卦名,还有卦辞与爻辞。据说成于西周(前 1046～前 771)初年,是用以取代龟卜的占筮之书。倘若如此,《易经》的历史就有三千多年。据说《易传》是出于孔子(前 551～前 479)。倘若如此,《易传》的历史也有二千五百多年。今见通行本《易传》有《彖传》《象传》《系辞》《文言》《说卦》《序卦》和《杂卦》七篇。古人分前三篇各为"上"与"下"两篇,于是共成十篇,也称作"十翼",意思是辅翼于《易经》的解说文字。

我们今天看到的《周易》,是东汉灵帝熹平年间(172～177)刻石而定的"通行本"。距今也有一千八百多年的历史。早在《左传》和《国语》中就有一些运用《周易》进行占筮的卦例(计有二十二条)。历代解说《周易》的书,可谓汗牛充栋。南宋的郑樵针对《周易》的学问,说"《易》有

周文王姬昌像

十六种学",主要有"传学""注学""章句学""图学""数学""谶纬学"等。据不完全统计,古今的易学著作将近有七、八千种,现存于世的也近三千种。今天我们看到历代解释《周易》的主要著作,在清修《四库全书》经部易类里面,有《子夏易传》至清代翟均廉的《周易章句证异》一百六十八部。在 2002 年 4 月完成的《续修四库全书》的经部易类里面,有《帛书周易》至《古三坟书》一百四十三部。至于民国以来的大量易学著作,还没有一个准确的统计数字。在众多的易学著作中,就其历史影响程度而言,大概要算魏王弼的《周易注》、唐李鼎祚的《周易集解》两部书的影响面最大。其后北宋程颐的《伊川易传》和南宋朱熹的《周易本义》也对元、明、清三代的易学研究产生巨大影响。近代以来有较大影响解释《周易》的著作,主要有尚秉和的《周易尚氏学》和高亨的《周易大传今注》两本书。

易经上

一　乾 ☰

【原文】　乾①。元亨利贞②。

【注释】　①乾:卦名。卦义:天,健,刚性,阳性,矫健等。②元:大。亨:通。利:顺利。贞:正,固,定;占问。元亨利贞代表了仁、义、智、礼四种美德。

【译文】　乾卦。大,亨通,顺利,正定。

【原文】　《彖》曰:大哉乾元! 万物资始,乃统天。云行雨施,品物流形①。大明终始②,六位时成③,时乘六龙以御天④。乾道变化,各正性命。保合大和乃利贞⑤,首出庶物,万国咸宁。

【注释】　①品物:万物。流形:传播。②大明终始:若二与五爻变阴,成离卦,离为明,因而说"大明终始"。③六位:六十四卦,每卦都有六个爻位。最下位称"初",最上位称"上",余四位,分别称二、三、四、五。如果是阳的符号(——)就称"九",是阴的符号(- -)就称"六"。乾六位都是阳,所以都称"九"。时成:乾卦的六个爻,自初往上,都分别代表一个时间单位,或是一月的五天,或是一旬的一日。④时乘六龙:震卦象征龙,阳爻为震主爻,乾卦象征天空。龙从初爻开始上行。初九当复卦(下震上坤)的位置,九二当临卦(下兑上坤)的位置,九三当泰卦(下乾上坤)的位置,九四当大壮卦(下乾上震)的位置,九五当夬卦(下乾上兑)的位置,上九当乾卦(下乾上乾)的位置,象征龙从一阳到六阳"与时俱进"。⑤大:同"太",极大。

【译文】　《彖传》说:大啊,乾元! 万物由此开始大生并统属于天。云行雨落,万物普遍传播。太阳升起又落下,从初爻到上爻代表了时间的跨度。乾乘六阳时统御着天道。乾卦刚健变化的道理,时刻规范着万物的本性和命运。天道保持着伟大中和正义,是普利万物的首要因素,所有邦国都会因此得到稳定和安宁。

【原文】　《象》曰:天行健,君子以自强不息。

【译文】　《象传》说:天道的运行刚健不息,君子观看这一卦象,要树立"自强不息"的志向。

【原文】　初九:潜龙勿用①。

【注释】　①"初九"句:《易经》的六十四卦,每卦六爻,初与二象征大地,称作"地道";三与四象征人类活动的空间,称作"人道";五与上象征上面的天空,称作"天道"。

这就是《易传》中所谓的"三才之道"。初爻居"地道"下位,上为深渊,是"龙"潜伏在渊底的形象。

这一卦,从初爻开始看卦,有一个"见初阳而不见其余之阳"的原则,那就是看初九爻辞,以上五个爻都要当作阴爻来看,就是要当作一阳五阴的复卦来看。余类推。震为龙。潜龙,是龙潜伏在深渊之下(用上面的阴爻象征"渊")。

【译文】 初九:龙潜藏在渊底,不要有所作为。

【原文】 《象》曰:"潜龙勿用",阳在下也①。

【注释】 ①阳在下:提示作复卦来看。

【译文】 《象传》说:"潜龙勿用",是阳处在下位。

【原文】 九二:见龙在田①,利见大人②。

【注释】 ①见龙在田:这句爻辞,要当作临卦来理解。二爻居"地道"上位,地上有田。龙上行至第二爻位,二至四互震为龙,三至五互坤为田,震入坤,因而说"见龙在田"。见,同"现",出现,显露。②利见大人:临上卦坤伏乾,为隐藏的"大人",九二爻比应六五爻,两爻互变,下震为利,初至五互厚中画离为目能见,是君子经过跋涉之后方能见到大人,因而说"利见大人"。

或按:古人把除上下八经卦(八经卦指乾、坤、坎、离、震、艮、兑、巽八个三画卦)之外,把二至四、三至五形成的三画卦,称作"互卦"。六十四卦的每一卦的六个爻画,二至五,相邻的三个爻画能互成两个"八经卦"中的卦。古人还用"大互"卦,就是把相邻的四个爻画或五个爻画看成一个或两个八经卦,还用"夹画"卦象,如大壮卦是夹画兑。所谓"夹画",就是把相同相邻的两个爻,当作加"厚"的一爻来看。清代的黄宗羲在《易学象数论》中把"互体之象"称作"原象"。

六画卦由上下两个三画八经卦构成。初与四、二与五、三与上形成了相互对应的关系。如果是异性相对,就称作"比应"(或称作"正应"),如果是同性相对,就称作"敌应",其中以二与五的对应状态最为重要。一卦的初、三、五是阳爻应当占有的位置,二、四、上是阴爻应当占有的位置。所以,如果阴爻居在阴位、阳爻在阳位,就说"当位";阴爻在阳位、阳爻在阴位,就说"不当位"。如果阴爻在第二位,或阳爻在第五位,就说"得中得位"。

【译文】 九二:龙出现在田野,对君子将要见到大人有利。

【原文】 《象》曰:"见龙在田",德施普也①。

【注释】 ①德施普:阳有天德,阴有地德。临卦四阴二阳,是"阴阳合德"。

【译文】 《象传》说:"见龙在田",是天地之德有所普度了。

【原文】 九三:君子终日乾乾①,夕惕若厉②,无咎③。

【注释】 ①"君子"句：这句爻辞，要当作泰卦来理解。泰卦下乾为昼、上坤为夜，二至四互兑为西方之卦，是君子处于夕阳西下的时候。下乾为健，三至五互震为健卦。乾乾，健而又健，这二字《帛书周易》作"键键"。②惕若：警惕的样子。厉：危险。③无咎：卦有坎象说"咎"，泰卦无互坎，因而说"无咎"。

【译文】 九三：君子白天健强而又健强，到了夕阳西下的时候还能警惕自励，就没有悔恨。

【原文】 《象》曰："终日乾乾"，反复道也①。

【注释】 ①"《象》曰"句：天气本在上，地气本在下，二气不交，不能化生万物。泰卦是二气已交之象，因而说"反复道也"。

【译文】 《象传》说："终日乾乾"，君子反复从道而行，不舍昏夜。

【原文】 九四：或跃在渊①，无咎。

【注释】 ①"九四"句：这句要当作大壮卦来理解。大壮卦，上震为作足，足趾有力能"跃"。九三上坤为渊，震"龙"主爻居坤初，坤成震，是龙"跃在渊"。

【译文】 九四：龙上跃跳入深渊中，没有过失。

【原文】 《象》曰："或跃在渊"，进无咎也。

【译文】 《象传》说："或跃在渊"，上进没有过错啊。

【原文】 九五：飞龙在天①，利见大人。

【注释】 ①飞龙在天：这句爻辞，要当作夬卦来理解。震龙时行至第五爻位，处于"天道"正位。

【译文】 九五：龙飞腾在天上，见过大人有利。

【原文】 《象》曰："飞龙在天"，大人造也。

【译文】 《象传》说："飞龙在天"，是大人造就的。

【原文】 上九：亢龙有悔①。

【注释】 ①亢龙有悔："龙"向上飞行，震主爻居六阳爻乾卦的上位，物极必反，将反身从坤卦继续与时偕行。三画乾为悔，六画两"悔"，因而说"亢龙有悔"。亢，高亢，极端。有，通"又"。或按：唐代的孔颖达针对《易经》六十四卦的对偶性说：二二相偶，非覆即变。所谓"覆"，就是把原来的六画卦整体反转过来，又形成一个新的卦象，而各爻的阴阳性质不做变动。变：也称"伏"，所得称"伏卦"，专用于乾、坤、坎、离、大过、颐、小过、中孚这八个卦。这八个卦，反转之后还是原来的卦象，于是就改变六个爻的阴阳属性。如，乾变成坤，坤变成乾等。对其余的五十六卦来说，用"覆"的方法就可以得到相对应的卦。成对的两卦之间的关系非常密切，表示时间和空间上的接续。因而初爻、上爻的爻辞，大多与其相对的卦象有关系。

【译文】 上九:飞龙到了天空的极处,又有了悔恨。

【原文】 《象》曰:"亢龙有悔",盈不可久也①。

【注释】 ①盈不可久:指乾卦伏为六画坤而言。

【译文】 《象传》说:"亢龙有悔",不可能长久处于满盈状态啊。

【原文】 用九①:见群龙无首②,吉。

【注释】 ①用九:"用"字,《帛书周易》作"迵",通达的意思。震主爻"君子"居初位,是"潜龙勿用",居其余之位是"用"。②见群龙无首:乾为首,乾卦六个阳爻都是震"龙",是有"首"。而乾卦即将进入坤卦,性质开始变化,因而坤卦是"无见""无龙""无首"。

【译文】 用九:看见一群没有首领的龙,吉祥。

【原文】 《象》曰:"用九",天德不可为首也①。

【注释】 ①为:担任。

【译文】 《象传》说:"用九",上天之德不可能担任龙的首领啊。

二　坤　䷁

【原文】 坤①。元,亨。利牝马之贞②。君子有攸往③,先迷后得主。利。西南得朋,东北丧朋。安贞吉④。

【注释】 ①坤:卦名。卦义:地,柔性,阴性,顺从,柔顺,安静等。②牝马:母马。③攸:所。④安贞吉:否卦初六比应九四,两爻变而成益卦,二至四互坤为安,三至五互艮为贞,初至五互离为吉,因而说"安贞吉"。或按:乾卦"时乘六龙",要看复、临、泰、大壮、夬、乾六卦之象。坤也是时乘六卦,就要看姤、遁、否、观、剥、坤六卦之象。乾坤是《易经》六十四卦中最重要的两卦。阅读这两卦的卦辞与爻辞,要把握"时空"二字,就是着重从时间和空间两方面去理解。六十四卦,每卦都有其"时空"方面的含义。与时偕行,就是要"时行则行、时止则止"。每卦,自初往上,都有"与时俱进"的意思。同样,看这一卦,也要本着"见初阴不见其余之阴"的方法,初爻是阴,其余都要看作阳爻,要本着姤卦来看初六的爻辞。往上,初与二是阴,就是遁卦,余类推。

【译文】 坤卦。大亨通。利于圈养母马。君子有远行,先迷路而后遇到主人,有利。西南方得到了朋友,东北方失去了朋友。安于天地之道,吉利。

【原文】 《象》曰:至哉坤元!万物资生,乃顺承天。坤厚载物,德合无疆。含弘光大,品物咸亨①。"牝马"地类,行地无疆。柔顺利贞。"君子"攸行,先迷失道,后顺得常。

"西南得朋",乃与类行:"东北丧朋",乃终有庆。"安贞"之"吉",应地无疆②。

【注释】 ①品物:众多。成:皆,都。②应:适应。

【译文】 《象传》说:尽善尽美的大坤啊!万物依靠着它方能得以生存,它温顺地服从着天道。性情宽厚地负载着万物,乾坤之德合和而广大无边。包容广阔又滋养万物,众多物类都能通畅成长。"牝马"象征地类,能在无边无际的大地上驰骋。性情柔顺就占问有利。"君子"有所远行,"先迷"是失去了道路的方向,而后就会顺利转向正常。"西南得朋",是与同类一起行走:"东北丧朋",最终还是会有吉庆。"安贞"的"吉",是对应了能无限驰骋的大地。

【原文】 《象》曰:地势坤,君子以厚德载物。

【译文】 《象传》说:地的形势,是坤卦的象征。君子观看这一卦象,要以宽厚的德行承载万物。

【原文】 初六:履霜,坚冰至①。

【注释】 ①"初六"句:这句爻辞,要当作姤卦来理解。如果用乾坤两卦值一年十二个月,"一阴初生"的姤卦就值夏至的五月。姤卦,下巽为白,二至四互乾为寒,初六就是白霜,巽伏震为动、为足,因而说履霜。姤卦的上乾为冰,因而说"坚冰至"。

【译文】 初六:踩到初霜的时候,坚冰就在前面了。

【原文】 《象》曰:"履霜,坚冰",阴始凝也①。驯致其道②,至坚冰也。

【注释】 ①阴始凝:提示当姤卦看。②驯:驯服。

【译文】 《象传》说:"履霜,坚冰",阴气开始凝结了。骑着驯服的良马继续向前,就有坚冰的道路了。

【原文】 六二:直方大①。不习无不利②。

【注释】 ①直方大:这句爻辞,要当作遁卦来理解。六二是二至四互巽卦的主爻,得中得位。巽为木、为绳直、为工,木匠用"墨线"加工木材能成"直方",上乾为大,因而说"直方大"。②不习无不利:就是"习没有利"。假若坤之六二与六五变阳,就成习坎卦,坎为险,没有互巽"近利市三倍"之利,而有二至五之互大离,是"习有不利",今没有变成习坎,因而说"不习无不利"。习,重叠。

彧按:后文凡引八卦之象,均来自《说卦》,不再注明出处。

【译文】 六二:本性顺直、端方而正大。不经常做工练习技术,没有什么不利。

【原文】 《象》曰:六二之动,直以方也①。"不习无不利",地道光也②。

【注释】 ①直以方:巽为直、为工,而能"直以方",提示有巽卦象。②光:光明。

【译文】 《象传》说:六二爻之动,中正直方。"不习无不利",是地道运行光明啊。

中华传世藏书——国学经典文库 经学经典——图文珍藏版

314

【原文】 六三：含章可贞①。或从王事，无成有终。

【注释】 ①含章可贞：这句爻辞，要当作否卦来理解。上天下地，乾为玉、为圆；坤为均、为文。坤上行承乾，三至五互巽为入，文入玉中，均匀分布，否卦有二至四互艮之"贞"，三至五互巽为反兑之"口"能"含"，因而说"含章可贞"。章，文采。

【译文】 六三：天德蕴涵着文采，可以占问。或者为天子做事，初始没有成就，而最终会有功劳。

【原文】 《象》曰："含章可贞"，以时发也。"或从王事"，知光大也①。

【注释】 ①知：通"智"，智慧。

【译文】 《象传》说："含章可贞"，以时行而得到发展。"或从王事"，是睿智的光大。

【原文】 六四：括囊①。无咎无誉②。

【注释】 ①括：结扎，捆束。囊：袋子。这句爻辞，要当作观卦来理解。下坤为布、为众；上巽为绳、为入，就如同用直绳把装满东西的布口袋扎紧。②无咎无誉：有坎说"咎"，有离说"誉"。观卦无互坎与互离，因而说"无咎无誉"。

【译文】 六四：扎紧布袋子的口，没有过错也没有赞誉。

【原文】 《象》曰："括囊无咎"，慎不害也①。

【注释】 ①慎：通"顺"，顺从，顺应。

【译文】 《象传》说："括囊无咎"，顺应就不会有祸害。

【原文】 六五：黄裳①。元吉②。

【注释】 ①裳：裙子。这句爻辞，要当作剥卦来理解。剥卦，上艮下坤。下坤为布，上艮为手，六五之"五"为土数，土色黄。穿黄布做的裙子，因而说"黄裳"。②元吉：剥卦六二敌应六五，六二变而成山水蒙卦，二至上互大离为吉，内三阴爻成坤为元，因而说"元吉"。

【译文】 六五：穿黄色的裙子，大吉。

【原文】 《象》曰："黄裳。元吉"，文在中也①。

【注释】 ①文：文采。

【译文】 《象传》说："黄裳。元吉"，是内中蕴含着文采。

【原文】 上六：龙战于野①。其血玄黄。

【注释】 ①战：解卦专用词。阴遇阳为"战"，相接触、相对待的意思。乾卦上九的"亢龙"（震主爻），处于极位，物极必反，将要反转来居坤卦初爻，成地雷复卦。坤卦下坤为野，一阳爻处于"野"，是震"龙"一阳爻与坤初一阴爻接触，"战"而成复卦之象，因而说"龙战于野"。

【译文】 上六：龙跌落到了田野里，看它流出的血凝成了赤黑色。

【原文】 《象》曰："龙战于野"，其道穷也①。

【注释】 ①其道穷：提示转入复卦看。

【译文】 《象传》说："龙战于野"，六阴时之道穷尽了。

【原文】 《象》用六①：利永贞②。

【注释】 ①用：《帛书周易》作"迥"，通达的意思。②永：水流长，长久。

【译文】 用六：有利于对长远事物的占问。

【原文】 《象》曰："用六"永贞，以大终也。

【译文】 《象传》说："用六"的永贞，以大成的结局终了。

三　屯 ䷂

【原文】 屯①。元亨，利贞。勿用有攸往。利建侯②。

【注释】 ①屯：卦名。卦义：困难，盈满，集聚，万物初生，必然屯难等。②利建侯：初至五互大离为戈兵、为甲胄；坎为盗，离入坎，有征伐盗寇之象，四是侯位，五是君位，君子讨伐盗寇立功，因而说"利建侯"。

【译文】 屯卦。大亨通，利于占问。不要有所远行，利于分封土地给诸侯建立邦国。

【原文】 《象》曰：屯，刚柔始交而难生①。动乎险中②，大亨贞。雷雨之动满盈。天造草昧③，宜建侯而不宁。

【注释】 ①刚柔始交：乾卦纯阳，坤卦纯阴。阳刚与阴糅杂合，从屯卦开始，阴阳两种爻象混合而成卦，因而说"刚柔始交"。②动乎险中：动指下卦震，险指上卦坎。雷处水下，难以奋出。③草昧：草木初生有所掩藏的意思。

【译文】 《象传》说：屯卦，就是阴阳刚柔初相交合而难于生产的象征。行动处于危险之中，大通而正定。雷与雨交加充足满盈，上天造就的草木，初生而有所掩藏，利于分封诸侯却不得安宁。

【原文】 《象》曰：云雷屯①，君子以经纶②。

【注释】 ①云雷屯：屯卦，下卦震为雷，上卦坎为水，云为水气，因而说"云雷屯"。②经纶：治理。

【译文】 《象传》说：上云下雷，就是屯卦的象征。君子观看这一卦象，要奋发图强有所作为。

【原文】 初九：磐桓①。利居贞②，利建侯。

【注释】 ①磐桓：徘徊不进的样子。初九"潜龙勿用"，是震"龙"主爻，象君子暂时

驻足不前。下震为"馵足"(两腿被羁绊的马),君子牵马,马就地打转,因而说"磐桓"。②利居贞:震为利,二至四互坤为居,震入坤为"利居贞"。

【译文】 初九:君子要骑马前行,那匹马却就地徘徊打转。利于占问居所,利于分封诸侯。

【原文】 《象》曰:虽"磐桓",志行正也①。以贵下贱②,大得民也。

【注释】 ①志:通"帜",卦象有互坤象为帜。一说,"志"解为"志气"。②下:谦让,谦恭。

【译文】 《象传》说:虽"磐桓",君子的志向在于伸张正义。君子身份高贵却对民众谦恭,会大得民众之心。

【原文】 六二:屯如邅如①,乘马班如②。匪寇婚媾③。女子贞不字④,十年乃字⑤。

【注释】 ①屯如邅如:徘徊不进貌。②班如:就地回旋貌。君子时行至二爻位,六二变阳,二至四互震为"馵足"之马,三至五互艮,有阻止象。③匪寇婚媾:上坎为盗,又为中男,假若六二变,二至五互大离为中女,离入坎,中男乘中女,坎不再是"盗",因而说"匪寇婚媾"。匪,同"非"。④字:怀孕。⑤十年乃字:卦一爻当一年,自二数至五是"四年",六二比应九五,本来是"四年"当"字","不字"就继续时行,至上爻是"五年",反初爻是"六年",至五爻正是"十年",因而说"十年乃字"。

【译文】 六二:君子骑上了马,可是那匹马还是徘徊不进,乘马的君子也跟着就地回旋。初看前面似有贼寇,仔细看原来是一对男女在幽会。少女贞节固执不肯受孕,十年之后才怀孕生子。

【原文】 《象》曰:六二之难,乘刚也①。"十年乃字",反常也②。

【注释】 ①乘刚:六二乘初九,是阴爻乘阳爻,所以说"乘刚"。②常:常规。或按,经笔者研究,"常"为旗帜名。《周礼·春官·司常》:"日月为常,交龙为旗。"屯卦上坎为月,初至五互大离为日,下震为龙,是一"常"。六二变阳,上坎为月,二至五互大离为日,二至四互震为龙,又是一"常",因而说"反常"。仍然提示六二是动爻。《象传》多提示卦象,多隐语。

【译文】 《象传》说:六二的艰难,是乘驾于阳刚之上。"十年乃字",实在有些反常。

【原文】 六三:即鹿无虞①,惟入于林中②。君子几③,不如舍④。往吝⑤。

【注释】 ①即:接近。虞:忧患。②惟:通"帷",帷幕。③几:隐微。④如:往,到……去。舍:居舍。⑤往吝:下震为作足、大途,君子能"往",上坎为陷,有互坤说"吝",因而说"往吝"。吝,通"遴",艰难。

【译文】 六三:君子接近野鹿没有忧患,进入了森林中的幕帐。君子时隐时现,不到

房舍里休息一下,继续前行很艰难。

【原文】　《象》曰:"即鹿无虞",以从禽也①。君子舍之,往吝穷也。

【注释】　①从:跟随。

【译文】　《象传》说:"即鹿无虞",君子跟从了雉禽。倘若君子进入小屋休息,前往的悔恨就没有了。

【原文】　六四:乘马班如,求婚媾①。往吉无不利②。

【注释】　①求婚媾:君子乘马前行,六四交阳成泽雷随卦,上兑为口能"求",初至四互大离、三至上互大坎,互离入互坎是"婚媾",因而说"求婚媾"。②往吉无不利:有"震之"与"作足""大途",是"利有攸往",有互离为吉,因而说"往吉无不利"。

【译文】　六四:骑着马就地回旋,是要前去求婚。前往吉祥,没有不利。

【原文】　《象》曰:"求"而往,明也①。

【注释】　①明:光明。君子到此六四变阳成随卦,上兑有"口"能求,初至四互大离为明。

【译文】　《象传》说:"求"而前往,光明啊。

【原文】　九五:屯其膏①。小贞吉②,大贞凶③。

【注释】　①屯其膏:九五是一卦主爻,要看全卦象。坎为豕,离为火。上坎取猪肉象,二至四互坤象"釜",初至五互大离,为"大火",九五为主爻,把猪肉装入釜内,下面烧大火,提炼猪的油脂。膏,油脂。②小贞吉:三至五互艮,为一"贞",在初至五互大离之内,因而说"小贞吉"。③大贞凶:初至五又为正反艮,为两"贞",入于上坎之"凶",因而说"大贞凶"。

【译文】　九五:提炼肥猪肉里面的油脂。占问小事吉祥,占问大事凶险。

【原文】　《象》曰:"屯其膏",施未光也①。

【注释】　①光:广大。

【译文】　《象传》说:"屯其膏",施舍的范围还不广泛。

【原文】　上六:乘马班如,泣血涟如①。

【注释】　①涟如:流不断的样子。

【译文】　上六:君子骑马还在就地回旋,人哭得血泪涟涟。

【原文】　《象》曰:"泣血涟如",何可长也?

【译文】　《象传》说:哭到了"泣血涟如"的地步,如何能够长久呢?

四　蒙 ䷃

【原文】　蒙①。亨。匪我求童蒙②,童蒙求我。初筮告③,再三渎④,渎则不告。利贞⑤。

【注释】　①蒙:卦名。卦义:蒙昧,微弱,幼稚等。②匪我求童蒙:上艮"少男"为"童蒙"。"我"指二至四互震"君子"而言。本来"君子"上行为"求",今上艮伏兑为巫,互震"君子"为筮算对象,因而说"匪我求童蒙"。匪,同"非"。③筮:名词指占问时所用的工具,动词指用蓍草或竹签进行占问摆卦的过程。④渎:亵渎。⑤利贞:互震为利,上艮为贞,因而说"利贞"。

【译文】　蒙卦。亨通。并非我求那少年,是那少年在求我。第一次给人筮算,告知结果。再二再三地筮算,就亵渎了君子,不用告知他什么。利于占问。

【原文】　《彖》曰:蒙,山下有险①。险而止,蒙。蒙"亨",以亨行时中也。"匪我求童蒙,童蒙求我",志应也。"初筮告",以刚中也②。"再三渎,渎则不告",渎蒙也。蒙以养正,圣功也。

【注释】　①山下有险:蒙卦,艮为山,坎为险。②刚中:下坎九二居中,因而说"刚中"。

【译文】　《彖传》说:蒙卦,艮上坎下,就是山下有危险的意思。卦象表示遇到危险就止步,所以称作"蒙"。蒙的卦辞说"亨",是亨通而与时偕行。"匪我求童蒙,童蒙求我",是气志相应。"初筮告",因为有阳刚居中。"再三渎,渎则不告",只是亵渎了蒙者。知蒙以养育正道,就是圣人的功劳。

【原文】　《象》曰:山下出泉①,蒙。君子以果行育德。

【注释】　①山下出泉:蒙卦,上艮为山,下坎为水泉,因而说"山下出泉"。

【译文】　《象传》说:高山下涌出泉水,就是蒙卦的象征。君子观察这一卦象,要行为果断以培养品德。

【原文】　初六:发蒙①。利用刑人,用说桎梏②。以往吝。

【注释】　①发:通"废",放逐。《帛书周易》作"废"。②说:通"脱",解脱,摘除。桎梏:木制的刑具。

【译文】　初六:放逐蒙昧的人。给犯人一定的利处,君子摘除了他的刑具。继续前往,就有悔恨。

【原文】　《象》曰:"利用刑人",以正法也。

【译文】　《象传》说:"利用刑人",以正义执法。

中华传世藏书——国学经典文库　周易——图文珍藏版

【原文】 九二:包蒙吉①。纳妇吉②,子克家③。

【注释】 ①包蒙吉:下坎"蒙",九二当主爻。九二比应六五。九二当下坎中爻,三至五互坤为布,上艮为手,二至上互大离为吉,坎入互离,因而说"包蒙吉"。②纳妇吉:二至四互震为长男,互震居互大离之下,互大离为中女、为大腹,有长男纳中女而怀孕之象,因而说"纳妇吉"。③克:胜任。

【译文】 九二:能够包容蒙者就吉祥。有了娶媳妇的吉庆,君子主持家务事。

【原文】 《象》曰:"子克家",刚柔接也。

【译文】 《象传》说:"子克家",是柔爻接替了刚爻。

【原文】 六三:勿用取女①,见金夫不有躬②。无攸利。

【注释】 ①取:娶。②见金夫不有躬:三至五互坤,伏乾为金、大人,喻"金夫"。互震为躬。二至上互大离为目,有互大离之"见",就没有二至四互震之"躬",因而说"见金夫不有躬"。金夫,指美男。

【译文】 六三:不必迎娶那位女子。她见到漂亮的男子,就不弯身恭敬你了。没有长远利益。

【原文】 《象》曰:"勿用取女",行不顺也。

【译文】 《象传》说:"勿用取女",她行为不温顺啊。

【原文】 六四:困蒙①,吝。

【注释】 ①困蒙:下坎为陷、为丛棘,上艮为山、为止,上艮伏兑,兑与坎成困卦,六四处于其间,因而说"困蒙"。

【译文】 六四:困住了童蒙,有悔恨。

【原文】 《象》曰:"困蒙"之"吝",独远实也①。

【注释】 ①实:诚实。

【译文】 《象传》说:"困蒙"的"吝",是因为独处而远离了诚实的君子。

【原文】 六五:童蒙,吉。

【译文】 六五:有君子教导蒙昧的少年,吉祥。

【原文】 《象》曰:"童蒙"之"吉",顺以巽也①。

【注释】 ①以:而。巽:卑顺。坤为顺。

【译文】 《象传》说:"童蒙"之"吉",是因为他顺从而谦卑。

【原文】 上九:击蒙①。不利为寇②,利御寇。

【注释】 ①击:攻击,击倒。击倒蒙卦,加看屯卦。②为:治理。

【译文】 上九:击倒蒙。不利治理盗寇,利于防御盗寇。

【原文】 《象》曰:"利用御寇",上下顺也^①。

【注释】 ①上下顺:坤为顺,巽为顺。

【译文】 《象传》说:"利用御寇",前后进退都顺利。

五　需　䷄

【原文】 需^①。有孚^②,光亨,贞吉。利涉大川。

【注释】 ①需:卦名。卦义:必须,需要,有所等待,期待,迟疑等。②有孚:下乾为大人,伏坤为师众,三至五互离为戈兵,上坎为盗寇,互离入坎,因而说"有孚"。孚,同"俘",俘获。

【译文】 需卦。有所收获,光明亨通,占问吉祥。利于涉渡大河。

【原文】 《彖》曰:需,须也。险在前也,刚健而不陷,其义不困穷矣^①。"需。有孚,光亨,贞吉",位乎天^②,位以正中也^③。"利涉大川",往有功也。

【注释】 ①义:同"仪",外表、仪表。②位乎天:下乾为天,互兑与互离分别占有乾的中上爻和上爻,互离之"日"在天上,因而说"位乎天"。③位以正中:互离为正南方之卦,天上的日头位于正南方,因而说"位以正中"。

【译文】 《彖传》说:需卦,就是必须的意思。虽然前面有危险,但是刚健却不会陷入险境,他的仪表不会困穷。"需。有孚,光亨,贞吉",太阳处于天上,正是中午的时候。"利涉大川",前往就有功劳。

【原文】 《象》曰:云上于天^①,需。君子以饮食宴乐。

【注释】 ①云上于天:需卦,上坎为水、为云,下乾为天,所以说"云上于天"。

【译文】 《象传》说云升上了天空,是需卦的象征。君子观看这一卦象,用以安排饮食与宴会之乐。

【原文】 初九:需于郊^①。利用恒,无咎。

【注释】 ①需于郊:下乾伏坤为地,初九处下位,上坎为水,初九远离"大川",因而说"需于郊"。

【译文】 初九:君子在城郊等待。利于用恒心前往,没有灾祸。

【原文】 《象》曰:"需于郊",不犯难行也^①。"利用恒,无咎",未失常也。

【注释】 ①不犯难行:假若初九变,初至四互大坎为陷,是"犯难行"。提示初九不变。

【译文】 《象传》说:"需于郊",还没有触犯到艰险。"利用恒,无咎",没有失去常态啊。

【原文】 九二：需于沙①，小有言②，终吉。

【注释】 ①需于沙：君子时行至二位，二至四互兑，兑伏艮为小石，喻沙，因而说"需于沙"。沙，沙地。②小有言：二至四互兑为少、为口舌，下乾为构成大有之卦，因而说"小有言"。

【译文】 九二：君子前行，等待在河岸的沙中。或许有小的口舌是非，继续前往，终究会吉祥。

【原文】 《象》曰："需于沙"，衍在中也①。虽"小有言"，以终吉也。

【注释】 ①衍：低而平坦之地。

【译文】 《象传》说："需于沙"，是在平坦地方的中心。虽然"小有言"，但是最终的结果吉祥。

【原文】 九三：需于泥。致寇至①。

【注释】 ①致寇至：上卦坎为盗寇，九三为下卦之终，君子上行遇盗寇。九三比应上六，九三变阴则上六变阳，上卦成巽为入，三至上成四画"风山渐"卦，渐即进，是君子主动上进而遇盗寇，因而说"致寇至"。

【译文】 九三：君子前行，等待在泥地中，由此招惹来了一帮盗寇。

【原文】 《象》曰："需于泥"，灾在外也①。自我"致寇"，敬慎不败也。

【注释】 ①灾在外：指上卦言。坎为盗、为陷，是灾祸在外。

【译文】 《象传》说："需于泥"，灾难从外面来的。由于我"致寇"，恭敬而又谨慎地对待，就不会失败。

【原文】 《象》六四：需于血①，出自穴。

【注释】 ①需于血：坎为血卦，君子上行至四位而入血卦，因而说"需于血"。

【译文】 六四：君子等待在血泊旁边，是他从洞穴里出来之后的事。

【原文】 《象》曰："需于血"，顺以听也。

【译文】 《象传》说："需于血"，顺从而又听话。

【原文】 九五：需于酒食①，贞吉。

【注释】 ①需于酒食：九五居上坎卦之中，是一卦主爻，得中得位。坎为水，喻酒水，又为豕，喻猪肉，三至五互离为雉，喻野味，因而说"需于酒食"。

【译文】 九五：主人备有酒水和食物在等待着君子，占问结果吉祥。

【原文】 《象》曰："酒食，贞吉"，以中正也。

【译文】 《象传》说："酒食，贞吉"，是因为九五处于中正的位置。

【原文】 上六：入于穴，有不速之客三人来①，敬之终吉。

【注释】 ①有不速之客三人来:下乾象"主人",上坎三画是"盗",一画当一人,上为"往",下为"来",是"有不速之客三人来"。加看天水讼卦。

【译文】 上六:刚刚进入洞穴,忽然闯进来三个不请自来的人。恭敬地接待他们,结果就吉祥。

【原文】 《象》曰:"不速之客"来,"敬之终吉",虽不当位,未大失也。

【译文】 《象传》说:"不速之客"来了,"敬之终吉",虽然不在正确的位置,但是不会有大失误。

六 讼

【原文】 讼①。有孚窒惕②,中吉终凶③。利见大人,不利涉大川。

【注释】 ①讼:卦名。卦义:诉讼,争讼,言之于公众,争辩等。②孚:同"俘",俘获。窒惕:遏止警惕。③中吉终凶:讼卦之中,二至四互离为吉;六三比应上九,两爻互变,成泽风大过卦,是一厚中画的大坎,坎"凶",因而说"中吉终凶"。

【译文】 讼卦。有所俘获而遏止了警惕,中间吉利而最终结果凶险。利于拜见大人,不利于涉渡大河。

【原文】 《彖》曰:讼,上刚下险①。险而健,讼。"讼。有孚窒惕,中吉",刚来而得中也②。"终凶",讼不可成也。"利见大人",尚中正也。"不利涉大川",入于渊也。

【注释】 ①上刚下险:讼卦,上乾为刚,下坎为险。②刚来而得中:坤得乾中爻成坎是"刚来",九二居下卦之中是"得中"。

【译文】 《彖传》说:讼卦,上面刚健而下面危险。危险又刚健,所以称作"讼"。"讼。有孚窒惕,中吉",是因为刚爻来居中位。"终凶",因为没有了诉讼。"利见大人",是崇尚中正。"不利涉大川",因为会陷入深渊。

【原文】 《象》曰:天与水违行①,讼。君子以作事谋始。

【注释】 ①天与水违行:讼卦,上乾为天,下坎为水。天气腾上,地水流下,因而说"天与水违行"。

【译文】 《象传》说:天与水背道而行,就是讼卦的象征。君子观看这一卦象,开始做事之前就要周密谋划。

【原文】 初六:不永所事,小有言①,终吉。

【注释】 ①小有言:初六与九四比应都变,成风泽中孚卦,上巽为"口"朝下之兑,下兑则"口"朝上,兑为少,因而说"小有言"。言,议论,谴责。

【译文】 初六:不完成诉讼的事,有一点议论,终究会吉利。

【原文】《象》曰:"不永所事",讼不可长也。虽"小有言",其辩明也①。

【注释】①其辩明:中孚卦是正反兑,二"口"相对而争论,二至五互大离为明,因而说"其辩明"。辩,善言辞。

【译文】《象传》说:"不永所事",诉讼不会长久进行。虽然"小有言",但是辩护还是明白的。

【原文】九二:不克讼①,归而逋②。其邑人三百户③,无眚④。

【注释】①克:制胜。②逋:逃跑。③邑:城镇。下坎,九二变而坤,坤为邑,一爻一百户。④眚:灾祸。

【译文】九二:不能胜诉,讼者归来后就逃跑了。他镇上的三百户人家,并没遭受灾祸。

【原文】《象》曰:"不克讼,归〔而〕逋"①,窜也②。自下讼上,患至掇也③。

【注释】①归道:缺字,应为"归而逋"。②窜:逃跑,逃亡。③掇:通"辍",停止。

【译文】《象传》说:"不克讼,归〔而〕逋",就是窜逃了。地位卑下的起诉上面显贵的,引来患祸的争讼就以原告的窜逃而终止了。

【原文】六三:食旧德①,贞厉,终吉。或从王事,无成。

【注释】①食:受,享受。旧德:往日的恩德。

【译文】六三:享用旧有的恩赐,占问危险,最终吉利。或者为君王做事,没有成就。

【原文】《象》曰:"食旧德",从上吉也。

【译文】《象传》说:"食旧德",顺从上面就会得到吉祥。

【原文】九四:不克讼,复即命渝①,安贞,吉。

【注释】①复:返初。渝:改变。

【译文】九四:不能取得诉讼的胜利,就立即返回改变命令,安于占问,结果吉利。

【原文】《象》曰:"复即命渝,安贞",不失也。

【译文】《象传》说:"复即命渝,安贞",没有损失啊。

【原文】九五:讼,元吉。

【译文】九五:诉讼,大吉。

【原文】《象》曰:"讼,元吉",以中正也。

【译文】《象传》说:"讼,元吉",是因为他处在了中正的位置。

【原文】上九:或锡之鞶带①,终朝三褫之②。

【注释】①锡:通"赐",赐予。鞶:革带。马大带。②终朝:一整天。褫:剥去。

【译文】上九:或许原君王赏赐给他车马及革带,但是新君继位就会接连三次剥夺给他的赏赐。

【原文】　《象》曰：以讼受服[1]，亦不足敬也。

【注释】　①服：古人一车驾四马，驾在车中间的两匹马叫"服"。加看水天需卦。

【译文】　《象传》说：以诉讼的事而得到赏赐的两匹良马，也并不值得人们敬重。

七　师

【原文】　师[1]。贞，丈人吉[2]。无咎。

【注释】　①师：卦名。卦义：群众，聚众，军队，兵师，领军等。②丈人：古时对年老者的尊称，这里指领兵打仗的头人。师卦，初六敌应六四，两爻变，上震"君子"为丈人，三至五互坎为弓、为轮，二至四互离为戈兵、为甲胄，是君子率师出征之象。

【译文】　师卦。占问，领兵元帅吉利，没有过失。

【原文】　《彖》曰："师"众也。"贞"正也。能以众正，可以王矣[1]。刚中而应[2]，行险而顺，以此毒天下[3]，而民从之，吉，又何咎矣！

【注释】　①王：统治天下。②刚中而应：师卦，下坎九二居中，上与六五相应。③毒：通"督"，治理，安定。

【译文】　《彖传》说：师卦，就是统率民众的象征。"贞"就是"正"的意思。能把民众纳入正道，就可以统治天下了。阳刚居中而上下相应，在危险中行动却能顺利，以此治理天下，从而使民众服从，吉利，还有什么过失和灾难呢！

【原文】　《象》曰：地中有水[1]，师。君子以容民畜众。

【注释】　①地中有水：师卦，上坤为地，下坎为水，所以说"地中有水"。

【译文】　《象传》说：地中有水，就是师卦的象征。君子观看这一卦象，容纳平民，畜养部众。

【原文】　初六：师出以律，否臧凶[1]。

【注释】　①臧：隐藏，后作"藏"。初六变。下坎成兑，有"口"能"律"。

【译文】　初六：军队出征前要以严格的纪律予以约束，就不会藏有凶险。

【原文】　《象》曰："师出以律"，失律凶也[1]。

【注释】　①失律凶：下坎为凶。

【译文】　《象传》说："师出以律"，失去纪律就有凶险。

【原文】　九二：在师中，吉，无咎。王三锡命[1]。

【注释】　①锡：通"赐"，赐予。

【译文】　九二：统帅在军队之中，吉利，无过无灾。君王三次下达命令给他赏赐。

【原文】 《象》曰："在师中,吉",承天宠也。"王三锡命",怀万邦也①。

【注释】 ①万:卦象有"干戚舞"(离、震),是为万舞。一说"万"表示数目众多。

【译文】 《象传》说:"在师中,吉",是君子承受了天子的宠爱。"王三锡命",君王以怀柔政策驾驭万邦。

【原文】 六三:师或舆尸①,凶。

【注释】 ①师或舆尸:六三变,师卦成升卦。上坤为大舆,初至四互厚中画坎,为"多眚"之舆,二至四互兑为毁折,互坎及互兑入坤,有车箱装载着士兵尸体之象。舆,车,车箱。

【译文】 六三:军队有车装载着士兵的尸体,凶险。

【原文】 《象》曰:"师或舆尸",大无功也。

【译文】 《象传》说:"师或舆尸",很没有功劳啊。

【原文】 六四:师左次①,无咎。

【注释】 ①左:指东边。六四变,师卦成雷水解卦。上震为东方之卦。古书说方向是前南、后北、左东、右西。次:驻留。

【译文】 六四:军队向东边驻扎,没有过错。

【原文】 《象》曰:"左次,无咎",未失常也。

【译文】 《象传》说:"左次,无咎",没有失去作战的常规。

【原文】 六五:田有禽。利执言①,无咎。长子帅师,弟子舆尸②。贞凶。

【注释】 ①执:治理。②弟子:次子

【译文】 六五:田野里有雉禽。君子整治流言蜚语,没有过错。长子做了统帅,次子却驾车载尸体,占问结果凶险。

【原文】 《象》曰:"长子帅师",以中行也。"弟子舆尸",使不当也①。

【注释】 ①当:合适。

【译文】 《象传》说:"长子帅师",居中行事。"弟子舆尸",使用不恰当啊。

【原文】 上六:大君有命,开国承家①,小人勿用。

【注释】 ①国:诸侯国。家:士大夫的采邑。

【译文】 上六:大君主有命令,开创邦国并继承家业,不能起用小人。

【原文】 《象》曰:"大君有命",以正功也。"小人勿用",必乱邦也。

【译文】 《象传》说:"大君有命",要正确评定功劳。"小人勿用",因为用他会使邦国混乱。

八　比

【原文】　比^①，吉。原筮^②。元永贞，无咎。不宁方来^③，后夫凶^④。

【注释】　①比：卦名。卦义：亲比，对比，比较等。②原筮：比卦，三至五互艮为手，伏兑为巫，覆震为竹，隐有"弄筮"象。今"少男"艮是原本之象，还没有装扮"巫"者进行筮算，因而说"原筮"。筮，古人用蓍草占卦。③不宁方来：上坎为盗，喻"不宁"，三至五互艮为山，下行为"方来"，因而说"不宁方来"。④后夫：指后来的人。夫，民众。

【译文】　比卦，吉利。少年没有扮巫弄筮，还是原来的模样。对大事进行长时间占问，没有过错。不安分的盗寇从山下来掠夺，后来的民众就要遭殃了。

【原文】　《彖》曰：比，吉也。比，辅也^①，下顺从也。"原筮。元永贞，无咎"，以刚中也。"不宁方来"，上下应也。"后夫凶"，其道穷也。

【注释】　①辅：辅助。

【译文】　《彖传》说：比卦，是吉利的卦。比的意思，是有辅佐，是下面顺从。"原筮。元永贞，无咎"，是说阳刚居于中位。"不宁方来"，是上下相应。"后夫凶"，是说他们的路走到尽头了。

【原文】　《象》曰：地上有水^①，比。先王以建万国，亲诸侯。

【注释】　①地上有水：比卦，下坤为地，上坎为水，因而说"地上有水"。

【译文】　《象传》说：地上有水，就是比卦的象征。从前的帝王观看这一卦象，用以创建万国，亲比诸侯。

【原文】　初六：有孚比之^①，无咎。有孚盈缶^②，终来有它^③，吉。

【注释】　①有孚：孚，借为浮，指陶罐浮在水面上。比卦，上坎为水，下坤为缶，三至五互艮为手，是把水注入缶中，是"有孚"。初六变，比卦成屯卦，二至上成五画比卦，对比来看，还是"有孚"，因而说"有孚比之"。②有孚盈缶：比卦上面有坎"水"，上水流下，注入陶罐，是"有孚盈缶"。变成屯卦，二至上成五画比，对比来看，还是"有孚盈缶"。缶，陶罐。③终来有它："它"指坤缶而言。比下坤有"缶"，对比屯来看，二至四互坤，还有"缶"，因而说"终来有它"。

【译文】　初六：如同陶罐上面经常有浮水一样，与邻居亲比没有过失。陶罐里的水溢出来了，始终有这种状态，是吉利的事。

【原文】　《象》曰：比之初六，有它吉也。

【译文】　《象传》说：比卦的初六，还有其他缘由的吉祥。

【原文】　六二：比之自内^①，贞吉。

【注释】 ①比之自内:指内部亲比。六二与九五相比,六二变而成坎卦,上坎比下坎,因而说"比之自内"。

【译文】 六二:一家人相互亲比,占问吉祥。

【原文】 《象》曰:"比之自内",不自失也。

【译文】 《象传》说:"比之自内",自己没有失误啊。

【原文】 六三:比之匪人①。

【注释】 ①匪人:强盗。比卦上坎"盗"为"匪人"。

【译文】 六三:亲比的对象是强盗。

【原文】 《象》曰:"比之匪人",不亦伤乎!

【译文】 《象传》说:"比之匪人",那岂不是伤心的事!

【原文】 六四,外比之,贞吉。

【译文】 六四:主动与外面的邻居亲比,占问吉祥。

【原文】 《象》曰:外比于贤①,以从上也。

【注释】 ①贤:贤良。指六四言。九五为君王,六四为辅佐之贤。

【译文】 《象传》说:主动亲比外面贤者,是顺从上面的意思啊。

【原文】 九五:显比①。王用三驱失前禽②。邑人不诫③,吉。

【注释】 ①显:显扬,显著。②王用三驱失前禽:坎卦,九五为"王",二至四互震为用,互大离为前禽,"王用"而九五变,成地水师卦,下坎为驱,上坤三画,一画为"一驱",师卦无原比卦互大离之"前禽",因而说"王用三驱失前禽"。③诫:戒备,警惕。

【译文】 九五:君王明显与邻邦亲比。君王用三驱猎礼而前面的禽鸟就高飞了。邑人不用戒备,吉利。

【原文】 《象》曰:"显比"之吉,位正中也。舍逆取顺,"失前禽"也。"邑人不诫",上使中也。

【译文】 《象传》说:"显比"的吉利,是因为居在正中的位置。舍弃不顺从的,只亲比顺从的,就是"失前禽"的意思。"邑人不诫",是上面的君王能使用中和之道。

【原文】 上六:比之无首,凶。

【译文】 上六:没有了亲比的首领,有凶险。

【原文】 《象》曰:"比之无首",无所终也①。

【注释】 ①无所终:提示看对卦师。

【译文】 《象传》说:"比之无首",没有终结啊。

九　　小畜　☰

【原文】　小畜①。亨,密云不雨,自我西郊②。

【注释】　①小畜:卦名。卦义:小聚积,以少至多,积小成大等。②自我西郊:二至四互兑,兑为西方之卦,因而说"自我西郊"。

【译文】　小畜卦。亨通,天空有一大片浓密的黑云,是从我的西郊方向飘过来的,但是没有下雨。

【原文】　《彖》曰:小畜,柔得位而上下应之①,曰小畜。健而巽②,刚中而志行,乃"亨"。"密云不雨",尚往也③。"自我西郊",施未行也。

【注释】　①柔得位而上下应之:六四阴爻得居正位,上承九五阳爻也得位,下秉九三阳爻也得位。②巽:同"逊",谦让。③尚:通"上"。

【译文】　《彖传》说:小畜卦,是柔顺者得居正位而上下相应,因而称作"小畜"。刚健而又谦恭,阳刚居里而能推行其气志,于是说"亨"。"密云不雨",是上行的结果。"自我西郊",上天布云施雨的行动没有成功。

【原文】　《象》曰:风行天上①,小畜。君子以懿文德②。

【注释】　①风行天上:小畜卦,下乾为天,上巽为风。巽为进退,因而说"风行天上"。②懿:深貌。

【译文】　《象传》说:风在天上运行,这就是小畜卦的象征。君子观看这一卦象,用以深深积蓄自己的文明品德。

【原文】　初九:复自道①,何其咎? 吉。

【注释】　①复自道:初九为"一阳来复",冬至之后阳气上升,万物复苏。

【译文】　初九:初始的阳气已经复返于阳道,有什么过错? 吉利。

【原文】　《象》曰:"复自道",其义吉也。

【译文】　《象传》说:"复自道",他的意义是吉利的。

【原文】　九二:牵复,吉①。

【注释】　①"九二"句:小畜卦九二"君子"被"牵",变而成风火家人卦。下离为吉,因而说"牵复,吉"。

【译文】　九二:牵动着一股阳气往上运行,吉利。

【原文】　《象》曰:"牵复"在中,亦不自失也。

【译文】　《象传》说:"牵复"在中位,自己没有什么过错。

【原文】　九三:舆说辐①,夫妻反目。

【注释】　①舆：大车。说：通"脱"。辐：车轮上的直条。

【译文】　九三：大车倾覆朝上，车箱在下，轮子在上，又掉了辐条，看上去就像夫尊妻卑的地位颠倒了。

【原文】　《象》曰："夫妻反目"，不能正室也①。

【注释】　①正：治理。

【译文】　《象传》说："夫妻反目"，是不能齐正家室的结果。

【原文】　六四：有孚①，血去惕出②，无咎。

【注释】　①孚：同"俘"。②惕：警惕。

【译文】　六四：有所俘获，放血之后就没有那警惕的样子了，没有灾祸。

【原文】　《象》曰："有孚"，"惕出"，上合志也。

【译文】　《象传》说："有孚"，"惕出"，合于上面的气志啊。

【原文】　九五：有孚挛如①。富以其邻②。

【注释】　①挛如：连在一起的样子。②以：及，连及。

【译文】　九五：接连有所俘获。相及使邻居富有。

【原文】　《象》曰："有孚挛如"，不独富也①。

【注释】　①不独富：小畜卦，上巽为长女，三至五互离为中女，二至四互兑为少女，是三个女儿都得到了老爸的财富，因而说"不独富"。

【译文】　《象传》说："有孚挛如"，不是独自一人富有啊。

【原文】　上九：既雨既处①。尚德载②。妇贞厉③。月几望④，君子征凶。

【注释】　①既：已经。②尚：通"上"。德：通"得"。③妇贞厉：小畜卦，上九敌应九三，两爻都变，成水泽节卦。下兑为贞，二至四互震为厉，震伏巽为妇，因而说"妇贞厉"。厉，危险。④几望：《帛书周易》作"既望"，周历的农历十五到廿三都可称"既望"。还看水泽节卦，上坎为"月"，一爻当五日，上六正是十五"既望"。

【译文】　上九：下雨了，君子已经进入处所。前往得到车子运载。主妇占问危险。十五月亮圆的时候，君子率兵出征，讨伐凶顽。

【原文】　《象》曰："既雨既处"，德积载也。"君子征凶"，有所疑也。

【译文】　《象传》说："既雨既处"，承载了积累的德行。"君子征凶"，是他有所疑惑啊。

十　履 ☰

【原文】　履①。履虎尾，不咥人②。亨。

【注释】　①履：卦名。卦义：踩，践履。②咥：咬。

【译文】　履卦。踩着了老虎的尾巴，它没有咬人。亨通。

【原文】　《彖》曰：履，柔履刚也。说而应乎乾①，是以"履虎尾，不咥人。亨"。刚中正，履帝位而不疚，光明也。

【注释】　①说：同"悦"，喜悦。应乎乾：下兑而上乾，九三比应上九，相应为和。

【译文】　《彖传》说：履卦，就是柔爻在刚爻之上的意思。喜悦并与乾卦对应，所以"履虎尾，不咥人。亨"。阳刚居于中正的位置，稳坐于九五之尊位而内心并不愧疚，是他光明正大。

【原文】　《象》曰：上天下泽①，履。君子以辩上下②，定民志。

【注释】　①上天下泽：履卦，乾为天，兑为泽。②辩：通"辨"。

【译文】　《象传》说：上卦象天，下卦象泽，就是履卦的象征。君子观看这一卦象，用以辨别区分尊卑，安定民众的志向。

【原文】　初九：素履①，往无咎。

【注释】　①素：白色。三至五互巽为白，因而说"素履"。

【译文】　初九：穿着朴素的衣服起步，前往没有过错。

【原文】　《象》曰："素履"之往，独行愿也①。

【注释】　①愿：质朴。下兑少女，得巽为白之素。

【译文】　《象传》说："素履"前往，表达了她独特的质朴。

【原文】　九二：履道坦坦①，幽人贞吉②。

【注释】　①坦坦：地面平坦的样子。②幽人：被囚禁的人。兑为巫，是幽人。

【译文】　九二：君子步行在平平坦坦的路上，占问被囚禁者的凶险，吉祥。

【原文】　《象》曰："幽人贞吉"，中不自乱也。

【译文】　《象传》说："幽人贞吉"，坚守中正而不自我扰乱啊。

【原文】　六三：眇能视，跛能履①。履虎尾，咥人，凶。武人为于大君②。

【注释】　①"眇能视"二句：六三比应上九。上九变，上卦成兑，五与上成半象离和半象震，半象离是"眇能视"，半象震是"跛能履"。眇，一目盲。跛，一腿瘸。②武人为于大君：履卦，二至四互离，喻"武人"，上乾为大，九五为"君"，因而说"武人为于大君"。为，帮助。

【译文】 六三:一眼瞎的人还能向前看,一腿瘸的人还能向前走。君子踩踏了老虎的尾巴,被老虎咬伤了,凶险。有尚武的人帮助大君王。

【原文】 《象》曰:"眇能视",不足以有明也;"跛能履",不足以与行也。"咥人"之凶,位不当也。"武人为于大君",志刚也。

【译文】 《象传》说:"眇能视",不足以有明见。"跛能履",不足以与之并行。"咥人"的凶险,是地位不当所致。"武人为于大君",他志向刚强啊。

【原文】 九四:履虎尾,愬愬终吉①。

【注释】 ①愬愬:指惊恐的样子。

【译文】 九四:君子又一次踩着了老虎的尾巴,虽然惊恐万状,但是最终结果吉利。

【原文】 《象》曰:"愬愬终吉",志行也。

【译文】 《象传》说:"愬愬终吉",是志向实现了啊。

【原文】 九五:夬履①,贞厉②。

【注释】 ①夬:决断。②厉:激励。

【译文】 九五:大人的决断能够践履,占问要继续激励。

【原文】 《象》曰:"夬履,贞厉",位正当也。

【译文】 《象传》说:"夬履,贞厉",大人的地位中正而恰当。

【原文】 上九:视履考详①,其旋元吉②。

【注释】 ①视履考详:此句《帛书周易》作"视礼巧翔"。考,通"巧",善于,擅长。详,通"翔",悠闲自在地行走,或行走时两臂张开的意思。②旋:通"璇",美玉。

【译文】 上九:看着君子悠闲自在地行走,佩戴着宝玉,大吉。

【原文】 《象》曰:"元吉"在上①,大有庆也。

【注释】 ①在上:提示加看小畜卦。

【译文】 "元吉"出现上面,是大有庆祝的事啊。

十一 泰 ䷊

【原文】 泰①,小往大来②,吉亨。

【注释】 ①泰:卦名。卦义:通畅,平安,太平,安泰等。②小往大来:小指阴爻,大指阳爻。原本是乾上坤下的否卦,初与四、二与五、三与上,都成比应,相比应之爻互换,阴上往,阳下来,成泰卦,因而说"小往大来"。

【译文】 泰卦,小的往上,大的来下,吉利亨通。

【原文】 《象》曰:"泰,小往大来,吉亨",则是天地交而万物通也;上下交而其志同

也。内阳而外阴,内健而外顺。内君子而外小人,君子道长①,小人道消也。

【注释】 ①长:生长。

【译文】 《象传》说:"泰,小往大来,吉亨",是说天地二气交合方能万物亨通,上下气志就相同而交汇。内部乾为阳而外部坤为阴,刚健在内而柔顺在外。君子在内而小人在外,君子之道能够光大,小人之道逐渐消亡。

【原文】 《象》曰:天地交①,泰。后以财成天地之道②,辅相天地之宜,以左右民③。

【注释】 ①天地交:泰卦,坤为地而处上,乾为天而处下,二气交通,因而说"天地交"。②后:君主,帝王。财:通"裁",裁断,节制。③以左右民:泰卦,三至五互震,为东方之卦是"左";二至四互兑,为西方之卦是"右",坤为民众,因而说"以左右民"。左右,支配。

【译文】 《象传》说:天地二气相交,就是泰卦的象征。君王观看这一卦象,以天地之道裁定执政规范,以天地之宜为辅助,来管理平民百姓。

【原文】 初九:拔茅茹①,以其汇②。征吉。

【注释】 ①茹:茅根。一说为相牵引貌。②汇:类,族类。

【译文】 初九:要拔除田边的茅草,却因茹根相互牵连而一同拔起,拔的是同类。君子远征,吉利。

【原文】 《象》曰:"拔茅""征吉",志在外也①。

【注释】 ①志在外:外卦坤为帜,以"帜"通"志"。

【译文】 《象传》说:"茅草""征吉",志在外面啊。

【原文】 九二:包荒①,用冯河②,不遐遗③。朋亡,得尚于中行④。

【注释】 ①包:通"匏",葫芦。荒:空,虚。泰卦上坤为川,下乾为木果,喻葫芦漂在水上。②冯:同"凭",凭借,依靠。③遐:《帛书周易》作"騢",是毛色不纯的马。遗:遗弃。④尚:佑助。

【译文】 九二:把葫芦挖空,君子要借助它渡河,不遗弃乘坐的杂毛马。朋友没了,但是君子的行动得到了中和之道的佑助。

【原文】 《象》曰:"包荒","得尚于中行",以光大也。

【译文】 《象传》说:"包荒","得尚于中行",是用以发扬光大啊!

【原文】 九三:无平不陂①,无往不复。艰贞无咎。勿恤其孚②,于食有福。

【注释】 ①无平不陂:上坤为平地,九三比应上六,九三与上六互变,上卦坤成艮为山,因而说"无平不陂"。陂,山坡,斜坡。②勿恤其孚:九三与上六互变,成损卦。损卦上艮为门阙,下兑为口朝上的"巫柱",覆巽为入、为绳,互离为火,兑为西山,是把缚绑的巫尪送到西山烧死,用于祭祀以求雨。恤,顾及,体恤。孚,同"俘",俘虏。

【译文】 九三:没有平地就显不出山坡,没有上往就不会有复来。艰难时表现坚定,就会无过无灾。用不着可怜那致使天旱的巫尪,上天会有飨食的口福。

【原文】 《象》曰:"无往不复",天地际也①。

【注释】 ①际:会合,交会。

【译文】 《象传》说:"无往不复",是说天与地的来往交会。

【原文】 六四:翩翩①,不富,以其邻。不戒以孚②。

【注释】 ①翩翩:飞行轻快貌。②戒:戒备。孚:信任。

【译文】 六四:翩翩游荡而不能富裕,连累了邻居也不能富有。不戒备是因为信任。

【原文】 《象》曰:"翩翩,不富",皆失实也。"不戒以孚",中心愿也。

【译文】 《象传》说:"翩翩,不富",因为他们都没有去做实事。"不戒以孚",是他们心中愿意这样啊。

【原文】 六五:帝乙归妹①,以祉元吉②。

【注释】 ①帝乙归妹:六五为一卦主爻,二至五互四画雷泽归妹卦。"帝出乎震",三至五互震,二至四互兑,兑为少女,上坤为舍,喻"王宫"。归,嫁。②以:有。祉:福祉。

【译文】 六五:帝乙嫁妹,有福,大吉。

【原文】 《象》曰:"以祉元吉",中以行愿也①。

【注释】 ①行:出嫁。愿:朴素。

【译文】 《象传》说:"以祉元吉",本中道而朴素地出嫁

【原文】 上六:城复于隍①。勿用师,自邑告命。贞吝。

【注释】 ①复:通"覆",倾覆,倒塌。隍:城濠。加看否卦。

【译文】 上六:城墙倾覆在护城河里。不用派出兵师,从邑里向大人报告险情。占问结果有危险。

【原文】 《象》曰:"城复于隍",其命乱也。

【译文】 《象传》说:"城复于隍"。发布的命令乱套了。

十二 否 ䷋

【原文】 〔否。〕否之匪人①,不利君子贞。大往小来②。

【注释】 ①否:卦名。卦义:闭塞,不通,不交往。之:是。"否之匪人"前疑脱"否"字,因补。②大往小来:阳爻为"大",阴爻为"小",泰卦初与四、二与五、三与上,都是比应,三对比应之爻互换,三阳爻向上,三阴爻来下,因而说"大往小来"。

【译文】〔否卦。〕恶的是坏人,不利于君子占问。大的往上,小的来下。

【原文】《彖》曰:"否之匪人,不利君子贞。大往小来",则是天地不交而万物不通也。上下不交而天下无邦也。内阴而外阳,内柔而外刚,内小人而外君子。小人道长,君子道消也。

【译文】《彖传》说:"否之匪人,不利君子贞。大往小来",是说天地二气不能交合,万物不能化生而相通。上下不相往来就没有天下的邦国。阴在内而阳在外,内柔顺而外刚强。小人在内而君子在外。这是小人之道得以生长,而君子之道正在消亡啊。

【原文】《象》曰:天地不交①,否。君子以俭德辟难②,不可荣以禄。

【注释】①天地不交:乾天本在上,坤地本在下,否卦原样不动,阴阳二气不能交汇生物,因而说"天地不交"。②辟:避免,防止。

【译文】《象传》说:天地二气不相交合,就是否卦的象征。君子观看这一卦象,修德节俭以避免灾难,不可以空食俸禄为荣耀。

【原文】初六:拔茅茹,以其汇。贞吉亨。

【译文】初六:要拔除田边的茅草,却因茹根相互牵连而一同拔起,拔的是同类。占问吉祥亨通。

【原文】《象》曰:"拔茅","贞吉",志在君也。

【译文】《象传》说:"拔茅","贞吉",是他的志气在于君主。

【原文】六二:包承①。小人吉,大人否亨。

【注释】①包承:六二比应九五。上乾为木果,九五主爻当之,二至四互艮为手,少男在下承接木果,因而说"包承"。包,通"匏",葫芦。

【译文】六二:上有葫芦,下有少年的承受。小人吉利了,大人就闭塞不通了。

【原文】《象》曰:"大人否亨",不乱群也。

【译文】《象传》说:"大人否亨",不让小人扰乱群体啊。

【原文】六三:包羞①。

【注释】①包羞:六三交阳,否卦成天山遁卦。二至四互巽为寡发妇人,上乾为圆,伏坤为布,包裹着她寡发之"羞",因而说"包羞"。

【译文】六三:包裹着她寡发的羞涩。

【原文】《象》曰:"包羞",位不当也。

【译文】《象传》说:"包羞",位置不适当啊。

【原文】九四:有命无咎,畴离祉①。

【注释】①畴:指田地的边界。祉:福祉。这里转喻祈求福祉的场所。

335

【译文】 九四:接受君王的命令没有过失,把祈求福祉的明堂建在了远离民田的地方。

【原文】 《象》曰:"有命无咎",志行也。

【译文】 《象传》说:"有命无咎",气志通行了啊。

【原文】 九五:休否,大人吉。其亡①,其亡!系于苞桑②。

【注释】 ①其:借为"戚",古代兵器,大斧。《诗·大雅·公刘》:"弓矢斯张,干戈戚扬。"九五比应六二,六二变,否卦成天水讼卦,讼卦下坎为弓,二至四互离为戈,转喻"戚",坎上有互离,"弓"明可见,互离外明内暗,一时找不着"戚",就感叹"戚丢了,戚丢了"(互巽为"口"朝下之兑)。亡:丢失。②系于苞桑:看讼卦,三至五互巽为木,喻"桑",上乾为木果,互巽为绳,有把葫芦用绳拴于桑树之象。苞,通"匏",葫芦。桑,养蚕的桑树。

【译文】 九五:暂时休憩而有所闭塞,大人吉祥。戚丢了,戚丢了!原来它绑在做葫芦架用的桑树上了。

【原文】 《象》曰:"大人"之吉,位正当也。

【译文】 《象传》说:"大人"的吉利,是由于地位正当。

【原文】 上九:倾否①,先否后喜。

【注释】 ①倾:倾覆。加上泰卦看象。

【译文】 上九:倾覆了否卦,先前的闭塞变成了后来的欢喜。

【原文】 《象》曰:否终则倾,何可长也?

【译文】 《象传》说:否卦终结就要倾覆,如何能够长久啊?

<h2 style="text-align:center">十三　同人　☰</h2>

【原文】 〔同人。〕同人于野①,亨,利涉大川。利君子贞。

【注释】 ①同人:卦名。卦义:亲同,与人同,与人步调一致等。"同人于野"前疑脱"同人"二字,因补。

【译文】 〔同人卦。〕君子与人一起前行,野外的道路一下子变得亨通起来了,涉渡大河有利。对君子有利。

【原文】 《象》曰:同人,柔得位得中而应乎乾①,曰同人。同人曰"同人于野,亨,利涉大川",乾行也。文明以健②,中正而应③。君子正也,唯君子为能通天下之志。

【注释】 ①柔得位得中而应乎乾:同人卦,下离上乾。离六二阴爻居中,为"得位得中",六二与九五相应,因而说"应乎乾"。②以:而。③中正而应:同人卦六二比应九五,

都得中得位。

【译文】 《彖传》说：同人卦，是阴柔得位而且得到中位，与刚健的乾卦相应，所以叫作"同人"。同人卦说"同人于野，亨，利涉大川"，是乾的行动啊。文明而又刚健，处于中正位置而有对应。君子品德端正，只有君子能够通晓天下人的志向。

【原文】 《象》曰：天与火①，同人。君子以类族辩物。

【注释】 ①天与火：同人卦，上乾为天，下离为火，因而说"天与火"。

【译文】 《象传》说：天与火，就是同人卦的象征。君子观看这一卦象，要能归纳辨别事物的种类。

【原文】 初九：同人于门①，无咎。

【注释】 ①同人于门：初九变，下卦成艮，艮为门，因而说"同人于门"。

【译文】 初九：君子刚出门，就有人要同步前往，没有过失。

【原文】 《象》曰：出门"同人"，又谁咎也？

【译文】 《象传》说：出门"同人"，又有谁能责备他呢？

【原文】 六二：同人于宗①，吝。

【注释】 ①宗：宗族。

【译文】 六二：同于本家族的宗亲，吝惜。

【原文】 《象》曰："同人于宗"，吝道也①。

【注释】 ①吝：通"遴"，行路难的样子。下离为戈兵，上乾为马，伏坤为大舆，互巽为入，乾为西北方之卦，为寒、为冰，战士跟在车后行军，的确是难行。

【译文】 《象传》说："同人于宗"，是艰难之道。

【原文】 九三：伏戎于莽①。升其高陵②，三岁不兴。

【注释】 ①伏戎于莽：九三敌应上九，九三变，上九也变，同人卦成泽雷随卦。初至四互大离为戈兵、为甲胄，二至上互大坎为丛棘喻"莽"，因而说"伏戎于莽"。戎，兵。莽，丛棘。②升其高陵：随卦，三至五互巽（地风升的下卦）为入、为高，上兑为西山喻"高陵"，因而说"升其高陵"。

【译文】 九三：伏兵于丛莽之中，登高向前方瞭望，三年之内不敢发动。

【原文】 《象》曰："伏戎于莽"，敌刚也。"三岁不兴"，安行也。

【译文】 《象传》说："伏戎于莽"，因为敌人刚强。"三岁不兴"，是为了安全行动。

【原文】 九四：乘其墉①，弗克攻，吉。

【注释】 ①乘：登，升。墉：城墙。

【译文】 九四：登上高城据守，敌方没有攻克城池，吉利。

【原文】　《象》曰:"乘其墉",义弗克也。其"吉",则困而反则也①。

【注释】　①反:同"返",回。则:前一个"则"的意思是"是",表判断;后一个"则"的意思是"原则"。

【译文】　《象传》说:"乘其墉",从正义上说,不应该攻克城池。其结果之所以"吉",是因为围困后回到了原则上。

【原文】　九五:同人。先号咷而后笑①。大师克相遇②。

【注释】　①先号咷而后笑:同人卦上乾为大人,二至四互巽为白,伏震为善鸣,巽又是"口"朝下之兑,下是离,三女见"大人"的"白事",是"先号咷";同人卦,二与五互变而成大有卦,三至五互兑为口,乘下乾之"金"和"玉",富有就笑,是"而后笑"。号咷,即号啕。②克:限定,多用于时日。

【译文】　九五:君民同心,步调一致。先号啕大哭,然后哈哈大笑。两国的大队兵马相遇。

【原文】　《象》曰:同人之"先",以中直也。"大师"相遇,言相克也。

【译文】　《象传》说:同人之"先",中正而刚直。"大师"相遇,是说相克啊。

【原文】　上九:同人于郊①,无悔。

【注释】　①同人于郊:大有与同人为对卦,上下各"同人"。

【译文】　上九:君子远行至郊外,同于那里的民众,没有后悔。

【原文】　《象》曰:"同人于郊",志未得也。

【译文】　《象传》说:"同人于郊",志向没有得以实现。

<h2 style="text-align:center">十四　大有　☲</h2>

【原文】　大有①,元亨。

【注释】　①大有:卦名。卦义:大有年,大拥有,拥有最多等。

【译文】　大有卦,大亨通。

【原文】　《象》曰:大有,柔得尊位①,大中而上下应之,曰大有。其德刚健而文明②,应乎天而时行③,是以"元亨"。

【注释】　①柔得尊位:六五阴爻是"柔得尊位"。②其德刚健而文明:大有卦,下乾德刚健,上离德文明。③应乎天而时行:乾为天,离为日,日在天上按时运行。

【译文】　《象传》说:大有卦,柔顺得居尊位,处于最重要的中位而且上下都相应,所以称作"大有"。它的德行刚健又文明,上应天道而按时运行,所以说"元亨"。

【原文】　《象》曰:火在天上①,大有。君子以遏恶扬善,顺天休命②。

【注释】　①火在天上：大有卦，上离为火，下乾为天，因而说"火在天上"。②休：通"庥"，荫庇。

【译文】　《象传》说：火在天上，就是大有卦的象征。君子观看这一卦象，要抑恶扬善，顺从天道而使性命得到荫庇。

【原文】　初九：无交害，匪咎①。艰则无咎。

【注释】　①匪：同"非"。

【译文】　初九：没有相互交接的损害，不是过错。处于艰苦的环境没有过失。

【原文】　《象》曰：大有初九，无交害也。

【译文】　《象传》说：大有卦的初九，没有受到损害啊。

【原文】　九二：大车以载①，有攸往②，无咎。

【注释】　①大车以载：乾伏坤，坤为大舆。乾为良马，九二居中，为驾车之"马"，因而说"大车以载"。②攸：所。

【译文】　九二：用大车载满货物，有所远行，没有过失。

【原文】　《象》曰："大车以载"，积中不败也。

【译文】　《象传》说："大车以载"，货物聚积在车中，不会败坏

【原文】　九三：公用亨于天子①，小人弗克。

【注释】　①公：公侯。亨：同"享"，祭祀，缮献。

【译文】　九三：公爵给天子献上祭品，小人没有能力阻挡

【原文】　《象》曰："公用亨于天子"，小人害也。

【译文】　《象传》说："公用亨于天子"，小人添祸害啊。

【原文】　九四：匪其尪①，无咎。

【注释】　①匪：同"非"。尪：是椎骨后曲，鼻孔朝天的残疾人。古人认为天旱是因为上天可怜尪者而不下雨，以免雨水灌进他的鼻子里。"尪"字，现在的通行本《周易》多作"彭"字，有旁、近、鼓声的意思。《左传·僖公二十一年》："夏，大旱。公欲焚巫尪。"杜预注："脊病之人，其面向上，俗称天哀其雨，恐雨入其鼻，故为之旱，是以公欲焚之。"此"尪"字，历史上《子夏易传》的作者作"旁"字；《周易集解》引虞翻说作"尪"字；王肃、姚信、王弼、干宝等人作"彭"字。今据卦象分析，应该是"尪"字。

【译文】　九四：不是鼻孔朝天的残疾人，天不会大旱，没有灾祸。

【原文】　《象》曰："匪其尪，无咎"，明辩晢也①。

【注释】　①晢：明白，明显。

【译文】　《象传》说："匪其尪，无咎"，要分辨而明察事理啊。

【原文】 六五:厥孚交如^①,威如^②,吉。

【注释】 ①厥孚交如:大有卦,九二比应六五。九二变而成离卦,离为戈兵,二至五互坎,坎为盗寇,在上离与下离之间,两队"戈兵"都有所俘获,下离入互坎、互坎入上离,有所交错,因而说"厥孚交如"。厥,代词,其,起指示作用。孚,同"俘",俘获。交如:交错的样子。②威如:威风凛凛的样子。

【译文】 六五:俘虏交错列队,威风凛凛,吉利。

【原文】 《象》曰:"厥孚交如",信以发志也^①。"威如"之吉,易而无备也^②。

【注释】 ①信:信义。②备:戒备。

【译文】 《象传》说:"厥孚交如",以信义表达志气。"威如"的吉利,平易到不须戒备。

【原文】 上九:自天佑之^①。吉,无不利。

【注释】 ①自天佑之:加看同人卦象。

【译文】 上九:有来自上天的护佑,吉祥,没有什么不利;

【原文】 《象》曰:大有上吉,自天佑也。

【译文】 《象传》说:大有上面还有吉利,是来自上天的护佑啊。

十五 谦 ䷎

【原文】 谦^①,亨,君子有终。

【注释】 ①谦:卦名。卦义:谦虚,谦逊,谦恭,谦卑等。

【译文】 谦卦,亨通,君子有好结果。

【原文】 《彖》曰:谦"亨":天道下济而光明,地道卑而上行。天道亏盈而益谦,地道变盈而流谦,鬼神害盈而福谦,人道恶盈而好谦。谦尊而光,卑而不可逾,"君子"之"终"也。

【译文】 《象传》说:谦卦之"亨":天道之气下通而大放光明,地道卑下而地气上行。天道减损盈满而增益谦,地道改变盈满而有益谦,鬼神损害盈满而福佑谦,人道厌恶盈满而喜好谦。"谦"尊贵而荣光,卑下而不可逾越,这就是"君子"之"终"。

【原文】 《象》曰:地中有山^①,谦。君子以裒多益寡^②,称物平施^③。

【注释】 ①地中有山:谦卦,上坤为地,下艮为山,因而说"地中有山"。②裒:减少。③称:权衡,比较。

【译文】 《象传》说:地中有山,就是谦卦的象征。君子观看这一卦象,要减损盛多的而增益寡少的,权衡事物而公平施予。

【原文】 初六:谦谦君子,用涉大川,吉。

【译文】 初六:谦而又谦的君子,他去涉渡大河,吉祥。

【原文】 《象》曰:"谦谦君子",卑以自牧也①。

【注释】 ①牧:管理。

【译文】 《象传》说:"谦谦君子",谦卑而能自我约束。

【原文】 六二:鸣谦①,贞吉。

【注释】 ①鸣谦:六二居下卦之中,谦卦三至五互震,为善鸣之马,因而说"鸣谦"。

【译文】 六二:谦虚的君子一鸣惊人,占问吉祥。

【原文】 《象》曰:"鸣谦,贞吉",中心得也。

【译文】 《象传》说:"鸣谦,贞吉",是心中谦虚而有所得。

【原文】 九三:劳谦,君子有终,吉。

【译文】 九三:勤劳而又谦虚,君子与时偕行会有结果,吉祥。

【原文】 《象》曰:"劳谦"君子,万民服也。

【译文】 《象传》说:"劳谦"君子,千万民众对他都很服气。

【原文】 六四:无不利,㧑谦①。

【注释】 ①㧑谦:施行谦德,泛指谦逊。

【译文】 六四:没有不利,君子谦逊。

【原文】 《象》曰:"无不利,㧑谦",不违则也①。

【注释】 ①违:背离。

【译文】 《象传》说:"无不利,㧑谦",不违背原则啊。

【原文】 六五:不富以其邻①。利用侵伐,无不利。

【注释】 ①不富以其邻:六二敌应六五,二爻变而成水风井卦,下巽为近利市三倍、为进退,上坎为盗,本来应该富有,但二至四互兑为毁折,因而说"不富以其邻"。以,因为。引申为归咎。

【译文】 六五:自己不能富足,反而责怪其邻居。财力用于侵略讨伐,无所不利。

【原文】 《象》曰:"利用侵伐",征不服也。

【译文】 《象传》说:"利用侵伐",征讨不肯服从的邻国。

【原文】 上六:鸣谦①。利用行师,征邑国。

【注释】 ①鸣谦:谦卦上六变而成艮卦,三至五互震为善鸣之马,因而说"鸣谦"。

【译文】 上六:谦虚君子大声号令,利于用兵出师,征服邻近的邦城国家。

【原文】 《象》曰:"鸣谦",志未得也。可用"行师,征邑国"也。

【译文】 《象传》说:"鸣谦",还未得志。可以"行师,征邑国"了。

十六 豫

【原文】 豫①,利建侯行师。

【注释】 ①豫:卦名。卦义:怠,愉悦,享乐,安逸,欢乐,舒畅等。

【译文】 豫卦,利于分封诸侯和调动军队。

【原文】 《彖》曰:豫,刚应而志行。顺以动①,豫。豫顺以动,故天地如之,而况"建侯行师"乎!天地以顺动,故日月不过而四时不忒②。圣人以顺动,则刑罚清而民服。豫之时义大矣哉!

【注释】 ①顺以动:豫卦上震"动",下坤"顺"。

②过:逾越。忒:差错。

【译文】 《彖传》说:豫卦。阳刚对应阴柔而志向得以推行。顺时而运行,所以称作"豫"。豫卦顺时而运行,所以天地就如同他一样,更何况"建侯行师"呢!天地有顺时运行的法则,因而日月运行不过违而四季之序不会变更。圣人遵守顺时运行的法则,就会刑罚清明而民众悦服。豫卦与时偕行的意义非常大啊!

【原文】 《象》曰:雷出地奋①,豫。先王以作乐崇德②,殷荐之上帝③,以配祖考④。

【注释】 ①雷出地奋:豫卦,上震为雷,下坤为地,因而说"雷出地奋"。奋,震动。②乐:乐曲。③殷:盛大。荐:享祭。④配:配享。祖考:指祖宗。考,父亲。

【译文】 《象传》说:雷声响起大地振奋,这就是豫卦的象征。先王观察这一卦象,创作乐曲,崇尚天德,殷勤隆重地祭祀着上帝,并以故去的祖宗配享。

【原文】 初六:鸣豫①,凶。

【注释】 ①鸣:著称,闻名。豫:享乐。

【译文】 初六:有了享乐安逸的名声,凶险。

【原文】 《象》曰:初六"鸣豫",志穷凶也。

【译文】 《象传》说:初六"鸣豫",穷困的时候丧失气志,就会带来凶险。

【原文】 六二:介于石①。不终日,贞吉。

【注释】 ①介于石:豫卦二至四互艮,六二是互艮初爻,艮为石,上震覆艮又为石,因而说"介于石"。介,在……之间。

【译文】 六二:处于两石之间。不等到白天结束,占问吉利。

【原文】 《象》曰:"不终日,贞吉",以中正也。

【译文】 《象传》说:"不终日,贞吉",是因为内里中正啊。

【原文】 六三:盱豫①,悔,迟有悔②。

【注释】 ①盱:张目。引申为明目张胆。②有:通"又"。

【译文】 六三:明目张胆贪图安逸,会有悔恨,不及早觉悟就又有悔恨。

【原文】 《象》曰:"盱豫","有悔",位不当也。

【译文】 《象传》说:"盱豫","有悔",是他处在不适当的位置。

【原文】 九四:由豫①,大有得。勿疑,朋盍簪②。

【注释】 ①由:听凭,放任。②盍簪:指朋友相聚而速来。盍,合。簪,疾。

【译文】 九四:听任享乐,大有收获。不必心疑,朋友速来相聚。

【原文】 《象》曰:"由豫,大有得",志大行也。

【译文】 《象传》说:"由豫,大有得",是志向充分推行了。

【原文】 六五:贞疾,恒不死。

【译文】 六五:占问疾病,生命永恒不会死亡。

【原文】 《象》曰:六五"贞疾",乘刚也①。"恒不死",中未亡也。

【注释】 ①乘:上来下为"乘"。

【译文】 《象传》说:六五"贞疾",是因为它乘驾于阳刚之上。"恒不死",是因为没有失去中和之道。

【原文】 上六:冥豫成①,有渝无咎②。

【注释】 ①冥:黑暗。②渝:改变。

【译文】 上六:成就了黑天的安逸,有所改变就没有过错。

【原文】 《象》曰:"冥豫"在上,何可长也?

【译文】 《象传》说:"冥豫"在上面,如何能够久长呢?

十七 随 ䷐

【原文】 随①,元亨利贞。无咎。

【注释】 ①随:卦名。卦义:随时,随从,追随,随和等。

【译文】 随卦,大亨通,利于占问。无过无灾。

【原文】 《象》曰:随,刚来而下柔,动而说①,随。大"亨",贞"无咎",而天下随时。随时之义大矣哉!

【注释】 ①动而说:随卦,震为动,兑为悦,因而说"动而说"。说,同"悦",喜悦。

【译文】 《象传》说:随卦,阳刚来而处于阴柔之下,健动而又喜悦,所以称作"随"。大"亨",占问"无咎",而天下都能有所随时。随卦与时偕行的意义非常大啊!

【原文】 《象》曰:泽中有雷①,随。君子以向晦入宴息②。

【注释】 ①泽中有雷:随卦,上兑为泽,下震为雷,因而说"泽中有雷"。②晦:昏暗。宴:安逸,闲适。

【译文】 《象传》说:泽中有雷,就是随卦的象征。君子观看这一卦象,在向晚时安然休息。

【原文】 初九:官有渝①,贞吉。出门交有功②。

【注释】 ①渝:变更。②交:相互交往。

【译文】 初九:君子的官身有所变更,占问吉祥。出门交往,事业成功。

【原文】 《象》曰:"官有渝",从正吉也①。"出门交有功",不失也②。

【注释】 ①从正吉:指六二变而言。②不失:指随本卦而言。

【译文】 《象传》说:"官有渝",追随中正就吉祥。"出门交有功",没有仪表上的损失。

【原文】 六二:系小子,失丈夫①。

【注释】 ①"系小子"二句:六二为下卦中爻,二至四互艮为小子,三至五互巽为绳,小子被绳缚住,就无下震"丈夫"全象,因而说"系小子,失丈夫"。系,拴,缚。

【译文】 六二:缚住了小人,就失去了君子。

【原文】 《象》曰:"系小子",弗兼与也①。

【注释】 ①弗兼与:下震承上"举"兑,互艮为手而"举"上兑。有互艮之"举",就没有震之"举"。与,通"举",高举。

【译文】 《象传》说:"系小子",不能兼顾举起啊。

【原文】 六三:系丈夫,失小子。随有求得。利居贞。

【译文】 六三:缚住了君子就解脱了小人。随时有求就会有所得。利于安居乐业。

【原文】 《象》曰:"系丈夫",志舍下也。

【译文】 《象传》说:"系丈夫",他的气志被舍弃了。

【原文】 九四:随有获,贞凶。有孚在道以明①,何咎?

【注释】 ①孚:同"俘",俘获。

【译文】 九四:随时都会有所收获,占问危险。有所俘获明显地行进在大道上,哪里会有过失?

【原文】 《象》曰:"随有获",其义凶也。"有孚在道",明功也①。

【注释】 ①明:表白。

【译文】 《象传》说:"随有获",道义上说是凶恶的。"有孚在道",表明了功劳啊。

【原文】　九五:孚于嘉①,吉。

【注释】　①孚:同"俘",俘虏。嘉:嘉奖。

【译文】　九五:献上俘虏,君王给予嘉奖,吉利。

【原文】　《象》曰:"孚于嘉,吉",位正中也①。

【注释】　①位正中:九五阳爻得中得位。

【译文】　《象传》说:"孚于嘉,吉",是说他的付置得正得中。

【原文】　上六:拘系之①,乃从维之②。王用亨于西山③。

【注释】　①拘系:拘禁。②维:系物之大绳。③王用亨于西山:上艮为西山(伏兑为西方之卦),兑为"口鼻"朝上之"巫尪",互巽为入、为高,下有互离之"火",是"君王"将要把致使天旱的"巫尪"烧死,以求上天下雨之象,因而说"王用亨于西山"。亨,同"享",享祀。

【译文】　上六:拘禁了他,再用绳子把他捆绑牢靠。君王要在西山举行求雨的祭祀大典。

【原文】　《象》曰:"拘系之",上穷也。

【译文】　《象传》说:"拘系之",上面是穷途末路啊。

十八　蛊

【原文】　蛊①,元亨。利涉大川。先甲三日,后甲三日②。

【注释】　①蛊:卦名。卦义:坏物之虫,败坏、腐朽、诱惑、蛊惑等。②"先甲"二日:一卦六爻,一爻当一日,用十天干记日,初位是甲,上位是己,一卦"终则有始",至上已位返回初位是庚日,实际上说"先甲三日,后甲三日"或巽卦九五说"先庚三日,后庚三日"。都是指"丁日"和"癸日"而言。

【译文】　蛊卦,大的亨通。涉渡大河有利。在丁与癸两吉日里。

【原文】　《彖》曰:蛊,刚上而柔下,巽而止①,蛊。蛊"元亨",而天下治也。"利涉大川",往有事也。"先甲三日,后甲三日",终则有始②,天行也③。

【注释】　①巽而止:蛊卦,下巽为风、为入,上艮为山、为止,因而说"巽而止"。②有:通"又"。③天行:指用天干于六爻位记日而言。

【译文】　《彖传》说:蛊卦,阳刚在上而阴柔在下,顺行而止息,所以称作"蛊"。蛊卦说"元亨",那是天下有治理。"利涉大川",前往要做事。"先甲三日,后甲三日",是说终而复始,是本天道而运行啊。

【原文】　《象》曰:山下有风①,蛊。君子以振民育德。

【注释】 ①山下有风:蛊卦,上艮为山,下巽为风,因而说"山下有风"。

【译文】 《象传》说:山下有风,就是蛊卦的象征。君子观看这一卦象,用以振作民风,培育德行。

【原文】 初六:干父之蛊①。有子考②,无咎。厉终吉。

【注释】 ①干:矫正。②考:成就,有成德的意思。

【译文】 初六:矫正父亲的毛病。有儿子能够成就父业,没有过错。虽然显得严厉,但是最终吉祥。

【原文】 《象》曰:"干父之蛊",意承考也①。

【注释】 ①承:继承。考:指亡故的父亲。

【译文】 《象传》说:"干父之蛊",儿子的意愿在承继先父的事业。

【原文】 九二:干母之蛊①,不可贞②。

【注释】 ①干母之蛊:蛊卦六五比应九二,六五交而成巽卦。上巽为新妇,下巽为老妇,喻母亲。②贞:正。

【译文】 九二:长女矫正其母亲的毛病,不可矫正了。

【原文】 《象》曰:"干母之蛊",得中道也。

【译文】 《象传》说:"干母之蛊",得中和之道了。

【原文】 九三:干父之蛊,小有悔①,无大咎。

【注释】 ①小:小女儿。二至四互兑为少女,指小女儿。

【译文】 九三:矫正父亲的毛病,小女儿有些悔恨,没有大的过错。

【原文】 《象》曰:"干父之蛊",终无咎也。

【译文】 《象传》说:"干父之蛊",最后不会有过错。

【原文】 六四:裕父之蛊①,往见吝。

【注释】 ①裕父之蛊:蛊卦六四变,成火风井卦。二至四互乾为父,下巽为近利市三倍、为入,因而说"裕父之蛊"。裕,丰富、充足、有财的意思。

【译文】 六四:资助父亲的毛病,继续前往就有耻辱。

【原文】 《象》曰:"裕父之蛊",往未得也。

【译文】 《象传》说:"裕父之蛊",前往不能有所得啊。

【原文】 六五:干父之蛊,用誉。

【译文】 六五:矫正父亲的毛病,用名誉承担啊。

【原文】 《象》曰:"干父之蛊,用誉",承以德也。

【译文】 《象传》说:"干父之蛊,用誉",是承受了天德。

【原文】 上九:不事王侯,高尚其事。

【译文】 上九:不去侍奉王侯,保持志向的高尚。

【原文】 《象》曰:"不事王侯",志可则也。

【译文】 《象传》说:"不事王侯",君子的气志可以作为学习的守则。

十九 临 ䷒

【原文】 临①,元亨利贞,至于八月有凶。

【注释】 ①临:卦名。卦义:莅临,监临,上监下,尊适卑,驾临视察,治理等。

【译文】 临卦,大的亨通,利于占问,至于金秋八月就会遇到凶事。

【原文】 《彖》曰:临,刚浸而长,说而顺①。刚中而应②。大亨以正,天之道也。"至于八月有凶",消不久也。

【注释】 ①说而顺:临卦,下兑为悦,上坤为顺,因而说"说而顺"。说,同"悦"。②刚中而应:指六五比应九二而言。

【译文】 《彖传》说:临卦,阳刚逐渐成长,喜悦而温顺,阳刚居中位又有对应,正大而亨通,就是天道的运行。"至于八月有凶",阴气消灭阳气的行为不久就要结束了。

【原文】 《象》曰:泽上有地,临。君子以教思无穷,容保民无疆②。

【注释】 ①泽上有地:临卦,上坤为地,下兑为泽,因而说"泽上有地"。②容保民无疆:"保"借为"包"。临卦,上坤为釜能容;坤为布能包,坤为民众,上坤之地"无疆"。

【译文】 《象传》说:泽上有地,就是临卦的象征。君子观看这一卦象,要无穷期地思考教化问题,包容和保护民众以至永远。

【原文】 初九:咸临①,贞吉。

【注释】 ①咸临:临卦,六四"临"下兑,六四变而成归妹卦,上震覆艮,是构成泽山"咸"之卦,因而说"咸临"。

【译文】 初九:君子莅临,占问结果吉利。

【原文】 《象》曰:"咸临,贞吉",志行正也。

【译文】 《象传》说:"咸临,贞吉",君子有行走正道的气志。

【原文】 九二:咸临,吉,无不利。

【译文】 九二:君子上行请求君王驾临,吉祥,没有什么不利。

【原文】 《象》曰:"咸临,吉,无不利",未顺命也。

【译文】 《象传》说:"咸临,吉,无不利",君子此行的命运不顺利。

【原文】 六三:甘临①,无攸利。既忧之,无咎。

【注释】 ①甘临:六三对应上六,上六变而成山泽损卦,上艮为果蓏(草本甜瓜),下兑为卤苦,因而说"甘临"。艮为少男,兑为少女。

【译文】 六三:少男用甘甜的话语安慰着苦涩的少女,没有什么好处。既然为之担忧,就没有过失。

【原文】 《象》曰:"甘临",位不当也。"既忧之",咎不长也。

【译文】 《象传》说:"甘临",是位置不恰当。"既忧之",过错就不会长久啊。

【原文】 六四:至临①,无咎。

【注释】 ①至临:六四为侯位。

【译文】 六四:侯爵驾临视察,没有过错。

【原文】 《象》曰:"至临,无咎",位当也。

【译文】 《象传》说:"至临,无咎",位置适当啊。

【原文】 六五:知临①,大君之宜②,吉。

【注释】 ①知:借为"秩",祭祀。②宜:古代祭祀地祇的仪式。

【译文】 六五:君主莅临,在宗庙举行享祭地祇之礼,吉利。

【原文】 《象》曰:"大君之宜",行中之谓也。

【译文】 《象传》说:"大君之宜",是说推行中和之道啊。

【原文】 上六:敦临①,吉,无咎。

【注释】 ①敦临:临卦上六变,成山泽损卦,上艮为山,三至五互坤为大舆,因而说"敦临"。

【译文】 上六:用醇厚的情感把大人送走了,吉利,没有过错。

【原文】 《象》曰:"敦临"之吉,志在内也。

【译文】 《象传》说:"敦临"的吉利,是气志在内啊。

二十 观 ䷓

【原文】 观①。盥而不荐②。有孚颙若③。

【注释】 ①观:卦名。卦义:禘视,临观,观看,观瞻,观礼,观察,观光等。②盥:祭名,灌祭,酌酒浇地降神。荐:一再,又,接连。③孚:同"俘"。"孚"字,《帛书周易》作"尊",是古代的酒器。颙若:肃静的样子。

【译文】 观卦。一次斟酌灌地就尽到了祭礼。有俘虏是要用于大祭的样子。

【原文】 《象》曰:大观在上,顺而巽①,中正以观天下,观。"盥而不荐。有孚颙若",下观而化也。观天之神道,而四时不忒。圣人以神道设教,而天下服矣。

【注释】　①顺而巽：观卦，坤顺巽入，因而说"顺而巽"。

【译文】　《彖传》说：宏观而高高在上，顺从而深入，中正地观察天下，所以称作"观"。"盥而不荐，有孚颙若"，是说观临下民而感化。观察天阴阳不测之道，四季运行不失其序。圣人用神奇之道而设立教化，普天下的民众都能服从。

【原文】　《象》曰：风行地上①，观。先王以省方观民设教②。

【注释】　①风行地上：观卦，上巽为风，下坤为地，因而说"风行地上"。②省：视察。方：地方。

【译文】　《象传》说：风通行在大地之上，就是观卦的象征。先王观察这一卦此象，巡视各地、观察民情，设立教化。

【原文】　初六：童观，小人无咎，君子吝。

【译文】　初六：站在儿童的立场观察，小孩没有过错，君子却有些吝啬。

【原文】　《象》曰："初六：童观"，小人道也。

【译文】　《象传》说："初六：童观"，那是小人物的观察之道。

【原文】　六二：窥观①，利女贞。

【注释】　①窥观：六二变；成风水涣卦。二至五互大离为目能观，下坎为盗转喻"偷"，因而说"窥观"。窥，偷看。

【译文】　六二：小偷在看，女人占问有利。

【原文】　《象》曰："窥观"，"女贞"，亦可丑也。

【译文】　《象传》说："窥观"，"女贞"，是丢人现丑的事。

【原文】　六三：观我生进退。

【译文】　六三：观察我，就来来回回地躲避。

【原文】　《象》曰："观我生进退"，未失道也。

【译文】　《象传》说："观我生进退"，没有失去前进的道路。

【原文】　六四：观国之光①。利用宾于王。

【注释】　①观国之光：初六敌应六四，初六变成风雷益卦。九五为"君王"，二至四互坤为国，初至五互大离为目、为光，下震"君子"入互离，是"观国之光"。国，国都。

【译文】　六四：详细观察国都的光明景象，利于宾客接受君王的款待。

【原文】　《象》曰："观国之光"，尚宾也①。

【注释】　①尚：通"上"。

【译文】　《象传》说："观国之光"，是上等的宾客啊。

【原文】　九五：观我生①，君子无咎。

【注释】　①观我生:九五比应六二,两爻互变而成山水蒙卦。蒙卦,二至上互大离为目,三至五互坤为母,下震"长子",因而说"观我生"。"我生"转喻为我管辖的人民。

【译文】　九五:视察我管辖的生民,君子没有过失。

【原文】　《象》曰:"观我生",观民也。

【译文】　《象传》说:"观我生"。是说观察民情啊。

【原文】　上九:观其生,君子无咎。

【译文】　上九:观察百姓的生活,君子没有过失。

【原文】　《象》曰:"观其生",志未平也。

【译文】　《象传》说:"观其生",他的气志没有得到平展。

<h2 style="text-align:center">二十一　噬嗑　</h2>

【原文】　噬嗑①,亨。利用狱。

【注释】　①噬嗑:卦名。卦义:在嘴里咀嚼东西。引申化除梗阻,清除堵塞,利于畅通等。噬,啮,咬。嗑,合。

【译文】　噬嗑卦,亨通。宜用于审理狱案。

【原文】　《彖》曰:颐中有物①,曰噬嗑。"噬嗑"而"亨",刚柔分②,动而明③。雷电合而章④。柔得中而上行⑤,虽不当位,"利用狱"也。

【注释】　①颐中有物:山雷颐卦,上下二阳爻,中间四阴爻,六四变阳之后成火雷噬嗑卦。九四爻就象颐卦"口中"含有"食物",因而说"颐中有物"。②刚柔分:火雷噬嗑卦,三个阳爻,三个阴爻,数目均分。③动而明:噬嗑卦,下震为动,上离为明。④雷电:震为雷,离为电。合:指九四交而有互坤之文。⑤柔得中雨上行:六二得下卦之中,六五得上卦之中而不当位,变而比应六二。

【译文】　《象传》说:颐卦中有一物,就叫噬嗑卦。"噬嗑"而"亨",阳刚与阴柔均分,震动而且明丽,雷电交加而光彩夺目。阴柔得居中位而向上运行,虽然位置不适当,但是有利于审理狱案。

【原文】　《象》曰:雷电噬嗑,先王以明罚敕法①。

【注释】　①敕:整顿。

【译文】　《象传》说:雷和电,就是噬嗑卦的象征。先王观看这一卦象,明用处罚饬正法令。

【原文】　初九:屦校灭趾①,无咎。

【注释】　①屦:草鞋。校:通"骹",胫部近足的部分,也指脚。

【译文】　初九:穿上草鞋而掩盖了脚趾,没有过错。

【原文】　《象》曰:"屦校灭趾",不行也。

【译文】　《象传》说:"屦校灭趾",不能行走了。

【原文】　六二:噬肤灭鼻①,无咎。

【注释】　①噬肤灭鼻:噬嗑卦三至五互坎为肤(豕肉),二至四互艮为鼻,艮伏兑,兑为口,是吃猪肉之象。六二敌应六五,两爻变而成天泽履卦,原卦之互艮成互离,是"灭鼻"。肤,祭祀供季的肉类。

【译文】　六二:啃咬着肉而掩盖了鼻子,没有过错。

【原文】　《象》曰:"噬肤灭鼻",乘刚也①。

【注释】　①乘:上对下为"乘"。

【译文】　《象传》说:"噬肤灭鼻",乘驾在阳刚之上。

【原文】　六三:噬腊肉①,遇毒,小吝无咎。

【注释】　①噬腊肉:六三变而成离卦,二至五互厚中画之坎为肉,上下离为干卦,三至五互兑为口能噬,是"噬腊肉"。腊肉,干肉。

【译文】　六三:吃干肉,中毒,虽然有少许后悔,但是没有灾祸。

【原文】　《象》曰:"遇毒",位不当也。

【译文】　《象传》说:"遇毒",是地位不适当啊。

【原文】　九四:噬干胏①,得金矢②。利艰贞吉。

【注释】　①胏:内含骨头的干肉。②矢:古代投壶所用之筹。

【译文】　九四:吃带骨的干肉,吃出来金筹码。宜于艰难时保持正定,吉利。

【原文】　《象》曰:"利艰贞吉",未光也。

【译文】　《象传》说:"利艰贞吉",没有见到光明啊。

【原文】　六五:噬干肉,得黄金。贞厉无咎。

【译文】　六五:吃干肉,得到了黄金。占问危险但没有灾祸。

【原文】　《象》曰:"贞厉无咎",得当也。

【译文】　《象传》说:"贞厉无咎",位置得当啊。

【原文】　上九:何校灭耳①,凶。

【注释】　①何:同"荷",扛,负荷。校:刑具,枷锁。

【译文】　上九:肩上扛着枷锁而掩盖了耳朵,凶险。

【原文】　《象》曰:"何校灭耳",聪不明也①。

【注释】　①聪:听力好。

【译文】 《象传》说:"何校灭耳",能听到却看不明白。

二十二　贲 ䷕

【原文】 贲①,亨。小利有攸往。

【注释】 ①贲:卦名。卦义:马奔跑貌;革带;还可以引申为白,无色,文饰,装饰华美等。

【译文】 贲卦,亨通。多少有利于远行。

【原文】 《彖》曰:贲"亨",柔来而文刚①,故"亨";分刚上而文柔,故"小利有攸往",天文也。文明以止,人文也。观乎天文,以察时变。观乎人文,以化成天下。

【注释】 ①文:修饰,文饰。

【译文】 《彖传》说:贲卦"亨",阴柔下来文饰阳刚,所以"亨"通;阳刚分上去文饰阴柔,所以说"小利有攸往",说的是天文。保留了文明,就是人文。观察天文,为了察觉时间的变化。观察人文,为了教化天下民众。

【原文】 《象》曰:山下有火①,贲。君子以明庶政⑦,无敢折狱③。

【注释】 ①山下有火:贲卦,上艮为山,下离为火,因而说"山下有火"。②庶政:各种政务。③折狱:判决诉讼案件。

【译文】 《象传》说:山下有火,就是贲卦的象征。君子观看这一卦象,用以明确诸多政法,不敢草率断案。

【原文】 初九:贲其趾①,舍车而徒②。

【注释】 ①贲其趾:初九为震主爻,初与二成半象震为"舂足"之马(两足被羁绊),初九喻马趾,贲为革带,上艮为手,象解开革带。②徒:步行,此处喻"跑"。

【译文】 初九:把它两足趾的羁绊分开,它就舍弃驾车而逃跑了。

【原文】 《象》曰:"舍车而徒",义弗乘也①。

【注释】 ①义:同"仪",仪表,外表。

【译文】 《象传》说:"舍车而徒",外表是不肯驾车。

【原文】 六二:贲其须①。

【注释】 ①须:等待。

【译文】 六二:奔马存等待着。

【原文】 《象》曰:"贲其须",与上兴也。

【译文】 《象传》说:"贲其须",与上面的主人一起出现。

【原文】 九三:贲如濡如①,永贞吉。

【注释】　①贲如濡如:九三敌应上九,上九先变,成地火明夷卦,上坤为地,二至四互坎为车,三至五互震驾车的"善鸣"之马,又坎为水,转喻汗水,比喻马拉着"多眚"之车"奔跑"而汗水淋淋的样子,因而说"贲如濡如"。濡如,潮湿的样子。

【译文】　九三:奔马在沟洫中艰难行进。长久占问,结果吉利。

【原文】　《象》曰:"永贞"之"吉",终莫之陵也①。

【注释】　①终莫之陵:九三变成颐,颐卦上艮为山、为止,下震为馵足之马,两足受羁绊的马不能登上山陵。莫,不能。陵,登上。

【译文】　《象传》说:"永贞"之"吉",它最终不能登上山顶。

【原文】　六四:贲如皤如①。白马翰如②,匪寇婚媾。

【注释】　①皤如:大腹的样子。"皤"字,《帛书周易》作"蕃",繁殖、生长的意思。②翰如:贲卦六四变,成离卦。二至四互巽为白,四与五成半象震为马,说"白马"。下离为雉。白马奔跑而惊动了丛棘中的野鸡起飞,是"翰如"。翰,赤羽的山鸡。

【译文】　六四:那是大腹母马在奔跑的样子,白马跑起来如同飞快的山鸡一样。不是盗寇,是一对男女在幽会。

【原文】　《象》曰:六四当位,疑也。"匪寇婚媾",终无尤也。

【译文】　《象传》说:六四居适当位置,产生了疑虑。"匪寇婚媾",最终没有过失。

【原文】　六五:贲于丘园①,束帛戋戋②。吝终吉。

【注释】　①丘园:家园,六五为王位,解为君王的山庄。②束帛:帛,五匹为束。"帛"字,《帛书周易》作"白"。戋戋:堆积的样子。

【译文】　六五:奔马到达了君王的山庄,车上拉着的束帛竟有五匹之多。虽然有些悔恨,但是最终结果吉利。

【原文】　《象》曰:六五之吉,有喜也。

【译文】　《象传》说:六五的吉利,是有喜庆的事啊。

【原文】　上九:白贲,无咎。

【译文】　上九:白色的奔马,没有过失。

【原文】　《象》曰:"白贲,无咎",上得志也。

【译文】　《象传》说:"白贲,无咎",上行得以实现气志。

<h2>二十三　剥　☶☷</h2>

【原文】　剥①,不利有攸往。

【注释】　①剥:卦名。卦义:割掉,剥落,剥皮,剥离,剥削,剥夺等。

【译文】 剥卦,不利于有所远行。

【原文】 《彖》曰:剥,剥也,柔变刚也①。"不利有攸往",小人长也②。顺而止之③,观象也。君子尚消息盈虚④,天行也。

【注释】 ①柔变刚:坤卦六爻皆柔,上爻变阳成剥卦,因而说"柔变刚"。②长:增长。③顺而止之:剥卦,下坤为顺,上艮为止,因而说"顺而止之"。④尚:重视。消息:阳增阴减称作"息",阴增阳减称作"消"。十二月卦,复、临、泰、大壮、夬、乾为六阳息卦;垢、遁、否、观、剥、坤为六阴消卦,象一年四季循环运行。

【译文】 《彖传》说:剥卦,就是剥落的意思,阴柔变成了阳刚。"不利有攸往",是因为小人之道增长了。顺从而止步,是为了观察形象。君子重视消减与增长、盈满与虚亏,是因为天的运行有常道啊。

【原文】 《象》曰:山附于地①,剥。上以厚下安宅。

【注释】 ①山附于地:剥卦,上艮为山,下坤为地,因而说"山附于地"。

【译文】 《象传》说:山附着在地上,就是剥卦的象征。上司观看这一卦象,用以厚待下属,使他们安居乐业。

【原文】 初六:剥床以足,蔑①。贞凶。

【注释】 ①蔑:消灭,抛弃。

【译文】 初六:割削了竹床的下脚,抛弃了。占问结果凶险。

【原文】 《象》曰:"剥床以足",以灭下也。

【译文】 《象传》说:"剥床以足",消灭了下面的基础。

【原文】 六二:剥床以辨①,蔑。贞凶。

【注释】 ①辨:床足与床身分辨之处。王弼注:"辨者,足之上也。"孔颖达疏:"辨,谓床身之下,床足之上,足与床身分辨之处也。"

【译文】 六二:又割削了竹床腿的中部抛弃了。占问结果凶险。

【原文】 《象》曰:"剥床以辨",未有与也①。

【注释】 ①与:通"举",举起。

【译文】 《象传》说:"剥床以辨",不能举起了。

【原文】 六三:剥之,无咎。

【译文】 六三:继续割削余下的床腿,没有危险。

【原文】 《象》曰:"剥之,无咎",失上下也。

【译文】 《象传》说:"剥之,无咎",失去了上下。

【原文】 六四:剥床以肤①,凶。

【注释】　①肤：古代的长度单位。一指宽为一寸，四寸为一肤。六四之"四"正是一肤。

【译文】　六四：已经把床脚削去了四寸，凶险。

【原文】　《象》曰："剥床以肤"，切近灾也。

【注释】　①切近：接近。

【译文】　《象传》说："剥床以肤"，接近灾祸了。

【原文】　六五：贯鱼以宫人宠①，无不利。

【注释】　①贯鱼以宫人宠：观卦九五变阴而成剥卦，原观上卦巽为鱼、为入，今变成艮为宫门。六五"君王"居中不当位，有宫妃受宠弄权之象。下六四、六三、六二、初六皆象"宫人"，依次上行，有"鱼贯"之象，因而说"贯鱼以宫人宠"。贯鱼，即鱼贯，鱼群游动，一个接着一个。

【译文】　六五：先后有序地宠幸宫妃，没有什么不利。

【原文】　《象》曰："以宫人宠"，终无尤也。

【译文】　《象传》说："以宫人宠"，终究没有什么过失。

【原文】　上九：硕果不食①。君子得舆，小人剥庐②。

【注释】　①硕果：大木果。②庐：泛指简陋的居室。

【译文】　上九：硕大的果实不能食用。君子得到了大车，小人却在上面拆房子。

【原文】　《象》曰："君子得舆"，民所载也。"小人剥庐"，终不可用也。

【译文】　《象传》说："君子得舆"，是因为民众承载着他。"小人剥庐"，最终没有作用。

二十四　复 ䷗

【原文】　复①，亨。出入无疾②，朋来无咎。反复其道③，七日来复④。利有攸往。

【注释】　①复：卦名。卦义：一阳来复，复归、归本，复返等。②出入无疾：十二月卦，复卦值十一月，当冬至一阳生之时。坤六阴为阴极，阳息自复卦开始。阳生于子，初阳动而几微，自阴渐出缓慢，往阳渐入也缓慢，因而说"出入无疾"。疾，迅速。③反复其道：一年配十二月卦，天道反复运行。④七日来复：剥卦初位是"甲日"，至上位为"己日"，覆成复卦初九为"庚日"，共"七日"，庚日为刚日，因而说"七日来复"。

【译文】　复卦，亨通。出入不疾速，朋友到来没有过失。天道反复循环，阳气七日复来。利于君子有所远行。

【原文】　《象》曰：复"亨"，刚反。动而以顺行，是以"出入无疾，朋来无咎"。"反复

其道,七日来复",天行也。"利有攸往",刚长也①。复,其见天地之心乎!

【注释】①长:增长。

【译文】《彖传》说:复卦之"亨",阳刚返回。阳动顺从天行的方向,所以"出入无疾,朋来无咎"。"反复其道,七日来复",是说天道的运行。"利有攸往",是说阳刚在不断增长。复卦,由它就可以见到天地之心了!

【原文】《象》曰:雷在地中①,复。先王以至日闭关②,商旅不行,后不省方③。

【注释】①雷在地中:复卦,下震为雷,上坤为地,因而说"雷在地中"。②至日:冬至、夏至。③后:诸侯。省:省察,察看,考察。

【译文】《象传》说:雷在地中,就是复卦的象征。观看这一卦象,先代的君王在冬至、夏至两日就封闭关卡,商旅不能通行,诸侯也不视察各地。

【原文】初九:不远复①。无祗悔②,元吉。

【注释】①不远复:下卦为震,震为舞足,因而说"不远复"。②祗:大。

【译文】初九:君子复返还没有起步,没有大的悔恨,大吉。

【原文】《象》曰:"不远"之"复",以修身也。

【译文】《象传》说:"不远"的"复",以此来修养自身啊。

【原文】六二:休复①,吉。

【注释】①休:休息。

【译文】六二:复返的君子在休息,吉利。

【原文】《象》曰:"休复"之吉,以下仁也。

【译文】《象传》说:"休复"的吉利,是君子能尊重志士仁人啊。

【原文】六三:频复,厉无咎①。

【注释】①厉:通"励"。

【译文】六三:君子复往复回,激励而没有过错。

【原文】《象》曰:"频复"之"厉",义无咎也①。

【注释】①义:同"仪",仪表,外表。

【译文】《象传》说:"频复"之"厉",仪表上没有过错。

【原文】六四:中行独复①。

【注释】①中行:行中道。

【译文】六四:独自复返于中道。

【原文】《象》曰:"中行独复",以从道也①。

【注释】①从道:遵循道理。

【译文】　《象传》说:"中行独复",为的是遵从与时偕行之道啊。

【原文】　六五:敦复①,无悔。

【注释】　①敦复:一阳复至第五爻位成水地比卦。九五与上六成半震,是成震被压缩象,因而说"敦复"。敦,堆缩成团的意思。

【译文】　六五:复返受到了压迫,没有后悔。

【原文】　《象》曰:"敦复,无悔",中以自考也①。

【注释】　①中:中道。自考:自我成就。

【译文】　《象传》说:"敦复,无悔",君子中道而行,最终能独立完成重大任务。

【原文】　上六:迷复。凶,有灾眚①。用行师,终有大败。以其国君凶。至于十年不克征②。

【注释】　①灾眚:灾难。②克:打胜,攻克。征:征战。

【译文】　上六:复返最终迷失道路,凶险有灾难。用以调动军队作战,最终全军覆没。他的国君有凶祸,以至于十年不能打胜仗。

【原文】　《象》曰:"迷复"之凶,反君道也。

【译文】　《象传》说:"迷复"的凶祸,是因为违反了君王正道。

<h3 style="text-align:center">二十五　无妄　☲</h3>

【原文】　无妄①,元亨利贞。其匪正②,有眚③,不利有攸往。

【注释】　①无妄:卦名。卦义:不虚伪,不虚妄,没有妄见等。②匪:同"非"。③眚:过失,错误,灾难。

【译文】　无妄卦,大的亨通,利于占问。行动不走正道,就有灾难,不利于有所远行。

【原文】　《象》曰:无妄,刚自外来而为主于内①。动而健②,刚中而应③,大亨以正,天之命也。"其匪正,有眚,不利有攸往",无妄之往,何之矣? 天命不佑,行矣哉!

【注释】　①刚自外来而为主子内:无妄卦初九刚爻自否卦初爻变来,初爻为内震卦之主爻。②动而健:无妄卦,下震为动,上乾为健。③刚中而应:九五刚爻居中,比应六二阴爻。

【译文】　《象传》说:无妄卦,是阳刚自外面来而主宰了内部。震动而又刚健,阳刚居中并且有所相应。非常亨通又端正,这就是上天的命令。"其匪正,有眚,不利有攸往",无妄的前往,到哪里去呢? 天命不给予保佑,那还行吗!

【原文】　《象》曰:天下雷行①,物与无妄②。先王以茂对时③,育万物。

【注释】　①天下雷行:无妄卦,上乾为天,下震为雷,因而说"天下雷行"。②与:通

“举”,推举,进用。③茂:盛多,丰隆。

【译文】 《象传》说:天下有雷运行,进用万物没有虚妄。先王观看这一卦象,为了物质极大丰盛,遵循时令培育万物。

【原文】 初九:无妄,往吉。

【译文】 初九:君子不虚妄,前往吉利。

【原文】 《象》曰:“无妄”之往,得志也。

【译文】 《象传》说:“无妄”的前往,得以实现志向。

【原文】 六二:不耕获,不菑畬①,则利有攸往。

【注释】 ①菑:开荒。畬:开垦过三年的田。

【译文】 六二:不用耕种就有获得,不垦生荒就有吃用,如此则利于远行。

【原文】 《象》曰:“不耕获”,未富也①。

【注释】 ①未富:无妄卦,下震“君子”,入高山有所获得而能“近利市三倍”,是震“富”。“午马未羊”,兑为羊,未指兑言。假若六二变,成天泽履卦,三至五互巽,是下兑“人”互巽为近利市三倍,是兑富,因而说“未富”。

【译文】 《象传》说:“不耕获”,不能富足啊。

【原文】 六三:无妄之灾①,或系之牛②,行人之得,邑人之灾。

【注释】 ①无妄之灾:无妄六三比应上六,二爻交成泽火革卦,二至上互大坎为多眚,因而说“无妄之灾”。无妄之灾指无妄行而有的灾祸,是意外之灾。②或系之牛:革卦,上兑为巫,下离为花牛,二至四互巽为绳、为人,离人互巽,因而说“或系之牛”。或,有人。

【译文】 六三:无妄君子的灾难,是有人把花牛拴上拉走了,那个行路人得到了它,耕牛没了就成了村里人的灾祸。

【原文】 《象》曰:“行人”得牛,“邑人”灾也。

【译文】 《象传》说:“行人”得到牛,“邑人”遭灾了。

【原文】 九四:可贞①,无咎。

【注释】 ①贞:占问。

【译文】 九四:可以先利用他来占问,没有过错。

【原文】 《象》曰:“可贞,无咎”,固有之也。

【译文】 《象传》说:“可贞,无咎”,本来就有那样的作用。

【原文】 九五:无妄之疾,勿药有喜。

【译文】 九五:无妄的大人生了病,不用吃药就能好,心情还会格外高兴。

【原文】　《象》曰:"无妄"之药,不可试也。

【译文】　《象传》说:"无妄"的药,是不可尝试的。

【原文】　上九:无妄行有眚,无攸利。

【译文】　上九:无妄者的行动将要有灾难发生,长远看没有利处。

【原文】　《象》曰:"无妄"之行,穷之灾也。

【译文】　《象传》说:"无妄"的行动,是因穷而得到的灾祸。

二十六　　大畜　

【原文】　大畜①,利贞。不家食,吉。利涉大川。

【注释】　①大畜:卦名。卦义:丰厚的积累,畜大德,畜颐养等。

【译文】　大畜卦,利于占问。不在家坐食,吉利。利于涉渡大河。

【原文】　《象》曰:大畜,刚健笃实辉光①,日新其德,刚上而尚贤,能止健②,大正也。"不家食,吉",养贤也。"利涉大川",应乎天也③。

【注释】　①刚健笃实辉光:大畜卦,上艮为山,其体坚厚,下乾为健,因而说"刚健笃实";三至上互大离,离为日,因而说"辉光"。②能止健:乾"健"上行遇艮"止"。③应乎天:下乾为天。艮初应乾初(六四比应初九)、艮二应乾二、艮上应乾上。

【译文】　《象传》说:大畜卦,刚健坚定厚实光辉,日新天德,刚健向上而崇尚贤人,能使强健者停止,就是大而正。"不家食,吉",是因为君主能畜养贤才。"利涉大川",是能够顺应天时。

【原文】　《象》曰:天在山中①,大畜。君子以多识前言往行②,以畜其德。

【注释】　①天在山中:大畜卦,下乾为天,上艮为山,因而说"天在山中"。②识:记住。

【译文】　《象传》说:天在山中,就是大畜卦的象征。君子观看这一卦象,多多记住以前圣贤的言行,以积蓄自己的德行。

【原文】　初九:有厉①,利已②。

【注释】　①有厉:初九比应六四,两爻互变成火风鼎卦,初至五互大坎,有危险,因而说"有厉"。②已:停止。

【译文】　初九:君子前行有受阻的危险,暂时止步为宜。

【原文】　《象》曰:"有厉,利已",不犯灾也。

【译文】　《象传》说,"有厉,利已",君子不会主动触犯危险。

【原文】　九二:舆说輹①。

【注释】 ①说:通"脱"。輹:《说文》"輹,车轴缚也",捆绑车伏兔与车轴的绳子。

【译文】 九二:大车脱掉了缚轴的绳子。

【原文】 《象》曰:"舆说輹",中无尤也。

【注释】 ①尤:过失。

【译文】 《象传》说:"舆脱輹",居中没有过失。

【原文】 九三:良马逐,利艰贞。曰闲舆卫①,利有攸往。

【注释】 ①闲:熟习。舆:驾车。卫:保卫。

【译文】 九三:良马在追逐驰骋,利于君子于艰难中守正。命令兵士熟悉驾驭的技术,护卫战车,对远行出征有利。

【原文】 《象》曰:"利有攸往",上合志也。

【译文】 《象传》说:"利有攸往",与上面的志向相合。

【原文】 六四:童牛之牿①,元吉。

【注释】 ①童牛:牛犊。牿:牛角上所加横木。六四比应初九,两爻互变成火风鼎卦,下巽为木、为绳,二至四互乾伏坤为子母牛,也就是小母牛。

【译文】 六四:把木牿夹在小母牛的角上,大吉。

【原文】 《象》曰:六四"元吉",有喜也。

【译文】 《象传》说:六四"元吉",是说有喜庆啊。

【原文】 六五:豮豕之牙①,吉。

【注释】 ①豮豕:阉割过的猪。

【译文】 六五:阉猪的牙,吉利。

【原文】 《象》曰:六五之"吉",有庆也。

【译文】 《象传》说:六五的"吉",值得庆幸。

【原文】 上九:何天之衢①,亨。

【注释】 ①何:同"荷"。衢:庇荫。古文字专家高亨先生《周易大传今注》说:"何读为荷,担也,受也。衢读为庥,庇荫也。"

【译文】 上九:荷载着上天的庇荫,亨通。

【原文】 《象》曰:"何天之衢",道大行也。

【译文】 《象传》说:"何天之衢",天道能够畅行无阻啊。

二十七　颐 ䷚

【原文】　颐①,贞吉。观颐,自求口实②。

【注释】　①颐:卦名。卦义:下巴,腮,颊车,颐养,保养等。②口实:口粮。

【译文】　颐卦,占问吉祥。观看颐卦,是自己求取食物之象。

【原文】　《象》曰:颐"贞吉",养正则吉也①。"观颐",观其所养也。"自求口实",观其自养也。天地养万物,圣人养贤以及万民。颐之时大矣哉!

【注释】　①正:适宜。

【译文】　《象传》说:颐卦的"贞吉",是说保养适宜就吉祥。"观颐",是说观察颐养的情况。"自求口实",就是观察自我保养的情况。天地养育万物,圣人养育贤人以及教化千万民众。颐卦与时偕行的意义非常大啊!

【原文】　《象》曰:山下有雷①,颐。君子以慎言语,节饮食。

【注释】　①山下有雷:颐卦,上艮为山,下震为雷,因而说"山下有雷"。

【译文】　《象传》说:山下有雷,就是颐卦的象征。君子观看这一卦象,说话谨慎,节制饮食。

【原文】　初九:舍尔灵龟①,观我朵颐②,凶。

【注释】　①舍:丢弃。灵龟:古人用龟甲占卜,认为龟能预知吉凶,因而称"灵龟"。②朵颐:本是鼓动下巴,引申为咀嚼大块肉的意思。朵,动。

【译文】　初九:舍弃你的灵龟,看我鼓动腮颊嚼大块肉,有凶险。

【原文】　《象》曰:"观我朵颐",亦不足贵也。

【译文】　《象传》说:"观我朵颐",也不是高贵的行为。

【原文】　六二:颠颐①,拂经于丘颐②。征凶。

【注释】　①颠:颠倒。②拂经于丘颐:"拂经"就是变动颐的六二爻,成损卦。损卦二至上成五画颐,又为正反艮,是上下"丘"与上下"鼻",上下颠倒来回看五画颐的正反艮,既象两座小土山又象两鼻相对,因而说"拂经于丘颐"。拂,振动。经,道,南北走向的路,卦上南下北。

【译文】　六二:正看又反看下巴,上下鼓动的腮颊像两座小丘。可以征讨凶顽。

【原文】　《象》曰:六二"征凶",行失类也①。

【注释】　①类:法则。

【译文】　《象传》说:六二的"征凶",行动失于违逆。

【原文】　六三:拂颐,贞凶,十年勿用,无攸利。

中华传世藏书

国学经典文库　周易

图文珍藏版

【译文】 六三：鼓动腮颊，占问结果凶险。君子十年之后还是没有用场，没有长远利处。

【原文】 《象》曰："十年勿用"，道大悖也。

【译文】 《象传》说："十年勿用"，严重悖逆了君子与时俱进的道理。

【原文】 六四：颠颐，吉。虎视眈眈①，其欲逐逐②，无咎。

【注释】 ①眈眈：瞪目逼视的样子。②其欲逐逐：初至四成四画山雷颐，也是正反震之"善鸣"之马。逐借"足"，老虎瞪目逼视，其欲望在两马。"逐逐"，急迫。

【译文】 六四，颠来倒去看颊车，吉祥。老虎瞪大眼睛逼视着，它的欲望在急迫追逐那两匹马，没有灾祸。

【原文】 《象》曰："颠颐"之"吉"，上施光也。

【译文】 《象传》说："颠颐"的"吉"，是上面普施着光辉。

【原文】 六五：拂经，居贞吉，不可涉大川。

【译文】 六五：上下鼓动，居静少动则吉，不可涉渡大河。

【原文】 《象》曰："居贞"之吉，顺以从上也。

【译文】 《象传》说："居贞"的吉利，因为他能够顺应形势不断上进。

【原文】 上九：由颐①，厉吉②。利涉大川。

【注释】 ①由：辅佐。②厉：同"砺"，磨砺。

【译文】 上九：帮助腮颊的鼓动，自我磨砺就吉祥。利于涉渡大河。

【原文】 《象》曰："由颐，厉吉"，大有庆也。

【译文】 《象传》说："由颐，厉吉"，非常值得庆幸啊。

二十八 大过 ䷛

【原文】 大过①，栋桡②。利有攸往，亨。

【注释】 ①大过：卦名。卦义：过中，过头，大的过失等。②栋桡：下巽为木，上兑为毁折，初至上互大坎为矫揉，栋梁脊木有所弯曲，因而说"栋桡"。栋，屋脊，中梁脊木。桡，曲木。

【译文】 大过卦，是屋梁脊木有弯曲的象征。利于有所远行，亨通。

【原文】 《象》曰：大过，大者过也。"栋桡"本末弱也①。刚过而中②，巽而说行③。"利有攸往"乃"亨"。大过之时大矣哉！

【注释】 ①本末弱：初为本，上为末。初六与上六是本末弱。②刚过而中：大过卦象"大坎"，中间四阳爻多得过头，九二、九五居上下卦之中，因而说"刚过而中"。③巽：同

"逊",谦逊。说:同"悦",喜悦。

【译文】 《彖传》说:大过卦,就是大者过头的象征。"栋桡",是说本末都软弱。阳刚过头而居中,行动谦逊而喜悦,出行"利有攸往"才能"亨"。大过卦与时偕行的意义非常大啊!

【原文】 《象》曰:泽灭木①,大过。君子以独立不惧,遁世无闷②。

【注释】 ①泽灭木:大过卦,上兑为泽、为毁折,下巽为木,因而说"泽灭木"。②遁世:避世隐居。闷:烦忧。

【译文】 《象传》说:泽水淹没树木,就是大过卦的象征。君子观看这一卦象,独立行动而不畏惧,隐居处世而不烦忧。

【原文】 初六:藉用白茅①,无咎。

【注释】 ①藉用白茅:下巽为白,巽伏震为茅,初六象茅草铺地(三才地道下爻),放上祭品用以祭天(上互两乾为大天),因而说"藉用白茅"。藉,垫。白茅,茅草名。

【译文】 初六:祭品放在白茅垫上,没有过失。

【原文】 《象》曰:"藉用白茅",柔在下也。

【译文】 《象传》说:"藉用白茅",柔者处于下位。

【原文】 九二:枯杨生稊①,老夫得其女妻②,无不利。

【注释】 ①稊:植物的嫩芽,特指杨柳的新生枝叶。②老夫得其女妻:二至四互乾为老夫,九二当互乾下爻,下巽为人,上兑为少女,互乾入上兑,因而说"老夫得其女妻"。

【译文】 九二:干枯的杨树发出了新芽,老男人得到个少女为妻,没有不利。

【原文】 《象》曰:"老夫""女妻",过以相与也①。

【注释】 ①与:敌,对付的意思。

【译文】 《象传》说:"老夫""女妻",是相互予以亲附的过头行为。

【原文】 九三:栋桡,凶。

【译文】 九三:栋梁脊木弯曲将断,凶险。

【原文】 《象》曰:"栋桡"之"凶",不可以有辅也①。

【注释】 ①辅:辅助,支持。

【译文】 《象传》说:"栋桡"之"凶",是上下都没有辅助的结果。

【原文】 九四:栋隆吉①,有它吝②。

【注释】 ①隆:隆盛,引申为坚固。②有它:有意外情况。

【译文】 九四:栋梁坚固,吉祥,遭遇意外情况会有危险。

【原文】 《象》曰:"栋隆"之"吉",不桡乎下也①。

【注释】　①桡：引申为屈服，屈从。

【译文】　《象传》说："栋隆"的"吉"，不屈服于下面的危险啊。

【原文】　九五：枯杨生华①，老妇得其士夫②，无咎无誉。

【注释】　①华：同"花"。②老妇得其士夫：上震为士夫，互巽为老妇，震动巽入，因而说"老妇得其士夫"。士夫，青年男子。

【译文】　九五：干枯的杨树开出了花朵，老妇得到了壮男做丈夫，不受责备，也没有赞誉。

【原文】　《象》曰："枯杨生华"，何可久也！"老妇""士夫"，亦可丑也！

【译文】　《象传》说："枯杨生华"，如何能够长久！"老妇""士夫"，也是丢人现丑的事！

【原文】　上六：过涉灭顶①，凶。无咎。

【注释】　①过涉：渡河。灭：淹没。

【译文】　上六：涉渡江河的时候，水淹没了头顶，凶险。最终没有灾祸。

【原文】　《象》曰："过涉"之"凶"，不可咎也①。

【注释】　①咎：责怪。

【译文】　"过涉"的"凶"，不可以过多责备。

<h2 style="text-align:center">二十九　坎 ䷜</h2>

【原文】　习坎①，有孚②。维心亨，行有尚③。

【注释】　①习坎：卦名，指二坎卦相重叠。卦义：水，沟洫，劳，水坑，洼地，池塘，重坎，陷阱，转义指危险、坎陷等。习，通"袭"，重叠。②孚：同"俘"，俘获。③尚：佑助。

【译文】　习坎卦，是有所获得。维系心灵沟通，与时偕行会获得佑助。

【原文】　《象》曰：习坎，重险也。水流而不盈，行险而不失其信。"维心亨"，乃以刚中也。"行有尚"，往有功也。天险，不可升也。地险，山川丘陵也。王公设险以守其国①。坎之时用大矣哉！

【注释】　①设险：设置险要。

【译文】　《象传》说：习坎卦，是有双重危险之象的卦。水流下却不会盈满，人在艰险中行进而不失去诚信。"维心亨"，是说其刚健而中正。"行有尚"，是说前行会有功劳。天之险，不可攀升；地之险，就是山川丘陵。观看这一卦象，王公设置险要，用以守卫他们的国家。坎卦与时偕行的意义非常大啊！

【原文】　《象》曰：水洊至①，习坎。君子以常德行，习教事②。

【注释】　①洊：一次又一次，再次。习坎卦，上下皆为坎，前水方来，后水接踵而至。②习：教习，训练。

【译文】　《象传》说：水一次又一次地涌来，就是习坎卦的象征。君子观看这一卦象，要恒守道德品行，从事教化民众的事业。

【原文】　初六：习坎，人于坎窞①，凶。

【注释】　①坎窞：坑穴，喻险境。窞，小而深的坑。

【译文】　初六：下坎上坎重叠，落入双重陷阱，凶险。

【原文】　《象》曰："习坎"入坎，失道凶也。

【译文】　《象传》说："习坎"人坎陷，失去了该走的道路而导致了凶险。

【原文】　九二：坎有险①，求小得。

【注释】　①有：通"又"。

【译文】　九二：坎险又接着坎险，君子好逑得小子。

【原文】　《象》曰："求小得"，未出中也。

【译文】　《象传》说："求小得"，没有出中道。

【原文】　六三：来之坎坎，险且枕①。入于坎窞，勿用。

【注释】　①"来之"二句：六三为下坎上爻，二至四互震入上坎，上坎"来"枕下坎，上下两险，因而说"来之坎坎，险且枕"。枕，临，靠近。

【译文】　六三：渡过后面的危险又遭遇前面的危险。君子贸然行动将进入坎陷，不要乱动。

【原文】　《象》曰："来之坎坎"，终无功也。

【译文】　《象传》说："来之坎坎"，最终没有功劳。

【原文】　六四：樽酒簋贰用缶①，纳约自牖②，终无咎。

【注释】　①樽酒簋贰用缶：坎卦二至五成四画颐卦，有正反两震象，震为樽、为簋。上坎"酒水"，三至五互艮（覆震）入上坎为一"樽酒"。下坎为猪肉，入二至四互震为一"簋"食。坤为缶，今取一阳置坤中而成坎，上下二坎象把酒水、食物装入"缶"中，有二坎就没有正覆震而弃了樽、簋之器，因而说"樽酒簋贰用缶"。樽，古代装酒的器具。簋，古代盛食物的竹木制的器具。缶，瓦器。②纳约自牖：二至五互是四画颐卦，正反看有二艮而伏二"巫"，又以颐卦"自求口食"而喻"牖"，正反艮本有"门"，是二位巫者不走门而从窗递出祭品之象（上下二阴爻），因而说"纳约自牖"。纳，接纳。约，简要。牖，窗户。

【译文】　六四：把一樽酒和一簋食物装入两个瓦罐里，两位巫者都不走门却图简便从窗里递出，最终没有过错。

【原文】　《象》曰:"樽酒簋贰",刚柔际也。

【译文】　《象传》说:"樽酒簋贰",柔与刚有所交际啊。

【原文】　九五:坎不盈,祗既平①,无咎。

【注释】　①祗:借为"坻",小丘。三至五互艮为山、为小石,喻"小丘"。

【译文】　九五:沟洫还没有盈满,小丘就已经冲刷成平地,没有过错。

【原文】　《象》曰:"坎不盈",中未大也。

【译文】　《象传》说:"坎不盈",是说处中还不宏大。

【原文】　上六:系用徽纆①,置于丛棘,三岁不得②,凶。

【注释】　①徽纆:绳索。三股为徽,两股为纆。②三岁不得:三岁之内见不得阳光,就是三岁之后见得阳光。坎上六变成离初六,一爻一岁,三岁之后与上离相接而得阳光照耀(离卦,上日下火),因而说"三岁不得"。

【译文】　上六:把他用粗细两条绳索捆绑着,放置在丛棘里,三年见不到阳光,凶险。

【原文】　《象》曰:上六失道,凶"三岁"也。

【译文】　《象传》说:上六失去正道,所以罹祸"三岁"啊。

三十　离☲☲

【原文】　离①,利贞,亨。畜牝牛吉②。

【注释】　①离:卦名。卦义:日,日光,光明,亮丽,附丽,明火等。②牝牛:母牛。上下两离都为"离牛"。变离之六二与六五得乾卦,上乾伏坤为子母牛(小母牛)。

【译文】　离卦,宜于占问,结果亨通。畜养小母牛吉利。

【原文】　《彖》曰:离,丽也①。日月丽乎天,百谷草木丽乎土。重明以丽乎正②,乃化成天下。柔丽乎中正③,故"亨"。是以"畜牝牛吉"也。

【注释】　①丽:附丽,附着。②重明:离为日、为火,上日下火,两离相重更加光明。③柔丽乎中正:六二得中正之位处二刚爻之中,六五得中位处于二刚爻之中,有中有正,因而说"柔丽乎中正"。

【译文】　《彖传》说:离卦,就是附着的意思。日月附丽于天上,百谷草木附着于土地。以双重的光明附丽于正道,就可以使天下的教化成功。柔顺附丽于中正之道,所以"亨"。所以说"畜牝牛吉"。

【原文】　《象》曰:明两作①,离。大人以继明照于四方。

【注释】　①明两作:离卦,上下都是离。作,起。

【译文】　《象传》说:光明两次升起,就是离卦的象征。观看这一卦象,大人以继承

光明照耀着四面八方。

【原文】　初九:履错然①,敬之无咎②。

【注释】　①履:鞋,引申为践行。错然:交错。②敬之:初至四成四画风火家人,离入巽,中女敬长女,家庭和睦,因而说"敬之"。

【译文】　初九:脚步交错,家庭成员相互恭敬。没有过失。

【原文】　《象》曰:"履错"之"敬",以辟咎也①。

【注释】　①辟:避免,防止。

【译文】　《象传》说:"履错"之"敬",是为了避免过失。

【原文】　六二:黄离①,元吉。

【注释】　①黄离:六二变阳,下卦成乾为天,三至五互兑为西山,天上的太阳在西山上呈现黄色,正是黄昏的时候。

【译文】　六二:日落西山黄昏前的阳光,大吉。

【原文】　《象》曰:"黄离,元吉",得中道也。

【译文】　《象传》说:"黄离,元吉",是说得到了中道。

【原文】　九三:日昃之离①。不鼓缶而歌,则大耋之嗟②,凶。

【注释】　①昃:日西斜。②耋:年老,多指七八十岁。大耋则年龄更大。嗟:慨叹。

【译文】　九三:看到太阳落下西山后的余光,不用鼓起瓦盆就唱歌,老人发出了慨叹,那就有凶险了。

【原文】　《象》曰:"日昃之离",何可久也!

【译文】　《象传》说:"日昃之离",如何能够长久!

【原文】　九四:突如其来如①。焚如②,死如③,弃如④。

【注释】　①突如其来如:上行为往,是"突";下行为"来"。二至五成四画泽风大过,有正反"巫"之象,巫上"突"而遇上火;巫下"来"而有下火,是要把巫尪置于火中烧死,因而说"突如其来如"。"突"字,《帛书周易》作"出"。②焚如:九四先变成阴,上卦成艮,上巫下火,是把"巫尪"置于火上焚烧之象,因而说"焚如"。③死如:九四不变而变初九,下离成艮,巫在火下,是已经把巫尪烧死之象,因而说"死如"。④弃如:九四与初九皆变,离卦成艮卦。上艮为西山,下艮是把死巫抛弃山下之象,因而说"弃如"。

【译文】　九四:能致天旱不雨的巫旭在火中挣扎着。焚烧了,死掉了,丢弃了。

【原文】　《象》曰:"突如其来如",无所容也。

【译文】　《象传》说:"突如其来如",它根本不会有躲避容身的地方。

【原文】　六五:出涕沱若①,戚嗟若②。吉。

【注释】 ①涕：眼泪，鼻涕。沱若：泪多的样子。②戚：忧伤。

【译文】 六五：如雨的眼泪和鼻涕满面流淌，既忧伤，又哀叹。吉利。

【原文】 《象》曰：六五之吉，离王公也。

【译文】 《象传》说：六五的吉祥，附着君王的人是三公啊。

【原文】 上九：王用出征，有嘉折首①。获匪其丑②，无咎。

【注释】 ①折首：斩首。②匪：通"分"，划分。丑：类。

【译文】 上九：君王出征，对杀敌者进行嘉奖。把俘虏按类别进行处置，没有过错。

【原文】 《象》曰："王用出征"，以正邦也。

【译文】 《象传》说："王用出征"，是为了安定邦国。

易经下

三十一　咸

【原文】　咸①,亨,利贞。取女吉②。

【注释】　①成:卦名。卦义:接触,触动,牵动,感,无心之感,交感,感触,相互感应等。②取女吉:九三比应上六,两爻互变成既济卦,上男下女,有离为吉,因而说"取女吉"。又咸卦上少女、下少男,也是"取女"的意思。取,娶。

【译文】　咸卦,亨通,利于占问。娶妻吉利。

【原文】　《彖》曰:咸,感也。柔上而刚下①,二气感应以相与,止而说②,男下女③,是以"亨,利贞。取女吉"也。天地感而万物化生,圣人感人心而天下和平。观其所感,而天地万物之情可见矣!

【注释】　①柔上而刚下:咸卦,上兑阴卦为柔,下艮阳卦为刚。②止而说:艮为止,兑为悦。说,同"悦"。③男下女:阳(艮)气已经下来,阴(兑)气已经上去,有男就女之象。

【译文】　《彖传》说:咸卦,就是交感的意思。柔在上而刚在下,二气相互感应而接合,节止而又喜悦,男方下于女方,所以说"亨,利贞。取女吉"。天地二气相互感应而万物化生,圣人感动人心则天下和平。观其有所感应,天地万物的情况就明白可见了。

【原文】　《象》曰:山上有泽①,咸。君子以虚受人。

【注释】　①山上有泽:咸卦,上兑为泽,下艮为山,因而说"山上有泽"。

【译文】　《象传》说:山上有泽,就是咸卦的象征。君子观看这一卦象,要以谦虚的胸怀容纳他人。

【原文】　初六:咸其拇①。

【注释】　①咸其拇:震为作足,下卦之艮为覆震而得。恒卦上震为聂足,有羁绊马两足之象。咸初六为马趾已经脱去羁绊之象。此初六爻辞,是说当主人去掉马的羁绊时,牵动了它的足趾。咸,绳子,引申为牵动、牵引、牵制、触动、接触等义。拇,足大趾。

【译文】　初六:解开马的羁绊时牵动了它的足趾。

【原文】　《象》曰:"咸其拇",志在外也。

【译文】　《象传》说:"咸其拇",气志表现在外面。

【原文】　六二:咸其腓①,凶,居吉。

【注释】　①成其腓:六二得位得中,二至四互巽为股(大腿),六二象马小腿,翼为工、为绳，艮为手，艮覆震为动，因而说"咸其腓"。腓，小腿的肌肉。

　　【译文】　六二：解开一足绊马索时又牵动了它另一小腿的肌肉，凶险。居静勿动就吉利。

　　【原文】　《象》曰：虽"凶，居吉"，顺不害也。

　　【译文】　《象传》说：虽然"凶，居吉"，让它保持温顺就不会有害处。

　　【原文】　九三：咸其股①，执其随②，往吝。

　　【注释】　①股：大腿。②执：牵制，控制。

　　【译文】　九三：解开绳子时牵动了它的大腿，马惊而跑，执意追逐它而随同前往，有危险。

　　【原文】　《象》曰："咸其股"，亦不处也①。志在随人，所执下也。

　　【注释】　①处：停止。

　　【译文】　《象传》说："咸其股"，它也不停下来歇息。主人的志向在于追逐惊马，但他所控制的却在马的下面。

　　【原文】　九四：贞吉悔亡。憧憧往来①，朋从尔思。

　　【注释】　①憧憧：往来不绝的样子。

　　【译文】　九四：占问结果吉利，悔恨就会消亡。主人往来追逐良马，它也如样地随从主人的牵引来回跑动。

　　【原文】　《象》曰："贞吉悔亡"，未感害也。"憧憧往来"，未光大也。

　　【译文】　《象传》说："贞吉悔亡"，没有感受到伤害。"憧憧往来"，未能广大驰骋。

　　【原文】　九五：咸其脢①，无悔。

　　【注释】　①脢：脊肉，背。

　　【译文】　九五：牵动了马脊骨上的肉，没有后悔。

　　【原文】　《象》曰："咸其脢"，志末也。

　　【译文】　《象传》说："咸其脢"，原本的志向完成了。

　　【原文】　上六：咸其辅颊舌①。

　　【注释】　①咸其辅颊舌：从卦象上看，此"颊"字当作"夹"。牵动到了马的头部，二至上互大坎，上六居互坎上爻，坎为耳痛，上六又居三至五互乾之上，乾为良马，上六象"良马"头上有物，上兑为口舌，互乾为金，喻"马嚼子"，如此"装饰"良马，它的耳朵会痛，张口时嚼子不能脱落。辅，颊骨。颊，脸的两旁。

　　【译文】　上六：牵动它的面颊与舌头，给它佩戴了辔头和嚼子。

　　【原文】　《象》曰："咸其辅颊舌"，滕口说也①。

【注释】 ①滕口:张口。说:通"脱",脱落。

【译文】 《象传》说:"咸其辅颊舌",是为了防止张口脱掉啊。

三十二 恒 ䷟

【原文】 恒①,亨。无咎,利贞。利有攸往。

【注释】 ①恒:卦名。卦义:常,恒久,长久,永恒,持久等。

【译文】 恒卦,亨通。没有过错,利于占问。利于君子有所远行。

【原文】 《彖》曰:恒,久也。刚上而柔下①,雷风相与②,巽而动③;刚柔皆应④,恒。"恒,亨。无咎,利贞",久于其道也。天地之道,恒久而不已也。"利有攸往",终则有始也⑤。日月得天而能久照,四时变化而能久成。圣人久于其道,而天下化成。观其所恒,而天地万物之情可见矣。

【注释】 ①刚上而柔下:恒卦,上为震属阳刚之卦,下为巽属阴柔之卦,因而说"刚上而柔下"。②雷风相与:上卦震与下卦巽相互交往给予。③巽而动:震为动,巽为入。④刚柔皆应:初六柔应九四刚,九二刚应六五柔,九三刚应上六柔,因而说"刚柔皆应"。⑤有:通"又"。

【译文】 《象传》说:恒卦,就是永久的意思。刚在上而柔在下,风雷相互交往,巽入而有所动;三刚与三柔都相互对应,所以称作"恒"。"恒,亨。无咎,利贞",是说长久地坚守正道。天道与地道,永恒长久运行而不停息。"利有攸往",是说终结了又重新开始。日月得到天的承载而能长久照耀万物,四季变化而能长久化生万物。圣人能长久地推行其道理,从而普天下的教化都能成功。观看这个恒卦之象,天地万物的情况也都可以明见了。

【原文】 《象》曰:雷风恒。君子以立不易方①。

【注释】 ①易:改变。方:道理,常规。

【译文】 《象传》说:上雷下风,就是恒卦的象征。君子观看这一卦象,独立处世,不变易其坚守的原则。

【原文】 初六:浚恒①,贞凶,无攸利。

【注释】 ①浚:深挖河道,使水疏通。

【译文】 初六:长久地深挖河道,占问结果凶险,没有长远好处。

【原文】 《象》曰:"浚恒"之凶,始求深也。

【译文】 《象传》说:"浚恒"的凶险,是由于起始就追求深入。

【原文】 九二:悔亡①。

【注释】　①亡：无。

【译文】　九二：没有悔恨。

【原文】　《象》曰：九二"悔亡"，能久中也。

【译文】　《象传》说：九二说"悔亡"，是能长久地坚守中道。

【原文】　九三：不恒其德，或承之羞①。贞吝。

【注释】　①或承之羞：离为羞，承载上震"君子"，因而说"或承之羞"。

【译文】　九三：假若不能恒久保持自己的品德，就可能承受别人的羞辱。占问结果有吝惜。

【原文】　《象》曰："不恒其德"，无所容也。

【译文】　《象传》说："不恒其德"，他就没有容身的地方。

【原文】　九四：田无禽。

【译文】　九四：田野里没有禽鸟。

【原文】　《象》曰：久非其位，安得禽也！

【译文】　《象传》说：长久踞在不当的位置上，安能得到禽鸟！

【原文】　六五：恒其德。贞，妇人吉，夫子凶。

【译文】　六五：恒久保持自己的品德。占问，妇人吉祥，男子凶险。

【原文】　《象》曰："妇人"贞吉，从一而终也。"夫子"制义，从妇凶也。

【译文】　《象传》说："妇人"占问吉祥，是因为她只嫁给了一个男子。"夫子"的仪表改变了，是他的小妾太凶了。

【原文】　上六：振恒①，凶。

【注释】　①振：通"震"，震动。

【译文】　上六：震动他的恒心，有凶险。

【原文】　《象》曰："振恒"在上，大无功也。

【译文】　《象传》说："振恒"处于上位，尤其没有功劳。

三十三　遁

【原文】　遁①，亨，小利贞。

【注释】　①遁：卦名。卦义：隐退，退避，遁藏，隐遁，遁逃等。

【译文】　遁卦，亨通。占问有小利。

【原文】　《象》曰：遁"亨"，遁而亨也。刚当位而应①，与时行也。"小利贞"，浸而长也②。遁之时义大矣哉！

【注释】 ①刚当位而应:九五爻居于阳位,得位得中,比应六二,相应为和,因而说"刚当位而应"。②浸而长:逐渐成长。指艮"少年"逐渐成长为震"君子"而言。浸,逐渐。

【译文】 《彖传》说:遁卦"亨"的意思,是说隐遁而亨通。刚健当位而有对应,能与时同步行动。"小利贞",是说弱小的逐渐成长。遁卦与时偕行的意义非常大啊!

【原文】 《象》曰:天下有山①,遁。君子以远小人,不恶而严②。

【注释】 ①天下有山:遁卦,上乾为天,下艮为山,因而说"天下有山"。②恶:憎恶,怨恨。

【译文】 《象传》说:天下有山,就是遁卦的象征。君子观看这一卦象,用以远离小人,不厌恶而威严。

【原文】 初六:遁尾①,厉,勿用有攸往。

【注释】 ①遁尾:上乾为良马,初六象马尾,"遁"取马善跑的意思。

【译文】 初六:良马跑,夹起了尾巴,有危险,不要有所远行。

【原文】 《象》曰:"遁尾"之"厉",不往何灾也?

【译文】 《象传》说:"遁尾"的"厉",不骑着它远行又有什么灾祸呢?

【原文】 六二:执之用黄牛之革①,莫之胜说②。

【注释】 ①执:系,捆。②胜:经得住,能承担。说:通"脱",脱离。

【译文】 六二:用黄牛皮拧成的绳子把马的两足牢牢拴住,防止经不住它的挣扎而脱逃。

【原文】 《象》曰:执"用黄牛",固志也。

【译文】 《象传》说:"用黄牛"捆,是说要固定住它的志向。

【原文】 九三:系遁①,有疾厉②。畜臣妾吉③。

【注释】 ①系遁:二至四互巽为股、为绳,九三已入于互乾,乾伏坤为大舆,表示良马牵至车旁,等待就驾。②疾:大。③臣妾:男仆为臣,女仆为妾。

【译文】 九三:拴缚着马的大腿,还有大危险。蓄养男女仆从吉利。

【原文】 《象》曰:"系遁"之厉,有疾惫也①。"畜臣妾吉",不可大事也。

【注释】 ①惫:困顿。

【译文】 《象传》说:"系遁"的危险,是说它已经处于极端困顿的状态。"畜臣妾吉",是说不可以用来做大事。

【原文】 九四:好遁①,君子吉,小人否②。

【注释】 ①好:便于。②否:困穷。

【译文】 九四:快快地隐遁。君子吉祥,小人困穷。

【原文】 《象》曰:君子"好遁","小人否"也。

【译文】 《象传》说:君子的"好遁",却是"小人否"啊。

【原文】 九五:嘉遁①,贞吉。

【注释】 ①嘉:嘉勉。

【译文】 九五:嘉勉隐遁的君子,占问吉祥。

【原文】 《象》曰:"嘉遁,贞吉",以正志也。

【译文】 《象传》说:"嘉遁,贞吉",是说用以端正君子的志向。

【原文】 上九:肥遁①,无不利。

【注释】 ①肥遁:遁世隐居。

【译文】 上九:遁世隐居,没有什么不利。

【原文】 《象》曰:"肥遁,无不利","无所疑也。

【译文】 《象传》说:"肥遁,无不利",他没有什么疑虑。

三十四　大壮　䷡

【原文】 大壮①,利贞。

【注释】 ①大壮:卦名。卦义:大者壮,威力强大,声势壮大,盛气威严,大壮则止,壮伤,夷壮等。

【译文】 大壮卦,利于占问。

【原文】 《象》曰:大壮,大者壮也。刚以动①,故壮。大壮"利贞",大者正也。正大而天地之情可见矣。

【注释】 ①刚以动:大壮卦,下乾刚,上震动,因而说"刚以动"。以,而。

【译文】 《象传》说:大壮,就是大者强壮的意思。刚健又善于行动,所以称作"大壮"。大壮卦说"利贞",是说强大者坚守正道。守正又强大,天地的情况就可以明见了。

【原文】 《象》曰:雷在天上①,大壮。君子以非礼弗履②。

【注释】 ①雷在天上:大壮卦,上震为雷,下乾为天,因而说"雷在天上"。②履:践行。

【译文】 《象传》说:雷在天上,就是大壮卦的象征。君子观看这一卦象,不践履非礼之事。

【原文】 初九:壮于趾①。征凶有孚②。

【注释】 ①壮于趾:大壮卦为夹画兑象,兑为羊,上象羊角,初象羊趾,羊牴物,足趾用力,因而说"壮于趾"。趾,脚,足。②孚:同"俘",俘获,俘虏。

【译文】　初九:足趾强壮。君子出征有所俘获。

【原文】　《象》曰:"壮于趾",其"孚"穷也。

【译文】　《象传》说:"壮于趾",那个"孚"是到了穷途末路。

【原文】　九二:贞吉。

【译文】　九二:占问结果吉祥。

【原文】　《象》曰:九二"贞吉",以中也。

【译文】　《象传》说:九二"贞吉",以其居守中道。

【原文】　九三:小人用壮,君子用罔①。贞厉。羝羊触藩②,羸其角③。

【注释】　①罔:网。②羝羊:公羊。藩:篱笆,多围成圆形。③羸:通"儡",损毁,败坏。

【译文】　九三:小人使用蛮力,君子使用网罗。占问有危险。假若公羊抵触篱笆,就会伤了它的角。

【原文】　《象》曰:"小人用壮",君子罔也。

【译文】　《象传》说:"小人用壮",也是君子所用的网啊。

【原文】　九四:贞吉悔亡。藩决不羸①,壮于大舆之輹②。

【注释】　①决:破坏。②輹:同"辐",加在车轮外的两根直木,用以加强车辐的承受力。

【译文】　九四:占问吉祥,悔恨消亡。撞坏篱笆而不坏其角,壮实到可比大车的輹木。

【原文】　《象》曰:"藩决不羸",尚往也。

【译文】　《象传》说:"藩决不羸",有利于往上行走啊。

【原文】　六五:丧羊于易①,无悔。

【注释】　①丧羊于易:"易"当作"埸"(古阳字)。六五是上卦的中爻。上震与兑,只是中爻有所不同。震中是阴爻,兑中是阳爻,兑中爻失阳而成震,没有"羊"象,因而说"丧羊于易"。

【译文】　六五:丢了一只羊,没有后悔。

【原文】　《象》曰:"丧羊于易",位不当也。

【译文】　《象传》说:"丧羊于易",是六四居处的位置不适当啊。

【原文】　上六:羝羊触藩,不能退,不能遂①。无攸利,艰则吉。

【注释】　①遂:前进,前往。

【译文】 上六:公羊抵触篱笆,既不能后退又不能前进。无所利,艰难过去就会有吉祥到来。

【原文】 《象》曰:"不能退,不能遂",不详也①。"艰则吉",咎不长也。

【注释】 ①详:通"祥",吉祥。

【译文】 《象传》说:"不能退,不能遂",是不吉祥的。"艰则吉",是说困难不会久长。

三十五　晋☷☲

【原文】 晋①,康侯用锡马蕃庶②,昼日三接③。

【注释】 ①晋:卦名。卦义:进,日在地上运行,前进,上进,明进等。②锡:通"赐",赐予。蕃:繁殖,生长。③三接:三次交配。

【译文】 晋卦,是说康侯用赏赐得到的马进行繁殖,白天里交配了三次。

【原文】 《象》曰:晋,进也。明出地上①,顺而丽乎大明②。柔进而上行③,是以"康侯用锡马蕃庶,昼日三接"也。

【注释】 ①明出地上:晋卦,上离下坤,离为日,坤为地。②大明:太阳,光明。③柔进而上行:内坤三个阴爻为柔,上行求应,初与四为比应,三与上为比应,二与五无比应。

【译文】 《象传》说:晋卦,就是表明上进意思的卦。光明从地上升起,顺行而又附丽着宏大的光明。柔顺地前进而往上行,所以说"康侯用锡马蕃庶,昼日三接"。

【原文】 《象》曰:"明出地上",晋。君子以自昭明德①。

【注释】 ①昭:显扬,显示。

【译文】 《象传》说:"明出地上",就是晋卦的象征。君子观看这一卦象,要自我表现出光明的品德。

【原文】 初六:晋如摧如①,贞吉。罔孚②。裕无咎。

【注释】 ①摧:推,推挤。②孚:同"俘",俘获。

【译文】 初六:上进的时候有所推挤。占问吉祥。使人率师征讨,盗寇进入天网而有所俘获。生活变得丰裕,没有一对失。

【原文】 《象》曰:"晋如摧如",独行正也①。"裕无咎",未受命也。

【注释】 ①独行正:初六与九四相应,上行遇二阴,相敌为"独行",有应为"正"。

【译文】 《象传》说:"晋如摧如",独自上行附丽正位。"裕无咎",没有接受到命令。

【原文】 六二:晋如愁如。贞吉。受兹介福①,于其王母。

【注释】 ①兹:此。介:介绍,引见。

【译文】 六二：上进而有所忧愁。占问结果吉祥。他能受到这样的引见之福，全是由于上面的王母。

【原文】 《象》曰："受兹介福"，以中正也。

【译文】 《象传》说："受兹介福"，是由于处在中正的位置。

【原文】 六三：众允①，悔亡。

【注释】 ①允：答应。

【译文】 六三：众人答应，悔恨消除了。

【原文】 《象》曰："众允"之志，上行也。

【译文】 《象传》说："众允"的志向在于上进。

【原文】 九四：晋如鼫鼠①，贞厉。

【注释】 ①晋如鼫鼠：《大戴礼记·劝学》："螣蛇无足而腾，鼫鼠五伎而穷。"晋卦，二至四互艮，艮为鼠，九四象鼠头，艮为止。五伎鼠，能飞不能过屋；能缘不能穷木；能游不能度谷；能穴不能掩身；能走不能先人。九四变而成山地剥。上艮为鼠，因而说"晋如鼫鼠"。鼫鼠，一种危害农作物的鼠。

【译文】 九四：上进如同五伎鼠那样，样样通样样松，占问结果危险。

【原文】 《象》曰："鼫鼠，贞厉"，位不当也。

【译文】 《象传》说："鼫鼠，贞厉"，是位置不适当。

【原文】 六五：悔亡，矢得勿恤①。往吉，无不利。

【注释】 ①矢得勿恤："五"土数色黄，乾为金，喻金"矢"，乾中爻变成离，三至五互坎，坎为弓转喻"矢"，上离为雉，坎入离中，射箭得雉，是矢没雉中，坎为心病，得"矢"而无坎，因而说"矢得勿恤"。恤，忧虑。

【译文】 六五：悔恨消除，不必忧虑，射野鸡的金箭头已经找到。前往吉祥，没有不顺利。

【原文】 《象》曰："矢得勿恤"，往有庆也。

【译文】 《象传》说："矢得勿恤"，前往就会有喜庆。

【原文】 上九：晋其角①，维用伐邑②。厉吉无咎。贞吝。

【注释】 ①角：军队用于进攻的号角。②维：大绳。

【译文】 上九：马上吹起进攻的号角，准备大绳攻伐他国城池。虽有些危险但还算吉利，没有过错。占问艰难。

【原文】 《象》曰："维用伐邑"，道未光也。

【译文】 《象传》说："维用伐邑"，前进的道路未有光明。

三十六　明夷 ䷣

【原文】　明夷①,利艰贞。

【注释】　①明夷:卦名。卦义:光明消失,日在地下运行,黑夜,地下之火,明入地中,伤,灭等。

【译文】　明夷卦,利于身处困境时进行占问。

【原文】　《彖》曰:明入地中①,"明夷"。内文明而外柔顺②,以蒙大难,文王以之③。"利艰贞",晦其明④也。内难而能正其志,箕子以之⑤。

【注释】　①明入地中:明夷卦,下离上坤。离为火、为日,处于在坤"黑地"之下,因而说"明入地中"。②内文明而外柔顺:下离"明",上坤"顺",下卦为内,上卦为外。③文王:指周文王,曾经被殷纣王囚禁于羑里(今河南汤阴北)。④晦其明:天黑掩盖了光明。⑤箕子:商朝贵族,曾向纣王进谏,反被囚禁。

【译文】　《彖传》说:光明没入地下,这就是明夷卦。内有文明而外部柔顺,因此而蒙受大难,就如同周文王一样。"利艰贞",是说隐晦了他的光辉形象。内心难受还能端正其志向,就如同箕子一样。

【原文】　《象》曰:明入地中,明夷。君子以莅众①,用晦而明②。

【注释】　①莅:治理,掌管。②用晦而明:用韬晦而求明朗。

【译文】　《象传》说:光明没入地下,就是明夷卦的象征。君子观看这一卦象,治理民众,要用晦而明之道。

【原文】　初九:明夷于飞垂其翼①。君子于行,三日不食。有攸往,主人有言。

【注释】　①明夷于飞垂其翼:此"明夷",指日落西山进入黄昏的时候。下离为雉,上坤象野鸡一扇扬着的翅膀,而离下不见另一翅膀,因而说"于飞垂其翼"。

【译文】　初九:黄昏的时候,看到野鸡垂着它的翅膀在低空盘旋。出行的君子,三天里不吃不喝,他要远行的时候,主人有话对他说。

【原文】　《象》曰:"君子于行",义不食也。

【译文】　《象传》说:"君子于行",是道义使他不吃嗟来之食,不喝盗泉之水。

【原文】　六二:明夷(夷)于左股①。用拯马壮吉②。

【注释】　①明夷:黄昏后要黑天的时候。夷:伤。此"夷"不当有,似为后人所加。股:大腿。②用拯马壮吉:六二变而成雷天大壮卦。下乾为良马,二至四互坎为"美脊"之马,二至四互兑为毁折,乾入坎,喻良马陷入坎窖只露"美脊",三至五互震为动,震伏巽为绳,震覆艮为手能"拯",下离为吉,因而说"用拯马壮吉"。

【译文】 六二:君子在黑暗中前进,伤了左腿。君子参与拯救强壮的陷马,吉祥。

【原文】 《象》曰:六二之"吉",顺以则也。

【译文】 《象传》说:六二的"吉",是顺从了运动的规则。

【原文】 九三:明夷于南狩①,得其大首。不可疾贞。

【注释】 ①明夷:此时喻黎明前的黑暗。狩:冬天打猎。

【译文】 九三:黎明前于冬猎的时候,在南方获得了野兽的头领。不可急于占问。

【原文】 《象》曰:"南狩"之志,乃大得也。

【译文】 《象传》说:"南狩"的志向,就是要大有收获。

【原文】 六四:入于左腹①。获明夷之心于出门庭②。

【注释】 ①入于左腹:三至五互震为左,上坤为腹,因而说"入于左腹"。②获明夷之心于出门庭:此句的"明夷",当分解作"光明"与"平夷"。

【译文】 六四:进入了左边的腹地,君子刚出门庭的时候就获得了平静的心情。

【原文】 《象》曰:"入于左腹",获心意也。

【译文】 《象传》说:"入于左腹",获得了平静的心意。

【原文】 六五:箕子之明夷,利贞。

【译文】 六五:箕子的明晦,利于守正。

【原文】 《象》曰:"箕子"之贞,明不可息也。

【译文】 《象传》说:"箕子"的守正,他心中的光明是不可熄灭的。

【原文】 上六:不明晦①。初登于天,后入于地。

【注释】 ①不明晦:上六处明夷卦之极,物极必反,就没有什么光明或晦暗了。

【译文】 上六:没有了明晦,开始的时候攀登到天上,最后的时候又跌落到地下。

【原文】 《象》曰:"初登于天",照四国也;"后入于地",失则也。

【译文】 《象传》说:"初登于天",是光明开始照耀四面八方;"后入于地",是隐遁了天道循环运行的准则。

三十七　　家人　☲☴

【原文】 家人①,利女贞。

【注释】 ①家人:卦名。卦义:一家之人,室内之人,男女居正之家,各守本分之家,修身齐家等。

【译文】 家人卦,利于女人守正。

【原文】 《象》曰:家人,女正位乎内,男正位乎外①。男女正②,天地之大义也。家人

中华传世藏书

国学经典文库　周易

图文珍藏版

有严君焉,父母之谓也。父父、子子,兄兄、弟弟,夫夫、妇妇,而家道正。正家,而天下定矣。

【注释】 ①"女正"二句:家人卦,下卦是离"中女",离伏坎,坎"中男";上卦巽长女,巽伏震,震"长男",明象女在家内,伏象男在家外。有六二阴爻在内卦,九五阳爻在外卦,都得中得位,也是"女正位乎内,男正位乎外"的意思。②男女正:一阴居下卦之中为女正,一阳居上卦之中为男正。六二与九五,各正其位,就是家人卦的正义。

【译文】《彖传》说:家人卦,是说女人应该以主持家务为正经事,男人应该以管理外部的事物为正经事。确定男人与女人各自的职责,那是天经地义的根本。家中尊严的主人,就是指父母而说的。父亲要有父亲样,儿子要有儿子样,兄长要有兄长样,弟弟要有弟弟样,丈夫要有丈夫样,妻子要有妻子样,这样一来为家之道就能端正了。为家之道端正了,天下也就安定了。

【原文】《象》曰:风自火出①,家人。君子以言有物而行有恒。

【注释】 ①风自火出:家人卦,上巽为风,下离为火,因而说"风自火出"。

【译文】《象传》说:风从火中生出,就是家人卦的象征。君子观看这一卦象,说话有内容而行为有准则。

【原文】 初九:闲有家①,悔亡。

【注释】 ①闲:通"娴",熟习,文雅。指离为中女而言,说其文雅能持家。

【译文】 初九:她文雅而熟悉家务,就不会有悔恨。

【原文】《象》曰:"闲有家",志未变也。

【译文】《象传》说:"闲有家",她的志向没有改变。

【原文】 六二:无攸遂①。在中馈②,贞吉。

【注释】 ①遂:进。②在中馈:六二比应九五,都得中得位。二至四互坎为豕、为水,转喻猪肉和酒水,下离入互坎,上巽覆兑为巫、为入,六二"中女"为祭享典礼提供食物。馈,祭享上天。

【译文】 六二:端庄文雅地守家过日子,没有向上攀登的外心。能够给祭祀典礼提供美味,占问结果吉祥。

【原文】《象》曰:六二之"吉",顺以巽也①。

【注释】 ①巽:同"逊",谦逊。

【译文】《象传》说:六二爻的"吉",是由于柔顺而能谦逊。

【原文】 九三:家人嗃嗃①,悔厉吉。妇子嘻嘻②,终吝。

【注释】 ①嗃嗃:热度高、激烈的样子。下有离为火,三至五互离又为火,九三处两

"火"之间,既为离上爻又为互离下爻,一"火"说"嗃",两火说"嗃嗃"。②妇子嘻嘻:上巽为妇、为入,二至四互坎为子,九三为主爻,互坎入巽,巽伏兑为口,六画家人为一"嘻",三至上成四画家人又为一"嘻",因而说"妇子嘻嘻"。嘻嘻,欢笑貌。

【译文】 九三:家里人过分激烈,知道悔恨危险就吉祥。老妇同中年男子嬉戏玩乐,终究要有灾祸。

【原文】 《象》曰:"家人嗃嗃",未失也;"妇子嘻嘻",失家节也。

【译文】 《象传》说:"家人嗃嗃",没有失去家正之道:"妇子嘻嘻",失去了守家过日子的贞节。

【原文】 六四:富家,大吉。

【译文】 六四:发家致富,大吉。

【原文】 《象》曰:"富家,大吉",顺在位也。

【译文】 《象传》说:"富家,大吉",顺从的妇人占有了得当的位置。

【原文】 九五:王假有家①,勿恤,吉。

【注释】 ①王假有家:九五得中得位,象有道之君。上九为"宗庙",上巽覆兑为巫、为妾,九五君王既能用巫祭享上帝,又能宠幸爱妃,因而说"王假有家"。假,至,到。

【译文】 九五:君王能照顾家与国,不用担忧,吉祥。

【原文】 《象》曰:"王假有家",交相爱也。

【译文】 《象传》说:"王假有家",是对家与国都能交互地进行爱护。

【原文】 上九:有孚威如①。终吉。

【注释】 ①孚:同"俘",俘获。威如:威严的样子。

【译文】 上九:君子率师,又有君王御驾亲征的威严,结果大有俘获。终究吉祥。

【原文】 《象》曰:"威如"之"吉",反身之谓也。

【译文】 《象传》说:"威如"的"吉",是说能自我反身之后再行动。

三十八　睽 ䷥

【原文】 睽①,小事吉。

【注释】 ①睽:卦名。卦义:目不相视,乖异、背离、对立等。

【译文】 睽卦,办小事吉祥。

【原文】 《象》曰:睽,火动而上,泽动而下①,二女同居②,其志不同行③。说而丽乎明④,柔进而上行,得中而应乎刚⑤。是以"小事吉"。天地睽而其事同也,男女睽而其志通也,万物睽而其事类也。睽之时用大矣哉!

【注释】 ①"火动"二句:睽卦上离下兑,因而说"火动而上,泽动而下"。②二女同居:离为中女,兑为少女。三至五互坎,二女同嫁一夫,因而说"二女同居"。③其志不同行:离火燃上,泽水流下,因而说"其志不同行"。④说而丽乎明:下兑"悦",上离"丽明",因而说"说而丽乎明"。说,同"悦"。⑤得中而应乎刚:六五柔居上卦之中,九二刚居下卦之中,二五得中,相应为和,因而说"得中而应乎刚"。

【译文】 《彖传》说:睽卦,火焰向上,泽水流下,二女虽然同居,她们的志向却不相同。快乐又附丽着光明,柔者向上行进,得中而又能与刚健者相应。所以"小事吉"。天地对立而它们化生万物的功业则相同,男女对立而他们志向相通,万物形体不同而它们生长发育的情况是相似的。睽卦与时偕行的用处很大啊!

【原文】 《象》曰:上火下泽①,睽。君子以同而异。

【注释】 ①上火下泽:睽卦,上离为火,下兑为泽。

【译文】 《象传》说:火在上水在下,就是睽卦的象征。君子观看这一卦象,要求同存异。

【原文】 初九:悔亡。丧马勿逐①,自复②。见恶人,无咎。

【注释】 ①逐:追。②复:回来。

【译文】 初九:悔恨消失。用不着去追丢失的马匹,它自己会跑回来。看见了恶人,却没有灾祸发生。

【原文】 《象》曰:"见恶人",以辟咎也。

【译文】 《象传》说:"见恶人",排除他就没有祸害了。

【原文】 九二:遇主于巷,无咎。

【译文】 九二:在小巷中遇见主人,没有过错。

【原文】 《象》曰:"遇主于巷",未失道也。

【译文】 《象传》说:"遇主于蕃",没有迷失正道啊。

【原文】 六三:见舆曳①,其牛掣其人②。天且劓③,无初有终。

【注释】 ①曳:拖,拉。②掣:牵引。③天且劓:六三变成火天大有卦。下乾为天,互兑之"巫"在其上,兑伏艮为鼻,无鼻说"劓",兑则象无鼻子两孔朝上的巫尪,老天尚且可怜被劓鼻的巫尪而不下雨,因而说"天且劓"。劓,伤鼻。且,尚且。

【译文】 六三:看见陷在泥坑中的车被拉出来,那头牛正被一个巫旭牵引着。老天尚且可怜他而不下雨,如果没有当初的劓刑,就不会有现在的好事。

【原文】 《象》曰:"见舆曳",位不当也。"无初有终",遇刚也。

【译文】 《象传》说:"见舆曳",位置不当。"无初有终",柔弱投合了刚强。

【原文】　九四:睽孤遇元夫①。交孚厉无咎②。

【注释】　①睽孤:乖离而独处的意思。元夫:初至九四成四画睽为"新夫",六画睽为"元夫"。元,原来,本来。②交孚:交接俘虏。孚,同"俘"。

【译文】　九四:乖离独处的人,遇到了原来的丈夫。交接征讨中的俘获,危险但没有过失。

【原文】　《象》曰:"交孚","无咎",志行也。

【译文】　《象传》说:"交孚","无咎",是执行了谋求正位的意志。

【原文】　六五:悔亡。厥宗噬肤①,往何咎?

【注释】　①厥宗噬肤:六五为"君王",六五变而成山泽损卦。上艮为西山、为手,下兑为巫,三至五互坤为牛,由巫者手捧牛肉进入西山宗庙,奉献给"大君"飨食,是"厥宗噬肤"。厥宗,指上爻之位而言,上为宗庙,有君王已故祖宗的木主。噬肤,吃肉的意思。

【译文】　六五:悔恨消失。把牛肉进献到宗庙里,供宗祖飨用,前往还有什么过错?

【原文】　《象》曰:"厥宗噬肤",往有庆也。

【译文】　《象传》说:"厥宗噬肤",前往就有喜庆。

【原文】　上九:睽孤。见豕负涂①,载鬼一车②。先张之弧③,后说之弧④。匪寇婚媾⑤。往遇雨则吉。

【注释】　①负:通"孚",哺育。涂:道路。②载鬼一车:二至四互离为戈兵,上震为率师的长子,互坎为"舆尸"的次子。以"尸"喻"鬼",互坎又是多眚之舆,因而说"载鬼一车"。③弧:弓弦。④说:通"脱"。⑤匪:同"非"。

【译文】　上九:乖离独处而无路可走,先是看见路旁有一头母猪在奶着猪羔,接着又看见一辆载满死人尸体的大车。走在前队就拉满了弓,变成后队就松开了弓。原来并不是盗寇,而是一对中年男女在那里幽会。前往遇到下雨,就会吉祥。

【原文】　《象》曰:"遇雨"之吉,群疑亡也。

【译文】　《象传》说:"遇雨"的吉利,是原来所有的疑虑都消失了。

三十九　蹇

【原文】　蹇①,利西南,不利东北。利见大人。贞吉。

【注释】　①蹇:卦名。卦义:跛足,行动困难,艰难险阻等。

【译文】　蹇卦,君子时行利于往西南平坦的地方,不利于往东北有山脉阻挡的地方。利于见到大人。占问结果吉祥。

【原文】　《象》曰:蹇,难也,险在前也。见险而能止,知矣哉①!蹇"利西南",往得中

383

也^②;"不利东北",其道穷也。"利见大人",往有功也。当位"贞吉",以正邦也。蹇之时用大矣哉!

【注释】　①知:同"智"。②往得中:六二上往比应九五,九五变而上坎成坤,因而说"往得中"。

【译文】　《象传》说:蹇卦,就是象征有艰难,前面有危险的意思。看到危险能够停止,就是明智的表现啊! 蹇卦辞说"利于西南",是说前往能居正中;"不利东北",是说那边道路不通。"利见大人",是说前往能有功。处于适当位置"贞吉",以此来扶正邦国。蹇卦与时偕行的意义很大啊!

【原文】　《象》曰:山上有水^①,蹇。君子以反身修德。

【注释】　①山上有水:蹇卦,上坎为水,下艮为山,因而说"山上有水"。

【译文】　《象传》说:山上有水,就是蹇卦的象征。君子观看这一卦象,反省自身,修养美德。

【原文】　初六:往蹇来誉。

【译文】　初六:前往有艰难,回来有赞誉。

【原文】　《象》曰:"往蹇来誉",宜待也。

【译文】　《象传》说:"往蹇来誉",宜于等待时机。

【原文】　六二:王臣蹇蹇^①,匪躬之故^②。

【注释】　①王臣蹇蹇:六二比应九五,九五为君,六二为臣,三至五互离为目,臣上行拜见君王有两"蹇":六画为一蹇,初至四的四画又成一蹇,因而说"王臣蹇蹇"。②匪:同"非"。躬:自身。

【译文】　六二:君王的臣下前往拜见君王,艰难而又艰难,这一切都是外界条件造成的,而不是君子自身的缘故。

【原文】　《象》曰:"王臣蹇蹇",终无尤也。

【译文】　《象传》说:"王臣蹇蹇",最终没有抱怨了。

【原文】　九三:往蹇来反^①。

【注释】　①往蹇来反:九三上行遇坎"陷",是"往蹇";上六比应九三,上六来秉三至五互离,离与坎反对,因而说"来反"。

【译文】　九三:往上走的有险阻,向下来的就光明。

【原文】　《象》曰:"往蹇来反",内喜之也。

【译文】　《象传》说:"往蹇来反",内心喜欢这样。

【原文】　六四:往蹇来连^①。

【注释】　①往蹇来连:六四处二至四互坎与上坎之中,往上遇半坎,下来乘半坎,身处往来都有艰难,六四本身又是二坎共有之爻,因而说"往蹇来连"。

【译文】　六四:往来的艰难相连。

【原文】　《象》曰:"往蹇来连",当位实也。

【译文】　《象传》说:"往蹇来连",是他处于了实在的位置。

【原文】　九五:大蹇朋来①。

【注释】　①大蹇:九五为蹇卦主爻,又处上坎"陷"之中,得中得位,又乘互坎,因而说"大蹇"。

【译文】　九五:有大的艰难处境,来了帮助的朋友。

【原文】　《象》曰:"大蹇朋来",以中节也。

【译文】　《象传》说:"大蹇朋来",以居中的地位而能自我调节。

【原文】　上六:往蹇来硕①。吉,利见大人。

【注释】　①来硕:蹇卦上六比应九三,两爻互变成风地观卦,上巽为入、为长、伏震为玄黄,巽为兑"口"朝下,三至五互艮为鼠、为果蓏,下坤为地(转喻田),坤入艮,有鼠在田吃蓏之象。硕,通"石",指石鼠而言,俗称"豆鼠子"或"豆储子"。

【译文】　上六:继续前往会遇到危险,回来就是一片广阔田野。吉祥,利于拜见大人。

【原文】　《象》曰:"往蹇来硕",志在内也。"利见大人",以从贵也。

【译文】　《象传》说:"往蹇来硕",志向在内部。"利见大人",是追随贵人。

<h2 style="text-align:center">四十　解</h2>

【原文】　解①,利西南,无所往。其来复吉。有攸往夙吉②。

【注释】　①解:卦名。卦义:解开,解下来,剖开,解剖,解脱,解除,缓解等。②夙:往日。

【译文】　解卦,利于君子前往西南方向,但他并没有前往。他七天后复转回来就吉祥。如果执意有所远行,就不如从前远征吉利。

【原文】　《象》曰:解,险以动①,动而免乎险,解。解"利西南",往得众也。"其来复吉",乃得中也②。"有攸往夙吉",往有功也。天地解而雷雨作,雷雨作而百果草木皆甲坼③。解之时义大矣哉!

【注释】　①险以动:解卦,下坎上震,坎"陷"、震"动"。②乃得中:坎居上,其主爻居五正中之位。③甲坼:种子萌芽外壳裂开。

【译文】 《象传》说:解卦,是在危险中行动的象征,有所行动就要注意避免危险,所以称作"解"。解卦说"利西南",是说前往会得到民众。"其来复吉",是说能够占据中正的位置。"有攸往夙吉",是说以往有功劳。天地解冻而后雷雨兴起,雷雨兴起而后百果草木的种子萌芽而外壳裂开。解卦与时偕行的意义非常大啊!

【原文】 《象》曰:雷雨作①,解。君子以赦过宥罪②。

【注释】 ①雷雨作:解卦,上震为雷,下坎为雨,天上打雷下雨,地上流水成河,因而说"雷雨作"。作,兴起。②宥:宽恕。

【译文】 《象传》说:雷雨兴起,就是解卦的象征。君子观看这一卦象,要想到赦免或宽恕有罪过的人。

【原文】 初六:无咎。

【译文】 初六:没有过错。

【原文】 《象》曰:刚柔之际①,义"无咎"也②。

【注释】 ①际:交接。②义:同"仪",外表。

【译文】 《象传》说:处于刚柔交接之际,其外表就是"无咎"。

【原文】 九二:田获三狐,得黄矢①,贞吉。

【注释】 ①矢:箭头。

【译文】 九二:君子在田野里猎获了三只狐狸,又得回黄金箭头。占问结果吉祥。

【原文】 《象》曰:九二"贞吉",得中道也。

【译文】 《象传》说:九二"贞吉",是君子得处于中道。

【原文】 六三:负且乘①,致寇至②。贞吝。

【注释】 ①负且乘:六三是二至四互离的中爻,乘下坎"多眚"之"舆",上负震"敷",喻头上插花的中女乘坐在车上,因而说"负且乘"。②致寇至:三至五坎为盗寇,互离入坎,是强盗"看见"花枝招展的女人到了跟前要抢夺之象,因而说"致寇至"。

【译文】 六三:头上插着鲜花的女人乘坐多事的破车,走进了贼窝被盗贼抢亲。占问有悔恨。

【原文】 《象》曰:"负且乘",亦可丑也;自我致戎,又谁咎也!

【译文】 《象传》说:"负且乘",是件愚蠢的事。自己招来的贼寇,又能怪罪谁呢!

【原文】 九四:解而拇①,朋至斯孚②。

【注释】 ①解:解救。而:你的。②斯:卑贱。孚:同"俘",俘获,俘虏。

【译文】 九四:解脱你的拇指,朋友帮君子把那个坏家伙俘获。

【原文】 《象》曰:"解而拇",未当位也。

【译文】 《象传》说:"解而拇",没有处于正当的位置。

【原文】 六五:君子维有解①,吉。有孚于小人②。

【注释】 ①维:绳,捆绑。②有:通"又"。孚:同"俘",俘获。

【译文】 六五:君子解救好人,吉祥。又有所俘获,是绑住了一个小人。

【原文】 《象》曰:君子"有解",小人退也。

【译文】 《象传》说:君子"有解",小人退避了。

【原文】 上六:公用射隼于高墉之上①,获之。无不利。

【注释】 ①隼:猛禽,鹰类。墉:城墙。

【译文】 上六:公爵站在高高的城墙上,拉开弓搭箭射落了那高飞的老鹰,并获得了它。没有什么不利。

【原文】 《象》曰:"公用射隼",以解悖也。

【译文】 《象传》说:"公用射隼",是用以解除悖逆啊。

四十一 损

【原文】 损①,有孚②。元吉,无咎,可贞。利有攸往。曷之用二簋③?可用享④。

【注释】 ①损:卦名。卦义:减少,引申为节俭,自我约束,减损缺点,损失等义。②孚:诚信。③曷:怎么。簋:古代祭祀用礼器,能盛食物,通常是竹制,圆形。④可用享:损卦,下兑为巫,上艮为手,又艮为西山,巫者手捧二簋上西山进行祭祀,因而说"可用享"。享,祭祀。

【译文】 损卦,有所诚信。大吉利,没有过错,可用占问,利于有所前往。如何使用二簋?可用于享祭典礼。

【原文】 《彖》曰:损,损下益上,其道上行①。损而"有孚。元吉,无咎,可贞。利有攸往。曷之用二簋?可用享",二簋应有时②,损刚益柔有时。损益盈虚,与时偕行。

【注释】 ①其道上行:损卦,上艮为山、为止,下兑为泽。损是时行卦。由初至上,为时道上行。②有时:随时。

【译文】 《象传》说:损卦,就是减损下面,增益上面,随着时间之道向上行进的象征。损卦说"有孚。元吉,无咎,可贞。利有攸往。曷之用二簋?可用享",如何使用两簋要随时,损减刚强、增益柔弱也要随时。损减或增益、盈满或空虚,都要与时俱进。

【原文】 《象》曰:山下有泽①,损。君子以惩忿窒欲②。

【注释】 ①山下有泽:损卦,上艮为山,下兑为泽,因而说"山下有泽"。②惩:克制。窒:遏止,抑制。

【译文】《象传》说:山下有泽,就是损卦的象征。君子观看这一卦象,克制怨恨,遏止欲望。

【原文】 初九:己事遄往①。无咎,酌损之。

【注释】 ①己事:是说在上爻所当之日有祭祀活动。己,十天干的第六日,为古代祭祀的吉日。卦六爻,一爻当一日,初爻值甲日,上爻值己日。遄:迅速。

【译文】 初九:己日有祭祀,应该迅速前往。君子斟酌减损祭品,就没有过错。

【原文】《象》曰:"己事遄往",尚合志也。

【译文】《象传》说:"己事遄往",合乎君子上行的意志。

【原文】 九二:利贞,征凶。弗损益之。

【译文】 九二:利于坚守正位,将要有所远征。不要减损,要有所增益。

【原文】《象》曰:九二"利贞",中以为志也。

【译文】《象传》说:九二的"利贞",是以守中作为志向。

【原文】 六三:三人行则损一人;一人行则得其友。

【译文】 六三:三人同行就会减损一人;一人独行就会得到朋友。

【原文】《象》曰:"一人"行①,"三"则疑也。

【注释】 ①行:刚强的样子。

【译文】《象传》说:一个人就刚强,三个人就会互相猜疑。

【原文】 六四:损其疾,使遄有喜,无咎。

【译文】 六四:减损去了她的心病,君子的迅速到来使她欢喜起来,没有过错。

【原文】《象》曰:"损其疾",亦可喜也。

【译文】《象传》说:"损其疾",也是可喜的事。

【原文】 六五:或益之十朋之龟①,弗克违②,元吉。

【注释】 ①或益之十朋之龟:二至上互大离,离为龟,卦六爻为一月三十天,一爻为五天,取其数"五"为"一朋"(古时交易以五贝为一朋),则十爻是"十朋"。自损六五数至上九是"二朋",反转自益卦初九数至上九是"六朋",再反转自损卦初九数至九二是"二朋",一共是"十朋"。九二比应六五,九二"君子"得龟,因而说"或益之十朋之龟"。②违:拒绝。

【译文】 六五:巫者把价值十朋的大宝龟交给出访的君子,不可推辞,大吉。

【原文】《象》曰:六五"元吉",自上祐也。

【译文】《象传》说:六五的"元吉",是由于上面的保佑。

【原文】 上九:弗损益之①,无咎,贞吉。利有攸往。得臣无家。

【注释】 ①弗损益之:山泽损卦行至极处,就要反转覆变成风雷益卦。益卦没有减损的意思,只有增益的意思。因而说"弗损益之"。

【译文】 上九:没有了减损,就要有增益。没有过错,占问吉利。利于有所远行。得到臣下就没有了家人。

【原文】 《象》曰:"弗损益之",大得志也。

【译文】 《象传》说:"弗损益之",大大实现了自己的志向。

四十二 益 ䷩

【原文】 益①,利有攸往,利涉大川。

【注释】 ①益:卦名。卦义:增益,增长,增补,益富,益裕等。

【译文】 益卦,宜于有所行动,宜于涉渡大河。

【原文】 《彖》曰:益,损上益下①,民说无疆②。自上下下,其道大光。"利有攸往"中正有庆;"利涉大川",木道乃行③。益动而巽④,日进无疆;天施地生,其益无方⑤。凡益之道,与时偕行。

【注释】 ①损上益下:益卦,上巽下震。上巽入而下震动,象征君王要减损消费,增益臣下和民众的福利,因而说"损上益下"。②说:同"悦",喜悦。③木道乃行:震为东方,属木,巽也为木。上下卦都属木,因而说"木道"。下震"动",上巽"入",是"乃行"。④巽:同"逊",谦逊。⑤无方:无限。

【译文】 《彖传》说:益卦的象征,是减损上面而增益下面,百姓无限欢喜。从上面来到下面,所行道路就光大。"利有攸往",因为处位中正而有喜庆;"利涉大川",木制的船筏可以通行。益卦动而谦逊,日日上进没有尽头;上天施予大地生养,它的增益没有局限。凡增益的理路,都要与四季时候和谐行动。

【原文】 《象》曰:风雷益①。君子以见善则迁,有过则改。

【注释】 ①风雷益:益卦,上巽为风,下震为雷,因而说"风雷益"。

【译文】 《象传》说:风与雷相互增益。就是益卦的象征。君子观看这一卦象,看见善行就跟从,有了过错就立即改正。

【原文】 初九:利用为大作①,元吉无咎。

【注释】 ①利用为大作:益卦的下卦是震,震为利、为作足,二至四互坤为大,因而说"利用为大作"。

【译文】 初九:君子宜于用有力的步伐走出去做大事,大吉大利,没有过失。

【原文】 《象》曰:"元吉无咎",下不厚事也。

【译文】 《象传》说:"元吉无咎",虽然君子处于下位,但是并不愿被役使做一些麻烦事。

【原文】 六二:或益之十朋之龟①,弗克违。永贞吉。王用享于帝,吉。

【注释】 ①或益之十朋之龟:损卦六五说"或益之十朋之龟,弗克违,元吉"。没有说"王用享于帝,吉"。损覆成益,损六五成益六二,损九二成益九五。二五相应为和,这是此爻有大致相同内容的缘故,但是龟的接收对象与用途却大有不同。此益卦,"或"指损卦九二言,损卦九二已得"十朋之龟"。自损九二数至上九是"五朋",反转自益卦初九数至九五是"五朋",合而正好是损卦"君子"把"十朋之龟"进贡给益卦九五君王之象,因而说"或益之十朋之龟"。

【译文】 六二:外邦来访的君子把价值十朋的大宝龟进贡给君王,不能违背他的好意。长久占问吉利。君王用大宝龟配享于上帝,吉利。

【原文】 《象》曰:"或益之",自外来也①。

【注释】 ①自外来:损卦九二把"龟"进贡给益卦"九五",因而说"自外来"。

【译文】 《象传》说:"或益之",是从外面而来的。

【原文】 六三:益之用凶事①,无咎。有孚中行②,告公用圭③。

【注释】 ①益之用凶事:"用"指震"君子"言。下震为率师的"仗人",初至五互大离为戈兵、为甲胄,上巽为近利市三倍,是增益军费利于讨伐凶敌之师,因而说"益之用凶事"。②孚:诚信。③告公用圭:益卦六三处互坤中爻,坤伏乾为圭。六三"三公"比应上九"宗庙",是三公得圭上行进献宗庙之象,上巽为"口"朝下之兑,有九五君王"告公用圭"之象。

【译文】 六三:增益军费而用于征讨凶顽的大事,没有过错。有诚意居中位的三公,遵照君王的口谕,进献宝圭用于祭祀。

【原文】 《象》曰:益"用凶事",固有之也。

【译文】 《象传》说:增益"用凶事",是固然存在的事。

【原文】 六四:中行告公从①。利用为依迁国②。

【注释】 ①中行告公从:六四居"三才"之中,又是互坤上爻,也藏有"圭"。上巽为"口"朝下之兑,"诸侯"能"告"三公,三公为随从,因而说"中行告公从"。②国:国都。

【译文】 六四:居中位的诸侯持圭进贡,三公沦落为仆从。君子忙于邦国的迁都之事。

【原文】 《象》曰:"告公从",以益志也。

【译文】 《象传》说:"告公从",用以增益志向啊。

【原文】 九五:有孚惠心①。勿问元吉,有孚惠我德。

【注释】 ①孚:同"俘",俘获。

【译文】 九五:下面把获得的一切都奉献给我,以讨我欢心,不必问,大吉。我又赏赐给他们很多财宝,表现出我的恩惠之德。

【原文】 《象》曰:"有孚惠心",勿问之矣。"惠我德",大得志也。

【译文】 《象传》说:"有孚惠心",就不必再问了。"惠我德",是大得志气啊。

【原文】 上九:莫益之,或击之。立心无恒,凶。

【译文】 上九:非但不用增益,甚至还可以击倒它。树立信心不能恒久,凶险。

【原文】 《象》曰:"莫益之",偏辞也①。"或击之",自外来也②。

【注释】 ①偏:半。②自外来:打击是从外面来的。结合损卦观象。

【译文】 《象传》说:"莫益之",是话说了一半。"或击之",是自外面来的。

四十三　夬 ䷪

【原文】 夬①,扬于王庭②。孚号有厉③。告自邑,不利即戎④,利有攸往。

【注释】 ①夬:卦名。卦义:分决,决也,决然无疑,决断等。②扬于王庭:三至五互乾为王庭,九五居王庭之上,有君王乾刚独断之象。乾为圆,上兑伏艮为门阙、为少男、为手,喻王庭门阙有兵持钺把守。扬,即是钺,古代一种多用于仪仗的兵器。形似斧,圆刃。③孚:同"俘",俘获。厉:振奋。④戎:征伐。

【译文】 夬卦,威武年轻的兵士持钺把守着王宫的门阙。有所俘获而激励士气。有消息从城邑中传来,不利即刻出兵征伐,对君子远行有利。

【原文】 《彖》曰:夬,决也①。刚决柔也。健而说②,决而和。"扬于王庭",柔乘五刚也③。"孚号有厉",其危乃光也④。"告自邑,不利即戎",所尚乃穷也⑤。"利有攸往",刚长乃终也。

【注释】 ①决:决断。②健而说:夬卦,下乾"健",上兑"悦"。说,同"悦"。③柔乘五刚:上对下说"乘"。一阴乘五刚。④其危乃光:离为光。九五与上六是离无上爻(半象),所以光明不显。⑤所尚乃穷:上六处夬卦时行之极。尚,通"上"。

【译文】 《象传》说:夬卦,就是决断的意思。刚直决断柔弱。强健而喜悦,决断而和谐。"扬于王庭",是说柔弱者乘驾在刚直者的上面。"孚号有厉",其危难是由于没有了光明。"告自邑,不利即戎",是由于尚武之道穷尽。"利有攸往",是说阳刚会继续增长,而使阴柔告终。

【原文】 《象》曰:泽上于天①,夬。君子以施禄及下,居德则忌。

【注释】 ①泽上于天:夬卦,上兑为泽,下乾为天,因而说"泽上于天"。

【译文】 《象传》说:泽居于天之上,就是夬卦的象征。君子观看这一卦象,要广施恩惠及于下属,忌讳以德自居。

【原文】 初九:壮于前趾。往不胜为咎。

【译文】 初九:它的前足趾非常强壮,前往不能取胜就有过错。

【原文】 《象》曰:"不胜"而往,咎也。

【译文】 《象传》说:"不胜"而前往,是有过错的。

【原文】 九二:惕号①,莫夜有戎②,勿恤③。

【注释】 ①惕号:九二敌应九五,两爻都变而成雷火丰卦,上震为号,二至五互坎为心病转喻"惕",坎入震为"惕号"。②莫:同"暮",昏暗。这里指黎明前的时候。③恤:忧虑。

【译文】 九二:警惕地叫了起来,原来是黎明前的黑夜里有兵车经过,用不着担忧。

【原文】 《象》曰:"有戎,勿恤",得中道也。

【译文】 《象传》说:"有戎,勿恤",是因为他得到了中道。

【原文】 九三:壮于頄①,有凶。君子夬夬②,独行遇雨,若濡有愠③,无咎。

【注释】 ①頄:颧骨。②夬夬:果决貌。③濡:沾湿,浸渍。愠:生气,含怒。

【译文】 九三:它的颧骨强壮,有凶险。君子坚决又果断,独自前进遇雨,淋湿了衣裳有气恼,但无过失。

【原文】 《象》曰:"君子夬夬",终无咎也。

【译文】 《象传》说:"君子夬夬",终究没有过失。

【原文】 九四:臀无肤①。其行次且②。牵羊悔亡,闻言不信。

【注释】 ①臀无肤:九四变阴,成需卦,上坎为豕,二至四互兑为口,互兑入上坎,"噬"坎下爻"豕"之"臀",因而说"臀无肤"。②次且:通"趑趄",欲行不前的样子。

【译文】 九四:臀部被咬破了皮肤;想行走就是走不动。牵羊就能消除悔恨,闻此言却不信从。

【原文】 《象》曰:"其行次且",位不当也。"闻言不信",聪不明也①。

【注释】 ①聪:听觉灵敏。明:视觉敏锐。

【译文】 《象传》说:"其行次且",是所处位置不适当。"闻言不信",听觉恢复了而视力又不行了。

【原文】 九五:苋陆夬夬①,中行无咎。

【注释】 ①苋陆:卤色如同红苋菜一样的道路。上兑于地为刚卤,因而说"苋陆"。

苋,苋菜,多红色。

【译文】 九五:意志坚决地决定走苋菜样红色的盐卤道路,本中道而行,没有过错。

【原文】 《象》曰:"中行无咎",中未光也。

【译文】 《象传》说:"中行无咎",中间的还不够光亮。

【原文】 上六:无号,终有凶。

【译文】 上六:听不到羊的号叫声,最终凶险。

【原文】 《象》曰:"无号"之凶,终不可长也。

【译文】 《象传》说:"无号"的凶险,终究不会久长。

四十四　姤　䷫

【原文】 姤①,女壮②,勿用取女③。

【注释】 ①姤:卦名。卦义:遇,邂逅,姤遇等。②女壮:姤卦,五个阳爻之下有一阴爻,喻女子强壮。③取:娶。

【译文】 姤卦,强壮的女人,不能娶她。

【原文】 《象》曰:姤,遇也,柔遇刚也①。"勿用取女",不可与长也。天地相遇,品物咸章也②。刚遇中正③,天下大行也。姤之时义大矣哉!

【注释】 ①柔遇刚:姤卦,巽下乾上,巽柔上行际遇乾刚。②品物:万物。章:光彩。③刚遇中正:姤卦九二居中,九五居中得正位。

【译文】 《象传》说:垢卦,就是遇的意思,是柔遇到了刚。"勿用取女",不可能与其长久。天地相遇,万物都各显风采。刚直而中正,天下万事就会顺利进行。姤卦与时偕行的意义非常大啊!

【原文】 《象》曰:天下有风①,姤。后以施命诰四方②。

【注释】 ①天下有风:姤卦,上乾为天,下翼为风,因而说"天下有风"。②后:这里指新继位的君主。诰:上告下。

【译文】 《象传》说,天下面有风,就是姤卦的象征。观看这一卦象,新继位的君主向四面八方发布旨令。

【原文】 初六:系于金柅①,贞吉。有攸往,见凶。羸豕孚蹢躅②。

【注释】 ①系:捆绑。柅:用于止车的木块。②羸:缠绕。孚:借为"缚"。蹢躅:徘徊不进的样子。

【译文】 初六:给车系上包有金属的木闸,占问吉利。有所前往,遇见凶险。把猪的四个蹄子都捆绑了,它只能就地挣扎而不能行动。

393

【原文】　《象》曰:"系于金柅",柔道牵也。

【译文】　《象传》说:"系于金棍",是阴柔的时道在牵制着。

【原文】　九二:包有鱼①,无咎,不利宾。

【注释】　①包有鱼:《诗·召南·野有麕》:"野有死麕,白茅包之。"巽为鱼、为白。巽伏震为茅,上卦乾为圆,伏坤为布,均有包裹的意思。包,裹,裹扎。

【译文】　九二:用白茅包裹着鲜鱼而用于祭祀,没有过错,那可不是给宾客准备的。

【原文】　《象》曰:"包有鱼",义不及宾也①。

【注释】　①义:同"仪",仪表、外表。

【译文】　《象传》说:"包有鱼",其仪表还不够宾客的资格。

【原文】　九三:臀无肤,其行次且①,厉无大咎。

【注释】　①次且:通"趑趄"。

【译文】　九三:臀部被咬破了皮肤,行动艰难,激励之就没有大的过失。

【原文】　《象》曰:"其行次且",行未牵也。

【译文】　《象传》说:"其行次且",行动并没有受到牵制啊。

【原文】　九四:包无鱼,起凶。

【译文】　九四:没有包裹的鱼,要起凶险。

【原文】　《象》曰:"无鱼"之"凶",远民也。

【译文】　《象传》说,"无鱼"的"凶",是远离了民众。

【原文】　九五:以杞包瓜①,含章②,有陨自天③。

【注释】　①杞:杞柳。瓜:瓢葫芦。②章:文采。③有陨自天:九二对应九五,九二变,下卦成艮为小石,上乾为天,下有小石,因而说"有陨自天"。陨:陨石。

【译文】　九五:用柳条包裹着生长的葫芦,内里包含着文采。成熟了就有如陨石从天降落一样。

【原文】　《象》曰:九五"含章",中正也。"有陨自天",志不舍命也①。

【注释】　①舍:军队住一宿。

【译文】　《象传》说:九五说"含章",是中正而不变。"有陨自天",军队一宿都不能驻留是按命令行进啊。

【原文】　上九:姤其角①,吝,无咎。

【注释】　①姤其角:姤卦上本无"角"。姤卦时行至极将覆为夬卦,夬上卦兑有"羊角",因而说"姤其角"。姤,遇也。

【译文】　上九:遇到羊角,吝惜,没有过错。

【原文】 《象》曰:"姤其角",上穷吝也。

【译文】 《象传》说:"姤其角"。走到尽头就有悔恨了。

四十五　萃　䷬

【原文】 萃①,亨。王假有庙②。利见大人,亨利贞。用大牲吉③。利有攸往。

【注释】 ①萃:卦名。卦义:集聚,汇集等。②假:至,到。③大牲:下坤为牛,是"大牲"。

【译文】 萃卦,亨通。君王到了宗庙进行享祀。利于拜见大人,亨通而利于占问。用大牲畜吉利,利于有所远行。

【原文】 《彖》曰:萃,聚也。顺以说①,刚中而应②,故聚也。"王假有庙",致孝享也。"利见大人,亨",聚以正也。"用大牲吉。利有攸往",顺天命也。观其所聚,而天地万物之情可见矣!

【注释】 ①顺以说:萃卦,下坤为顺,上兑为悦。说,同"悦"。②刚中而应:上卦九五居中,与下卦六二相应。

【译文】 《彖传》说:萃卦,就是聚集的意思。顺从而又喜悦,刚居中位而下有相应,因而能够聚集。"王假有庙",是致孝心而让祖宗享祀。"利见大人,亨",是以正道相聚。"用大牲吉。利有攸往",是因为顺从了天命。观察其聚集的情况,天地万物的情理也就可以见到了。

【原文】 《象》曰:泽上于地①,萃。君子以除戎器②,戒不虞③。

【注释】 ①泽上于地:萃卦,上兑为泽,下坤为地,因而说"泽上于地"。②除:修治,整治。③虞:料想。

【译文】 《象传》说:泽处于地之上,就是萃卦的象征。君子观看这一卦象,检修兵器,对料想不到的变乱要有所戒备。

【原文】 初六:有孚不终①,乃乱乃萃。若号,一握为笑②。勿恤,往无咎。

【注释】 ①孚:同"俘",俘获。②"若号"二句:萃卦初六变而成随卦,下震为号,二至四互艮,艮为手,有手可"一握",上兑为口、为悦,初至四互离为喜。

【译文】 初六:有所俘获而不做最后处理,就会聚集生出祸乱。挥手像发号施令,又握成拳头,原来是开玩笑。不用忧虑,前往没有过失。

【原文】 《象》曰:"乃乱乃萃",其志乱也。

【注释】 ①志:通"帜",旗帜。

【译文】 《象传》说:"乃乱乃萃",其旗帜乱套了。

【原文】 六二：引吉无咎，孚乃利用禴①。

【注释】 ①孚：同"俘"。禴：古代祭名，春祭或夏祭。

【译文】 六二：引导吉利而没有过失，把战俘用于禴祭。

【原文】 《象》曰："引吉无咎"，中未变也。

【译文】 《象传》说："引吉无咎"，居中的位置没有改变。

【原文】 六三：萃如嗟如①，无攸利，往无咎，小吝。

【注释】 ①嗟：感叹。

【译文】 六三：聚在一起感叹的样子，路程没有多远了，前往没有过错，只是小有吝惜。

【原文】 《象》曰："往无咎"，上巽也①。

【注释】 ①上巽：三至五互巽。

【译文】 《象传》说："往无咎"，上面有巽。

【原文】 九四：大吉，无咎。

【译文】 九四：大吉，没有过错。

【原文】 《象》曰："大吉，无咎"，位不当也。

【译文】 《象传》说："大吉，无咎"，位置不适当啊。

【原文】 九五：萃有位①，无咎。匪孚②，元永贞，悔亡。

【注释】 ①萃有位：九五为萃卦主爻，得中得位。②匪：同"非"。孚：同"俘"。

【译文】 九五：君王居尊贵地位，没有灾祸。没有俘获，大而长久占问，悔恨消亡。

【原文】 《象》曰："萃有位"，志未光也①。

【注释】 ①志：通"帜"，旗帜。

【译文】 《象传》说："萃有位"，旗帜没有沾光啊。

【原文】 上六：赍咨涕洟①，无咎。

【注释】 ①赍咨涕洟：上六处萃卦极位，敌应六三，两爻变而成天山遁卦，上为天，二至四互巽为风、为入，下艮为鼻，天风入鼻，感受了风寒、咳嗽、流鼻涕、流眼泪。赍，携带，怀有。咨，叹息。涕，眼泪。洟，鼻涕。

【译文】 上六：得了咳嗽流鼻涕和眼泪的伤风病，没有过失。

【原文】 《象》曰："赍咨涕洟"，未安上也。

【译文】 《象传》说："赍咨涕洟"，不安于处在上位啊。

四十六　升 ䷭

【原文】　升①,元亨。用见大人,勿恤。南征吉。

【注释】　①升:卦名。卦义:上升,升高,升格,晋升,上进等。

【译文】　升卦,就是大亨通的象征。用以晋见大人,无须忧虑。向南方征讨吉利。

【原文】　《彖》曰:柔以时升①,巽而顺②,刚中而应③,是以大亨。"用见大人,勿恤",有庆也。"南征吉",志行也。

【注释】　①柔以时升:升卦,巽在下,巽为中女、为入,阴柔上行为升,因而说"柔以时升"。②巽:同"逊",谦逊。③刚中而应:刚中指九二言,上与六五比应。

【译文】　《彖传》说:柔者随时上升,谦卑而顺从,刚居中与之相应,所以大亨通。"用见大人,勿恤",因为有可庆贺的事。"南征吉",是实现了向前的志向。

【原文】　《象》曰:地中生木①,升。君子以顺德,积小以高大。

【注释】　①地中生木:升卦,上坤为地,下巽为木,因而说"地中生木"。

【译文】　《象传》说:树木从地中生出,就是升卦的象征。君子观看这一卦象,要顺从德道而行,积累小德以成大德。

【原文】　初六:允升,大吉。

【译文】　初六:进而上升,大吉。

【原文】　《象》曰:"允升,大吉",上合志也。

【注释】　①上合志:指升上卦坤上行与萃卦下坤相接而言,坤象帜。志,通"帜",旗帜。

【译文】　《象传》说:"允升,大吉",上行就旗帜飘飘。

【原文】　九二:孚乃利用禴①,无咎。

【注释】　①孚:同"俘",俘虏。

【译文】　九二:把俘虏来的敌人用于春天里的祭祀,没有过错。

【原文】　《象》曰:九二之"孚",有喜也。

【译文】　《象传》说:九二的"孚",有喜庆啊。

【原文】　九三:升虚邑①。

【注释】　①虚:空。

【译文】　九三:进入没有民众的城镇。

【原文】　《象》曰:"升虚邑",无所疑也。

【译文】　《象传》说:"升虚邑",就没有疑虑了。

【原文】　六四:王用亨于岐山①。吉,无咎。

【注释】　①亨同"享",祭享。歧:同"岐",分岔,分支。

【译文】　六四:君王在分支的西山上举行享祀大典。吉利,没有灾祸。

【原文】　《象》曰:"王用亨于岐山",顺事也。

【译文】　《象传》说:"王用亨于岐山",顺利行事啊。

【原文】　六五:贞吉,升阶。

【译文】　六五:占问吉祥,君王步阶升座。

【原文】　《象》曰:"贞吉,升阶",大得志也①。

【注释】　①志:通"帜",旗帜。

【译文】　《象传》说:"贞吉,升阶",大人获得了飘扬的旗帜。

【原文】　上六:冥升①,利于不息之贞②。

【注释】　①冥:通"瞑",合眼,闭眼,睡眠。②息:休息。

【译文】　上六:升到黑暗中睡眠了,不休息而进行占问有利。

【原文】　《象》曰:"冥升"在上,消不富也。

【译文】　《象传》说:"冥升"在上,遭遇摧毁不能富有啊。

四十七　困 ䷮

【原文】　困①,亨。贞大人吉,无咎。有言不信②。

【注释】　①困:卦名。卦义:穷困,穷遇,围困等。②有言不信:上兑"口舌"朝上,下坎为耳、心病多疑,因而说"有言不信"。

【译文】　困卦,亨通。占问,大人吉利,没有灾祸。有流言蜚语,没有人相信。

【原文】　《象》曰:困,刚掩也①。险以说②,困而不失其所。"亨",其唯君子乎!"贞大人吉",以刚中也③。"有言不信"。尚口乃穷也④。

【注释】　①刚掩:困卦,下坎之刚掩于二柔之中,三至上互大坎,二刚掩于二柔之中,因而说"刚掩"。②险以说:困卦,下坎为陷,上兑为悦。说,同"悦"。③刚中:下坎刚居中,上兑刚居中,所以说"刚中"。④尚:通"上"。

【译文】　《象传》说:困卦,就是刚被柔掩盖的意思。危险之后有喜悦,身处困境却不丧失立场。"亨",唯独只有君子吧!"贞大人吉",是由于刚处于中位。"有言不信",上面拨弄是非的人才是穷困的。

【原文】　《象》曰:泽无水①,困。君子以致命遂志②。

【注释】　①泽无水:困卦,上兑为泽,下坎为水,水在下,泽上干涸,因而说"泽无

水"。②致命：舍命。遂：完成。

【译文】 《象传》说：泽中无水，就是困卦的象征。君子观看这一卦象，要舍命完成自己的志向。

【原文】 初六：臀困于株木①，入于幽谷，三岁不觌②。

【注释】 ①臀困于株木：困卦有"羊"象，与兑卦相比，只有初爻不同，兑卦初九变阴就是困卦之象。坎为隐伏、其于木也为坚多心，初六有"羊臀"隐伏象，因而说"臀困于株木"。②觌：相见。

【译文】 初六：闯入幽暗山谷的羊，它的屁股困在了丛棘里，三年没人发现。

【原文】 《象》曰："入于幽谷"，幽不明也。

【译文】 《象传》说："入于幽谷"，昏暗不光明。

【原文】 九二：困于酒食。朱绂方来①，利用享祀。征凶，无咎。

【注释】 ①朱绂方来：上位为"宗庙"，上兑为巫，三至五互巽为方、为绳，转喻"绂"，下坎为赤，是巫者穿系有红丝带的衣服来请九二君子参加享祀之象。朱绂，指古代祭祀穿的礼服。绂，丝带。

【译文】 九二：君子困在了酒席饭桌上，系着红丝带的巫者刚刚来到，请他参加享祭典礼。征讨凶顽，没有过失。

【原文】 《象》曰："困于酒食"，中有庆也。

【译文】 《象传》说："困于酒食"，其中有值得庆祝的事。

【原文】 六三：困于石，据于蒺藜①。入于其宫②，不见其妻，凶。

【注释】 ①据：蹲。②宫：对房屋、居室的通称。

【译文】 六三：围困在乱石堆里，又蹲坐在蒺藜上。进入他自己的屋里，却不见妻子，凶险。

【原文】 《象》曰："据于蒺藜"，乘刚也。"入于其宫，不见其妻"，不详也①。

【注释】 ①详：通"祥"，吉祥。

【译文】 《象传》说："据于蒺藜"，是有阳刚乘驾着。"入于其宫，不见其妻"，是不祥之兆啊。

【原文】 九四：来徐徐。困于金车，吝有终。

【译文】 九四：缓缓来迟。前进又困在了金色华丽的大车里，这样的灾害会有终结。

【原文】 《象》曰："来徐徐"，志在下也。虽不当位，有与也①。

【注释】 ①与：通"举"，上举。

【译文】 《象传》说："来徐徐"，心志还在下面。虽然不应当坐那个位置，但是有人

向上推举他。

【原文】 九五：劓刖①。困于赤绂②，乃徐有说③，利用祭祀。

【注释】 ①劓刖：二至上成五画泽火革卦，离为戈喻刀，上兑为口鼻朝上的巫尪，三至五互巽为股（大腿），兑为毁折，如果巫者的活动不合君王之意，就把他的鼻子割下来，割鼻之后就成鼻孔朝天的"巫旭"，又怕老天可怜他而不下雨，于是又割去他的膝盖骨，使他头向下（鼻孔朝下）爬行，因而说"劓刖"。劓，割掉鼻子。刖，割掉膝盖。②困于赤绂：三至五互巽为入、为绳，三至上互大坎为赤、为丛棘，巫者身着"赤绂"困于丛棘之中，因而说"困于赤绂"。③徐：缓慢前行的样子。说：通"脱"。

【译文】 九五：割掉他的鼻子再割掉他的膝盖。把穿着赤色祭祀服饰的巫尪扔在棘丛里，过了一会儿他才能活动，用他进行祭祀有利。

【原文】 《象》曰："劓刖"，志未得也。"乃徐有说"，以中直也。"利用祭祀"，受福也。

【译文】 《象传》说："劓刖"，气志不能得啊。"乃徐有说"，以中道进行正直的处理。"利用祭祀"，他将要得到福气啊。

【原文】 上六：困于葛藟①，于臲卼②。曰动悔有悔③，征吉。

【注释】 ①葛藟：藤本植物。②臲卼：不安的样子。③有：通"又"。

【译文】 上六：被葛藤困扰，惶恐不安。乱叫乱动则悔恨接踵而来。远征吉利。

【原文】 《象》曰："困于葛藟"，未当也。"动悔有悔"，吉行也。

【译文】 《象传》说："困于葛藟"，所处不恰当。"动悔有悔"，前往吉利啊。

四十八 井 ䷯

【原文】 井①，改邑不改井。无丧无得，往来井井②。汔至③，亦未繘井④。羸其瓶⑤，凶。

【注释】 ①井：卦名。卦义：饮水用井。比喻养人，比喻用之不竭。②往来井井：上行为往，下行为来。井卦，九二比应六五，九二前往有上坎之"井"，六五下来有初至四互大坎之"井"，因而说"往来井井"。③汔：干涸。④繘：汲井水用的绳子。⑤羸：通"儡"，损毁。

【译文】 井卦，村镇已经迁移，原有井的位置却不能改变。没有损失就没有收获。来来往往都有井。井水干涸了，有井绳却没有淘井。汲水陶罐又碰破了，是凶事啊。

【原文】 《象》曰：巽乎水而上水①，井。井养而不穷也。"改邑不改井"，乃以刚中也②。"汔至，亦未繘井"，未有功也。"羸其瓶"，是以凶也。

【注释】 ①巽乎水而上水：井卦，上坎为井上之水，互大坎为井下之水，巽为入、为绳直，汲水时放绳瓶，经上水而入下水，然后再提起水瓶，因而说"巽乎水而上水"。②刚中：指九二居中。

【译文】 《象传》说：入于水中而提水，这就是井卦的象征。井水对人的养育不会穷尽。"改邑不改井"，是由于刚居中位。"汔至，亦未繘井"，是没有功效。"羸其瓶"，所以是一件凶事。

【原文】 《象》曰：木上有水①，井。君子以劳民劝相②。

【注释】 ①木上有水：井卦，下巽为木，上坎为水。古人用木框井，因而说"木上有水"。②劝相：劝勉扶助。

【译文】 《象传》传说：木上有水，就是井卦的象征。君子观看这一卦象，要犒劳民众，劝勉扶助他们。

【原文】 初六：井泥不食，旧井无禽。

【译文】 初六：井底有淤泥，不能食用了。还有一口干涸而废弃的井，禽鸟都飞了。

【原文】 《象》曰："井泥不食"，下也。"旧井无禽"，时舍也①。

【注释】 ①舍：休息。

【译文】 《象传》说："井泥不食"，注意下面的啊。"旧井无禽"，到休息的时间了。

【原文】 九二：井谷射鲋①，瓮敝漏②。

【注释】 ①谷：井中容水之处。射：同"致"，厌恶，厌弃。鲋：虾蟆。②瓮：陶制容器。敝：损坏，破裂。

【译文】 九二：井道狭窄，突然跳出来了一只讨厌的虾蟆，结果把汲水的陶瓮碰漏了。

【原文】 《象》曰："井谷射鲋"，无与也①。

【注释】 ①与：通"举"。

【译文】 《象传》说："井谷射鲋"，没有抬举啊。

【原文】 九三：井渫不食①，为我心恻②。可用汲，王明并受其福。

【注释】 ①渫：清除污秽。②恻：悲伤，悲痛。

【译文】 九三：刚刚把井掏净，还不能食用，使我心中难受。可以饮用汲水了，英明的王者使其他人都受福了。

【原文】 《象》曰："井渫不食"，行恻也。求"王明"，受福也①。

【注释】 ①受：同"授"，授予。

【译文】 《象传》说："井渫不食"，上行有忧伤。祈求"王明"，授予幸福啊。

【原文】 六四：井甃^①，无咎。

【注释】 ①甃：砌井壁，修治水井。

【译文】 六四：把井壁重新用石块砌好，没有过错。

【原文】 《象》曰："井甃，无咎"，修井也。

【译文】 《象传》说："井甃，无咎"，维修井啊。

【原文】 九五：井洌，寒泉食^①。

【注释】 ①"井洌"二句：九五变而成地风升卦，上坤为黑地，伏乾为寒、为冰。初至四互大坎为地下水，互巽为工，打井打出深水自流井，能饮用到如同泉涌般清凉可口的水，因而说"井洌，寒泉食"。洌，清甜。

【译文】 九五：自流井的水清澈甘美，饮用了清凉的深泉水。

【原文】 《象》曰："寒泉"之食，中正也。

【译文】 《象传》说：能够饮用"寒泉"之水，是中正的位置决定的。

【原文】 上六：井收勿幕^①。有孚元吉^②。

【注释】 ①幕：覆盖。②孚：同"俘"。

【译文】 上六：汲水之后不用覆盖井口。有所俘获，就大吉。

【原文】 《象》曰："元吉"在上，大成也^①。

【注释】 ①大成：提示结合困卦观象。

【译文】 《象传》说："元吉"在上面，就是大成的形象了。

四十九　革 ䷰

【原文】 革^①，己日乃孚^②，元亨。利贞，悔亡。

【注释】 ①革：卦名。卦义：变革，改革，去故，革除，革新，革故等。②己日：十天干的第六日，为柔日，是古时祭祀的吉日。孚：同"俘"，俘虏，这里指巫尪。

【译文】 革卦，己日才能以俘虏的命而祭拜神祇，大吉亨通。利于占问，悔恨消亡。

【原文】 《象》曰：革，水火相息^①，二女同居^②，其志不相得，曰革。"己日乃孚"，革而信之^③。文明以说^④，大亨以正。革而当，其悔乃亡。天地革而四时成。汤武革命^⑤，顺乎天而应乎人。革之时大矣哉！

【注释】 ①水火相息：革卦，上兑为泽，下离为火。水能灭火，火能煎水，因而说"水火相息"。②二女同居：上兑为少女，下离为中女，是"二女同居"。③信：通"伸"，伸张。④说：同"悦"，喜悦。⑤汤武革命：商汤革夏桀之命，周武王革殷纣王之命。

【译文】 《象传》说：革卦，就是水火互相熄灭的象征。两个女子同住一处，她们的

志向不能得到同步,这就是"革"。"己日乃孚",革命就要有所伸张。文明并且喜悦,大亨通并且得中正之位,变革的适当,悔恨就能消亡。天地变革而成就四季,商汤和周武王的革命,顺乎天意又合乎民心。革卦与时偕行的意义非常大啊!

【原文】 《象》曰:泽中有火①,革。君子以治历明时。

【注释】 ①泽中有火:革卦,上兑为泽,下离为火,因而说"泽中有火"。

【译文】 《象传》说:泽中有火,就是革卦的象征。君子观看这一卦象,制订历法,阐明时令。

【原文】 初九:巩用黄牛之革①。

【注释】 ①巩:以熟牛皮束物。

【译文】 初九:君子用黄牛皮的革绳把巫尪捆绑结实。

【原文】 《象》曰:"巩用黄牛",不可以有为也。

【译文】 《象传》说:"巩用黄牛",不会再致使天不下雨了。

【原文】 六二:己日乃革之。征吉,无咎。

【译文】 六二:己日才能革巫尪的命。准备征讨吉利,没有过错。

【原文】 《象》曰:"己日","革之",行有嘉也。

【译文】 【原文】 《象传》说:"己日","革之",君子的行动会得到嘉奖。

【原文】 九三:征凶,贞厉,革言三就①,有孚②。

【注释】 ①就:到。②孚:同"俘",俘获。

【译文】 九三:征讨凶敌,占问危险。三次申饬革命的要求,终于有所俘获。

【原文】 《象》曰"革言三就",又何之矣?

【译文】 《象传》说:"革言三就",又向哪里走呢?

【原文】 九四:悔亡,有孚改命①。吉。

【注释】 ①孚:同"俘",俘虏,这里指巫尪。

【译文】 九四:悔恨消亡,革了巫尪的命。吉利。

【原文】 《象》曰:"改命"之吉,信志也①。

【注释】 ①信:通"伸",伸张。

【译文】 《象传》说:"改命"的吉利,舒展了气志。

【原文】 九五:大人虎变,未占有孚①。

【注释】 ①孚:同"俘"。

【译文】 九五:大人革命如同老虎一样,并不占有俘获的成果。

【原文】 《象》曰:"大人虎变",其文炳也①。

【注释】 ①文:纹路,花纹。炳:明亮。

【译文】 《象传》说:"大人虎变",虎的花纹色彩斑斓。

【原文】 上六:君子豹变,小人革面。征凶,居贞吉。

【译文】 上六:君子革命如同豹子一样,变革了小人的面目。征讨凶敌,停止占问吉利。

【原文】 《象》曰:"君子豹变",其文蔚也①。"小人革面",顺以从君也。

【注释】 ①蔚:有文采,华美。

【译文】 《象传》说:"君子豹变",它的花纹美丽多彩。"小人革面",他顺从地服侍着君王。

五十 鼎 ䷱

【原文】 鼎①,元吉亨。

【注释】 ①鼎:卦名。卦义:革故鼎新,重器,取新,鼎立,鼎盛,鼎足之势等。

【译文】 鼎卦,大吉亨通。

【原文】 《彖》曰:鼎,象也。以木巽火①,亨饪也②。圣人亨以享上帝,而大亨以养圣贤。巽而耳目聪明③。柔进而上行,得中而应乎刚。是以元亨。

【注释】 ①以木巽火:鼎卦,下巽上离。巽为木,离为火,巽为入,因而说"以木巽火"。②亨:同"烹",烹饪。"圣人亨""大亨"中"亨"与此义同。③巽:同"逊",谦逊。

【译文】 《彖传》说:鼎卦,就是鼎器的象征。把木柴放入火里,进行烹饪。圣王烹饪以供上帝享用,大规模烹饪则供养圣贤。温顺就耳目聪明。柔进而向上行进,得到中位而能与刚相应,所以大亨通。

【原文】 《象》曰:木上有火①,鼎。君子以正位凝命②。

【注释】 ①木上有火:鼎卦,下巽为木,上离为火,因而说"木上有火"。②凝:保持,坚定。

【译文】 《象传》说:木上有火,就是鼎卦的象征。君子观看这一卦象,以端正位置,保持使命。

【原文】 初六:鼎颠趾①,利出否②。得妾以其子,无咎。

【注释】 ①颠:倾覆。趾:脚,鼎卦初六象鼎趾。②否:恶,指污秽物。

【译文】 初六:把鼎颠倒过来,利于倾倒污秽。得到小妾是儿子的功劳,没有过失。

【原文】 《象》曰:"鼎颠趾",未悖也。"利出否",以从贵也。

【译文】 《象传》说:"鼎颠趾",没有违逆的了。"利出否",顺从了尊贵的人物。

【原文】 九二：鼎有实①。我仇有疾②，不我能即③，吉。

【注释】 ①鼎有实：上离为雉，喻鼎中有野味。②仇：对手，敌人。③即：接触。

【译文】 九二：鼎中装满了食物。我的对手有疾病，我不与他接触，就吉利。

【原文】 《象》曰："鼎有实"，慎所之也。"我仇有疾"，终无尤也①。

【注释】 ①尤：错误，罪过。

【译文】 《象传》说："鼎有实"，要慎重前行啊。"我仇有疾"，最终没有过错了。

【原文】 九三：鼎耳革①，其行塞②，雉膏不食③。方雨亏悔④，终吉。

【注释】 ①鼎耳革：初至五为正反兑，兑为毁折，三居中当"耳"，上下毁折，鼎耳有所改变，因而说"鼎耳革"。②其行塞：九三敌应上九，两爻变而成雷水解卦，上震覆艮为止，下坎为多眚之舆，因而说"其行塞"。③雉膏不食：鼎卦，三至五互兑为口，上离为雉膏，是有"食"。今成解卦，既"雉膏"又无"口"，因而说"雉膏不食"。④亏：毁坏。

【译文】 九三：鼎耳变形了，君子上行有所堵塞，尝不着美味的野鸡汤了。方遇雨坏了汤的味道就有了悔恨，最后会吉利。

【原文】 《象》曰："鼎耳革"，失其义也①。

【注释】 ①义：同"仪"，外表、仪表。

【译文】 《象传》说："鼎耳革"，失去了外表的形状。

【原文】 九四：鼎折足①，覆公𫗧②。其形渥③，凶。

【注释】 ①鼎折足：初六比应九四，初六变阳失鼎足，因而说"鼎折足"。②𫗧：鼎中的食物。③其形渥：革卦，二至上互大坎为水，下离为满地"雉膏"，大水流下而沤泡。渥，沤泡，浸泡。

【译文】 九四：鼎足折断了，倾覆了王公的美食。又被大水沤泡了，凶险。

【原文】 《象》曰："覆公𫗧"，信如何也①？

【注释】 ①信如何：指革卦而言。三至五互乾为大人，乾伏坤为众、为帜，转喻打着旗帜前进的兵师。二至上为正反兑，有"口"能命，下离为一"日"，大人先后两次下达命令，军队当住两宿，今只住"一日"，因而问"信如何"。信，指军队住宿两日。

【译文】 《象传》说："覆公𫗧"，他下达住宿两天的命令又如何呢？

【原文】 六五：鼎黄耳，金铉①。利贞。

【注释】 ①铉：用来举鼎的器具。

【译文】 六五：用金铉插入铜鼎的两耳，把它扶正。占问结果吉利。

【原文】 《象》曰："鼎黄耳"，中以为实也。

【译文】 《象传》说："鼎黄耳"，中间可以装填食物了。

【原文】　上九:鼎玉铉,大吉无不利。

【译文】　上九:鼎用玉铉,大吉,没有不吉利。

【原文】　《象》曰:"玉铉"在上,刚柔节也。

【译文】　《象传》说:"玉铉"在上位,刚柔相接如同竹节一样啊。

<h2>五十一　震 ䷲</h2>

【原文】　震①,亨。震来虩虩②,笑言哑哑③。震惊百里,不丧匕鬯④。

【注释】　①震:卦名。卦义:震动,震荡,震撼,震悚,震惊,震慑,震怒,雷厉等。②虩虩:恐惧的样子。③哑哑:笑声。④匕鬯:代指宗庙祭祀。匕,古代取食的用具。鬯,宗庙祭祀用的香酒。

【译文】　震卦,亨通。震雷刚来异常惊惧,继而坦然笑出声来。响雷震惊了百里远的人们,然而并没有停止祭祀典礼。

【原文】　《象》曰:"震,亨。震来虩虩",恐致福也:"笑言哑哑",后有则也①。"震惊百里",惊远而惧迩也。出可以守宗庙社稷②,以为祭主也。

【注释】　①则:通"侧",隐蔽。②宗庙:祭祀祖宗的庙宇或场所。社稷:祭祀土神和谷神的祭坛。

【译文】　《象传》说:"震,亨。震来虩虩",是说受享祭的天神降福前要令人恐惧。"笑言哑哑",打雷下雨的时候人们有地方躲避。"震惊百里",远处的人惊慌而近处的人恐惧。雷声发出可以提醒人们守卫宗庙及社稷,人们因而就以雷神作为主要的祭祀对象。

【原文】　《象》曰:洊雷①,震。君子以恐惧修省②。

【注释】　①洊雷:震卦,上下都是震,因而说"洊雷"。洊,再、重。②省:反省。

【译文】　《象传》说:雷声再次响起,就是震卦的象征。君子观看这一卦象,知道有所恐惧而反省修身。

【原文】　初九:震来虩虩,后笑言哑哑,吉。

【译文】　初九:响雷连续袭来令君子惊惧,过后笑声接连不断,吉利。

【原文】　《象》曰:"震来虩虩",恐致福也①。"笑言哑哑",后有则也。

【注释】　①恐致福:震卦,二至上成正反艮,伏兑为巫,把巫尪烧死是"致福"。

【译文】　《象传》说:"震来虩虩",恐惧上天致福给巫尪而不下雨啊。"笑言哑哑"。后面有榜样啊。

　【原文】　六二:震来厉。亿丧贝①。跻于九陵②,勿逐,七日得。

【注释】 ①亿:同"噫",语气词。丧贝:六二变,下震成兑,喻"善鸣"之马运脱。②跻于九陵:上震覆艮为山,转喻"陵",一爻为一仞(古以八尺为一仞),自二位起跑,至三位是"一仞",至上爻是"四仞",反回初爻是"五仞",至五爻正是"九仞",因而说"跻于九陵"。跻,登,升。陵,大土山。

【译文】 六二:噫,响雷太厉害了!惊跑了我的宝马,它登到九仞高的山陵之上。用不着去追,七天之后它就跑回来了。

【原文】 《象》曰:"震来厉",乘刚也。

【译文】 《象传》说:"震来厉",乘驾者刚强啊。

【原文】 六三:震苏苏①,震行无眚。

【注释】 ①苏苏:《帛书周易》作"疏疏",稀疏的意思。

【译文】 六三:雷声稀松平常,这样的闷雷打下来,不会造成灾害。

【原文】 《象》曰:"震苏苏",位不当也。

【译文】 《象传》说:"震苏苏",位置不适当啊。

【原文】 九四:震遂泥①。

【注释】 ①震遂泥:初九敌应九四,九四变阴,上卦成坤,雷入地,因而说"震遂泥"。遂,通"坠",坠落。

【译文】 九四:雷电坠落到泥地里。

【原文】 《象》曰:"震遂泥",未光也。

【译文】 《象传》说:"震遂泥",未能发扬光大啊。

【原文】 六五:震往来厉。亿①,无丧有事!

【注释】 ①亿:同"噫"。

【译文】 六五:大雷劈来劈去。噫,往来没有损失但有事啊!

【原文】 《象》曰:"震往来厉",危行也。其事在中,大无丧也。

【译文】 《象传》说:"震往来厉",是危险的行动。是否有事在于居中的人,大人的得失关系到有没有大事。

【原文】 上六:震索索①,视矍矍②。征凶,震不于其躬。于其邻,无咎。婚媾有言。

【注释】 ①索索:恐惧的样子。②矍矍:惊惧四顾貌。

【译文】 上六:雷声令人害怕,闪电刺眼,睁都不敢睁。征讨凶敌,不必事必躬亲。这对于邻国来说,没有灾祸。有人拨弄口舌,公开了中年男女幽会的事。

【原文】 《象》曰:"震索索",未得中也。虽凶无咎,畏邻戒也。

【译文】 《象传》说:"震索索",没有得到中位。虽然凶险但没有灾难,畏惧邻国的

入侵,已经有所戒备。

五十二　艮 ䷳

【原文】　〔艮①〕艮其背,不获其身②。行其庭不见其人,无咎。

【注释】　①艮:卦名。卦义:山,止,时止,行止,止步,静止等。"艮其背"前疑缺"艮",因补。②不获其身:艮卦,说辅颊不说口,说身不说腹,说夤(夹脊肉)不说脐,是一人背面站立之象。凡对应之爻都是敌应。

【译文】　〔艮卦〕有坚强的背部,看不见它的前身。走进门庭却不见他的人,没有过失。

【原文】　《彖》曰:艮,止也。时止则止,时行则行,动静不失其时,其道光明。艮其止,止其所也。上下敌应①,不相与也②,是以"不获其身。行其庭不见其人,无咎"也。

【注释】　①敌应:一卦六爻分上下两个八经卦,初应四、二应五、三应上,两爻对应,有两种情况,同性相对为"敌应";异性相对为"正应"或"比应"。②不相与:上下艮为手能"举",但都是敌应,因而说"不相与"。与,通"举"。

【译文】　《彖传》说:艮卦,就是停止的意思。该停止的时候就停止,该行动的时候就行动,行动和静止都不失时机,前进的道路就宽广而明亮。艮卦的止,是说停止在应该停止的地方。上下卦相互对应的两个爻,都是敌应,互相不能抬举,所以卦辞说"不获其身。行其庭不见其人,无咎"。

【原文】　《象》曰:兼山①,艮。君子以思不出其位。

【注释】　①兼山:艮卦,艮为山,一卦上下都是山,因而说"兼山"。兼,同时具有。

【译文】　《象传》说:山上又是山,就是艮卦的象征。君子观看这一卦象,思虑与决策不超出自己应该掌管的范围之外。不在其位不谋其政。

【原文】　初六:艮其趾,无咎。利永贞。

【译文】　初六:坚定地止住脚步,没有过错。利于长久占问。

【原文】　《象》曰:"艮其趾",未失正也。

【译文】　《象传》说:"艮其趾",没有失去正道。

【原文】　六二:艮其腓①。不拯其随②,其心不快。

【注释】　①腓:小腿肌肉,腿肚子。②不拯其随:初至四是互大坎是只露"美脊"的陷马,上巽为进退、震为拯,震伏巽为不拯,因而说"不拯其随"。拯,上举,抬起。随,足趾。

408　【译文】　六二:他小腿的肌肉坚强,不拯救那匹陷马,他心情不愉快。

【原文】 　《象》曰:"不拯其随",未退听也。

【译文】 　《象传》说:"不拯其随",没有退出而听从了。

【原文】 　九三:艮其限①,列其夤②,厉薰心③。

【注释】 　①限:腰部。②列:同"裂",分离。夤:夹脊肉。③厉:残害。薰心:迷惑心志。

【译文】 　九三:搂住他的腰,分开夹脊肉,残害他,迷惑他的心志。

【原文】 　《象》曰:"艮其限",危薰心也。

【译文】 　《象传》说:"艮其限",危害和心迷都是他啊。

【原文】 　六四:艮其身①,无咎。

【注释】 　①身:躯干。

【译文】 　六四:搂住他的身躯,没有过错。

【原文】 　《象》曰:"艮其身",止诸躬也。

【译文】 　《象传》说:"艮其身",止住他弯腰。

【原文】 　六五:艮其辅①,言有序,悔亡。

【注释】 　①艮其辅:六五象人面颊,艮"止",象嘴巴不动,因而说"艮其辅"。辅,面颊。

【译文】 　六五:管住嘴巴,说话要有先后次序,悔恨消亡。

【原文】 　《象》曰:"艮其辅",以中正也。

【译文】 　《象传》说:"艮其辅",以处中之位说正话。

【原文】 　上九:敦艮①,吉。

【注释】 　①敦:敦厚。

【译文】 　上九:大成而敦厚。吉利。

【原文】 　《象》曰:"敦艮"之"吉",以厚终也。

【译文】 　《象传》说:"敦艮"的"吉",以敦厚为终结。

五十三　渐 ䷴

【原文】 　渐①,女归吉②,利贞。

【注释】 　①渐:卦名。卦义:进,循序渐进,不遽进,缓进等。②归:嫁。

【译文】 　渐卦,嫁女吉利,利于占问。

【原文】 　《象》曰:渐之进也,女归吉也。进得位,往有功也。进以正,可以正邦也。其位,刚得中也①。止而巽②,动不穷也。

【注释】　①刚得中：九五刚爻得中得位。②止而巽：渐卦，下卦为艮，艮为止；上卦为巽，巽，同"逊"，谦逊。

【译文】　《彖传》说：渐卦，象征嫁女是吉利的事。前进得到地位，前往还有功劳。前进遵循正道，就可以扶正邦国。其位置，是刚直得到中位。静止而谦逊，行动就不会穷困。

【原文】　《象》曰：山上有木①，渐。君子以居贤德善俗②。

【注释】　①山上有木：渐卦，下艮为山，上巽为木，因而说"山上有木"。②居：积储。善：改善。

【译文】　《象传》说：山上有树木，就是渐卦的象征。君子观看这一卦象，居守贤人的品德，和善社会风俗。

【原文】　初六：鸿渐于干①，小子厉，有言无咎。

【注释】　①鸿：鸿雁。干：岸，水边。

【译文】　初六：鸿雁落在了岸边，小子有危险，对它有所警告没有过错。

【原文】　《象》曰："小子"之"厉"，义无咎也①。

【注释】　①义：同"仪"，仪表、外表。

【译文】　《象传》说："小子"的"厉"，外表上看没有过失。

【原文】　六二：鸿渐于磐①，饮食衎衎②，吉。

【注释】　①鸿渐于磐：六二至六四互坎为河，下艮象河中小洲，三至五互离为鸿，有立于水中小洲之象，因而说"鸿渐于磐"。磐，大石。②衎衎：欢乐的样子。

【译文】　六二：鸿雁慢慢落到了磐石上，快乐地寻找食物，吉利。

【原文】　《象》曰："饮食衎衎"，不素饱也。

【译文】　《象传》说："饮食衎衎"，不是素食就能吃饱。

【原文】　九三：鸿渐于陆①。夫征不复②，妇孕不育，凶。利御寇③。

【注释】　①陆：陆地。②复：返。③利御寇：似应为"利用御寇"，参见《象传》。

【译文】　九三：鸿雁慢慢飞到了陆地上。丈夫出征不能复返，妻子怀孕不能养育，有凶险。利于防御盗寇。

【原文】　《象》曰："夫征不复"，离群丑也①。"妇孕不育"，失其道也。"利用御寇"，顺相保也。

【注释】　①丑：类，众。

【译文】　《象传》说："夫征不复"，是离开了众人的保护。"妇孕不育"，是丧失了夫妇正道。"利用御寇"，是顺势进退自我保护。

【原文】 六四：鸿渐于木。或得其桷①，无咎。

【注释】 ①或得其桷：巽为木、为工，下艮为门阙，六四居巽初，象房上一根白而长、经过人为加工的方椽木。六四变而成天山遁卦，二至四互巽，是"方椽落下"，下艮为手，少男人拾得，因而说"或得其桷"。桷，方椽，细木。

【译文】 六四：鸿雁慢慢飞到树上。小孩子拾得一根椽木，没有过错。

【原文】 《象》曰："或得其桷"，顺以巽也①。

【注释】 ①顺以巽：上巽为顺，六四变而有互翼。

【译文】 《象传》说："或得其桷"，是顺势落下的。

【原文】 九五：鸿渐于陵。妇三岁不孕①，终莫之胜②，吉。

【注释】 ①妇三岁不孕：三至五互离，于人为大腹，上巽为妇、为入，是"妇已经怀孕"。九五比应六二，一爻为一岁，九五上行至上九是"两岁"，反自初六至六二是"两岁"，是妇四岁乃生"小子"（下艮），因而说"妇三岁不孕"。孕，分娩。②终莫之胜：下艮伏兑为西山，互离为将落西山之日。六二是下艮中爻，比应九五，妇四年生小子，因而说"终莫之胜"。莫：同"暮"，日落之时，傍晚。胜，借为"生"。

【译文】 九五：鸿雁慢慢飞上山陵。妻子怀孕三年还不生，最终在傍晚时候生了小子，吉利。

【原文】 《象》曰："终莫之胜，吉"，得所愿也。

【译文】 《象传》说："终莫之胜，吉"，得到所期望的心愿了。

【原文】 上九：鸿渐于陆，其羽可用为仪①，吉。

【注释】 ①羽：雉羽，古代用于文舞所执。《穀梁传·隐公五年》："初献六羽。"又为鸿雁翅膀，《诗·小雅·鸿雁》："鸿雁于飞，肃肃其羽。"仪：仪礼，仪仗。

【译文】 上九：两只鸿雁又慢慢返回陆地，鸿雁的羽毛可用于祭祀仪式，吉利。

【原文】 《象》曰："其羽可用为仪，吉"，不可乱也。

【译文】 《象传》说："其羽可用为仪，吉"，可不要混乱啊。

五十四　归妹　䷵

【原文】 归妹①。征凶，无攸利。

【注释】 ①归妹：卦名。卦义：少女出嫁，男有室女有家，嫁娶等。

【译文】 归妹卦。讨伐凶顽，没有长远利处。

【原文】 《象》曰：归妹，天地之大义也。天地不交而万物不兴。归妹，人之终始也。说以动①，所归妹也。"征凶"，位不当也。"无攸利"，柔乘刚也。

【注释】　①说以动:归妹卦,下兑上震,震"动",兑"悦"。说,同"悦"。

【译文】　《彖传》说:归妹卦,表示了天地的大意义。天地不交合,万物就不能兴起。归妹,是人类的归宿和开始。喜悦而主动,所嫁出者是少女。"征凶",是位置不适当。"无攸利",是柔者乘坐在刚者之上。

【原文】　《象》曰:泽上有雷①,归妹。君子以永终知敝②。

【注释】　①泽上有雷:归妹卦,上震为雷,下兑为泽,因而说"泽上有雷"。②敝:尽头,顶点。

【译文】　《象传》说:泽上有雷,就是归妹卦的象征。君子观看这一卦象,预想最终的结果而有自知之明。

【原文】　初九:归妹以娣①。跛能履。征吉。

【注释】　①归妹以娣:归妹卦,上"帝出乎震",二、三、四互离为"婴",下兑为"娣",下兑覆巽为人,有中女要出嫁,少女陪嫁之象,因而说"归妹以娣"。娣,妹妹。

【译文】　初九:妹妹陪送出嫁的姐姐。腿脚受伤还能前行。征伐凶敌,吉利。

【原文】　《象》曰:"归妹以娣",以恒也。"跛能履",吉相承也。

【译文】　《象传》说:"归妹以娣",是人间的常情。"跛能履",吉利相互承接。

【原文】　九二:眇能视①,利幽人之贞②。

【注释】　①眇:一目失明。②幽人:被囚的人。

【译文】　九二:一眼瞎了还有另一只眼能看,有利于被囚禁的人占问。

【原文】　《象》曰:"利幽人之贞",未变常也。

【译文】　《象传》说:"利幽人之贞",没有改变常规啊。

【原文】　六三:归妹以须①,反归以娣。

【注释】　①须:通"婴",古时指姐姐。

【译文】　六三:本来是姐姐出嫁,结果却是妹妹嫁入了宫中。

【原文】　《象》曰:"归妹以须",未当也。

【译文】　《象传》说:"归妹以须",她残疾了不能充当啊。

【原文】　九四:归妹愆期①,迟归有时。

【注释】　①愆期:误期。

【译文】　九四:误了出嫁的日子,迟嫁的日子又有了时间上的安排。

【原文】　《象》曰:"愆期"之志,有待而行也。

【译文】　《象传》说:"愆期"的标志,有所待命而出嫁啊。

【原文】　六五:帝乙归妹①。其君之袂,不如其娣之袂良③。月几望③,吉。

【注释】 ①帝乙归妹:"帝出乎震",帝指上震而言。下兑覆巽为入,兑"娣"上行承接上震"帝",是"帝已纳妃",因而说"帝乙归妹"。②"其君"二句:二至四互离为袂,下兑入互离为"其娣之袂",上震乘互离为"其君之袂"。兑为金(金秋之卦),其娣之袂是华丽的金黄色;上震与互离之间有三至五之互坎,为赤色,其君之袂是一色的大红袍,因而说"其君之袂,不如其娣之袂良"。袂,衣袖,这里指衣服。③几望:《帛书周易》作"既望"。

【译文】 六五:震帝已经纳妾。君王的衣服没有妾的衣服华丽。到月圆的时候了,吉利。

【原文】 《象》曰:"帝乙归妹","不如其娣之袂良也"。其位在中,以贵行也。

【译文】 《象传》说:"帝乙归妹","不如其娣之袂良也"。是妹妹原本处于中位,以富贵的身份前往啊。

【原文】 上六:女承筐①,无实。士刲羊②,无血。无攸利。

【注释】 ①承:捧着,承接。②刲:刺,割。

【译文】 上六:女人肩上扛着个筐,里面没有实在的东西。男士想要杀羊,却没有办法让它流血。没有长远利益。

【原文】 《象》曰:上六"无实",承虚筐也。

【译文】 《象传》说:上六爻所说的"无实",女人承接的是个空筐啊。

<h2>五十五　丰　䷶</h2>

【原文】 丰①,亨。王假之②,勿忧,宜日中③。

【注释】 ①丰:卦名。卦义:丰富,丰隆,盛大,丰收,丰盛等。②王假之:上震伏巽为入,巽覆兑为巫,上六为"宗庙",因而说"王假之"。假,到,至。③宜:古代祭名,祭祀土地之神。

【译文】 丰卦,亨通。君王到了宗庙,不必忧虑,待到正午时分举行宜祭吉利。

【原文】 《象》曰:丰,大也。明以动①,故丰。"王假之",尚大也。"勿忧,宜日中",宜照天下也。日中则昃②,月盈则食③,天地盈虚,与时消息④,而况于人乎!况于鬼神乎!

【注释】 ①明以动:丰卦,下离为明,上震为动。②昃:太阳西斜。③食:月亏缺。④消息:增阳消阴为"息",增阴消阳为"消"。

【译文】 《象传》说:丰卦,就是宏大的象征。明亮而且震动,所以宏大。"王假之",那是因为重视大事。"勿忧,宜日中",大概想要普照天下。太阳到了正午就要偏斜,月亮一旦圆满就要亏缺。既然天地有盈满和虚缺,都要随着时间增长和减损,更何况人呢!更何况鬼神呢!

【原文】 《象》曰:雷电皆至^①,丰。君子以折狱致刑。

【注释】 ①雷电皆至:丰卦,震为雷,离为明、为闪电,因而说"雷电皆至"。

【译文】 《象传》说:雷电交加,就是丰卦的象征。君子观看这一卦象,用于管理监狱及对犯人适当量刑。

【原文】 初九:遇其配主^①,虽旬无咎^②,往有尚^③。

【注释】 ①配主:指六二言。六五为"夷主",六二应六五,为"配主",指辅佐之臣。②旬:十天为一旬。③尚:奖赏。

【译文】 初九:君子上行遇到了辅臣,十天之后就没有过失了。前往会得到奖赏。

【原文】 《象》曰:"虽旬无咎",过旬灾也。

【译文】 《象传》说:"虽旬无咎",十天过去就没有灾害了。

【原文】 六二:丰其蔀^①,日中见斗^②。往得疑疾^③。有孚发若吉^④。

【注释】 ①蔀:蔽日之云,指日食造成的阴影。②斗:指星星。③往得疑疾:二至四互巽为入(往),互大坎为心病,六二处互坎下爻,因而说"往得疑疾"。④孚:诚信。发:行事。

【译文】 六二:日蚀的阴影越来越大,大白天看见了星斗。前往心怀疑虑。有诚信而行事,吉祥。

【原文】 《象》曰:"有孚发若",信以发志也。

【译文】 《象传》说:"有孚发若",诚信启发了志向。

【原文】 九三:丰其沛^①,日中见沬^②。折其右肱^③,无咎。

【注释】 ①沛:帷幔,指日食的阴影。②沬:微小,此处指小星星。此时指天最阴暗的时刻。③肱:胳膊。

【译文】 九三:天空阴暗好像罩上了帷幔,看见了许多小星星。折断了右臂,没有过错。

【原文】 《象》曰:"丰其沛",不可大事也。"折其右肱",终不可用也。

【译文】 《象传》说:"丰其沛",不能举办大事了。"折其右肱",最终不可以用了。

【原文】 九四:丰其蔀,日中见斗^①。遇其夷主^②,吉。

【注释】 ①"丰其蔀"二句:六二的"丰其蔀,日中见斗",与此时所指阴暗程度一样,一在开始之后,一在结束之前。②夷:平常。

【译文】 九四:日蚀的阴影越来越少了,又只能看见星斗了。遇到了能力平平的主人,吉祥。

【原文】 《象》曰:"丰其部",位不当也。"日中见斗",幽不明也。"遇其夷主",吉

行也。

【译文】 《象传》说:"丰其蔀",位置不恰当。"日中见斗",还有些幽暗不明。"遇其夷主",出行还算吉祥。

【原文】 六五:来章①,有庆誉。吉。

【注释】 ①章:文采。

【译文】 六五:有了文采,有喜庆和荣誉,吉祥。

【原文】 《象》曰:六五之"吉",有庆也。

【译文】 《象传》说:六五的"吉",是说有喜庆之事。

【原文】 上六:丰其屋,蔀其家。窥其户①,阒其无人②。三岁不觌③,凶。

【注释】 ①窥:留心看。②阒:寂静。③觌:相见。

【译文】 上六:扩大他的房屋,遮蔽他的家。留心看下面的住户,静悄悄了无一人。如果过了三年还不能相见,那就是出了凶事。

【原文】 《象》曰:"丰其屋",天际翔也。"窥其户,阒其无人",自藏也。

【译文】 《象传》说:"丰其屋",那是处在飞黄腾达的时候。"窥其户,阒其无人",是说各自都藏了起来。

五十六　旅　䷷

【原文】 旅①,小亨。旅贞吉。

【注释】 ①旅:卦名。卦义:旅行,次旅,旅途,羁旅,行旅,居不定等。

【译文】 旅卦,小有亨通。旅行,占问吉祥。

【原文】 《彖》曰:旅"小亨",柔得中乎外而顺乎刚①,止而丽乎明②,是以"小亨。旅贞吉"也。旅之时义大矣哉!

【注释】 ①柔得中乎外而顺乎刚:六五居外卦离之中,离承上九阳刚爻。②止而丽乎明:旅卦,内艮为止,外卦离为明。

【译文】 《象传》说:旅卦说"小亨",那是因为柔顺存于心中而外面顺从刚强,停止的时候要附丽光明,所以说"小亨。旅贞吉"。旅卦与时偕行的意义非常大啊!

【原文】 《象》曰:山上有火①,旅。君子以明慎用刑而不留狱。

【注释】 ①山上有火:旅卦,上离为火,下艮为山,因而说"山上有火"。

【译文】 《象传》说:山上有火,就是旅卦的象征。君子观看这一卦象,明确而慎重地施用刑罚,不拖延讼事。

【原文】 初六:旅琐琐①,斯其所取灾②。

【注释】 ①琐琐：细碎、卑微的样子。初六居不当位，小人物旅行，有细碎零星要自备，无人格外照顾的样子。②取灾：前二至五互大坎为陷，喻上行有灾。

【译文】 初六：准备外出旅行。细碎零星都要准备齐全。没有人格外照顾而招来灾祸，是咎由自取。

【原文】 《象》曰："旅琐琐"，志穷灾也。

【译文】 《象传》说："旅琐琐"，没有志向而自招灾祸。

【原文】 六二：旅即次，怀其资，得童仆①，贞。

【注释】 ①"旅即次"三句：二至四互巽为入、为近利市三倍，巽伏艮为门、为少男，君子"怀"巽"利"出门，得少年为仆从（隐象），艮为贞，因而说"旅即次，怀其资。得童仆，贞"。即次，住进客栈。次，客栈。资，钱财。

【译文】 六二：得到了一笔外财就要旅行，刚出门就有一位少年自愿当仆从，要占问吉凶。

【原文】 《象》曰："得童仆，贞"，终无尤也。

【译文】 《象传》说："得童仆，贞"，最终不会遭到指责。

【原文】 九三：旅焚其次，丧其童仆，贞厉。

【译文】 九三：旅途中客栈失火，失去了奴仆，占问，危险。

【原文】 《象》曰："旅焚其次"，亦以伤矣。以旅与下①，其义丧也②。

【注释】 ①下：仆从。②义：同"仪"，仪表。

【译文】 《象传》说："旅焚其次"，君子也受到了伤害。以旅者与仆人同行，他的仪表丧失了。

【原文】 九四：旅于处，得其资斧④。我心不快。

【注释】 ①斧：古代斧形钱币，这里喻钱财。

【译文】 九四：我旅行到客栈，得到了别人的钱物，可是我却心情不快。

【原文】 《象》曰："旅于处"，未得位也。"得其资斧"，心未快也。

【译文】 《象传》说："旅于处"，处的位置不当。"得其资斧"，心中不能快活。

【原文】 六五：射雉①，一矢亡②，终以誉命。

【注释】 ①雉：野鸡。②一矢亡：六五为卦主爻，得中不得位。互坎为弓，上离为雉，有离为誉，九四为"矢"，九四"亡"，上离变艮为狗，一矢误射猎狗。

【译文】 六五：显贵者射野鸡，一箭误把猎狗射死了，给它的死追加了荣誉。

【原文】 《象》曰："终以誉命"，上逮也①。

【注释】 ①逮：及。

【译文】 《象传》说:"终以誉命",是那前射的一箭射到了它。

【原文】 上九:鸟焚其巢。旅人先笑后号咷①,丧牛于易②,凶。

【注释】 ①号咷:大哭。②易:通"埸",田界。旅卦,三至五互兑,兑覆巽为入、为绳,九三当"绳"拴坤"牛"(下艮变上爻成坤为牛,坤上爻变阳喻"绳"),卦第二位为"田"(见龙在田),九三为田边界,是牛被拴在田边之象;旅覆丰,艮反成上卦震,震"动",牛丢了。

【译文】 上九:鸟巢失火落在地上。旅者先笑而后又号啕大哭,原先拴在田边的牛跑没影了,凶险。

【原文】 《象》曰:以旅在上,其义焚也①。"丧牛于易",终莫之闻也。

【注释】 ①义:同"仪",仪表。

【译文】 《象传》说:以次旅处上位,他的外表被焚毁了。"丧牛于易",最终也打听不到下落。

五十七　巽 ䷸

【原文】 巽①,小亨。利有攸往,利见大人。

【注释】 ①巽:卦名。卦义:顺,具,入,谦逊等。

【译文】 巽卦,小亨通。宜于有所行动,见到大人有利。

【原文】 《彖》曰:重巽以申命,刚巽乎中正而志行①,柔皆顺乎刚②,是以"小亨。利有攸往,利见大人"。

【注释】 ①刚巽乎中正而志行:九二应九五分别居上下卦之中,九二得中,九五得中得位为"中正"。②柔皆顺乎刚:巽"入",上往为"顺"。初六顺九二、九三;六四顺九五、上九。

【译文】 《彖传》说:两个巽卦上下叠加是在重申命令,刚顺于中正而得以实现志向,柔弱者都顺从于刚强,因而说"小亨。利有攸往,利见大人"。

【原文】 《象》曰:随风①,巽。君子以申命行事。

【注释】 ①随风:巽卦,巽为风、为入,下巽随上巽。

【译文】 《象传》说:两风相随,就是巽卦的象征。君子观看这一卦象,宣布政令,实施政事。

【原文】 初六:进退①,利武人之贞②。

【注释】 ①进退:巽为进退、为风,无孔不入。②利武人之贞:巽为利,初至四互大坎为弓轮,三至五互离为戈兵、为甲胄,是为"武人",二至四互兑为贞。

417

【译文】　初六：可进可退,宜于尚武的军人守正。

【原文】　《象》曰:"进退",志疑也。"利武人之贞",志治也①。

【注释】　①治:治疗,安定。

【译文】　《象传》说:"进退",先记述他的疑虑。"利武人之贞",再治疗他的疑虑。

【原文】　九二:巽在床下①。用史巫纷若②。吉,无咎。

【注释】　①巽在床下:巽象"床",初为床腿,六二象钻入床下。②用史巫纷若:古代史与巫同工。六二居中得位,为下巽主爻,巽覆兑有"巫",喻"史"官,上巽覆兑有大"巫",史官入见(三至五互离为目)上"巫",对祭祀的大事,各持己见,因而说"用史巫纷若"。纷若,争执的样子。

【译文】　九二:伏在床下。史官与巫师各持己见有所纷争。吉祥,没有过失。

【原文】　《象》曰:"纷若"之"吉",得中也。

【译文】　《象传》说:"纷若"的"吉",是得到了中位。

【原文】　九三:频巽①,吝。

【注释】　①频巽:九三上接外卦,巽为"进退",史与巫来来往往频繁。频,多次,频繁,连续。

【译文】　九三:频繁地来来往往,遗憾。

【原文】　《象》曰:"频巽"之"吝",志穷也。

【译文】　《象传》说:"频巽"的"吝",是志向穷尽了。

【原文】　六四:悔亡,田获三品①。

【注释】　①田获三品:上巽覆兑为口、为羊,六四当"巫",祭祀用羊三口(三口成品),兑于地也为卤刚,转喻"田",因而说"田获三品"。田,打猎。

【译文】　六四:悔恨消失,在田野捉到三头羊。

【原文】　《象》曰:"田获三品",有功也。

【译文】　《象传》说:"田获三品",有了功劳呀。

【原文】　九五:贞吉悔亡,无不利。无初有终,先庚三日,后庚三日①。吉。

【注释】　①"无初"三句:十天干为甲乙丙丁戊己庚辛壬癸。先于庚的第三日是"丁"日,后于庚的第三日是"癸"日。丁前无甲始,癸为十天干之终。

【译文】　九五:占问吉祥,悔恨消失,没有不利。没有开始而有终结。在丁和癸这两柔日里吉利。

【原文】　《象》曰:九五之"吉",位正中也。

【译文】　《象传》说:九五爻的"吉",是位置又正又中。

【原文】　上九：巽在床下^①，丧其资斧。贞凶。

【注释】　①巽在床下：巽卦初六说"巽在床下"，时行至上九，本是"床上"，为何又有此说？其实这是指巽卦覆成兑卦而言。是把整个巽"床"反转过来，床腿在上。

【译文】　上九：床颠倒了，腿朝上了，原有的财物不见了。占问结果凶险。

【原文】　《象》曰："巽在床下"，上穷也。"丧其资斧"，正乎凶也。

【译文】　《象传》说："巽在床下"，往上的路已经穷尽了。"丧其资斧"，虽正当，但凶险。

五十八　兑☱

【原文】　兑^①，亨，利贞。

【注释】　①兑：卦名。卦义：欢欣，喜悦，和兑，引兑，见喜等。

【译文】　兑卦，亨通，宜于占问。

【原文】　《彖》曰：兑，说也^①。刚中而柔外^②，说以利贞，是以顺乎天而应乎人。说以先民，民忘其劳；说以犯难，民忘其死。说之大，民劝矣哉^③！

【注释】　①说：同"悦"。下文"说"与此义同。②刚中而柔外：兑卦，九二与九五居中，都是阳爻，三与上都是阴爻，此"外"字指八卦上爻而言，因而说"刚中而柔外"。③劝：劝勉，鼓励。

【译文】　《彖传》说：兑卦，就是喜悦。刚居于中而柔居于外，欢悦以利于守正，所以是顺乎天意又合乎民心。使民众先有喜悦，民众就会忘我劳作。让民众甘心去冒险，民众就会舍生忘死。兑卦作用之大，能使民众互相鼓励啊！

【原文】　《象》曰：丽泽^①，兑。君子以朋友讲习。

【注释】　①丽泽：兑为泽，泽与泽相连，中有互离为丽，因而说"丽泽"。

【译文】　《象传》说：两泽相附丽，就是兑卦的象征。君子观看这一卦象，与朋友一起讲说并复习。

【原文】　初九：和兑，吉。

【译文】　初九：和悦，吉利。

【原文】　《象》曰："和兑"之"吉"，行未疑也。

【译文】　《象传》说："和悦"的"吉"，是他行动不存疑心。

【原文】　九二：孚兑^①，吉，悔亡。

【注释】　①孚：同"俘"，俘获。九二与九五是敌应，二至四互离为戈兵，三至上互大坎为盗寇，互离入互坎，九五被俘获。

【译文】　九二：有所俘获的喜悦，吉利，悔恨消失。

【原文】　《象》曰："孚兑"之"吉"，信志也。

【译文】　《象传》说："孚兑"的"吉"，是相信自己的意志。

【原文】　六三：来兑①，凶。

【注释】　①来：自下向上为往，自上来下为来。

【译文】　六三：有喜悦来自上面，有凶险。

【原文】　《象》曰："来兑"之"凶"，位不当也。

【译文】　《象传》说："来兑"的"凶"，是位置不当啊。

【原文】　九四：商兑未宁①，介疾有喜②。

【注释】　①商：交谈。②介：引见。疾：巽为疾，快速。

【译文】　九四：欢悦交谈的气氛不安定，引见快速有喜悦。

【原文】　《象》曰：九四之"喜"，有庆也。

【译文】　《象传》说：九四爻的"喜"，是因为有庆贺的事情啊。

【原文】　九五：孚于剥①，有厉。

【注释】　①孚：同"俘"，俘获。剥：剥离。

【译文】　九五：把上面剥离俘获了，有伤害。

【原文】　《象》曰："孚于剥"，位正当也。

【译文】　《象传》说："孚于剥"，处于适当的位置。

【原文】　上六：引兑①。

【注释】　①引兑：指牵引兑卦继续时行覆成巽卦而言，兑为少女，巽为长女。

【译文】　上六：牵引着少女去见长女。

【原文】　《象》曰：上六"引兑"，未光也。

【译文】　《象传》说：上六"引兑"，是尚未光大发扬。

五十九　　涣 ䷺

【原文】　涣①，亨。王假有庙②。利涉大川，利贞。

【注释】　①涣：卦名。卦义：涣散，流散，离散等。②假：至，到。

【译文】　涣卦，亨通。天子到了宗庙。宜于涉渡大河，利于占问。

【原文】　《象》曰：涣，亨，刚来而不穷，柔得位乎外而上同。"王假有庙"，王乃在中也。"利涉大川"，乘木有功也①。

【注释】　①乘木有功：上巽为木，喻船，下坎为水，木乘水，可用涉大川。

【译文】　《象传》说:涣卦象征亨通。刚强接连到来而不穷竭,柔居外卦阴位。"王假有庙",往来都有君王处于中位。"利涉大川",木船乘水航行就会成功。

【原文】　《象》曰:风行水上①,涣。先王以享于帝立庙。

【注释】　①风行水上:涣卦,下坎为水,上巽为风,因而说"风行水上"。

【译文】　《象传》说:风行于水上,就是涣卦的象征。先王建立宗庙,配享于天帝。

【原文】　初六:用拯马壮①,吉。

【注释】　①用拯马壮:涣卦下坎,其于马也为美脊,是马陷入坎中之象。涣说"用",就是君子要参与拯救陷马行动。

【译文】　初六:君子参与拯救强壮的良马,吉祥。

【原文】　《象》曰:初六之"吉",顺也。

【译文】　《象传》说:初六爻之"吉",是因为前进顺利。

【原文】　九二:涣奔其机①,悔亡。

【注释】　①奔:指马有力地奔跑。机:通"几",小桌子。

【译文】　九二:足力强健的白马奔向前方的几筵,悔恨消失。

【原文】　《象》曰:"涣奔其机",得愿也。

【译文】　《象传》说:"涣奔其机",是要实现自己的心愿。

【原文】　六三:涣其躬①,无悔。

【注释】　①涣其躬:下坎为弓,六二中爻当之,六三为箭靶上幅。震"君子"马上演习射箭,中上幅。躬,箭靶的上下幅。

【译文】　六三:射中箭靶的上幅,没有怨恨。

【原文】　《象》曰:"涣其躬",志在外也。

【译文】　《象传》说:"涣其躬",君子的志向在外面。

【原文】　六四:涣其群,元吉。涣有丘,匪夷所思①。

【注释】　①匪:同"非"。夷:平常。

【译文】　六四:离散自己的团伙,大吉。流散的水冲过山丘,不是平常所能想到的。

【原文】　《象》曰:"涣其群,元吉",光大也。

【译文】　《象传》说:"涣其群,元吉",影响广大啊。

【原文】　九五:涣汗其大号①。涣王居②,无咎。

【注释】　①涣汗其大号:下坎为水,借喻"汗"。二至四互震为号,离散九五,上巽变艮,艮覆震又为号,两匹出汗的"善鸣"之马,拴在一起同"号",因而说"涣汗其大号"。
②涣王居:上巽为工,离散九五,九五变阴成艮为门阙,喻翻修宫殿。

【译文】 九五:两匹累出汗的马同时大声嘶叫。翻修了君王的宫殿,没有过失。

【原文】 《象》曰:"王居,无咎",正位也。

【译文】 《象传》说:"王居,无咎",他处于正位。

【原文】 上九:涣其血,去逖出①,无咎。

【注释】 ①去:离开。逖:远离。

【译文】 上九:流血了,远行出门去,没有过错。

【原文】 《象》曰:"涣其血",远害也。

【译文】 《象传》说:"涣其血",就远离危险了。

六十 节 ䷻

【原文】 节①,亨。苦节②,不可贞。

【注释】 ①节:卦名。卦义:竹节,节约,节俭,节制等。②苦节:指涣卦而言。上巽为入,覆兑为口,下坎为血,血入口有苦咸味,因而说"苦节"。

【译文】 节卦,亨通。刻苦地节俭,不可占问。

【原文】 《象》曰:节"亨",刚柔分而刚得中①。"苦节,不可贞",其道穷也。说以行险②,当位以节,中正以通。天地节而四时成。节以制度,不伤财,不害民。

【注释】 ①刚柔分而刚得中:节卦阴阳爻数量相同,阳爻居于二、五中位。②说以行险:下卦兑为悦,上卦坎为险,所以说"说以行险"。说,同"悦"。

【译文】 《象传》说:节卦"亨",是刚强与柔弱均分而刚强居中。"苦节,不可贞",是说他上行的道路穷尽了。高兴去冒险,要有正确位置和加以节制,中正地去开通。天地节制而四季有所成。节俭要有制度,不浪费财物,不要伤害民众。

【原文】 《象》曰:泽上有水①,节。君子以制数度②,议德行。

【注释】 ①泽上有水:节卦,下兑为泽,上坎为水,因而说"泽上有水"。②数:礼数。

【译文】 《象传》说:泽上有水,就是节卦的象征。君子观看这一卦象,订立礼数制度,评议德行。

【原文】 初九:不出户庭①,无咎。

【注释】 ①不出户庭:下兑伏艮,艮为门、为止,喻不出门。

【译文】 初九:不出屋门,没有灾难。

【原文】 《象》曰:"不出户庭",知通塞也。

【译文】 《象传》说:"不出户庭",知道哪里畅通,哪里堵塞。

【原文】 九二:不出门庭,凶。

【译文】 九二:君子不出院门前往,有凶险。

【原文】 《象》曰:"不出门庭,凶",失时极也①。

【注释】 ①极:中。正中。

【译文】 《象传》说:"不出门庭,凶",因为失去了适当的时机。

【原文】 六三:不节若,则嗟若①。无咎。

【注释】 ①嗟:感慨。

【译文】 六三:不那样节制,则发出慨叹。没有过错。

【原文】 《象》曰:不节之嗟,又谁咎也?

【译文】 《象传》说:不加节制地慨叹,又是谁的过错呢?

【原文】 六四:安节,亨。

【译文】 六四:安稳节制,亨通。

【原文】 《象》曰:"安节"之"亨",承上道也。

【译文】 《象传》说:"安节"之"亨",是承接了君上的意旨。

【原文】 九五:甘节,吉。往有尚①。

【注释】 ①尚:通"上"。

【译文】 九五:甘心节制,吉祥。前往就有进步。

【原文】 《象》曰:"甘节"之"吉",居位中也。

【译文】 《象传》说:"甘节"之"吉",是因为居于中位。

【原文】 上六:苦节,贞,凶。悔亡。

【译文】 上六:刻苦地节俭,占问结果凶险。悔恨消失。

【原文】 《象》曰:"苦节,贞,凶",其道穷也。

【译文】 《象传》说:"苦节,贞,凶",他走到了穷途末路。

六十一　中孚 ䷼

【原文】　中孚①,豚鱼②,吉。利涉大川,利贞。

【注释】　①中孚:卦名。卦义:中虚,信,信实不虚,诚信等。②豚:通"遯",逃遁,隐遁。离为干卦,巽为鱼,水干而鱼遁。

【译文】　中孚卦,鱼逃遁了,吉利。利于涉渡大河,利于占问。

【原文】　《象》曰:中孚,柔在内而刚得中①。说而巽②。孚乃化邦也。"豚鱼,吉",信及豚鱼也③。"利涉大川",乘木舟虚也④。中孚以利贞,乃应乎天也。

【注释】　①柔在内而刚得中:三、四两阴爻处于卦中间,二、五中位都是阳爻,因而说

"柔在内而刚得中"。②说而巽：中孚卦，下卦兑为悦，上卦是巽，有谦逊意，因而说"说而巽"。说，同"悦"。③信及豚鱼：说鱼的遁逃不是因为干涸。豚，通"遯"。④乘木舟虚：乘木舟，指巽为木而言；夹画离中虚。

【译文】《象传》说：中孚卦，是柔弱在内而刚强居中的象征。欢悦而又谦逊。诚信就可以感化邦国。"豚鱼，吉"，是说诚信及于鱼而让它逃遁。"利涉大川"，是乘坐木舟的中间空虚。中孚卦利于守正，是因为能顺应天时。

【原文】《象》曰：泽上有风①，中孚。君子以议狱缓死。

【注释】①泽上有风：中孚卦，下兑为泽，上巽为风，因而说"泽上有风"。

【译文】《象传》说：泽上有风，就是中孚卦的象征。君子观看这一卦象，评议案情，减缓死刑。

【原文】初九：虞吉①。有它不燕②。

【注释】①虞：虞主，古代虞祭时所立的神主。这里喻"木主"（为死者立的木制牌位，一般要放在宗庙里）。②燕：通"宴"，宴饮。

【译文】初九：安放木主吉祥。有它的存在就不可举行宴会。

【原文】《象》曰：初九"虞吉"，志未变也。

【译文】《象传》说：初九"虞吉"，前往的志向没有改变。

【原文】九二：鸣鹤在阴，其子和之①。我有好爵②，吾与尔靡之③。

【注释】①"鸣鹤"二句：初九比应六四。离为雉，中孚卦为夹画离；又二至五互离，借喻有大小两只鹤。下兑为口，上巽为木，处二至五互离之上，遮"日"成荫，因而说"鸣鹤在阴，其子和之"。②爵：古代一种酒器。③靡：分享。

【译文】九二：树荫下有鸣叫的仙鹤，小鹤也与它声声应和。我有漂亮的酒杯，愿与你分享甘醇的酒水。

【原文】《象》曰："其子和之"，中心愿也。

【译文】《象传》说："其子和之"，是它心中的愿望。

【原文】六三：得敌①，或鼓或罢②，或泣或歌。

【注释】①得敌：六三比应上九，前往遇六四，同性相敌。②罢：疲劳。

【译文】六三：遇到了敌人，或擂鼓或疲劳，或哭泣或唱歌。

【原文】《象》曰："或鼓或罢"，位不当也。

【译文】《象传》说："或鼓或罢"，因为所处位置不当。

【原文】六四：月几望④，马匹亡，无咎。

【注释】①几望：《帛书周易》作"既望"。

【译文】 六四：月亮圆的时候，一匹马跑丢了，没有过错。

【原文】 《象》曰："马匹亡"，绝类上也。

【译文】 《象传》说："马匹亡"，是与上面的情况很类似。

【原文】 九五：有孚挛如①，无咎。

【注释】 ①孚：同"俘"，俘获。挛如：牵系，挂牵。

【译文】 九五：把战俘用绳子相互绑缚着前行，没有过失。

【原文】 《象》曰："有孚挛如"，位正当也。

【译文】 《象传》说："有孚挛如"，位置中正适当。

【原文】 上九：翰音登于天①，贞，凶。

【注释】 ①翰：赤羽的山鸡，也叫锦鸡。

【译文】 上九：锦鸡的声音高上了天，占问，凶险。

【原文】 《象》曰："翰音登于天"，何可长也！

【译文】 《象传》说："翰音登于天"，如何能长久啊！

六十二　小过 ䷽

【原文】 小过①，亨，利贞。可小事，不可大事。飞鸟遗之音，不宜上宜下，大吉。

【注释】 ①小过：卦名。卦义：稍微过分，小的过越，小有过失等。

【译文】 小过卦，亨通，利于占问。可用于小事，不可用于大事。还能听到飞鸟最后的叫声，不宜往上，宜于下来，大吉。

【原文】 《彖》曰：小过，小者过而"亨"也。过以"利贞"，与时行也。柔得中①，是以"小事"吉也。刚失位而不中②，是以"不可大事"也。有飞鸟之象焉，"飞鸟遗之音，不宜上宜下，大吉"，上逆而下顺也。

【注释】 ①柔得中：指二、五中位皆为阴爻。②刚失位而不中：指三、四阳爻都不在中位。

【译文】 《彖传》说：小过卦，小者通过能"亨"。小过卦的"利贞"，是要与时偕行。柔爻处于中位，所以"小事"吉祥。刚爻不在中正的位置上，所以"不可大事"。这一卦还有飞鸟象征，"飞鸟遗之音，不宜上宜下，大吉"，向上是逆行而向下是顺行。

【原文】 《象》曰：山上有雷①，小过。君子以行过乎恭，丧过乎哀，用过乎俭。

【注释】 ①山上有雷：小过卦，下艮为山，上震为雷，因而说"山上有雷"。

【译文】 《象传》说：山上有雷，就是小过卦的象征。君子观看这一卦象，行为过于恭顺，丧事过于悲哀，日用过于节俭。

【原文】　初六：飞鸟以凶①。

【注释】　①以：有。

【译文】　初六：飞鸟有凶险。

【原文】　《象》曰："飞鸟以凶"，不可如何也！

【译文】　《象传》说："飞鸟以凶"，不能飞了又怎么办呢！

【原文】　六二：过其祖①，遇其妣②。不及其君，遇其臣。无咎。

【注释】　①过：失去。祖：祖父。②遇其妣：六二上行遇兑（三至五互兑为巫，可给生者"显现"亡母之形象），因而说"遇其妣"。妣，母亲，一般指过世的母亲或女性祖先而言。

【译文】　六二：失去了祖父，又遇到了死去祖母的灵魂。没见看到君主，却遇到了臣子，没有过错。

【原文】　《象》曰："不及其君"，臣不可过也。

【译文】　《象传》说："不及其君"，因为臣子是不可僭越君主的。

【原文】　九三：弗过防之，从或戕之①。凶。

【注释】　①戕：杀害。

【译文】　九三：没有过度的防备，随从或许会把他害死，凶险。

【原文】　《象》曰："从或戕之"，凶如何也？

【译文】　《象传》说："从或戕之"，凶险的结果如何呢？

【原文】　九四：无咎。弗过遇之，往厉必戒。勿用永贞。

【译文】　九四：没有受到伤害。不要过于前往而遇到不想见的人，前往危险，必须要有所戒备。不必长久地进行占问。

【原文】　《象》曰："弗过遇之"，位不当也。"往厉必戒"，终不可长也。

【译文】　《象传》说："弗过遇之"，位置不适当。"往厉必戒"，最终不能长久。

【原文】　六五：密云不雨，自我西郊①。公弋取彼在穴②。

【注释】　①"密云"二句：三至五互兑，兑为西方之卦，九三变，互兑成坎而为雨，今九三不变，因而说"密云不雨，自我西郊"。②弋：带有绳子的箭。

【译文】　六五：不下雨的密云，来自我的城西。公从洞穴里把带绳子的箭取回。

【原文】　《象》曰："密云不雨"，已上也。

【译文】　《象传》说："密云不雨"，云已经上升了。

【原文】　上六：弗遇过之①，飞鸟离之。凶，是谓灾眚②。

【注释】　①遇：遏止。②眚，疾病。小过卦是夹画坎，坎其于舆也为多眚。

【译文】 上六：如果不停止而一味上行，鸟就要飞走了。有凶险，车上拉着病人。

【原文】 《象》曰："弗遇过之"，已亢也。

【译文】 《象传》说："弗遇过之"，已经高亢了。

<h2 style="text-align:center">六十三　　既济</h2>

【原文】 既济[①]，亨小，利贞。初吉终乱[②]。

【注释】 ①既济：卦名。卦义：既定，既成，事已成，既渡，既通，到达彼岸等。②初吉终乱：既济卦，下离为吉，上坎为盗，因而说"初吉终乱"。

【译文】 既济卦，小亨通，占问有利。初始吉祥，最终混乱。

【原文】 《彖》曰：既济"亨"，小者亨也。"利贞"，刚柔正而位当也[①]。"初吉"，柔得中也[②]。终止则乱，其道穷也。

【注释】 ①刚柔正而位当：既济卦，一、三、五爻为阳，二、四、六爻为阴，初与四、二与五、三与上都是比应，因而说"刚柔正而位当"。②柔得中：指六二阴爻而言。

【译文】 《彖传》说：既济卦的"亨"，是说小有亨通。"利贞"，因为阳刚与阴柔各自都处在自己的正位上。"初吉"，因为阴柔居于中位。终止时出现混乱，它前进的路已经穷尽了。

【原文】 《象》曰：水在火上[①]，既济。君子以思患而预防之。

【注释】 ①水在火上：既济卦，下离为火，上坎为水，因而说"水在火上"。

【译文】 《象传》说：水在火上，就是既济卦的象征。君子观看这一卦象，居安思危而加以预防。

【原文】 初九：曳其轮[①]，濡其尾[②]。无咎。

【注释】 ①曳：拉，拖。②濡：沾湿，浸渍。

【译文】 初九：拽拉车轮子，弄湿尾巴。没有过错。

【原文】 《象》曰："曳其轮"，义无咎也[①]。

【注释】 ①义：同"仪"，仪表，外表。

【译文】 《象传》说："曳其轮"，没有损坏他的外表。

【原文】 六二：妇丧其茀[①]，勿逐，七日得。

【注释】 ①茀：妇女的首饰。

【译文】 六二：妇人丢了她的首饰，不用去找，七日后就能回来。

【原文】 《象》曰："七日得"，以中道也。

【译文】 《象传》说："七日得"，合乎中道。

【原文】 九三：高宗伐鬼方①，三年克之②。小人勿用。

【注释】 ①高宗：指商王武丁。鬼方：北方少数民族。②克：制胜。

【译文】 九三：高宗讨伐鬼方，三年克敌制胜。小人不能任用。

【原文】 《象》曰："三年克之"，惫也①。

【注释】 ①惫：疲惫。坎为劳卦。

【译文】 《象传》说："三年克之"，很疲惫了。

【原文】 六四：繻有衣袽①，终日戒②。

【注释】 ①繻：通"襦"，短袄。袽：破衣败絮。②戒：警戒。

【译文】 六四：短袄里塞着败絮，终日提心吊胆。

【原文】 《象》曰："终日戒"，有所疑也。

【译文】 《象传》说："终日戒"，因为有所疑虑啊。

【原文】 九五：东邻杀牛，不如西邻之禴祭①，实受其福。

【注释】 ①禴：古代祭名，指春、夏之祭。

【译文】 九五：东邻杀牛，不如西邻的禴祭，实在享受到了神灵的福佑。

【原文】 《象》曰："东邻杀牛"，不如西邻之时也。"实受其福"，吉大来也。

【译文】 《象传》说："东邻杀牛"，不如西邻祭祀得天时啊。"实受其福"，更有大的吉祥。

【原文】 上六：濡其首①，厉②。

【注释】 ①濡其首：既济坎继续前往遇未济下卦离，乾为首，坎水"濡其首"变离，离为雉。濡，沾湿。②厉：飞扬，高飞。

【译文】 上六：前往看见有野鸡被水喷湿了头，它飞走了。

【原文】 《象》曰："濡其首，厉"，何可久也？

【译文】 《象传》说："濡其首，厉"，如何可以持久呢？

六十四　未济 ䷿

【原文】 未济①，亨。小狐汔济②，濡其尾。无攸利。

【注释】 ①未济：卦名。卦义：未渡，求有成，未遂，未成，未尽事宜等。②小狐：艮半象为狐。汔：尽，竭力。济：渡过。

【译文】 未济卦，亨通。小狐狸竭力渡河，沾湿了尾巴，没有长远好处。

【原文】 《象》曰：未济"亨"，柔得中也①。"小狐汔济"，未出中也。"濡其尾。无攸利"，不续终也。虽不当位，刚柔应也②。

【注释】 ①柔得中：指六五阴爻。②刚柔应：初六比应九四，九二比应六五，六三比应上九。都是阴阳错位。

【译文】 《象传》说：未济卦说"亨"，是柔弱者占据了中位。"小狐汔济"，尚未走出水中。"濡其尾。无攸利"，没有接续到终点。虽然位置不当，但是阳刚与阴柔却能彼此对应。

【原文】 《象》曰：火在水上①，未济。君子以慎辨物居方。

【注释】 ①火在水上：未济卦，上离为火，下坎为水，因而说"火在水上"。

【译文】 《象传》说：火在水上，就是未济卦的象征。君子观看这一卦象，要谨慎辨别万物的类别，使之各得其所。

【原文】 初六：濡其尾，吝。

【译文】 初六：打湿了尾巴，悔恨。

【原文】 《象》曰："濡其尾"，亦不知极也。

【译文】 《象传》说："濡其尾"，它不知道终点在哪里。

【原文】 九二：曳其轮，贞吉。

【译文】 九二：拉动车轮子，占问吉祥。

【原文】 《象》曰：九二"贞吉"，中以行正也。

【译文】 《象传》说：九二的"贞吉"，居于中位又前往正道。

【原文】 六三：未济①，征凶。利涉大川。

【注释】 ①未济：六三当三至五互坎之下，站在河边没有开始渡涉。

【译文】 六三：站在河边还没有涉渡，前往征讨凶敌。利于涉渡大河。

【原文】 《象》曰："未济，征凶"，位不当也。

【译文】 《象传》说："未济，征凶"，位置不适当。

【原文】 九四：贞吉，悔亡。震用伐鬼方①，三年有赏于大国。

【注释】 ①震用伐鬼方：九四为震主爻为君子（乾"君"之子），二至四互离为戈兵，三至五互坎为盗寇、为多眚之舆，九四与六三成半巽象，巽为方（木、直、工），君王之子领兵讨伐"鬼方"。

【译文】 九四：占问吉利，悔恨消失。君王之子用兵讨伐鬼方，打了三年的时间，最后得到了大国的奖赏。

【原文】 《象》曰："贞吉，悔亡"，志行也。

【译文】 《象传》说："贞吉，悔亡"，志向得以实现。

【原文】 六五：贞吉无悔，君子之光，有孚①。吉。

【注释】　①孚：同"俘"，俘获。

【译文】　六五：占问吉利，没有悔恨。有所俘获，君子的荣光。吉祥。

【原文】　《象》曰："君子之光"，其晖吉也。

【译文】　《象传》说："君子之光"，是照耀的光辉吉利。

【原文】　上九：有孚于饮酒①，无咎。濡其首②，有孚失是③。

伏羲八卦图

【注释】　①孚：诚信。②濡：淹没。③是：正确。

【译文】　上九：喝酒有诚意，没有过错。但埋头喝酒，虽有诚意却有失正道。

【原文】　《象》曰：饮酒"濡首"，亦不知节也。

【译文】　《象传》说：埋头喝酒，也太不知道礼节了。